喻园新闻传播学者论丛

新媒体与传统文化传播

上 卷

NEW MEDIA AND
TRADITIONAL CULTURE COMMUNICATION (VOL.1)

钟 瑛 著

社会科学文献出版社
SOCIAL SCIENCES ACADEMIC PRESS (CHINA)

总　序

　　置身于全球化、媒介化的当下，我们深刻感受与体验着时时刻刻被潮水般的信息所包围、裹挟和影响的日常。这是一个新兴的信息技术快速变革和全面应用的时代，媒介技术持续地、全方位地形塑着人类社会信息传播实践的样貌。可以说，新闻传播的形态、业态和生态，在相当程度上被信息技术所决定和塑造。"物换星移几度秋"，信息技术的迭代如此之快，我们甚至已经难以想象，明天的媒体将呈现什么样的面貌，未来的人们将如何进行相互交流。

　　华中科技大学的新闻传播学科，就是在全球科技革命浪潮高涨的背景下开设的，也是在学校所拥有的以信息科学为代表的众多理工类优势学科的滋养下发展和繁荣起来的。诚然，华中科技大学新闻与信息传播学院还是一个相对年轻的学院。1983 年 3 月，在学院的前身新闻系筹建之时，学校派秘书长姚启和教授参加全国新闻教育工作座谈会。会上，姚启和教授提出，时代的发展，尤其是科学技术的日新月异，将对新闻从业者的媒介技术思维、素养和技能提出比以往任何时代都高的要求。当年 9 月，我们的新闻系成立并开始招生。成立后，即确立了"文工交叉，应用见长"的发展思路，强调培养学生的动手能力和应用能力，强调在科学研究和人才培养中，充分与学校的优势理工类专业交叉渗透。

　　1998 年 4 月，新闻系升格为学院。和其他新闻传播学院的命名有所不同，我们的院名定为"新闻与信息传播学院"，增添了"信息"二字。这是由当时华中科技大学的前身华中理工大学的在任校长，也是教育部原部长周济院士所加的。他认为，要从更为广阔的视域来审视新闻与传播活动的过程和规律，尤其要注重从信息科学和技术的角度来透视人类传播现象，考察传播过程中信息技术与人和社会的关系。"日拱一卒，功不唐捐"。长期以来，这种思路被充分贯彻和落实到我院的学科规划、科学研究、人才培养、社会服务等各项工作中。

因此，华中科技大学新闻与信息传播学院的最大特色，就是我们自创立以来，一直秉承文工交叉融合发展的思路，在传统的人文学科和"人文学科+社会科学"新闻传播学科发展模式之外，倡导、创新和践行了一种全新的范式。在这种学科范式下，我们以"多研究些问题"的学术追求，开拓了以信息技术为起点来观察人类新闻传播现象的视界，建构了以媒介技术为坐标的新闻传播学科建设框架，确立了以"全能型""高素质""复合型""创新型"为指向的人才培养目标，建立了跨越人文社会科学、科学技术和新闻传播学的课程体系和师资队伍，营造了适合提升学生实践技能和科技素质的教学环境。

就学科方向而论，30多年来，学院在长期的学科凝练和规划实践中，形成了相对稳定的三大支柱性学科方向：新闻传播史论、新媒体和战略传播。在本学科于1983年创办之时，新闻传播史论即是明确的战略方向。该方向下的教学和研究工作主要包括：马克思主义新闻观与思想体系、新闻基础理论、新闻事业改革、中外新闻史、传播思想史、传播理论、新闻传播学研究方法等领域；在建制上则包括新闻学系和新闻学专业（2001年增设新闻评论方向），此后又设立了广播电视学系和广播电视学专业（另有播音与主持艺术专业）、新闻评论研究中心、马克思主义新闻观教研平台等系所平台。30多年来，在新闻传播史论方向下，学院尤为重视新闻事业和思想史的研究，特别是吴廷俊教授关于中国新闻事业史、张昆教授关于外国新闻事业史的研究，以及刘洁教授和唐海江教授关于新闻传播思想史、观念史和媒介史的研究，各成一家，卓然而立。

如果说新闻传播史论方向是本学科的立足之本，那么积极规划新媒体方向，则是本学科凸显自身特色的战略行动。20世纪90年代中期，互联网进入中国，"新媒体时代"正式开启。"不畏浮云遮望眼"，我们积极回应这一趋势，成功申报并获批国家社科基金重点项目"多媒体技术与新闻传播"（主持人系吴廷俊教授），在新闻学专业下开设网络新闻传播特色方向班，建立传播科技教研室和电子出版研究所，成立新闻与信息传播学院并聘请电子与信息工程系主任朱光喜教授为副院长。此后，学院不断推进和电子与信息工程系、计算机学院等工科院系的深度合作，并逐步向业界拓展。学院先后成立了传播学系，建设了广播电视与新媒体研究院、媒介技术与传播发展研究中心、华彩新媒体联合实验室、智能媒体与传播科学研究中心等面向未来的研究平台，以钟瑛教授、郭小平教授、余红教授和笔者为代表的学者，不断推进信息传播新技术、新媒体内容生产与文化、新媒体管理、现代传播体系建设、广播电视与数字媒体、新媒体广告与品牌传播等领域的研究和教学工作，引领我国新媒体教育教学和科学研究风气之先。

2005 年前后，依托于品牌传播研究所、广告学系、公共传播研究所等系所平台，学院逐步凝练和培育了一个新的战略性方向：战略传播。围绕这个方向，我们开始在政治传播、对外传播与公共外交、国家公共关系、国家传播战略、中国特色网络文化建设等诸领域发力，陆续获批系列国家课题，发表系列高水平论文，出版系列学术专著，对人才培养起到了积极支撑作用，促进了学院的社会服务工作，提升了本学科的影响力。可以说，战略传播方向是基于新媒体方向而成形和建设的。无论是关于政治传播、现代传播体系、对外传播与公共外交、国家传播战略方面的教学工作还是研究工作，皆立足于新媒体发展和广泛应用的现实背景和演变趋势。在具体工作中，对于战略传播方向的深入推进，则是充分融入了学校在公共管理、外国语言文学、社会学、中国语言文学、哲学等学科领域的学科资源，尤其注重与政府管理部门和业界机构的联合，最大限度整合资源，发挥协同优势。"既滋兰之九畹兮，又树蕙之百亩"。近年来，学院先后组建成立了国家传播战略研究院和中国故事创意传播研究院，张昆教授、陈先红教授等领衔的研究团队在提升本学科的社会影响力方面，起到了非常积极的作用。

"却顾所来径，苍苍横翠微。"本学科诞生于 20 世纪 80 年代初信息科技革命高涨的时代背景之下，其成长则依托于华中科技大学（1988～2000 年为华中理工大学）信息科学和人文社会科学的优势学科资源，规划了新闻传播史论、新媒体和战略传播三大支柱性学科方向，发展的基本思路是学科交叉融合。30 多年来，本学科的学者们前赴后继、薪火相传，从历史的、技术的、人文的、政策与应用的角度，观察、思考、研究和解读人类的新闻与传播实践活动，丰富了中外学界关于媒介传播的理论阐释，启发了转型中的中国新闻传播业关于媒介改革的思路，留下了极为丰厚和充满洞见的思想资源。

现在，摆在读者诸君面前的"喻园新闻传播学者论丛"，即是近十多年来，我院学者群体在这三大学科版图中留下的知识贡献。这套论丛，包括二十余位教授的自选集及相关著述。其中，有吴廷俊、张昆、申凡、赵振宇、石长顺、舒咏平、钟瑛、陈先红、刘洁、何志武、孙发友、欧阳明、余红、王溥、唐海江、郭小平、袁艳、李卫东、邓秀军、牛静等诸位教授的著述，共计30余部，涉及新闻传播史、媒介思想史、新闻理论、传播理论、新闻传播教育、政治传播、新媒体传播、品牌研究、公共关系理论、风险传播、媒体伦理与法规等诸多方向。可以说，这套丛书是华中科技大学新闻传播学者最近十年来，为新闻传播学术研究所做的知识贡献的集中展示。我们希望以这套丛书为媒介，在更广的学科领域和更大知识范畴的学者、学人之间进行交流探讨，为当代中国的新闻传播学术研究提供华中科技大学学者的智慧结晶和思想。

当今是一个新闻业和传播业大变革、大转折的时代，新闻传播业正在经历人类历史上"百年未有之大变局"。首先是信息科技革命的决定性影响。对当前和未来的新闻传播业来说，技术无疑是第一推动力。大数据、云计算、区块链、物联网、人工智能等技术，持续带来翻天覆地的变革，不断颠覆、刷新和重构人们的生活与想象。其次是国际化浪潮。当前的中国越来越走近世界舞台中央，"讲好中国故事""传播好中国声音"，中国文化"走出去"和提升文化软实力，是国家层面的重大战略，这些理应是新闻传播学者需要面对和研究的关键课题。最后是媒体业跨界发展。在当前"万物皆媒"的时代，媒体的概念在放大，越来越体现出网络化、数据化、移动化、智能化趋势。媒体行业的边界得到了极大拓展，正在进一步与金融、服务、政务、娱乐、财经、电商等行业建立更紧密的联系。在这个泛传播、泛媒体、泛内容的时代，新闻传播研究本身也需要加速蝶变、持续迭代，以介入和影响行业实践的能力彰显学术研究的价值。

　　由是观之，新闻传播学的理论预设、核心知识可能需要重新思考和建构。在此背景下，华中科技大学新闻传播学科正在深化"文工交叉，应用见长"的学科建设思路，倡导"面向未来、学科融合、主流意识、国际视野"的发展理念，积极推进多学科融合。所谓"多学科融合"，是紧密依托华中科技大学强大的信息学科、医科和人文社科优势，在新的时代条件下，以面向未来、多元包容和开放创新的姿态，通过内在逻辑和行动路径的重构，全方位、深度有机融合多学科的思维、理论和技术，促进学科建设和科学研究的效能提升和知识创新。

　　为学，如水上撑船，不可须臾放缓。展望未来，我们力图在传统的新闻传播史论、新媒体和战略传播三大支柱性学科方向架构的学术版图中，在积极回应信息科技革命、全球化发展和媒体行业跨界融合的过程中，进一步凝练、丰富、充实、拓展既有的学科优势与学术方向。具体来说，有如下三方面的思考。

　　其一，在新闻传播史论和新媒体两大方向之间，以更为宏大和开阔的思路，跨越学科壁垒，贯通科技与人文，在新闻传播的基础理论、历史和方法研究中融入政治学、社会学、语言学、公共管理学、经济学等学科的思维方式和理论资源，在更广阔的学科视域中观照人类新闻传播活动，丰富学科内涵。特别的，在"媒介与文明"的理论想象和阐释空间中，赋予这两大学术方向更大的活力和可能性，以推进基础研究的理论创新。

　　其二，在新媒体方向之下，及时敏锐地关注5G、人工智能、云计算、区块链等新兴技术日新月异的发展演变，以学校支持的重大学科平台建设计划"智能媒体与传播科学研究中心"为基础，聚焦当今和未来的信息传播新技术对人类传播实践和媒体行业的冲击、影响和塑造。在此过程中，一方面，充分发挥学校的计算机科学与技术、电子信息与通信、人工智能与自动化、光学与电子信息、网络空间安全等优势学科的力量，大力推进学科深度融合发展，拓展本学科的研究领域，充实科研力量，提高学术产能；另一方面，持续关注和追踪技术进步，积极保持与业界的对话和互动，通过学术研究的系列成果不断影响业界的思维与实践。

　　其三，在新媒体与战略传播两大方向之间，对接健康中国、生态保护、科技创新等重大战略，以健康传播、环境传播和科技传播等系列关联领域为纽带，充分借助学校在基础医学、临床医学、公共卫生、医药卫生管理、生命科学与技术、环境科学与工程、能源与动力工程等学科领域的优势，在多学科知识的有机融合中突破既有的学科边界，发掘培育新的学术增长点，产出标志性的学术成果，彰显成果的社会影响力和政策影响力。

1983~2019年，本学科已走过36年艰辛探索和开拓奋进的峥嵘岁月，为人类的知识创造和中国新闻事业的改革发展贡献了难能可贵的思想与智慧。在人类的历史长河中，36年的时间只是短短一瞬，但对于以学术为志业的学者们而言，则已然是毕生心智与心血的凝聚。对此，学院谨以这套丛书的出版为契机，向前辈学人们致以最崇高的敬意！同时，也以此来激励年轻的后辈学者与学生，要不忘初心，继续发扬先辈们优良的学术传统，在当今和未来的时代奋力书写更为辉煌的历史篇章！

"潮平两岸阔，风正一帆悬。"在技术进步、全球化发展和行业变革的当前，人类的新闻传播实践正处于革命性的转折点上，对于从事新闻传播学术研究的我们而言，这是令人激动的时代机遇。华中科技大学新闻传播学科将秉持"面向未来、学科融合、主流意识、国际视野"的思路，勇立科技革命和传播变革潮头，积极推进多学科融合，以融合思维促进学术研究和知识创新，彰显特色，矢志一流，为建设中国特色、世界一流的新闻传播学科，为我国新闻传播事业的改革发展，为人类社会的知识创造，为传承和创新中华文化做出应有的贡献！

张明新

华中科技大学新闻与信息传播学院教授、博士生导师、院长
2019年12月于武昌喻园

目 录
CONTENTS

上 卷

新媒体社会责任

下　卷

新媒体运营及治理

古代文化传播

新媒体社会责任

论新媒体社会责任[*]

　　新媒体社会责任是传统媒体社会责任在新媒体时代的延伸。媒体社会责任是一个历久弥新的话题。网络技术迅猛发展，网民人数急剧增加，以社会化、移动化为趋势的新媒体发展，完全改变了传统信息传播的方式，给人们带来了全新的生活体验。与此同时，新媒体也带来了诸多新的社会问题，对传统媒体管理与社会管理造成极大的冲击，在"人人都是媒体"的新时代，新媒体社会责任受到社会各界越来越广泛的关注。然而，如何界定新媒体社会责任，如何评价新媒体社会责任，如何履行新媒体社会责任，都成为新媒体理论与实践必须面对与回答的新问题。本文将从概念阐释、思想渊源、指标建构三方面对这些问题逐一进行探讨。

一　概念阐释：从媒体社会责任到新媒体社会责任

　　从概念溯源层面看，新媒体社会责任与传统媒体社会责任一脉相承，是传统媒体社会责任在新媒体时代的发展与延伸。

（一）媒体社会责任的界定

　　要界定"新媒体社会责任"，首先要理解"媒体社会责任"。

　　*　本文为华中科技大学人文社科项目"社会化媒体影响力发生与调节机制研究"（项目编号 2014DCYJ11）的阶段性成果，研究指标与数据来自新媒体社会责任课题组集体研究成果。

媒体社会责任是与"社会责任论"密切相关的一个概念。"社会责任论"建构于 20 世纪 30 年代，最初源自美国，50 年代被西方大多数国家所接受。该理论主要是针对新闻自由践行中种种不负责任的表现而提出的，其主要思想体现在两个文本中。一是由美国芝加哥大学校长罗伯特·哈钦斯组建的报刊自由委员会于 1947 年提交的报告《一个自由而又负责的报刊》；二是 1956 年美国教会全国委员会斯拉姆等撰写的《报刊的四种理论》。该理论认为媒体的社会责任是：新闻报道应该准确、客观、平衡；报刊要成为公众交换意见与提出批评的平台；报刊要担负起解释社会目标和价值观的责任；报刊要承担起开启心智、教育者的责任；等等。[①]"社会责任论"在业界推动了新闻行业道德自律，并成为新闻从业者培训以及新闻教育的重要内容。随着民主参与理论的提出，"社会责任论"受到严重冲击。

"社会责任论"一直存在理论上的不足，这给后人的理解与研究带来了一定的难度。对于如何界定媒体社会责任，目前主要有两种倾向。一种更多地倾向于将媒体社会责任界定为一个媒体担负的角色义务责任或预期功能责任，认为媒体机构应与所有利益攸关方维持一种协调和谐与利益共享的关系，以一种有利于社会的方式进行经营，并对媒体机构或员工的行为过失承担道义责任和法律责任。另一种倾向则从更加广义的意义上来理解媒体社会责任。我们认为，媒体机构除了要对社会子系统负责之外，还要对整个社会系统结构中的政治、文化、经济等其他子系统负责，其社会责任涵盖为维护社会安定、国家安全和公众心智健康所应承担的政治责任、文化责任、持续发展责任、经济责任等公共责任或社会义务。[②] 媒体社会责任是指媒体承担的高于组织自身目标的社会义务，涉及社会、政治、经济、文化、法律、宗教、伦理道德等各个方面（见表 1）。

---

① 参见童兵《比较新闻传播学》，中国人民大学出版社，2002，第 132~133 页。
② 参见〔英〕戴维·巴勒特《媒介社会学》，赵伯英、孟春译，社会科学文献出版社，1989，第 58 页。

表1　媒体社会责任内涵

	广义媒体社会责任	狭义媒体社会责任
属性范畴	既强调媒体职业道德伦理范畴上的责任，又包罗社会、政治、经济、文化、法律、宗教、伦理道德等公共道德伦理范畴上的责任	更多侧重于媒体及其从业者的相同角色共性责任或预期功能责任范畴
实现方式	在服务并维护社会公众利益的过程中，既强调媒体及其从业者在道德上的自我约束和自我控制，也强调媒体及其从业者应受到舆论、法律、宗教、政治等外力的约束	更多基于媒体及其从业者的职业道德觉悟和契约层面的法律约束
作用对象	负责的对象，应不仅仅是媒体的利益直接相关者（包括股东、从业者、耗材供应商、用户或读者、媒体所在社区、社会和环境等），还应当具有普遍意义，即媒体责任面对和惠及的应是社会各个层面	主要涉及与媒体相关的利益攸关方

媒体是非常特殊的组织机构。一方面，作为公共服务平台，媒体本就应该承担其自身相应的社会责任；另一方面，它还是公共领域一般社会责任履行状况的监督者。而"具备一定的规模，具有相当的影响力，并代表发展方向"的主流媒体，其承担的社会责任就更为重大。从便于聚焦的角度，本文对媒体社会责任的理解，更倾向于狭义的理解，同时也会观照广义的理解。

（二）新媒体社会责任的界定

新媒体社会责任是媒体社会责任理论与实践的延续。在探讨新媒体社会责任之前，先对新媒体做出界定。

1. 什么是新媒体

新媒体的概念最早可以溯源到1967年，由美国哥伦比亚广播电视网技术研究所负责人 P. C. 戈尔德马克首次提出。之后，随着新媒体技术的发展，新媒体的内涵也不断丰富与更新。正如早期《新媒体百科全书》主编斯蒂夫·琼斯在该书导言中引用卡罗琳·马文所言："旧媒体曾经一度是新媒体，而新媒体又在不断地变化与演进。"① 因此，相对于传统媒

---

① 〔美〕斯蒂夫·琼斯主编《新媒体百科全书》，熊澄宇、范红译，清华大学出版社，2007，第1页。

体，如报刊、电视、广播等，新媒体则应指网络媒体、移动媒体、数字电视等。

根据以上理解，我们可以将新媒体界定为：基于数字信息技术，具有互动性、多元性、开放性等诸多新特点的媒体形态。目前最热门、发展势头最为强劲的新媒体形态主要是智能手机与平板电脑。就新媒体的承办主体来讲，可以分为三种类型：以个人为承办主体的个人网站、博客、微博等；以职业的媒体组织为承办主体的新闻网站、专业信息网站等；以企业或社会团体为承办主体的企业门户网站或专业研究网站等。①

2013年，在中国6.18亿的网民中，超过80%的人使用移动设备上网。② 2013年平板电脑出货量增长52%，超过PC所有年份的增长率。③

2. 新媒体社会责任的界定

学界对新媒体社会责任的理论探讨较为缺乏，但行业实践却从未停止。1999年4月，国内23家有影响力的上网新闻媒体在北京聚会，通过了《中国新闻界网络媒体公约》，呼吁全社会对网上信息产权进行保护。2001年5月，在信息产业部的指导下，中国互联网协会成立，下设行业自律委员会，负责网络行业自律活动，中国互联网协会于2002年3月出台《中国互联网行业自律公约》，作为网络行业自律的指导性文本。之后，网络行业自律不断走向规范化，行业自律规范也越来越具有针对性。2007年12月，阿里巴巴集团发布国内互联网行业首份企业社会责任报告；2010年5月，百余家传统媒体与网络媒体共同发布《媒体与企业社

---

① 参见孔建会《网络媒体的影响及社会责任》，百度文库，2011年10月17日，https://wenku.baidu.com/view/6d30564469eae009581bec45.html?_wkts_=1687761224844&bdQuery=%E5%AD%94%E5%BB%BA%E4%BC%9A+%E7%BD%91%E7%BB%9C%E5%AA%92%E4%BD%93%E7%9A%84%E5%BD%B1%E5%93%8D%E5%8F%8A%E7%A4%BE%E4%BC%9A%E8%B4%A3%E4%BB%BB，最后检索时间：2023年6月26日。

② 参见第33次《中国互联网络发展状况统计报告》，中国网信网，2014年5月26日，http://www.cac.gov.cn/2014-05/26/c_126548822.htm，最后检索时间：2023年6月24日。

③ 参见Marry Meeker《2014互联网趋势报告》，百度文库，2014年5月28日，https://wenku.baidu.com/view/3ed2abc56529647d2628522d.html?_wkts_=1687609623386&bdQuery=marry+meeker+2014+%E4%BA%92%E8%81%94%E7%BD%91%E8%B6%8B%E5%8A%BF%E6%8A%A5%E5%91%8A，最后检索时间：2023年6月24日。

会责任宣言》，新媒体社会责任被推到一个新的高度。

在中国，对媒体责任的强调总是与媒体的政治功能紧密相关，如传统媒体时代的工具论、喉舌论、祸福论、导向论等，到了新媒体时代，网络媒体因其影响力剧增，其社会责任也不断被提到新的高度。2004 年 9 月，中共十六届四中全会召开，在会议通过的《中共中央关于加强党的执政能力建设的决定》中，首次提出"引导新闻媒体增强政治意识、大局意识和社会责任感"[①]。2009 年 10 月，胡锦涛在世界媒体峰会开幕式致辞时特别提到，媒体"要切实承担社会责任"[②]。自此，在中央的一系列政治文件中，开始出现与新媒体社会责任相关的内容。

界定新媒体社会责任，在综合考虑以上因素的同时，本文更多地从媒介功能及新媒体传播特点的角度切入，将新媒体社会责任的主体从传统媒体机构及从业者，扩展到新媒体信息的各类生产者和传播者，包括众多社会化媒体的使用者。笔者认为，新媒体社会责任是指新媒体信息传播者（包括新媒体机构及从业者、个人用户），根据新媒体传播的道德准则与法律规范所应履行的相应职责，包括常规状态下应尽的基本责任，以及出现问题后应该追究的责任。在操作层面，笔者从五个维度进行考量：信息生产、教育大众、文化传承、提供娱乐、协调关系。

二　思想渊源：新媒体社会责任的理论梳理

（一）新媒体社会责任评价指标体系的建构

要想将新媒体社会责任从理论转化为实践，必须建构一套科学的评价指标体系，这套评价指标体系既是对现有研究成果的提炼，也是对新媒体社会责任履行状况的考察。在此，所谓的新媒体社会责任直击"媒体的

---

① 中共中央文献研究室编《十六大以来重要文献选编》中，中央文献出版社，2006，第284 页。
② 《胡锦涛出席世界媒体峰会开幕式并发表重要讲话》，中央政府门户网，2009 年 10 月 9 日，http://www.gov.cn/ldhd/2009-10/09/content_1434304.htm，最后检索时间：2023 年 5 月 10 日。

根本属性"，其主旨意图聚焦于"媒体须在为社会和大众服务的过程中担负起自身的义务"，其主要意涵在于"新媒体从边缘媒体向主流媒体迈进过程中所必须践行的价值观念和利益顾及"。

本文根据评价指标体系建构的主要原则，如科学性、代表性、独立性、可获得性、可比较性等，筛选出适合评价我国新媒体社会责任的关键指标，形成评价指标体系。在选择关键指标时，要充分考虑新媒体社会责任所包含的各个方面，结合卡罗尔关于社会责任评价的四方面内容（经济、法律、伦理、慈善），突出新媒体社会责任的特性，以确保评价指标体系具有代表性和客观性。本文邀请来自新媒体学界、业界和管理界的34位专家，借助他们的智慧和经验开展关键指标筛选，从而增强评价指标体系的合理性和可操作性。笔者设想建构的"新媒体社会责任评价指标体系"，希冀囊括"新媒体机构利益攸关方群体"，形塑一个"涵盖社会责任各层次、各方面内涵的有机的、完善的测评体系或评估模型"，力争在指标覆盖全面性、指标权重判定合理性、整体评价体系适用性等方面有所突破。

基于新媒体机构利益攸关方群体价值诉求和利益考量，以媒介功能为逻辑起点，本研究首先确定5个一级评价指标为"信息生产"、"教育大众"、"文化传承"、"提供娱乐"和"协调关系"。其次，围绕5个一级评价指标，并结合新媒体发展特点与状况，下面又设置了10个二级指标和28个三级指标，由此形成了由5个一级指标、10个二级指标和28个三级指标构成的评估体系。

新媒体社会责任听起来是个非常抽象的概念，如何将其量化，形成具体的评价指标，是整个新媒体社会责任评价指标体系建构的关键。在评价指标设定方面，运用定性和定量相结合的系统化、层次化的分析方法，即层次分析法（Analytical Hierarchy Process）。相对于其他方法，层次分析法能够将主观判断数学化，在进行决策分析时，能将定性和定量问题综合起来分析，进而得到明确的定量化结果。这是一种系统的、层次化的、定性和定量相结合的方法，适用于多指标的决策分析问题。[①] 其基本原理是

---

① 参见胜丹《网络媒体公司社会责任评价指标体系的构建与应用》，硕士学位论文，吉林大学，2011，第31页。

先建立递阶层次结构模型，一般是包括目标层、准则层和方案层三级的层次结构模型；接着是建构指标之间两两比较判断矩阵；然后是计算判断矩阵的权重向量，包括单个判断矩阵和全体判断矩阵；最后是进行一致性检验。

运用层次分析法确立指标权重，具体步骤如下。

其一，将新媒体社会责任评价指标体系看作一个整体系统，建立三级层次结构模型。第一级分为5个维度，分别为"信息生产""教育大众""文化传承""提供娱乐""协调关系"；第二级分为10个维度，分别为"信息质量""流程控制""塑造共识""社会监督""对内文化传承""对外文化输出""娱乐类应用""娱乐性内容""线上沟通""线下活动"；第三级分为28个维度，分别为"权威""真实""时效""全面""深度""原创""客观""信息把关""广告控制""侵权控制""社会核心价值""传统文化价值""监督公共政策""监督公共权力""监督社会现象""内容传播""功能设计""娱乐内容""娱乐功能""公共服务""用户体验""互动""商业性活动""非商业性活动"。其中，二级指标"对内文化传承"和"对外文化输出"下的三级指标相同，均为"内容传播"和"功能设计"；二级指标"娱乐类应用"和"娱乐性内容"下的三级指标相同，均为"娱乐功能"和"娱乐内容"。

其二，针对这三级层次指标，在其各自层级内，进行两两比较，邀请来自新媒体学界、业界和管理界的34位专家根据1~9标度等级方法进行判断打分，并以相应数据构建判断矩阵。之后，对这三级指标层层内各因素，进行层次单排序，计算本层级内各因素相对重要性次序的权重，从而转化为计算判断矩阵的最大特征根和特征向量的问题。再之后，就可以根据最大特征根，计算出一致性指标 $CI = \dfrac{\lambda_{max} - n}{n-1}$。不同阶的判断矩阵的判断一致误差不尽相同，对于 CI（Consistency Index）值的要求也不相同，因此，检验不同阶数判断矩阵是否具有一致性，还需要引入平均随机一致性指标 RI（Random Index），RI 的值可以根据阶数 n 的大小查表获得。然后，根据 CI

值和 *RI* 值，求随机一致性比率 *CR*（Consistency Ration），即 $CR=\dfrac{CI}{RI}$。当 *CR*<0.10 时，即可以认为判断矩阵具有满意的一致性；当 *CR*≥0.10 时，就需要对判断矩阵做出适当调整，使之具有满意的一致性。最后，需要计算出层次总排序，即针对递阶层次结构第一级目标层，从上至下逐层计算，求出最低层因素相对于最高层（目标层）因素的相对重要性权重。层次总排序，可以看作层次单排序的延伸，即准则层各因素相对于目标层各因素的权重向量与方案层各指标相对于准则层各指标的权重向量相乘，从而形成方案层各指标相对于目标层各指标的最终权重。另外，层次总排序也需要进行一致性检验。

其三，收集来自新媒体学界、业界和管理界的 34 位专家对评价指标体系中不同指标的重要性评分，根据 APH 判断矩阵的一致性检验，采用 OLS 模型估计，计算新媒体社会责任评价指标体系的各层次指标权重（见表 2）。

表 2　新媒体社会责任评价指标体系各层次指标权重

一级指标	权重	二级指标	权重	三级指标	权重
信息生产	0.255354201	信息质量	0.561837456	权威	0.135504202
				真实	0.164915966
				时效	0.155462185
				全面	0.138655462
				深度	0.12710084
				原创	0.12710084
				客观	0.151260504
		流程控制	0.438162544	信息把关	0.357723577
				广告控制	0.292682927
				侵权控制	0.349593496
教育大众	0.194398682	塑造共识	0.454887218	社会核心价值	0.506024096
				传统文化价值	0.493975904
		社会监督	0.545112782	监督公共政策	0.336538462
				监督公共权力	0.346153846
				监督社会现象	0.317307692

一级指标	权重	二级指标	权重	三级指标	权重
文化传承	0.189456343	对内文化传承	0.518518519	内容传播	0.534351145
				功能设计	0.465648855
		对外文化输出	0.481481481	内容传播	0.545098039
				功能设计	0.454901961
提供娱乐	0.171334432	娱乐类应用	0.502109705	娱乐内容	0.506550218
				娱乐功能	0.493449782
		娱乐性内容	0.497890295	娱乐内容	0.510917031
				娱乐功能	0.489082969
协调关系	0.189456343	线上沟通	0.565737052	公共服务	0.323113208
				用户体验	0.339622642
				互动	0.337264151
		线下活动	0.434262948	商业性活动	0.480176211
				非商业性活动	0.519823789

权重计算公式为：

$$C_i = \sum{}_{ki} \times D_i (i = 1,2,3,\cdots\cdots)$$ 　　　　　公式 1

$$B_i = \sum{}_{ki} \times C_i (i = 1,2,3,\cdots\cdots)$$ 　　　　　公式 2

$$A = \sum{}_{ki} \times B_i (i = 1,2,3,\cdots\cdots)$$ 　　　　　公式 3

其中：B_i、C_i、D_i 为权重值；A 为网站社会责任总体评估结果得分；k 为指标得分，为整数，取值范围为 $0 \leqslant k \leqslant 4$。

（二）新媒体社会责任履行状况测评

运用以上评价指标体系对新媒体典型类型进行社会责任履行状况评估，主要评估对象为国家级新闻网站、新闻客户端、视频网站、游戏类网站、媒体微博、垂直文学类网站等。由于研究时间与精力有限，部分新媒体类型会在后续研究中进一步拓展。

1. 不同类型新媒体社会责任履行状况测评

国家级新闻网站是由国家级新闻单位或国家级新闻宣传部门主办，综合报道国家及地方新闻的、具有采写和登载网络新闻权利的互联网新闻信息服务单位。将 8 个国家级新闻网站作为研究样本，评估得分由高到低依次为：人民网（4.26）、新华网（4.23）、央视网（3.73）、中国网（3.70）、中国经济网（3.40）、国际在线（3.15）、中国日报网（2.99）、中青在线（2.97）。评估结果显示：国家级新闻网站在履行社会责任方面总体表现较好，在信息生产、文化传承方面表现较为突出，在教育大众、提供娱乐和协调关系方面仍有较大提升空间。

新闻客户端是为手机用户提供持续、实时、全方位新闻资讯更新，内容覆盖国内、国际、军事、社会、财经、体育、娱乐等方面的新闻类应用软件。主要有三种类型：传统媒体的新闻客户端、商业网站的新闻客户端、网络技术公司的新闻客户端。根据下载量和活跃用户数量，选取这三类中的前三名作为样本，评估得分（总分为 3 分）由高到低依次为：环球时报（2.58）、腾讯新闻（2.49）、网易（2.45）、人民日报（2.35）、搜狐（2.12）、百度新闻（1.91）、ZAKER（1.87）、今日头条（1.76）、央视新闻（1.52）。与其他新媒体类型比较而言，新闻客户端履行社会责任状况处于中等偏低水平，有待进一步加强，在信息生产方面表现较好，在教育大众方面次之，而在文化传承、提供娱乐和协调关系方面则有待进一步提升。

视频网站的社会责任是指视频网络媒体及其从业人员在其建立的视频网站上进行信息传播的过程中，需要对国家、社会、公民承担信息生产、教育大众、文化传承、提供娱乐、协调关系等方面的责任和义务。根据浏览量与社会影响力选择了 5 家视频网站作为研究样本，评估得分由高到低依次为：凤凰视频（3.87）、腾讯视频（3.37）、优酷网（3.35）、爱奇艺网（3.20）、迅雷看看（2.92）。这 5 家视频网站的平均分值为 3.34。从测评结果来看，与其他新媒体类型比较而言，视频网站社会责任履行状况处于中等水平。具体而言，依托实力强大的传统媒体或门户网站而建立的视频网站，在提供优质内容方面占据一定优势，因而社会责任履行状况相对较好。从整体来看，视频网站普遍重视提供娱乐，对信息生产、协调关系、教育大众和文化传承等方面重视不够，尚有一定的完善空间。

游戏类网站主要是指包括各大门户网站的游戏频道在内的以提供游戏信息为主要内容的网络媒体。根据中国游戏产业年会评选出的 2013 年度中国十大游戏媒体与 2012 年度中国十大游戏媒体的结果选取 12 个样本，评估得分结果由高到低依次为：17173.com（1.57）、新浪网游戏频道（1.11）、多玩游戏（1.06）、网易游戏频道（0.97）、腾讯游戏频道（0.91）、叶子猪游戏网（0.87）、游久网（0.79）、178.com（0.73）、07073.com（0.72）、265G.com（0.69）、DONEWS（0.68）、游戏风云（0.55）。从整体来看，在教育大众与文化传承方面，大多数游戏类网站都能提供一些内嵌社会主流价值观或中华民族文化元素的游戏；在信息把关方面，大多数游戏类网站都能配置相关信息技术系统，并对 UGC（用户生成内容）进行有效把关；在改善用户的娱乐体验方面，大多数游戏类网站非常重视持续不断地优化提升游戏产品的内容及质量。当然，游戏类网站也普遍存在以下问题：暴力、色情和血腥场景频现于游戏；策划线上线下大型活动的能力尚待提升；民族类游戏缺乏外文翻译，不利于对外文化传播。

媒体微博是专业媒体机构及其从业人员利用微博进行新闻传播活动的平台。参考新浪微博"风云影响力榜"提供的分类账号影响力排行，将新浪微博 2014 年 3 月媒体影响力榜单上排名前十位的媒体微博作为样本，评估得分由高到低依次为：人民日报（2.54）、头条新闻（2.06）、环球时报（1.91）、央视新闻（1.88）、新浪娱乐（1.57）、新浪体育（1.48）、新闻晨报（1.45）、暴走漫画（1.37）、微天下（1.34）、这里是美国（1.29）。从整体来看，媒体微博履行社会责任状况处于中等偏下水平，除较为重视信息生产外，在教育大众、文化传承、提供娱乐和协调关系等方面的作用尚未充分发挥。具体而言，媒体微博承担信息生产社会责任的水平相当；普遍缺乏文化传承的社会责任意识；承担提供娱乐社会责任的水平受其内容定位的影响；在教育大众媒介功能的发挥上呈现较明显的两极分化；在协调关系方面，中央级传统新闻媒体开办的媒体微博承担该项社会责任的水平较高。

垂直文学类网站是专门提供文学作品和相关服务的网站，与综合性网站内容"大而全"不同，其特点是"专精深"。根据行业排名与社会影响力选取了 5 家垂直文学类网站作为研究样本，评估得分由高到低依次为：起点中文网（0.41）、纵横中文网（0.33）、17K 小说网（0.31）、潇湘书院（0.15）、晋江文学城（0.36）。与其他新媒体类型比较而言，垂直文学类网站履行社会责任状况处于偏低水平。垂直文学类网站履行社会责任状况存在以下特点：在提供娱乐方面表现突出，在教育大众和文化传承方面表现较差，在信息生产和协调关系方面的表现不显著。

2. 新媒体社会责任履行状况测评结果分析

在新媒体社会责任的履行中，由于新媒体平台的性质、类别、功能不同，其履行社会责任状况呈现出明显的差异，具体分析如下。

在信息生产方面，大部分新媒体类型在信息生产方面的得分处于较高的水平。除了游戏类网站和垂直文学类网站功能有别外，其他被考察的新媒体类型都普遍重视信息生产这一社会责任。然而，在信息生产的质量上，各新媒体类型差异较为明显。如新闻客户端的有些内容来源庞杂、趣味低俗；视频网站中也存在较多低俗内容和低质量广告；表现较好的国家级新闻网站，其信息的全面性和原创性也有待进一步提升。如中青在线，其发布的新闻信息基本以中国青年群体的资讯信息为主，而对政治、经济、军事等其他类型的信息涉及较少。

在教育大众方面，依托传统媒体创办的新媒体类型表现较好，如国家级新闻网站具有更明确的教育大众意识，人民网、新华网、国际在线、央视网都将社会主义核心价值观置于网站显著位置，并开设专题版块。媒体微博在教育大众方面的表现水平不一，但人民日报与环球时报的微博表现较为突出，延伸了其母体媒体的教育大众社会责任意识。新闻客户端信息繁杂，在教育大众方面，人民日报客户端表现突出，传递社会主义核心价值观的信息内容占到样本总数的38%。视频网站、垂直文学类网站、游戏类网站在这一方面则表现欠佳。

在文化传承方面，国家级新闻网站显示出较强的文化传播意识，如人民网、新华网、中国网，页面设计中国味儿鲜明，弘扬传统文化的形式丰富多样，大多数网站开办了英文版文化栏目。游戏类网站，由于民族类网络游戏已经打破了日韩网游雄霸天下的格局，所选样本中，所有游戏类网站都开设了民族类游戏讨论区，多数游戏类网站开通了推荐民族类游戏的栏目。新闻客户端样本中，仅网易、腾讯新闻开设了文化栏目。视频网站样本中，仅凤凰视频开设了专门的历史文化栏目。垂直文学类网站样本中，仅两家列举了传统读物，对外传播上存在多语种传播不足的弊端。媒体微博，由于表达形式的限制，文化传承意识较为缺乏。

在提供娱乐方面，视频网站、游戏类网站、垂直文学类网站本身就追求娱乐目标，因此娱乐功能突出，即便是主打新闻传播的凤凰视频，其提供娱乐方面的得分也仅次于信息生产。值得注意的是，过度娱乐的现象需要引起高度重视，如网游中的色情、暴力、血腥等。国家级新闻网站样本在提供娱乐方面，只有央视网的娱乐类内容与人民网的娱乐类应用稍显突出，整体上不够重视。新闻客户端，由于竞争点在时效性上，与信息无关的娱乐应用也未受到重视。在娱乐内容方面，今日头条娱乐内容居多，其次是商业网站的新闻客户端，传统新闻媒体的新闻客户端基本不含娱乐内容。媒体微博受内容定位限制，样本中的新浪娱乐、暴走漫画较重视娱乐内容，偏重硬新闻的其他媒体微博较少发布娱乐内容。

在协调关系方面，协调线上线下关系对新媒体发展尤为重要，但研究结果显示，各类新媒体在这方面的表现都不尽人意。国家级新闻网站较为重视协调关系，提供了诸多互动平台，如论坛、民调、投诉、投票等，但较之商业网站，用户体验还有较大的提升空间，线下互动也不够活跃。新闻客户端在协调关系上更为薄弱，在互动功能上，新闻客户端都会提供评论、"赞"、"踩"等功能，但在实际运用中，腾讯新闻与网易效果较好，环球时报、央视新闻互动较差，线下互动均为零。媒体微博重视用户体验，均开设粉丝服务平台，方便粉丝快速阅读，但对于网民评论基本不予回复。游戏类网站大多通过设置查询、咨询等功能来增强互动体验，仅新浪网、网易游戏频道例外。在线下活动方面，以17173.com表现最为活跃，其次是腾讯与网易游戏频道。视频网站在协调关系上整体处于中等水平，网站均设置咨询、反馈、投诉等功能，但反馈速度较慢。垂直文学类网站在协调关系上得分不高。

三 指标建构：新媒体社会责任的现实考量

这一研究的意义有二。一方面，可以为新媒体行为准则的制定提供借鉴，进而为社会各界规范和约束新媒体行为提供难题破解之道；另一方面，可以为考核和评判新媒体履行社会责任状况提供探索经验，表彰或批评其履行社会责任的行为，助推第三方研究机构发布"新媒体社会责任履行排行榜"等类似评估新媒体行业社会责任履行状况的报告，促进具有督促意义的社会责任信誉表彰机制不断建立健全。

建构新媒体社会责任评价指标体系，不仅是政府管理者和行业管理者管理和评估新型网络媒体的需要，而且是业界从业者、专业研究者和社会大众对新型网络媒体进行了解和评判的需要，同时，也将为新型网络媒体更优质高效地从事信息传播和更稳定持续地从事企业经营提供参考框架和目标指南：其一，有利于政府管理部门考量新媒体社会责任的宏观动向，科学判定管理重点，合理完善管理方式，正确调整管理机制，进而引导新媒体行业健康可持续发展；其二，新媒体企业可以根据以上评价指标和权重设置进行参照纠偏，满足新媒体自我完善和自我提升的需要，促进新媒体企业更好地把握价值导向、规范职业操守、强化舆论引导，进而满足社会大众对信息服务的需求；其三，有利于创新和丰富具有中国特色的媒体社会责任理论，避免对西方媒体社会责任理论的全盘照搬，克服西方媒体社会责任理论的不足和现实局限。

由于新媒体产业大环境的日新月异以及国外新媒体产业和意识形态的影响，新媒体机构面临更为复杂和严峻的生存环境。因此，新媒体机构要在传媒职能、产业竞争、公共传播、舆论监督上掌控好自身的社会角色和定位，同时，也有义务和责任进一步调整价值导向、规范职业操守、强化社会互动，为赢取更大的生存空间创造条件。为了规范新媒体发展、加强统一管理、提升新媒体整体传播水平，有必要将其作为培育和践行社会主义核心价值观的重要途径加以推进。2014 年，中宣部、国家新闻出版广电总局等四部门发布的《关于 2014 年深入开展新闻战线"三项学习教育"活动的意见》提出："要积极推进新媒体社会责任报告制度试点工作，探索构建科学规范的制度体系和工作机制，推动各类新媒体强化社会责任意识、自觉主动履行社会责任，提升媒体公信力。"①

---

① 《成都主流媒体社会责任评价体系出炉 3 个维度 12 项指标》，浙江记协网，2014 年 11 月 24 日，http://www.zja.org.cn/zja/system/2014/11/24/018722831.shtml，最后检索时间：2023 年 6 月 24 日。

通过以上对新媒体履行社会责任状况的考察可知，新媒体社会责任建设不仅迫在眉睫，而且任重道远。新媒体社会责任评价和管理是一种全面的责任管理，从现实考量层面来看，新媒体社会责任建设不仅是新媒体运营者的责任，还涉及政府管理者、行业管理者、业界从业者、专业研究者、新型自媒体传播者等诸多主体。可以说，新媒体社会责任建设是一个系统工程，提升新媒体社会责任意识，需要多方的共同努力。

要规范新媒体的传播行为，就必须理清新媒体的利益攸关主体，规范利益攸关主体的行为。

（一）健全信息发布规则，不断完善新媒体管理的法律责任

健全行业自律体系，增强新媒体行业组织的社会责任意识。行业自律体系，在西方一些国家作用突出，对我国新媒体治理具有一定借鉴意义。鉴于新媒体机构在网上信息审查方面所担负的义务以及因失责所引起的潜在风险，西方发达国家的新媒体机构大多在政府的引导下，自发组建了行业自律组织，通过制定行业自律规范、受理公众投诉事项、开展媒介素养教育等方式，在保障国家信息安全和维护公众共同利益方面发挥了重要的作用。

美国新媒体信息安全行业组织，在网络安全应急响应、职业道德规范制定、职业资质认证、从业人员教育、信息安全技术交流等方面，发挥了重要作用，比较著名的有美国计算机协会（ACM）、国际互联网协会（ISOC）、计算机安全协会（CSI）、信息系统审计与控制协会（ISACA）、计算机应急响应协调中心（CERT/CC）、美国计算机职业者社会责任协会（CPSR）等。除此之外，其他美国新媒体自律团体、组织或联盟，纷纷通过各种方式来协助政府的管理，基本涵盖了电子商务、社交网络、新闻网站等几个新媒体管理的主要方面。在法国，有"互联网理事会""法国域名注册协会""互联网监护会""互联网用户协会"等行业机构。在德国，有"国际性内容自我规范网络组织"等。在日本，有电信服务业提供商协会、电气通信从业者协会等行业组织。

在中国，以中国互联网协会为代表的新媒体自律组织也在不断涌现，但在规范职责、体现行业有效自治等方面，有待进一步探索。

（二）健全行业自律体系，不断增强新媒体行业组织的监督责任

健全管理制度，完善新媒体管理法律规范。由于新媒体行业是一种技术主导发展的市场形态，其技术发展速度远远超过了法规的更新速度，无论是欧美等发达国家，还是印度等发展中国家，都在不断明确新媒体治理的权利和义务，不断明晰新媒体治理的责任界限。尽管具体做法不同，但依据具体国情，不断强化新媒体法律责任治理，不断提升新媒体用户的法律意识，已成为全球共同趋势。综观国内现有的新媒体相关法规，在业务许可、市场准入、运营管理等方面的内容较多，但缺少一部全方位明确新媒体信息传播责任的基本法律，对此，还需要整合现有法规，制定权威统一的专门法律，建立完整、规范、明确的新媒体信息发布责任规则，进一步明确信息发布者和传播者的法律责任界限，同时依法制裁恶意发布或传播违法信息以及利用信息发布从事违法活动的行为。若建立基本法律的工作短期内难以取得突破性进展，则可以考虑不断加强对现有法律适用于新媒体管理的延伸和司法解释工作，进一步明晰现有法律在新媒体领域的认定标准和适用范围。

（三）发挥第三方监督机构作用，健全与规范新媒体责任评估体系

新媒体社会责任的履行，需要一套健全的第三方监督机制，以保证新媒体产品具有更高的品质，在激烈的商业竞争中不丧失其社会责任意识。第三方监督机构的职责，一方面是监督新媒体行业自律，另一方面是直接对新媒体机构的社会责任履行状况进行评估。

在监督新媒体行业自律方面，可以发布新媒体行业社会责任报告，表彰或批评其履行社会责任的行为；在对新媒体社会责任履行状况进行评估方面，可以制定科学的评价指标体系，组织多方参与并发布评估结果，形成具有督促意义的社会责任信誉表彰机制。目前的困难在于，尚没有一套可供参考的新媒体行业社会责任评价指标体系。虽然新媒体社会责任问题的研究源自西方媒体"社会责任论"，但西方学界并未给出一套可供参考的媒体社会责任评估体系。我们参照传统媒体的社会功能理论，制定了一个五类三级的指标评估体系，以此推动对新媒体社会责任的评估。

（四） 开展媒介素养教育，不断提升新媒体用户的道德责任水平

新媒体，特别是社交媒体，其社会责任履行状况的改善，需要依靠广大新媒体用户媒介素养的提升。在新媒体用户的媒介素养教育方面，英国、美国和澳大利亚都展开了一定程度的探索，为我国媒介素养教育提供了大量经验。英国作为率先提出媒介素养教育的国家，其教育部门通过优化设计相关教育课程，力争达到"初中生可以理解网络信息的说服意图，高中生可以管理自己的上网行为"的教育效果。有关统计数据显示，美国很多学校把网络伦理问题纳入计算机考试内容，有一半以上的学校开设了网络伦理相关课程。澳大利亚不仅通过生活社区向网民宣传正确使用互联网的有关内容，还在学校设立专门机构，为学生讲授正确的互联网启蒙知识。

在中国，媒介素养教育也受到高度关注，但在具体落实上，特别是在保证其确有成效上，仍需要进一步努力。

原载钟瑛主编《中国新媒体社会责任研究报告（2014）》，

社会科学文献出版社，2014

合作者：张恒山、芦何秋、王井

收入本书时略有改动

新媒体社会责任的行业践行
与履行状况考察[*]

数字技术、移动通信与智能科学的日新月异，推动了新媒体行业的迅猛发展。新媒体行业的迅猛发展具有两面性。一方面，新媒体的广泛运用使新媒体传播影响力日益提升；另一方面，新媒体的行业践行使新媒体社会责任问题愈加凸显，给传统的媒体管理和社会治理带来全新挑战并造成巨大冲击。

新媒体社会责任的实践探索，引起社会各界的密切关注与深层思考。要推动新媒体理论与实践的发展，必须准确认识和客观评判新媒体社会责任的行业履行状况，并以科学合理的评价指标体系进行评估和考量，及时更新新媒体治理的理念与策略。

一 新媒体社会责任的概念阐释

新媒体社会责任与传统媒体社会责任一脉相承，是媒体社会责任在新媒体时代的发展与延伸，同时又被赋予新媒体时代特有的崭新内涵与全新评判维度。传统媒体社会责任主要的承担主体是媒体机构自身，而新媒体社会责任的承担主体则更为扩大和延展，涵盖了具备传播影响力的个人用

---

* 本文数据来源于钟瑛主编《中国新媒体社会责任研究报告（2015）》，社会科学文献出版社，2015。

户在内的所有新媒体信息生产者和传播者。

（一）媒体社会责任

媒体社会责任的概念与"社会责任论"密切相关。"社会责任论"源于美国，建构于20世纪30年代，主要是针对新闻自由践行中种种不负责任的表现而提出的，主要思想体现在两个文本中：一是由美国芝加哥大学校长罗伯特·哈钦斯组建的报刊自由委员会于1947年提交的报告《一个自由而又负责的报刊》；二是1956年美国教会全国委员会斯拉姆等撰写的《报刊的四种理论》。"社会责任论"对媒体的社会责任做了全面规范：新闻报道应该准确、客观、平衡；报刊要成为公众交换意见和提出批评的平台；报刊要担负起解释社会目标和价值观的责任；报刊要承担起教育者和开启心智的责任等。①

"社会责任论"一直存在理论上的不足，这给后人的理解与研究带来了一定的难度。关于媒体社会责任的概念界定，目前主要有两种倾向。一种是狭义的理解，更多地倾向于将媒体社会责任界定为媒体担负的角色义务责任或预期功能责任，认为媒体机构应与所有利益攸关方维持一种协调和谐与利益共享的关系，以一种有利于社会的方式进行经营，并对媒体机构或员工的行为过失承担道义责任和法律责任。另一种是广义层面的理解，既强调媒体职业道德伦理范畴上的责任，又包罗政治、经济、文化等公共道德伦理各类范畴上的责任。

媒体机构除了要对社会子系统负责之外，还要对整个社会系统结构中的政治、文化、经济等其他子系统负责，其社会责任涵盖为维护社会安定、国家安全和公众心智健康所应承担的政治责任、文化责任、持续发展责任、经济责任等公共责任或社会义务。② 因而，从聚焦的层面考虑，本文更倾向于狭义的理解，同时也会观照广义的理解。媒体社会责任是媒体承担的高于组织自身目标的社会义务，涉及社会、政治、经济、文化、法

---

① 参见童兵《比较新闻传播学》，中国人民大学出版社，2002，第132~133页。
② 参见〔英〕戴维·巴勒特《媒介社会学》，赵伯英、孟春译，社会科学文献出版社，1989，第58页。

律、宗教、伦理道德等各个方面。

（二）新媒体社会责任

诚如卡罗琳·马文所言，"旧媒体曾经一度是新媒体，而新媒体又在不断地变化与演进"①，新媒体是一个动态发展的概念，与新媒体技术的发展息息相关，对其的理解应综合历时性和共时性的双重视野。新媒体的概念由美国哥伦比亚广播电视网技术研究所负责人 P. C. 戈尔德马克于1967年首次提出，随后便在理论界和实践领域广泛扩散，其概念内涵和实践指向不断丰富和更新。由此，相对于传统媒体，如报刊、广播、电视而言，结合新时代特征，本文将新媒体界定为：基于数字信息技术，具有互动性、多元性、开放性等诸多新特点的媒体形态。目前的主流新媒体主要指网络媒体与移动媒体等。中国互联网络信息中心数据显示，在中国，截至2015年12月，网民规模达6.88亿，其中手机网民占比为90.1%；在美国，《2015互联网趋势报告》数据显示，18~34岁的美国人中，87%的人"智能手机从不离身"，78%的人"每天使用手机时间超过2小时"。②

学界对新媒体社会责任的理论探讨较为缺乏，但行业实践却从未停止。1999年4月，国内23家有影响力的上网新闻媒体在北京聚会，通过了《中国新闻界网络媒体公约》，呼吁全社会重视和保护网上信息产权。中国互联网协会于2002年3月出台《中国互联网行业自律公约》，作为网络行业自律的指导性文本。之后，网络行业自律不断走向规范化，行业自律规范也越来越具有针对性。2007年12月，阿里巴巴集团发布国内互联网行业首份企业社会责任报告；2010年5月，百余家传统媒体与网络媒体共同发布《媒体与企业社会责任宣言》，新媒体社会责任被推到一个新的高度。

本文从媒介功能及新媒体传播特点的角度切入，将新媒体社会责任的主体从传统媒体机构及从业者，扩展到新媒体信息的各类生产者和传播

---

① 〔美〕斯蒂夫·琼斯主编《新媒体百科全书》，熊澄宇、范红译，清华大学出版社，2007，第1页。

② Mary Meeker：2015 Internet Trends, https：//www.kleinerperkins.com/perspectives/2015-internet-trends/.

者，包括众多社会化媒体的使用者。笔者认为，新媒体社会责任是指新媒体信息传播者（包括新媒体机构及从业者、个人用户），根据新媒体传播的道德准则与法律规范所应履行的相应职责，包括常规状态下应尽的基本责任，以及出现问题后应该追究的责任。在操作层面，笔者构建了考量和评估新媒体社会责任的四个维度：信息生产、社会监督、文化教育和协调关系。

二　中国新媒体社会责任的行业践行

据中国互联网络信息中心（CNNIC）发布的《1986～1993年互联网大事记》可知，中国的互联网发展缘起于1986年8月，中国科学院高能物理研究所的吴为民在北京710所的一台IBM-PC机上，通过卫星链接，远程登录到日内瓦CERN一台机器VXCRNA王淑琴的账户上，向位于日内瓦的Steinberger发出了一封电子邮件。自此，中国的新媒体事业开始随着世界互联网事业的发展而蹒跚起步，之后便展现出迅猛的发展势头，实现了超越式发展。随着中国新媒体发展到不同阶段，中国新媒体社会责任的行业践行也开始了摸索与超越，下面将其划分为四个阶段分别进行解析。

（一）政府管理主导的实践摸索期（1986～2000年）

中国在新媒体行业协会成立之前，以政府管理为主导，开始了新媒体社会责任的行业践行。国家各职能部门通过制定各类管理办法或规定，来规范刚刚兴起的互联网新媒体行业的发展。

1996年，中国相继发布《中华人民共和国计算机信息网络国际联网管理暂行规定》和《中国公用计算机互联网国际联网管理办法》，确立了"统筹规划、统一标准、分级管理、促进发展"的互联网管理原则，并设立"国务院经济信息化领导小组"，负责协调、解决有关国际联网工作中的重大问题。2000年出台的《中华人民共和国电信条例》，对电信市场、电信服务、电信建设、电信安全等进行了全面规定。2000年施行的《互联网信息服务管理办法》，规定互联网信息服务提供者不得制作、复制、发布、传播含有下列内容的信息：反对宪法所确定的基本原则的；危害国家安全，泄露国家秘密，颠覆国家政权，破坏国家统一的；损害国家荣誉和利益的；煽动民族仇恨、民族歧视，破坏民族团结的；破坏国家宗教政策，宣扬邪教和封建迷信的；散布谣言，扰乱社会秩序，破坏社会稳定的；散布淫秽、色情、赌博、暴力、凶杀、恐怖或者教唆犯罪的；侮辱或者诽谤他人，侵害他人合法权益的；含有法律、行政法规禁止的其他内容的。

这一时期还成立了相关组织机构，行使国家对互联网管理的相关职责。如 1997 年 6 月，国务院信息化工作领导小组办公室授权中国科学院组建和管理中国互联网络信息中心；1999 年 2 月，中国信息安全测评认证中心（CNISTEC）正式运行；2000 年 6 月 21 日，中国电子商务协会正式成立，旨在加强中国与世界各国在电子商务领域的合作与交流。

新媒体行业的自律实践也开始起步。1999 年 4 月，国内 23 家有影响力的上网新闻媒体在北京聚会，通过了《中国新闻界网络媒体公约》；2000 年 12 月，由文化部、国家广播电影电视总局等单位共同发起主题为"文明上网、文明建网、文明网络"的"网络文明工程"。

（二）行业协会引领的行业自律期（2001～2003 年）

中国互联网协会于 2001 年 5 月 25 日正式成立。自此，中国的新媒体社会责任践行开始进入由行业协会引领的自律发展阶段。

中国互联网协会是由中国互联网行业及与互联网相关的企事业单位自愿结成的行业性、全国性、非营利性社会组织，下设行业自律工作委员会、反垃圾邮件工作委员会、反恶意软件认定委员会、互联网新闻信息服务工作委员会、网络版权工作委员会、网络与信息安全工作委员会等。其中行业自律工作委员会的主要工作职责是制定和完善互联网行业相关自律规范，定期组织开展互联网服务自查互查活动，开展互联网行业自律经验交流等。

中国互联网协会先后发布《中国互联网行业自律公约》《互联网站禁止传播淫秽、色情等不良信息自律规范》《抵制恶意软件自律公约》《中国互联网行业版权自律宣言》等一系列行业自律规范，促进了互联网行业的健康发展。其中 2002 年 3 月出台的《中国互联网行业自律公约》，确立了"爱国、守法、公平、诚信"的自律原则；明确了"清除有害信息""文明使用网络"等互联网信息服务的自律义务。《中国互联网行业自律公约》为构建中国互联网行业自律机制提供了重要保障。

中国互联网协会自成立以来，以多种形式开展了一系列互联网新媒体的自律活动，如开办网站、发布规范、成立机构、举办活动等。2001 年 4 月，信息产业部、公安部等联合部署开展"网吧"专项清理整顿工作；2002 年 11 月，中国互联网协会联合新浪和 263 网络集团共同发起成立"中国互联网协会反垃圾邮件协调小组"，规范中国电子邮件服务秩序；2003 年 8 月，"中国互联网协会反垃圾邮件协调小组"向社会公布了"垃圾邮件服务器名单（第一期）"；2004 年 6 月，中国互联网协会下属的互联网新闻信息服务工作委员会开通"违法和不良信息举报中心"网站，标志着中国互联网行业自律在公众监督方面迈出实质性的一步。

（三）机构主动自律的媒体自觉期（2004～2008 年）

互联网行业"诚信自律同盟"于 2004 年 9 月由中国三大门户网站（新浪、搜狐、网易）自发组织成立，标志着中国新媒体社会责任的行业践行由被动自律转为主动自律，新媒体机构主动自律成为保障新媒体行业繁荣的基本途径。

2004 年，中国互联网大会提出"构建繁荣、诚信的互联网""坚决抵制网上有害信息"，并于同年 9 月，协调新浪、搜狐、网易三大门户网站正式成立中国无线互联网行业"诚信自律同盟"，自觉遵守国家相应的法律法规和行业规范，维护中国无线互联网行业健康、有序、成熟地发展。2004 年 11 月，新浪、搜狐、网易公布中国无线互联网行业"诚信自律同盟"自律细则；2004 年 12 月 30 日，"诚信自律同盟"升级为"中国互联网协会无线信息服务专业委员会"，首批 30 家 SP 从业机构签约加盟。

自此，越来越多的新媒体机构开始主动发起自律活动。如 2005 年 1 月，金山软件公司等二十几家机构成立"网络版权联盟"，加强网络版权保护；2007 年 5 月，新浪等 11 家网站联合创办"网上大讲堂"，传播健康向上的网络文化；2007 年 8 月，人民网等 10 多家博客服务提供商签署国内首份《博客服务自律公约》，制定实名用户信息安全管理制度，保护博客用户信息。

新媒体社会责任践行从自觉向更理性发展。2007 年，人民网与中国互联网协会举办 2006 年度"社会责任"中国博客评选活动，评选标准有二。一是博客基本属性情况，如更新频率、原创比例、互动性等；二是博客内容所反映的"社会责任感"特质情况，如内容是否积极健康向上、文明科学等。2007 年，阿里巴巴集团开启了中国互联网行业定期发布企业社会责任报告的惯例；2008 年 11 月，腾讯在其首期《腾讯企业公民暨社会责任报告》中，记录了腾讯在五个领域面向社会、行业和用户所履行的社会责任：自主知识产权创新、推动互联网健康发展、创造社会价值、员工和用户关怀、社会公益事业。

（四）多元主体参与的社会联动期（2009 年至今）

2009 年起，以微博、微信为引领的新媒体百花齐放，掀开了中国互联网发展的新篇章。各类新媒体创新形态先后登场，这也使新媒体的传播环境更趋复杂。新媒体社会责任践行在前期经验的积累下，走向政府管理部门、行业协会、行业机构、个人用户等多元主体联动、共同治理的新模式。

政府管理部门是新媒体社会责任践行的指导者。政府管理部门通过设立监管机构、出台法律规范、开展专项行动等方式指导与推动新媒体行业自律。2011 年 5 月国家互联网信息办公室成立，2014 年 2 月中央网络安全和信息化领导小组成立，等等，不断将新媒体治理推向新高度。同时，政府管理部门通过出台法律规范使重要的新媒体问题管理进一步法治化。2009 年起，《中华人民共和国侵权责任法》《网络游戏管理暂行办法》《全国人民代表大会常务委员会关于加强网络信息保护的决定》等相继出台。开展专项行动方面，在全国"扫黄打非"专项整治活动中，2009 年 11 月，全国"扫黄打非"办公室下发《关于严厉打击手机网站制作、传播淫秽色情信息活动的紧急通知》，并联合中共中央对外宣传办公室等九部委，开展深入整治互联网和手机媒体淫秽色情及低俗信息专项行动。

　　行业协会是身份较为特殊的管理机构。新媒体行业协会通过成立各类行业自律组织、制定行业自律规范、督促成员单位执行规范内容等来实现新媒体自律管理。2011 年 12 月，北京新媒体协会在京成立，之后陆续成立了诸多相关组织。这些组织通过制定系列自律规范，不断提升互联网自律的质量和水平。中国互联网协会自成立后，在治理垃圾邮件等新媒体自律方面发挥了显著作用，中国垃圾邮件占全球垃圾邮件的比例从 2002 年的 23% 下降到 2009 年的 4.1%，成效显著。

　　行业机构主要是指行业运营者。他们通过自主组建企业联盟实现行业自律，同时通过制定各自的自律规范实施自律管理。这一时期，在不同领域组建了诸多新媒体行业联盟，如"移动互联网知识产权保护联盟""互联网反欺诈委员会""新媒体版权联盟"等。同时，行业机构制定各种自律规范，采取各种措施，加强内部管理，如"新浪微博社区公约""搜狐微博版权保护公约""网易微博妈妈团""360 安全桌面儿童模式"等。为配合中宣部和中国记协等建立媒体社会责任报告制度的要求，一些新媒体企业和机构每年定期公布履行社会责任情况报告，2014 年 6 月，首批 11 家试点新媒体社会责任报告正式对外发布。

　　个人用户是有效配合行业自律的重要力量。个人用户在浏览新媒体发布的信息时，既有自己的判断，也有基本的共识。新媒体机构通过设置多样化的监督和举报功能，尽可能多地发挥民众的监督和举报作用，有利于处理违法信息和有害信息。违法和不良信息举报中心于 2004 年 6 月 10 日开通专门的举报网站 www.12377.cn 和举报邮箱 jubao@ 12377.cn 后，又于 2010 年 2 月 25 日正式启用举报电话"12377"，受理社会公众对互联网违法和不良信息的举报，仅 2015 年 4 月，就受理并处置网民有效举报 32300 件。① 12321 网络不良与垃圾信息举报受理中心是中国互联网协会受工业和信息化部委托设立的投诉受理机构，通

---

　　① 参见《报告称 淫秽色情有害信息传播向移动互联网转移》，新华网，2015 年 5 月 8 日，http://www.xinhuanet.com/politics/2015 - 05/08/c_127780094.htm，最后检索时间：2023 年 5 月 10 日。

过网站 www.12321.cn，受理垃圾短信、垃圾邮件、不良 App 和网站、骚扰电话等各类网络不良与垃圾信息的公众举报。其他举报方式还有如中纪委举报电话"12388"、公安部举报中心电话"12389"、文化市场综合执法热线"12318"、全国检察机关检察服务热线"12309"、"扫黄打非"举报咨询热线电话"12390"等。在 2015 年 4 月，全国各地、各网站共受理并处置网民举报 14 万件，各地网信办举报部门受理并处置举报 7060 件，中央重点新闻网站受理并处置举报 943 件，主要商业网站受理并处置举报 99453 件。[①]

三　新媒体社会责任的评价指标体系构建与履行状况考察

（一）新媒体社会责任评价指标体系构建

新媒体社会责任的评估需要一套科学的评价指标体系和统一的考察标准，这套评价指标体系既是对现有研究成果的提炼，也是对新媒体社会责任履行状况的考量。在本研究中，新媒体社会责任主要指媒体及其从业者应对利益攸关方负责，围绕媒介功能性责任履行职责、尽到义务、完成任务，并为因新媒体传播而衍生出的问题承担法律责任和道义责任。通过对评价指标体系的优化调整，保障评测结果的科学性和系统性，我们使用德尔菲法，收集来自学界、业界和管理界 25 位专家对评价指标体系中不同指标重要性的评分，通过 APH 判断矩阵的一致性检验，采用 OLS 模型估计，得出每一个指标权重，最终将新媒体社会责任的评价指标体系设为 4 个一级指标、11 个二级指标和 36 个三级指标。

新媒体社会责任评价指标与权重如表 1 所示。

---

① 参见《全国各地各网站 4 月份共受理举报 14 万件》，新华网，2015 年 5 月 7 日，http://www.xinhuanet.com//politics/2015-05/07/c_127775066.htm，最后检索时间：2023 年 5 月 10 日。

表 1 新媒体社会责任评价指标与权重

一级指标及权重	二级指标及权重	三级指标及权重
信息生产 A1 （0.5286）	信息质量 B1（0.8333）	真实 C1（0.4007）
		权威 C2（0.1333）
		时效 C3（0.1412）
		全面 C4（0.0906）
		深度 C5（0.0775）
	信息质量 B1（0.8333）	原创 C6（0.0540）
		客观 C7（0.1026）
	流程控制 B2（0.1667）	信息把关 C8（0.6505）
		广告控制 C9（0.1579）
		侵权控制 C10（0.1916）
社会监督 A2 （0.2755）	国家治理 B3（0.4927）	司法公正 C11（0.6080）
		政府管理 C12（0.2721）
		涉外关系 C13（0.1199）
	社会风险 B4（0.2959）	生产事故 C14（0.1475）
		环境污染 C15（0.2321）
		食品安全 C16（0.2273）
		校园事故 C17（0.1473）
		交通事故 C18（0.0767）
		城市拆迁 C19（0.0855）
		警民冲突 C20（0.0836）
	行为失范 B5（0.1435）	官员腐败 C21（0.4545）
		学术腐败 C22（0.4545）
		性与婚姻道德 C23（0.0909）
	其他现象 B6（0.0679）	体育赛事 C24（0.5）
		自然灾害 C25（0.5）
文化教育 A3 （0.1037）	塑造共识 B7（0.5559）	主流价值 C26（0.7727）
		社会风尚 C27（0.2273）
	文化传承 B8（0.3537）	传统文化 C28（0.6080）
		民俗文化 C29（0.2721）
		红色文化 C30（0.1199）
	提供娱乐 B9（0.0904）	娱乐健康度 C31（1）

一级指标及权重	二级指标及权重	三级指标及权重
协调关系 A4 (0.0922)	线上沟通 B10 (0.5)	公共服务 C32 (0.5401)
		用户体验 C33 (0.2831)
		互动 C34 (0.1767)
	线下活动 B11 (0.5)	商业性活动 C35 (0.6154)
		非商业性活动 C36 (0.3846)

（二）新媒体社会责任履行状况考察及指标解析

依托新媒体社会责任评价指标体系，对典型新媒体社会责任履行状况进行考察与评估，透过考察结果和指标分析，解读 2015 年中国典型新媒体平台的社会责任履行状况。主要考察对象为新闻网站（省级）、商业门户网站、搜索引擎网站、视频网站、青少年网站、媒体微信公众号和媒体微博共 7 类典型新媒体平台。

1. 新媒体社会责任履行的基本状况

依据新媒体社会责任评价指标体系，综合"信息生产""社会监督""文化教育""协调关系"四项评估指标的分析结果，中国新媒体行业社会责任履行的总体表现和各指标得分状况如下。

（1）新媒体社会责任履行的总体表现

从以 5 分为满分的整体评测结果来看，中国新媒体行业的典型新媒体平台社会责任履行的总体状况不尽人意。在 51 个评测对象中，除 5 家商业门户网站、1 家新闻网站（省级）和 1 家媒体微博表现较为突出外，其他考察对象得分皆低于 4 分；不同新媒体平台的社会责任履行表现差异明显，商业门户网站社会责任履行整体表现较好，青少年网站则表现偏差，并且两极分化严重，个别网站得分低于 1 分。

从新媒体社会责任评价指标体系一级指标得分情况来看，"信息生产"整体表现良好，"社会监督""文化教育""协调关系"三个指标皆处于"中等"或"中等偏下"水平，反映出中国典型新媒体平台普遍重视信息质量和流程控制，能够提供真实、客观和相对全面的信息内容，并能较好地对广告、侵权等问题进行把控；但是，新媒体平台在社会风险和行为失范等现象和问题的社会监督，对传统文化、民俗文化等中华优秀传统文化的传播，以及对用户体验、互动等线上沟通的协调等方面，并未表现出应有的社会责任担当，存在较大的提升空间和改善余地。

（2）新媒体社会责任履行的各指标得分状况

"信息生产 A1"一级指标评测整体表现"较好"。除青少年网站和媒体微信公众号外，其他评估对象都在新媒体信息生产的社会责任履行方面有良好表现。"信息质量 B1"的评估结果，反映新媒体在"信息生产"的真实、时效和权威方面有良好表现，同时各新媒体平台对信息把关的"流程控制 B2"也有较为出色的表现。新媒体平台在信息生产方面的普遍不足在于信息缺乏原创性，大部分评估对象的信息都来自传统媒体，缺乏原创意识和独立意识，同题报道与内容同质现象比较普遍。

"社会监督 A2"一级指标得分多为"中等"或"中等偏下"。新闻网站（省级）和商业门户网站表现相对较好，其他新媒体平台则鲜有亮点，新媒体平台"社会监督"责任的履行尚需大力加强。"国家治理 B3"和"社会风险 B4"是新媒体平台进行社会监督的重要方面，其表现明显优于对"行为失范 B5"和"其他现象 B6"的关注与传播。新媒体在社会监督功能上存在的问题主要表现为社会监督类议题内容单一，题材偏狭，且普遍缺少持续性的深入报道，新媒体的社会监督效果不明显。

"文化教育 A3"一级指标得分普遍处于"中等"水平。商业门户网站评估得分明显高于其他新媒体平台。其中，"塑造共识 B7"的评估结果，反映出新媒体在倡导主流核心价值观、引领正面社会风尚方面发挥着积极作用；"提供娱乐 B9"的评估结果较好，得益于国家对低俗涉黄信息的严格把控；在"文化传承 B8"方面，除新闻网站（省级）外，其他评估对象尚待大力强化。

"协调关系 A4"一级指标的评估分值多在"中等偏下"水平。媒体微信公众号评估结果最佳。可见，针对新媒体平台协调关系功能的提升必须引起相应重视。"线上沟通 B10"的评估结果显示，新媒体平台的用户体验和互动设计基本能满足用户的个性需求，但公共服务类功能设置较为欠缺；"线下活动 B11"的评估结果有明显分化：商业类新媒体更多发起商业性活动，非商业类新媒体则更多举办公益类活动。处于社会转型期的新媒体，在多元价值观冲突日益激烈的当下，需要自觉肩负起协调社会关系的重任，并在日常实践中不断加强。

2. 典型新媒体平台社会责任履行指标解析

（1）新闻网站社会责任得分状况

新闻网站，指经中华人民共和国国务院新闻办公室批准，取得发布或登载新闻资质的省、自治区、直辖市的直属新闻单位依法建立的互联网站，以及非新闻单位依法建立的综合性互联网站。通过对5家省级主流新闻网站和1家作为参照的国家级新闻网站"人民网"的量化考察，评估发现（见图1），省级主流新闻网站的社会责任表现与国家级新闻网站相比尚有不小差距，通过进一步解析二、三级指标，发现省级主流新闻网站在信息生产方面，更多依附于传统媒体的母体资源，信息的原创性和本地化不足；在社会监督方面，监督内容较为单一，监督平台实效不足；在文化教育方面，文化内容失衡，娱乐内容把关不到位；在协调关系方面，线上线下互动不足，未能充分发挥互联网的信息传播优势。

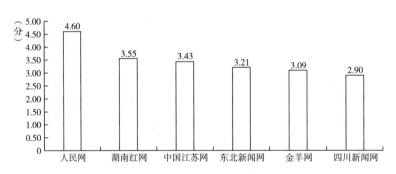

图 1　新闻网站社会责任评估得分

（2）商业门户网站社会责任得分状况

商业门户网站，指以营利为目的，提供网络信息及应用服务的大型综合性网站。本次评估借助网络爬虫软件，对5家商业门户网站的数据进行抓取，对抓取到的数千条原始数据进行内容分析。评估发现（见图2），商业门户网站对于议程设置和舆论引导的把握不够充分，对于广告传播的控制程度较低，娱乐信息的健康度不高，在价值观和社会风尚的正面引导方面有待提升。

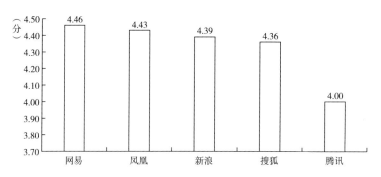

图2　商业门户网站社会责任评估得分

（3）搜索引擎网站社会责任得分状况

搜索引擎网站，指根据一定的策略，运用特定的计算机程序从互联网上搜集信息，对信息进行组织和处理后显示给用户，并为用户提供检索服务的网站系统。本次评估根据社会影响力选取6家搜索引擎网站作为研究对象，通过主题词搜索和对网站推送的新闻进行抓取，获得1012条分析样本。评估发现（见图3），国内搜索引擎网站承担社会责任的总体水平处于中等，得分相对较高的指标是"信息生产"，其次是"文化教育"和"协调关系"，而在"社会监督"方面普遍存在不足。

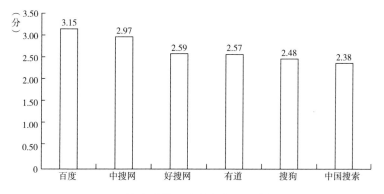

图3　搜索引擎网站社会责任评估得分

（4）视频网站社会责任得分状况

视频网站是在完善的技术平台支持下，向互联网用户提供在线流畅发布、浏览和分享视频作品的网络媒体。本次评估根据浏览量与社会影响力选择8家视频网站作为研究对象。评估发现（见图4），视频网站社会责任的履行水平处于中等。除"信息生产"社会责任普遍受到重视外，"文化教育""协调关系""社会监督"三项指标的社会责任履行状况皆有待进一步提升。

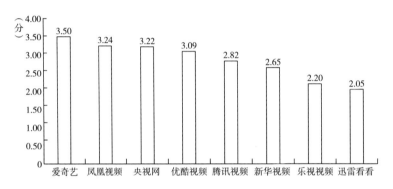

图4　视频网站社会责任评估得分

（5）青少年网站社会责任得分状况

青少年网站指以青少年群体为核心受众的类型化网站。本次评估根据浏览量与社会影响力，选择7家青少年网站作为研究对象。评估发现（见图5），中国青少年网站整体"信息生产"责任履行最好，"社会监

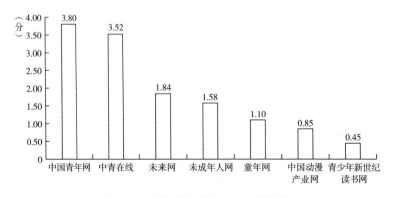

图5　青少年网站社会责任评估得分

督""文化教育"责任履行居中等水平,"协调关系"责任履行较差。据此,我们认为,注重原创、凸显监督、整治"三俗"、多维互动是青少年网站社会责任履行水平提升的基本路径。

(6) 媒体微信公众号社会责任得分状况

媒体微信公众号是开发者或商家在微信公众平台上申请的应用账号,开发者可在微信平台上实现和特定群体的文字、图片、语音、视频的全方位沟通、互动。本次评估根据第三方机构的影响力排名,选择9个微信公众号平台进行考察。评估发现(见图6),大多数媒体微信公众号以提供服务为主,更注重与用户的交流和互动,故而信息生产的功能相对较弱;同时也发现,作为专业化的内容生产机构,媒体微信公众号存在内容原创性不足的问题。因此,我们建议,在更好服务和沟通用户的同时,媒体微信公众号仍然要坚持为用户提供优质而有个性的信息产品。

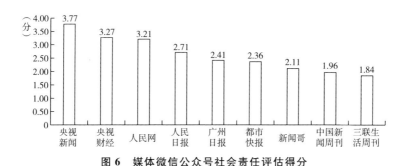

图6 媒体微信公众号社会责任评估得分

(7) 媒体微博社会责任得分状况

媒体微博指专业媒体机构及其从业人员利用微博进行新闻传播活动的平台。本次评估共选取10个媒体机构微博账号,涵盖报纸微博、杂志微博、电视微博、电台微博和媒体网站微博5种类型。评估发现(见图7),随着媒体机构对微博平台信息传播活动的公共性与风险性认知的不断增强,媒体微博履行社会责任的状况整体较好,四个维度的具体表现从好到差依次为:信息生产、文化教育、协调关系、社会监督。研究认为,多数媒体微博的新闻传播活动呈现出明显的中庸特点,同题报道与内容同质现象严重,自我保护意识与规避风险意识较为明显,缺乏以独立意志和深刻思想引导社会的责任感。

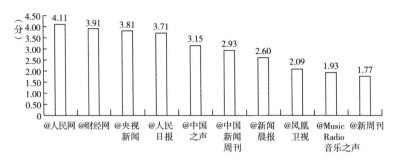

图 7　媒体微博社会责任评估得分

四　构建以社会责任为核心的 新媒体共同治理体系

新媒体技术的进步推动了新媒体行业的整体发展，也让新媒体的生态环境更加多元与复杂，各类新问题与新状况层出不穷。因此，新媒体的社会责任问题更加凸显，并将成为未来一段时间持续关注的焦点。参照新媒体社会责任的理论与实践，构建以社会责任为核心的新媒体共同治理体系，对未来的新媒体管理系统意义重大。

随着新媒体管理实践的不断探索，管理方式也在不断创新。我国的新媒体管理方式要由传统的垂直管理转变为扁平化的共同治理，即更强调政府管理部门的服务引导功能、行业机构的自律功能及社会第三方团体的监督功能。共同治理的特点是，政府管理部门引导所有新媒体行业相关者共同制定和执行规则，其优势主要表现为：一方面，行业相关者共同参与制定规则，既可以集思广益，也可以兼顾各方利益，这些优势，日后都会成为新媒体"善治"的基础；另一方面，在新媒体行业相关者达成"共识"的基础上，相关规则将得到绝大多数人的拥护，其中多数人会遵照"共识"调整自身行为，而对少数不遵守"共识"的机构或个人，则可以由多数人予以督促纠正。

以社会责任为核心的新媒体共同治理体系，是一个多方协调的平衡机制，主要表现为三个层面。第一，政府管理部门层面，健全信息发布规则，不断完善新媒体管理的法律体系；第二，行业机构管理层面，健全行业自律体系，不断增强新媒体行业组织的监督责任；第三，社会第三方团体层面，发挥第三方监督机构的作用，健全与规范新媒体社会责任评估体系；第四，个人用户层面，开展媒体素养教育，不断提升新媒体用户的道德责任水平。

在新媒体的全球治理视野下，以社会责任为核心的新媒体共同治理体系还应纳入更多的利益主体，结合全人类的共同价值观和基本的伦理道德准则，在全球领域共同建立统一的新媒体社会责任标准体系。2014 年 4 月，全球互联网治理大会提出"多利益相关方模式"的治理原则及未来互联网治理的线路图，旨在推动各国政府、民间团体及互联网用户等多个利益方平等参与全球互联网治理，建立一个多方的治理平台；2015 年 12 月 16 日，习近平主席在第二届世界互联网大会开幕式上讲话时提出，"国际社会应该在相互尊重、相互信任的基础上，加强对话合作，推动互联网全球治理体系变革，共同构建和平、安全、开放、合作的网络空间，建立多边、民主、透明的全球互联网治理体系"[①]。全球互联网治理体系的探索与发展，为新媒体社会责任的全球推广和标准构建提供了新思维、开辟了新路径。

原载钟瑛主编《中国新媒体社会责任研究报告（2015）》，

社会科学文献出版社，2015

合作者：芦何秋、李秋华

收入本书时略有改动

---

① 《习近平谈治国理政》第二卷，外文出版社，2017，第 532 页。

新媒体社会责任的困境、原因及对策

新媒体社会责任的履行与发展始终伴随着对既有问题的观照与思索，现实困境持续制约新媒体社会功能的发挥，也一直影响其社会责任在各个层面的履行。只有明晰新媒体社会责任的现实之困，进而探寻其现实窘境的本末缘由，才能为其社会责任履行水平提升提供对症良药，准确把握其发展趋向与未来前景。

一　形态评判：新媒体社会责任的现实困境

因新媒体传播本身复杂而形态多样，我们简要将新媒体社会责任的现实困境归结为三个方面：违法和不良信息泛滥、信息安全与保护问题凸显、公众教育与监督乏力。这些问题都不同程度地束缚和制约着新媒体社会功能的发挥和社会责任的履行。

（一）违法和不良信息泛滥

加强对违法和不良信息的治理是新媒体社会责任的重要内容。违法信息是指《中华人民共和国宪法》《互联网信息服务管理办法》《全国人民代表大会常务委员会关于维护互联网安全的决定》明文禁止传播的信息以及其他法律法规明文禁止传播的各类信息。《互联网信息服务管理办法》所严禁传播的信息内容包括危害国家安全、泄露国家秘密、颠覆国家政权、破坏国家统一的，散布谣言、扰乱社会秩序、破坏社会稳定的，侮辱或者诽谤他人，侵害他人合法权益的等九类。不良信息是指违背社会主义精神文明建设要求、违背中华民族优良文化传统与习惯以及其他违背社会公德的各类信息，包括文字、图片、音视频等。

违法和不良信息举报中心统计显示，2016 年 5 月全国网络举报部门共受理网民举报 345.7 万件，经审核后有效举报为 248.9 万件。综合分析 2016 年全国网络举报情况，淫秽色情类有害信息举报较为突出，达 150.3 万件，占 60.4%；政治类有害信息举报占 12.9%；诈骗类有害信息举报占 8.2%；侵犯网民权益类有害信息举报占 5.7%；暴恐类有害信息举报占 2.1%；赌博类有害信息举报占 1.3%；网络敲诈和有偿删帖类有害信息举报占 0.1%；其他有害信息举报占 9.3%。"杨绛一百岁感言""公交车正式成为中国失联儿童守护车""高考考生杨雷雷丢失准考证"等网络谣言借热点事件大肆传播，利用广大网民的爱心混淆视听，赚取关注度和点击量，更有甚者将网民爱心变为行骗工具，此类网络谣言遭到网民集中举报和谴责。[①]

2008 年 4 月 28 日，12321 网络不良与垃圾信息举报受理中心设立，借助短信、彩信、微信、微博、电话、电子邮箱、网站和手机 App 等多种举报方式，主要受理对垃圾短信、诈骗电话、骚扰电话、垃圾邮件、不良 App 和网站、个人信息泄露等各类网络不良与垃圾信息的举报。[②]《中国网民权益保护调查报告 2016》显示，2016 年上半年，网民平均每周收到垃圾邮件 18.9 封、垃圾短信 20.6 条、骚扰电话 21.3 个；骚扰电话是网民最反感的骚扰来源，"电脑广告弹窗"和"App 推送信息"紧随其后。

针对新媒体领域违法和不良信息泛滥的问题，政府相关部门和行业机构采取了加强法制建设、发布自律规范、开展专项行动等方式，加强监管与治理。

法制建设方面，与新媒体违法和不良信息治理相关的法律和行政法规

---

① 参见《全国网络举报部门 5 月份举报受理量持续增长》，国家互联网信息办公室网站，2016 年 6 月 8 日，http://www.cac.gov.cn/2016-06/08/c_1119014176.htm，最后检索时间：2023 年 5 月 10 日。

② 参见 12321 网络不良与垃圾信息举报受理中心，http://www.12321.cn，最后检索时间：2023 年 6 月 24 日。

主要有《计算机信息网络国际联网安全保护管理办法》《全国人民代表大会常务委员会关于维护互联网安全的决定》《互联网信息服务管理办法》《中华人民共和国电信条例》《互联网上网服务营业场所管理条例》《信息网络传播权保护条例》《互联网电子邮件服务管理办法》等。其他相关的规定还有《互联网新闻信息服务单位约谈工作规定》《互联网危险物品信息发布管理规定》《互联网用户账号名称管理规定》等。

自律规范层面，中国互联网协会也发布了多个互联网行业的自律性规范，从道德层面制定网络运营商及相关组织和公民在从事网络运营或使用网络服务时应当遵循的规则。代表性文件主要有《中国互联网行业自律公约》《互联网新闻信息服务自律公约》《互联网站禁止传播淫秽、色情等不良信息自律规范》《互联网搜索引擎服务商抵制淫秽、色情等违法和不良信息自律规范》《文明上网自律公约》《博客服务自律公约》等。

专项行动方面，政府发起针对低俗之风、垃圾邮件、淫秽色情信息等多个领域的专项整治行动。一是整治互联网低俗之风专项行动。2009年1月，国务院新闻办公室等七部委部署在全国开展专项行动，整治互联网低俗之风；2009年5月，根据专项行动的总体部署，工业和信息化部专门下发《关于计算机预装绿色上网过滤软件的通知》，买断"绿坝-花季护航"绿色上网过滤软件产品的一年使用权及相关服务，供全社会免费使用，该软件产品可有效过滤互联网不良文字和图像内容，避免互联网不良信息对青少年造成负面影响和毒害。二是反垃圾邮件工作。2002年11月，"中国互联网协会反垃圾邮件协调小组"成立，并于2003年8月8日公布"垃圾邮件服务器名单（第一期）"；2005年11月通过《互联网电子邮件服务管理办法》，对提供互联网电子邮件服务的行为进行了详细规定；2005年12月9日，"中国互联网协会反垃圾邮件工作委员会"（ASISC）成立，作为中国互联网协会的二级工作机构，主要负责治理垃圾邮件、开展国际和区域性反垃圾邮件的交流与合作等工作；2007年6月，国内首个反垃圾邮件综合处理平台开通，其功能包括垃圾邮件IP地址实时黑名单数据库、垃圾邮件举报、提供国际垃圾邮件信息共享接口、开发垃圾邮件追查工具等。三是严厉打击淫秽色情信息。2004年7月，中央宣传部等部门联合发布《关于依法开展打击淫秽色情网站专项行动有关工作的通知》，在全国范围内开展打击淫秽色情网站专项行动；2004 年 9 月，最高人民法院和最高人民检察院出台并开始施行《关于办理利用互联网、移动通信终端、声讯台制作、复制、出版、贩卖、传播淫秽电子信息刑事案件具体应用法律若干问题的解释》；2009 年 11 月，全国"扫黄打非"办公室下发《关于严厉打击手机网站制作、传播淫秽色情信息活动的紧急通知》，并在全国范围内联合开展专项行动，深入整治手机网站等新媒体上制作、传播的淫秽色情及低俗信息。

（二）信息安全与保护问题凸显

网络信息安全包括网络空间安全和网络信息内容安全。网络空间安全主要是对网络基础设施等的安全维护，关注的重点是防止病毒攻击、基础设施破坏、网络加密与破解等技术攻防问题；网络信息内容安全，主要指对网络泄密、网络色情、网络欺诈、网络诽谤、网络煽动、网络恐怖主义等信息传输、流动、利用等行为的控制，关注的是网络传播资讯本身的安全问题。①

中国在新媒体治理中一直重视网络信息安全和保护问题。早在 2000 年 8 月 21 日北京举行的第 16 届世界计算机大会上，国家就明确主张通过制定和颁布国际互联网公约的方式，共同加强对信息安全的管理。同年 12 月 28 日，《全国人民代表大会常务委员会关于维护互联网安全的决定》表决通过。同时，中国互联网协会的网络与信息安全工作委员会设立，负责推动制订和完善网络与信息安全行业自律和服务规范，促进网络与信息安全服务诚信体系的建设，开展网络与信息安全方面政策法规的宣传、普及网络安全知识、提高网民的防范意识，开展网络与信息安全方面的技术培训和人才培养等工作。

在新媒体信息安全领域，国家高度重视并下发了一系列文件加强法制化管理。2010 年 6 月，中国互联网状况白皮书首次发布，确立了"积极利用、科学发展、依法管理、确保安全"的互联网治理基本政策；2012 年 5

---

① 参见尹建国《美国网络信息安全治理机制及其对我国之启示》，《法商研究》2013 年第 2 期，第 138~139 页。

月，《关于大力推进信息化发展和切实保障信息安全的若干意见》通过，主要研究部署推进信息化发展、保障信息安全工作；2012 年 12 月，《全国人民代表大会常务委员会关于加强网络信息保护的决定》对网络信息保护做了原则性规定；2013 年 11 月，党的十八届三中全会审议通过《中共中央关于全面深化改革若干重大问题的决定》指出，进一步加大依法管理网络力度，通过完善互联网管理的领导体制，并在技术、内容、日常安全、打击犯罪等各领域形成互联网管理合力，确保国家网络和信息安全。

我们重点关注新媒体信息安全问题的以下领域：恶意软件和病毒攻击，网络知识产权和版权，电子商务和金融中的网络欺诈、个人数据和隐私保护。

1. 恶意软件和病毒攻击

互联网自诞生之日起就与恶意软件、电脑病毒、黑客攻击等各类安全问题相伴相随，因此，新媒体在履行自身社会责任的过程中，如何解决各类安全攻击问题就成为其发展的头等大事。1994 年 2 月发布并于 2011 年 1 月修订的《中华人民共和国计算机信息系统安全保护条例》明确将"计算机病毒"定义为"编制或者在计算机程序中插入的破坏计算机功能或者毁坏数据，影响计算机使用，并能自我复制的一组计算机指令或者程序代码"。2006 年 10 月，中国互联网协会发起成立成员单位包括新浪、网易、雅虎（中国）、奇虎等的"反恶意软件协调工作组"，对"恶意软件"的定义、特性等进行了明确界定和解释："恶意软件"具有强制安装、浏览器劫持、广告弹出、难以卸载、恶意收集用户信息、恶意捆绑等特点，主要指未明确提示用户或未经用户许可，在用户计算机或其他终端上安装运行、侵害用户合法权益的软件。

2003 年 8 月，"冲击波"电脑蠕虫病毒传入中国，在极短的时间内影响了全国绝大部分用户；2006 年底，"熊猫烧香"电脑病毒感染和破坏了数百万台计算机；2009 年 5 月，"暴风影音"网站遭受病毒攻击造成安徽等 6 个省份的网站堵塞；2010 年奇虎 360 与腾讯 QQ 软件的网络大战引发公众对网络安全问题的广泛讨论；2011 年 12 月，黑客攻击开发者技术社区 CSDN 并公开了 600 万用户的数据库信息，引发社会各界对网络信息安全的重新审视。

中国反钓鱼网站联盟发布的《2016 年 5 月钓鱼网站处理简报》显示，截至 2016 年 5 月，联盟累计认定并处理钓鱼网站 351775 个，其中 2016 年 5 月共处理 9792 个，行业前三位分别为支付交易类、金融证券类、媒体传播类，占处理总量的 99.31%；仿冒淘宝网的钓鱼网站处于钓鱼网站仿冒对象的第一位，占 51.27%。[1]

针对恶意软件和病毒的侵袭与危害，相关部门做出了积极应对。《中华人民共和国计算机信息系统安全保护条例》规定由公安部归口管理计算机病毒等有害数据的防治研究工作。"反恶意软件协调工作组"设置了三个专项工作组——技术研究组、政策与自律规范研究组、举报工作组——负责组织制定《抵制恶意软件自律公约》，组织会员单位和各省互联网协会会员单位开展"抵制恶意软件"的自查自纠行动等。

2. 网络知识产权和版权

1999 年 4 月 15 日，新华社、中央电视台、人民日报等 23 家有影响力的上网新闻媒体首次通过《中国新闻界网络媒体公约》，号召各公约单位"充分尊重相互之间的信息产权和知识产权，呼吁全社会尊重网上的信息产权和知识产权，坚决反对和抵制任何相关侵权行为"[2]，引发了社会各界对新媒体信息资源的知识产权保护问题的关注。

网络文化消费市场的繁荣，使其难以摆脱如影随形的版权纷争，网络视频侵权案不断发生，在线视频成侵权重灾区。[3] 2007 年 4 月，新传在线（北京）信息技术有限公司状告土豆网侵害其信息网络传播权，称土豆网在未经其许可且未支付报酬的情况下向用户提供电影《疯狂的石头》的在线播放。2008 年 3 月 10 日，上海市第一中级人民法院判决土豆网立即删除其网上的侵权电影，并赔偿人民币 5 万元。此案引发了社会各界对视频版权问题的广泛关注。

---

[1] 参见《全球中文钓鱼网站现状统计分析报告（2016 年）》，搜狐网，2017 年 6 月 12 日，https：//www.sohu.com/a/148163610_419324，最后检索时间：2023 年 6 月 24 日。

[2] 《网络侵权堪忧》，荆楚网，2001 年 6 月 1 日，http：//www.cnhubei.com/200404/ca441373.htm，最后检索时间：2023 年 6 月 24 日。

[3] 参见陈晨、赵鹏、王成凤《市县依法行政瞄准"三突破口"，告别"拍脑袋"决策》，《光明日报》2014 年 7 月 24 日，第 14 版。

2013 年 11 月，腾讯视频等成立反盗版联盟，起诉百度、快播等公司的视频盗版侵权行为；2014 年 6 月，快播公司因未经许可而在网络上公开播放《辣妈正传》《北京爱情故事》等影视剧及综艺类作品，被开列2.6 亿元巨额罚单；2014 年 7 月，风行网因侵权播送《我是歌手》第二季作品被判 50 万元赔偿费，网络视频版权之战因此被推向高潮。

据《2015 年中国网络版权保护年度报告》，2015 年在"剑网行动"的高压态势和网络版权重点监管工作的积极引导下，我国网络版权环境明显好转。在立法保护方面，我国深入推进国家知识产权战略，网络版权法律体系不断完善，如 2015 年 11 月 1 日实施的《中华人民共和国刑法修正案（九）》增加了对著作权保护的重要条款，明确了网络帮助侵权行为的刑事责任；国家新闻出版广电总局发布的《关于推动网络文学健康发展的指导意见》，国家版权局发布的《关于规范网络转载版权秩序的通知》《关于责令网络音乐服务商停止未经授权传播音乐作品的通知》《关于规范网盘服务版权秩序的通知》等文件，对规范重点领域网络版权秩序起到重要作用。在司法保护方面，2015 年全国共有 2118 件与网络版权相关的民事判决和裁定书，较 2014 年同期相比增长 28.3%。①

20 世纪初，新媒体信息产权和版权保护所依循的主要法律法规及行业规范主要有《信息网络传播权保护条例》《互联网站从事登载新闻业务管理暂行规定》《互联网文化管理暂行规定》《互联网电子公告服务管理规定》《互联网新闻信息服务管理规定》《互联网药品信息服务管理暂行规定》《互联网著作权行政保护办法》《中华人民共和国电信条例》《互联网安全保护技术措施规定》《互联网影视版权合作及保护规则》《中华人民共和国侵权责任法》《广播电台电视台播放录音制品支付报酬暂行办法》《通信网络安全防护管理办法》等。

2009 年 1 月，激动网联合 80 多家版权方宣布组建"反盗版联盟"；同年 8 月，央视网和凤凰网携手上海文广、北京电视台等成立网络视频版

---

① 参见《中国网络版权保护大会发布〈2015 年中国网络版权保护年度报告〉》，2016 年 4月 24 日，https：//www.gov.cn/xinwen/2016－04/26/content_5068203.htm，最后检索时间：2023 年 6 月 24 日。

权保护联盟；同年 9 月，由激动网、优朋普乐和搜狐视频等国内新媒体版权拥有和发行方代表发起，联合全国 110 家互联网视频版权各权利方共同创建"中国网络视频反盗版联盟"。2009 年 12 月 30 日，中国互联网协会网络版权工作委员会在北京正式成立，成为中国互联网协会内设的工作机构。该委员会由来自互联网领域的信息服务提供商、内容服务提供商、著作权人及其集体组织、金融信息服务机构等 60 余家单位共同发起成立。其工作范围包括促进信息网络版权立法，为联盟成员提供信息网络版权法律咨询和政策建议；建立网络版权信息发布和交流平台，配合政府相关部门的执法工作，遏制互联网的侵权行为。2012 年 7 月，为配合"剑网行动"的第 8 次打击网络侵权盗版专项治理行动，中国互联网协会组织开展 2012 年度打击网络侵权盗版专项自查自律工作，针对网络文学、音乐、影视、游戏、动漫、软件等重点领域，以及图书、音像制品、电子出版物、网络出版物等重点产品进行自查自纠，查找侵权盗版隐患。

3. 电子商务和金融

根据中国反钓鱼网站联盟的统计数据，2016 年 5 月联盟处理钓鱼网站行业前三位分别为支付交易类、金融证券类、媒体传播类，其中支付交易类占 62.05%，金融证券类占 35.61%，两项占比超过 97%，涉及淘宝网（51.27%）、中国建设银行（30.06%）、中国移动（10.74%）和中国工商银行（4.61%）四家单位的钓鱼网站总量占全部举报量的 96.68%。[1]由此可见，电子商务和金融类的信息安全问题亟待重视。

自 2000 年 6 月 21 日中国电子商务协会成立以来，中国的电子商务蓬勃发展。2007 年，批批吉服饰上海有限公司开辟了无店铺、无渠道的新型电子商务模式，体现了互联网与传统产业的进一步融合。自 2010 年 3 月起，团购类网站在中国逐渐兴起，并以折扣多、小额支付等竞争优势迅速发展，截至 2010 年底，中国网络团购用户已达 1875 万人。2013 年中国超过美国成为全球第一大网络零售市场，网络零售交易额达 1.85 万亿元。在电子商务飞速发展的同时，2013 年起中国的互联网金融开始兴起，

---

[1]　参见《全球中文钓鱼网站现状统计分析报告（2016 年）》，搜狐网，2017 年 6 月 12 日，https://www.sohu.com/a/148163610_419324，最后检索时间：2023 年 6 月 24 日。

阿里巴巴推出支付宝、余额宝等在线金融产品，腾讯微信推出微支付、理财通，百度推出百发在线理财产品，新浪推出微博钱包，京东推出京保贝等，各类互联网金融产品极大地丰富了人们投融资的方式与渠道。但是电子金融、电子商务等业务的发展给新媒体信息安全带来许多新问题和新挑战，考验着中国新媒体行业的践行者们。

与之相呼应，2000 年 3 月《网上证券委托暂行管理办法》由中国证监会发布，其在安全及技术方面规定，开展网上委托业务的证券公司禁止开展网上证券转托管业务。2001 年 6 月，中国人民银行颁布《网上银行业务管理暂行办法》（已于 2007 年 1 月 5 日废止），明确网上银行业务为银行通过因特网提供的金融服务，对网上银行业务的市场准入、风险管理和法律责任做了规定。2007 年 11 月 1 日，7 项信息安全国家标准正式实施，包括《信息安全技术 网上银行系统信息安全保障评估准则》《信息安全技术 网上证券交易系统信息安全保障评估准则》等。2008 年 7 月，北京市工商局下发《加强电子商务市场秩序监督管理意见》对营利性网上商店进行规定，要求其必须到工商部门办理营业执照。2010 年以来，《网络商品交易及有关服务行为管理暂行办法》《非金融机构支付服务管理办法》等先后发布，将网络交易、网络支付等纳入监管。

在网络虚拟财产、网络彩票、网络发票等领域，相关部门也先后制定和发布了各项通知和规定。《关于进一步加强网吧及网络游戏管理工作的通知》《文化部、商务部关于加强网络游戏虚拟货币交易管理工作的通知》等对网络游戏中的虚拟货币交易进行规范；《财政部、民政部、国家体育总局关于彩票机构利用互联网销售彩票有关问题的通知》禁止利用互联网发行销售彩票；《网络发票管理办法》对保障国家税收、规范网络发票的开具和使用产生了重要作用。2013 年 6 月，阿里巴巴、腾讯、百度、亚马逊中国等 21 家互联网企业在公安部的指导下，共同发起成立"互联网反欺诈委员会"，推进全网联合，打击网络诈骗，共建交易安全生态圈。针对网络欺诈跨平台的新特点（如通过百度发布消息，用腾讯QQ 进行联系，在淘宝进行交易），各互联网公司协同合作，建立联盟，在维护信息安全方面迈出新的一步。

4. 个人数据和隐私

人肉搜索和网络"艳照门"事件都曾引发人们对个人隐私的担心与忧虑，微博、微信、社交网站的注册信息，电子购物和金融的个人信息以及网络云数据等，同样引发公众对个人私有信息安全问题的关注和思考。大数据包含着越来越多的个人记录与信息，庞大体量的个人数据更给新媒体信息安全与保护带来新的挑战。

2006 年"虐猫女事件""铜须门事件"及 2008 年"死亡博客事件"等，让公众认识到人肉搜索的威力，也引发了公众对网络隐私的担忧。2008 年"艳照门"事件引发社会公众对网络环境净化及互联网领域个人隐私保护问题的广泛讨论。之后，如 2011 年天涯网"用户信息泄露事件"、2014 年携程网"信息安全门事件"、小米 800 万用户数据泄露、快递官网千万用户信息被转卖、12306 网站泄露用户数据等个人信息安全问题频现，引发了公众对个人数据和信息安全的持续关注。

2012 年 12 月，《全国人民代表大会常务委员会关于加强网络信息保护的决定》赋予有关主管部门必要的监管权力，并确立网络身份管理制度。2013 年 2 月，中国首个个人信息保护国家标准《信息安全技术 公共及商用服务信息系统个人信息保护指南》正式实施，标志着我国个人信息保护工作进入法制化阶段；2013 年 7 月，工业和信息化部出台《电信和互联网用户个人信息保护规定》，开始在保护电信和互联网行业用户信息、维护网络信息安全方面发挥重要作用。

（三）公众教育与监督乏力

新媒体承担了传统媒体所担负的传播知识、价值、文化与社会规范的积极作用，并将传统媒体的功能和责任在互联网和移动互联网领域进一步延伸和拓展，同时，公众的网络监督行为可以提升媒介素养、普及先进观念。这些都是新媒体社会责任的重要构成要素。

2003 年 3 月，"孙志刚事件"借助网络媒体的积极介入，促使有关部门在舆论监督下查出真相、侦破案件，不久，国务院发布《城市生活无着的流浪乞讨人员救助管理办法》，网络媒体的影响力与地位逐步提高。

此后，作为信息交流的重要渠道，新媒体在舆论引导与监督方面的作用愈加凸显，也开始受到中国党政高层的更多关注。2006 年 1 月，中华人民共和国中央人民政府门户网站（www.gov.cn）正式开通，作为国务院和各级人民政府在国际互联网上发布政务信息和提供在线服务的综合平台。2008 年 6 月，胡锦涛在人民网"强国论坛"与网友在线互动；2008年 9 月，温家宝要求核查"有博客刊登举报信反映 8 月 1 日山西娄烦县山体滑坡事故瞒报死亡人数"事件，互联网的舆论监督功能在党政中央领导的参与和关注下得到更强发挥；2009 年 2 月，温家宝接受中国政府网、新华网联合专访，并与网友在线交流；2010 年 9 月，人民网为方便网友向中央领导人倾诉心声，给中央机构提出意见建议，特别在"中国共产党新闻网"推出"直通中南海——中央领导人和中央机构留言板"，以互动性更强的方式连通民众，展示了中央高层利用新媒体听取民情的执政理念。

随着博客业务的不断发展，个人博客在公众监督中开始显现更大影响力。2006 年 6 月，向文波在博客中披露"徐工并购案"中的价格欺骗问题，引起巨大反响。2007 年 7 月，"天下第一博客"博主被定性为"新型涉众型经济犯罪"，凸显出博客的负面效应和社会舆论的复杂性。2007 年8 月，《博客服务自律公约》由 10 多家知名博客服务提供商共同签署，提倡实名制。2009 年的"躲猫猫事件""'天价烟局长'周久耕案""钓鱼执法"等，2010 年的"王家岭矿难救援""方舟子打假""李刚之子醉驾撞人"等一系列事件通过网络曝光后引起巨大反响，新媒体的舆论监督问题也被推向公众关注的风口浪尖。

2011 年，多项微博活动和事件引发公众广泛参与和极大关注，如"随手拍照解救乞讨儿童"的微博行动，"甬温动车事件"的微博传播等。《北京市微博客发展管理若干规定》的出台，反映出微博已成为我国重要的舆论平台。政务微博迅速发展，截至 2012 年 10 月底，新浪微博认证的政务微博达 60064 个，增长 231%；截至 2012 年 11 月 11 日，腾讯微博认证政务微博达 70084 个。中国互联网络信息中心（CNNIC）第 37 次《中国互联网络发展状况统计报告》数据显示，截至 2015 年 12 月，作为中国综合社交领域的典型应用，微博通过坚持去中心化战略，刺激原创内容产生，以优质内容吸引用户并维持用户的活跃度，用户规模稳步增长，网民使用率达到 33.5%，内容平台价值进一步提升。

以《互联网站从事登载新闻业务管理暂行规定》的发布为标志，中国开始了对网络媒体的依法治理，将管理对象界定为"从事登载新闻业务的互联网站"，实行"分类管理"，将商业网站纳入管理范围。2005 年 9 月，《互联网新闻信息服务管理规定》颁布，把监管对象确定为三类"互联网新闻信息服务单位"，实行不同的准入条件[①]，以此作为新闻主管部门施行网络新闻管理的主要依据。其他与互联网新闻管理相关的法规、规章还有《互联网信息服务管理办法》《互联网视听节目服务管理规定》《广电总局关于加强互联网视听节目内容管理的通知》《网络出版服务管理规定》等。

与此同时，新媒体领域的行业协会也在自律工作中不断探索与发展。2003 年 12 月，互联网新闻信息服务工作委员会成立，并签署《互联网新闻信息服务自律公约》，新华网、新浪网等 30 多家签约成员承诺自觉接受政府管理和公众监督。2004 年 9 月 9 日，北京网络媒体协会成立，成为全国首家以"网络媒体"为正式名称的行业自律组织，连续推出新闻评议会、自律专员、妈妈评审团、红色故土行、网络监督义务志愿者等活动，引领行业在自律的道路上不断前行。

二 因缘探微：新媒体社会责任与综合热度比较举例

为了探寻新媒体社会责任现实困境的本末缘由和影响因子，我们构建了微信综合热度指标体系，新媒体社会责任评价指标依 2015 年不变（见前文），通过比对解析新媒体社会责任与综合热度之间的多元关系，找寻其间的际会关联，并发现新媒体社会责任各类典型问题的因由根本。

（一）微信综合热度指标体系

微信综合热度指数主要评估和考察微信公众号的信息生产和传播的受关注程度，在一定意义上代表和体现微信的传播实力和影响能力。微信综

---

① 参见张文祥、周妍《对 20 年来我国互联网新闻信息管理制度的考察》，《新闻记者》2014 年第 4 期，第 40 页。

合热度指数通过文献法和专家讨论法，借助德尔菲法对各项指标权重的计算，科学打造而成，能够多层面、多维度地对微信公众号的信息发布情况和用户互动情况进行综合考量和评价。

微信综合热度指数由发布指数、阅读指数和点赞指数 3 个一级指标组成，下设 10 个二级指标，分别为发布总次数、总发布数、总阅读数、篇均阅读数、最高阅读数、头条阅读数、总点赞数、篇均点赞数、最高点赞数、头条点赞数。

微信综合热度指标体系及各指标权重如表 1 所示。

表 1　微信综合热度指标体系及各指标权重

一级指标	权重	二级指标	权重
发布指数 A1	0.0714	发布总次数 B1	0.16666667
		总发布数 B2	0.83333333
阅读指数 A2	0.7006	总阅读数 B3	0.50713674
		篇均阅读数 B4	0.28461319
		最高阅读数 B5	0.13445618
		头条阅读数 B6	0.07379389
点赞指数 A3	0.2280	总点赞数 B7	0.28859649
		篇均点赞数 B8	0.51666667
		最高点赞数 B9	0.08377193
		头条点赞数 B10	0.11140351

（二）新媒体社会责任与综合热度关系释解

依据建构的新媒体社会责任评价和微信综合热度两个指标体系，以湖北省微信公众号的社会责任和综合热度考察为代表，关联分析新媒体社会责任与综合热度之间多元复杂的关系。

湖北省微信公众号的数据搜集以互联网机器抓取为主，辅以人工排查的方法，数据调研时间为 2015 年 11 月至 2016 年 4 月，时长半年，调研样本覆盖湖北全省，共监测 1432 个微信公众号，剔除无效数据，实获有效样本 1302 个。以 5 分为满分进行得分统计，湖北省微信公众号数据总样本的社会责任得分均值为 1.69，综合热度得分均值为 2.38，详见表 2。

表2 湖北省微信公众号社会责任和综合热度评估得分情况

评测项目		均值	最大值	最小值	标准差
社会责任	总样本得分	1.69	3.36	1.37	0.24
	TOP100得分	2.30	3.36	2.03	0.30
综合热度	总样本得分	2.38	4.20	0.27	0.80
	TOP100得分	3.70	4.20	3.51	0.16

通过对湖北省微信公众号社会责任和综合热度交叉对比发现，两项评估得分排位皆在前50名的仅有5家，皆位于前100名的也只有18家（见表3），两者排位曲线也成散乱状态分布（见图1），反映出以微信公众号为代表的新媒体，其社会责任表现与综合热度状况并没有直接的对应关系。

表3 湖北省社会责任和综合热度同时位于TOP100的微信公众号得分情况

序号	名称	社会责任得分	社会责任位次	综合热度得分	综合热度位次
1	长江日报	2.96	5	4.02	6
2	荆楚网	2.95	6	3.51	99
3	武汉晚报	2.73	12	3.77	30
4	宜昌发布	2.66	15	3.68	43
5	湖北经视	2.29	37	4.18	2
6	随州网	2.21	45	3.76	32
7	楚天都市报	2.17	52	4.20	1
8	襄阳交通广播动力890	2.14	55	3.58	75
9	在线钟祥	2.11	63	3.67	46
10	荆州电视台	2.11	63	3.56	82
11	荆门晚报	2.10	66	4.02	7
12	武汉潮生活	2.10	68	3.93	12
13	华中科技大学	2.08	78	3.65	50
14	秦楚网	2.06	85	3.91	13
15	武汉吃货	2.06	87	3.88	4
16	十堰晚报	2.06	89	4.13	3
17	十堰交警	2.05	92	3.56	80
18	知音	2.03	99	3.96	11

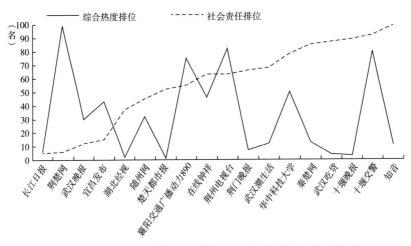

图1　湖北省18家微信公众号社会责任和综合热度排位曲线

结合新媒体社会责任的各级指标进行深入解读，湖北省社会责任和综合热度皆表现良好的18家微信公众号，在社会责任的一级指标方面各有侧重、各有特色。总体来说，社会责任总分表现和信息生产指标表现基本一致，信息生产得分整体处于高位；社会监督得分则整体位于底部；文化教育得分走势独立，起伏较大；协调关系得分较为平稳（见图2）。

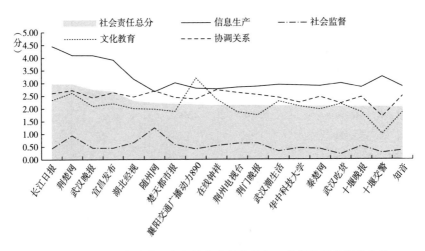

图2　湖北省18家微信公众号社会责任总分和一级指标得分状况曲线

综合而言，微信公众号社会责任和综合热度的交叉分析显示，这两者并无直接的对应关系：发布、阅读和点赞指数综合表现较好的微信公众号，其社会责任履践状况并不必然上佳；社会责任表现较为突出的微信公众号，其活跃程度、用户互动状况也并不一定令人满意。社会责任和综合热度皆表现良好的微信公众号，其社会责任的各项衡量要素并未呈现相对均衡的理想状态：信息生产方面皆能做到真实、客观、公正和时效；社会监督则呈现单向度、低功能的状态；在主流价值观和中华优秀传统文化的文化教育方面有积极表现；协调关系层面的用户体验和互动尚需不断加强。

（三）新媒体社会责任现实困境的因由之辨

综上解析发现，新媒体单纯追求活跃表现和仅仅强调用户关注的综合热度，显然并不能必然带来良好的社会责任履行状况，新媒体社会责任的良好履行是一个综合的、多维度的系统过程和多元因素整合作用的结果。深层探究新媒体社会责任现实困境的根本缘由，有利于新媒体行业的可持续发展和整个社会的和谐进步。

1. 信息原创不足，侵权控制不力

在新媒体社会责任的行业践行和现实评测中，体现出当下的新媒体较为重视信息生产的责任担当，信息的时效性、真实性和客观性普遍较好，信息质量较佳，同时在信息把关的流程控制中也有上佳表现。新媒体信息生产的社会责任履行不到位，主要原因在于信息的原创性欠缺和对侵权问题的控制不力。大数据时代的信息内容本就繁多芜杂、良莠不齐，如果新媒体在信息生产中只注重对既有信息的复制、转载或仅对其进行粗糙的再加工，无疑会加重用户的认知负担，增加用户获取有价值信息的时间成本，而这正是困扰人们的各类垃圾信息、不良内容产生的主要源头。

侵权控制的不力是阻碍信息生产社会责任履行的另外一个重要缘由。很多新媒体平台过于追求自身的热度表现，在信息的发布次数和发布数量方面做了不少努力，但由上解析我们已经发现，新媒体的综合热度和其社会责任表现并无必然关联，而过于注重热度的行为也在一定程度上加剧了侵权控制的不足。中国对侵犯知识产权、版权、个人隐私等行为的管制和

约束在法制建设上依然存有较多的空白，以及民众和新媒体机构权利意识淡薄和权利保护手段匮乏，这些都导致新媒体领域的侵权现象时有发生。新媒体行业不断出现的各类盗版诉讼、版权控告、隐私泄露事件，大多数正是缘于各类新媒体平台在信息生产的流程控制环节没能做好把关，由此产生了损害新媒体信息安全和保护的不法现象和道德问题。

2. 风险监控单一，失范监督滥情

社会监督的乏力是新媒体社会责任履行最需改善的突出问题。承担着环境监控和价值引导功能的新媒体平台，在社会监督方面的表现失当，直接降低了其社会责任的履行水准。新媒体社会监督功能缺失的原因比较多，其中最关键之处则在于对社会风险的监控过于片面，或过分聚焦于社会的单一层面，未能从更客观的角度全面观照社会的各个领域、各类现象和问题。

社会监督涉及广泛的社会层面，如司法公正、政府管理、环境污染、食品安全、官员腐败、体育赛事、自然灾害等，既有国家治理层面的问题，也有社会风险和行为失范方面的事件。而目前的新媒体社会监督多侧重于对国家治理领域问题的关注，在对社会风险的监控方面议题过于单一，同时对各类行为失范现象的关注又多采用煽情等非理性的方式，甚至不惜以对事件当事者的再次伤害为代价，这便引发了社会各界对新媒体过分滥情、有违伦理的忧虑和反思，对其社会责任履行的贬损是毋庸置疑的。

3. 娱乐追求过度，文化传承偏向

文化教育是新媒体的主要功能之一，也是体现其社会责任担当的重要方面。新媒体在塑造主流价值共识方面有着不错的表现，对于传承优秀的传统文化也可圈可点。其缺失之处则在于对娱乐化的过度追求和文化传承方面的过于狭隘，这也正是其文化教育社会责任履行不佳的主要原因。

娱乐化在一定程度上可以满足人们追求愉悦、热衷享乐、体验休闲的心理需求，但其引发的浅层阅读、浅表思考问题同样让人深思。如果新媒体过度追求娱乐化，把各类信息包括新闻报道都以娱乐化的形式来展现，则对于提升人们的生活品位和人类的长久生存严重不利。新媒体应该身体力行，践行文化教育的社会责任，同时不仅单向度传播中华优秀传统文化，还应在民俗文化、红色文化等文化样式的传衍与扩散方面做更多体现自身责任的工作。

4. 互动设计单调，用户体验欠佳

强调互动和用户体验是新媒体不同于传统媒体的重要特征，而这也是新媒体以线上沟通的方式体现其协调关系责任的主要方面。我们在以新媒体社会责任评价指标体系对各种典型的新媒体平台进行评测和考量时发现，新媒体的线下商业活动已经起步，并且探寻出不少的创新形式，但线上的互动设计却依然较为单调，用户体验方面的创新也多有不足，这也成为新媒体社会责任履行进一步改善和优化的一大障碍。

虽然新媒体的社会责任和其综合热度的表现并无直接关联，但互动和用户体验的创新性设计和形式革新既有利于提升其社会责任履行水准，也有利于其综合热度的持续升温。新媒体平台传播力和影响力的提高，无疑会提升其社会责任表现水平，进而提升其品牌优势和社会声誉，实现良性、健康和长久发展。

三　前景远瞻：移动互联情境下的新媒体社会责任

随着新媒体的用户规模和使用时长逐年增长，媒体形态和应用类型日益丰富，新媒体在前行道路上越来越呈现出移动化、社交化、智能化与个性化的趋向。据中国互联网络信息中心第 37 次《中国互联网络发展状况统计报告》统计，截至 2015 年 12 月，中国互联网普及率为 50.3%，网民中使用手机上网的人群占比提升至 90.1%。随着网络环境的日益改善和移动互联网技术的发展，各类移动互联网应用的需求逐渐被激发。[①]

新媒体技术的进步推动了新媒体行业的整体发展，也让新媒体的生态环境更加多元与复杂，引发的各类新问题与新状况层出不穷，新媒体的社会责任履行不到位问题更加凸显，并将成为未来一段时间的关注焦点。我

---

① 参见第 37 次《中国互联网络发展状况统计报告》，国家互联网信息办公室网站，2016 年 1 月 22 日，http://www.cac.gov.cn/2016-01/22/c_1117858695.htm，最后检索时间：2023 年 5 月 10 日。

们分别从新媒体社会责任评价指标的四个关键层面对新媒体在移动互联情境下的实践发展问题进行展望并提出实施建议。

（一）净化信息空间，注重信息品质

新媒体最显著的特点是交互性，在信息生产中以"去中心化"的方式消解了信息传送者与接收者的界限，这种异于传统媒体的传播特点改变了信息的流通方式，也日渐改变民众的思维模式与价值评判标准。新媒体依靠得天独厚的技术优势，让信息的获取方式与传递速度都有了重大提升甚至质的改变，移动化把信息变得更为迅捷，社交化提升了信息的质量和效度，云计算让信息更为智能和个性，这些都深刻地改变新情境下的信息生产，对新媒体的社会责任履行也提出了更高要求。新媒体只有因势而变，在信息生产中不断提升公信力、净化信息空间，才能赢得更好的生存环境。

新媒体的信息生产包含信息文本内容质量和运营商流程控制能力，具体而言，涵盖新媒体的新闻信息传播、原创内容生产、违法与不良信息把关（如对谣言，垃圾短信，垃圾电子邮件，淫秽色情、暴恐音视频等信息内容的监管）、数字产权维护、用户数据与隐私保护、广告与营销内容控制等。新媒体在诸多领域的信息生产中担负着不可推脱的社会责任，如维护新闻传播的真实性、监管 UGC 内容的合规性、保护私人的隐私权等。新媒体行业可以依托技术手段或制定自律规范，试行信息过滤机制（如色情、暴力内容的分级制），研发信息智能工具，不断创新治理举措，维护新媒体信息空间的纯净生态环境，提供更具价值和更高质量更高品位的信息内容。

（二）提供环境监测，搭建监督平台

作为信息传播的载体和社会系统的重要构成，新媒体在传播知识、价值和社会规范方面担当着重要角色。社会监督不仅包含培养社会价值观的"塑造共识"（社会核心价值和中华优秀传统文化价值），而且涵盖对公共政策、公共权力和社会现象的"社会监督"。新媒体要承担更多的社会责任，就需要在社会监督的各个层面彰显社会主流价值，提供有关社会风险、行为失范等各类社会问题的环境监测信息，为人们的学习工作和日常生活提供有效参考和环境把控。

近年来，新媒体的类型不断更新，论坛、博客、播客、微博、微信、短视频等开始在社会中占据越来越重要的位置，日渐成为人们生活中不可或缺的生产和获取信息的重要来源。第 37 次《中国互联网络发展状况统计报告》统计显示：2015 年，中国网民的人均周上网时长达 26.2 小时。①人均周上网时长的持续增长反映出网民对互联网使用广度和深度的提升，互联网越来越成为网民日常工作和生活中必不可少的组成部分，公众在新媒体上花费时间的增多和依赖程度的提高，让新媒体的社会责任度愈加提升，新媒体应该担负起更多的社会监督责任。

新媒体凭借高质量的信息生产可以提升其社会公信力，新媒体的社会公信力则是其履行社会监督责任的良好基础和持久动力。在庞杂的信息环境中，新媒体及从业者应以专业的态度和高尚的职业道德观，以更多体现主流价值观的真实、客观信息来引导公众的价值取向；以博爱的理念和人文关怀的精神，关注社会公益事业，成为社会公益事业的中坚力量，弘扬社会正义、和谐与良好风尚；运用自身的互动性、开放性以及便于分享和评论的特点，搭建公众交流的信息平台，传达社情民意，搭建起有效沟通的监督平台，实施社会监督。

（三）传衍文化价值，提升文化品格

新媒体虽然有迥异于传统媒体的技术标准与传播形态，但在文化教育方面两者更多体现的是合一性与共通点。人类社会的发展离不开智慧、知识、经验的积累和传承，作为一种具有广泛传播力和重大影响力的传播系统，新媒体自然应该在文化教育方面担负更多的社会责任。

在新媒体的信息空间中，沟通成本大大降低，沟通方式也互惠共享。人们在信息和资源方面的相互分享、合作创新，对于经验的累积、知识的

---

① 参见第 37 次《中国互联网络发展状况统计报告》，国家互联网信息办公室网站，2016年 1 月 22 日，http：//www.cac.gov.cn/2016-01/22/c_1117858695.htm，最后检索时间：2023 年 5 月 10 日。

扩散和文化的传承有重要的推动作用。新媒体应该利用自己的优势，合理分配传播资源，担负更多文化教育的社会责任。

新媒体应该舍弃单纯追求商业价值的理念取向，在文化与公益事业中投入更多精力与资源。新媒体应该丰富自己的文化内容，以更具文化内涵的内容提升自身的文化品位和文化追求，引领积极向上的新媒体文化开展；配合新媒体技术，创新开发更多具有人文色彩与文化氛围的功能，增强用户的文化体验；挖掘中华优秀传统文化要素，融合多媒体技术与手段，积极开展对外文化传播。同时，借助移动互联时代的大数据与云计算等先进技术，通过对不同用户个性化需求的准确把握，提供更加多元化的娱乐产品与更智能化的产品推荐，提升用户的娱乐体验；利用多媒体技术，创新开发具有艺术性、益智性等健康内容的娱乐产品，寓知识性于趣味性之中，提倡健康、积极向上的娱乐理念与消遣形式。这也必将成为未来新媒体履行社会责任的重要形式。

（四）构建和谐生态，促进关系协调

新媒体是一种强调交互性的媒体样态，这使得它天然地在联络沟通、协调关系方面具备独特的优势。新媒体履行协调关系的社会责任主要表现在线上沟通与线下活动两个方面，公共服务、用户体验和网民互动构成线上沟通的主要内容，而商业性活动和非商业性活动则是线下活动的主要类型。

新媒体的信息空间是公众发表言论和自由表达意见的重要场所和"新公共领域"。近年来，中国政府积极倡导并主动引导网络参政议政，越来越多的网络用户借助新媒体平台评论社会时事、反映民生问题、积极建言献策，使得新媒体公共服务的功能得以有效发挥。而随着新媒体的不断发展成熟，各类新媒体机构越来越意识到积极协调关系、履行社会责任的重要性，逐渐借鉴传统企业成熟的市场营销传播理念和策略，主动开展各类赞助、公益等公关活动，塑造和推广自己的媒体形象，以赢取公众更多的支持。

新媒体行业已经以自己的行动迈出了重要一步。如"百度推广"的农业帮扶专项行动，借助搜索引擎新媒体技术完成供需对接；腾讯公司组建技术团队为视障人群开发无障碍手机 QQ、QQ 输入法等互联网产品；百度公司为盲人群体开发百度盲道、语音输入法、盲人地图等互联网应用。它们以独有的新媒体技术践行着新媒体平台的社会责任。以此为出发点，新媒体应充分施展新技术的优势，开发更多人性化的产品，提升用户体验；以新材料、新能源研发生产更多绿色环保的新媒体产品，净化社会生态。同时，创新更多互动性的产品和设计，畅通互动平台，提升公共服务能力。另外，组织更多与新媒体自身特性相关的线下活动，加强与各类"关系利益人"的互动和交流，提升履行社会责任的绩效。

移动互联网、社会化媒体以及云计算所带来的智能化、个性化发展趋势，一定会让新媒体焕发出更多的活力，带来更多的创新产品和更大的想象空间，在履行社会责任的道路上顺利前行。

四　范例阐释：新媒体社会责任典型评估与热点解析

依托新媒体社会责任指标体系，以典型新媒体平台的社会责任履行状况为考察对象，进行实证评估，同时，对新媒体领域的典型现象和重点平台进行专题探讨，并对社会热点案例展开社会责任建设的评析与反思。

（一）典型新媒体平台的社会责任履行状况考量

下文对各类典型新媒体平台的社会责任履行状况分别进行量化评估，运用新媒体社会责任评价指标体系，对其社会责任的履行状况进行考察分析，评估对象为 8 类新媒体平台：国家级新闻网站、报纸媒体微博、微信自媒体公众号、视频网站、游戏网站、科普网站、儿童门户网站和原创网络文学网站。

1. 国家级新闻网站

将国务院新闻办公室首批批准的 8 家国家级新闻网站作为观测对象，依照统一建构的新媒体社会责任评价指标体系，通过数据搜集和内容分析，对其社会责任履行状况进行实证评估。结果显示：人民网、新华网总体得分并列第一，得分为 4.72，其他网站得分从高到低依次为：中国网（4.29）、央视网（4.11）、国际在线（4.03）、中国经济网（3.89）、中国日报网（3.69）、中青在线（3.62）。研究发现，国家级新闻网站在信息生产方面，基本能保证信息的真实、客观、时效等，但在信息的原创和深度方面表现欠佳；在社会监督方面，国家治理类内容最受关注，社会风险类内容关注不足；在文化教育方面，各网站在主流价值倡导与宣传方面均表现不俗，但娱乐性内容及应用不够完善；在协调关系方面，各网站的公共服务有较好表现，但线上线下互动不够活跃。

2. 报纸媒体微博

以8家报纸媒体官方微博为考察对象进行社会责任评估，重点关注信息生产维度的社会责任表现。评估得分由高到低分别为：人民日报（4.48）、新京报（4.05）、新闻晨报（3.51）、南方都市报（3.47）、齐鲁晚报（3.41）、成都商报（3.30）、华西都市报（3.22）、楚天都市报（2.98）。研究发现，作为历史悠久的专业化媒介组织，传统媒体在与微博平台的融合过程中，大多能较好地发挥其长期积累的信息生产优势，8家报纸媒体微博的信息生产社会责任履行情况整体表现良好，得分均值为满分的71%。8家报纸媒体微博在"信息质量"7个维度的具体表现从好到差依次为真实、客观、时效、权威、深度、全面、原创；在"流程控制"3个维度的具体表现从好到差依次为广告控制、侵权控制、信息把关。报纸媒体微博在信息生产与传播活动中存在价值取向娱乐化、选题内容同质化、责任承担形式化、舆论引导缺失化等问题。

3. 微信自媒体公众号

根据微信自媒体公众号的7个主要类别，分别选取各类别前100名中3个平均区间的3个公众号，共21个微信自媒体公众号作为研究样本，对微信自媒体公众号履行社会责任状况进行评价分析。研究结果显示，社会责任得分排名前3位的分别为：INSIGHT CHINA（3.96）、冯站长之家（3.68）、周小平同志（3.36），排在后3位的分别为：万能种草清单（2.04）、铁路魂（1.96）、励志姐（1.73）。研究发现，微信自媒体公众号在信息生产方面，原创和深度表现不足，版权无法得到保障；在社会监督方面，监督内容与定位不符，监管机制存在隐患；在文化教育方面，娱乐内容把关不严；在协调关系方面，线上线下互动效果较差。

4. 视频网站

结合网站整体内容的跟踪调查,抽取 10 家代表性视频网站的首页要闻及新闻资讯类频道首页上的 988 条视频进行内容分析,评估得分由高到低依次为:爱奇艺(2.99)、央视网(2.96)、优酷视频(2.84)、乐视视频(2.82)、搜狐视频(2.77)、新浪视频(2.65)、凤凰视频(2.56)、芒果 TV(2.55)、腾讯视频(2.47)、土豆视频(2.33)。研究发现,10家视频网站社会责任的履行水平总体处于中等,4 项一级指标的平均得分相对于满分的得分率由高到低依次为:信息生产(77.63%)、协调关系(31.15%)、文化教育(31.15%)、社会监督(24.48%)。除信息生产社会责任得分与满分差距较小外,其他 3 项指标的社会责任履行情况均不理想。目前视频网站信息生产中内容低俗问题较严重、内容同质化现象较突出、内容碎片化趋势较明显、内容商业化气息较浓厚。

5. 游戏网站

综合 2015 年中国游戏媒体十大品牌企业排名和 2015 年度中国游戏产业年会中评选出的 “2015 年十大网游媒体” 结果,运用新媒体社会责任评价指标体系对综合排名前 9 位的游戏网站的栏目设置、游戏排名、游戏内容、游戏点击量、评论量以及论坛发帖数、会员数等进行内容分析,重点评估文化教育方面的社会责任履行状况。评估得分从高到低依次为:魔方网(1.48)、着迷网(1.46)、腾讯游戏频道(1.43)、游戏多(1.10)、17173(1.02)、叶子猪游戏网(0.66)、久游网(0.64)、新浪游戏频道(0.57)、电玩巴士(0.38)。研究发现,游戏网站在文化教育社会责任履行方面,虽然大多数能通过提供包含主流价值观及富含中华优秀传统文化、民俗文化元素的游戏以进行文化教育,但暴力、色情和血腥场景仍频现。研究认为,可利用 “意见领袖” 对玩家的引导来传播文化,网络游戏需与文化教育自然地契合,促使游戏网站及其网络游戏更好地履行文化教育社会责任。

6. 科普网站

科普网站是以科普信息为主要内容,专门为传播科学知识、普及科学思想而开设的网站。根据 Alexa 网站排名、百度权重、PR 值、科普网站类型选取 6 家科普网站作为研究对象。评估得分从高到低依次为:科学网

（4.34）、中国数字科技馆（4.29）、果壳网（4.14）、中国科普博览（3.83）、科学松鼠会（3.67）、中国国家地理网（3.49）。研究发现，科普网站信息生产社会责任履行状况最好，协调关系居中等水平，社会监督和文化教育社会责任履行状况较差，有待提升。研究认为，科普网站在信息生产方面，应强化时效性和信息把关机制，传播内容向纵深扩展；在社会监督方面，应加强引导正确的网络舆论；在文化教育方面，要更重视文化传承，深挖科普娱乐性；在协调关系方面，应发挥网络优势，利用先进技术，优化用户体验。

7. 儿童门户网站

选取具有代表性的6个儿童门户网站，对其首页信息内容进行量化分析，评估得分由高到低依次为：童年网（1.82）、中国儿童网（1.71）、小精灵儿童网（1.58）、儿童资源网（1.26）、六一儿童网（1.18）、摩尔庄园（0.86）。研究发现，儿童门户网站社会责任履行的综合得分普遍不理想，4个一级指标的社会责任履行程度差异显著。在信息生产方面，儿童门户网站信息质量指标得分一般，在权威、时效、深度三个方面表现严重不足，流程控制表现一般，广告控制最弱；在社会监督方面，有关国家治理、社会风险的信息内容较少，社会监督责任履行表现最差；在文化教育方面，儿童门户网站对儿童有较强的教育与引导力，文化传承与提供娱乐责任履行较好；在协调关系方面，线上沟通的表现强于线下活动的表现，互动指数较高。

8. 原创网络文学网站

原创网络文学网站在培育网络文学作者、传播网络文学作品、创造网络文学IP价值方面发挥着重要作用。针对国家大力推动网络文学健康发展的号召和相关举措，本文对5家文学网站的文化教育指标进行重点测评，研究结果显示，17K小说网得分最高，为0.40，其他4家网站得分由高到低依次为：起点中文网（0.35）、潇湘书院（0.27）、纵横中文网（0.23）、晋江文学城（0.10）。研究发现，5家原创网络文学网站文化教育水平总体偏低，需要采取有效措施，积极提高其文化教育水平，这也是当前推动网络文学健康发展的迫切要求。研究认为，原创网络文学网站应该从控制作品质量、重视排行榜建设、鼓励作者创造积极健康作品等方面，努力提高自身的文化教育水平。

（二）新媒体社会责任专题研讨

本部分集中呈现 2016 年新媒体传播领域的研究热点，以典型现象和重点平台为研究对象，探讨信息传播中呈现的伦理问题和社会责任反思，典型现象主要涵盖电商购物节、网络视频直播和"洋葱新闻"，重点平台主要涉及新闻客户端和微博等。

1. 典型现象

2016 年，新媒体领域的电商购物节和网络视频直播成为持续的热门话题，社交平台的"洋葱新闻"作为一种新事物和新现象，聚焦了新一轮的热点关注，下文所列文章对三类典型现象引发的伦理问题和社会责任反思进行集中探讨。

《消费文化视阈下的电商购物节现象解读》以电商购物节为例，从电子商务零售企业社会责任建构的具体层面，对电商平台上产生的网络消费文化现象及其社会影响进行深入解析。电商平台同时承载"商品"、"信息"和"金融货币"，目前的社会责任评价指标更多偏向商品信息的真实性和传统零售业的消费者权益层面，忽略了电商平台以及与之相关的社会化媒体上通过语言、文字、图片等符号方式所传递的文化内涵。消费文化的三种视角——物质消费视角、社会关系视角和精神消费视角——在电商平台的网络消费文化建构过程中得到充分体现，具体表现为"性价比与便利""使用与满足""符号化""视觉文化""娱乐消遣"等消费特点。在此种消费文化影响下，现实世界和虚拟世界的边界日渐模糊，传统的文化心理和价值观念被慢慢消解，映射出社会消费水平差距、广告失范、过度消费等矛盾冲突。因此，应辩证地看待网络消费文化的传播和建构，只有透过现象看本质，重视电商平台消费文化中存在的问题，提高自身的忧患意识，才能更好地享用网络带来的便利。

《网络视频直播的传播伦理与社会责任研究》对新兴的网络视频直播现象的伦理问题进行探讨，系统分析了网络视频直播的传播特性，以及如何从社会性别的视角看待网络视频直播中的低俗内容问题。研究认为，网络主播固然有性表达权利，但在公共领域中仍然需要避免出现女性身体被商品化和客体化的倾向，并应该对未成年人的权益进行保护。同时，剖析网络视频直播中涉及的国家与个人、用户与平台、主播与观众的媒体社会责任，发现网络视频直播的伦理危机不仅来源于视频主播，也来自直播活动的参与者，更重要的是视频直播背后的全球资本系统。正是贪婪的资本力量，异化了网络主播和观众的媒介劳动，使直播生态恶化。

《社交媒体环境下我国"洋葱新闻"的特点及其伦理问题探讨》以中国新媒体领域的新事物——"洋葱新闻"为关注对象，以"洋葱日报社"微博账号和"洋葱复旦"微信公众号为例，分析"洋葱新闻"的特点及可能带来的伦理问题。"洋葱新闻"是具有寄生性、模仿性、独创性，以讽刺现实、娱乐消遣为目的的戏仿作品，以新闻事件、社会热点为由头，依托新闻事件、社会热点的知名度和影响力以提高公众对"洋葱新闻"的关注度；同时，"洋葱新闻"又将新闻事件、社会热点剥离原来的语境，置换到其构建的另一个语境中。在阅读对象不知情的情况下，"洋葱新闻"会带来一系列问题，最为突出的是，读者和媒体会轻信"洋葱新闻"而把其当作真实"新闻"进行传播，从而产生负面影响。为了规避"洋葱新闻"被误认为"新闻"的风险，制作者应采取适当策略：对专业新闻写作风格的模仿要适度，内容应当凸显出夸张、戏谑的特性，每篇"洋葱新闻"中要提示其内容是"不真实"的。

2. 重点平台

新闻客户端和微博是新媒体信息传播的重要媒介，也是新媒体社会责任履行的重点平台，下文所列文章以对比研究的视角关注新闻客户端的社会责任履行问题，并从突发事件和意见领袖的角度分析微博的社会责任担当。

以往对于新闻客户端的研究重心多集中于媒体转型、营销手段、经营模式等，而《新闻客户端与媒介社会责任——基于澎湃"精选"和网易"头条"的比较》则对比了同种形态、不同性质的新闻客户端的社会责任。通过两个新闻客户端近半个月发布的共计600则新闻进行实证分析发现，澎湃"精选"所代表的传统媒体转型类新闻客户端与网易"头条"所代表的新闻门户移植类客户端相比，其所履行的媒体社会责任有明显差异。在信息生产、社会监督、提供娱乐三个指标上，澎湃"精选"的媒体社会责任感都高于网易"头条"。可以说，新媒体社会责任缺失所导致的营销重于内容、经济至上等问题在澎湃"精选"中少有体现，但在网易"头条"中却比较明显，这也体现出市场化条件下的新媒体需要强化自身的社会责任意识，尤其对于新闻门户移植类客户端来说，加强媒体自律显得极为重要。

下文所列文章对微博社会责任履行的关注着重从三个角度展开分析：突发事件中的政务微博、突发自然灾害事件中的微博舆论传播、微博意见领袖的信息生产责任。

《突发事件涉腐舆情中政务微博的响应机制与社会责任》一文选择天津港爆炸事件中政府相关职能部门的政务微博作为研究对象，从政务微博的发展态势、主体责任、传播内容和传播效果四个维度对突发事件涉腐舆情中政务微博的响应机制和社会责任进行分析。研究重点关注作为爆炸事故责任主体的政府职能部门，面对突发公共危机事件导致的涉腐舆情，应该承担的信息发布责任及可能导致的传播后果。研究发现，根据事故责任的轻重不同，以及事件关系远近的不同，事故相关的微博消息内容和发布时机也截然不同。就消息内容而言，政务微博发布与自己职责和权限关系最紧密的消息更容易得到微博用户和社会舆论的认可。在发布时机方面，事故发生初期，有关人员伤亡的信息最受关注；事故发生中期，事故应对尤其是救援的信息最受关注；事故发生后期，有关事故的善后和原因调查最受关注。

《突发自然灾害事件中的微博舆论传播规律与治理》一文选取 21 个典型的自然灾害事件，对其所产生的微博舆论进行数据统计分析。研究发现，在信源方面，46% 的突发自然灾害事件出自传统媒体，22% 出自微博；在地域分布方面，突发自然灾害事件中的微博舆论有着很强的接近性特征，灾害事件发生地是微博舆论最为集中的地区；在发布数量方面，非认证微博用户发布微博信息占比最高，达到 44%，说明在突发自然灾害事件中，微博舆论的主体正是广大的普通网民；在信息发布类型方面，原创微博占比 72%，表明直接互动和深度参与成为突发自然灾害事件微博舆论形成和发酵的原动力；在微博谣言类型方面，问责抹黑型谣言最多，达到 30%。研究认为，在突发自然灾害事件中，不能把政府官方微博当作唯一权威信息的传播主体，应该积极与传统媒体、微博意见领袖联合起来，借助不同的微博传播渠道，打造自上而下的联动传播。

《微博意见领袖的信息生产与社会责任研究》一文以 10 个典型意见领袖账号为例，抽取 1154 条微博作为研究样本，在内容分析的基础上从信息生产角度探讨意见领袖的社会责任问题，主要包含三个内容与话语观察角度：信息基本属性、文本话语框架和协商讨论质量。研究发现，意见领袖在微博信息生产中的社会责任履行状况并不乐观。在信息基本属性方面，微博意见领袖所发布的信息质量不高，所观察到的原创性、深度、时效性、信度、信源五个指标百分比较低；在文本话语框架方面，微博意见领袖重情感表达而轻理性分析，意见领袖为了达到更强的舆论影响效果，偏重情绪动员，这对非理性舆情的蔓延起到了推波助澜的作用；在协商讨论质量方面，意见领袖对于公共事件、公共问题和公共需求方面的关注度不高，大量的讨论议题是以意见领袖个人的问题取向为中心的，带有比较明显的自上而下的议题设置倾向，这使得微博的公共协商功能被削弱。

（三）新媒体社会责任案例分析

下文所列文章聚焦于社会热点事件，以框架分析、文本分析、话语分析、内容分析等研究方法，对事件在微博、微信、新闻客户端等新媒体平台传播过程中引发的风险传播、舆情传播和形象传播等典型案例进行解析，探讨新媒体社会责任问题。

《新媒体语境下风险议题的建构与转向——以山东问题疫苗事件为例》一文以 2016 年波及范围极大且与公众生活息息相关的典型案例为研究对象，按照"转发量""评论量""点赞量"选取 419 条微博为研究样本，并对综合影响力排名前 20 的微博进行文本分析。研究发现，新媒体对风险议题的建构受到各方因素的影响，且是一个动态的过程，议题建构整体是从失控转为有序；不同类型的博主在选取议题框架时，大都具有一定的立场和偏好，如微博"大 V"多选择道德判断框架，媒体微博多侧重新闻事实，同时兼顾其他框架；在风险话语表达方面，话题热点从情绪化日渐趋于理性克制，这一方面与新浪微博自身的引导和管制有一定关系，另一方面也说明社交媒体所提供的平台，让不同声音在碰撞中自我调整，对于话题沉淀和谣言澄清具有显著效果。

《社交网络中政府形象传播状况研究——以"8·12天津滨海新区爆炸事故"为例》一文以一起特别重大的生产安全责任事故为研究案例，采用媒介框架分析法、内容分析法，对密切关注该事件的微博、微信两大社交网络平台进行量化分析。研究发现，在微博样本方面，微博主推的发布者主要来自非政府与官方媒体认证用户，占64.44%，微博评论主要集中于政府与官方媒体认证用户，占57.8%；在微信样本方面，微信主推的发布者主要来自企业公众号，占53.50%，其次为传统媒体和网络媒体公众号，占23.50%，政务公众号仅占8.50%。研究认为，社交媒体平台的政府形象传播存在以下问题：政府公共服务意识不强；政府信息发布较滞后；媒介框架差异较大，干扰权威信息的传播；政府信息隐秘区间过大，与公众信息公开的需求存在矛盾；突发事件应急机制不完善。

《新媒体在健康风险传播中的角色研究——以转基因食品为例》一文选取微博作为研究对象，通过对2015年媒体认证账户的189条转基因食品相关微博进行内容分析，探析新媒体在健康风险传播中的角色作用。研究发现，在新媒体的消息来源方面，来源于国外的消息最多，占总样本量的30.7%；在报道角度方面，仅从单个角度切入展开报道的样本占比达80%，其中，不体现明显态度偏向的中立报道为大多数，约占68%；在转基因食品新闻文本的不确定性呈现类目中，没有对健康风险的不确定性做出呈现的报道占57.7%；在情绪状态方面，没有呈现出新闻源和受访者情绪状态的报道占总样本量的大多数，而在有情绪状态的报道中，正面、负面和二者兼具的情绪分别占54%、38%和8%；在报道框架方面，有关转基因食品发展过程的报道最多，其后依次为安抚保证、冲突和科学普及等。研究认为，新媒体在健康风险传播中承担"科普公告栏""风险过滤器""情绪引导者"三种角色和功能。

《社会热点事件传播中的新媒体责任——以"哈尔滨天价鱼"事件为例》一文选取对"哈尔滨天价鱼"事件关注较高的6个微博账号，分别为"人民日报""澎湃新闻""哈尔滨发布""菏泽中院""地瓜熊老六""顾扯淡"，从报道数量、报道时长、传播影响力、报道内容、评论倾向等多个方面进行实证评估与考察。研究认为，传统主流媒体微博的信息发布大多较客观、理性；网络意见领袖对于与民众息息相关的社会问题反应迅速，往往能抢占舆论先机；公众自身内在媒介素养的提高是规范网络行为的关键。在复杂的网络环境和庞杂的网络信息中，只有依靠法律的惩戒加上道德的约束，以及政府、媒体和公众的三方合力，才能有助于净化网络舆论空气，提升新媒体社会责任履行水准。

原载钟瑛主编《中国新媒体社会责任研究报告（2016）》，

社会科学文献出版社，2016

合作者：李秋华

收入本书时略有改动

新媒体社会责任实践的新形势：
场景转化与治理升级

随着媒介技术的不断创新发展，新媒体对信息传播格局的冲击与重构成为社会发展的常态，对新媒体社会责任的深刻关切和持续研究成为社会各界的共识。华科新媒体实验室自 2014 年以来对新媒体发展带来的社会责任问题进行了全面评价和深入调研，对新媒体社会责任的履行状况做出了系统、客观的呈现。本文在长期跟踪调查的基础上，对 2017 年新媒体社会责任履行的规律和趋势进行分析，旨在揭示新变化、提出新发现。

一　场景转换：新媒体履行社会责任面临新形势

新媒介技术的研发和应用日新月异，新的传播模式迅速在新媒体行业扩散，由此带来用户、渠道、终端、应用情境、商业模式的不断变化，新媒体履行社会责任的要素、场景也随之变化。

（一）移动社交媒体变革社会责任主体状态

移动社交媒体是基于 LBS（Location Based Services）技术的社交媒体，它结合了移动互联网和社交媒体的特征，借助移动通信、移动定位和电子地图信息服务技术，将人在物理空间中的属性、社会关系与网络社区中的属性相连接，实现了对个人的地理位置、身份属性、关系网络和社会需求的准确定位，激发了内容生产、转发分享、互动交流的活力。用户可以借助移动终端随时随地进行信息的采集和制作，方便的内容生产与供给成为可能，更多的信息被生产出来。与此同时，信息的传播借助人际关系网络的非线性、圈层化、多层级的特征在用户的社会网络中"病毒式"扩散。这就使信息的生产和传播都变得更加便捷迅速，信息带来的影响范围更大、传播所用时间更短。基于上述两种属性，移动社交媒体的普及对新媒体社会责任主体的影响是显而易见的。

1. 移动技术使社会责任主体身份多元化

移动技术的发展让信息生产更为便捷，用户可以凭借移动终端直接介入社会生活、迅速生产信息并及时进行传播，进而成为新媒体社会责任的主体。多元主体的兴起突破了传统传播者角色定位和信息审查、过滤模式，为社会监督带来了便利，在国家治理、社会风险化解、行为失范监督方面发挥了积极作用。然而，传统的信息生产流程被极大简化，选题、采写、把关过程被压缩甚至省略，真实、权威、时效、全面、深度、原创、客观等信息质量要求难以实现；信息把关更是缺乏保障，侵犯隐私权、名誉权等现象频繁出现，舆论偏差影响司法公正的事件也时有发生。主体身份的多元化还必然带来内容类型、价值观念的多元化，不同价值观都获得了抵达公众的机会，主流价值观面临竞争。

2. 主体身份多元化冲击现有伦理规范和监管体系

在移动社交媒体传播中，大量不具备专业素养的"业余者"参与其中，主体身份的多元化特征使社会现有的伦理规范不尽适用。一方面，新闻专业伦理是新闻业长期发展建构的职业共同体的意识形态的一部分，比如客观、真实、公正、平衡等要求；个体化、非职业化的信息传播者（如各类自媒体）对此并不具备完整的认知。另一方面，公民个体的公共道德规范、其他团体和行业机构的职业伦理也难以对信息生产行为发挥有效的约束作用。面对这种新变化，政府和行业原有的监管体系和制度安排也无法充分发挥效力，如现行的媒体审批许可制度、政府（党委）机构管控媒体人模式、媒介人社会组织（如记者协会）管控模式都难以为继。

3. 主体圈层化影响社会共识达成

社交化的传播将人们以关系为区隔，分割并聚合在各种不同的信息传播圈中，越来越多的个体在社交媒体上的行为呈现出封闭性的特点——只关心自身圈层的内容和讨论，对圈层外的信息缺乏重视，不信奉普遍的权威和学说，追捧自身圈内的意见领袖。这导致社会文化、共识的传播、构建面临过滤和阻隔。

（二）智能技术挑战社会责任实践范式

随着大数据、云计算、AR/VR、AI（人工智能）等新技术的引入，新媒体行业的实践范式发生了巨大变化，线索发掘、选题策划、信息采集、写作编辑、审核把关、分发传播等环节被技术逻辑重新建构，既有的媒体社会责任的规范则是以传播者的活动为核心建立起来的，新范式必然对既有规范形成挑战。

1. 智能技术改变信息生产模式

第一，内容生产者可以借助智能技术实时搜集处理用户需求、社会变化的大数据，从而发现最可能引发广泛传播的新闻线索，提供选题策划方案。

第二，各种传感器技术优化了信息采集环节。传感器技术使信息的来源突破了传统渠道的局限，各种凭借传统手段难以采集的信息可以通过传感器进行准确获取，如地理环境、物流交通、人体生理等信息。而且传感器在挖掘信息时可以在时间维度上监测对象的动态和趋势，在空间维度上将信息挖掘扩展到宏观范围，以更广阔的视角洞悉事件全貌。[1]

第三，在内容生产环节，智能机器人可以运用大规模数据处理能力，通过算法发现社会经济运行等规律，并生成叙述性文章、财务报表、可视化图形等，大大提高了生产的效率。AR、VR等技术的使用也使内容文本的呈现形态更为丰富多样，对事实的呈现更为精确、逼真。

第四，在把关环节，通过深度学习、语音识别、语义分析、动作识别、图像识别等，人工智能也能够从事内容审核工作，充当把关人的角色。新媒体时代，UGC使得大量内容涌现，媒介审核工作量突增，机器

---

① 参见喻国明、兰美娜、李玮《智能化：未来传播模式创新的核心逻辑——兼论"人工智能+媒体"的基本运作范式》，《新闻与写作》2017年第3期，第41~42页。

"把关人"能够提高效率、节约人力。"机器初审+人工终审"是新媒体时代媒体把关的新特点。①

第五，在信息分发、传播阶段，智能算法通过将文章内容与用户需求进行匹配，可以对内容进行精准的分发和推荐，取得较好的传播效果，这已成为今日头条、一点资讯、天天快报等新媒体平台的普遍做法。更重要的是，智能算法还可以通过对既有传播趋势的分析，帮助编辑对后续报道的跟进与否、方向选择做出判断。

2. 机器生产冲击现有行业规范

机器生产带来的一个显著问题就是其权利与义务的规范问题。一方面，机器生产是智能机器人自动完成的，另一方面，机器人的自动化生产过程所依托的算法是相关技术开发人员创作的，包含着技术开发人员的劳动，由此带来权利与义务的规范问题超出了现有行业规范调整的范围。如果发生侵权行为，应该被追责的是机器人、技术人员还是机器人的拥有者？随之而来的惩罚内容和形式应该如何？同样，机器人生产出来的信息产品的知识产权归谁所有？如此一系列权利义务关系都对现有规范体系产生了冲击。

3. 技术逻辑挑战人类价值

机器的精准、高速、宏观等特征为摒弃偏见，实现传播的透明化、客观化和全面化提供了可能。但这一过程的执行伴随着机器效率对人文价值的挤压，在机器生产信息的过程中，意识形态、文化习俗、社会风尚等对人类社会而言非常重要的价值要素并不能被充分反映；通过数据挖掘实现内容精准推送也有可能导致受众的分化；技术逻辑驱动下的唯流量倾向也会使受众的点击率和转发量成为内容采编追求的核心目标，导致选题的价值和采写质量被忽视，传统的新闻标准化制作流程被省略，专业伦理标准被逐渐抛弃。②

---

① 参见栾轶玫《人工智能：媒体的入侵者还是解救者？》，《视听界》2017 年第 1 期，第126 页。
② 参见王维佳《专业主义的挽歌——理解数字化时代的新闻生产变革》，《新闻记者》2016 年第 10 期，第 34~40 页。

（三）平台集中趋势影响社会责任力量格局

在互联网时代，用户的多元化、个性化的长尾需求被激活，各种生产者试图通过独特的信息产品直接寻找用户，传统的信息生产产业链被打破、扩展或延伸。以需求为导向，迅速完成内容的生产和流通、促进信息的交换和消费、实现用户的互动和连接成为互联网行业最迫切的需求。因此，打造信息平台，控制信息生产、发布、交互和传播的中枢，通过平台竞争用户及流量，占领互联网入口，成为互联网巨头们竞争的战略目标。

1. 平台化趋势模糊责任边界

以用户为中心集成各种类别的信息和服务是平台化的显著特征。在这种情况下，不同信息类别、不同信息生产者和消费者在同一平台集散，对信息平台社会责任的内容和形式造成冲击。公民道德责任、企业社会责任、媒体社会责任均会有所涉及，不同社会责任的评价和履行方式也有所不同，这使社会对信息平台的社会责任监控面临缺乏统一、有效的标准的难题。

2. 行业集中阻碍责任监督

平台化竞争导致行业发展的集中化。经过多年竞争，目前国内各领域平台基本上被少数几家大的互联网厂商占据。互联网入口被少数几家厂商控制，信息生产的价值选择和呈现形式被把控，这将影响公众的选择权、知情权和环境认知，进而影响主流价值观的传播和社会共识的塑造、文化的传承。比如今日头条、天天快报等自媒体平台通过算法调整能轻易地影响自媒体创作的调性和形式，进而构建作为内容消费者的公众关于社会环境的认知和判断。这种集中化的趋势导致信息权被少数几家大型企业控制，信息平台参与者要首先服从这些企业的规则，而非主动向公众和社会承担责任和义务。同时，对平台本身应承担的社会责任的监督却因其在市场和信息格局中的地位、权力而面临重重困难。

3. 资本介入影响责任履行

在平台化竞争过程中，资本的力量无处不在，每一次互联网企业联合、兼并的行为背后都有资本的强大支撑。而资本的根本目的是实现增殖，资本是以利润为导向的，资本化必然导致互联网企业在履行社会责任时面临更复杂的利益权衡。资本的唯利是图可能会淡化媒体的社会责任；资本逐利和扩张的天性可以给企业或媒体带来无穷的动力，也可能会出于逐利和扩张的需要打压言论的自由和多元化，甚至阻碍媒体内容的创新。[①]

（四）网络视频直播兴起增加社会责任监管难度

网络视频直播是借助互联网技术实时自制和传播视频节目内容的传播形式。它融合了视听节目、网络表演、网络聊天、新闻信息服务、网络游戏等多个内容领域，打破了内容生产和传播行为之间的界限，实现了充分的传受互动。这种实时互动的传播方式使有关部门对内容低俗、语言暴力、言论违法、知识产权侵犯等问题的监管难度大大增加。

1. 载体视频化增加监管成本

网络视频直播的内容载体是动态视频，受限于现有技术，单凭机器监视的手段难以进行准确的内容监测。"人工审查+技术监测"是普遍的监管机制。由于直播门槛低，内容海量化特征明显，要对这些海量内容进行有效监管，就需要组建庞大的监管队伍，这对于平台运营者来说成本是显而易见的。对政府监管部门来说，面对市场上数量众多的直播平台，其也必须保证足够的人力资本投入，监管成本也会不断增加。

2. 用户海量化降低监管效率

从主播数量上看，网络直播平台中主播入行门槛低，导致主播群体数量迅速扩张、素质参差不齐；从观众数量上看，直播参与者数量非常庞大且身份特征差异明显。要对海量的用户进行监测，发现问题并进行追责、惩处，都需要监管部门耗费较大的精力，这无疑会降低监管的效率。

3. 传播实时化加大监管难度

网络直播具备典型的实时传播特征。主播与观众之间、观众与观众之间进行实时的交流，交流的内容也依据互动情况实时调整且转瞬即逝。这导致在现有技术监测能力不足的情况下，传播过程中的内容违规、违法现

---

① 参见陆地、姚怡云《媒体"资本主义"的特征及其影响》，《新闻爱好者》2017 年第 1 期，第 14~15 页。

象难以被及时发现，且缺乏固定证据的有效手段。

4. 利益驱动导致平台缺乏自律

网络直播行业现有的主要营利模式有二，一方面是对用户为主播购买的虚拟礼物进行抽成，另一方面是人气主播带来的流量变现。整个直播市场同质化竞争严重。这导致平台对主播的审核普遍采取比较宽松的政策，甚至纵容、默许主播"打擦边球"的行为。另外，随着技术的普及，直播平台的搭建成本也逐渐降低，一些小的直播平台在因内容违规而被查处后，又迅速改头换面继续上线"圈钱"。对这类直播平台来说，自律无从谈起。

二　治理升级：新媒体社会责任国家监管新走向

随着《中华人民共和国网络安全法》的颁行，《中华人民共和国刑法修正案（九）》对若干网络犯罪行为做出明确规定，国家网信办制定出台《即时通信工具公众信息服务发展管理暂行规定》《互联网新闻信息服务单位约谈工作规定》等，中国互联网监管政策逐渐走向成熟、完备，形成了覆盖互联网各个领域的较为完整的政策法规体系，对不同领域进行监管的主体和执行部门逐渐明确。

（一）内容监管政策不断完善

截至 2017 年 7 月，国家层面（含国家级行业协会）出台的互联网监管相关政策法规共有 9 种（见表 1）。如前所述，中国互联网政策体系整体格局已经基本确立，在此前提下，国家层面相关监管部门每年都会根据互联网发展热点问题对其进行相应的补充和调整。通过分析政策文件内容我们可以发现，2017 年政策议题的重心在内容监管方面。在 9 个文件中，《关于调整〈互联网视听节目服务业务分类目录（试行）〉的通告》《互联网信息内容管理行政执法程序规定》《互联网新闻信息服务管理规定》《互联网新闻信息服务许可管理实施细则》《网络文学出版服务单位社会效益评估试行办法》《网络视听节目内容审核通则》6 个文件直接涉及内容监管，其余 3 个文件对内容监管也均有提及。

表 1　2017 年 1~7 月出台互联网监管相关政策法规统计

序号	政策法规	发布部门	发布时间	实施时间
1	《关于促进移动互联网健康有序发展的意见》	中共中央办公厅、国务院办公厅	2017 年 1 月 15 日	2017 年 1 月 15 日
2	《关于调整〈互联网视听节目服务业务分类目录（试行）〉的通告》	国家新闻出版广电总局	2017 年 3 月 10 日	2017 年 3 月 10 日
3	《互联网信息内容管理行政执法程序规定》	国家互联网信息办公室	2017 年 5 月 2 日	2017 年 6 月 1 日
4	《互联网新闻信息服务管理规定》	国家互联网信息办公室	2017 年 5 月 2 日	2017 年 6 月 1 日
5	《互联网新闻信息服务许可管理实施细则》	国家互联网信息办公室	2017 年 5 月 22 日	2017 年 6 月 1 日
6	《网络产品和服务安全审查办法（试行）》	国家互联网信息办公室	2017 年 5 月 2 日	2017 年 6 月 1 日
7	《网络文学出版服务单位社会效益评估试行办法》	国家新闻出版广电总局	2017 年 6 月 14 日	2017 年 7 月 1 日
8	《互联网企业生活服务类平台服务自律规范》	中国个体劳动者协会	2017 年 3 月 13 日	2017 年 3 月 13 日
9	《网络视听节目内容审核通则》	中国网络视听节目服务协会	2017 年 6 月 30 日	2017 年 6 月 30 日

1. 互联网新闻是监管重点

2017 年中国对互联网新闻活动仍实行准入许可制度，且有加强趋势。相关政策对通过互联网进行的新闻信息制作和传播做出了较为严格的管控。

首先，将纳入监管的"新闻"的界定外延扩大。2017 年修订颁行的《互联网新闻信息服务管理规定》（以下简称《规定》）将"有关政治、经济、军事、外交等社会公共事务的报道、评论，以及有关社会突发事件的报道、评论"都纳入新闻范畴。

其次，"互联网新闻信息服务"的范围也被扩大。《规定》《互联网新闻信息服务许可管理实施细则》两个文件将互联网新闻信息采编发布服务、转载服务、传播平台服务均纳入"互联网新闻信息服务"的范围，从事上述活动均须获得许可。

再次，对"互联网新闻信息服务"的主体做出严格限制。《规定》要求，其必须是在中华人民共和国境内依法设立的法人且主要负责人、总编辑是中国公民。其中对互联网新闻信息采编发布服务主体资格的限制更严格，将其限定为国家有关部门依法批准设立的新闻单位（含新闻单位控股的单位）或新闻宣传部门主管的单位。

最后，对主体社会责任有更加明确的规定。《规定》要求设立总编辑"对互联网新闻信息内容负总责"，"互联网新闻信息服务提供者及其从业人员不得通过采编、发布、转载、删除新闻信息，干预新闻信息呈现或搜索结果等手段谋取不正当利益"，"健全信息发布审核、公共信息巡查、应急处置等信息安全管理制度，具有安全可控的技术保障措施"，转载新闻信息应遵循规范，等等。①

2. 互联网视听内容变化引起重视

2017 年互联网视听服务更为活跃，低俗、侵权、价值导向错误的内容成为行业监管的重点。国家新闻出版广电总局《关于调整〈互联网视听节目服务业务分类目录（试行）〉的通告》进一步明确了视听节目服务类别的划分和业务范围的界定，为互联网视听节目的管理扫除了障碍。中国网络视听节目服务协会是我国网络视听领域唯一的国家级行业组织，其发布的《网络视听节目内容审核通则》（以下简称《通则》）在很大程度上反映了国家监管部门的意志。《通则》针对互联网视听市场出现的现实问题对互联网视听节目的内容把关和审核规范提出了具体细致的要求。《通则》提出了两个审核原则——先审后播原则、审核到位原则；明确了节目内容的审核标准，包含网络视听节目八项禁止内容，十项需剪截、删除的内容，以及专业类网络视听节目应有的导向要求和额外的禁止内容。

---

① 参见《互联网新闻信息服务管理规定》，国家互联网信息办公室网站，2017 年 5 月 2 日，http://www.cac.gov.cn/2017-05/02/c_1120902760.htm，最后检索时间：2023 年 5 月 10 日。

3. 新兴媒体传播纳入监管范围

2005 年版《互联网新闻信息服务管理规定》因受当时互联网发展阶段的限制，并未对如今在网络传播格局中处于重要地位的一些新媒体形态的新闻信息服务活动做出明确规定。而 2017 年版规定则直接提出"通过互联网站、应用程序、论坛、博客、微博客、公众账号、即时通信工具、网络直播等形式向社会公众提供互联网新闻信息服务，应当取得互联网新闻信息服务许可，禁止未经许可或超越许可范围开展互联网新闻信息服务活动"①。

（二）政府监管主体逐渐明确

我国互联网管理的基本模式是政府主导型管理，以立法管理、行政监督、技术控制、行业自律等手段进行网络控制与导向。② 从 2014 年中央网络安全和信息化领导小组成立，国务院对国家互联网信息办公室作出职能授权至今，政府对互联网信息的监管主体经过一系列调整已经趋于稳定、明确，多头管理的局面已经得到明显改善，各级互联网信息办公室成为政府进行互联网信息监管、执法的主体。

1. 国家网信办成为互联网信息统筹管理主体

根据国务院授权，国家互联网信息办公室的主要职责包括："落实互联网信息传播方针政策和推动互联网信息传播法制建设，指导、协调、督促有关部门加强互联网信息内容管理，负责网络新闻业务及其他相关业务的审批和日常监管，指导有关部门做好网络游戏、网络视听、网络出版等网络文化领域业务布局规划，协调有关部门做好网络文化阵地建设的规划和实施工作，负责重点新闻网站的规划建设，组织、协调网上宣传工作，依法查处违法违规网站，指导有关部门督促电信运营企业、接入服务企业、域名注册管理和服务机构等做好域名注册、互联网地址（IP 地址）分配、网站登记备案、接入等互联网基础管理工作，在职责范围内指导各

---

① 《互联网新闻信息服务管理规定》，国家互联网信息办公室网站，2017 年 5 月 2 日，http://www.cac.gov.cn/2017-05/02/c_1120902760.htm，最后检索时间：2023 年 5 月 10 日。
② 参见钟瑛《我国互联网管理模式及其特征》，《南京邮电大学学报》（社会科学版）2006年第 2 期。

地互联网有关部门开展工作。"[①] 2017 年 6 月 1 日实施的《中华人民共和国网络安全法》，也明确了由网信部门统筹协调网络安全工作和相关监督管理工作。

2. 各级网信办成为内容监管、执法主体

根据国务院对国家网信办的授权内容和《国务院关于授权国家互联网信息办公室负责互联网信息内容管理工作的通知》，由国家互联网信息办公室负责全国互联网信息内容管理工作，并负责监督管理执法。《规定》也明确指出由国家互联网信息办公室负责全国互联网新闻信息服务的监督管理执法工作。同时，还规定地方互联网信息办公室依据职责负责本行政区域内互联网新闻信息服务的监督管理执法工作，这就赋予了省级及以下网信部门互联网新闻信息服务管理职责，确立了三级或四级管理体制。《互联网信息内容管理行政执法程序规定》也规定，互联网信息内容管理部门，是指国家互联网信息办公室和地方互联网信息办公室，其依法实施行政执法，对违反有关互联网信息内容管理法律法规规章的行为实施行政处罚。

3. 网信办在多部门协同监管中发挥重要作用

互联网在社会生活中日益发挥基础性作用，对其治理自然涉及政府管理的多种职能，在监管过程中多部门协同行动成为常态。通过梳理互联网治理行动我们发现，网信办在多部门协同监管中成为不可或缺的力量（见表 2）。

表 2　2017 年国家网信办与中央网信办参与的多部门协同监管行动统计

序号	行动事项	时间	参与部门
1	"扫黄打非"专项行动督查：对江西、陕西、贵州、北京、河北、吉林、辽宁、上海、安徽、湖南、广东等 11 个省（市）开展"扫黄打非"专项行动第一轮督导检查	4 月下旬至 5 月 26 日	全国"扫黄打非"办公室、中宣部、中央网信办、工业和信息化部、国家新闻出版广电总局、国家邮政局等

---

① 《互联网新闻信息服务管理规定》，国家互联网信息办公室网站，2017 年 5 月 2 日，http://www.cac.gov.cn/2017-05/02/c_1120902760.htm，最后检索时间：2023 年 5 月 10 日。

续表

序号	行动事项	时间	参与部门
2	2017 网络市场监管专项行动：重点打击侵权假冒、虚假宣传、虚假违法广告、刷单炒信等违法行为，进一步规范网络市场秩序，优化网络消费环境	5月至11月	工商总局、国家发展改革委、工业和信息化部、公安部、商务部、海关总署、国家质检总局、国家食品药品监管总局、国家网信办、国家邮政局
3	分享经济领域平台企业垄断行为监管：加强对部分平台企业垄断行为的监管与防范，鼓励和引导分享经济企业开展有效有序竞争，鼓励和支持具有竞争优势的分享经济平台企业有序"走出去"	7月3日	国家发展改革委、中央网信办、工业和信息化部、人力资源和社会保障部、税务总局、工商总局、国家质检总局、国家统计局
4	食品安全谣言防控和治理：坚持正确舆论导向，净化网络空间，营造科学健康的消费环境，加强食品安全谣言防控和治理工作	7月14日	国务院食品安全办、中央宣传部、工业和信息化部、公安部、农业部、国家卫生计生委、国家质检总局、国家新闻出版广电总局、国家食品药品监管总局、国家互联网信息办公室
5	"剑网2017"：聚焦新闻出版影视行业的网络版权保护，聚焦电子商务平台和 App 领域的版权整治，以查办大案要案为抓手，严打各类网站、移动客户端、"自媒体"传播侵权盗版作品的行为	7月25日	国家版权局、国家互联网信息办公室、工业和信息化部、公安部
6	隐私条款专项工作：选取重点网络产品和服务，对其隐私条款进行分析梳理，通过评审和宣传形成社会示范效应，带动行业整体个人信息保护水平的提升	7月27日	中央网信办、工业和信息化部、公安部、国家标准化管理委员会

（三）政府部门执法能力持续强化

近年来，互联网行业经历了自媒体、网络直播、短视频等新的传播形态的轮番冲击，违法和不良信息频繁出现。"魏则西事件""徐玉玉案""伪公益""罗一笑事件""黄鳝门"等一系列典型案件引起社会对于治理互联网的强烈诉求。在这一背景下，以网信办为主体的政府部门对互联网行业采取了较为严格的监管措施，行政执法力度不断加强。

1. 程序规范化建设奠定执法基础

2017年颁行的《互联网信息内容管理行政执法程序规定》确定了互联网信息内容管理的执法主体和范围，提出建立执法督查制度，加强执法队伍建设，建立健全执法人员培训、考试考核、资格管理和持证上岗制度；以行政执法办案为主线明确执法程序，全面规范管辖、立案、调查取证、约谈、听证、决定、执行等各个环节的具体程序要求。《互联网新闻信息服务许可管理实施细则》也对互联网新闻信息服务行政许可程序进行了详细规定，如申请条件、申请材料目录、受理与审核程序等。这些行政法规为互联网信息执法队伍建设提供了政策保障，奠定了网信部门执法活动的合法性基础。

2. 工作系统化提升执法效率

各级网信办形成完整的执法体系，充分调动各种执法手段，实现了工作的系统化。据国家网信办官网披露的信息，2017年第一季度，全国网信系统累计依法约谈违规违法网站322家，警告违法网站90家，会同通信主管部门取消违法网站许可或备案、关闭违法网站1232家，移送司法机关相关案件线索493件；有关网站依据用户服务协议关闭各类违规违法账号群组139万余个。[①] 2017年第二季度，累计约谈违规违法网站443家，警告违法网站172家，会同通信主管部门取消违法网站许可或备案、关闭违法网站3918家，移送司法机关相关案件线索316件；有关网站依照用户服务协议关闭各类违法违规账号群组81万余个。[②] 通过对比可知，2017年约谈违规违法网站数量明显上升，仅两个季度数量就达765家，超过2016年全年；2017年取消违法网站许可或备案、关闭违法网站数量更是大幅上升，仅第二季度处理数量就超过2016年全年（见表3）。

---

① 参见《一季度全国网信系统持续加大行政执法工作力度》，国家互联网信息办公室网站，2017年4月26日，http://www.cac.gov.cn/2017-04/26/c_1120875230.htm，最后检索时间：2023年5月10日。

② 参见《二季度全国网信系统行政执法工作取得新进展》，国家互联网信息办公室网站，2017年7月22日，http://www.cac.gov.cn/2017-07/22/c_1121363416.htm，最后检索时间：2023年5月10日。

表3 2016年全年与2017年第一、二季度全国网信系统行政执法情况

执法措施	2016年	2017年第一季度	2017年第二季度
约谈违规违法网站（家）	678	322	443
警告违法网站（家）	未披露	90	172
取消违法网站许可/备案、关闭违法网站（家）	3467	1232	3918
移送司法机关相关案件线索（件）	5604	493	316
关闭违法违规账号群组（个）	506万	139万余	81万余

注：2016年数据来源参见《严执法形成震慑 抓规范固本强基》，国家互联网信息办公室网站，2017年1月20日，http://www.cac.gov.cn/2017-01/20/c_1120352553.htm；2017年第一、二季度数据来源参见正文脚注。

3. 约谈常规化增强执法效果

国家网信办于2015年4月28日发布《互联网新闻信息服务单位约谈工作规定》（下称"约谈十条"），并于2015年6月1日起开始实施。该规定提出，当互联网新闻信息服务单位存在破坏网络新闻信息传播秩序、侵犯公共利益的违法、违规行为时，除了依法处罚之外，还将约见其相关负责人，进行警示谈话、指出问题、责令整改纠正。"约谈十条"发布以来，各级网信办均积极采用约谈方式来督导、促进网络管理，取得了较好效果，约谈现已成为互联网监管的常规化手段（见表4）。

表4 2017年1~7月互联网领域重要约谈事件

约谈网站	约谈目的	执法部门	约谈时间
今日头条①	整顿"头条问答"栏目低俗、庸俗话题讨论	北京市网信办	1月6日
熊猫直播、全民直播②	整治违反社会公序良俗的低俗色情内容	上海市网信办	2月21日

① 参见《今日头条重点频道暂停更新24小时 新型内容平台低质问题成痼疾》，百家号，https://baijiahao.baidu.com/s?id=1588208743121187417&wfr=spider&for=pc，最后检索时间：2023年6月24日。

② 参见《上海市网信办约谈熊猫直播、全民直播 要求进行整改》，央视新闻网，2017年2月24日，http://news.cctv.com/2017/02/24/ARTIhISpRdIvQWiSgdQf0baK170224.shtml，最后检索时间：2023年6月24日。

续表

约谈网站	约谈目的	执法部门	约谈时间
链家网、我爱我家网、房天下网、爱屋吉屋网、家园网、新浪乐居网、搜狐焦点房地产网、腾讯房产网、网易房产网、赶集网、安居客、58同城、房多多、侃家网、好屋中国等①	审查房源信息，限期撤下违规发布的房屋销售、房屋租赁信息	北京市网信办	4月11日
百度②	严厉批评并责令整改百度贴吧发布严重违法和不良信息现象	北京市网信办	3月12日
新浪、网易、凤凰、腾讯等③	停止在互联网直播中违规提供互联网新闻信息服务的违法行为，关停违规功能，限期整改	北京市网信办	5月8日
微博、今日头条、腾讯、一点资讯、优酷、网易、百度等④	责令网站停止炒作明星、遏制低俗媚俗之风等问题	北京市网信办	6月7日
搜狐、网易、凤凰、腾讯、百度、今日头条、一点资讯等⑤	整治清理自媒体平台存在的"八大乱象"	北京市网信办	7月18日

① 《北京：三部门联合约谈房产网站 要求下架存在违规信息房源》，中央政府门户网，2017年4月11日，https：//www.gov.cn/xinwen/2017-04/11/content_5184974.htm，最后检索时间：2023年6月24日。

② 《北京市网信办约谈百度贴吧负责人：责令关闭违规贴吧并整改》，中国青年网，2017年3月14日，http：//news.youth.cn/gn/201703/t20170314_9285394.htm，最后检索时间：2023年6月24日。

③ 《违规开展新闻信息直播 北京网信办约谈新浪网易凤凰腾讯》，人民网，2017年5月9日，http：//it.people.com.cn/big5/n1/2017/0509/c1009-29262633.html，最后检索时间：2023年6月24日。

④ 《北京网信办：依法约谈多家网站 遏制低俗之风》，央视新闻网，2017年6月8日，http：//news.cctv.com/2017/06/08/ARTIa70ctyrHtN1PTWYjOfN1170608.shtml，最后检索时间：2023年6月24日。

⑤ 《北京网信办整治自媒体乱象 内容平台封停千余违规账号》，新华网，2017年8月1日，http：//www.xinhuanet.com/zgjx/2017-08/01/c_136490356.htm，最后检索时间：2023年6月24日。

三 水平分化：新媒体社会责任履行新动态

不同新媒体在主体形态、用户覆盖范围、内容载体、运营资金来源等方面存在差异，这必然导致它们在社会责任的履行方面面临不同的情境、承受不同的压力，最终导致履责水平表现出差异。本文通过立意抽样的方法，抽取了 7 种形态共 57 个样本的新媒体，采用新媒体社会责任评价指标体系对其社会责任履行情况进行量化考察，通过统计分析比较其水平差异。

（一）新媒体样本社会责任履行水平概览

如表 5 所示，在所有形态的新媒体样本中，社会责任总分得分均值最高的是新闻网站，其次是媒体微博账号，搜索引擎排第三位，游戏网站的得分最低，且与其他类型新媒体形态差距较大。新闻网站的功能属性与社会责任指标体系中的各指标较为契合，这是其评分较高的主要原因。相较而言，游戏网站的主要功能是提供娱乐，媒体功能不是其主要属性，这是此类网站评分较低的原因。

表 5 新媒体样本社会责任总分得分描述统计

新媒体形态	样本数（个）	均值	标准差	标准误	均值的 95% 置信区间		极小值	极大值
					下限	上限		
新闻网站	10	3.891029	0.2584083	0.0817159	3.706175	4.075883	3.5925	4.2876
媒体微博账号	8	3.607025	0.5317329	0.1879960	3.162485	4.051565	3.0622	4.4158
视频网站	8	2.532650	0.3388996	0.1198191	2.249323	2.815977	2.1685	3.2908
游戏网站	9	0.010856	0.0019768	0.0006589	0.009336	0.012375	0.0085	0.0142
媒体微信公众号	8	3.223563	0.1470470	0.0519890	3.100628	3.346497	3.0767	3.5217
政务微信公众号	8	3.113375	0.0857042	0.0303010	3.041725	3.185025	3.0500	3.3067
搜索引擎	6	3.252167	0.2587587	0.1056378	2.980616	3.523717	2.9446	3.5189

（二）不同形态新媒体社会责任履行水平存在显著差异

通过使用 Tamhane's T2 非参数检验的方法对不同形态的新媒体社会责

任履行水平进行两两比较分析，我们可以发现新闻网站、媒体微博账号、媒体微信公众号、政务微信公众号、搜索引擎的社会责任履行水平相当，在所有形态的新媒体中处于最高位置，视频网站次之，而游戏网站社会责任履行得分最低。说明新闻类新媒体因其专业伦理和规范的约束，社会责任履行状况较优。搜索引擎同新闻类新媒体水平差异不显著，这与其搜索算法对新闻类来源的偏重有关，新闻类内容被赋予较高权重，在搜索结果呈现中处于优先排列的位置（见表6）。

表6　不同形态新媒体社会责任履行水平多重比较

（I）形态	（J）形态	均值差（I-J）	标准误	显著性	95%置信区间 下限	95%置信区间 上限
新闻网站	媒体微博账号	0.2840041	0.2049877	0.990	-0.549977	1.117985
	视频网站	1.3583791*	0.1450314	0.000	0.813551	1.903207
	游戏网站	3.8801736*	0.0817185	0.000	3.540057	4.220291
	媒体微信公众号	0.6674666*	0.0968521	0.000	0.313781	1.021152
	政务微信公众号	0.7776541*	0.0871529	0.000	0.440040	1.115268
	搜索引擎	0.6388625*	0.1335546	0.013	0.112099	1.165626
媒体微博账号	新闻网站	-0.2840041	0.2049877	0.990	-1.117985	0.549977
	视频网站	1.0743750*	0.2229329	0.009	0.220639	1.928111
	游戏网站	3.5961694*	0.1879971	0.000	2.728511	4.463828
	媒体微信公众号	0.3834625	0.1950521	0.844	-0.462611	1.229536
	政务微信公众号	0.4936500	0.1904222	0.519	-0.364859	1.352159
	搜索引擎	0.3548583	0.2156428	0.945	-0.496150	1.205866
视频网站	新闻网站	-1.3583791*	0.1450314	0.000	-1.903207	-0.813551
	媒体微博账号	-1.0743750*	0.2229329	0.009	-1.928111	-0.220639
	游戏网站	2.5217944*	0.1198209	0.000	1.968797	3.074792
	媒体微信公众号	-0.6909125*	0.1306119	0.009	-1.223789	-0.158036
	政务微信公众号	-0.5807250*	0.1235911	0.033	-1.121568	-0.039882
	搜索引擎	-0.7195167*	0.1597372	0.015	-1.329979	-0.109054

（I）形态	（J）形态	均值差（I-J）	标准误	显著性	95%置信区间	
					下限	上限
游戏网站	新闻网站	-3.8801736*	0.0817185	0.000	-4.220291	-3.540057
	媒体微博账号	-3.5961694*	0.1879971	0.000	-4.463828	-2.728511
	视频网站	-2.5217944*	0.1198209	0.000	-3.074792	-1.968797
	媒体微信公众号	-3.2127069*	0.0519931	0.000	-3.452636	-2.972778
	政务微信公众号	-3.1025194*	0.0303082	0.000	-3.242339	-2.962700
	搜索引擎	-3.2413111*	0.1056399	0.000	-3.836594	-2.646028
媒体微信公众号	新闻网站	-0.6674666*	0.0968521	0.000	-1.021152	-0.313781
	媒体微博账号	-0.3834625	0.1950521	0.844	-1.229536	0.462611
	视频网站	0.6909125*	0.1306119	0.009	0.158036	1.223789
	游戏网站	3.2127069*	0.0519931	0.000	2.972778	3.452636
	政务微信公众号	0.1101875	0.0601748	0.873	-0.123500	0.343875
	搜索引擎	-0.0286042	0.1177378	1.000	-0.558083	0.500875
政务微信公众号	新闻网站	-0.7776541*	0.0871529	0.000	-1.115268	-0.440040
	媒体微博账号	-0.4936500	0.1904222	0.519	-1.352159	0.364859
	视频网站	0.5807250*	0.1235911	0.033	0.039882	1.121568
	游戏网站	3.1025194*	0.0303082	0.000	2.962700	3.242339
	媒体微信公众号	-0.1101875	0.0601748	0.873	-0.343875	0.123500
	搜索引擎	-0.1387917	0.1098977	0.998	-0.698338	0.420754
搜索引擎	新闻网站	-0.6388625*	0.1335546	0.013	-1.165626	-0.112099
	媒体微博账号	-0.3548583	0.2156428	0.945	-1.205866	0.496150
	视频网站	0.7195167*	0.1597372	0.015	0.109054	1.329979
	游戏网站	3.2413111*	0.1056399	0.000	2.646028	3.836594
	媒体微信公众号	0.0286042	0.1177378	1.000	-0.500875	0.558083
	政务微信公众号	0.1387917	0.1098977	0.998	-0.420754	0.698338

注：* 表示均值差的显著性水平为 0.05。

（三）资金来源不同的新媒体社会责任履行水平存在显著差异

新媒体的资金来源不同，运营的目标要求则不同。新媒体的现有资金来源主要有三种类型。第一种是公有资本以投资入股方式注资，第二种是非公有资本以投资入股方式注资，第三种则是不作为市场经济主体的一些单位由政府直接拨款。一般来说，公有资本兼顾商业利益但更重视社会效益，而非公有资本更重视利润，政府拨款则只考虑社会效益和公共利益，没有商业诉求。由此，我们判断，基于三种不同的资金来源，新媒体社会责任履行水平会有所区别。

通过使用 Tamhane's T2 非参数检验的方法进行两两比较，我们可以发现公有资本控制的新媒体，其社会责任履行水平最高，其次则是政府拨款支持的新媒体，而非公有资本控制的新媒体社会责任履行水平最低。由此可见，公有资本既追求社会效益又兼顾商业利益反而最能保障其社会责任的履行（见表 7）。

表 7　不同资金来源新媒体社会责任履行水平多重比较

（I）形态	（J）形态	均值差（I-J）	标准误	显著性	95%置信区间	
					下限	上限
公有	非公有	1.9312711 *	0.3328310	0.000	1.074698	2.787844
	政府拨款	0.4373104 *	0.0939527	0.000	0.200611	0.674010
非公有	公有	−1.9312711 *	0.3328310	0.000	−2.787844	−1.074698
	政府拨款	−1.4939607 *	0.3221579	0.000	−2.331781	−0.656140
政府拨款	公有	−0.4373104 *	0.0939527	0.000	−0.674010	−0.200611
	非公有	1.4939607 *	0.3221579	0.000	0.656140	2.331781

注：* 表示均值差的显著性水平为 0.05。

（四）覆盖范围不同的新媒体社会责任履行水平存在显著差异

不同新媒体目标受众的范围有所不同，有的以本地受众为服务对象，有的则面向全国受众进行信息传播。一般而言，地方性新媒体更注重本地化生活服务功能，偏重信息内容的趣味性和娱乐性，但深度、权威性不足，对文化教育不甚重视，属地管理的原则导致其开展社会监督易受当地政府部门干涉。我们使用 Mann-Whitney U 检验对全国性和地方性新媒体进行比较分析，结果发现二者社会责任得分存在显著差异，显著性水平小于 0.05（见表 8）。

表 8　覆盖范围检验统计量

	社会责任总分		社会责任总分
Mann-Whitney U	237.000	Z	−2.505
Wilcoxon W	832.000	渐近显著性（双侧）	0.012

注：分组变量为覆盖范围。

　　在新技术的推动下，新媒体行业整体发展迅速，新媒体生态构成日益多元化、复杂化。不同类型的新媒体作为新媒体生态系统中的主体，在面对竞争时采取不同的生存策略，在社会责任的各个维度上表现出不同特点，引发的新问题与新状况也各不相同，对其进行治理则应分辨这些差异，做到有的放矢。

原载钟瑛主编《中国新媒体社会责任研究报告（2017）》，

社会科学文献出版社，2017

合作者：邵晓

收入本书时略有改动

智能互联中的新媒体社会责任：
状况回顾与框架调适（2015～2018 年）

2018 年，中国继续加快迈入智能互联新时代的步伐，媒介技术的疾速创新不断触发新媒体的观念革命、形态迭代、产业融合和市场升级。在此背景下，如何准确把握新媒体发展趋向与未来前景，对新媒体社会责任进行全面、客观和系统的评价，为新媒体行业健康快速发展提供建议参考，成为本报告的主要研究问题。本报告将对 2015～2018 年新媒体社会责任的履行状况进行整体梳理与比较分析，在此基础上对新媒体社会责任评价指标体系进行框架调适，以期增强其评价效力的适用性与科学性。

一　状况回顾：新媒体社会责任履行的整体状况 （2015～2018 年）

2015 年，项目组对新媒体指标体系进行了第一次调整，由 5 个一级指标、10 个二级指标、28 个三级指标优化为 4 个一级指标、11 个二级指标、36 个三级指标，由此，新媒体社会责任指标评价体系由 1.0 过渡到 2.0，并沿用至今。

2015～2018 年，项目组共对 17 类新媒体平台进行了社会责任履行状况评价，包括商业门户网站、国家级新闻网站、科普网站、媒体微博、省级主流新闻网站、政务类微信公众号、传媒类微信公众号、募捐平台、搜索网站、视频网站、短视频网站、青少年网站、儿童门户网站、文学网站、移动直播平台、民族地方网站和游戏类网站。基于代表性、影响力与样本数量的考量，本报告主要对 17 类新媒体平台中的 15 类进行归类分析，详见表 1 和表 2。

表 1　2015～2018 年目标平台社会责任得分整体情况

	信息生产	社会监督	文化教育	协调关系	总分
整体均分	1.72568	0.42838	0.26772	0.24965	2.67143
整体得分率（%）	65.29	31.09	51.63	54.15	53.75
权重满分	2.6430	1.3775	0.5185	0.4610	5.0

表 2　2015～2018 年目标平台社会责任得分对比

序号	新媒体平台	得分情况	信息生产	社会监督	文化教育	协调关系	总分
1	商业门户网站	平台均分	2.38359	0.98037	0.35120	0.43740	4.15256
		均分得分率（%）	90.19	71.17	67.73	94.88	83.05
2	国家级新闻网站	平台均分	2.35103	1.03720	0.43460	0.32857	4.15140
		均分得分率（%）	88.95	75.30	83.82	71.27	83.03
3	科普网站	平台均分	2.53620	0.82310	0.17170	0.42270	3.95370
		均分得分率（%）	95.96	59.75	33.11	91.70	79.07
4	媒体微博	平台均分	2.22300	0.71540	0.24550	0.30990	3.49380
		均分得分率（%）	84.11	51.93	47.36	67.22	69.95
5	省级主流新闻网站	平台均分	2.06790	0.59623	0.26941	0.22827	3.16181
		均分得分率（%）	78.24	43.28	51.96	49.52	63.24
6	政务类微信公众号	平台均分	2.12430	0.30520	0.34020	0.23650	3.00620
		均分得分率（%）	80.37	22.15	65.62	51.30	60.16
7	传媒类微信公众号	平台均分	2.05185	0.38082	0.18008	0.25334	2.86609
		均分得分率（%）	77.63	27.65	34.73	54.96	59.31
8	募捐平台	平台均分	2.08115	无	0.43585	0.32422	2.84122
		均分得分率（%）	78.74		84.06	70.33	56.82
9	搜索网站	平台均分	1.82925	0.40063	0.24919	0.21015	2.68922
		均分得分率（%）	69.21	29.08	48.06	45.59	53.78
10	视频网站	平台均分	1.95481	0.26100	0.14782	0.13477	2.49840
		均分得分率（%）	73.96	18.95	28.51	29.24	53.23

序号	新媒体平台	得分情况	信息生产	社会监督	文化教育	协调关系	总分
11	短视频网站	平台均分	1.70630	0.45650	0.29080	0.14520	2.5988
		均分得分率（%）	64.55	33.13	56.08	31.49	51.56
12	青少年网站	平台均分	1.00545	0.43241	0.22644	0.21410	1.8784
		均分得分率（%）	38.04	31.39	43.67	46.44	37.55
13	儿童门户网站	平台均分	0.84255	0.03690	0.30581	0.21680	1.40206
		均分得分率（%）	31.88	2.68	58.98	47.03	28.04
14	文学网站	平台均分	0.37768	无	0.26968	0.24440	0.89176
		均分得分率（%）	14.29		52.01	53.02	17.83
15	移动直播平台	平台均分	0.35026	无	0.09758	0.03857	0.48641
		均分得分率（%）	13.25		18.82	8.37	9.72

表 1 显示，2015~2018 年，国内新媒体平台社会责任履行的整体状况处于中等水平，社会责任评价的整体均分为 2.67143，整体得分率为 53.75%。4 个一级指标中，得分率由高到低依次为信息生产（65.29%）、协调关系（54.15%）、文化教育（51.63%）和社会监督（31.09%）。新媒体平台普遍重视媒介的信息功能，同时，基于平台性质、功能定位、服务类别和受众市场等方面的差异，不同平台在新媒体社会责任履行状况上具有较高的差异度。

表 2 显示，整体上社会责任履行较好的平台都属于资讯类平台。社会责任均分得分率排在前三位的分别为商业门户网站（83.05%）、国家级新闻网站（83.03%）和科普网站（79.07%）。社会责任均分得分率在 60% 以上的平台共 6 类，分别为商业门户网站（83.05%）、国家级新闻网站（83.03%）、科普网站（79.07%）、媒体微博（69.95%）、省级主流新闻网站（63.24%）和政务类微信公众号（60.16%），全部为资讯类平台。同时，这 6 类平台带有明显的媒体属性与官方背景。除了商业门户网站外，国家级新闻网站、省级主流新闻网站和媒体微博都是主流官方媒体的延伸，而政务类微信公众号则主要为政府官方各类政务平台。科普网站属于综合类平台，其中既包括"科学松鼠会"这样的由商业公司主办的网站，也包括由中国科学报社主办的科学网。从整体而言，带有官方背景的新媒体平台在社会

责任履行上具有明显的优势。

信息生产方面，新媒体平台在信息生产指标上的整体得分率为 65.29%，是 4 个一级指标中整体均分及得分率最高的。15 个目标平台中有 11 个平台的信息生产均分得分率超过 60%，占总体的 73.33%，从商业门户网站到国家级新闻网站，再到短视频网站和媒体微博，都比较重视信息生产的责任。新媒体对媒介信息功能的重视主要来源于两方面。第一，在信息质量参差不齐的新媒体环境中，随着受众新媒体素养的不断提升，其在选择信息渠道的时候，必然考虑目标平台的公信力，而信息质量的高低及其持续性是新媒体公信力的关键组成部分。第二，相关管理部门近几年加大了对于互联网环境的治理力度，特别是对网络谣言、网络暴力、网络侵权等负面现象的治理，各类新媒体平台基于规避风险的目的都加大了对信息的审核力度，客观上提升了信息质量。

社会监督方面，新媒体平台在社会监督指标上的整体得分率为 31.09%，是 4 个一级指标中得分率最低的。新媒体平台在社会监督责任上的表现差异度较大，排名前两位的新媒体平台是国家级新闻网站和商业门户网站，均分得分率达到 75.30% 和 71.17%，而募捐平台、文学网站和移动直播平台都不承担这个责任。平台性质、功能定位和服务类别是影响新媒体平台履行社会监督责任的因素。如视频类网站，流媒体平台囿于其媒介性质，较难实现比较全面的社会监督。公共事件能否通过流媒体传播往往取决于当事人是否获得了现场的视（音）频材料及其质量的高低，同时，流媒体在舆论互动的深度、广度上也不具备媒介优势。数据显示，短视频网站和视频网站，均分得分率都在 35% 以下。再如文学网站、募捐平台等新媒体平台，其功能定位比较具体且单一，一般较少涉及社会监督的内容。

文化教育方面，新媒体平台在文化教育指标上的整体得分率为 51.63%，处于中等水平。募捐平台（84.06%）、国家级新闻网站（83.82%）和商业门户网站（67.73%）的均分得分率排前三位。文化教育指标下共 3 个二级指标，分别为塑造共识、文化传承和提供娱乐，不同的新媒体平台会根据其服务类别和受众市场的差异而侧重不同的二级指标。如募捐平台和国家级新闻网站都侧重文化传承和塑造共识。募捐平台在网络慈善方面体现着主流价值观的具体要求，网民对于网络慈善的支持与对弱势群体的慷慨相助则是社会风尚的最直接体现。在文化传承上，网络募捐平台对于中华优秀传统文化、民俗文化、红色文化的传承各有千秋，无论是对于传统仁义礼智信的传递，还是对于民族民俗知识的传递，抑或对于革命文化红色精神的传递，都体现在具体的内容与形式中。如对于大病儿童的救治、对于特殊人群（自闭症儿童）的关注、对于贫困地区儿童的免费午餐资助、对于抗战老兵的救助等，无不体现出对中华文化的传承与发扬。[1] 国家级新闻网站作为社会主流舆论场，将宣传主流价值观和弘扬社会风尚作为塑造共识的主要手段和实现途径，同时，国家级新闻网站多通过开设专题的形式对社会主义核心价值观进行宣扬。商业门户网站侧重文化传承与提供娱乐，塑造共识方面有待提高。商业门户网站在传递主流价值观方面也履行了一定义务，在积极报道国家重大方针政策、主流意识形态方面均有所涉及，但其履责水平与理想状态之间还存在一定差距。

协调关系方面，新媒体平台在协调关系指标上的整体得分率为54.15%，处于中等水平。商业门户网站（94.88%）、科普网站（91.70%）和国家级新闻网站（71.27%）的均分得分率排前三位。协调关系指标主要通过线上沟通与线下活动两个二级指标来衡量，综合类平台的表现整体上优于垂直类平台。综合类平台在公共服务、用户体验和互动等方面表现更好，并重视各类线下活动的开展。如新华网、央视网和中青在线等国家级新闻网站作为活动主办方参与举办了不少非商业性活动。商业门户网站则依托其强大的上市公司母体资源广泛参与商业活动，同时，各家网站在公益活动方面均体现出了企业良好的社会责任感，不仅致力于公益传播，为社会公益提供便捷的网上平台，而且将公益活动延伸到线下，形成了线上线下的良好互动。

二 框架调适：新媒体社会责任评价指标体系（3.0）

（一）新媒体社会责任评价指标体系适用性分析

新媒体社会责任评价指标体系 1.0 和 2.0 在 2015~2018 年的运行

---

[1] 参见钟瑛主编《中国新媒体社会责任研究报告（2017）》，社会科学文献出版社，2017。

中，基本能够对主要的新媒体平台社会责任履行状况进行客观有效的测评。但随着新媒体技术的蓬勃发展，新平台、新问题、新现象的不断出现，都极大地改变了已有新媒体的传播环境。基于此，本报告对新媒体社会责任评价指标体系2.0在4年期评价运行中的适用性进行了分析，主要针对三级指标在不同新媒体平台中的得分率进行统计分析，基于指标得分率对其适用性进行评价，并结合专家访谈对新媒体社会责任评价指标体系2.0进行调适（见表3）。

1. 评价指标体系适用性的数据分析

信息生产（A1）一级指标共包含2个二级指标和10个三级指标，17类平台中共有9类平台在三级指标中存在0的情况，比例为52.90%。具体三级指标中，权威（C2）、深度（C5）在6类平台中没有获得统计结果，真实（C1）在5类平台中没有获得统计结果。

社会监督（A2）一级指标共包含4个二级指标和15个三级指标，17类平台中共有11类平台在三级指标中存在0或平台指标修正的情况，比例为64.70%。具体三级指标中，城市拆迁（C19）、学术腐败（C22）在11类平台中没有获得统计结果或存在平台指标修正的情况，生产事故（C14）、警民冲突（C20）、官员腐败（C21）在10类平台中没有获得统计结果或存在平台指标修正的情况。

文化教育（A3）一级指标共包含3个二级指标和6个三级指标，17类平台中共有7类平台在三级指标中存在0或平台指标修正的情况，比例为41.18%。具体三级指标中，红色文化（C30）在5类平台中没有获得统计结果或存在平台指标修正的情况，娱乐健康（C31）在4类平台中没有获得统计结果或存在平台指标修正的情况。

协调关系（A4）一级指标共包含2个二级指标和5个三级指标，17类平台中共有6类平台在三级指标中存在0的情况，比例为35.29%。具体三级指标中，商业性活动（C35）和非商业性活动（C36）均在5类平台中没有获得统计结果。

整体上看，正如前文所提，根据这17类主要平台在这4个一级指标下的三级指标中存在有0或平台指标修正的情况所占比例来看，新媒体社会责任评价指标体系4个一级指标在18类主要平台中的适用性由弱到强分别

表 3　新媒体社会责任评价指标体系平台适用性分析

一级指标	二级指标	三级指标	媒体微博	视频网站	移动直播平台	商业门户网站	传媒类微信公众号	政务类微信公众号	国家级新闻网站	省级主流新闻网站	搜索网站	短视频网站	科普网站	募捐平台	青少年网站	儿童门户网站	民族地方网站	游戏类网站	文学网站
			%	%	%	%	%	%	%	%	%	%	%	%	%	%	%	%	%
信息生产（A1）0.5286	信息质量（B1）0.8333	真实（C1）	100	100	0	100	100	100	100	100	100	100	0	100	100	100	0	0	0
		权威（C2）	100	100	0	100	87	93	100	100	100	0	100	0	30	100	0	0	0
		时效（C3）	100	100	0	100	100	100	100	100	100	0	100	50	30	100	100	0	0
		全面（C4）	100	100	0	100	87	93	100	100	100	0	100	30	30	100	100	0	0
		深度（C5）	100	100	0	100	100	100	100	100	0	100	100	0	40	100	100	0	0
		原创（C6）	100	100	100	100	27	20	100	100	100	0	100	50	50	100	0	0	100
		客观（C7）	100	100	0	100	87	93	100	100	100	100	100	50	50	100	100	0	0
	流程控制（B2）0.1667	信息把关（C8）	100	0	100	100	100	100	100	100	100	100	100	70	80	100	100	100	100
		广告控制（C9）	100	100	100	100	100	100	100	100	100	100	100	60	80	100	100	100	100
		侵权控制（C10）	100	100	100	100	100	100	100	100	0	100	100	70	80	100	0	17	100

续表

社会监督（A2）0.2755			媒体微博	视频网站	移动直播平台	商业门户网站	传媒类微信公众号	政务类微信公众号	国家级新闻网站	省级主流新闻网站	搜索网站	短视频网站	科普网站	募捐平台	青少年网站	儿童门户网站	民族地方网站	游戏类网站	文学网站
社会监督（A2）0.2755	国家治理（B3）0.4927	司法公正（C11）	100	60	0		100	100	100	100	100	0	67	0	40			0	0
		政府管理（C12）	100	80	0		100	100	100	100	100	0	100	0	50			0	0
		涉外关系（C13）	100	80	0		80	60	100	100	100	0	33	0	40			0	0
	社会风险（B4）0.2959	生产事故（C14）	100	0	0	100*	80	60	100	100	100	0	67	0	0	83*	100*	0	0
		环境污染（C15）	100	60	0		60	80	100	100	100	10	100	0	0			0	0
		食品安全（C16）	100	60	0		73	80	100	100	100	30	100	0	30			0	0
		校园事故（C17）	100	40	0		100	100	100	100	100	10	0	0	30			0	0
		交通事故（C18）	100	100	0		93	100	100	100	100	20	67	0	0			0	0
		城市拆迁（C19）	100	0	0		60	40	100	100	100	0	0	0	0			0	0
		警民冲突（C20）	100	40	0		33	13	100	100	100	0	0	0	0			0	0
	行为失范（B5）0.1435	官员腐败（C21）	100	0	0		80	80	100	100	100	0	0	0	30		100*	0	60
		学术腐败（C22）	100	0	0		100	93	100	100	100	0	67	0	0			0	0
		性与婚姻（C23）	100	40	0		60	33	100	100	100	0	0	0	0			0	100
	其他现象（B6）0.0679	体育赛事（C24）	100	100	0		80	67	100	100	100	100	50	0	40			0	0
		自然灾害（C25）	100	0	0		100	93	100	100	100	0	83	0	20			0	0

维度	B指标	三级指标	媒体微博	视频网站	移动直播平台	商业门户网站	传媒类微信公众号	政务类微信公众号	国家级新闻网站	省级主流新闻网站	搜索网站	短视频网站	科普网站	募捐平台	青少年网站	儿童门户网站	民族地方网站	游戏类网站	文学网站
文化教育（A3）0.1037	塑造共识（B7）0.5559	主流价值（C26）	85	80	33	100	100	100	100	100	100	0	33	80	80	100	100	100	100
		社会风尚（C27）	95	60	100	100	27	27	100	100	100	0	0	90	90	100	100	100	100
	文化传承（B8）0.3537	传统文化（C28）	100	40	67	100*	100	100	100	100	100		80	100	100	100	100	100	100
		民俗文化（C29）	100	20	83		100	100	100	100	100	0	80	0	30	100	100	100	100
		红色文化（C30）	25	0	33	100	93	100	100	100	100	100	80		20	100	100	33	100
	提供娱乐（B9）0.0904	娱乐健康（C31）	100	100	100	100	100	100	100	100	100	100		0	100	100	0	100	80*
协调关系（A4）0.0922	线上沟通（B10）0.5000	公共服务（C32）	100	40	0	100	100	100	100	100	100	0	100	80	100	100	80	100	100
		用户体验（C33）	100	100	100	100	100	93	100	100	100	100	100	70	100	100	100	100	60
		互动（C34）	100	100	100	100	100	93	100	100	100	100	100	60	100	100	100	100	100
	线下活动（B11）0.5000	商业性活动（C35）	100	0	0	100	93	100	100	100	100	0	100	0	60	33	0	22	100
		非商业性活动（C36）	100	0	0	100	93	100	100	100	100	0	100	30	50	0	0	11	40

注：表中数值为所属平台在该指标获得分数的网站比例，即"获得分数的网站数量/该平台被评价的所有网站数量"。该数值越高代表该类平台所属网站得分覆盖率越高，也意味着该类指标的适用性越高。"*"代表目标值对某类指标进行了针对性的修正，包括缩减或增加。

为协调关系（A4）（35.29%）、文化教育（A3）（41.18%）、信息生产（A1）（52.90%）、社会监督（A2）（64.70%）。社会监督（A2）指标的平台适用性相对较低，并呈现出不平衡的状态，其平台适用性不足主要表现在针对非新闻资讯类平台的评估中，如民族地方网站、儿童门户网站、游戏类网站、文学网站、募捐平台等都存在有0或平台指标修正的情况。从历时分析上看，新媒体社会责任评价指标体系的适用性呈现出一定程度的式微趋势。新媒体社会责任评价指标体系1.0和2.0都侧重于对主流网络言论平台的社会责任评价，因此评价指标体系在资讯类网站的适用性相对较强，如国家级新闻网站、省级主流新闻网站、媒体微博、传媒类微信公众号、政务类微信公众号等，这5类平台在36个三级指标中都能获得较为完整的统计结果。但是，随着近年来视频类媒体的崛起，新媒体社会责任评价指标体系对于视频网站、短视频网站、移动直播平台的适用性还有较大提升空间。

2. 评价指标体系适用性的专家评估

为使新媒体社会责任评价指标体系的调适更为合理有效，本报告对三位参与新媒体社会责任评价指标体系1.0和2.0建构与运行的专家进行了访谈调研，从指标操作层面对评价指标体系适用性进行了评估。

专家1认为，由于目标平台遵循以正面报道为主的信息把关原则，社会监督类议题的数量整体偏少。虽然社会监督（A2）中的国家治理（B3）、社会风险（B4）、行为失范（B5）二级指标下三级指标的设置较为具体，但三级指标难以涵盖各二级指标所涉及的监督类型的外延。如媒体对社会风险的监督并非仅仅包括生产事故、环境污染、食品安全、校园事故、交通事故、城市拆迁和警民冲突七类。过于具体的三级指标使社会监督（A2）维度的责任评估缺乏延展性，导致目标平台在社会监督（A2）维度的某一个或某几个三级指标得分过低。此外，媒介技术的进步不断改变媒介环境和用户的信息消费习惯，将协调关系（A4）责任简单区分为线上沟通（B10）和线下活动（B11）两大维度已经无法准确测量新媒体在协调关系方面的责任履行情况。

专家2认为，协调关系（A4）下线下活动（B11）二级指标包括商业性活动（C35）与非商业性活动（C36）这两个三级指标在操作上存在一定困难。评价线下活动开展情况的最佳方法是对目标平台相关人员进行访谈或搜集目标平台的相关内部资料，这两种方法都存在一定难度。故项目组对这两项指标的测量，是通过观察目标平台首页及新闻资讯类频道首页来进行的。如对商业性活动（C35）的测量，是通过统计被商家冠名的栏目数量、网站组织的线下商业活动的次数来进行的，对非商业性活动（C36）的测量是通过统计网站所设公益慈善类栏目或版块的数量、网站组织的线下非商业活动的次数来进行的。然而，在实践中存在以下问题：目标平台上所能观测到的公益活动有些是变相的广告，比如为某个娱乐节目做宣传，带有明显的商业性质，不便归类；目标平台组织线下商业活动和非商业活动不一定都会在网站上发通知、进行宣传，导致统计数据不完备。种种原因之下，线下活动（B11）二级指标历年得分都不高。

专家3认为，信息生产（A1）在4个一级指标中适用性最强，特别是在社交媒体平台中，如媒体微博和各类微信公众号。社会监督（A2）、文化教育（A3）和协调关系（A4）在针对目标平台的样本收集中都存在无法获取有效数据的情况，新媒体社会责任评价指标体系需要根据新的技术发展趋势对框架中各级指标进行有针对性的合并、增列和修正。同时，现有框架比较强调信息生产（A1）责任，权重达到0.5286，这进一步增加了其他一级指标在数据获取不充分的情况下出现得分偏低现象的可能。鉴于此，可考虑对社会责任评价指标体系进行调适，并重新计算框架权重。

（二）新媒体社会责任评价指标体系3.0调适

根据对新媒体社会责任评价指标体系2.0适用性的数据分析和专家评估，项目组对评价指标体系进行调适，建构出新媒体社会责任评价指标体系3.0。新媒体社会责任评价指标体系3.0对社会监督（A2）和文化教育（A3）的二级指标进行了降级、合并和增列；对协调关系（A4）的整个三级指标框架进行了重建。新的指标评价体系由信息生产（A1）、价值引导（A2）、文化教育（A3）、协调沟通（A4）4个一级指标构成，下设9个二级指标和27个三级指标（见表4）。

表 4　新媒体社会责任评价指标体系 3.0

一级指标	二级指标	三级指标	操作路径
信息生产 （A1）	信息质量 （B1）	真实 （C1）	测量对象样本的真实性情况，如考察对象规定范围内失实样本数量及比例
		权威 （C2）	测量对象样本的权威度情况，如考察对象规定范围内权威信源数量及比例
		时效 （C3）	测量对象样本的时效性情况，如考察对象规定范围内日均样本数量
		全面 （C4）	测量对象样本的全面性情况，如考察对象规定范围内样本信源的多样化程度
		深度 （C5）	测量对象样本的深度情况，如考察对象规定议题的样本总量、篇幅及呈现的多样性程度
		原创 （C6）	测量对象样本的原创度情况，如考察对象规定范围内样本的原创比例
		客观 （C7）	测量对象样本的客观性情况，如考察对象规定范围内交代消息来源的样本比例
	流程控制 （B2）	信息把关 （C8）	测量对象的信息把关情况，如考察对象平台信息把关机制的完善度
		广告控制 （C9）	测量对象的广告控制情况，如考察对象平台规定范围内包含广告信息的样本数量及比例
		侵权控制 （C10）	测量对象的侵权控制情况，如考察对象规定范围内存在侵权行为的样本数量及比例
价值引导 （A2）	塑造共识 （B3）	树立主流价值 （C11）	测量对象在树立主流价值观方面的情况，如考察对象规定范围内包含相关内容的样本数量及比例
		倡导社会风尚 （C12）	测量对象在倡导社会风尚方面的情况，如考察对象规定范围内包含相关内容的样本数量及比例。社会风尚可包括团结友善、勤俭自强、文明礼貌、助人为乐、爱护公物、保护环境、遵纪守法、办事公道、服务群众、奉献社会、尊老爱幼、男女平等、夫妻和睦、勤俭持家等
	社会监督 （B4）	国家治理 （C13）	测量对象在国家治理方面（国家层面）进行监督的情况，如司法公正、政府管理、涉外关系等
		社会风险 （C14）	测量对象在社会风险方面（社会层面）进行监督的情况，如生产事故、环境污染、食品安全、校园事故、交通事故、城市拆迁、警民冲突等

一级指标	二级指标	三级指标	操作路径
价值引导（A2）	社会监督（B4）	行为失范（C15）	测量对象在行为失范方面（个人层面）进行监督的情况，如官员腐败、学术腐败、性与婚姻道德类失范行为等
文化教育（A3）	文化传承（B5）	传统文化（C16）	测量对象在传统文化推广方面的情况，如考察对象正确诠释、普及优秀历史文化，弘扬红色文化、倡导革命精神，介绍民俗文化等
		先进文化（C17）	测量对象在先进文化宣传方面的情况，如考察对象从思想文化角度对于党的思想精神、社会主义主流价值体系、党中央及地方政府新政策新理念等进行宣传、解读的情况
	科教传播（B6）	教育传播（C18）	测量对象在教育传播方面的情况，如考察对象教育信息的质量、类别及数量
		科技传播（C19）	测量对象在科技传播方面的情况，如考察对象科普知识、科技信息的传播质量及力度
	提供娱乐（B7）	内容丰富性（C20）	测量对象的娱乐信息内容丰富度，如考察对象娱乐信息的类别及数量
		内容健康度（C21）	测量对象的娱乐信息内容健康度，如考察对象规定范围内低俗内容的数量及比例
协调沟通（A4）	协调信息（B8）	议题信息公共性（C22）	测量对象样本内容中的公共议题讨论情况，如考察对象发布议题中涉及公共利益的话题数量及比例等
		阶层呈现多样性（C23）	测量对象样本内容中的社会阶层呈现情况，如考察对象发布信息中涉及不同阶层的多样性程度等
	沟通效能（B9）	公众参与度（C24）	测量对象样本的公众参与度情况，如考察网民的回复、转发情况等。主要统计回复的数量，其他观测点因平台的设置而不同
		公众认同度（C25）	测量对象样本的公众认同度情况，如考察对象平台网民对相关议题的支持度
		平台互动度（C26）	测量对象平台的激发公众互动情况，如考察对象平台是否主动采用提问、投票、建立讨论区等形式直接征集意见，或通过平台发起活动，激发公众参与
		平台回复度（C27）	测量对象平台回复度情况，如考察对象平台是否对网民咨询进行了回复，回复的数量情况等

三 实证评价：新媒体社会责任考察（2018 年）

（一）主要内容

2018 年新媒体社会责任蓝皮书主要包括四个部分。

总论部分对 2018 年度新媒体社会责任履行情况进行了整体呈现，并对 2015～2018 年整个新媒体行业社会责任履行状况进行了动态比较分析，同时基于业界和学界发生的新趋势、新现象和新问题，对新媒体社会责任评价指标体系进行调适，以期达到科学评价的目的。本报告的整体研究重点是视听新媒体，视听新媒体快速发展是互联网领域的重要趋势，本报告中共有 8 篇论文（占 38%）涉及该热点领域，能够比较完整地呈现视听新媒体发展状况及其社会责任履行问题。

评价篇运用新媒体社会责任评价指标体系对 8 类典型新媒体平台进行了社会责任评价，评价对象包括国家级新闻网站、省级主流新闻网站、商业门户网站、媒体微博、传媒类微信公众号、视频网站、移动直播平台和短视频网站。评价结果呈现了 2018 年国内典型新媒体平台社会责任履行情况，并针对评价过程中暴露的问题提出了解决方案。

专题篇对 2018 年新媒体行业中的典型现象、热点议题与重点人群进行了分析。研究重点包括：典型现象方面，如视听新媒体的传播生态、发展现状、存在问题与解决方案；热点议题方面，如"两会"中的国际传播力分析；重点人群方面，如网红的传播策略、微博意见领袖的社会责任、网络文学社群的内容生产、受众新媒体社会责任的感知量表开发等。

案例篇对近年发生的 4 个典型案例进行了分析，运用内容分析、话语分析、框架分析等方法，对江歌案、红黄蓝幼儿园虐童事件、电梯劝烟猝死案、公益广告媒体策略等案例进行分析，探讨了争议性事件中的情感卷入、控烟运动的媒体策略、广告情绪唤醒的传播效果等问题。

（二）平台评价①

本部分研究根据新媒体评价指标体系的层次权重分别加权计算。通过公式 1，对各被测新媒体平台的三级指标统计值以 5 分为标准进行转换，得到三级指标相对值 C_k；将 C_k 带入公式 2 得到三级指标的加权值 C_j；将 C_j 带入公式 3 进行加权计算得到二级指标值 B_i；将 B_i 带入公式 4 进行加权计算得到一级指标值 A_h；将 4 个一级指标值相加得到最终的新媒体平台社会责任分值。

$$f(C_k) = C_k \times \left(\frac{5}{C_{max}} \right) \qquad\qquad 公式 1$$

$$f(C_j) = \sum\nolimits_{P_j} \times C_k \qquad\qquad 公式 2$$

$$f(B_i) = \sum\nolimits_{P_i} \times C_j \qquad\qquad 公式 3$$

$$f(A_h) = \sum\nolimits_{P_h} \times B_i \qquad\qquad 公式 4$$

其中：C_{max} 为最高分值；P_j 为对应三级指标的权重值；P_i 为对应二级指标的权重值；P_h 为对应一级指标的权重值。

（1）国家级新闻网站

选择 8 家国家级新闻网站作为评价对象，评价结果由高到低依次为：新华网（4.6699）、人民网（4.6357）、央视网（4.3821）、中国网（4.2427）、中国经济网（4.1343）、国际在线（3.9059）、中青在线（3.8978）、中国日报网（3.4847）。评价结果显示，国家级新闻网站社会责任履行情况总体较好，新华网、人民网和央视网位列前三。各网站在单项指标表现方面差异较大，仍存在部分共性问题值得重视，主要体现为新闻内容同质化程度高、社会监督范围有限、文化传播形式较单一、线上互动较欠缺。针对各网站在履行社会责任方面的不足，提出以下应对和提升策略：打造个性内容，提升信息生产品质；扩大监督范围，强化社会监督功能；注重文化

---

① 本报告中的平台评价部分沿用新媒体社会责任评价指标体系 2.0。

教育，创新文化传播形式；优化平台作用，实现协调关系功能。

（2）省级主流新闻网站

选择 31 家（22 个省、5 个自治区、4 个直辖市）省级主流新闻网站作为评价对象，对 6049 条样本进行了计量统计和分析，评价结果由高到低的前 10 位依次为：中安在线（3.503173）、东北新闻网（2.957696）、中江网（2.878579）、大河网（2.813279）、东方网（2.807088）、中国甘肃网（2.775151）、南方网（2.759748）、中国西藏网（2.710745）、河北新闻网（2.692071）、宁夏新闻网（2.680777）。结果显示，省级主流新闻网站社会责任履行整体情况良好，但仍存在需解决的问题。如信息生产方面得分较高，但深度和全面性方面存在不足；社会监督方面议题"硬化"，地域之间存在差异；文化教育方面传播意识薄弱；协调关系受到重视，但互动效果不佳。因此，以下几个方面值得重视：守住信息生产优势，发挥新媒体的整合功能；形成社会监督软硬兼施的联动效应；推进文化与新闻的共振，增强网站教育功能；发挥平台优势，创新沟通方式，提升沟通质量。

（3）商业门户网站

选择 5 家商业门户网站作为评价对象，评价结果由高到低依次为：腾讯网（4.120911）、凤凰网（4.103436）、新浪网（4.027714）、网易网（3.977963）、搜狐网（3.958368）。结果显示，大型商业门户网站的社会责任履行状况普遍较好，但仍存在原创不足、社会监督环节薄弱、塑造共识有待提高、用户体验差异较大等问题。在此基础上，商业门户网站社会责任履行水平的有效提升途径，包括以优质内容提升传播力，以正确导向提升公信力，搭建互动渠道以增强舆论引导力，以用户思维提升社交友好度等。

（4）媒体微博

选择 20 家影响力高的媒体微博账号作为评价对象，评价结果由高到低依次为：人民网（4.5228）、澎湃新闻（4.3854）、中国新闻网（4.2167）、人民日报（4.1130）、财经网（4.0069）、新华网（4.0034）、环球时报（3.9535）、环球网（3.9160）、新闻晨报（3.9058）、新京报（3.7902）、人民日报海外网（3.7624）、成都商报（3.7473）、北京青年报（3.7290）、华西都市报（3.5183）、大河报（3.4981）、看看新闻网（3.4826）、钱江晚报（3.4779）、凤凰网（3.4534）、广州日报（3.4275）、中国青年报（3.3740）。结果显示，媒体微博社会责任履行情况整体较好，四个一级指标的表现从好到差依次为：信息生产、社会监督、协调关系、文化教育。媒体网站微博履行社会责任水平整体高于报纸微博。历时性分析结果显示，2015年至2018年，媒体微博社会责任履行水平呈逐年上升趋势，媒体微博在信息生产维度的社会责任履行情况一直最好，而文化教育维度的社会责任履行情况一直最差。媒体微博应进一步优化内容结构，实现差异化竞争，同时利用主页警示与奖惩机制不断提升从业者的责任意识。

（5）传媒类微信公众号

选择19家传媒类微信公众号作为评价对象，评价结果由高到低依次为：检察日报（3.7933）、新京报（3.6917）、中国新闻网（3.6633）、广州日报（3.6283）、人民法院报（3.5817）、法制日报（3.5683）、中国工商报（3.5467）、央视新闻（3.5317）、湖北日报（3.3950）、人民网（3.3567）、长江日报（3.3383）、人民日报（3.3367）、荆楚网（3.2550）、中国新闻周刊（3.1200）、新华日报（2.9783）、三联生活周刊（2.4817）、都市快报（2.4450）、央视财经（2.4067）、新闻哥（1.9850）。结果显示，相较于2017年度，2018年传媒类微信公众号的社会责任得分普遍呈上升趋势，尤其是以党媒和传统媒体为依托的网站在信息生产上的示范效应明显；塑造共识指标的得分增长显著，加强该维度的社会责任履行成为传媒类微信公众号的普遍共识；社会监督职能呈现出差异化的调整走向；中央主流媒体在微信公众平台的线上沟通渐入佳境。这一系列变化反映出微信公众号平台的成熟发展和政府网络内容规制的合力作用效果开始显现。

（6）视频网站

选择5家视频网站作为评价对象，共抽取990条视频作为分析样本，评价结果由高到低依次为：优酷（2.5109）、爱奇艺（2.4748）、搜狐视频（2.4653）、腾讯视频（2.3989）、芒果TV（2.3776）。结果显示，视频网站信息生产责任履行有得有失，信息的真实性、时效性、深度、广度均表现较好，信息把关和侵权控制也整体较优，其他方面表现欠佳；社会监督责任承担各方面均较为不足；文化教育功能偏向娱乐信息生产，其余方面均表现较差；协调关系功能注重优化用户体验，互动性设计尚可，但公共服务提供缺失，线上沟通线下活动均较为不足。造成这一状况的原因在于：视频网站功能定位决定其社会责任履行的偏向，市场化倾向影响其社会责任履行的水平，现行制度设计限制了其社会责任履行的实现。

（7）移动直播平台

选择6家移动直播平台作为评价对象，在2018年4月8日至4月19日12天内，对总计432个直播间进行了数据记录和分析，评价结果由高到低依次为：斗鱼（0.5290）、熊猫（0.4945）、YY（0.4474）、映客（0.4451）、虎牙（0.4077）、花椒（0.3297）。结果显示，移动直播平台的社会责任履行水平为中等偏下，各平台间得分差距较小。其中，协调关系责任履行情况最好，信息生产责任履行情况其次，文化教育责任履行情况最差。研究认为，政府应完善并细化法律规范体系，加强管理部门间的责权分工与沟通协作；直播平台应坚定正确方向，强化监管责任与优化自律体系相结合；直播用户应提升自身媒介素养。

（8）短视频网站

选择5个短视频网站作为评价对象，共采集到有效样本736条，评价结果由高到低依次为：抖音（2.9035）、火山小视频（2.8156）、美拍（2.5945）、快手（2.5441）、秒拍（2.1358）。结果显示，短视频网站信息生产和文化教育指标得分处于中等水平，还有较大的提升空间，社会监督和协调关系的指标得分都较低，暴露出不少问题。本研究旨在考察短视频网站履行新媒体社会责任的状况，在此基础上针对出现的问题，提供对策和发展的建议。

原载钟瑛主编《中国新媒体社会责任研究报告（2018）》，

社会科学文献出版社，2017

合作者：芦何秋、刘利芳

收入本书时略有改动

湖北省微信公众号综合热度
与社会责任评析

微信自 2011 年推出以后，很快成为人们生活中最重要的社交平台。腾讯企鹅智酷发布的 2016 年《微信数据化报告》显示，截至 2016 年 2 月，微信月活用户达 6.5 亿。[①] 一些政府机构、媒体、企业等都意识到微信的超高人气和潜在价值，纷纷在微信中开设公众号传播信息。如何吸引粉丝和提高阅读量是这些公众号的运营者必须思考的问题，而发布的内容质量高低是决定公众号运营成败的关键。从目前的情况看，微信公众号上的内容质量参差不齐，"标题党"、低俗不健康信息泛滥。作为新媒体传播平台，微信的影响力人们有目共睹。如何提高其热度指数，同时使之承担应尽的社会责任，传播优良信息，是新媒体的管理者、从业者和使用者必须共同讨论的话题。

一 湖北省微信公众号热度与社会责任履行状况

（一）研究设计

为了调查湖北省微信公众号热度和社会责任履行的状况，本研究以互

联网数据抓取为主，辅以人工排查的方法，抽样监测湖北省内 17 个市（州）拥有较高粉丝量和活跃度的 1432 个微信公众号，剔除无效数据之后，实际获得有效样本为 1302 个微信公众号，针对其在 2015 年 11 月至 2016 年 4 月发布的内容，根据华科新媒实验室"新媒体社会责任课题组"发布的热度指数和社会责任指数，对这 1302 个微信公众号发布的内容通过指标权重计算的方法进行量化评估，以调查湖北省内微信公众号的热度与社会责任履行情况。

（二）研究发现

1. 湖北省微信公众号的综合热度

本研究通过文献法和专家讨论法，建构了发布指数、阅读指数和点赞指数 3 个一级指标。其中发布指数分为发布总次数、总发布数，阅读指数分为总阅读数、篇均阅读数、最高阅读数、头条阅读数，点赞指数分为总点赞数、篇均点赞数、最高点赞数和头条点赞数，共计 10 个二级指标。对抽取的 1302 个微信公众号在半年内发布的内容进行量化评估和排名，最后分析排名前 100 位的微信公众号数据可以发现以下特征。

第一，湖北省内热度较高的微信公众号地域分布差异较大。图 1 数据显示，湖北省微信公众号热度指数前 100 名所在的地域分布不均，武汉市

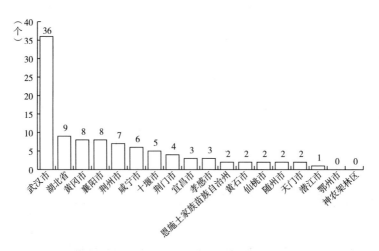

图 1　湖北省微信公众号热度指数前 100 名地域分布

一枝独秀，数量最多，占总样本数的36%，而神农架林区则受地处偏远、媒体技术不够发达等诸多因素制约，没有微信公众号进入热度指数前100名。另外，鄂州市也没有微信公众号进入热度指数前100名，反映出鄂州市微信公众号传播力不够强，需要充分重视，加强公众号的运营。还有一些地市，诸如潜江市、天门市、随州市、仙桃市、黄石市、恩施土家族苗族自治州等进入热度指数前100名的微信公众号较少，热度指数有待提高。

第二，湖北省微信公众号行业分布差异较大。图2数据显示，湖北省内微信公众号热度指数较高的主要是娱乐型综合类，此类微信公众号常发布一些休闲娱乐信息，不仅为用户提供有用信息，还具有娱乐功能，热度指数普遍较高，但这类微信公众号发布的内容非常混杂，"标题党""段子手"的信息不在少数。其次则为传媒类微信公众号。传媒类微信公众号因传媒的自身优势，在传递信息方面既快速又具有权威性，用户需要关注传媒类微信公众号了解国家社会大事以及身边的新闻，因而热度指数也较高，在热度指数前100名中表现也比较突出。但是一些重要行业，如健康类、教育类、司法类、公益类等微信公众号的热度不高，亟待加强。

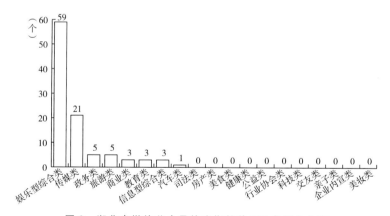

图2　湖北省微信公众号热度指数前100名行业分布

第三，传媒类微信公众号总体热度指数较高，在各个指标中均表现突出。在湖北省的微信公众号中，传媒类微信公众号多是由媒体开设，在发布和传播信息方面具有得天独厚的优势，因此热度指数总体较高且表现稳定。综合热度指数排名第一的是楚天都市报，它在10个二级指标排名中均位于前列。

通过对热度指数的 10 个二级指标进行统计，发现在这 10 个二级指标中分别排名第一的有 7 个是传媒类微信公众号。如发布总次数排名第一的是湖北经视，总发布数排名第一的是长江日报，总阅读数排名第一的是湖北经视，头条阅读数排名第一的是湖北经视，总点赞数排名第一的是楚天都市报，最高点赞数排名第一的是长江日报，头条点赞数排名第一的是楚天都市报。

2. 湖北省微信公众号的社会责任指数

新媒体社会责任指数主要用于衡量各类新媒体的社会责任履行状况，由信息生产、社会监督、文化教育和协调关系 4 个一级指标构成，下设 11 个二级指标和 36 个三级指标，使用德尔菲法和层次分析法，收集 25 位来自学界、业界和管理界的专家对指标体系中不同指标重要性的评分，通过 APH 判断矩阵的一致性检验，采用 OLS 模型估计，得出每一个指标权重。① 选取发布内容，计算得出微信公众号社会责任指数。因社会责任指数指标较多，统计难度较大，本研究以社会责任指数前 100 名为例。

第一，武汉市和湖北省微信公众号社会责任指数表现突出，咸宁市、十堰市、恩施土家族苗族自治州三地紧随其后。

武汉市作为省会城市，拥有全省最优质最丰富的媒体资源、传媒人才、技术和市场环境，其整体数量占优势，图 3 数据显示，武汉市微信公众号在社会责任指数前 100 名中占 20%；湖北省微信公众号的运营主体也多位于武汉市，二者总体比例达 39%，远超其他城市。

咸宁市、十堰市、恩施土家族苗族自治州三个地域微信公众号社会责任指数表现也比较好，前 100 名中三者合计占比达 27%。部分地市级微信公众号社会责任指数落后，在前 100 名中数量占比较小，甚至有些地市没有微信公众号进入前 100 名。

第二，传媒类、政务类、司法类微信公众号稳居前三。图 4 数据显示，湖北省微信公众号社会责任指数前 100 名中，传媒类、政务类及司法类微信公众号分别占 30%、27% 和 23%。其在信息生产中的权威性、全面性、客观性和信息把关上均明显优于其他行业的微信公众号。

---

① 参见钟瑛主编《中国新媒体社会责任研究报告（2015）》，社会科学文献出版社，2015，第 13~14 页。

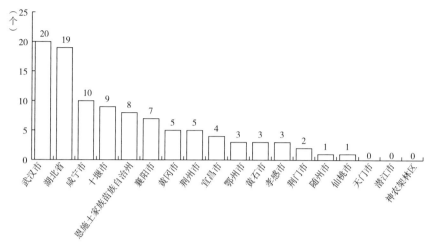

图3 湖北省微信公众号社会责任指数前100名地域分布

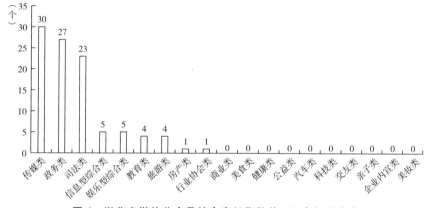

图4 湖北省微信公众号社会责任指数前100名行业分布

　　第三,不同微信公众号在社会责任履行方面各有侧重。通过统计微信公众号社会责任指数及各个指标得分发现,政务类微信公众号在信息生产一级指标中得分普遍较高,说明政务类微信公众号发布的内容质量较高,但是其在社会监督、文化教育、协调关系方面表现一般,而且不同类型的微信公众号内容虽然各有侧重,但总体存在较大的提升空间。传媒类微信公众号因其媒体属性,在信息生产指标中表现优异,在其他3个一级指标中得分也略高,尤其是湖北日报,不论是社会责任指数总分,还是4个一级指标的得分,都位于前列,是湖北省传媒当之无愧的龙头老大,其社会责任履行方面值得其他微信公众号学习。

3. 湖北省微信公众号热度与社会责任指数的比较分析

通过对热度指数和社会责任指数前 100 名的微信公众号进行比对，发现具有以下特征。

第一，热度指数和社会责任指数表现均优秀的微信公众号数量不多。对比湖北省微信公众号热度指数和社会责任指数前 100 名的数据，仅有 18 个微信公众号在热度指数和社会责任指数方面表现较突出，并且以传媒类微信公众号居多，分别是长江日报、荆楚网、武汉晚报、宜昌发布、湖北经视、随州网、楚天都市报、襄阳交通广播动力 890、在线钟祥、荆州电视台、荆门晚报、武汉潮生活、华中科技大学、秦楚网、武汉吃货、十堰晚报、十堰交警、知音。

第二，大部分微信公众号的热度指数和社会责任指数存在较大反差。这种反差主要体现在两方面：一是热度指数较高的微信公众号社会责任指数不高，社会责任指数较高的微信公众号热度指数不高；二是热度指数较高而社会责任指数不高的微信公众号主要集中在娱乐型综合类，热度指数不高而社会责任指数较高的微信公众号主要集中在政务类、司法类和传媒类。

二 湖北省微信公众号存在的问题及原因分析

从以上数据可以发现，湖北省微信公众号在发展过程中，其热度指数和社会责任指数反映出依然存在以下问题。

（一）微信公众号的热度指数和社会责任指数存在类别差异

传媒类微信公众号综合热度表现优异，政务类微信公众号社会责任履行表现出众，其他类别的微信公众号尚待改善。综合湖北省微信公众号热度指数和社会责任指数前 100 名的行业分布可以发现，传媒类微信公众号综合热度表现优异，占比达 21%，远高于其他行业类别；并列第二位的政务类和旅游类微信公众号，仅占 5%。政务类微信公众号社会责任履行表现出众，占比达 27%，排名第一的传媒类微信公众号占 30%，其余行业微信公众号占比较低，整体表现较差，有较大改善空间。

分析认为，造成这种状况的原因在于，传媒类和政务类微信公众号本身具有信源优势，因而在信息生产方面表现突出，而信息生产是衡量新媒体社会责任履行水平权重最大的一个指标，这从整体上提升了两类微信公众号社会责任指数的最后得分。政务类微信公众号虽然与旅游类微信公众号在热度指数排名并列第二，但与其社会责任指数的优良表现反差过大，需要引起特别关注，其社会责任指数排名居前，但其严肃有余而活泼不足的设计风格，在一定程度上影响了热度指数的表现。其他各行业微信公众号则需要在热度和社会责任履行两个层面全面加强。

（二）微信公众号的热度指数和社会责任指数存在地区差异

湖北省省级和武汉市市级微信公众号有显著优势，其他地市提升空间较大。从地域分布来看，湖北省省级和武汉市市级微信公众号表现最为活跃，热度指数占比分别为 9%、36%；同时，两者在社会责任履行方面的表现也很突出，占比分别达到 19%、20%，皆高于其他地市。这反映出湖北省省级单位和作为省会城市的武汉市的市级单位具有天然的资源优势，这在微信公众号的运营方面也发挥着引领作用。

分析其原因，湖北省和武汉市的微信公众号具备信源、地缘、人才资源、软硬件设施等多方面优势，因而总体表现突出，这也更加凸显了其他地市级微信公众号无论在运营数量还是在运营质量方面都存在较大的提升空间，发展潜力巨大，但同时因为人才、设备、资金等多方面资源的欠缺，其发展也存在多重困难。

（三）微信公众号单项指标较弱，综合指标不佳

湖北省微信公众号信息生产表现整体较好，其他各类指标表现欠佳。在社会责任指数中，湖北省微信公众号信息生产的功能发挥和责任担当远高于其他各项指标（信息生产 2.65 分、社会监督 0.18 分、文化教育 0.98 分、协调关系 1.56 分），信息生产能力的高低是影响湖北省微信公众号履行社会责任水平高低的最主要因素，其他指标的表现皆不尽如人意。

分析认为，湖北省微信公众号在信息生产方面投入更多精力和关注，但对其他各项指标普遍不够重视，各类微信公众号有的注重信息的及时传

递，有的则更重视原创内容的生产，但对信息传播的形式体验和社会影响方面重视不够，这显然影响了其在社会监督、文化教育和协调关系方面的社会责任得分。大数据时代不仅要重视数据"量"的多少，还应关注数据"质"的优劣，这种过于倚重信息产出和信息呈现的非均衡发展模式，会严重阻碍其综合表现能力的提升和未来的良性发展。

三　湖北省微信公众号发展对策建议

微信已经开始从最早的社交平台转变为人们阅读和获取信息的重要平台，尤其是微信公众号，每天发布和传递海量信息，发布的内容会直接影响用户对信息的掌握，甚至还会影响用户对事物的判断。因此，微信公众号要想良性、持续发展下去，必须在强化运维、提高热度指数的同时注重社会责任履行水平提升，重视用户需求，不断完善自我。

（一）微信公众号的发展需双管齐下，兼顾热度和社会责任

微信公众号的热度，反映的是用户对公众号的关注度和使用程度，热度指数较高的微信公众号必然有着大量且黏性较好的粉丝群体，这也体现了用户对微信公众号的认可。只有有了热度，微信公众号发布的内容才能被大量用户阅读和传递，该微信公众号才能具有影响力。所以，目前很多微信公众号都在不遗余力地通过各种新奇方式运营。这固然重要，但是微信公众号作为新媒体平台，也应当承担起应尽的社会责任，坚持正面传播，拒绝恶俗、不良和虚假信息。如果微信公众号只关注热度，那么就只能吸引用户一时，只有热度和社会责任并重，才能稳定用户，保持长久发展。

（二）提供优质多元内容的同时，重视各项指标的均衡发展

信息过载的时代，用户对信息冗余现象司空见惯。微信中的信息过载主要是指微信推送可能会造成的垃圾信息问题①，可能是向客户推送像垃圾

---

① 参见方兴东、石现升、张笑容等《微信传播机制与治理问题研究》，《现代传播》（中国传媒大学学报）2013年第6期，第127页。

邮件的信息，也可能是过于同质化的信息。在调查中我们发现，在各类微信公众号发布的内容中，同质化问题严重。目前，大部分湖北省微信公众号只向受众推送图文信息，信息传播形式单一且同一类型微信公众号推送信息的重复率较高，未能凸显出自身个性和鲜明特色。提供优质多元、新鲜原创的个性化内容应该成为湖北省微信公众号发展的突破口。

微信公众号社会责任的履行与担当并不集中于信息生产单项指标，还需在社会监督、文化教育和协调关系等方面均衡发展。遵循社会责任的运营理念，湖北省微信公众号应在优化内容的基础上，兼顾信息的传播效果和对公众的社会影响，走经济效益和社会效益"双翼齐飞"的发展之路。

（三）贴近用户，提供精准服务

用户是微信公众号的核心，围绕对用户的洞察，贴近用户需求，以服务的理念提供精准信息，是微信公众号发展的关键。湖北省微信公众号立足湖北，辐射周边地市，宜利用地缘优势和本土资源，挖掘当地人群的个性需求，结合微信公众号自身的人群定位，提供精准化服务。

微信公众号的定时、定量信息发布，虽然在一定程度上减少了对用户的打扰，但对于与用户的即时互动、其信息实时传播的效果也有影响。精准服务既是面向精准的用户群体和精准的服务需求，也是提供个性化的精准信息和差异化的精准服务，只有如此，才能真正洞悉用户、贴近用户、满足用户，为自身发展创造良好环境。

（四）融入生活服务类设计，提升用户体验

在人人都是传播者的时代，受众对于被动的信息接受兴趣寥寥，微信公众号不仅应关注信息的传播，也应关注用户的生活。湖北省微信公众号应充分利用微信的 LBS 功能，改善互动和用户体验的形式设计，融入生活服务类的设计元素，为本地用户提供便捷的生活服务，使微信公众号不再是单向的"喊话筒"，而是充分体现人性关怀的交流平台和服务平台。

大多数湖北省微信公众号只是完成了信息搬运的功能，利用微信公众号向受众推送各类信息产品，仅仅局限于对信息的简单传递，传播效果无从谈起。因此，应综合运用微信平台的多重化、立体化的传播手段和方式

（音频、视频、图文），加强多媒体处理能力，提升微信平台的传播效果，从而使微信公众号成为真正意义上"集成服务"的载体。同时，要利用微信平台加强与用户的交流互动，鼓励用户提供信息线索，搜集用户的反馈信息，以更好地改良服务内容，达到不仅在形式上满足用户需求，更从本质上提升用户体验之目的。

原载《决策与信息》2016年第10期

合作者：范孟娟

收入本书时略有改动

搜索引擎网站社会责任的
现实考量与提升路径

  搜索引擎作为人们在海量网络内容中获取信息的主要渠道，每天承担着数以 10 亿计的搜索请求，俨然成为网络信息的"导航器"和"把关人"。面对如此庞大的用户群和如此高的使用频率，搜索引擎被赋予足以形塑互联网用户认知与行为的力量，深刻影响现实社会的政治、经济和文化。截至 2015 年 12 月，我国搜索引擎用户规模达 5.66 亿，使用率为 82.3%。[①]

  随着技术不断创新，搜索引擎应用不断丰富，如今的搜索引擎已经成为一个集百科字典、实况地图、视听点播、定向广告、线上购物、即时通信设备，甚至在线图书馆于一身的超级"媒体"。[②] 近年来，欧盟对谷歌违反反托拉斯法的指责，数码图库 Getty Images 公司对必应的侵权诉讼，以及百度"魏则西事件"引发的伦理争议等，引发了各界对搜索引擎的诸多担忧和疑虑，也触发了我们对搜索引擎社会责任履行状况的考察与反思。

[①] 参见第 37 次《中国互联网络发展状况统计报告》，国家互联网信息办公室网站，2016 年 1 月 22 日，http://www.cnnic.net.cn，最后检索时间：2023 年 5 月 10 日。

[②] 参见张聪《论搜索引擎的发展及其社会责任》，硕士学位论文，北京邮电大学，2010，第 18 页。

一　搜索引擎网站的演进脉络

（一）人工分类的导航式搜索引擎

1954 年，美国海军在 IBM701 型计算机上实现了单机内信息单元词匹配检索，开启了数字时代信息检索自动化的序幕。1990 年，搜索引擎的鼻祖 Archie 程序由加拿大麦吉尔大学（McGill University）师生开发成功，实现了基于 FTP（文件传输协议）的文件信息检索功能。Archie 程序开启了异地联网信息搜索的先河，但专业、复杂的检索语法书写让普通用户望而却步。1994 年，以杨致远和大卫·费罗（David Filo）创建雅虎为标志，开启了搜索引擎大众化的时代。在很大程度上，雅虎提供的信息检索方式与传统图书馆资料查询十分相似，它借助人工的方式，将搜集到的各类网站按照特定的层次进行分类和排序，并以目录的形式编录到网站列表中。雅虎的出现，为人们获取网络信息提供了新的体验，用户通过雅虎提供的目录式导航进入各个门类的网站，网民只需记住雅虎的网址，就能找到自己所需的信息。1997 年，雅虎被《今日美国》评为"内容最优良、实用性最高、最容易使用"的网站，直到现在其搜索模式依然深受部分网民喜爱。

在中国，1999 年之前主要采用的就是这种人工分类的技术。1998 年 2 月，搜狐的前身——爱特信信息技术有限公司，率先推出分类目录搜索引擎，这个被称为"中国人自己的搜索引擎""雅虎中国版"的搜索引擎，拉开了中文搜索引擎发展的序幕。1999 年 3 月，搜狐在分类搜索的基础上，推出丰富的特色频道，提供多种网络服务，发展成为综合性门户网站。此后，网易、新浪等门户网站也都推出中文搜索引擎，北大天网开发 FTP 搜索功能，hao123 网址之家开启上网导航服务。1999 年 9 月，雅虎中国网站正式开通，保持了雅虎传统的功能设计，为网民提供分类目录搜索服务。

人工分类搜索引擎将这一行业引入公众视野，其缺陷也十分明显：首先是由人工搜集和整理网址，效率极低、涵盖面有限，在体量巨大的网络世界里，单纯依靠人工分类整理的目录式搜索，在互联网信息爆炸式增长的今天，已经远远不能满足人们的信息搜索需要；其次是不同人对于网站分类的理解不同，也会影响搜索结果的查准率，大大降低了搜索的用户体验。

（二）机器检录的自动化搜索引擎

随着网络信息的生产和消费越来越活跃，网络信息量以惊人的速度更新和增长，人们对信息查找和定位工具的要求也越来越高。网络机器人程序的开发与应用，为搜索引擎的快速发展提供了技术保障，大大提高了搜索引擎的检索效率。这些被称作网络爬虫（Web Crawler）或网络蜘蛛（Web Spider）的机器人程序开始取代人工，在网络中通过链接路径四处"爬行"，并自动抓取网页相关信息，完成对互联网网站结构及网页内容的收集和存储工作。随后，搜索引擎的索引程序会根据关键词对这些信息进行自动分类和排序，使搜索引擎的效率和搜索广度进一步提高和扩大。

如果说雅虎的出现在搜索引擎发展的历史上具有开创性意义，那么1998年拉里·佩奇（Larry Page）和谢尔盖·布林（Sergey Brin）创办的谷歌搜索引擎毫无争议是机器自动检录的典型。这种搜索引擎的出现具有革命性意义：它颠覆了以往的人工分类方式，借助自动运行的网络机器人程序，收录信息范围更广、数据库更新频率更快、信息检索能力更强、搜索响应时间更短，大大提升了用户的使用体验。

在中国，2000年6月，百度公司改变了搜狐、新浪、TOM等网站提供搜索服务的运营模式，推出了向普通网民提供搜索服务的门户网站，开启了中国搜索引擎独立发展的新时期。2003年6月，百度已成为全球最大和中国网民首选的中文搜索引擎。随着图片搜索、新闻搜索、百度社区、百度百科等的相继推出，百度发展成为中国最具影响力的独立搜索门户网站。百度的成功极大地刺激了中国搜索引擎市场的发展，随后中搜等一批自主搜索引擎品牌的相继推出，促进了中文搜索独立品牌的发展。

随着WEB 2.0互动网络技术的出现和网络普及率的迅速提高，人们对搜索引擎的要求也在发生改变，现有的搜索引擎已经不能满足网民日益增长的网络内容搜索需求，这主要表现为：第一，网民构成从精英走向平民，而现有的搜索引擎仅支持关键词或逻辑运算符组成的提问式搜索，并不支持自然语言的语义搜索；第二，传统搜索引擎属于关键词驱动性质的一次性问答模式，即用户的每次搜索都是一次独立的搜索行为，不能利用历史信息进行搜索，不能判断用户的兴趣与关注点；第三，呈现方式单一、呆板，搜索后返回的是一个长长的结果列表，其中可能包含了数以万计的网页链接，这使受众陷入另一个信息迷航。

（三）智能检索的个性化搜索引擎

随着移动互联技术的快速发展，自媒体、社会化媒体等以个人为中心的传播概念不断深入人心，个人用户创造的大量内容涌入网络空间，用户资源成为搜索引擎发展过程中不容小觑的新生力量。为了更好地理解用户的搜索意图，智能搜索引擎应需而生，这种搜索引擎的理念和技术更为复杂：首先，搜索引擎借助语义分析与智能识别技术，可以基于人们日常生活和工作中的自然语言环境，实现人机对话，对于用户来说，这样的搜索活动更为简便；其次，搜索引擎借助对用户注册信息、IP 地理位置、Cookie（用户终端储存信息）等的收集与分析，使搜索结果更具个性化。这就是为什么针对同一个关键词，不同人或者同一个人在不同地区的搜索结果会有差异。

1995 年 12 月，DEC 公司正式发布搜索引擎——Alta Vista，它是第一个提供日期、语种、布尔逻辑和近似条件等高级功能的搜索引擎，并实现了包括 Title、URL、Host、Links 等搜索条件的定制搜索。但这种搜索引擎更多基于用户对信息的刻意筛选和定制，需要用户具备一定的信息筛选能力。2005 年 6 月，谷歌对搜索算法进行了升级，加入了个性化搜索要素，通过记录用户搜索行为的历史数据，自动向用户提供个性化的搜索结果。随后，谷歌先后推出链接建议和搜索建议功能。2014 年，必应推出主页个性化卡片功能，用来帮助用户对感兴趣内容进行备案。在中国，百度推出的百度计算框，搜狗推出的基于微信的社会化信息搜索等，均是基于个性化搜索理念推出的搜索引擎定制服务。这些算法均采用人工智能技术，增强了与用户的互动性，用户可以参与搜索结果的制作、编辑和分享，摒弃了传统"千人一面"的搜索结果呈现方式。

关于智能搜索引擎的未来发展，许多学者和研究人员从不同的维度提供了多种预测和思考。如冯峰从用户服务的角度，提出未来的搜索引擎应注重服务的本地化和个性化，同时关注其商业化、智能化、功能多样化和数据库专业化的发展趋向。[①] 吴祐昕、顺风强调新一代搜索引擎的核心特征是深度搜索，搜索最终将成为直接面向人类社会关系的全面搜索。[②] 肖仙桃、王丹丹则从信息行为、用户信息环境和信息需求的关系入手，提出未来的搜索引擎应该满足用户的一站式、智能化与傻瓜式检索，智能搜索引擎能够理解用户以自然语言表达的需求，而且能够给出针对用户问题的答案。[③]

有研究者提出大搜索的概念，认为大搜索即是面向泛在网络空间中的人、物体和内容，在正确理解用户意图的基础上，基于从网络空间大数据获取的知识，从信息、时间、位置的角度给出满足用户需求的智慧解答。大搜索在一定意义上指明了智能搜索引擎的发展方向。未来的搜索引擎不仅能够在语义级别上对用户的搜索意图进行理解，还能根据用户的时空位置、情绪状态以及历史偏好等信息来感知用户需求。大搜索提供的是若干个智慧综合的解决方案，这个智慧的答案是其根据用户的搜索意图并基于知识仓库对关联知识的求解，通过推理演算形成的，囊括了涉及用户需求的多层面要素。

二　搜索引擎网站社会责任履行的现实图景与评价

托马斯·弗里德曼在《世界是平的：21 世纪简史》中，将"搜索技术革命"与"网络诞生"并列为"21 世纪将地球铲平的推土机"，足见搜索引擎作为一种社会媒介或技术工具对整个网络传播系统有着不容忽视的重要意义。杜骏飞认为："搜索引擎作为目前互联网极其广泛的应用工具和信息平台，它已经承担了新闻媒体和公共信息检索平台的功能，实际上它就是一个媒体，甚至从功能和效用上看，比媒体更媒体，从客户端的

---

① 参见冯峰《网络检索工具——搜索引擎发展趋势之探讨》，《现代情报》2006 年第 8 期。
② 参见吴祐昕、顺风《网络搜索引擎的发展趋势分析》，《当代传播》2007 年第 3 期。
③ 参见肖仙桃、王丹丹《用户信息环境、信息行为及信息需求发展趋势》，《图书馆理论与实践》2010 年第 1 期。

体验来说，被认定为超级新闻媒体（新闻媒体的媒体）也是题中应有之义。"① 里德和赛尔（Bernhard Rieder & Guillaume Sire）从微观经济学的视角指出，搜索引擎会通过塑造公共话语的大众媒介功能，引发利益冲突。② 李东平结合拉斯韦尔的传播功能理论，从传播的环境监视、协调关系、传承文化和娱乐功能四个方面对搜索引擎传播进行了分析。③ 这些研究成果均为本研究深入考察搜索引擎网站的社会责任提供了理论参考。

（一）搜索引擎网站社会责任评估指标体系构建及样本获取

1. 指标体系构建

综合哈罗德·拉斯韦尔、查尔斯·赖特、威尔伯·斯拉姆等人对媒介功能的研究可见，媒介的功能主要集中于五个方面：监测社会环境、协调社会关系、传承文化、提供娱乐和教育大众。以媒介功能为逻辑起点，结合搜索引擎网站的发展特点，我们构建了由 4 个一级指标、11 个二级指标和 36 个三级指标组成的评价指标体系，对搜索引擎网站的社会责任履行状况做量化评估。4 个一级指标分别是"信息生产""社会监督""文化教育""协调关系"。

搜索引擎网站是人们了解和把握社会环境变化的"瞭望塔"，其借助特定的算法和策略，运用计算机程序从互联网上搜集信息，在对信息进行组织和处理后，为用户提供检索服务。搜索引擎网站将检索到的网络信息展示或推送给互联网用户，实现"信息生产"的功能，"信息生产"指标的评价重点是搜索引擎网站的信息生产和传播质量，包含两个方面：信息质量与流程控制。"社会监督"主要评价搜索引擎网站在"国家治理""社会风险""行为失范""其他现象" 4 个层面的环境监测和社会监督责任。"文化教育"重在测量搜索引擎网站对于社会大众在传播知识、价值、社会规范等方面的影响，包含 3 个二级指标："塑造共识""文化传承""提供娱乐"。"协调关系"主要衡量搜索引擎网站执行联络、沟通、协调社会各组

---

① 杜骏飞：《百度"屏蔽门"事件：网络社会的敌人》，《传媒》2008 年第 10 期，第 15 页。

② B. Rieder & G. Sire, "Conflicts of Interest and Incentives to Bias: A Microeconomic Critique of Google's Tangled Position on the Web," *New Media & Society*, 2014（16）.

③ 参见李东平《百度搜索引擎的媒介化研究》，《编辑之友》2010 年第 10 期，第 74~76 页。

成部分（群落）功能的水平，包括"线上沟通"和"线下活动"2个二级指标。搜索引擎网站社会责任指标评价体系的每个二级指标下又分别设置了若干个三级指标和具体的实现路径，用于全面考察其社会责任表现的各个不同层面。搜索引擎网站社会责任评价指标体系详见表1。

表1 搜索引擎网站社会责任评价指标体系

一级指标及权重	二级指标	三级指标
信息生产 0.52860	信息质量	真实
		客观
		时效
		深度
		全面
		权威
		原创
	流程控制	信息把关
		侵权控制
		广告控制
社会监督 0.27550	国家治理	司法公正
		涉外关系
		政府管理
	社会风险	生产事故
		环境污染
		城市拆迁
		食品安全
		交通事故
		校园事故
		警民冲突
	行为失范	官员腐败
		性与婚姻
		学术腐败
	其他现象	体育赛事
		自然灾害

续表

一级指标及权重	二级指标	三级指标
文化教育 0.10370	塑造共识	主流价值
		社会风尚
	文化传承	传统文化
		红色文化
		民俗文化
	提供娱乐	娱乐健康
协调关系 0.09220	线上沟通	公共服务
		互动
		用户体验
	线下活动	商业性活动
		非商业性活动

2. 样本获取

在样本选取中，为了保证样本的代表性和样本获取的可操作性，依据中国互联网络信息中心（CNNIC）及 Alexa 发布的搜索引擎知名度和品牌渗透率网站排名，选取综合排名靠前的百度、搜狗、好搜、中国搜索、中搜、有道 6 家综合搜索引擎网站作为评估样本。对 2015 年 2 月 2 日至 4 月 4 日在网站主要位置（首页或新闻频道专栏）推送的新闻视窗进行抓取，并对网站政治、经济、文化、社会 4 个方面的 8 个关键词进行主题搜索，将各网站搜索结果的前 20 条信息作为分析样本，最终从 6 家搜索引擎网站抓取搜索结果和推送新闻共计 1012 条作为分析样本。

（二）搜索引擎网站社会责任履行状况概览

依据搜索引擎网站社会责任评价指标体系，对 6 家搜索引擎网站进行打分和权重计算（各项指标满分为 5 分），得分情况见表 2。

表 2　搜索引擎网站社会责任履行状况评估得分情况

搜索引擎网站	信息生产得分	社会监督得分	文化教育得分	协调关系得分	总分
百度	2.17690	0.34888	0.27664	0.34573	3.14815
中搜	1.74916	0.93640	0.09688	0.18535	2.96779

搜索引擎网站	信息生产得分	社会监督得分	文化教育得分	协调关系得分	总分
好搜	1.68998	0.46369	0.25374	0.18447	2.59188
有道	1.84243	0.33382	0.24909	0.14925	2.57459
搜狗	1.84095	0.18443	0.26420	0.18564	2.47522
中国搜索	1.67610	0.13659	0.35463	0.21047	2.37779
均值	1.82925	0.40064	0.24920	0.21015	2.68924

注：总分标准差为 0.30120。

总体来看，6 家搜索引擎网站的社会责任得分均值为 2.68924，处于中等水平，其中百度以 3.14815 分排名第一，排名第六的中国搜索得分为 2.37779，总体分值相差不大，社会责任总分的标准差为 0.30120，各搜索引擎网站间的分值离散程度并不明显。

为进一步考察搜索引擎网站社会责任各指标的表现状况，我们采用理想满分进行比照。理想满分表示社会责任履行状况评估取得 5 分满分时，各一级指标应该获得的分数。对 4 个一级指标的均值统一以 5 分为标准进行相对值转换，计算公式为 $f(x) = 5 \times \dfrac{\bar{x}}{Z}$（$\bar{x}$ 为某个一级指标的均值，Z 为该指标对应的理想满分值，$Z =$ 一级指标权重×5），换算结果见表 3。

表 3　搜索引擎网站社会责任指标体系一级指标均值与理想满分对比

一级指标	均值	权重	理想满分	加权得分	满分	差值
信息生产	1.82925	0.52860	2.64300	3.46056	5	1.53944
社会监督	0.40064	0.27550	1.37750	1.45423	5	3.54577
文化教育	0.24920	0.10370	0.51850	2.40309	5	2.59691
协调关系	0.21015	0.09220	0.46100	2.27928	5	2.72072

数据显示，相较于 5 分满分的数值，信息生产指标的差值为 1.53944，远低于其他三项指标，而社会监督指标的加权得分只有 1.45423，差值高达 3.54577，表明以这 6 家网站为代表的搜索引擎网站的信息生产责任履行得不尽如人意，文化教育和协调关系责任履行水平有待提升，社会监督责任履行则亟须加强。

综合表 2 和表 3 可以发现，搜索引擎网站社会责任表现最好的信息生产指标，百度 2.17690 分的最高得分与中国搜索 1.67610 分的最低得分差别并不明显，指标均值为 1.82925，表明各家搜索引擎网站皆较为重视信息生产；社会监督方面，中搜以 0.93640 分的相对较大优势压倒其他 5 家网站，位列第一，但该项指标整体得分均值仅为 0.40064，得分普遍偏低；文化教育方面，中国搜索 0.35463 分，与得分最低的中搜 0.09688 分两极分化较为明显；协调关系方面，百度以 0.34573 分稳居第一，但整体表现均不好。

（三）搜索引擎网站社会责任履行的现实冲突

从表 2 数据发现，就综合表现而言，搜索引擎网站的社会责任履行状况总体堪忧。本研究继而对评价指标体系的三级指标进行了深入分析，以期厘清搜索引擎网站社会责任履行中存在的问题，并对现实图景从五个方面进行归结。

1. 算法隐秘性与受众知情权之间的冲突

我们在享受搜索引擎带来的信息获取便利时，理所当然地认为由机器算法提供的结果是客观公正的，而忽略了这种机器算法本身也会受到人为干扰。学者欣曼（Hinman）认为，尽管搜索引擎直接篡改搜索结果很容易被发现，但是对严密的算法做微妙的调整导致搜索结果产生微妙的偏差实际上是不可能被发现的。[1] 以真实、全面、客观 3 个三级指标来印证搜索引擎网站结果的"透明性"，统计分析后发现，不同搜索引擎网站间的差异明显：百度的真实、全面得分最高；中搜的客观指标得分最高；中国搜索作为中央七大新闻单位联手打造的国家级互联网企业，其真实、客观得分均较高且均衡，全面指标得分则居于中间位置（见表 4）。

---

① L. M. Hinman, "Searching Ethics: The Role of Search Engines in the Construction and Distribution of Knowledge," in *Web Search: Information Science and Knowledge Management*, Berlin Springer Berlin Heidelberg, 2008, pp. 67-79.

表4 搜索引擎网站真实、全面、客观三级指标得分

单位：分

三级指标	百度	搜狗	好搜	中国搜索	中搜	有道
真实	5	3.99447	3.82741	4.04235	3.21771	4.59992
全面	5	1.99074	0.60185	1.71296	0.97222	0.41667
客观	3.83958	3.33741	3.50231	4.14699	5	3.50231

搜索引擎网站之所以存在如此大的差异，与搜索引擎的算法差异密切相关。如谷歌的PR（Page Rank）算法、Ask的Direct Hit算法等，每个搜索引擎都有自己的核心算法，搜索引擎的搜索结果呈现的正是基于这些算法的运算结果。对于普通用户而言，理解搜索引擎的复杂算法并非易事，并且在竞争激烈的搜索引擎市场，各大搜索引擎网站也将其核心算法视为商业机密，这就导致了算法的隐秘性。正如麦克卢汉所担忧的：当我们把自己全权委托给了机器，那我们也就剩不下什么了。这种算法的隐秘性实质上在无形中侵犯了用户的知情权，也为搜索引擎社会责任失范提供了可能。搜索引擎网站作为经济实体，当其在检索信息方面被赋予巨大优势时，出于对经济利益的追求，由算法隐秘性带来的"隐性营销"很有可能破坏搜索结果的客观性、公正性和全面性，对网络信息的自由传播和受众自由接受信息的权利造成损害。

2. 信息的自由获取与有效过滤之间的冲突

在充斥大量信息的网络中，如何对信息的真实性、权威性进行判断？如何对信息进行把关和筛选？这两个问题构成了搜索引擎信息自由获取与有效过滤之间的冲突。由此，我们对搜索引擎网站信息发布的时效、深度与信息把关进行考察，结果见表5。数据显示，6家搜索引擎网站时效得分都是满分5分，而在深度、信息把关这2个三级指标上则出现分化。在信息把关方面，6家搜索引擎网站的平均得分为2.70833，有4个网站的得分在平均值之下；深度的平均分值为2.98611，只有2个网站的得分高于平均值。可见搜索引擎网站一味求新、求快，但在兼顾信息的时效和深度方面并不理想，信息把关能力也尚待提升。

表5　搜索引擎网站时效、深度、信息把关三级指标得分

单位：分

三级指标	百度	搜狗	好搜	中国搜索	中搜	有道
时效	5	5	5	5	5	5
深度	2.5	3.05556	2.5	2.22222	5	2.63889
信息把关	5	3.75	2.5	1.25	1.25	2.5

　　媒体是社会的"公器"和社会环境变动的"哨兵"，通过对客观现实的选择与加工进行媒介现实构建，进而影响受众对客观现实的重构。搜索引擎网站的工作过程实质上就是对网络信息过滤筛选和推送的过程，在一定程度上，搜索引擎正是通过这种机制充当着媒体"把关人"的角色，影响着用户的认知。但作为媒介，搜索引擎网站不应仅是信息的搬运工，而应在保证用户公平、开放、自由地获取互联网信息的情况下，过滤掉不良信息，规避不良影响。特别是对于缺乏抵抗力、判断力的青少年群体，其价值观正处于形成阶段，更容易受到网络中不良信息的影响。这就要求搜索引擎网站处理好时效和深度之间的关系，并有效发挥信息把关的作用，保证公众接触到更多既高效优质又健康有益的信息内容。

　　3. 信息生产经济效益与社会效益的冲突

　　媒介的经济和社会双重属性已经受到学界和业界认可，二者辅车相依。通过对6家搜索引擎网站在信息生产二级指标下的广告控制三级指标的进一步考察发现，中搜得分最高，而渗透率最高的百度却仅得2.78分。这种市场占有率与广告控制有效性的巨大反差，反映了搜索引擎广告市场混乱、缺乏有效监督的情况较为明显，经济效益与社会效益明显失衡（见表6）。

表6　搜索引擎网站广告控制三级指标得分

单位：分

三级指标	百度	搜狗	好搜	中国搜索	中搜	有道
广告控制	2.78	4.7	4.4	2.78	5	2.78

　　搜索引擎作为基础类互联网应用，使用率仅次于即时通信。虽然搜索引擎网站在互联网行业中的地位和市场份额优势越来越明显，但从指标得

分来看，其并没有承担起相应的社会责任。究其原因：一方面，在于搜索引擎网站本身的营利性质，搜索引擎网站是以检索服务为载体，以营利为目的的商业公司，不能回避的营利性促使其要对股东负责，而不是对大众负责，这一点造成了搜索引擎网站的社会责任与其商业利益之间的矛盾①；另一方面，则是受中国互联网发展所处阶段的制约，中国互联网行业正处于急速发展期，而监管机制的不健全，使得搜索引擎网站易于被利益驱使，如广告、竞价排名、关键词销售等网站营利方式，都容易成为违法、违规的重灾区。搜索引擎网站在利益驱动下，过于注重经济效益而忽视社会效益，成为其社会责任履行的典型冲突。

4. 单向度社会监督与用户多元化信息需求之间的冲突

媒体的舆论监督，对于建设高度政治文明、保护公共利益和提高社会道德水准，发挥着愈来愈重要的作用。② 对 6 家搜索引擎网站的主页、新闻专栏、新闻视窗等信息进行抓取后发现：国家治理相关信息在 6 家搜索引擎网站的比例均不低于 50%；除中搜外，其他搜索引擎网站国家治理和社会风险相关信息的合计比例均超过 80%（含 80%）；行为失范与其他现象比例普遍较低。社会监督一级指标的总体加权得分仅为 1.45423，低于其他 3 个一级指标得分。由此可见，搜索引擎网站并未有效履行社会监督责任，在有限的社会监督中过于偏向国家治理，忽视了用户多元化的信息需求（见图 1）。

搜索引擎网站强大的新闻聚合与推送功能，使其成为公众了解客观世界新近变动的重要途径之一，甚至在一定程度上已经具备新闻媒体的功能。这种新闻媒体的身份角色与责任担当并不对等的状况会引发诸多现实冲突，带来负面社会影响。历史证明，媒体的社会监管缺位往往会导致社会权利的滥用，而媒体社会监督的片面性往往会引发错误的议程设置，形成单向度的社会和单向度的人。与此同时，互联网用户对信息的需求又是多元化、多样性与个性化的，单向度的社会监督与多元化的

---

① L. M. Hinman，"Esse Est Indicato in Google：Ethical and Political Issues in Search Engines，" *International Review of Information Ethics*，2015.

② 参见孙有中《媒体自律与社会监督——英、美新闻界的经验》，《新闻大学》2004 年第 1 期。

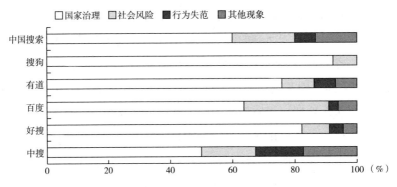

图 1　搜索引擎网站社会监督各二级指标样本分布

信息需求之间的不对称和不平衡势必引发难以调和的社会矛盾，需要引起特别关注。

5. 个性化定制与隐私侵犯之间的冲突

2007 年，时任谷歌副总裁的玛丽莎·梅耶尔（Marissa Mayer）在接受采访时表示：个性化是搜索引擎的未来。[1] 无独有偶，百度首席执行官李彦宏也指出，"在百度的所有流量中，有 25% 来自社会化搜索"[2]。为了提升用户体验，目前业界如火如荼开展的语义搜索、搜索结果个性化推送等探索与实践，均预示着搜索引擎个性化定制服务时代的到来。通过对搜索引擎网站的用户体验指标进行考察发现，该项总体得分较为理想，其中百度充分体现其技术优势，得分位列榜首（见表 7）。

表 7　搜索引擎网站用户体验三级指标得分

单位：分

三级指标	百度	搜狗	好搜	中国搜索	中搜	有道
用户体验	5	3.5	2	2	2	3

---

① 参见〔美〕希瓦·维迪亚那桑《谷歌化的反思》，苏健译，浙江人民出版社，2014，第188 页。

② 《百度 25% 流量来自社会化搜索》，凤凰网，2011 年 5 月 16 日，https：//news.ifeng.com/c/7fZiAPBJ6m3，最后检索时间：2023 年 6 月 25 日。

搜索引擎网站的定制服务无疑有效提升了用户体验，但定制服务必须依赖大量用户生成的数据。搜索引擎通过收集用户的注册信息、关键词历史数据、搜索行为、社交关系等大量数据，并将这些数据进行交叉定位，来分析用户的兴趣爱好，为用户量身定制搜索结果。这种定制服务是一把双刃剑，用户在享受个性化服务带来的快感的同时，也面临个人隐私被侵犯的潜在危险。如谷歌公司提供的网页搜索记录免费服务，将用户浏览网站的相关数据存储于公司服务器，但并未设定清除数据的固定时限，从而引发了人们对谷歌侵犯用户隐私权的忧虑。① 近年来，由个性化定制服务与个人隐私侵犯之间的矛盾引发的案件接连不断，如北京百度网讯科技公司与朱烨隐私权纠纷案，360 搜索网站窥探用户信息。这无疑为我们敲响了警钟，促使我们对搜索引擎的个性化服务与用户隐私的平衡点进行思考。

三　搜索引擎网站社会责任履行水平的提升之道

搜索引擎的出现，有效解决了人们网络信息迷航的困境，无论是从全球市场占有率还是网民渗透率上来说，中国搜索引擎网站都还处于发展的初级阶段。近年来，出于信息交流成本的考虑，中国对于搜索引擎网站的管理多采用放松规制的原则，有效促进了搜索引擎市场的发展。但随着搜索引擎市场走向繁荣，搜索引擎网站的社会责任履行水平开始受到关注。为保障搜索引擎网站的健康发展，结合搜索引擎网站社会责任履行的现实图景，针对中国搜索引擎网站社会责任履行存在的现实冲突，应从以下三个方面提升搜索引擎网站的社会责任履行水平。

（一）网站运营层面的责任理念建设

搜索引擎网站既是商业实体又具媒体功能，商业检索的营利性质与大众服务的公益属性之间的矛盾是搜索引擎网站运营商必须认真对待和努力克服的问题，有效平衡经济效益与社会效益，既事关生存发展又牵系责任

---

① 　参见《欧盟称：谷歌保存用户搜索数据涉嫌侵犯隐私》，央视网，2007 年 5 月 28 日，http：//discovery.cctv.com/20070528/104127.shtml，最后检索时间：2023 年 6 月 25 日。

声誉。搜索引擎网站实现信息生产功能的主要评价指标是信息质量与流程控制，网站信息质量是用户可以直接感知的，流程控制中的漏洞通过长期运作也会逐渐外显，而贯穿始终起到提纲挈领作用的是网站的运营理念。大数据时代，在搜索引擎作用日益凸显的背景下，搜索引擎网站遵从道德规则、法律规范，特别是在经营理念中嵌入社会责任意识，从根本上做好责任理念建设，对于形成健康的信息环境、打造和谐的社会环境、塑造主流价值观影响深远。

搜索引擎网站的运营理念作为系统性、根本性的管理思想，对于网站的具体运作流程起着宏观指导作用，二者是一种相互制约、相互影响的关系。搜索引擎网站在制定运营理念时，应做好经济效益与社会效益的平衡，将网站社会效益的追求、社会责任的履行，从自觉推向理性。

搜索引擎网站应在运营理念的指导下，将社会责任优先贯穿于流程运作的始终。在具体流程的运作中，自觉规避违法、违规行为，不断强化服务意识，注重维护社会公众利益。在信息的生产与传播中追求时效性、遵从客观性的同时，更不能忽视信息的真实性；自觉规避专注负面新闻、热衷渲染炒作、罔顾社会责任的不良行为，防止给公众造成不良道德感受和普遍道德焦虑的状况发生。国家网信办提出的网络空间"七条底线"（法律法规底线、社会主义制度底线、国家利益底线、公民合法权益底线、社会公共秩序底线、道德风尚底线、信息真实性底线）① 同样适用于搜索引擎网站。

（二）搜索技术层面的责任思维观照

搜索引擎网站的创新、发展与搜索技术的更新、进步息息相关，搜索引擎网站本身就是依托技术而创建的，并且一直视技术为发展命脉，研究中所发现的多重现实冲突也直接和搜索引擎技术紧密相关，搜索算法、信息过滤技术、信息定制服务、互动技术等都在很大程度上影响着搜索引擎

---

① 参见《中国互联网大会倡议共守"七条底线"》，国务院新闻办公室网站，2013 年 8 月 29 日，http：//www.scio.gov.cn/ztk/hlwxx/zzwlyyjswldx/xgbd2/Document/1344840/1344840.htm，最后检索时间：2023 年 6 月 26 日。

网站的发展，因而要提升搜索引擎网站的社会责任履行水平，就必须在技术层面树立责任思维，在搜索技术的研发与采用中投入更多责任观照。

搜索引擎的算法技术是搜索引擎网站运行的基本法则，通常包括蜘蛛程序算法、索引排序算法和用户搜索请求算法等。搜索引擎借助蜘蛛程序抓取网页，对信源进行选择。索引排序算法对抓取的网页进行索引和排序，为用户设置议程。用户搜索请求算法通过解析用户输入的信息，了解判断用户的搜索意图。在实际运作中，这些算法对普通用户而言并不是公开透明的，正是这种算法的隐秘性增加了人为操控搜索结果的可能。只有以服务公众的责任意识制定算法技术的规范性原则，让技术真正服务于人而不是单纯服务于经济效益，才能切实提升搜索引擎网站的社会责任。

同样，搜索引擎网站在制定信息过滤技术规范时要观照公众的自由获取信息权，在获取用户个人信息、提供个性化服务时要尊重用户的隐私权，在设定互动样式时要更加关注用户体验。只有在技术层面融入责任思维，才能真正有助于搜索引擎网站的责任提升。

（三）多维关联主体的责任意识培育

作为超级媒体的搜索引擎网站，其社会责任是多维的，从信息生产、社会监督、文化教育、协调关系方面对其进行解构，有利于深入考察搜索引擎网站社会责任的内涵。本研究构建的社会责任评价指标体系并不是可以独立实现的，涉及的机构、组织、行业众多，故此，需要从大环境视野去观照搜索引擎的社会责任问题。在"人人握有麦克风"的年代，如果没有完备的新媒体社会责任体系与之相匹配，那么由此形成的新媒体舆论场将会显得混乱无序且缺乏理性，不仅很容易出现各种侵权行为，而且会对社会发展构成威胁。搜索引擎网站作为新媒体的一员，对其的监管与治理，离不开大环境的影响，搜索引擎网站社会责任的履行，更需要多维关联主体的联合行动，共同培养优良的社会责任意识。

政府管理部门通过设立监管机构、出台法律规范、开展专项行动等，指导与推动搜索引擎网站行业自律。行业协会通过成立各类行业自律组织、制定行业自律规范、督促成员单位执行规范内容等来实现自律管理。行业机构（组织）通过自主组建企业联盟实现行业自律，同时通过出台自律规范达到自律管理。个人用户在使用搜索引擎网站的过程中，出于自己的判断和基本的共识，借助多样化的监督和举报途径，可以更加有效地配合行业自律。整合政府管理部门、行业协会、行业机构（组织）、个人用户的行动，创新性地使用行政手段、市场调节、共同协商、自律自治等多维方式观照搜索引擎网站的社会责任。

在网络应用日益丰富的背景下，大量 UGC（用户生成内容）、PGC（专业生产内容）和 OGC（职业生产内容）使得网络信息裂变式增长，搜索引擎网站的重要性更为凸显。搜索引擎网站的社会责任不仅影响这一新兴媒介的健康发展，也事关社会的发展与进步。唯有立足现实图景，深入考察搜索引擎网站的社会责任履行状况，才能有效提升搜索引擎网站的社会责任履行水平。

原载《现代传播》（中国传媒大学学报）2016 年第 10 期

合作者：李秋华、张军辉

收入本书时略有改动

网络异化及其负面影响

技术发展带来人的异化，这一现象在工业社会就已经表现得十分明显。网络作为后工业社会的产物，是技术发展的更新阶段，对人及社会其他层面的异化，在某种程度上更严重。本研究将从三个方面来探讨这一问题：异化的基本内涵；网络异化的基本特征；网络异化的负面影响。

一　异化的基本内涵

"异化"一词出自拉丁文 alienatio，其义为转让、分离、疏远、精神错乱等。17 世纪英国哲学家霍布斯和 18 世纪法国启蒙思想家卢梭在权利的转化意义上使用"异化"概念。德国古典哲学家费西特首先确定了异化的哲学含义，黑格尔在其庞大的唯心主义辩证法体系中把异化用作精神异化。马克思的异化概念强调资本主义生产方式对主体个性的摧残，法兰克福学派的异化概念注重大众传播媒介对主体意识形态的束缚与塑造。

一般而言，异化的基本含义是主客体的一种关系，即主体的产物成为异己的力量，反过来与主体对立，控制主体。

根据哈贝马斯的观点，人类社会的生产与再生产是由两个不相隶属的过程所构成的，一是以有组织的社会劳动为形式的社会生产过程，二是以道德和规范进行调节的交往过程。因此，人类的基本生存方式就是劳动和交往。既然人的一切行为都直接或间接地与劳动和交往相关联，那么，人性便是劳动与交往的产物，劳动与交往就是人的本质的体现。劳动与交往就应该符合人性发展的规律，应该是人自由的个性的彰显。然而，任何社会都是人类群体的组合，因此个人行为势必会受到群体行为的影响。"野蛮人过着他自己的生活，而社会的人则终日惶惶，只知道生活在他人的意见之中，也可以说，他们对自己生存的意义的看法都是从别人的判断中得来的。"① 因此，个人总是违背自己的意志而屈从于社会意志（社会意志包括人群意志、集体意志、他人意志）。

马克思运用阶级分析法，对资本主义社会的劳动异化进行了全面的抨击，认为工业社会疯狂的商品生产及利润追求使社会关系全面异化，所有与劳动有关的东西，如劳动对象、劳动产品、劳动行为本身都被扭曲，异化为人的对立物。劳动产品愈丰富，劳动者便愈廉价。劳动者在劳动中不是肯定自己，而是否定自己。劳动行为不是使劳动者感到幸福快乐，而是感到不幸与被摧残。"劳动对工人说来是外在的东西，也就是说，不属于他的本质的东西……因此，他的劳动不是自愿的劳动，而是被迫的强制劳动。因而，它不是满足劳动需要，而只是满足劳动需要以外的需要的一种手段。"② "一切提高社会劳动生产力的方法都是靠牺牲工人个人来实现的；一切发展生产的手段都变成统治和剥削生产者的手段，都使工人畸形发展，成为局部的人，把工人贬低为机器的附属品，使工人受劳动的折磨，从而使劳动失去内容，并且随着科学作为独立的力量被并入劳动过程而使劳动过程的智力与工人相异化。"③

哈贝马斯对工业文明下的现代西方人的交往异化进行了剖析，认为理想的社会关系应该是交往者在没有压力与操纵的世界里平等交流、相互理解、求同合作。而在后工业社会，技术统治对人的压制已经到了无以复加的地步，技术对日常生活的侵蚀，破坏了人与人之间的正常交往。劳动因越来越符合科技规范而合理化，这种合理化脱离了主体间交往的基础，吞没了主体间合理的相互作用，导致交往的不合理。行为领域的金钱化与官僚主义，渗透到社会的经济、文化、日常生活包括最隐秘的家庭生活之

① 〔法〕卢梭：《论人类不平等的起源和基础》，李常山译，东林校，商务印书馆，1962，第148页。
② 《马克思恩格斯全集》第42卷，人民出版社，1979，第93~94页。
③ 《资本论》第1卷，人民出版社，1976，第708页。

中，导致交往关系的物化，权利、金钱等"非语言的驾驭机制"贯穿于社会系统之中，成为生活世界中交往的手段。人们的语言交往受到侵略与干预，语言的沟通变成了利益的交换，价值共赏被可操纵的语言媒介所扭曲。正常交流中主体间可交流、理解的对话成为扭曲的、难以理解的独白，即使有某种认同也是迫于外在的压力而表现出的虚假的"意见一致"，是一种违背主体意愿的"无效交往"，或称为"有意被扭曲的交往"与"伪交往"，劳动与交往这种确证人类存在和本质的活动发生异化，相应地，人同自然界、人同人本身、人同他人之间的社会关系都随之异化。

二　网络异化的基本特征

（一）技术异化

网络异化是技术异化的一种，对技术异化的理解一般有两种。一种观点认为，人类在利用自己所创造的技术改造、控制自然的时候，技术以相应的力量反控制人类。另一种观点则是将技术的负面效应等同于技术异化，从而将技术异化归结为两个方面：一是技术对物质文明的破坏，造成环境污染、生态失衡、能源危机、人口膨胀等；二是技术对精神文明产生危害，造成道德冷漠、道德无政府主义泛滥、道德相对主义盛行等。后一种异化显然是异化概念的扩大化使用，且使用后一种概念的学者多于使用前一种概念的学者。

对技术异化的分析是随着工业化社会的发展逐渐出现的。这种分析主要集中在三个层面，即人本层面、自然层面、社会层面。人本层面的分析认为，技术异化造成个人自由的丧失、人格的分裂、本能的压抑、心灵的空虚，从而使生活失去意义与目标。自然层面的分析认为，技术异化对自然的破坏导致了一系列长远的影响或直接的恶果。长远影响如环境污染、能源危机、人口膨胀、核恐怖等，直接恶果如交通事故、战争破坏、核泄漏等。社会层面的分析认为，技术异化导致技术官僚、技术统治、技术殖民等的滋生，同时技术异化还导致工人失业、社会交往割裂等。

从人本层面对技术异化进行分析的比较多，影响也比较大。代表性的观点如：早期霍克海默认为，现代工业促使人类失去共同感，增长个体意识，使社会陷入分崩离析的境地。斯宾格勒则认为现代文明使理性压抑个性，导致人内在的孤独、敌对的隔离、残酷的竞争以及战争，世界的主人正在变成机器的奴隶。法兰克福学派从人的自由解放的角度对现代技术异化进行了深刻的批判。如弗洛姆在其《健全的社会》中指出，现代技术摧残并压制了人类本性，造成普遍的"异化综合征"，"人作为生产机器的一个齿轮，成了物而不再是人……当今工业社会中人的被动性是他最主要的性格和病理特征……由于是被动的，人感觉到软弱、孤独和焦虑"[1]。马尔库塞的技术异化观更具社会影响，他在《单向度的人——发达工业社会意识形态研究》《爱欲与文明——对弗洛伊德思想的哲学探讨》等著作中认为，技术与人的自由、幸福相对立，其对人性的压制渗透到社会生活的方方面面，使人成为只有物质生活而没有精神生活的"单向度的人"，社会也因此成了一种"单向度的社会"。哈贝马斯的交往异化论将交往关系的异化归结为技术对人的压抑。埃吕尔的"技术自主论"认为，当代技术已日渐成为一个完全自主的、外在于人的支配系统，技术的效果在本质上是反对自由的，并且技术越发达，人所丧失的自由就越惨重。后现代主义的技术异化观，认为人类的现代科学思维使人丧失了人性的价值，从而带来了严重的社会和心理后果，最终导致精神上的肢解和分裂。马克思则将技术异化归结为资本主义生产方式对技术的使用。

（二）基本特征

网络技术诞生于后工业时代，人类社会的私有制依然存在，技术带来的社会异化自然不可能消失。而且，网络较之传统技术，对人类社会生活的渗透更加广泛与深入，因此其所伴随的异化现象也就更加普遍与复杂。这可以从技术异化的三个层面，即社会层面、人本层面、自然层面来进行分析。由于网络技术在自然层面导致的异化目前还没有确切的证据，在此不做论述。

---

① Erich Fromm, *The Revolution of Hope: Towards a Humanized Technology*, New York: Harper & Row, 1968, p. 41.

1. 网络在社会层面导致的异化

第一，促成了新的集权与不平等。"信息技术明显具有使政治力量集中化、形成新形式的社会混乱和统治的能力。"① 西奥多·罗斯扎克认为，网络造就了一大批高高在上的技术官僚，由于网络的高技术含量与使用的广泛性，网络时代的权力明显地转移到官僚手中，他们集行政权力、信息优势、技术能力于一身，成为民主政治的决策者，从而形成了新的社会垄断。"官僚主义的经理、公司精英、军事当局、安全和监视系统都可以利用计算机里的数据来制造混乱、散布神话、进行恫吓和控制别人。他们掌握了绝大部分计算机，公众对于信息的崇拜又给他们的优势地位蒙上了一层神秘的面纱。"② 信息集权形成并完全垄断信息与决策的同时，普通民众的政治热情开始减退，从而双向地加速了民主的丧失。这批技术官僚以技术的力量控制着世界，他们以把握技术的方式来把握世界，却不能全方位地了解世界，自然也不可能与社会相和谐。

第二，助长了各种不同思想的滋长，社会上一些持不同政见者、恐怖组织、反社会集团等通过网络的便利，大搞反宣传讲坛，扩大反面活动，造成更大的社会混乱。

2. 网络在人本层面导致的异化

第一，加重了技术对人的控制。电脑网络作为人的大脑与神经系统的延伸，具有强大的人工智能功能，这些功能对人类造成难以回避的技术依赖，如利用网络进行人际交往、获取信息、娱乐消遣等，网络在逐渐囊括人类一切的生活方式，从而导致人类丧失一些基本的生存能力，如计算、记忆、思维、感觉等，从而在更深程度上成为机器的奴隶。亚特兰大心理学研究所戴维·坎托博士说："许多专家认为信息超载正使某些人无法吸收新信息，因为他们大脑可用于储存的容量已经过于饱和。"③ 有学者指

---

① 〔美〕西奥多·罗斯扎克：《信息崇拜——计算机神话与真正的思维艺术》，苗华健、陈体任译，中国对外翻译出版公司，1994。

② 金枝：《虚拟生存》，天津人民出版社，1997，第247页。

③ 《最新研究表明热恋电脑将导致记忆力下降》，中华网，2001年8月15日，https://tech. china. com/zh_cn/news/life/894/20010815/10080729. html，最后检索时间：2023年6月24日。

出："微电子技术引起的核心过程是信息渗透，即在所有领域内，越来越多的人类活动或者受到高信息机器的渗透，或完全为高技术信息机器所控制。"① （人类）"思维和想象的能力正处于被低级的机器所替代的危险之中。"② 人在技术的控制之下，一旦面临技术故障，便显得惊慌失措与束手无策。如 2001 年 2 月 9 日太平洋海底中美海缆突然阻断，网民们焦急、失落、无奈，一个简单的海缆阻断事故，带来数百万网络用户的混乱。

第二，剥离了人的理性与情感。作为道德主体的人具有三个不同维度的意义内涵，即理性部分、情感部分、信仰部分。"信仰是被定义为在人的理性、情感或行动之外的人类内在的东西。"③ 在理想的道德状态中，三者应该是和谐统一的。然而，网络技术剥离了三者的关系，"由于技术，尤其是信息技术，更偏重于理性，因此在技术主导的新千年中将不受限制地以情感和信仰作为代价进一步提高理性，并使得我们人性的这三部分分离得更加厉害"④。一方面是理性的提升，另一方面是情感的沉溺，目前较为严重的网络沉溺现象表现为，一些人过分依赖网络，逐渐丧失理性，上网成瘾，导致现实与虚拟的混淆，从而放弃现实的社会责任和义务，造成社会角色的混乱。

三　网络异化的负面影响

在各类网站中，游戏网站与社区网站是极具吸引力的。前者为主体的角色扮演提供场景，后者为主体的思想交流聚集共鸣者。"人对物质世界的需求在一定意义上与资源的需求一样，终究是有限的，而精神的

---

① 丛晓峰：《网络文学刍议》，《北京航空航天大学学报》（社会科学版）2002 年第 1 期，第 11 页。

② 〔美〕西奥多·罗斯扎克：《信息崇拜——计算机神话与真正的思维艺术》，苗华健、陈体任译，中国对外翻译出版公司，1994，"前言"第XIII页。

③ 〔美〕迈克尔·德图佐斯：《未完成的革命——以人为本的计算机时代》，施少华、谭慧慧译，上海译文出版社，2002，第 240 页。

④ 〔美〕迈克尔·德图佐斯：《未完成的革命——以人为本的计算机时代》，施少华、谭慧慧译，上海译文出版社，2002，第 241 页。

需求是无限的。"① 网络的虚拟性正满足了人们这种无限的精神需求。

从以上对网络异化的基本特征的分析中，我们可以将网络异化的负面影响概括为两个方面：一是对个人而言，网络异化造成其人格的分裂，导致不同程度的心理障碍；二是对社会而言，网络异化助长了社会异端，推动了非主流思想的发展。

（一）网络异化造成个人心理障碍

美国密歇根大学数学博士卡赞斯基说过，"科技的发展使人的尊严受到挑战，造成广泛的心理创伤，技术比自由更强大，科技的进步来源于力量的角逐而非人的幸福"②。网络异化造成的个人心理障碍，可以从三个方面来分析：网络与现实角色混同带来的人格分裂、沉溺网络带来的自闭与人际交往受阻、对现实的冷漠与社会道德责任感的丧失。

1. 网络与现实角色混同带来的人格分裂

这一点在青少年身上的反映最为突出。目前上网的群体主要是青少年。青少年群体正处于性格成长的关键时刻，其人格自我同一性的发展是一个重要的心理过程，对自我的持续性和统一性认识，是形成个人优良品质的基础。而网络使个体游离于现实与虚拟之间，形成双重的身份，这极易对性格不成熟的青少年造成角色混乱与人格的分裂。

最典型的现象是网络沉溺。网络沉溺主要有五种情形：沉溺于网络色情、沉溺于网络交际、沉溺于网络游戏、沉溺于网络信息收集、沉溺于网络制作。达到网络沉溺状态以后，网络行为主体会表现出一些情形，如离开网络会焦躁不安、手足无措；心理机制紊乱、食欲不振、精力不足；对外部刺激缺乏反应、表情呆板；对工作学习生活缺乏兴趣，回避集体活动等。

网络沉溺者事实上是将现实与虚拟相混同、主体与客体相颠倒，这一

---

① 《"物质生活是有限的，而精神世界是无限的"│纪念周志宏先生诞辰123周年》，个人图书馆网站，2021年8月10日，http://www.360doc.com/content/21/0810/13/948285_990410329.shtml，最后检索时间：2023年6月25日。

② 李河：《得乐园·失乐园——网络与文明的传说》，中国人民大学出版社，1997，第202~203页。

点就潜伏在网络人性化的设计中。"电脑"一词本身就有"取代人脑"的深刻内涵，网络界面设计的不断人性化，造成主客体的相容共生，"网络神经""网络病毒""鼠标"等相关词语皆烘托出网络诸多的生物性特点。网络对现实的逼真模拟、网络群体互动带来的刺激，都使青少年极难在现实与虚拟两个世界之间行走自如，从而导致自我认同的混乱，造成与网友出走、荒废学业、夜以继日泡在网吧、网上畸恋等严重后果，金伯利·S. 扬博士做的问卷调查显示，80%的受访者因染上网瘾而离异，工作和学习效率下降，最终失业甚至犯罪。①

2. 沉溺网络带来的自闭与人际交往受阻

网络一方面扩大了人际交往的范围，使朋友遍天下、天涯若比邻；另一方面又增强了个人的私我意识，削弱了社会意识，使个人更加游离于社会之外。从工业社会开始的个人离散孤独状态在网络时代进一步加剧，工业社会导致的社区解体、家庭分裂，更多地体现在形式上，而网络带来的人与人之间的孤独分裂更多地表现在内容实质上。网络弱化了个人对社团的相对依附，将个体与群体的关系分散为个体与个体的松散关系。"电脑使我们彼此孤独，而不是将我们联系在一起。"②网络自闭导致的对社会的疏离，主要有两种情形。一种是本身孤僻内向的人寄情于网络，网络的虚拟性使他们不必面对现实的尴尬，从而摆脱了一切的心理障碍，加倍依恋网络，导致了更加严重的自我封闭。另一种是原来热衷于社交活动的人，因为上网占用了大量的时间而无暇顾及现实交往，并且生活的兴趣也逐渐转移到网络交往中，从而疏离现实社会的人际关系，产生自闭。

网络造成的自闭心态，使网络行为主体沉溺于网络交流，而网络互动的隐匿性使网络交流缺乏真实感，结果交流之后反而变得更加孤独。与此同时，沉溺网络使个人忽视现实生活中发生的一切，或一无所知，或漠不关心，甚至对现实生活产生反感与抵触情绪。最后，朋友关系疏远，家庭温情丧失，极大地降低了现实生活的质量。

---

① 参见〔美〕金伯利·S. 扬《网虫综合征——网瘾的症状与康复策略》，毛英明、毛巧明译，上海译文出版社，2000，第 5 页。

② 〔美〕金伯利·S. 扬：《网虫综合征——网瘾的症状与康复策略》，毛英明、毛巧明译，上海译文出版社，2000，第 5 页。

3. 对现实的冷漠与社会道德责任感的丧失

网络具有自己的游戏规则。网络游戏规则具有双重性，一方面，它体现出机器的冷漠，机器的程序死板而规范；另一方面，它又体现出机器在模拟人性时的张扬，特别是为了追求刺激、渲染离奇而设计的网络游戏，其情节夸张、残暴冷酷、恶劣之至。"这种娱乐型暴力行为尽管不受破坏的意愿驱使，但在这种毫不含糊的逻辑中，潜藏着无意识的攻击和破坏动机。"① 网络沉溺者却常常会被这种放纵与冷漠的机器规则所侵染，并将这种品性带到现实生活之中，从而形成对现实的冷漠，最终导致社会道德责任感的丧失。

网络的特性助长了诸多消极道德的形成。如网络匿名对谎言的支持，上网者大多以虚假信息来包装自己，虽然也是出于保护隐私的考虑，但更重要的是为了吸引网友。因此谎言横流成了网络的一大景观。除撒谎外，网络的匿名性使网络缺乏相应的监督机制，致使现实社会诸多规则的失灵，从而也为许多其他的消极行为提供了庇护，如放纵、极端、反叛，甚至破坏等。再如网络的快速性对虚无的支持，网络快速运转造成大量的信息冗余，使人的大脑无法正常运转，从而导致记忆力的衰退，网络运行在这种快速性与记忆衰退的交替中，削减并消解了追求的过程，使人的生活更加虚无化。

网络异化产生的最典型的群体是黑客。他们热衷挑战、崇尚自由、充满对世界的反叛甚至破坏心理。他们将这种信念在网络中以极端的方式表现出来。他们追求自由放纵，在网络中横冲直撞，任意践踏他人的网站。他们蔑视权威，自行设置颠覆权威的网络程序，摧毁对方的程序。为了行己所欲，发泄与叛逆，他们甚至在网络上散布病毒、偷窃材料、破坏网路，尽其所能制造各种混乱，全然不顾社会道德责任，并且其行为被一些青少年所崇拜与模仿。

（二）网络异化助长了各种社会异端

网络异化助长了各种社会异端，并在某种程度上导致社会道德水平下

---

① 李湘德：《"虚拟现实"与主体》，《科学学研究》2000 年第 3 期，第 106 页。

降，从而引发新的社会犯罪。

1. 网络异化助长了异端思想

网络以自主、开放、多元为基本特征，这些特征无疑支撑了一种自由、民主的社会氛围，不计其数的网络社区是最有力的证明。

网络社区又称虚拟社群，是透过 Internet 串联，满足网友在幻想、兴趣、人际关系及交易方面的需求的各种小团体。埃瑟·戴森认为："在网上世界里，大体说来，一个社区意味着人们生活、工作和娱乐的一个单位。"① 霍华德最早用形象的比喻对网络社区进行描述："网上社区就好像是一个街角酒吧，拥有老朋友和令人愉快的新朋友……以及墙壁上的乱涂乱画。不过你不用穿上外套，不用关掉计算机走到酒吧，只用打开电信通信程序就行了。"② 网络社区具有人际互动、情感交流、信息分享、归属感或社区认同等诸多功能。较之传统社区对地理位置与血缘关系等自然因素的依赖，网络社区只是一种思想与意义的集合体，由行为者自愿参与及社区成员的彼此认同构成。而且，其组合形式自主灵活，或频繁转换社区，或同时参与多个社区，皆不会受到任何限制。巨大的互联网就是由这样一些意义互动单位组成的。

虚拟社区将对某类事物有共同兴趣的人聚集在一起，让他们在观点上彼此交流、分享、升华，从而强化意义的主题。在社区内部，有人将社区成员分为八个类型：成员领袖（受到成员的敬重与信赖）、意见呼应者（常对其他成员的意见表示认同与追随）、自我揭露者（将虚拟社区当作寄托心灵的地方）、经验分享者（热心提供自己的意见）、信息询问者（视虚拟社区为询问或寻找产品信息的场所）、浏览者（在社区里被动地搜寻信息）、产品推广者（在社区里进行产品的买卖或推广）、干扰者（在社区里询问或发表与讨论主题无关的文章）等。对个体而言，任何个性的行为者都可以在网络社区里找到自己的位置，以自己愿意的方式参与社区生活。在网络里，每一种特有的感情都会得到尊重。由于网络的离散

---

① 〔美〕埃瑟·戴森：《2.0版数字化时代的生活设计》，胡泳、范海燕译，海南出版社，1998，第47页。

② 杨伯溆：《因特网与社会》，华中科技大学出版社，2002，第60页。

结构，每一个小小的主题社区都可以构成一个意义中心，这种多中心的社区分布在实质上消解了权威，也消融了主流文化。网络交往强化了非正式组织的功能，淡化了正式组织的作用，虚拟社区的形成完全取决于参与者的兴趣。这自然有助于各类异端邪说的发展，它们在现实中因为明显的社会危害性而遭到社会主流文化的唾弃，在网络中，它们则可以寻找独立的空间趁机发展。"互联网特别适合于那些感觉被社会藐视的人，形成支持性组织，他们愿意在网上和别人探讨对生活、社会的看法。"① 任何你能想到的意义指向在网络上都可以找到集结点，结果强化网络群体极化。群体极化是指"团体成员一开始即有某些偏向，在商议后，人们朝偏向的方向继续移动，最后形成极端的观点"。"网络对许多人而言，正是极端主义的温床，因为志同道合的人可以在网上轻易且频繁地沟通，但听不到不同的看法。持续暴露于极端的立场中，听取这些人的意见，会让人逐渐相信这个立场。各种原来无既定想法的人，因为他们所读不同，最后会各自走向极端，造成分裂的结果。或者铸成大错并带来混乱。"②

2. 网络异化导致新的社会犯罪

在网络社会，社会价值观念出现了一定程度的混乱，从而导致主体行为的极端化，产生一些超出传统犯罪的新的犯罪类型。

网络技术助长各种非正常心理的发展，将畸形心态推向了犯罪行为。如好奇心与表现欲，这是网络犯罪的重要原因之一。据统计，目前世界上最小的黑客只有 9 岁，世界上第一个将手伸向美国军用计算机系统的黑客不过是一个年仅 15 岁的美国少年，14 岁的黑客马修·贝文竟被称为比希特勒还要危险的人物。嫉妒心与报复心，也是网络犯罪的重要动机之一，或针对个人，或针对团体，或针对社会，行为者通过网络进行泄密、诽谤、攻击等，造成不同程度的经济损失与其他伤害。诸如此类的非正常心态由于没有得到及时的疏导，而网络的匿名、开放等诸多技术特点又为其提供了庇护，可能其本身并无必然的犯罪动机，结果

---

① 〔美〕华莱士：《互联网心理学》，谢影、苟建新译，中国轻工业出版社，2001，第 4 页。
② 〔美〕凯斯·桑斯坦：《网络共和国》，黄维明译，上海人民出版社，2003，第 47、50、51 页。

却走向网络罪犯。

从全球电脑犯罪的情形来看，电脑犯罪在以每年 30% 的速度递增。全球每年因此造成的经济损失高达 425 亿美元。其中美国超过 100 亿美元，德国有 50 亿美元，英国有 30 亿美元。[①] 网络犯罪借助网络技术的优势具有极大的隐蔽性与高智能性，因此造成的危害更加广泛与严重。

目前，主要的网络犯罪现象可以分为两类。第一类，针对网络的犯罪，如：①非法侵入特定计算机信息系统罪；②破坏计算机信息系统罪；③破坏计算机系统数据、应用程序罪；④侵犯计算机软件著作权和假冒硬件的犯罪；⑤毁坏、窃用他人计算机软、硬件技术的犯罪。第二类，借助网络的犯罪，如：①利用计算机实施金融诈骗、盗窃他人财产的犯罪；②利用计算机实施贪污、挪用公款或公司资金的犯罪；③利用计算机系统窃取国家机密，危害国家安全的犯罪；④利用计算机系统传播淫秽物品的犯罪；⑤利用计算机系统伪造公文、证件的犯罪；⑥利用计算机伪造货币、有价证券、金融证券、金融票据和信用证的犯罪；⑦利用计算机进行偷逃税的犯罪；⑧利用计算机系统侵犯公民隐私权和毁坏他人的名誉的犯罪；⑨利用计算机系统侵犯商业秘密、电子通信自由的犯罪；⑩利用计算机系统进行电子恐怖、骚扰、扰乱社会公共秩序的犯罪。[②] 这种划分在国内较有代表性。也有人将网络犯罪分为真正的网络犯罪（true cyber crime）与网络扶持的犯罪（e-enabled crime）。前者指仅存在于网络环境的犯罪，如黑客、网络攻击、病毒传播、域名抢占等。后者则是传统犯罪形式在网络世界的延伸，如滥用信用卡、信息偷窃/滥用、网络诽谤、网络敲诈、网络色情、网络洗钱等。[③]

一方面是电脑犯罪日趋严重，另一方面是针对网络的立法总是跟不上技术发展的步伐。麦克唐纳国际咨询公司对 52 个国家进行了调查，结果

① 参见《发达国家对网络犯罪的标准看法不一》，新浪网，2000 年 10 月 27 日，https://tech.sina.com.cn/internet/international/2000-10-27/40224.shtml，最后检索时间：2023 年 6 月 25 日。

② 参见刘守芬、孙晓芳《论网络犯罪》，《北京大学学报》（哲学社会科学版）2001 年第 3 期，第 115 页。

③ K. Burden & Palmer C. Barlow, Gilbert, "Cyber Crime-A New Breed of Eriminal?," *Computer Law and Security Report*, 2003.

只有 9 个国家对 10 种主要电脑犯罪方式中的 6 种进行了法律规定。电脑犯罪的超前性与法律反应的滞后性形成了鲜明的对比。网络异化导致的新的社会犯罪在一定程度上败坏了社会风气。

原载《网络传播伦理》，清华大学出版社，2005

收入本书时略有改动

论网络传播的伦理建设

网络社会是由不同的网络社区组成的虚拟社会，它存在的基础是网络技术。在这一虚拟的社会结构中，虽然其行为主体仍然是现实社会中真实的个人，但网络在技术上的特殊性使网络媒体产生了许多传统媒体未曾遇到的新问题。面对这些新的网络伦理问题，我们应针对其特殊性，在加深认识的基础上，提出相应的建设措施。

一　基本的认识前提

1. 关于网络技术的性质

作为技术层面的网络，它是一个中性的工具，并无是非好坏之分。其任何正面的负面的价值延伸，都是主体操纵者——人——的价值观念的体现与物化。如果你以积极进取的态度对待网络，那么它就是你实现理想、走向成功的桥梁；如果你以消极阴暗的心理对待网络，那么网络就是你走向沉沦、犯罪的独木桥。

网络巨大的副作用就是产生于使用者对网络技术的滥用、误用，产生于对人类价值观念的偏离。有些人被网络技术带来的信息便捷、物质富有、生活安逸等表面现象所蒙蔽，对工具至上、技术决定论等偏激观点盲目崇拜，并将眼前的功利作为最终目标追求，使自己成为技术的奴隶。网络技术上的"可行"并不等于行为上的"应该"。你能够在网上横冲直撞，甚至可以随便散发不负责的信息、随便破坏他人的电脑系统，但人的道德修养是人一切行为的最高主宰，使人不能胡作非为。只有将精神价值、人文关怀与网络技术的发展融为一体，才能真正发挥网络技术的综合优势，从而有效推动社会的高速发展。

2. 关于网络道德与传统道德的关系

网络社会依存于现实社会，网络社会行为是现实社会行为的延伸，表层的数字关系所遮蔽的恰恰是深层的人与人之间的真实关系。在网络空间中，虽然摆脱了诸如邻里角色、现实直观角色等现实空间中制约人的道德环境，但在超越传统地域的网络范围内，人发挥作用的动机并没有变，植根于现实空间的传统道德与新型网络道德的行为者是共同的行为主体，两者之间并没有本质的区别。因此现实社会的道德规范就应该是建设网络社会道德规范的重要参照。

由此看来，网络道德并非空中楼阁，现实社会几千年的道德积累是它坚实的基础。事实上，人类发展到现在形成的丰富多彩的传统道德，其一般原理和基本运行机制，充分反映了人类社会活动的一般规律，网络社会既然是人类社会的生活空间，其普适性就不言而喻。因此，人类在维护网络空间秩序时必然要引入传统道德的优秀成果和富有成效的运行机制，在此基础上加以协调发展，从而形成网络社会更高水平的新型道德。

3. 关于网络伦理作用的特殊重要性

在现实社会中，伦理与法制是维持社会平衡的两大重要杠杆，而且法制的明确性、强制性，使它的作用大于伦理的作用。而在网络社会，由于网络的隐匿性、快捷性成为网络法制的障碍，网络伦理建设具有更加特殊的重要意义。

网络伦理是指人们通过网络媒体进行交流时所表现出来的各种道德关系，包括人与人、人与社会、人与媒体对象之间的关系等。网络伦理建设就是要在这些关系中建立一些相应的原则规范，使之成为网络媒体使用者自觉遵守的行为准则。凝结人类高科技发展水平的网络媒体，自然也标志着人类社会进化的水平。在这样一种高度发达的社会形态中，自觉的道德规范的遵守应该更具普遍性、操作性。它不仅弥补了网络法规明显滞后于网络发展的不足，而且即使在法规健全的情况下，它也可以起到法律所不可替代的作用。传统法律是通过强制性手段，针对严重违法行为制定出的各种惩罚性措施，因此它只能用于惩恶，而不能劝善；只规定人们什么不应该做、什么必须禁止，而没有指明什么是应该去做的、什么是鼓励去做的。道德伦理建设，则是通过社会舆论、传统习俗、内心信念起作用，充分发挥人的主体性与内在性，不仅对不道德行为进行批评、谴责，同时也对道德行为，尤其是高尚的行为予以褒奖、鼓励，显示出文明社会中人类行为的高度自觉性，这一特点最符合现代网络技术运行的客观规律。

二　网络伦理建设的具体措施

网络社会的整体建设，需要伦理、法制、技术、管理等多种手段齐头并进。就伦理建设措施而言，由于网络伦理所面临的问题是多方面、多层次的，网络伦理建设的具体措施也需要多层面、多角度的协调配合。

首先，建立健康的网络传播环境。无论网络交往如何具有隐匿性，其行为主体不外是现实社会中的真实的个人，个人道德素质的高低将决定其网络交往行为的文明程度。因此，对现实社会的公民进行相关的道德教育，如社会责任感、民族自尊心、科学人生观等的教育，是防止网络失范行为发生的基本前提。当然，我们更应该意识到网络失范行为已严重存在，并产生了恶劣的社会影响，我们有必要对影响网络行为的各种因素进行分析，如对网络传播中产生的特殊的网络文化现象、心理现象，对网络社区形成的规律及功能、作用，对特殊的网络交流方式与特殊网络交流符号系统等进行分析，在知己知彼的情况下，推动网络主流文化的建设，确立以集体主义原则为主导的自主型网络道德模式。网上的信息五花八门，需要对内容积极健康的网站进行保护与宣传，确立正确的舆论导向。虽说网络舆论环境相对宽松，但多种声音中仍然要有一个代表主流的声音。集人际传播、群体传播、组织传播与大众传播于一体的网络传播，仍然体现着时代脉搏的跳动。在主流文化的引导方面，需建立网络社会健康的道德评价标准，这一标准的建立，要在全面权衡网络社会中的自由与责任、个体与群体、全球性与本土性、权利与义务等各种关系的基础上进行。确立完善网络社会的具体的道德标准，并将这一标准尽可能量化、细化，将其实现过程划分为上、中、下三个不同的层次，制定最优标准与最低标准的具体指标、中间标准的完善途径，利用行为范型的诱导、基准道德的推崇、基本道德的法规化等手段推动网络社会价值评价标准的确立。

其次，加速网络安全技术的发展，这在控制不良信息流通方面至关重要。虽然网络传播伦理建设的主体是人，但人在一定程度上是环境的产物，人性的脆弱是与生俱来的。面对参差不齐的网络信息，仅仅依靠人自身的道德修养约束是远远不够的，一定的技术约束也是帮助道德完善的必要手段，特别是在针对外来信息的入侵上。在全球信息产业中，CPU（中央处理器）的产量美国占92%，系统软件生产量美国占86%，世界性大型数据库70%设在美国。[1] 长期缺乏技术方面的有效措施，由此带来的强国对弱国的文化及意识形态的渗透，以至对弱势文化的摧毁，后果是难以想象的。任何主权国家都有义务和能力对外来信息进行审查与控制。就网络整体发展而言，目前计算机安全技术比计算机技术的发展要落后5~10年。随着网络道德失范及网络犯罪问题的日趋严重，各国政府及网络专家都加大了对网络安全技术的研究，如加密技术、防火墙技术、反黑客技术等。一些发达国家如美、日、德等国将信息安全技术列为国防、科研的重点，并形成了相当规模的信息安全产业。网络安全技术的发展以及在道德建设中的重要性应引起我们高度的重视。

再次，制定富有弹性的网络社会的政策法规与道德原则。网络社会的快速发展在一定程度上导致相应的政策法规滞后，因此，政策法规的制定者们要有超前的发展的眼光，对网络社会的发展趋势有正确的把握，为其进一步发展留有余地。同时要考虑这些政策法规的传统继承性，许多现实社会中的法规与道德原则在网络社会中同样适用。如英国哲学家罗斯在其《正当与善》中提出的七条基本道德义务——守信、赔偿、正义、仁慈、自修、感恩、无害——在网络社会同样具有适用价值。网络社会的正常运行是建立在不同关系与不同层次的管理协调机制的正常运转的基础上的，虽然网络伦理建设的重心是网众的行为自律，但他律与自律是密不可分的。"法律的存在毕竟能帮助预防不道德和破坏行为，法律作为道德规范

---

① 参见《信息鸿沟是什么》，泪雪网，2020年11月11日，https：//www.leixue.com/ask/what-is-the-digital-divide？hl＝1，最后检索时间：2023年7月1日。

的基准，使得大部分人可以在此道德范围内进行他们的活动。没有界限，就很难确保没有影响和侵犯别人的情况。"① 在网络政策法规的制定方面，由于发达国家网络伦理建设起步较早，积累的经验也较多，我们应对国内外网络伦理建设的相关经验及研究成果进行系统的分析整理，对各级政府的相关政策法规、各大网站的使用条款及服务规则等进行比较研究，对其运行过程中产生的和可能产生的利弊进行综合分析，在此基础上，提供网络规范化运行机制的有价值的参考。随着网络政策法规的陆续出台，网络社会成员的道德意识不断加强，对相关政策法规、网络管理条例及网络礼仪的自觉遵守，已被越来越多的网络社会成员自觉接受。

最后，建立网络传播的全球伦理道德。网络新闻传播的载体——互联网——是一个全球联通的信息传播系统，其全球联通性决定了互联网上任何一个民族的伦理道德都存在一定的局限，只有那种具有全球视野、全球观念，能达成某种全球共识的普遍伦理范式才能成为网络社会的主导伦理模式。早在1993年，为了解决人类共同面临的人口、环境、生态、核武器等全球性问题，世界宗教组织就发表了《全球伦理宣言》，对其内涵的探讨从那时就已开始。有的学者认为，现代社会道德危机四伏，解决方法就是重建一种新的普遍主义的伦理体系，追求一种最低层次的全球共识。然而在目前政治多极化、文化多元化、利益多样化的形势下，互联网虽然在推动世界一体化的进程，但同时与之相应的散裂化趋势也在产生。新形势下的全球伦理应该是建立在各主权国家与民族文化平等、自由、互惠的基础上的多层次、多元化的内涵丰富的伦理范式，它应该体现现实社会与网络社会的共同利益，代表人类社会发展的整体趋势，综合现有道德的合理部分，能妥善解决网络冲突所带来的严峻社会问题。

三　网络伦理建设的新特征

"我们的时代渴望整体把握、移情作用和深度意识，这种渴望是电力技术的自然而然的附属物。在我们之前的机械工业时代，人们热情洋溢地

---

① 〔英〕尼尔·巴雷特：《数字化犯罪》，郝海洋译，辽宁教育出版社，1998，第103页。

声明个人的观点，这是自然而然的表达方式。每一种文化、每一个时代都有它喜欢的感知模式和认知模式，所以它都倾向于为每个人、每件事规定一些受宠的模式。"①

虽然网络伦理建设是现实社会伦理建设的延伸与发展，但网络社会的特殊性，使其伦理建设也具有自己的新特征，这些新特征是构成新的网络伦理模式的基础，我们可以从三个方面对这新特征进行归纳：自主型、多元型、开放型。

1. 自主型道德模式

相对于传统依赖型道德而言，网络道德完全是一种自主型的道德模式。基于自由互惠、全民共享原则建立起来的网络社会，其人际交往具有极大的隐匿性，个体的道德自律成为正常的伦理关系得以维系的主要保障。因此，进入网络空间，只有自己决定自己的行为，只有自己对自己的行为负责，每一个网民行为的高度自律成为网络社会对网民的基本道德要求。

网络自主型道德模式是一种积极进取的高层次的道德自律，它要求人们在网络实践中自觉追求高尚的道德境界，如无私的奉献精神，自觉遵守各个层面的道德规范，履行自己的道德责任，并自觉监督其他网民的违规行为，在人人自律的前提下，形成一种高度自治的理想社会。"由于电力使地球缩小，我们这个地球只不过是一个小小的村落。一切社会功能和政治功能都结合起来，以电的速度产生内爆，这就使人的责任意识提到了很高的程度。"②

2. 多元型道德模式

与传统价值观念的单一性相比，网络道德是一种多元化的道德模式。当然，这种多元化并不是指网络社会道德的混乱无序，而是指它具有更大的包容性、更丰富的文化内涵，体现更广泛的人类利益。

在传统现实社会，道德虽因生产关系的多层次性而有不同的存在形式，但每一个特定社会都只能有一种居于主导地位的道德，其他道德都是

---

① 〔加〕埃里克·麦克卢汉、〔加〕弗兰克·秦格龙：《麦克卢汉精粹》，何道宽译，南京大学出版社，2000，第224~225页。
② 〔加〕埃里克·麦克卢汉、〔加〕弗兰克·秦格龙：《麦克卢汉精粹》，何道宽译，南京大学出版社，2000，第224~225页。

处于从属、被支配地位。这种以一元为主导的道德形式，因为现实社会地域界限的明确、社会等级制度的分明而显得十分有序，并具有较强的实际操作性。但在网络社会，网络构成十分复杂，网络传播是一种网状式无中心的分散结构，不同国家、不同民族、不同团队的各种道德都融在一起，它们产生强烈的碰撞与冲突，并导致网络社会秩序一定程度的混乱。

为了避免社会生活的混乱，必须制定出一些全体认同的价值判断标准，使之带有一定的权威性与主导性。目前，在网络道德中，一些公认的道德规范正在逐步形成，如协作原则、全民原则、自由原则、互惠原则等。这些原则只要能体现更广泛的全民利益、更丰富的文化内涵、更大的包容性，就能被称为多元化、多层面的网络道德的构成要件。

3. 开放型道德模式

与现实社会道德的排他性相比，网络道德是一种自由、平等、张扬个性的道德模式。

互联网联通世界各地的信息，实现最大限度的资源共享。在这里，没有最高的管理机构，没有等级、特权，网络上的每一个节点、每一个网民，既是网络社会的中心又是网络社会的边缘，道德主体的创造性、能动性得到了最大限度的发挥。

网络传播从根本上打破了限制人际交往的时空障碍。从前，由不同的宗教信仰、风俗习惯、价值观念等造成的各种隔阂，使不同文化背景的人难以相互理解，更无法交往。而网络传播满足了人们的各种好奇心，填补了知识的各类空白，简便的网络交往手段更是提供了相互理解、学习、探讨的渠道。

在网络开放的交往模式之下，一方面，丰富的人类文化得到了更加广泛的认同；另一方面，异质文化的冲突更加尖锐，在这种激烈的碰撞之下，合理的、优秀的、顺应时代潮流的思想意识被发扬光大，而陈腐的、堕落的、非人性的思想意识则遭到淘汰。

网络道德的开放性就是在各种不同道德的碰撞中，使人类的道德精华得到丰富与提升。

原载《现代传播》（中国传媒大学学报）2001 年第 6 期

收入本书时略有改动

论网络新闻的伦理与法制建设

　　新闻传播媒体每次取得突破性的进展，都是科技进步直接推动的结果，而新型传媒形式的诞生，则又反过来以更大的回报影响着社会发展的进程。在人们陶醉于科技进步、媒体更新所带来的巨大利益的时候，"文明危机"悄然四起。对现代文化进行反思的后现代思潮频频给世人敲响警钟。工业革命在为人类带来巨大财富的同时，也带来了空前的资源损耗，人类传播价值观念在这种转化中裂变，由此导致一系列更为严重的社会问题。网络革命在给人类带来空前经济腾飞的同时，又会给我们带来怎样的负面效应呢？这一问题近年来引起了越来越多学者的关注，有关网络犯罪危害的报告比比皆是。如何有效地管理网络，如何有效地控制网络运行中已经产生和正在产生的负面影响，已经成为网络发展中亟待解决的焦点问题。网络以其无孔不入的特性渗透在社会生活的各个领域，并在不同的领域中体现出不同的特点。本文将重点分析网络在新闻传播领域的运用特点，进而对其管理机制中的伦理与法制建设问题进行探讨。

一　网络新闻的界定

　　网络新闻作为网络时代新闻传播的一个新概念，其定义尚无定论。程世寿、胡继明将新闻定义为社会新近变动的信息的传播。信息的基本要素是：①信息是新近发生的新信息；②信息是媒体通过选择予以传播的信息；③信息是具有传播价值的信息。根据对传统新闻定义的理解，在考虑以上信息的三个基本要素的基础上，再将新闻限定在网络媒体之上，我们可以将网络新闻定义为在互联网上传播的新近发生的、为受众所关注的信息。具体而言，网络新闻又有广义与狭义之分。广义的网络新闻是指互联网上由各类网站如新闻媒体网站、娱乐体育网站、医疗健康网站、电子商务网站、金融证券网站、科技教育网站、工业企业网站、生活服务网站、人力资源网站、电脑网络网站、政府网站、个人主页和个人站点等所发布的各类有传播价值的新信息。狭义的网络新闻则专指发布在互联网上的新闻类信息，包括传统媒体所设网站发布的新闻信息、其他网站设立的新闻中心或新闻版块发布的新闻信息、国家有关部门设立的专门网站所发布的新闻信息、个人主页和站点所发布的新闻信息等。本文所要讨论的网络新闻是狭义层面的。

据中国互联网络信息中心（CNNIC）2000 年 7 月发布的《中国互联网络发展状况统计报告》：用户上网的最主要目的是获得各方面的信息，占上网用户总数的 56.11%。而用户在网上最主要获得的信息就是新闻，占信息总数的 82.00%。[①] 由此可见，网络新闻是广大网民关注的焦点，是影响最广泛的网络信息类型。

二　网络新闻传播的特点及面临的问题

网络新闻以网络为媒体，其传播带有网络传播的共性，其涉及的问题也与网络本身密切相关。

从信息流通的起点——信源，即网络新闻的发布者来分析。

在互联网上，信息发布具有开放性与不确定性的特点。在设计之初，为了保持各个线路的畅通，设计者们采用了离散结构，使因特网成为一个没有中心的开放性系统。互联网上的新闻发布主体不再限于发行机构，任

---

① 参见第 6 次《中国互联网络发展状况统计报告》，中国互联网络信息中心网站，2000 年 7 月 1 日，https://www.cnnic.cn/NMediaFile/old_attach/P020120612485129695330.pdf，最后检索时间：2023 年 5 月 10 日。

何人在任何地方只要愿意都有可能成为信息发布的中心。例如，某人某天上网看新闻，某条新闻忽然引起了他的兴趣，他就将自己的感想写出来，贴到他感兴趣的新闻上，其感想很快就经网络新闻服务器传播到世界各地。就此而言，传统信息传播过程中信源与信宿的区分，已不能再简单地理解为单向的信息传送与接收，它们的位置常常互换，构成双向的流通。在这一系统中不同的信息发布者带有虚拟化的色彩，其存在仅仅表现为一个数字化的符号，这一符号可以没有明确的形象、身份、特性，这就致使互联网上的信息发布泛滥，难以驾驭。

正规的媒体网站，如传统媒体所设立的网站、商业网站上的新闻中心或新闻版块、国家有关部门设立的专门网站等发布的正规新闻信息，其真实性与确定性自然毫无疑问。但个人主页和站点、新闻组、BBS 公告牌、聊天室等所发布的新闻信息则具有极大的不确定性。虽然在网络言论管制上有事前过滤（网络讨论中，讨论者将言论事先交由把关人过滤）、事后过滤（言论发布之后，由专人将不适当的内容予以删除）、真名注册昵称发言（网络使用者以真实身份注册昵称来发布信息）等之说，但信息发布者的道德修养参差不齐，大量虚假信息、黄色信息、反动信息等仍然飞向四面八方，造成恶劣的社会影响。如 1999 年 4 月，有人在商都信息港BBS 公告上发布"交行行长携款潜逃"的虚假消息，结果引起一场不小的挤兑风潮，给当地银行带来极大的损失。上海市工商局奉贤分局查获的我国首例网络虚假广告案，违法当事人张某和吴某在自制的网页上编造了一个"上海智狐机械设备有限公司"，并发布有奖广告信息，从事网上无照非法经营，致使不少网民上当受骗。事实上，别有用心的信息发布者如果有意隐藏自己的真实身份，网络的虚拟性则给他提供了极大的方便。在网络新闻的发布上，传统的新闻管理体制受到极大冲击，网络在一定程度上实现出版自由的同时，给新闻出版管理带来了前所未有的挑战。

从信息流通的渠道——信道，即网络新闻的传播过程来分析。

互联网是一张四通八达的大网，在这张网上进行信息交流具有快捷、量大、自由通畅等特点。互联网大大压缩了时空距离，传统新闻传播中的时间、地域界限趋于消失。网络新闻随到随发，没有时间的限制，其报道速度真正体现了新闻的"新"。有些好的网站，新闻内容每日更换十几次，随时发生的事情随时上网，以致许多重大新闻都是由网络新闻首先发布的。而且，网络媒体没有传统新闻实体的时间与版面的限制，只要需要，有多少内容就可以发布多少内容。有些网站为了追求高质量服务，每日播发近千条新闻信息。这些新闻信息在互联网上自由传播，为人们复制、散布、篡改等提供了极大的方便，传统新闻管理又面临新的难题，其中最突出的就是互联网上的版权问题。

版权即著作权，是法律赋予作者对其创作的作品所享有的专有权利。这些权利包括发表权、署名权、修改权、使用权等。然而，在互联网上，著作权法中的作品、作者、复制、发行等一系列基本概念都面临重新认定的问题。《中华人民共和国著作权法》（1990）所保护的九类作品（文字作品，口述作品，音乐、戏剧、曲艺、舞蹈作品，美术、摄影作品，电影、电视、录像作品，工程设计、产品设计图纸及其说明，地图、示意图等图形作品，计算机软件，法律、行政法规规定的其他作品）没有涵盖互联网上流通的数字化作品，各种类型的网络新闻信息自然无法在以上九类作品中进行归类。版权中最核心的问题是复制，《中华人民共和国著作权法》（1990）对复制的定义是："以印刷、复印、临摹、拓印、录音、录像、翻录、翻拍等方式将作品制作一份或者多份的行为。"即是将原作品在另一种载体上重现并固定在另一有形载体上的行为。对互联网而言，其信息是以电子脉冲的方式在互联网上传播，"固定"根本谈不上，复制的概念自然也就无法定位。那么，互联网上的新闻作品到底有没有版权？如果有，如何行使它的权利？目前网络新闻的传播中，不规范的转载行为十分严重，相关的法律纠纷不断发生。中华网因涉嫌版权侵犯，与 Trade MediaHoldings Ltd. 和 World Executives Digest Ltd. 走上法庭（凤凰卫视）；新浪网也为著作侵权与北京百网信息责任有限公司打起官司（北京晚报）。商业网站大多没有自己的记者队伍，其新闻来源主要就是直接转载传统媒体的新闻。为此，1999 年 4 月，23 家上网新闻媒体在北京聚会，通过了《中国新闻界网络媒体公约》，极力呼吁对网络版权的保护。然而，这仅仅是一个公约，并不具备强制约束力，网络新闻传播过程中的规范化管理还有待加强。

从信息流通的终点——信宿，即网络新闻传播的终点——受众——来分析。

在互联网上，信息接收具有个性化、全球化的特点。这些特点一方面表现为信息资源的全球共享，另一方面又表现为信息接收者获取信息的主动性。从积极方面来看，互联网上信息资源十分丰富，成为用户取之不尽的信息宝藏，每一个用户都可以根据自己的实际需要从网上获取所需的信息。从消极方面来看，在巨大的网络信息库中，各类信息参差不齐，大量冗余信息伴随着有效信息传播，造成不同程度的信息污染，又给接受者的视觉与心灵造成不同程度的损伤。如长而无用的垃圾信息、莫名其妙的劝购广告、交友指南等，无时无刻不在骚扰网络用户。人们一边被湮没在信息的汪洋大海之中，一边却深感对知识的渴求。特别是比垃圾信息危害更大的有害信息、非法信息等，给网络用户带来的负面影响更为严重。

就信息共享而言，目前最为敏感的话题莫过于文化侵略。与工业革命时代以物质资料的占有来区分社会的贫富不同，在信息时代，信息占有量的多少构成了新的"穷人"和"富人"。不同文化背景的国家和民族，为了参与新一轮的信息竞争，都积极加入全球信息化大潮之中。然而，从结果来看，在这一信息大潮中主要是世界经济强国的文化信息，其经济与技术力量的优势，使这些经济强国不可避免地成为互联网信息交流的中心。在这一"无国界"的网络世界里，单就使用的语言形式而言，英语的主导地位就确定无疑。在互联网上，流通的信息绝大多数是英语的内容。这使广大网络用户不得不学习英语，以致法国、西班牙等国已经开始了维护本国语言"纯洁性"的斗争。而英语国家国际霸主地位的形成，从网络语言的霸权进而走向网络文化的霸权，信息共享也就走到了它的背面，形成极端的信息垄断。

在网络新闻时代，争取世界新闻新次序的斗争更加严峻。由历史、经济、地理等诸多原因所带来的传播力量分布的不平衡，进一步加剧了信息传播本身的不平衡，这种不平衡致使网络传播内容中不公正、不客观、不健康的现象依然存在。互联网络带着无穷的魅力扎根世界各个角落，而不同民族不同地区却具有不同的风俗习惯与道德规范。全球化与本土化如何有机地统一起来，如何使网络信息流通建立在平等、公正、互不侵犯主权的基础之上，这也是新闻信息管理中的棘手问题。

三　网络新闻管理中伦理与法制建设的特点

以上所列举的网络新闻管理中的种种问题，仅仅是就其最主要方面而言，事实上，它们给传统新闻管理所带来的冲击远远不只这些。传统新闻伦理与法制建设在这种冲击之下，正在做出积极的反应。目前，已有不少网络新闻法规与相关的道德公约在建设与完善之中。在这一过程中，我们应该全面考虑网络媒体的特点，使其建设具有更大的超前性与更强的可操作性。因此，网络新闻的管理在遵循传统新闻管理基本原则的基础上，应该体现如下特点。

首先，网络新闻管理应以伦理建设为先，在伦理建设的基础上辅以法制建设。与传统新闻管理中较为成熟的法制建设不同，网络新闻的管理面临更为复杂的问题：一方面，传统新闻立法所涉及的一系列社会问题在网络新闻管理中仍然存在；另一方面，网络媒体自身技术方面的原因也给其管理带来了相当大的难度。目前，网络新闻立法中存在许多空白点，无法可依、无刑可量的情况时有发生。在某种程度上，对网络新闻信息流通的控制可以说是难以推进。在这种情况下，道德伦理建设自然应该首先发挥其管理机制中的调节功能。

网络新闻伦理是指人们通过网络媒体进行新闻交流时所表现出来的各种道德关系，包括人与人、人与社会、人与媒体对象之间的关系等。网络新闻伦理建设就是要在这些关系中建立一些相应的原则规范，使之成为网络媒体使用者自觉遵守的行为准则。凝结人类高科技发展水平的网络媒体，自然也标志着人类社会进化的水平。在这样一种高度发达的社会形态中，自觉的道德规范的遵守应该更具普遍性、可操作性。它弥补了传统法律只能惩恶，不能劝善，只规定人们什么不应该做、什么必须禁止，而没有指明什么应该去做、什么鼓励去做的诸多不足，显示出社会管理体制中人类行为的高度自觉性。

目前，在网络媒体的管理中，道德伦理规范的建设越来越引起人们的重视。在网络出现之初，国外一些计算机协会与网络组织就制定了一些相应的行为规范，如美国计算机伦理协会的十条戒律、南加利福尼亚大学的网络伦理申明等。我国许多著名网站也有自己的管理条例，网络用户参加新闻讨论，必须遵守一定的规则与礼仪，如在网络新闻组里，阅读、选择网络新闻，订阅、退出新闻组，投送、增删新闻稿件等都有相应的君子协定。常见的新闻组网络礼仪，如内容简洁、谨慎使用主题词、必要时输入表意符号、不随意乱发信息、不要"大喊大叫"（如键入大写字母）等。对网络管理条例与礼仪的自觉遵守，已被越来越多的网络社会成员所接受，从而保证了网络信息传播的有序进行。

网络新闻道德的建设，不仅加强了网络社会中人们自觉管理的主体意识，而且引导人们尊重和遵守法律，减少了违法行为的发生。

其次，网络新闻管理中伦理与法制建设应该注意全球性与本土性的和谐统一。因特网是一张国际性的大网，是有史以来最为庞大的社会系统工程，它的触角伸展到世界每一个角落。因此，网络新闻的伦理与法制建设，首先应该考虑到它的全球可操作性，在全球范围内确保网络信息交流通畅，在这一点上达成全球性的共识，然后形成共同的行为规范。在哲学界，学者们提出了"全球伦理"的理论构想，希望从不同的民族文化传统中吸取资源，对当今社会重大问题达成"最低限度上的共识"，形成"和而不同"的"全球伦理"。全球性网络新闻伦理的建设是"全球伦理"建设的一个重要组成部分，我们也可以在考虑全球网民共同利益的基础上，形成一些共识的行为道德规范，并将严重违背这些道德规范的行为上升到法律的范畴。

在网络这一"虚拟共同体"中，基本的行为道德规范应该包括以下几个。一是网络社会全体成员所应履行的基本义务，如不私自查阅与传播非法与有碍社会治安的信息；不利用计算机从事网络犯罪活动；不非法拷贝软件；不侵犯他人的合法权利；不传播计算机病毒；自觉监督网上违法犯罪行为等。二是网络社会全体成员所应享有的基本权利，如隐私权、通信权、访问权、裁决权等，这些内容在一定范围内属于伦理范畴，但超出一定范围则属于法制范畴。世界网络界已越来越意识到全球联手管理的重要性。

当然，信息全球化并不意味着消灭国家与民族的差别，世界各国政治体制不同，风俗习惯、道德规范也千差万别。如 1995 年，在美国有一个典型的案例：居住在加利福尼亚州的托马斯夫妇遵守当地法规经营一块带色情的电子公告牌，但是其传播出去的信息却在田纳西州触犯了法律，因此被受审判刑。因此，网络新闻伦理与法制建设在考虑全球化的同时，也应该根据各国各地的具体情况的不同而有所侧重。总之，在目前信息资源分布与信息流量不平衡的情况下，只有注意尊重各国主权与民族传统文化，才能保证信息全球化在正常的轨道上运行。多层次、多元化的全球网络道德规范的建立，必须以平等、自由、互惠为基础。

最后，网络新闻管理与传统新闻管理的一个重要区别在于特别注重技术手段的运用。网络是现代高新技术的结晶，网络犯罪也是一种高智能的犯罪，犯罪者往往具有高超的专业知识，加上网络本身数字化的特点，给犯罪者提供了诸多方便，不仅使犯罪轻而易举，而且犯罪之后，取证、认证十分困难。在网上，传统意义的作案现场根本不存在，证据多存于电池记录物中，由于信息量大，难以进行人工核实，而且易于被篡改和销毁。因而许多管理方面的问题需要依赖技术手段来解决。

目前常见的技术管理手段有两个。一是在有害信息的控制方面，主要是采用过滤的办法。将有害信息源的 IP 地址及节点列表编制成黑名单，在网络出口路由器上加上过滤功能，拒绝有害信息源的 IP 地址。或者采用专门的软件在服务器上形成一个专门的网关，通过一个词库来过滤信息。二是在信息资源的保护方面，主要是采用防火墙技术，即在内部网与外部网之间设立一个保护层，阻挡外部"不速之客"的入侵。或者采用加密技术，通过设置密码的形式保护内部信息资源。网络技术日新月异，网络管理技术也在快速发展，新的技术手段不断产生。

原载《新闻与传播研究》2000 年第 4 期
收入本书时略有改动

网络信息传播中的道德失范及其制约

随着网络媒体影响力的日渐提高，社会道德失范问题已成为当代传播学研究的前沿课题。

一　网络信息传播中道德失范现象的主要类型分析

道德失范是指社会生活中基本道德规范的缺失与不健全所导致的社会道德调节作用的弱化以及失灵，并由此产生整个社会行为层面的混乱无序。网络信息传播中的道德失范则是将这种失范现象锁定在网络信息特别是网络新闻传播领域。

根据网络传播的特点，结合信息流通从信源到信宿，包括信息编码过程的客观性、冗余信息的识别能力、信息解码的水平及技巧等不同流程以及信息控制管理的不同层次，网络信息传播中的道德失范现象大致可以纳入这样四个范畴：网络信息发布者的道德失范、网络信息接收者的道德失范、网络道德评价标准的失范、网络道德控制机制的失范。

网络信息发布者的道德失范是针对网络信息源的污染而言的。在传统媒体的信息发布中，媒体作者、编辑、媒体决策者等都会以不同的方式对所获媒体信息进行筛选、过滤与加工。"大众媒介中的大部分音讯从来源到目的地，都是历经沧桑，而失去本来面目的。任何一个大众传播组织，都没有办法避免守门人的干扰。"① 而且传统媒体职业把关人受过正规的专业训练，懂得相关的政策法规，了解媒体从业人员的职业道德，这使得传统媒体上发布的各类信息，虽然不尽完美，但在主流上能符合社会大多数人的共同利益。而在网络信息传播过程中，互联网传播的无中心与交互性特点，使传统信息发布中的"把关""议程设置"等规范化行为受到极大冲击，使信息采集与发布不再只是某些专门机构与个人的特权，只要进入网络空间，无论是个人还是组织都可以根据自己的兴趣爱好，凭借网络大规模的信息交流系统形成一个多向的信息交流中心，自然也就是一个独具个性的信息发布中心。而这些各具特色的网络信息发布中心，由于信息发布者的文化背景不同、道德修养不同、个体动机不同，不可避免地带来思想意识与行为层面的多元、碰撞与冲突。而新的网络社会在信息发布方面的制约机制又远未成熟，也造成各类不良信息流通，如文化冲突性信息、政治煽动性信息、经济欺诈性信息、消极厌世的颓废信息、暴力色情信息等的散布。

网络信息接收者的道德失范是就广大网众的信息接收行为的失当而言的。较之传统媒体的线性、单向式传播，网络传播是发散式网状传播。由无数局域网联结而成的互联网是一个高度开放的信息系统，网众无须借助"把关人"的指引，在任何地方的任何节点都可以自由地联通访问，而且互联网技术上的便利、经济上的廉价为这种访问提供了充分的条件。面对这种完全有别于传统受众被动接受媒体信息的传播方式，互联网上的信息接收是绝对自由开放的，选择什么、不选择什么完全成为个人行为，由行为主体——网众——自己决定。在这一信息接收充分自由的网络环境中，接受者的文化素质和道德修养，在对网络信息内容的选择和处理上起着至关重要的作用。受众接收信息的动机与品位的差别，必然产生各种各样的道德问题，主要表现在对不健康的网络内容的访问上。

网络道德评价标准的失范是针对网络社会的价值标准的混乱而言的。网络开放式的信息交流，为不同种族国家、不同风俗文化、不同宗教信仰

---

① 转引自李彬《传播学引论》，新华出版社，1993，第120页。

以及不同语言的共存与发展提供了平台。互联网上信息来源的多样性，不同的思想意识、价值观、是非观融为一体，价值标准多元化倾向越来越明显。面对不同的价值选择，如何为自己的网络行为确立正确的道德路线呢？在传统现实社会，人们的道德行为主要是通过人的内心信念、社会舆论、传统习俗来约束完成的。而在互联网上，作为行为主体的个人只是一个虚拟的数字符号，正面的道德舆论抨击已无法有效发挥作用，虚拟的社会成为个体充分展现"本我"的大舞台。如不少网民，现实生活中对"自我"的定位不太满意，于是在互联网上重塑另一个"理想的自我"；有些网民，在现实生活中由于各种原因，不得不戴上一副虚伪的面具，在互联网上则摘掉面具尽显其人性的阴暗面。角色的虚拟性与多重性是网络社会道德约束弱化的重要原因。此外，在网络上结成的网络社会组织——虚拟社区——是一种关系极为松散的社会组织结构。传统社区是以地缘、血缘、业缘等确定关系为纽带连接在一起的，而虚拟社区只是网民根据自己一时的兴趣与爱好自愿地、临时地组合在一起的。在这种缺乏稳定性的社会关系中，面对虚拟性与多重性的行为主体，现实社会中的许多道德标准已无法充分发挥作用，而统一的价值标准又一时难以确立。因而互联网的运行，在这种缺乏明确有力的善恶导向的环境中进行，自然给网络社会带来许多是非模糊的道德问题。黑客到底是"网络英雄"还是"网络罪犯"，长期没有定论，从而导致不少青少年崇拜黑客、模仿黑客。在网络信息自由流通问题上，哪些行为属于文化侵略，哪些行为属于文化交流，强国与弱国各持一端。什么样的伦理范式可以作为全球通用的网络伦理范式，集体主义与个人主义谁能代表网络的主流价值观，全球性与地方性如何有效地融合在一起等问题都有待解决。

网络道德控制机制的失范是针对网络管理以及网络各环节协调运行的不规范而言的。互联网技术的快速发展使相应的网络管理机制远远落在后面，传统的管理方式已无法适应这一高新技术的发展。网络运行内部及外部的系统协调与管理，网络本身的构件及运行中的安全防范措施，不同类型的规章制度及行为准则的制定等问题，都处于摸索阶段。虽然许多相关的政策法规在各国政府的重视下陆续出台，但网络管理机制滞后问题仍然给网络违规运行留下了空隙。网络本身的脆弱性和不安全因素，如无中心的离散式结构等，不仅使互联网上绝对可靠的技术防范措施永远不会产生，而且也使网络违规带有无形性、瞬时性、超时空性、不易识别性等特点，这些特点给网络管理部门对网络违规行为的责任追究造成了困难。目前存在的主要问题如下。一是网络各级管理部门的责权划分界限的含混问题，包括网络上级管理部门与网络服务商之间、网络服务商与其他相关社会组织之间、网络服务商与网络用户之间等的权利与义务的含混问题。二是信息资源共享与网络知识产权保护限度不清的问题。网络的最大优势在于信息资源共享，共享信息资源给消费者带来巨大的个人利益，但是如果不加任何限制，也会给软件开发商的经济利益及创新机制造成严重的损害。如何在管理机制上使其协调，还有网络管辖权、网站收费、网络效果评估等，目前都有待完善。

二　网络信息传播中道德完善的主要途径

网络社会依存于现实社会，网络社会行为是现实社会行为的延伸，表层的数字关系所遮蔽的恰恰是深层的人与人之间的真实关系，因此网络社会道德失范行为必定对现实社会的道德风尚产生相应的负面影响，这种影响由于网络本身极大的渗透性与涵盖性而显得尤为突出。如网络多元信息交流带来不同道德标准的冲突，不良信息散布带来社会犯罪问题的加剧，网络沉溺带来社会道德责任的淡漠，信息分配不均造成社会贫富的两极分化，网络快餐文化降低社会人文素质，网络人性畸形发展导致正常人格的扭曲等问题，这些问题引起社会各界越来越广泛的重视，并成为现实社会道德建设的重要内容。根据网络信息传播中道德失范行为的特殊性，网络信息传播中的道德完善需要多层面、多角度的协调配合。

首先，建立健康的网络传播环境。无论网络交往如何具有隐匿性，其行为主体不外是现实社会中的真实的个人，个人道德素质的高低将决定其网络交往行为的文明程度。因此，对现实社会的公民进行相关的道德教育，如社会责任感、民族自尊心、科学人生观等的教育，是防止网络失范行为发生的基本前提。当然，我们更应该意识到网络失范行为已严重存在，并产生了恶劣的社会影响，我们有必要对影响网络行为的各种因素进行分析，如对网络传播中产生的特殊的网络文化现象、心理现象，对网络社区形成的规律及功能、作用，对特殊的网络交流方式与特殊网络交流符号系统等进行分析，在知己知彼的情况下，推动网络主流文化的建设，确立以集体主义原则为主导的自主型网络道德模式。网上的信息五花八门，需要对内容积极健康的网站进行保护与宣传，确立正确的舆论导向。虽说网络舆论环境相对宽松，但多种声音中仍然要有一个代表主流的声音。集人际传播、群体传播、组织传播与大众传播于一体的网络传播，仍然体现着时代脉搏的跳动。在主流文化的引导方面，需建立网络社会健康的道德评价标准，这一标准的建立，要在全面权衡网络社会中的自由与责任、个体与群体、全球性与本土性、权利与义务等各种关系的基础上进行。确立完善网络社会的具体的道德标准，并将这一标准尽可能地量化、细化，将其实现过程划分为上、中、下三个不同的层次，制定最优标准与最低标准的具体指标、中间标准的完善途径，利用行为范型的诱导、基准道德的推崇、基本道德的法规化等手段推动网络社会价值评价标准的确立。

其次，加速网络安全技术的发展，这在控制不良信息流通方面至关重要。面对参差不齐的网络信息，仅仅依靠人自身的道德修养约束是远远不够的，一定的技术约束也是帮助道德完善的必要手段，特别是在针对外来信息的入侵上。强国对弱国的文化及意识形态的渗透，以至对弱势文化的摧毁，如果长期缺乏技术方面的有效措施，其后果是难以想象的。任何主权国家都有义务和能力对外来信息进行审查与控制。就网络整体发展而言，目前计算机安全技术比计算机技术的发展要落后 5~10 年。随着网络道德失范及网络犯罪问题的日趋严重，各国政府及网络专家都加大了对网络安全技术的研究，如加密技术、防火墙技术、反黑客技术等。一些发达国家如美、日、德等国将信息安全技术列为国防、科研的重点，并形成了相当规模的信息安全产业。网络安全技术的发展以及在道德建设中的重要性应引起我们高度的重视。

再次，制定富有弹性的网络社会的政策法规与道德原则。网络社会的快速发展在一定程度上导致相应的政策法规滞后，因此，政策法规的制定者要有超前发展的眼光，对网络社会的发展趋势要有正确的把握，为其进一步发展留有余地。同时要考虑这些政策法规的传统继承性，许多现实社会中的法规与道德原则在网络社会中同样适用。如英国哲学家罗斯在其《正当与善》中提出的七条基本道德义务——守信、赔偿、正义、仁慈、自修、感恩、无害——在网络社会中同样具有适用价值。网络社会的正常运行是建立在不同关系与不同层次的管理协调机制正常运转的基础上的，虽然网络伦理建设的重心是网众的行为自律，但他律与自律是密不可分的。"法律的存在毕竟能帮助预防不道德和破坏行为，法律作为道德规范的基准，使得大部分人可以在此道德范围内进行他们的活动。没有界限，就很难确保没有影响和侵犯别人的情况。"① 在网络政策法规的制定方面，由于发达国家网络道德建设起步较早，积累的经验也较多，我们应对国内外网络道德建设的相关经验及研究成果进行系统的分析整理，对各级政府的相关政策法规、各大网站的使用条款及服务规则等进行比较研究，对其运行过程中产生的和可能产生的利弊进行综合分析，在此基础上，提供网络规范化运行机制的有价值的参考。随着网络政策法规的陆续出台，网络社会成员的道德意识不断加强，对相关政策法规、网络管理条例及网络礼仪的自觉遵守，已被越来越多的网络社会成员自觉接受。

最后，建立网络传播的全球伦理道德。网络信息传播的载体——互联网——是一个全球联通的信息传播系统，其全球联通性决定了互联网上任何一个民族的伦理道德都存在一定的局限，只有那种具有全球视野、全球观念，能达成某种全球共识的普遍伦理范式才能成为网络社会的主导伦理模式。早在1993年，为了解决人类共同面临的人口、环境、生态、核武器等全球性问题，世界宗教组织就发表了《全球伦理宣言》，对全球伦理模式内涵的探讨从那时就已开始。有的学者认为，现代社会道德危机四伏，解决方法就是重建一种新的普遍主义的伦理体系，追求一种最低层次的全球共识。然而在目前政治多极化、文化多元化、利益多样化的形势下，互联网虽然在推动着世界一体化的进程，但同时与之相应的散裂化趋势也在产生。新形势下的全球伦理应该是建立在各主权国家与

---

① 〔英〕尼尔·巴雷特：《数字化犯罪》，郝海洋译，辽宁教育出版社，1998，第103页。

民族文化平等、自由、互惠的基础上的多层次、多元化的内涵丰富的伦理范式，应该体现现实社会与网络社会的共同利益，代表人类社会发展的整体趋势，综合现有道德的合理部分，能妥善解决网络冲突所带来的严峻社会问题。

原载《华中科技大学学报》（人文社会科学版）2002 年第 5 期

收入本书时略有改动

网络身份的意义探析

网络传播，由于传播场景的虚拟、传播主体的缺场，网络身份只剩下网络人名和网络角色两者。对这两者的意义揭示，也就是对网络身份的阐释。

一 网络人名的意义解析

卡西尔在《语言与神话》中曾经说过："名称从来就不单单是一个符号，而是名称的负载者个人属性的一部分。"[①] 因此，名字作为一个有意义的符号载体，它可以体现个体的诸多属性，网络命名也不例外。本部分对网络人名的意义进行分析，选取了三个各具特色的网站：文学网站榕树下、游戏网站第九城市、媒体网站人民网强国论坛。这三个网站代表了文学类、娱乐类、政治类网站的不同风格，对其网名进行分析具有不同层次的代表性。

（一）我国传统人名的命名习惯

一般来说，人名是由姓与名两部分组成的。姓是表示血缘家族的部分，名是表示个体所属的部分。因此，姓大于名。名可以更改，甚至有别名、小名等之分，姓则世代相传不变。命名只是针对名的这一部分，一般

---

① 〔德〕恩斯特·卡西尔：《语言与神话》，于晓等译，生活·读书·新知三联书店，1988，第73页。

蕴含着以下几种意义或特征。

以人名表示家族身份。在我国，特别是封建社会，由于受儒家群体本位思想影响，个人只是整个家族链中的一环，尊卑长幼在命名中就要体现出来。取名一般采用按所排列的辈分的代表字入名的方法进行，各辈分所代表的字，一般由当地博学儒士选定，然后世代相传，并以此为线索编制家谱，秩序井然。现在这种命名方法在我国农村及边远地区仍然较为流行。

以人名寄托个人理想与期望。在我国传统人名中用的最多的字词有六类：表福禄富贵类，如有财、发财、富贵、金、银等；表长寿类，如千秋、延年、长青、永年、昌龄等；表平安类，如平、顺、安、宁、和等；表美德类，如仁、义、信、忠、贤等；表聪慧类，如华、智、聪、敏、才等；表美貌类，如英、秀、花、芳、兰等。它们体现了一种美好的追求与趋求吉利的心理，一般取名都会注意避免使用产生负面意义联想与谐音的字。

以人名体现时代特征。这在新中国成立以来的命名中十分明显，许多人名带有浓厚的政治色彩，从而打上鲜明的时代烙印。如新中国成立初期的人名，较多的是胜利、建国、解放、新华、新民、抗美、援朝、卫国、和平等；五六十年代的人名，较多的是超英、超美、胜天、顶天、建设、卫星、跃进等；"文化大革命"时期的人名，较多的是爱武、卫兵、卫红、卫东、向东等。改革开放以后，人们避免了命名的政治化倾向，开始追求命名的新颖与个性化，因此文雅、别致的人名渐渐增多。如以名与姓同音来命名，如方芳、杨杨、严焰等；直接以姓名组词来命名，如汪洋、杨帆、刘畅、黄河清、李拜天等；以父母之姓相组合来命名，如张杨、李黎、白华等；此外还有四字名，如"廖若星辰"等。这些都体现了人们摆脱传统束缚，追求特色与个性的时代精神。

以人名分别男女性别。大多数情况下，通过人名基本上可以推断出性别，因为在命名之初，父母就会考虑到名字与性别的对应。以阳性、刚硬之字为男子取名，以阴柔、娇媚之字给女子起名。如动物类男性名常用的字有龙、虎、狮、豹等，女性名则常用凤、燕、莺、鸽等；植物类男性名常用的字有树、木、松、柏等，女性名则常用花、枝、叶、荣等；品性类男性名常用的字如钢、铁、坚、毅等，女性名则常用洁、静、淑、贤等。

在命名上体现出的性别差异，事实上也体现了社会对男性与女性不同的期望与束缚。

（二）网络人名分析

1. 文学网站榕树下网络人名分析

这一部分的分析主要选取榕树下"频道之星"栏目的网名，该栏目是对各频道的突出人物进行推介，同时伴有作者自己的个人评价。因此，分析该栏目的网名既具有较强的代表性又具有一定的事实支撑，避免了凭空臆断。

该分析选取 2003 年 5 月 25 日的页面，共得网络人名 178 个。分析结果可以概括如下。

第一，网络命名中有明显的性别特征。其中女名 72 个，男名 106 个。男名 95% 以上可以立即判断出性别，如千杯不醉、蒋郎憔悴、赫赫草芥、今何在、白衣卿相、青山浪子、书生阿甘、玄武玄武等。男性名字中只有极少数性别特征不分明，如阿碧、梦烟霏、风一样的、阿敏等。女名中 80% 以上可以立即判断出性别，如丁香女孩、香妃子、水晶朱廉、柔儿、凡妮、茵妮、冷儿、如烟、小风等。近 20% 的女名呈中性化或男性化，如方舟、老实巴交、连谏、拼拼、右眼、各种蔬菜炒恐怖、若痴等。可见男性命名并不追求女性化，而女性命名则有崇尚男性风格的倾向。

第二，网络命名中有以英语及汉语拼音直接命名的。以英语为名的，如 ducky、Woodmen、flying、max、magicmail 等；以汉语拼音为名的，如 nizhange、maotouzi 等；也有以字母临时组合为名的，如 KIKI、mikko、Jascha、ivyliu 等；还有将字母夹杂于汉语之中命名的，如二楼 A 座之 inin 鱼、blackwind. 蓼篮、翡冷翠 mm 等，使用这种命名方法的有近 10%，是网络命名的新形式。

第三，以现实原名或与原名相关字命名的。直接用现实原名为网名的，如柯云飞、周国文、王非一、玄易（宋玄易）、李幼谦、何浩等；以原名相关字命名的，如一人孝阳（原名黄孝阳）、阿碧（原名杨先碧）、阿敏（原名解永敏）、雨中的亚亚（真名亚亚）、老谷（笔名瘦谷）、石西（真名谭磊）；以真实笔名或字号等为网名的，如玄武玄武，笔名玄武。这样的命名方式在网络中较为普遍，表明了网络身份与真实身份之间具有不可分割的联系。

第四，以三字以上的短句或典故为名。以短句为名的，如各种蔬菜炒恐怖、我是过眼云烟、诗酒趁年华、午睡的夜叉、醉眼看花、千杯不醉、青蛇出洞、红油顺风；以典故为名的，如死海印花、弥赛亚等。较之现实社会将人名视为个人身份的符号，网络命名体现了命名者的随意性。

第五，命名多以寄情为主。有表娴雅的，如菊开那夜、简单的鱼、驿站牧歌、夜行天涯、夜色阑珊、雨中的亚亚、也田（田野）、小篆、飞花等；有表示迷茫的，如何为欢、朱近默、蒋郎憔悴、愤世小隐、诗酒趁年华、今何在、寞儿等；还有自嘲性的，如江南篱笆自嘲门牙漏风、青蛙自嘲其貌不扬、三颗石头自嘲年到三十；等等。较之现实社会人名多寄托抱负、追求吉利，网络命名主要体现了一种个人情绪与闲情逸致。

第六，一人多个网名的情况较为普遍。如小引常用网名还有花儿死了、禁色1969、手枪走火、披麻、查拉期图接如是说等；冥灵又名死亡只是开始、董卓；摩斯另有网名玉熏儿、清幽客；右眼又名海上花落等。体现出当代年轻人一种浮躁不安的心态。

由于该网站文学定位的整体特色，榕树下网络人名体现出一种趋同其网站风格的娴雅、彷徨、梦幻的感情色彩，充溢着一种淡淡的年轻人对生活的忧思。

2. 媒体网站人民网强国论坛网络人名分析

强国论坛是人民网主办的时事政治论坛，对该论坛的网络人名分析选取主讨论区2003年5月15日至25日共10天1000个帖子的300多个网络人名作为样本，其命名特点大致可以归纳如下。

第一，以意义明确的短句为名。这一点较榕树下更为突出，95%以上的论坛发言者以意思完整的短句来命名，如保证一个月发一篇论文、穿长衫而站着喝酒唯一的人、北方的又一只狼、刹那间狂风暴雨等。只有不到5%的网名使用近似真名、英文名或英汉符号混杂名。

第二，命名带有强烈的政治色彩。这里的网名因其网站的时政论坛定位而显得政治色彩十分浓厚。①命名追求时政变化；②命名表达对社会发展的肯定与期望，如中华民主、国富民强政通人和、我们依然仰望星空、民主立法、坚持必定胜利、相信人民相信党等。

第三，命名体现出对社会现实以及个人境遇的隐忧。以网名表达对社会的隐忧，如天下虽安忘战必危、失落文明的后代、路漫修远、只唱赞歌、媒体良知等。对个人的隐忧表现在三方面。一是缺乏发言的勇气，如命名为打了一针强心剂来上网、真名实姓谁也没想到等；二是命名寓意将自己游离于现实之外，如强国论坛真客、一旁观者、一闲客、走马观花等；三是对发言效果缺乏信心，如命名为我同意行吗、人微而言轻、闭目扬手点点头、一介匹夫用处、绝望的希望等。

第四，命名体现出爱国、恋家及怀旧情结。体现爱国的命名，如为保卫红色中国、爱国之士、生我者中国、中国地图、吾国吾民等；体现恋家的网名，如望月思故乡、东北老乡、上海三毛、广东果子狸、康城游子、重庆孩子等；体现怀旧的网名，如曾是知青、昨日如烟等。

第五，命名抒发个人情绪。一是以命名表露个人志向，如命名为正直的人、我不真不爱、刚烈汉字、巾帼不让须眉、君子自强不息等。二是以命名表现一种个人情调，如我爱轻舞飞扬、细雨江风、江南竹林、雨韵、红叶萧萧、了然如风、静静的月光等。三是对自己的调侃，如猪脑子、新糊涂虫、头脑不清、我是一块石头、落魄天使、腻歪、坐井玄谈、群龙无首、一半清醒一半糊涂、老病号、山野村夫、疯疯癫癫僧、天生胆小的硬汉等。也有一些体现个人彷徨与抱怨的网名，如看不透这世界、砖拍脑袋、注册难难注册等。

总体来说，人民网强国论坛的网名显示出一股向上的豪气，较之榕树下，其伤风弄月的命名微乎其微。其命名大量使用以抒发豪情、感叹时政为主的短句，因此绝大多数名称的性别特征不甚明确，或者说更趋于男性化与中性化。

3. 游戏网站第九城市网络人名分析

第九城市是我国最大的游戏网站，对其网络人名分析主要选取该网站游戏论坛22个专题中的8个，时间为2003年5月26日下午到晚上，获取网名150多个，同时也参照其他栏目的网名。分析结果如下。

第一，以各种符号的混合使用来命名。前两个网站的命名也有这样的情况，但所占比例较小，人民网强国论坛几乎只是个别情况，而且一般只限于数字、拼音字母、英语等较易识别的意义符号的组合。在第九城市中，大量键盘符号被用于命名，各类符号多样化混合，而且这样的网名所占比例超过60%。如命名为＊.＊＊＊＊＊.＊、↓—△—↓、^◎ ◎^、多情贝贝～@～、～-～先生、↘≈浪琪≈↙、☆风☆、☆下雨啦☆～、小三子^^等。不仅如此，第九城市中的网名仅在文字符号的使用上就花样翻新，汉语繁简字混合使用、英汉日三种文字混合使用，均体现了网络青年标新立异的心理。

第二，以动物名及相关短句命名。有直接以动物名命名的，如金鱼、小羚羊、猫老大、小红蚂蚁、鸳儿、海兔和海蟹、企鹅—葆儿、北京的小螃蟹、天上九头鸟、娃娃鱼嘿嘿、呼啦小泥鳅、小狐狸KK、老驴@、◎老猫◎、红鹿、虫ぁ虫ず飞、筱筱兔、龟sir等。有以动物名组合成短句命名的，如寂寞的紫蝴蝶、阳光下的小懒猫、傲气的小狮子、浑身白毛的苍狼、透明—fish、雨天的猫儿、爱挑衅的小猪等。以动物名为网名的现象在该网站较为普遍。

第三，以神仙鬼怪恐怖刺激之字命名。该类命名中一类是渲染恐怖气氛，以达刺激与恶作剧之效，如吸血鬼伯爵、恶梦鬼魅—鹏、妖精与恶魔、魔影幽狼、鬼冢英吉、魂灵头、毒凤凰等。另一类是表示魔力超人，以引人注目与垂爱，如俏皮小魔女、妖花怒放、小悟空、紫灵妹儿、魔法新娘、天使寒冰、梦幻天使雪儿，带有强烈的自我表现色彩。

第四，以自然景象或植物命名。其中有寓意热烈的，如拉萨阳光、火云阁阁、追风少年、想飞的北极星、火红枫叶、美丽七色花、鲜花开满大地、快乐的水蜜桃。也有寓意淡泊的，如静谧的夜空、月儿婆婆、天空飘来一片云、夜幽雪、衔月踏秋、秋风轻拂、山外斜阳、夜之诗者。还有寓意苍凉的，如萧萧吹风、空谷幽音、飘舞的尘、流浪の云、红叶潇潇、飘过红尘的烟雾、秋风的嫁衣、寒叶飘、香橙的泪等。以自然之景寄托个人不同的情绪。

第五，以夸张感情的词语来命名。以夸张的亲昵称呼命名，如我的坏宝宝、宝贝萍萍、娜娜宝贝尔、乘乘er、甜甜rotty。以夸张个性之词来命名，如风少女、痞子赵、黄牙帅哥、臭美小姐。有些甚至以游戏之语命名，如不过玩玩而已、文明好流氓、散装爱情、穿拖鞋的绅士、梦一场爱一次、有多少爱可以相信^o^、堕落骑士等，体现出一种偏激、失衡的心态。

总之，该网站由于其游戏的定位，网络人名体现出灵活、生动、张扬、个性的色彩，既没有榕树下文学网站命名的矫情，也没有人民网强国论坛时政网站命名的热衷时事，该网站网名组合多追求新颖别致的网络化境界，但就形式而言，许多网名含义不清，甚至搭配极不规范。

二 网络角色扮演的意义解析

"心理学研究证实，我们所处的环境是能够影响我们的行为方式的。绝大多数人在适合的氛围中，会做出与自己性格不符的事情。"[1] "语言学家已经证明，我们使用语言的方式与社会情景密切相关……特定社会情景中使用的语言，在很大程度上取决于社会的标准、习俗以及媒体。"[2]

任何人进入网络都有一个网络身份的自我认定问题，这不仅指必要的网络注册，还指个人选择怎样的角色来表现自己。事实上，在给自己起网名的时候，网络角色扮演就已经开始。下面从两个方面来分析这一问题。

（一）网络角色扮演的类型

网络角色扮演一般有三种主要情形：与现实角色互补、与现实角色相近、与现实角色差距较大。

第一，与现实角色互补，是指个人选择的网络角色具备自己在现实中缺乏并渴望得到的某种品质，从而弥补并满足个人心理需求。这一类型的角色扮演是网络角色扮演中最为普遍的类型。

网络角色与现实角色互补主要有两种情形。一种是在网络角色中克服自己现实性格中的弱点，夸张地表现这一弱点的反面。如一网友自白："其实我一向讷言，因想得太多。但当有日我发觉自己在网上说过了许多真话，竟因此害怕，幸好没有人注意听。"现实社会中的一个沉默寡言、

---

[1] 〔美〕华莱士：《互联网心理学》，谢影、苟建新译，中国轻工业出版社，2001，第2页。
[2] 〔美〕华莱士：《互联网心理学》，谢影、苟建新译，中国轻工业出版社，2001，第10页。

不善言辞的人，在网络上可以不自觉地滔滔不绝、畅所欲言，从而弥补了自己对这一性格弱点的缺憾。另一种是将自己在现实社会中无法实现的愿望，通过网络角色来实现。如一网友自白："然因根器驽钝，虽沉迷文字游戏多年，但于文学一道却始终未得正果。幸平素与一群狗党围坐之时，互相吹捧，自诩民间。大杯喝酒，酩酊之后，竟也会高歌纵诗，误以为尚有一丝魏晋遗风。"该网友在现实中满怀文学抱负却不得施展，网络正好提供给他自由发表作品的园地，一圆自己的作家梦，从而赢得网络作家的身份，在心理上同样得到一种自我实现的满足。

第二，与现实角色相近，指一类人的网络角色基本接近本色，仅将原有身份稍做改变或包装以后进入网络。这一类人上网的目的并不是尝试新的身份，而是扩大社会活动的范围。这一类型的网络角色扮演一方面体现了当代人通过网络来排解孤独的心理，另一方面也反映了网络与现实的不可割裂性。

前者体现的是一种群体心态，即"我可以证明，我和其他数千万网虫都知道我要寻找的东西并不仅仅是信息，而是立即就能进入另外一大批人正在形成的交往关系，这种发现让我们自己也感到吃惊"[1]。一网友的自白也印证了这一点："熙熙攘攘的人群中，我们似乎都被某种孤独所包围，所窒息。我不相信一张肚皮、几粒芳饵，真能把本来相同的心隔得那么遥远！我觉得能在茫茫人海中觅得相同的声音，人世的孤独也许会大为减轻。"大多数人通过网络来寻找朋友，逃避孤独。

后者体现的是网络虽然虚拟，但形式上缺场的主体不可能与现实完全分裂。"即便在最为匿名的 IRC 世界里，也至少有一半的人以自我为原形创造自己的化身，这离真实的自我并不遥远，而且还是理想中的自己。"[2] 在现实社会中，个人真实的个性常常难以完全发挥，于是网络成了张扬个性的理想场所。一网友自白："我生性足够浪漫，足够迷惘，足够歇斯底里而疯狂。在网上，我节选了我浪漫和迷惘的本质来面对所有的朋友们，还有我

---

① 〔美〕马克波·斯特：《信息方式》，范静哗译，商务印书馆，2000，第 13 页。
② 〔美〕华莱士：《互联网心理学》，谢影、苟建新译，中国轻工业出版社，2001，第 32 页。

的爱人。在 IRC 中，我的 nick 是 lens。如果你看到有哪个 channel 的 topic 是这样的：'我在，一直在，永远在，阴魂不散般地在。'那说明我就在其中。"

第三，与现实角色差距较大，指一部分网民在网络中创造性地进行角色扮演，以体验与自己现实身份完全不同的角色感受。

网络虚拟性的刺激，激发了人们大胆尝试的心理，因此一些人选择全新的网络角色来挑战自己。如男生扮演女生、年轻人扮演老年人等。但一般情况下，这一类的角色扮演很难维持下去。"很多人在刚开始游戏时，表演的是与自己全然不同的人物，但最后，大多数人还是禁不住把自己的个性带了进来。"① 而且跨度较大的角色扮演，在网络群体游戏中有欺骗之嫌，有可能遭到其他角色的反对。"MUD 鼓励在角色游戏中的创造性，人们可以发挥自己的想象设计自己的形象，但一旦你改变个性中的核心特质——性别，就会遭到为数不少的游戏者的反对。在他们看来，网上沟通的结构中，允许各种角色游戏，但要限定欺骗的程度。"②

扮演与现实角色相反的角色，由于自己完全不具备角色的现实经验和体验，往往会在角色发展之后缺乏相应的承受能力，从而给自己带来诸多麻烦，如美国一杂志作家史蒂夫·斯波曼（Steve Silberman）以 Rose 这一女性名命名进入网络聊天，结果被男性大献殷勤，使自己陷入极度尴尬的境地，他说自己从未预料到男人的恭维是件可怕的事情。"你可以改变自己的性别……但你得准备好等着你的是什么后果。"③

（二）网络角色扮演的意义

网络角色扮演具有自主性、灵活性、超越性等特点。"互联网是同一性的实验室，这里聚集着我们个性实验的支持者、观众和游戏者。"④ 在

① 〔美〕华莱士：《互联网心理学》，谢影、苟建新译，中国轻工业出版社，2001，第44页。
② 〔美〕华莱士：《互联网心理学》，谢影、苟建新译，中国轻工业出版社，2001，第50页。
③ 〔美〕华莱士：《互联网心理学》，谢影、苟建新译，中国轻工业出版社，2001，第51~52页。
④ 〔美〕华莱士：《互联网心理学》，谢影、苟建新译，中国轻工业出版社，2001，第54页。

具有这种特点的场景之下，网络角色扮演具有认识自我、完善自我的意义。

1. 认识自我

网络身份是个人根据自我特点所做的选择与设计。在现实社会中，人的出身不可能受个人意愿的支配，家庭背景对一个人的成长及社会地位的确立具有较大的影响。而网络身份则完全摆脱了一切现实的束缚，既不受社会因素，如等级、贫富、学历等的影响，也不受身体因素，如肤色、美丑、性别等的约束。网络身份作为一个交流的符号，完全是自主选择、自主设计、自主创造的。

网络激发了人的新奇感与创造欲，人们会在网络中尝试不同的角色，从而从不同的侧面来审视自己。网络人名的分析结果显示，人们总是会在不同的网络场景中展现出与场景相适应的不同的个性侧面。在现实社会中，由于物理身体的存在，个人对维持连贯的身份认同具有较强的心理暗示。如一个著名的劳动模范，在现实生活的任何场景中都会有一种与其社会身份相一致的积极奉献的心理暗示。而在网络中，现实的种种约束不再存在，身份的转换可以做到完全彻底，个人可以不断尝试全新的身份定位。

"在互联网上，我们有一个比实际生活里更加灵活和开放的全新实验室。建造和刻画新的同一性，然后进行'试穿'。"[1] 在现实社会中由于环境的局限，人的许多潜能可能没有机会被发掘。网络角色扮演给人提供了一个发掘自我的场景。在新的角色扮演过程中，人们可以设计角色，一方面按角色预期来表现自己，另一方面通过观察角色群的反应来调适自己，从而强化角色认同。"有些我们的新'自我'只是非常临时、含糊地被构建了，仅是个'预试品'，它们的主人很快就会把它们摒弃。有的则结合了丰富的个性特点，使其在网上的形象特点比实际更为真实。大多数新的同一性是增加了我们在现实中对自己性格的希望或幻想，这样的试验可以带来积极的结果。"[2] "尽管许多人其实与现实自我非常接近，只不过把某

---

[1] 〔美〕华莱士：《互联网心理学》，谢影、苟建新译，中国轻工业出版社，2001，第60页。
[2] 〔美〕华莱士：《互联网心理学》，谢影、苟建新译，中国轻工业出版社，2001，第60页。

些方面稍加修饰，变成自己所希望的性格，而其他人也不过是在印象驾驭和欺骗之间跳跃，但我们都认为自己的实验并没有害处。"①

人类对自我的认识本身就是一个不断发展的过程。从古希腊哲学家苏格拉底提出要认识自我开始，在之后的两千多年中，哲学家、神学家、社会学家、心理学家、生物学家等都从各自的研究角度出发不断发掘人的本质。亚里士多德提出"人是政治的动物"，从社会性的角度来考察人的本质。近代西方哲学更多地认为"人是理性的动物"，柏拉图认为人的灵魂由理性、意志和情欲三个部分组成，其中理性居于首位。卡西尔认为"人是符号动物"，"符号化的思维与符号化的行为是人类生活中最富于代表性的特征"②。网络角色扮演使人的自我认识与发掘在实践上迈上了一个新的台阶。

2. 完善自我

网络主体的塑造，是一种通过不断认识自己，达到不断完善自我、超越自我的过程。

由于网络的虚拟性，人们从形式上摆脱了社会的自我束缚，大胆展现出一个更为真实的自我，这一自我本身就是对现实自我的超越。从心理因素上来说，"隐秘程度是影响行为的一个重要因素，它可以降低正常的社会限制，使人们对自己的抑制减少"③。"即使网络并不完全隐蔽，远在天边的距离和较小的社会压力，会令人感到不受约束、不受监视，我们的手指在完成这些工作。"④ 由此带来的结果是，"研究者调查网上行为时，发现的第一个令人惊讶的现象是，人们在网上不再抑制自己，与他人交往时易被激怒"，"令人吃惊的是，人们在计算机里的团体中，更多地反对别人、制造紧张气氛，看上去就好像是有意要把情况弄糟一样"⑤。"人们在

---

① 〔美〕华莱士：《互联网心理学》，谢影、苟建新译，中国轻工业出版社，2001，第54~55页。
② 〔德〕恩斯特·卡西尔：《符号形式的哲学》，赵海萍译，吉林出版集团股份有限公司，2018，第261页。
③ 〔美〕华莱士：《互联网心理学》，谢影、苟建新译，中国轻工业出版社，2001，第9页。
④ 〔美〕华莱士：《互联网心理学》，谢影、苟建新译，中国轻工业出版社，2001，第44页。
⑤ 〔美〕华莱士：《互联网心理学》，谢影、苟建新译，中国轻工业出版社，2001，第18页。

网上，要比实际生活里的自己，表现得更冷漠、就事论事、易怒。"①

　　按照马克思历史唯物主义的观点，人的发展要经历三个阶段：人对人的依赖阶段、人对物的依赖阶段、人的自由而全面的发展阶段。第一阶段是人的自然状态，第二阶段是人的异化阶段，第三阶段是人的自我回归的阶段。网络对人性潜能的发掘与释放，正是一种对自我真实性追求与回归的过程，是人性发展的更高阶段。

　　而且，网络角色的意义并不局限在网络生活本身，它总是以各种不同的方式向现实生活延伸，从而丰富与提高现实中自我的水平。一方面，人们会将网络生活的经验吸收到现实生活中，"假若一个人在网上的夸张可以为人所接受或者得到更多的尊敬和注意，这个人就会在实际生活里采取同样的行为，而不必害羞"②。另一方面，人们将网络生活现实化。网络互动的感觉常常会带来突破虚拟的冲动，力图去见识思想背后的真实主体。因此网下约会等十分频繁，网站也组织类似的网下聚会活动，如榕树下网站每年举办一次的笔友讨论会，第九城市的聚会中心栏目专门提供聚会地点、时间、主题、参加者等聚会信息，几乎每天或每周都有网络社区或网络街道组织的网友见面会。将虚拟关系转化为现实关系，既拓展了人际交流的范围，也丰富了人们现实生活的内容。

原载《复旦学报》（社会科学版）2003 年第 6 期

合作者：刘海贵

收入本书时略有改动

---

① 〔美〕华莱士：《互联网心理学》，谢影、苟建新译，中国轻工业出版社，2001，第 17 页。
② 〔美〕华莱士：《互联网心理学》，谢影、苟建新译，中国轻工业出版社，2001，第 61 页。

信息传播中的隐私侵犯及保护

大数据时代信息传播的数字化，以及信息承载媒介的集群化，改变了用户信息获取习惯，影响用户的认知—行为过程，甚至作用于用户的知觉规则。人们逐渐地习惯依赖大数据技术选择、传播、认知和理解信息，数据信息的科学性和可计算性加快了信息传播速度，强化了信息传播效果，但数据本身跟现实环境依然存有差异，超快的信息传播速度和强大的信息传播效果带来了新的问题，比如大数据环境下信息过度传播可能带来信息焦虑、数据霸权和公民隐私失窃等问题。

一　大数据广泛渗透并成为前沿热点

大数据已不再是计算机技术领域的一个简单概念，而是应用于多个行业，并渗透多个学科领域的一场变革。从概念外延来讲，大数据包括大数据技术、大数据工程、大数据科学和大数据应用等领域，是顺应时代的一种技术发展趋势；从概念内涵来讲，大数据是具有大量化（Volume）、多样化（Variety）特征，且能基于数据处理技术快速处理（Velocity），得到有价值（Value）信息的能力。① 大数据的快速发展引起业界和学界的广泛关注，研究成果不断涌现。

大数据应用是指运用大数据思维和方法对数据信息进行分析，发现潜

---

① 参见钟瑛、张恒山《2013 年：大数据驱动下的传媒转型》，《新闻与写作》2013 年第 12 期，第 11~13 页。

在价值并为用户服务的过程，已应用于政治、经济、军事、社会、文化、健康等诸多领域：①政治领域，在政治选举、社交媒体抓取分析与监控、网络舆情有效监管和实时应对等方面已广泛应用；②经济领域，通过大数据技术挖掘用户需求，从广告、用户、内容、营利模式等维度建构精准的商业营销体系；③军事领域，应用于涉密与数据监管、国家安全防卫等方面；④社会领域，尤其是在社会管理领域，大数据起到重要作用，比如自然灾害预警、交通管理、社会公共卫生安全等方面，基于组织、行业间数据的属性匹配，制定合理的资源配置策略和问题解决对策；⑤文化领域，大数据科学研究新模式（数据密集型科学）是继实验科学、理论科学、计算科学之后出现的第四研究范式；⑥健康领域，大数据服务于医学研究、疾病预防与监控、临床治疗、健康管理与服务等方面。

随着大数据应用的广泛渗透，相关理论研究也已成为国内外研究的热点。①国外相关研究：以 Web of Science 为数据资源库，以"big data"（大数据）为主题词检索，并对检索文献概括总结发现，研究热点集中在技术和议题两个维度。有关大数据技术的研究主要集中在云计算、数据挖掘、模型、机器学习等，大数据议题较多涉及健康传播、政治传播、企业组织管理、风险评估、商业领域的精准营销等领域。②国内相关研究：以 CNKI 为数据资源库，以大数据为主题词进行检索，对检索文献分析发现，国内大数据研究的热点技术集中在云计算、数据挖掘、人工智能、物联网等，研究的热点议题集中在互联网金融、企业管理、电子政务、社交媒体、智慧城市等领域。

二　大数据过度使用带来隐私担忧

大数据深入应用于各领域，成为促进组织和企业生产、运行和管理创新变革的重要驱动力，改变了企业组织的营销方式和市场行为，变革了人们的行为、社交及思维方式，蕴含着无限的商业价值和社会价值。但是伴随着大数据的过度使用，如数据信息的公开性、共享性和可挖掘性给用户带来的信息焦虑和媒介依赖，引发了公众对个人信息泄漏和隐私的担忧。

大数据过度使用会给用户带来信息焦虑和媒介依赖。一是，大体量信息冲击用户信息承载域值，降低用户认知效果。信息接收量级和传播效果两者并非简单的正相关关系，而更似倒"U"字形关系，过度的信息传播反而会导致信息过剩、信息污染、信息障碍等问题。大数据环境下信息易于被复制、共享和重组，高频率、高密度、高重复的信息加剧用户的心理和生理负担，超过用户承载最佳域值，降低用户的认知效果。与此同时，大量的个人信息和公共信息混杂在一起，增加用户信息筛选、接收的成本，且过量的个人信息挤占公共信息空间，降低用户对公共信息的关注度。二是，信息过度传播透支个人价值判断能力，引发用户信息焦虑。英国心理学家布罗德本特运用信息论的观点，提出注意的过滤器模型，认为人是一个通信信道，信息加工时会受到人对外界事物刺激信息容量的限制，为防止通信信道超载，必须对信息筛选过滤，使一部分信息进入高级分析阶段被识别、存储和加工，其余信息则迅速消退。① 过度传播增加信息选择和过滤的成本，导致个人价值判断能力透支，引发紧张、焦虑等情绪。典型案例是闻名世界的日本筑波科学城高自杀率事件，城中聚集大量科研机构和科技公司，环境良好，这里的科研人员大部分时间接触海量的信息，而信息吸收率仅在 10% 左右，在超高的信息量级和超低的信息有用性对比之下，科研人员产生以烦躁、孤僻、沮丧、压抑等为表征的"筑波病"，也称为信息焦虑症。美国医学界也发现媒体从业人员和知识分子中出现多例失眠、头晕、压抑、烦躁、孤僻和情绪化表征的"信息污染综合征"。三是，"后真相"时代增加用户的媒体依赖，影响人们深度思考能力。罗斯扎克在《信息崇拜》中提到处处是信息，唯独没有思考的头脑。大数据时代信息泛滥，带来快餐式文化传播，用户仅接受媒介所传达的表面信息，而未对信息进行独立判断和深度思考，用户媒体依赖性增强，不再追求事实与真相，而是容易被情绪、情感所煽动。一方面，在社会化属性的媒体平台作用下，用户情绪不断被放大污染；另一方面，碎片化的传播内容导致真相还原困难，从而促进"后真相"的形成。

---

① 参见梁宁建主编《心理学导论》，上海教育出版社，2006，第 109~110 页。

大数据时代的信息易复制、共享和重组等性质直接导致公众对个人信息泄漏和隐私的担忧，同时通过用户信息焦虑和媒体依赖等间接影响隐私安全。大数据时代，个人信息遍布于各类社交平台，且信息的公开、共享、被挖掘使得个人信息传播边界不断扩大，造成个人隐私被侵犯和信息安全问题。如 2012 年美国一家 Target 门店通过数据挖掘预测 17 岁少女怀孕；央视"3·15"晚会中有关网络隐私侵犯的案例所造成的损失令人瞠目结舌。究其缘由，一方面，互联网通过 Cookies 存储用户个人信息数据、行为数据和偏好数据，或是对用户数据搜集、挖掘、分析，以实现商业价值；另一方面，用户在强关系网络中发布的私密信息未经同意被二次传播，造成信息传播中的边界渗透，用户网络隐私被侵犯。过去人类长期处于信息缺乏状态，现今大数据时代信息过载反而使人们不知道自己看到了什么，也不注意自己漏掉了什么。人们因为信息量的激增产生信息焦虑，进入不安状态。信息焦虑和信息过滤成本的增加影响用户的媒体依赖，用户过度依赖媒体也为隐私安全埋下隐患。

三 网络隐私及其边界问题的争论焦点

大数据伦理意蕴的探讨中最为重要和突出的就是网络隐私问题，然而探讨该问题之前必须对网络隐私的概念进行梳理，厘清网络隐私边界问题争论的焦点。

传统的隐私是指人们自主决定是否把他们的思想、情感、情绪等信息传达给他人的一种正当权利[1]，强调私人信息不受侵犯，涉及私人领域和公共领域的划界。网络信息传播的便捷性和网络的连接性使隐私的内涵发生变化，网络隐私是一种积极的自我信息的控制权。大数据时代网络隐私范围进一步扩大，从苹果公司的"隐私门"到国内用户数据的泄露并被公开售卖、"过亿数据泄露"、幽灵账户等事件，敲响了大数据时代信息安全的警钟。网络隐私指"用户对个人数据的采集、传播、使用等所享

---

① D. J. Solove，*Understanding Privacy*，MA：Harvard University Press，2008，p. 24.

有的控制使用权"①，一方面强调个人数据不被他人侵扰、知悉、搜集、利用、公开的权利；另一方面强调用户对个人信息的使用权和支配权。传统隐私和网络隐私的差异表现在：①共享隐私，传统的隐私议题主要涉及私人领域的个人信息，而大数据时代的隐私涉及共享的、公共领域的个人信息；②边界模糊，互联网扩大了信息交流范围，信息在流动过程中出现信息圈层之间的边界渗透，自我暴露的信息被有意或无意地渗透到隐私边界之外；③隐私主体扩张，传统隐私主体强调个人，即自然人，而网络隐私的主体除自然人外，还涵盖自然人的组合群体、企业或社会团体，要保护其生存与发展的自由空间与环境，就应将隐私的主体范围扩大。

有关网络隐私的边界，可追溯到美国学者桑德拉·佩特罗尼奥（S. Petronio）的传播隐私管理理论，该理论用边界来划定私人领域与公共领域的界限，在边界的一边不披露私人信息，在另一边披露私人信息。② 在传统社会中，私人领域与公共领域的边界较为固定，而网络社会的连接性和界限模糊引发边界连接和边界渗透。尤其是在社会化媒体中，隐私存在多重边界，在信息传播的过程中个人与外部连接完成初步的信息传播，再通过信息转发、分享后达到边界渗透的效果。社会化媒体平台用隐私边界理论解释更为清晰。①社会化媒体错综复杂的圈层形成动态的网络隐私边界。微信、微博等社会化媒体在信息传播过程中都会依据关系强弱和关系属性分为大小不同相互交叉的多个社交圈。其一，弱关系群体相较于强关系群体的信息涉入范围广，相对的隐私边界渗透度也会越高，强弱关系之间的动态变化和渗透，改变隐私边界的范围。其二，相对于传统社会，网络社会关系的动态化和虚拟化也加剧并提高了隐私边界的不确定性和渗透度。一般来说，社会化媒体平台的隐私边界渗透方向是从强关系到弱关系，比如从熟人群体到轻熟人群体，再到陌生人群体的隐私边界渗透，这就容易造成信息从私人领域进入公共领域，引发个人信息的泄漏。

---

① 吕耀怀：《信息技术背景下公共领域的隐私问题》，《自然辩证法研究》2014年第1期。
② 参见〔美〕理查德·韦斯特、〔美〕林恩·H.特纳《传播理论导引：分析与应用》（第二版），刘海龙译，中国人民大学出版社，2007。

其三，个人信息边界存在开放和封闭两种状态①，边界的封闭保证个人的信息安全和自主权，而边界的开放促进亲密关系的形成。互联网与生俱来的开放性和匿名性使个人信息在网上比在现实世界中具有更高的公开程度。②个人网络隐私暴露的边界制衡。在社会化媒体中，依据隐私暴露者身份可分为自我暴露、圈内暴露和圈外暴露。暴露的都是个人不愿公开的、对个人影响较大的信息。自我暴露比较容易规避，只要在信息发布时谨慎处理或设置权限，就可将隐私边界掌握在自己认定的范围之内，信息发布者要知晓哪些信息可发哪些信息不可发；圈内暴露多为圈内好友无意识转发或传递个人隐私；圈外暴露多为政府跟踪监管、企业的商业目的或者别有用心的个体侵犯，通过数据跟踪或挖掘获取个人隐私数据。

大数据时代隐私侵犯的类型，可从两个维度划分。

从侵权信息类型维度划分，有三个方面。①个人基本信息的泄漏。主要包括姓名、年龄等人口统计学信息，以及网络账户信息等。个人在使用网络设备时留下数据痕迹，被汇总后产生巨大的价值，在商业利益的驱动下，个人基本信息在未经授权的情况下多次被贩卖，个人隐私受到侵犯。②个人行为数据的泄漏。用户接触智能终端时的点击、分享、浏览、购买、出行、睡眠等行为数据均可通过传感器、摄像头、浏览记录等途径被记录。网上沟通行为、信息浏览行为、娱乐行为、消费行为等都被搜集整合，一一窥见。③个人偏好预测数据的泄漏。通过关系数据、模糊计算等方法，利用大数据技术，归纳、预测出个人的偏好信息，从而达到大数据精准营销、即刻分析、智能决策等目的。

从隐私侵权情境类型维度划分，有三个方面。①侵犯用户信息被收集、传播的知情权。比如地图、浏览器等应用中用户并未被充分告知其信息将被收集的状况，而其他的 O2O 提供商借此轻而易举地获取用户信息，用户的知情权并未得到重视。更严重的是，被搜集到的用户信息还存在被分享和交易的风险。②侵犯用户的安宁权。用户打开应用时经常会在未经同意的情况下接收到大量的推送信息，这一过程是基于用户需求被挖掘后的强

---

① 参见〔美〕理查德·韦斯特、〔美〕林恩·H.特纳《传播理论导引：分析与应用》（第二版），刘海龙译，中国人民大学出版社，2007。

制推送，用户无法自主选择。互联网服务提供商通过搜集用户信息，制定精准的信息投放策略，在大数据的支持下信息投放愈发精准和隐秘，侵犯了用户的安宁权。③用户信息被攻击或意外泄漏。网络上的个人信息一旦被攻击产生泄露，将产生极其严重的后果。例如个人隐私照片、邮箱账户、机密文件、通信账号等被盗，无法及时止损且存在被二次伤害的风险。

四　大数据时代隐私保护建议

大数据时代用户个人信息安全面临诸多风险，且个人隐私保护依然存在较多难点，比如：个人信息数据的易得性、难隐匿性和开放性与隐私保护存在矛盾，网络生活的便捷性和良好的用户体验与信息安全的冲突，侵权行为的隐蔽性及隐私保护范围的难界定性，个体喜欢自我表露和分享与信息泄露途径多样性等矛盾。这些都对公民个人隐私保护提出难题。

大数据时代需制定多方综合治理的隐私保护对策，建议如下：①信息所有者自觉保护个人隐私，做好隐私守护者，维护好个人信息安全的第一道屏障。变传统的个人许可制为用户数据搜集者和数据使用者均承担责任制，按照搜集和使用的信息级别承担相应的责任，尤其是数据使用者最清楚自己利用信息的方式，可以有效避险。②注重信息的技术监管和保护。对于重要信息，采用对原始数据增加噪声等方式，避免真实精确的用户信息被恶意搜集、窃取。③加强行业自律和企业信息安全技术投入。大数据给各行各业带来了转机，为保证大数据时代行业健康有序发展，各行业和企业应增强自律性，在对用户信息搜集和使用过程中坚持"告知并同意"的原则，尽量加大技术手段的投入，确保用户个人信息的安全不泄漏。④完善网络隐私立法。自 2012 年开始，我国也在法律政策方面对个人信息的保护陆续做出了规定。2012 年通过的《全国人民代表大会常务委员会关于加强网络信息保护的决定》、2015 年的《中华人民共和国刑法修正案（九）》有对个人信息保护的规定。2016 年通过的《中华人民共和国网络安全法》规定没有得到相关人员的允许，不能出让个人信息给他人，网络运营商不能搜集那些跟它提供的服务无关的个人信息，同时确定了个人信息保护的基本原则。除此之外，还要明确数据使用者的法律责任、信息数据的使用权限和年限,兼顾国际范围内隐私保护的一致性原则。⑤政府搜集公民信息时更应规范自律。政府应规范好公共权力的行使范围,对自身搜集公民信息的行为加以规范,还应加强对各类组织、团体和个人的信息侵权行为的行政管理,加大处罚力度。

原载《新闻与写作》2018年第2期

合作者:刘利芳

收入本书时略有改动

新闻传播职业道德境界的涵养

一 新闻传播职业的道德境界

(一) 道德境界与职业道德境界

康德曾经说过:"这个世界上唯有两样东西能让我们的心灵感到深深的震撼,一是我们头顶上灿烂的星空,一是我们内心崇高的道德法则。"①

作为调节人与人之间相互关系的行为规范总和的道德,是一种社会意识,是特定社会的利益主体从自身的整体价值出发概括出来的善恶标准。虽然这些行为标准有些属于社会公德,有些属于职业道德,有些属于家庭道德,但它们反映的都是一定社会的主流价值倾向,并且它们在相互作用与制约中维系与推动着社会的稳定与发展。

道德作用的有效发挥主要是通过道德评价与道德教育来实现的。道德评价通过建立明确的善恶标准、赏罚制度等,使道德调节机制反应灵敏。道德教育则通过不同的道德培养方式,使道德主体的道德修养不断走向完善与升华。依此类推,新闻传播职业道德评价与教育正是提升新闻传播职业道德水平的重要手段。

在谈到新闻传播职业道德的评价与教育之前,有必要先了解新闻传播职业的道德境界。只有了解了新闻传播职业的道德境界,新闻传播职业的道德评价与教育才有具体的目标与内容。

---

① 〔德〕伊曼努尔·康德:《实践理性批判》,韩永法译,商务印书馆,2015,第174页。

1. 道德境界

道德境界，是在特定社会主流价值观的推动下形成的针对全体社会公民而言的道德类型或道德修养程度，是人们在道德评价、道德教育与道德修养等道德实践活动中形成的高低不同的道德品质状况的综合反映。

著名哲学家冯友兰从哲学伦理的角度将人生境界分为四种：自然境界、功利境界、道德境界、天地境界。自然境界是人作为自然人而生活的最低境界；功利境界是以追求功名利禄为主要目的的较低境界；道德境界是人作为道德人而生活的较高境界；天地境界是人与天地合而为一的最高境界。一般而言，较之于天地境界的高深玄虚，道德境界是普通人可以通过自身努力达到的最高现实境界。

道德境界从初始状态到理想状态是有高低层次之分的，其形成是受特定社会历史条件与主观条件的制约的。在我国封建社会中，统治者由于集权专制的需要，提倡愚忠、愚孝、宗法等级、封建特权等伦理思想，三纲、五常、四德，君臣、父子、夫妇、华夷、君子小人等，都是这一道德思想的派生。儒家修身、齐家、治国、平天下的道德追求，从内到外，从小到大，从完善自身到平定天下，构成封建社会道德的不同境界。中国士大夫"穷则独善其身，达则兼济天下"等正是这一道德思想的具体体现。

在社会主义初级阶段，封建社会的"群体本位"思想发展为社会主义社会的为人民服务的集体主义道德原则，相应地，根据人们对"公""私"处理的不同态度，道德境界又可以被划分为四个层次：自私自利的道德境界、公私兼顾的道德境界、先公后私的道德境界、大公无私的道德境界。其中自私自利的道德境界是最低的道德境界，大公无私的道德境界是最高的道德境界，也是社会主义社会提倡与追求的理想道德境界。

改革开放以来，由于市场经济与西方文化思想的冲击，我国社会的价值观念发生了一系列的变化。从前集体主义一元价值观开始向多元价值观转变，形成一元与多元并存的局面；传统重义轻利的道德思想与西方重利轻义的传统思想相结合，形成了道义与功利的并存；在中西文化反复碰撞之后，传统的与外来的道德理念交相融合，展现出带有鲜明新时代特色的开放型价值观。

在这一新的历史条件下，道德境界的内涵也发生了相应的变化。为了引导这一变化，2001 年初，江泽民提出"以德治国"，将全民道德素质的培养提到了更高的高度。作为具体行动的指南，2001 年 9 月 20 日，中共中央印发了《公民道德建设实施纲要》，提出"爱国守法、明礼诚信、团结友善、勤俭自强、敬业奉献"的 20 字基本道德规范，重申社会主义道德建设要坚持以为人民服务为核心，以集体主义为原则，以爱祖国、爱人民、爱劳动、爱科学、爱社会主义为基本要求。2006 年 3 月，胡锦涛在看望出席全国政协十届四次会议的委员时强调，要引导广大干部群众特别是青少年树立社会主义荣辱观：坚持以热爱祖国为荣、以危害祖国为耻，以服务人民为荣、以背离人民为耻，以崇尚科学为荣、以愚昧无知为耻，以辛勤劳动为荣、以好逸恶劳为耻，以团结互助为荣、以损人利己为耻，以诚实守信为荣、以见利忘义为耻，以遵纪守法为荣、以违法乱纪为耻，以艰苦奋斗为荣、以骄奢淫逸为耻。作为党中央对国家道德体系的全新阐述和全面提倡，"八荣八耻"在党政系统和社会各界流传甚广，它引导着人们摆正个人、集体与国家的关系，正确处理个人与社会、竞争与协作、先富与共富、经济效益与社会效益等关系，对于树立社会道德风尚有重大意义。2013 年 12 月，习近平总书记在山东考察时发表重要讲话，强调要继承和弘扬中华优秀传统文化，弘扬中华传统美德，弘扬时代新风，振奋中华民族精神，加强全社会的思想道德建设；2014 年 5 月，习近平总书记在河南考察时强调，面对纷繁复杂的社会现实，党员干部特别是领导干部务必把加强道德修养作为十分重要的人生必修课，努力以道德的力量去赢得人心、赢得事业成就；2016 年 2 月，习近平总书记在党的新闻舆论工作座谈会上强调媒体工作者要严格要求自己，加强道德修养，保持一身正气。

2. 职业道德境界

道德境界体现在特定的职业领域，由于各种职业的自身性质与特色各不相同，又形成了不同的职业道德境界。相对而言，职业道德境界，就是指特定职业的从业者，通过接受相关职业道德教育，进行相关职业道德修养培育之后所达到的职业道德的觉悟程度，或者说是所形成的职业道德品质状况、道德情操水平。

职业道德境界的形成，一方面取决于社会整体道德境界的构成，另一方面又与特定的职业道德行为密切相关，同时还包含着从业者的个人职业理想与信念。因此，基于对他人、对社会利益的自觉认识而表现出来的职业道德境界，既寄予着社会对该职业的道德期待，也包含着从业者自身的美好愿望、职业信念、崇高理想等。因此，职业道德境界的构成是社会整体道德境界与行业道德预期的体现。

就具体内容而言，特定职业的道德境界又具有特定的内涵。这是由职业道德的本质特性所决定的。职业道德的本质特性主要表现在以下几个方面：调节范围上的特定性与专业性，因为它只是针对特定领域的从业人员的特定要求；规范内容上的稳定性与连续性，因为职业的接续发展，同行业从业人员的心理与习惯共性一脉相承；规范形式上的多样性与适用性，职业道德的表现形式有规章制度、守则公约、标语口号、注意事项等；运作机制上的复杂性与灵活性，面对错综复杂的道德环境与个人心理机制，职业道德具有操作上的变通性。

针对职业道德的诸多本质特征，职业道德境界又可以被划分为不同的层次和等级。如同道德有一个初级的起点境界，职业道德也有一个初始境界。初始职业道德境界是针对最终的理想职业道德境界而言的，因为特定行业从业者接受职业道德教育，培育职业道德修养的过程并不是一蹴而就的，总是从低级不断走向高级，而不可能跳跃式发展。因此，初始职业道德境界和理想职业道德境界之间还会有一系列过渡性的职业道德境界，这就是中间职业道德境界，中间职业道德境界又可以根据具体职业状况的不同细分为各不相同的阶段。任何成功的职业道德修养培育与完善过程，都是从初始职业道德境界开始，经过一系列中间职业道德境界的逐步升华，最后才能达到理想职业道德境界。

如同道德境界是特定社会环境的产物，职业道德境界也带有明显的社会意识形态的烙印。在社会主义国家，任何职业的道德境界都应该以社会主义精神文明建设为主旋律，以追求远大的共产主义理想为最终目标。

（二）新闻传播职业道德境界

1. 新闻传播职业道德境界的形成

根据以上对职业道德境界的理解，新闻传播职业道德境界就应该是特指新闻传播从业者通过接受新闻传播职业道德教育，进行新闻传播职业道德修养培育之后达到的新闻传播职业道德的觉悟程度或所形成的新闻传播职业道德品质状况与道德情操水平。

任何职业道德境界的内涵，都与职业本身的特殊性密切相关。新闻传播职业，其特殊性主要表现在以下几个方面。首先，新闻传播是具有一定的政治特权地位的职业。随着各国宪法对"言论自由"的保障，19世纪中叶以后，报业在英国成为贵族、僧侣、平民以外的"第四阶级"，在美国成为行政、立法、司法以外的"第四部门"。在我国，新闻传播媒体直接隶属党的领导，在有些时候甚至可以发挥出超越媒体自身具有的作用。其次，新闻传播是具有重要的信息特权地位的职业。在世界许多国家，为了方便媒体接近信息源，政府往往在管理上为媒体获取信息提供明确的制度保障。如各种大型的社会活动都为记者安排席位，一些大的机构还会定期为媒体主动提供相关的信息资料。因此在信息收集与获取上，新闻传播职业具有明显的信息优势。最后，基于以上两大特权地位，新闻传播从业者自然也具有较高的经济地位与社会地位，成为世人瞩目与崇尚的对象。因此其自身的道德修养、思想观点、言行规范，必然对社会其他成员产生相当大的影响力。

由于新闻传播职业的这些特殊性，特别是其较大的影响力，社会对新闻传播从业者的道德境界必然会提出更高的要求。因此新闻传播职业道德境界的初始层次应该建立在较高的起点之上。

在西方，新闻传播是一种经过严格训练以后才能从事的职业。如在美国，新闻传播从业者必须具备如下品德：尊重并客观、准确地还原客观事实，公平、公正，尊重个人隐私，独立于既得利益集团，对社会和公众利益负责，尊重法律，正派和高品位等。在世界许多新闻传播职业道德准则中，保证新闻报道的真实、客观、准确、公正是最基本也是最终的职业道德要求。因为真正认识并达到这一点，需要经过艰苦的磨炼。为了达到这一最基本也是最终的职业道德要求，几乎所有国家或地区的新闻传播职业道德条文都明确地禁止新闻记者从事商业活动，要求新闻传播媒体清楚地将广告乃至隐性广告与新闻报道区分开来；规定记者不得接受任何形式的礼物，更不能接受任何形式的贿赂，不得利用职业活动之便谋求个人利益，更不得在任何带有商业目的的文章或图片上签名；言论和新闻也必须清楚地区分开来，新闻报道必须遵守国家法律，保护未成年人权利，尊重个人隐私，分清记者与警察、法官等的角色；等等。

在我国，与社会主义道德导向相适应，清华大学范敬宜教授结合自己的经历，提出了记者应该具备的基本素质——热爱新闻事业、坚持正确的舆论导向和良好的工作作风。他认为有五种人不可以做记者：不热爱新闻工作的不可以，怕吃苦的不可以，畏风险的不可以，慕浮华的不可以，无悟性的不可以。①

以上道德要求是新闻传播从业者必须具备的基本道德修养，在此基础上，新闻传播从业者通过新闻传播职业道德修养培育，不断提高与完善自己的职业道德，逐渐从较低的新闻传播职业道德境界过渡到较高的新闻传播职业道德境界，最终走向最高的理想职业道德境界。

2. 影响新闻传播职业道德境界提升的主要因素

新闻传播职业道德境界，作为新闻传播从业者所要实际达到的职业道德水平，其构成并不是孤立的，它要受到许多相关因素的影响。具体而言，这些影响因素主要有如下几个方面。

首先，新闻传播职业道德境界的提升受社会整体道德发展水平的制约。任何道德都是特定社会意识形态的产物，新闻传播职业本身的前沿性、政治性使其职业道德更是时代主流价值观的体现。如在西方，个人主义、功利主义道德观流行，西方新闻传播职业道德往往体现为追求轰动的利益效应、尊重个体对象的权利、实现个体的最高价值等。而在我国，《公民道德建设实施纲要》对全体公民提出了"为人民服务"的集体主义道德要求，因此，追求社会整体效应、充当党和政府的喉舌、团结协作、遵纪守法就成为我国新闻传播从业者基本的职业道德要求。

其次，新闻传播职业道德境界的提升受该行业发展与成熟程度的影响。任何职业的形成都是社会结构进化和社会分工细化的结果，都要经历一个起步、发展与成熟的过程。新闻传播行业也不例外。新闻传播职业的形成可以追溯到16世纪欧洲地中海沿岸那批最早的消息传递者。但自觉

---

① 参见刘鉴强《如果有来世，还是做记者——范敬宜谈新闻记者的修养》，《新闻记者》2002年第6期。

的道德自律是在 19 世纪末以后才开始产生的。在我国，新闻传播职业的形成则更晚，虽然报纸的起源可以追溯到唐代的官报，但具有近代意义的报纸却是在 19 世纪以后才开始出现的。相应地，我国道德自律也就成熟得更晚。新闻传播职业从产生、发展到成熟的不同阶段，必然对从业者的职业道德境界提出阶段性的要求。但就整体发展而言，新闻传播职业道德境界的内容是不断趋向成熟与稳定的。

最后，新闻传播职业道德境界的提升受新闻传播从业者个体道德修养的影响。新闻传播从业者职业道德境界的提升，来自职业道德教育，但更重要的是来自自身的整体道德修养。只有自己自觉自愿地追求更高的职业道德境界，才有可能尽快地接近理想的职业道德境界。当然，对于任何从业者来说，其职业道德境界的提升都要经过自身艰辛的努力，经过不断反复的培养与锻炼，在自我矛盾与斗争中不断升华。另外，个人新闻业务水平的不断提高，是达到理想职业道德境界的重要保障。

3. 我国社会主义新闻传播职业道德境界

我国社会主义新闻传播职业道德境界，主要是要体现新闻传播职业道德境界的社会主义特点。这一特点与社会主义政治、经济、文化体制密切相关，主要涉及如下几个方面。

首先，社会主义新闻传播职业道德境界必须以《公民道德建设实施纲要》所提倡的"为人民服务"的"集体主义"道德原则为基本导向。必须做到国家、集体、个人利益的辩证统一，尊重、保护个人合法权益，认可、维护国家和集体利益。

其次，社会主义新闻传播职业道德境界必须将马克思主义的伦理道德观作为指导思想，注重社会主义精神文明建设。明确伦理道德的阶级性、社会性、主体性，以及它对社会存在的反映与调节功能，树立远大的共产主义理想，在当今政治、经济、文化全球化的时代里，认真学习国际主流文明和现代性思想，培养全球眼光。

最后，社会主义新闻传播职业道德境界必须与社会主义特殊的经济基础和政治制度相适应。我国虽然已经基本建立起市场经济体制，但是媒体行业的管理机制还是处于事业管理阶段，传媒业的发展还受到政治体制状况的影响。因此，新闻传播职业道德行为必须与特定的社会现实相结合。

周鸿书认为优秀记者应该具备五个方面的品德：德、识、能、学、搏。① 其中"德"是指记者的伦理道德，包括政治品德、职业品德、个人品德；"识"是指知识、学问、见识、见地，具体指三个层次——学识、见识、胆识；"能"是指专业能力，包括社交能力、调研能力、表述能力；"学"是指不断学习的能力——向书本学习、向社会学习、向被采访者学习；"搏"是指拼搏精神——不断求新、只争朝夕、不怕牺牲。这种对优秀记者的要求，可以作为我国新闻传播职业道德境界的较高层次。其中也包含一些业务方面的要求，事实上，较高的职业道德境界与较高的业务水平往往是相辅相成的。

如同道德境界是特定社会环境的产物，新闻传播职业道德境界也是与特定社会环境的发展变化密切相连的。在世界步入全球化、信息化的新时代，优秀的新闻传播从业者，更应该站在时代的前沿，放眼全球，肩负起担当时代开拓者的重任，不断为自己设立新的道德境界，用更高的道德要求来提升自己的职业道德。

二 新闻传播职业的道德评价

（一）道德评价及其作用

道德评价，是指人们在现实生活中自觉或不自觉地依据一定的道德原则、善恶标准，通过社会舆论和个人心理活动等形式去评价他人、衡量自身的行为。道德评价是道德实践活动的一种重要形式，是道德发挥其社会作用的重要手段。

1. 道德评价的标准

如同道德是一定社会意识形态的产物，道德评价的原则与规范也同样带有强烈的主观意识色彩。道德评价主体不同，道德评价标准也会有所区别。然而在带有诸多变量的道德评价标准之上，是否存在某种抽象的、带有共性的道德价值标准呢？历史上关于这一问题的探讨极多。

---

① 参见周鸿书《新闻伦理学论纲》，新华出版社，1995，第237~250页。

　　道德相对主义者认为，道德标准和道德价值起源于人，是人的智慧和习惯的表现，并依特定的历史、文化、个人修养等诸多变量的变化而变化，因此在道德问题上，没有适用于全人类的绝对道德标准。著名伦理学家伯特兰·罗素在《伦理学和政治学中的人类社会》一书中指出，道德原则和道德规范的根据是情感，我们不可能找到永恒不变的、人类普遍认同的道德原则和道德规律。恩格斯也曾说过："善恶观念从一个民族到另一个民族、从一个时代到另一个时代变更得这样厉害，以致它们常常是互相直接矛盾的。"[①]

　　道德绝对主义者则持截然相反的态度，认为人类不仅具有共同的道德标准，而且只有具有普适性的善恶标准才是道德的标准。如康德的绝对命令，其著名论断是："除非我能把我的意志、把我的行为准则变成普适的定律，否则我就不应该采取行动。"[②] 在康德看来，检验一个人的行为是否道德主要是看这一行为是否能普遍适用。"绝对"意味着无条件，是道德的就永远道德，是不道德的就永远不道德，没有什么可以影响它的绝对性。其"道德"是由约束任何理性的存在的义务所组成的。义务是人应当在正当的精神指导下做正当的事情，良心会告诉你选择善、回避恶。

　　基于以上两种观点的截然对立，我们认为：由于人具有共性，在某些体现人类共同利益的问题上，仍然存在一些基本趋同的价值标准。著名心理学家马斯洛将真、善、美、愉快、正义、快乐等视为跨越时空的人类共性的价值观，他曾说："我相信我能通过观察最优秀的人类代表来找到适合人类的最终价值观。假如我站在一边科学地描述在最好条件下的最出色的人物的人类价值观，那么我发现这些价值包括如真、善、美在内的人类古老的价值，也包括一些后来的价值，比如愉快、正义和欢乐。"[③] 事实上，诸如此类的道德价值，在任何社会都有一定的积极意义。因此，对道德标准而言，既有适用于人类社会的共同的绝对价值标准，也有依特定历史、文化、个人而变迁的相对价值标准，两者在稳定与变化的矛盾

---

① 《马克思恩格斯选集》第三卷，人民出版社，2012，第469~470页。
② 〔德〕伊曼努尔·康德：《道德形而上学基础》，孙少伟译，中国社会科学出版社，2009，第83页。
③ 转引自何建华《道德选择论》，浙江人民出版社，2000，第215页。

运动中不断发展与完善，并在人类走向全球化的过程中，越来越趋于稳定与统一。

2. 道德评价的形式

道德评价的作用最终是通过道德评价的形式来实现的。一般而言，道德评价的形式有三种：社会舆论、内心信念、传统习俗。

社会舆论是指一定社会、阶级、集团、个人，依据一定的道德标准与价值原则，对特定的个人或群体的道德行为以及社会现象做出善恶的价值判断。

社会舆论主要来自两种渠道：一种是口头议论，一种是媒介传播。口头议论属于自发的社会舆论，指人们在无组织、无导向的情况下自然而然产生的道德判断。"众口铄金""人言可畏"正是这种力量的表现。媒介传播则是自觉的社会舆论，指通过有组织、有导向、有特定的媒介传播渠道所进行的道德评价。狭义的社会舆论一般就是指这种媒介传播。它高度的自觉性与组织性，决定了它具有强大的导向功能，成为历代当权者引导社会舆论的重要的宣传工具。当然，由于舆论具有可变动性，自发的社会舆论在一定情况下也有可能发展成为占主导地位的社会舆论。

社会舆论是道德评价形式中功能最强大的一种。与自我评价的内省性相比，社会舆论评价并不在意评价对象的自愿或非自愿，对不道德行为的谴责，其产生的强制性压力迫使对方不得不改变自己的不道德行为，最终弃恶从善。

内心信念是一种内在的、自觉的道德评价行为，指人们依照自己业已形成的道德观念对自己的行为进行自觉的肯定或否定。

内心信念主要通过个人良心来发挥作用，以良心的自我谴责、自我满足、自我安慰等形式来进行。"问心无愧""内心不安""内疚""羞愧"等就是这一作用的具体体现。

内心信念在道德评价中的意义在于，它是个人走向更高道德境界的内在推动力。这种道德自觉性，对个人而言，能够促使自己经常性地进行自我评价和自我检讨，提醒自己避免不道德行为的发生，是个人扬善抑恶的推动力量；对社会而言，它会积极主动地对各种社会现象与社会行为进行道德评价，是提升社会风尚的精神动力。它是个体道德修养水平的综合体现，一个内心信念强烈的人，是一个道德高尚的人，他在任何情况下都会表现出强烈的道德自律意识。

内心信念的获取主要通过教育和培养。教育偏重于外在的学习以及环境的熏陶，培养则偏重于内在的提高与自我教育，只有将两者结合起来互相促进，才能使自己的内心信念不断增强。

传统习俗，是指人们在长期的社会生活中逐渐形成的，从历史沿袭而巩固下来的稳定的、习惯性的道德倾向和道德评价行为。这些善恶标准因习惯而成自然，被社会与个人视为不言自明、理所当然的道德准则。按照英国哲学家罗斯的观点，这些基本的道德义务是自明和无须争议的，只有在道德上顽固不化的人才会对它们视而不见。

传统习俗是历史的积淀，包含着丰富的人类经验与文化精华，因而最易于为社会普遍认可和接受，具有操作上的可行性，并成为不同领域道德规范的补充，成为事实上的一种社会纪律。然而，由于社会变化的加速度，许多传统习俗不免在不同程度上显得滞后于时代的发展，因此，面对一些习惯性的道德标准，也要进行具体问题具体分析，摒弃那些落后、保守、消极的传统习俗。

3. 道德评价的作用

道德评价的作用主要表现在三个方面：一是认识作用，二是调节作用，三是管理作用。

道德评价的认识作用，是指道德评价以具有善恶意义的准则、风俗、情绪、信念、理想等，提供有关现实社会关系状况的各种真实信息，表达对现实社会的正确认识。因为这种认识依赖于现实社会生活实践，其认识过程往往就是整个社会组织或社会成员的实际生活过程。因此，这种认识具有较强的客观性、针对性、征兆性、概括性，是我们改造社会现实、提高社会道德风尚的最有价值的依据。

道德评价的认识作用通过对现实社会认识成果的展示，对社会存在的各种问题及其弊端及时敲响警钟，对高尚品德进行赞扬、激励与导向，为我们不断认清社会现实，提升社会道德境界，引导社会正常发展指明了方向。

道德评价的调节作用是指道德通过评价来指导和纠正人们的行为、协调各种关系的能力。道德评价总是以"应当怎样"为尺度来衡量和评价人们的行为与现实状况，其尺度具有多层次性，如善可以分为非善、小善、大善、至善等，人们可以通过逐步完善来达到"应当"的最高道德境界。这一调节方法具有广泛的普遍性，针对社会中存在的大量非对抗性矛盾，其是最有效的解决手段。道德评价在引导人们尊重和信守法律、防范尚未发生的违法行为等方面，具有不可替代的作用。

道德评价的管理作用，较之于法律与行政手段的硬性管理，具有间接性与温和性，使被管理者易于接受，常常可以弥补硬性管理的不足。良好的舆论环境、分明的奖罚机制、健康的道德信念，通过道德评价体现出来，可以最有效地调动个人的积极性，是树立行业形象、提高社会生产力的重要手段。

（二）新闻传播职业道德评价的基本特征

前文对道德评价的标准、形式、作用进行了分析。在此基础上，我们进一步对新闻传播职业道德评价的特点与意义进行探讨。

1. 新闻传播职业道德评价的特点

新闻传播职业道德评价的特点，是由其特定的评价方式、评价内容、评价效果决定的，主要体现在如下三个方面。

（1）普遍性

这是由新闻本身的社会性决定的。新闻报道的内容指向社会生活的各个层面，涉及全社会关注的所有问题，不同的个人、不同的群体都会对新闻德行作出相应的反应。因此，新闻道德评价显示出多样、广泛、灵活的普遍性特征。就评价的层次而言，有社会评价、行业评价、自我评价；就评价的主体而言，有有组织的机构的评价，也有自觉自愿的无组织的评价；就评价的内容而言，有正面的褒扬、激励，也有负面的批评、监督。

较之于社会评价的自觉性与随意性，行业评价则是有组织、有规律的评价。正面的评价主要体现在由各机构、团体组织的各种类型的新闻奖项的颁发上，如普利策新闻奖、中国新闻奖、长江韬奋奖、全国百佳新闻工作者等，通过奖项的颁发，对某些道德行为进行肯定与褒扬，从而起到对新闻传播从业者的道德进行激励与引导的作用。负面评价则表现在有关部门对媒体存在的问题的批评与对媒体的惩处上，这种批评与惩处迫使媒体强制性自律。如一年一度的十大假新闻评选，虽然假新闻远不止十个，但这种评价道义上的倾向，会造成一种精神压力，并给媒体及其从业者带来直接的名誉损失，起到强大的警示、警戒作用。还有行业内部定期的自查、自审、自评等都从不同角度体现了新闻道德评价的普遍性、灵活性等特征。

（2）倾向性

如同新闻总是体现着社会一定利益集团的价值，新闻传播职业道德评价同样带有强烈的主观倾向性，只是这种倾向性依社会、个人、团体的背景、性质等的不同而有所区别。

在西方发达国家，媒体道德评价的价值导向体现着西方社会的价值观。普利策新闻奖，是美国新闻界的最高奖项，其导向的价值在美国新闻界具有最为广泛的影响力。从被该奖项肯定的获奖作品来分析，其明显体现出两种倾向。一种倾向是对美国社会丑闻弊端揭露的文章居多。这种文章在媒体市场竞争激烈的美国社会最能迎合普通受众的心理，最能刺激受众感观，因此最能使媒体获得利润，这正是其社会功利追求在新闻价值评价中的体现。另一种倾向是重国内报道轻国际报道。

在我国，由于对媒体社会效益的重视，新闻传播职业道德评价倾向于对正面报道的文章予以肯定。《中国新闻工作者职业道德准则》第2条明确提出："坚持正确的舆论导向。"习近平总书记也指出："必须把政治方向摆在第一位，牢牢坚持党性原则，牢牢坚持马克思主义新闻观，牢牢坚持正确舆论导向，牢牢坚持正面宣传为主。"[①] 我国《公民道德建设实施纲要》也专门提到这种倾向性，"广播、电视、报纸、刊物等大众媒体，要坚持团结稳定鼓劲、正面宣传为主，牢牢把握正确舆论导向，满腔热情地宣传两个文明建设中涌现出来的、反映新时期道德要求的新事物、新典型"。这要求我们国家的新闻传播职业道德评价将社会效益摆在首位。例如我国优秀新闻工作者最高奖——长江韬奋奖，其评选目的就是鼓励广大新闻工作者继承和发扬范长江、邹韬奋真诚为人民服务的崇高品德和思想

① 《习近平谈治国理政》第二卷，外文出版社，2017，第332页。

作风，表彰德才兼备的优秀新闻工作者，展示新闻战线"三项学习教育"和"走转改"活动成果，发挥优秀新闻工作者示范作用，引导、激励广大新闻工作者坚持和践行马克思主义新闻观，继承和发扬党的新闻工作优良传统，弘扬职业精神，恪守职业道德，更好地为人民服务、为社会主义服务、为全党全国工作大局服务。①

（3）自觉性

新闻传播职业道德评价较之于强制性的法律管理，在某种程度上具有自觉自愿的特点。

这与媒体自律的兴起直接相关。新闻媒体自律最初产生的主要原因之一就是媒体为了逃避政府强制性的干涉，因为如果媒体自己没有管理好自己，政府就会强制性地介入，这会使媒体丧失许多的主动权，所以媒体不得不自觉自愿地将自己管理好以争取操作上的主动。

新闻传播职业道德评价的自觉性也体现在行业竞争中。在市场竞争激烈的现代社会，新闻媒体传递信息、引导舆论，肩负着崇高的社会责任与殷切的大众期待。其特殊的社会地位及权威性都是建立在受众的信任以及社会各界的积极评价之上的。这一公信力的获取等同于媒体的生命，失去这一信任就失去了媒体的价值。而媒介公信力的建立、维护与提升，只有通过媒介的自我道德评价，不断追求更高的职业道德境界，才有可能达到。具体而言，是否制定完善的职业道德标准并严格遵守，是否在新闻报道中将事实与意见分开，是否公平、公正，是否受商业势力的控制，是否尊重公众的隐私权，是否给受众造成一种职业优越感，等等。这些评价标准都是影响媒介公信力的重要因素。在美国，据艾萨德所做的媒介公信力研究，受众对媒体的最大批评是：认为媒体对不同意见者比较苛刻，媒体受商业利益驱使，经常侵犯隐私权，有时隐匿一些应该报道的新闻，报道中体现了太多的记者的意见等。针对此类道德问题，媒介行业只有通过定期定量的自查、自审、自评等，以及行业组织的自我调节与自我管理来进行改善。

---

① 参见《长江韬奋奖简介》，中国记协网，2014 年 6 月 13 日，http：//news. xinhuanet. com/zgjx/2014-06/13/c_133404383.htm，最后检索时间：2023 年 5 月 10 日。

2. 新闻传播职业道德评价的意义

新闻传播职业道德评价的普遍性、倾向性、自觉性等特点，决定了新闻传播职业道德评价的意义主要体现在如下三个方面。

第一，完善的新闻传播职业道德评价机制与评价内容，是新闻传播职业与新闻传播职业道德成熟的重要标志。

任何行业在发展的初期阶段，都会显示出管理与自我调节上较大的随意性，并随着该行业发展过程中不断地矛盾冲突与调节，累积着越来越丰富的管理经验，最终形成一套具有较强操作性的管理与调节机制。所以成熟的管理与调节机制是一个行业走向成熟的标志。

新闻传播行业除了完善的外在管理外，在道德评价与调节上，已经趋于成熟。以新闻自由为核心的职业道德观念产生于 19 世纪上半叶，当时一些著名的报纸如《纽约论坛报》《每日电讯报》《纽约太阳报》等都开始提出一些相应的自律要求。新闻传播职业道德的建设起步于 19 世纪 70 年代，以瑞典 1874 年成立的发行人俱乐部为最早。新闻传播职业道德规范的制定则始于 1908 年，美国密苏里大学新闻学院创办人沃尔特·威廉斯（Walter Williams）主持制定的《记者手则》，首次提出了一个全面系统的新闻传播职业道德标准。在新闻传播职业道德发展的过程中，一些行业性的新闻职业道德规范推动着新闻道德建设规范的成熟，如 1923 年美国报纸编辑人协会通过的《新闻界信条》、1934 年美国记者公会通过的《记者道德律》等。截至 1990 年，世界大约有 70 个国家和地区制定有新闻传播从业者的职业道德准则。至此，新闻传播职业道德管理与调节不仅有一个明确的自律部门，而且有一套完整的道德评价标准。

在我国，1979 年 12 月，复旦大学新闻系在编印的内部刊物《外国新闻事业资料》中发表译文《新闻道德的准则》，将"新闻道德"概念引进新闻界。中华全国新闻工作者协会于 1980 年 8 月恢复活动，1981 年拟定《记者守则（试行草案）》。之后，系统的新闻传播职业道德评价，通过社会评价、行业评价、自我评价等多种形式协调进行。社会评价来自媒介外部，具有一定的随意性。行业评价与自我评价则是通过有组织的自查、自审、自评展开。1991 年 1 月，中华全国新闻工作者协会第四届理事会第一次全体会议通过《中国新闻工作者职业道德准则》，此后分别于 1994

年 4 月、1997 年 1 月和 2009 年 11 月对该准则进行了三次修订。该准则包括 7 条，即全心全意为人民服务，坚持正确舆论导向，坚持新闻真实性原则，发扬优良作风，坚持改革创新，遵纪守法，促进国际新闻同行的交流与合作。[①] 由职业道德修养成熟后带来的职业良心也会在这些评价中发挥作用，从而形成一套标志该行业及行业道德成熟与稳定的良性运转机制。

第二，赏罚得当的新闻传播职业道德评价是促进新闻传播行业不断完善、升华，走向更高道德境界的重要保证。

新闻传播职业道德评价是推动该行业走向更高道德境界的重要途径。新闻传播职业道德评价通过对正面职业道德行为的褒扬与对负面职业道德行为的贬斥、处治等，使该行业工作作风不断受到检验，在发展过程中及时发现问题、克服缺点，改进工作作风，建立一种更加健康向上的集体道德风尚。

对从业者个人而言，在职业道德评价中得到的褒奖与鼓励会直接推动个人事业的发展。批评与贬斥，除了良心的压力以外，更会影响甚至导致其前途的丧失。在这种强大道德力量面前，从业人员必须不断地检讨自己、完善自己，从而使新闻道德教育与修养活动在个体层面得到不断深化与升华。

有效的新闻传播职业道德评价也是调节新闻界内部各种关系与矛盾的重要手段。新闻传播行业在内部运行中会遇到各种类型的矛盾与冲突，而新闻传播职业道德评价通过明确的赏罚与评判，使一些矛盾迎刃而解，一些矛盾及时得到调节。

第三，不断的新闻传播职业道德评价是调节业界与社会其他各行业、各群体之间关系的重要手段。

西方新闻评议制度兴盛的一个重要原因就是新闻自由的滥用使西方社会对媒体的信任度急剧下降。新闻评议制度就是运用自律方式让新闻界履行社会责任，如建立民间自愿性的新闻传播职业道德评议组织、出版新闻传播职业道德评议刊物、制定新闻传播职业道德规范、开展职业性的新闻传播职业道德评议活动等。通过这些方式与社会各界沟通，从而达到缓和

[①] 中华全国新闻工作者协会第七届理事会第二次全体会议 2009 年 11 月 9 日修订。

矛盾、改善形象的目的。

最典型的例子如 1997 年英国黛安娜事件（英皇妃离婚以后，与新男友约会，被记者追踪，遭车祸而亡）。记者的不道德行为遭到了全社会的严厉谴责，公众甚至拒绝购买刊登黛安娜车祸惨状的报纸。在强大的压力下，媒体不得不重新修订关于英国记者的行为道德准则，如加强对隐私权的保护，限制媒介借公众利益滥用权利，强调照片的拍摄和使用权限，加大对未成年人的保护，禁止在新闻信息获取中的有偿行为等，以此来缓和媒体与社会各界的关系。

（三）新闻传播职业道德评价的标准与类型

1. 新闻传播职业道德评价的标准

由于道德评价既有绝对的真、善、美等人类公认的标准，又有依历史、文化、个人不同而不同的相对标准，因此新闻传播职业道德评价具有不同的层次。

（1）宪法与相关法律

任何职业的自律都离不开政府立法的支持，而且相关法律条文筑起了道德行为的最低防线。新闻法作为调整新闻活动中各种关系，保障新闻活动中的社会公共利益以及公民、法人的合法权益的法律规范的总汇，自然是新闻传播职业道德评价最基本的标准与依据。

我们国家专门的新闻法还没有出台，相关法律条文散见于宪法与其他法律文献之中。例如：《中华人民共和国宪法》中涉及新闻传播问题的有第 22、35、38、39、40、41、47、51、53 条共 9 条。法律方面主要有《中华人民共和国著作权法》；《中华人民共和国民法通则》第 38、39、40、94、99、100、101、102、120 条；《中华人民共和国刑法》第 103、105、181、219、221、222、243、246、249、250、278、363、364、398 条等。其他如《中华人民共和国未成年人保护法》《中华人民共和国预防未成年人犯罪法》《中华人民共和国妇女权益保障法》中对妇女、儿童的保护条款，以及《中华人民共和国保守国家秘密法》中关于报刊的出版发行和广播电视节目的制作播放的规定等，都是新闻传播职业道德必须遵守的规范。

新闻传播行业内部的行政法规是更为直接的道德要求。如《外国记者和外国常驻新闻机构管理条例》《卫星电视广播地面接收设施管理规定》《出版管理条例》《报纸出版管理规定》《中华人民共和国著作权法实施条例》《广播电视管理条例》《实施国际著作权条约的规定》。部门规章方面：如 2014 年，国家新闻出版广电总局发布的《新闻从业人员职务行为信息管理办法》；2005 年新闻出版总署颁布的《报纸出版管理规定》；1997 年，中宣部、广电部、新闻出版署、中国记协发布的《关于禁止有偿新闻的若干规定》。地方性法规方面如《河北省新闻工作管理条例》《云南省出版管理条例》《安徽省广播电视管理条例》《山西省广播电视管理条例》。还有一些其他领域专门的行政法规中的相关内容等，都是新闻传播从业者必须遵守的行为标准。

（2）新闻政策与宣传纪律

再严密的法律也只能规范人们的行为而不能规范人们的思想。新闻传播活动是一种带有强烈意识形态色彩的行为活动，而这种思想性活动很多时候都是由新闻政策与宣传纪律来导向的。因此，这些体现着鲜明思想倾向的新闻政策与宣传纪律自然也是新闻传播职业道德评价的重要依据。这在一些西方国家也有体现，如英国独立电视委员会为管理商用电视台而制定的某些政策和节目标准，美国全国广播公司（NBC）制定的《新闻报道政策》。

在我国，由于新闻立法的相对滞后，新闻政策在新闻管理上起着非常重要的作用。这些政策由党委及其宣传部门制定，代行行政管理的职权。这些累积丰厚的新闻政策，以指示、决定、规定等形式出现，形成一个相当完整的中国共产党新闻政策体系。其灵活性体现了社会主义发展中变动较快的部分。其丰富的内容有些上升为法律，有些则被新闻传播职业道德规范所吸收。

宣传纪律是对新闻传播行为进行约束的强制性规范。包括中国共产党的纪律与新闻单位内部的纪律。如《关于党内政治生活的若干准则》《中国共产党纪律处分条例（试行）》等都属于党的纪律。

（3）新闻传播职业道德规范

新闻传播职业道德规范是对新闻传播从业者进行职业道德评价最直接

的依据，是检验新闻传播从业者是否合格的具体标准。没有达到这一标准，就不是合格的新闻传播从业者。

在我国，较早的新闻传播职业道德规范是 1981 年中共中央宣传部新闻局和中央新闻单位拟定并颁布的《记者守则（试行草案）》。这一守则产生在改革开放之初，主要是强调在政治上的正确性，以及在工作作风上的实事求是、全面客观、认真负责。1991 年 1 月，《中国新闻工作者职业道德准则》在中华全国新闻工作者协会第四届理事会第一次全体会议上通过，取代了《记者守则（试行草案）》。后来，有关部门又出台了一系列相关的文件和规定，但都未超出《中国新闻工作者职业道德准则》的范围和水平。以上的新闻传播职业道德规范构成了我国新闻传播职业道德评价的具体内容。

其他国家也有相应的新闻传播从业者职业道德规范。例如，美国有1996 年 9 月职业新闻工作者协会修订并颁布的《伦理规范》；1987 年 8 月美国广播电视新闻主任协会董事会一致通过的《广播电视新闻主任协会章程》；联合国新闻自由小组委员会经过五次讨论制定的《国际新闻道德信条（草案）》；1954 年国际记者联盟世界大会通过，1986 年世界大会修正的《记者行为原则宣言》等。

2. 新闻传播职业道德评价的类型

新闻传播职业道德评价的类型是指新闻传播职业道德评价的具体形式，主要有如下几种。

（1）媒体评估机构的评价

媒体评估机构是指针对各种不同媒介（如报纸、广播、电视、网络等）的各项运行指标进行量化测评分析，并获取各类相关数据的专门机构。这些机构有些是营利性的，有些是非营利性的。其获取的评估结果，成为新闻传播职业道德评价的一个重要依据。

美国 FAIR（Fairness and Accuracy in Reporting）评估组织是这方面的一个典范。该机构的主要工作就是通过详细观察媒介运作，针对媒介的各种问题提供第一手资料的批判。其评价结果是通过自己的传播渠道来发布的。如其自制的广播节目 *Counter Spin*，每周一次，每次半小时，批判性地检查每周的重要新闻报道，特别关注所发布新闻的准确性、公正性，如性别与种族歧视、商业利益对媒介的影响、政治议题的倾向性等，并在互联网上开设可供检索的网站。同时还发行双月刊 *Extra!*，将最近两个月的媒介监督资料汇总出版。为了保持其批评的客观性，该杂志拒绝广告商的赞助，只收取读者订阅费。该机构成立于 1986 年，由于其观点公正、监督对象广泛，在美国传媒界起到很好的批评与监督作用。

美国是世界视听率调查的发源地，以 AC 尼尔森（AC Nielsen）和阿比壮（Arbitron Company）为代表的美国视听率调查公司，在技术领先、调查方法更新以及调查程序的规范与完善等方面为该行业树立了典范。前者着重于联播网的收视率调查，而后者主攻广播、地方电视台及有线电视系统的收视率调查。此外，英国最主要的收视率调查公司 BARB、日本视听率调查领域最具权威性的机构 Video Research Ltd.（VR）、法国最主要的收视率数据供应商 MEDIAMETRIE 公司都是比较成熟的电视媒介评估机构。

由于市场经济的发达，国外各种行业的调查评估系统较为成熟，并形成了一些全球公认的权威机构。如《财富》杂志的全球 500 强、《福布斯》的全球企业 500 强、《商业周刊》的全球经营企业 500 强等。但在我国，调查评估业还是一个刚刚兴起的行业，媒体评估大多在媒体内部进行。

传统媒体的评估主要由各级党委宣传部门组织，根据政治、业务等综合标准评出优秀的媒体。在市场经济的推动下，由于受众在媒体传播中的地位越来越重要，评估的指标越来越具体。《中国青年报》建构了我国首家由主流媒体自己筹建的报纸评估系统——中国青年报评估系统，其系统由读者报纸质量监测评估系统、专家报纸质量监测评估系统、内部星稿报纸质量监测评估系统组成，通过这一系统对自己的报纸运行情况进行监测、评估、预测。

电视媒体评估包括电视台评估、频道评估、节目评估，以节目评估为主。评估指标主要有五项：收视率、对象收视率、满意度、媒体形象、相关性。电视媒体评估是为节目制作服务的，是为了把节目办好而建立的观众信息反馈系统与评价系统。

在中国，TNS 和中国国际电视总公司合资建立了央视市场研究股份有限公司和央视-索福瑞媒介研究公司。央视市场研究股份有限公司（CVSC-

TNS RESEARCH，CTR）拥有覆盖全国的媒介、市场和广告调查网络，不仅具有强大的全国性调查执行能力和网络管理经验，创建了一整套数据处理、数据分析的科学方法，而且拥有连续 21 年的媒介、市场、广告研究数据库，是国内最大的专业媒介与市场研究公司。主营业务包括消费者固定样组调查、广告监测、平面媒体调查、电视媒介研究及个案调查。央视-索福瑞媒介研究公司（CVSC-SOFRES MEDIA，CSM）是 1997 年由原央视调查咨询中心和法国索福瑞（Sofres）集团合作成立的媒介评估机构，是中国最具权威的收视率调查专业公司。CSM 拥有世界上最大的广播电视受众调查网络，覆盖 5.99 万余户样本家庭；其电视收视率调查网络所提供的数据可推及中国内地超过 12.8 亿和香港地区 640 万的电视人口；其广播收听率调查的数据则可推及中国超过 1.44 亿的广播人口。截至 2016 年 7 月，CSM 已建立起 157 个提供独立数据的收视率调查网络（1个全国网、25 个省级网、131 个城市网），对 1052 个电视频道的收视情况进行全天候不间断调查；同时，CSM 也已在中国 36 个重点城市及 3 个省份开展收听率调查业务，对 467 个广播频率进行收听率调查。覆盖全中国的收视调查网络和先进的收视监测技术标准使 CSM 成为中国收视研究市场上的领导者，并赢得了越来越多客户的信赖。

（2）新闻评议委员会的评价

新闻评议委员会是帮助报业实行自律的他律组织。最早成立的是 1916 年瑞典"报业荣誉法庭"。之后很多国家都成立了相应的组织。如英国 1953 年成立"报业评议总会"，1963 年将其改为"英国报业评议会"。由 30 位委员组成，其中包括 7 个报业团体的编辑代表 15 位、经理级代表 10 位和社会公正人士 5 位。其成立宗旨是：保持英国已有的新闻自由；依据最高的职业与商业标准，保持英国报业风格；批评对报业的限制；促进报业人员的教育及训练；增进报业各部门间的协调；提倡技术及其他方面的研究；研究报业集中或独占的趋势；定期出版报告，说明业务状况，并随时检讨报业发展情况与影响因素。

在中国，目前主要是由记协行使这方面的职能。

这些报业评议会一般只受理违反新闻传播职业道德的案件，不受理违法案件。大多只有裁决权，而没有处罚权。只有日本等少数几个国家的评议会既有裁决权又有处罚权，可以对违反新闻传播职业道德的人或媒体予以警告、记过、罚款、开除会籍等处罚。

（3）新闻传播媒体内部的自评、自查

新闻传播媒体内部的自评、自查，是指各新闻单位为了加强内部员工管理，制定一些相应的规章制度与考核评估指标，对员工的工作能力、职业道德等进行综合考察，从而达到激励员工工作积极性、提升行业整体信誉的目的。具体而言，这种自评、自查是通过报社规章制度与内部考核评估制度来进行的。

报社规章制度，是指各个报社根据法律及有关政策的规定，结合本单位的实际情况，制定出的对本报社员工进行规范化管理的有关工作职责、工作秩序、工作方法、工作纪律等具体规定。这些规定有两个方面的作用：一是通过告知、指引、评价、预测、教育和强制等规定，确保报社员工具备高效、有序的工作作风；二是通过明确规定员工的职责、权利与义务，保障了员工应得的权利，如基本的民主权利、经济权利等，维护单位公平、有序的竞争机制。就目前情况来看，我国媒体单位内部的法制化管理逐渐完善，原来那种领导拍板、开会决议的非规范化做法正在减少。

内部考核评估制度，指报社通过量化的方法建立一套综合的评估体系，对报社员工进行科学化管理。如哈尔滨日报社的"全员百分制考核制"，上海电视台的"电视节目评估指数公式"等。以此来实现新闻活动的全过程科学管理，使相应的考核制度、奖惩制度、评聘制度、分配制度等更趋合理化、公平化，从而调动员工的工作积极性、主动性、创造性。

一般而言，考核内容的制定主要考虑四个方面：德、能、勤、绩。这一考核标准来源于我国古代对官员的考核，"德"居其首，体现了对道德品质的一贯重视。

（4）来自社会的评估与监督

新闻传播活动具有很强的社会性，总是将社会生活的方方面面作为关注的对象，并通过新闻的观察与报道产生一定的社会影响，因此来自社会的评估与监督也无时不在。

这种评估与监督既有自发的，也有有组织的。自发的社会评估与监督，如英国王妃黛安娜因被记者追逐遭车祸而亡后，引起了英国民众对媒体的强烈抗议，最后迫使媒体修改新闻职业道德规范以加强对隐私的保护。再如《东周刊》在封面上刊登香港演员被虐裸照事件，来自社会各方面的压力迫使该杂志自动停刊。

有组织的社会评估与监督，如南京市委宣传部出台了《关于加强新闻工作者职业道德作风建设的若干规定》，在市属所有媒体上公布规定内容和举报电话，提出全市万民评议机关活动，接受群众监督。成都市委宣传部从不同行业、不同阶层市民中选聘一批人员组成读者阅评小组，对当地媒体进行阅评。在美国，媒体专门指定读者代表作为报纸的调节人，对公众控告做出反应。

三　新闻传播职业的道德教育

道德教育是指通过内在的道德修养与外在的道德培养，将一定的道德理想、道德规范、道德原则等有目的、有计划、有组织地对人们施加影响，最终转化为道德主体自觉的道德品质的过程。它是道德理想具体化、道德成果实践化的重要环节。换句话说，道德教育是有意识地提高人们的道德认识、培养人们的道德情感、锻炼人们的道德意志、确立人们的道德信念、形成人们的道德习惯的一系列行为。其主体是进行道德教育的教育者，其客体是接受道德教育的受教育者，其目的在于促成受教育者形成一定社会或阶级所需要的道德品质。

对职业道德教育而言，它主要是针对特定职业的道德需要，以特定职业的道德理想、道德原则、道德规范等为内容的道德培养过程。新闻传播职业，由于它担负着启迪人们心智、拓展人们视野、引导人们观念的社会责任，其价值取向与文化选择对一个民族的品质和国家的命运产生重大影响，作为新闻传播从业者，其道德教育与道德提升具有更加重大的意义。

（一）新闻传播职业道德教育的特点

新闻传播职业道德教育的特点与新闻传播职业本身的特点密切相关，我们可以将它们归纳为三个方面。

1. 渐进性

渐进性是指新闻传播职业道德教育内容的累积性与教育方式的阶段性。

道德萌发于人类早期的群体劳动与简单交换，形成于社会分工的出现。职业道德则产生于社会分工越来越细密之后。由于职业道德的形成是长期历史的积淀，因此新闻传播职业道德教育也表现出明显的历史继承性。早期的新闻传播职业道德教育是与新闻技能训练融为一体的。之后由于学科的发展与成熟逐渐分离开来，并形成了自己独立的教育内容与结构体系。新闻传播职业道德教育的内容与体系总是与特定时代的历史发展相吻合，与特定的社会关系相适应，与时俱进地建立与升华新闻传播行业的整体形象。

在14~16世纪，资本主义生产的发达，产生了早期的资本主义商业贸易。从事商业贸易的商人急需了解商业行情与船舶、道路等交通信息。为了满足这一需要，当时的贸易中心意大利威尼斯出现了专门收集消息的机构，这批最早的消息收集与传播者就是早期的新闻传播从业者，其职业特点就是满足受众需求，快速地提供真实可靠的信息。这一要求成为历代对新闻传播职业道德的基本要求，也构成新闻传播职业道德教育的最基本的内容。对新闻的真实性、公正性的追求，成为历代新闻传播从业者内在道德修养与外在道德培养的基本目标。然而在时代的发展中，新闻传播职业道德教育的内涵与外延，不断受到各种社会思潮的冲击与挑战，并在这种较量中不断成熟与完善。

在集权统治时期，言论受到当权者的压制，在特许出版制、新闻检查制、严刑峻法等控制下，统治者要求俯首听命、驯服屈从、循规蹈矩的职业道德，统治者的有关命令与新闻传播政策构成了新闻传播职业道德教育的内容。资产阶级革命以后，个性解放带来了新闻自由思想的确立，并派生出一系列新的新闻传播职业道德思想，如报刊是发表意见和思想的自由市场、报刊的职责就是客观地反映现实而不是向公众灌输某种观点等，客观报道成为新闻传播职业的道德要求。20世纪社会责任论的流行，又给新闻传播职业道德提出了新的要求。新闻在自由的同时要承担起相应的社会义务与责任，要约束自己的行为，视公众的自由高于自己的自由。新闻传播职业道德教育的内容就这样在历史浪潮的冲击与洗礼中，不断丰富与升华。

内涵丰富的新闻传播职业道德教育并不是一蹴而就的，而是不断反复教育、阶段性的渐进发展。首先培养与提高新闻传播从业者的职业道德认识，然后陶冶职业道德情感，锻炼职业道德意志，确立与坚定职业道德信念，形成良好的职业道德习惯。理论—实践—再理论—再实践，不断反复，有时会针对具体问题提出具体的教育方法，以此不断接近最高的职业道德境界。

2. 倾向性

倾向性是指新闻传播职业道德教育带有明显的政治色彩，体现在教育内容及教育方式上。

无论新闻传播媒体是监督当权者的工具，还是当权者控制舆论的工具，其阶级性、倾向性都是显而易见的。新闻传播职业道德教育，其浓厚的政治色彩也是不容抹杀的。

新闻传播职业道德教育的首要内容就是思想的正确性。然而思想的正确性是具有不同的价值标准的。每个时代、每个阶级因为面临不同的社会关系，自然就会有不同的道德规范，"人们自觉地或不自觉地，归根到底总是从他们阶级地位所依据的实际关系中——从他们进行生产和交换的经济关系中，获得自己的伦理观念"①。但不容置疑的是，主流的道德规范必定是对统治阶级利益的体现。作为新闻传播职业道德教育重要内容的新闻传播职业道德规范，本身就是一定的社会和阶级从其自身的整体利益出发概括出来的善恶行为标准。这些标准中"应当"与"不应当"的基本规范，自然包含着一定社会和阶级的道德价值观，带有鲜明的思想倾向性。

在西方，19世纪初的政党报时期，这一特点表现得尤为突出。各政党报站在自己政党的立场上谩骂与攻击对方，甚至因为所持观点的不同而大打出手，将维护自己政党的利益作为最高的职业道德要求。针对这一现象，西方媒体后来采取了一些限制性的手段，如美国要求新闻传播从业者

① 《马克思恩格斯选集》第三卷，人民出版社，2012，第470页。

不得兼任党派的任何职务。然而新闻的倾向性是不可能完全避免的，政府与媒体的一致性，特别是在涉及国家利益的问题上，从来都是高度吻合的。

在我国，传统社会伦理、政治的合而为一，使道德与政治本身就密不可分。新闻职业道德的政治化，从列宁的"党性原则"[①]，到毛泽东的"搞新闻工作，要政治家办报"[②]，再到江泽民的"（毛主席的'政治家办报'）这一指示精神至今仍然具有重要的指导意义"[①]，一以贯之地体现出我们党对新闻传播职业道德教育高度的政治要求。体现在新闻传播职业道德教育的管理上就是党和政府直接关注和组织新闻传播职业道德教育。一般的职业道德教育都是各行业内部自主管理，由行业内的学会、协会等自行组织安排。而新闻传播职业道德教育经常是由各级党委宣传部亲自部署，在教育培训过程中，党的主要领导一般都会亲临指导。对新闻传播职业道德的一些具体要求，如政策、纪律的发布，一般都是由中共中央宣传部领头，如1950年颁布的《中共中央关于在报纸刊物上展开批评与自我批评的决定》、1997年颁布的《关于禁止有偿新闻的若干规定》等都是这样。2016年2月19日，习近平同志在党的新闻舆论工作座谈会上的讲话也明确提出了新的时代条件下党的新闻舆论工作的职责和使命，就是要高举旗帜、引领导向，围绕中心、服务大局，团结人民、鼓舞士气，成风化人、凝心聚力，澄清谬误、明辨是非，连接中外、沟通世界。同时强调，要承担起这个职责和使命，必须把坚持正确政治方向摆在第一位。[③]体现出新时代、新政策下新闻传播职业道德新的倾向性。

3. 多元性

多元性指新闻传播职业道德教育内容的丰富性与教育方式的多样性。

就教育内容的丰富性而言，新闻传播职业道德教育的内容在理论上应该包含新闻传播职业道德的基础理论，如新闻传播职业道德与社会其他意

---

① 肖燕雄、魏圣兰：《政治家办报：不同历史时期的审慎理念与内涵》，《传媒观察》2022年第3期，第6~8页。

② 参见中共中央文献研究室编《习近平关于社会主义文化建设论述摘编》，中央文献出版社，2017，第47页。

③ 参见中共中央文献研究室编《习近平关于社会主义文化建设论述摘编》，中央文献出版社，2017，第40页。

识形态的关系，新闻传播职业道德与服务对象特别是受众的关系、新闻传播职业道德内部的各种关系等；新闻传播职业道德的形成与发展规律，如各个时期的主流新闻传播职业道德思想，以及这些思想与其他社会现象的冲突与碰撞、调节与升华等；新闻传播职业道德的基本规范与原则，不同国家、不同时期的道德规范，以及这些规范在形成、变化过程中的影响因素等；新闻传播职业道德评价与教育的方法与尺度，这些方法与尺度如何产生，又如何激励与提升新闻传播职业道德的境界等。新闻传播职业对社会广泛的涉及，使其道德行为也涉及社会生活的方方面面，因此对相关知识的了解，如社会学、政策学、法学等，都是必要的。如此丰富多样的新闻传播职业道德教育内容仅靠书本与课堂是不行的，还需要教育方式的多样性。

新闻传播职业道德教育，从道德认识开始，以道德习惯养成为终结，其最终目的是指导新闻职业道德活动。其中也包含着许多职业道德的操作技巧，因此身体力行是十分重要的学习过程。不同层次、不同起点的受教育者都可以站在各自不同的角度，根据各自的道德需要来接受新闻传播职业道德教育和进行学习与再学习。要做到理论与实践相结合，外在教育与内在修养相结合，社会教育、行业教育、自我教育同时进行。具体形式也不仅仅局限于学历教育、培训班等，更易于组织的如座谈会、研讨会、表彰会、自学等，这些形式都可以产生较好的教育效果。

（二）新闻传播职业道德教育的内容

这里所讲的新闻传播职业道德教育的内容主要是针对我国的新闻传播职业道德教育而言的。概而言之，应该包括三个方面的内容：马列主义新闻传播伦理思想、基本的职业道德精神、新闻传播职业道德活动的主要规范与操作技巧等。

1. 马列主义新闻传播伦理思想

马列主义新闻传播伦理思想是我国新闻传播职业道德教育的指导思想。新闻传播职业是一个带有强烈政治色彩的职业，其道德导向要体现社会主流意识形态与道德发展的趋势。在这样一种使命之下，新闻传播从业者首先要进行马克思主义新闻传播伦理思想的培养。

马列主义新闻传播伦理思想是马克思主义哲学的重要组成部分，90多年来，其内容经过新中国五代领导人毛泽东、邓小平、江泽民、胡锦涛、习近平结合中国国情的发展以后，更加丰富与完善。其主要精神体现在如下几个方面。

一是坚持正确的舆论导向。这一点在理论上是基于马克思主义关于经济基础与上层建筑的辩证关系的原理，在实践上是结合了我国对历史教训的反思。毛泽东提出"舆论一律又不一律"的方针。① 邓小平特别强调对舆论的正确引导，他要求将党的报刊办成国家安定团结的思想中心，为改革开放和中国发展创造良好的舆论环境。② 江泽民更是将"舆论导向"作为一个科学的概念提出。他指出舆论导向正确，是党和人民之福；舆论导向错误，是党和人民之祸。"三个代表"重要思想，"五个有利于"的标准是它的思想核心。③ 胡锦涛提出了以人为本的新闻舆论工作宗旨，强调为确保权力正确行使，必须让权力在阳光下运作，也就是在人民的公开监督下运作。④ 习近平在党的新闻舆论工作座谈会上强调新闻舆论"五个事关"，强调党的新闻舆论工作各个方面、各个环节都要坚持正确舆论导向。⑤

二是坚持鲜明的党性原则。这一点是马列主义新闻理论的重要支撑点，并在苏联社会主义革命中积累了丰富的实践经验。我们党历来强调新闻工作的党性原则，提倡"政治家办报"。传统媒体都是直属党的领导，以党的新闻政策为指导方针的。毛泽东根据马克思主义群众路线的精神，提出了全党办报的方针。⑥ 胡锦涛 2002 年 1 月在全国宣传部长会议上讲

---

① 参见中共中央文献研究室编《毛泽东年谱（一九四九——一九七六）》第二卷，中央文献出版社，2013，第 390 页。
② 参见中共中央文献研究室编《改革开放三十年重要文献选编》上，人民出版社，2008，第 110 页。
③ 参见中共中央文献研究室编《江泽民论有中国特色社会主义（专题摘编）》，中央文献出版社，2002，第 409 页。
④ 参见中共中央文献研究室编《改革开放三十年重要文献选编》下，人民出版社，2008，第 1729 页。
⑤ 参见中共中央文献研究室编《习近平关于社会主义文化建设论述摘编》，中央文献出版社，2017，第 38 页。
⑥ 《毛泽东文集》第三卷，人民出版社，1996，第 113 页。

话，再一次明确宣布："我们的新闻媒体是党和人民的喉舌。"① 2016 年习近平在党的新闻舆论工作座谈会上强调党的新闻舆论工作要坚持党性原则，党和政府主办的媒体是党和政府的宣传阵地，必须姓党。党性和人民性从来都是一致的、统一的。②

三是坚持新闻的真实性。这是马列主义新闻传播伦理思想的重要观点。我国将新闻的真实性上升到坚持党的思想路线的高度，指明了党性与新闻真实性的一致性。毛泽东提出"没有调查就没有发言权"③；邓小平高度重视新闻宣传工作的作风和文风建设，强调说空话、说大话、说假话的恶习必须杜绝④；习近平强调真实性是新闻的生命，要根据事实来描述事实，既准确报道个别事实，又从宏观上把握和反映事件或事物的全貌⑤。

四是全心全意为人民服务。新闻工作的服务对象是社会主义与广大人民群众，而且为社会主义服务与为广大人民群众服务是完全一致的。这一精神同时也体现了我国社会公德所提倡的集体主义道德原则与全心全意为人民服务的思想。胡锦涛提出思想政治工作、新闻舆论工作，说到底是做人的工作，必须坚持以人为本，着力营造权为民所用、情为民所系、利为民所谋的良好氛围。⑥

五是正确理解新闻自由。"在任何一个国家中，都不存在绝对的毫无限制的'新闻自由'。在国际上还存在社会主义和资本主义的对立，在国内阶级斗争还在一定范围内存在的情况下，自由就不能不带有阶级性。"⑦"西方国家标榜的'新闻自由'，实质就是资产阶级的新闻自由，是为维护资产阶级利益和资本主义制度服务的。"⑧ 而我国的新闻自由是与具体国情相适应的。新闻自由在任何社会都是相对的，而不是绝对的。

---

① 中共中央文献研究室编《十五大以来重要文献选编》下，人民出版社，2003，第 2216 页。
② 参见《习近平谈治国理政》第二卷，外文出版社，2017，第 332 页。
③ 《毛泽东年谱（一九四九一一九七六）》第六卷，中央文献出版社，2013，第 375 页。
④ 参见《邓小平文选》第二卷，人民出版社，1994，第 100 页。
⑤ 参见《习近平谈治国理政》第二卷，外文出版社，2017，第 333 页。
⑥ 参见《胡锦涛文选》第三卷，人民出版社，2016，第 500 页。
⑦ 中共中央文献研究室编《十三大以来重要文献选编》中，人民出版社，1991，第 773 页。
⑧ 中共中央文献研究室编《十三大以来重要文献选编》中，人民出版社，1991，第 773～774 页。

2. 基本的职业道德精神

作为新闻传播从业者，最基本的职业道德精神主要是强烈的责任意识与崇高的奉献精神。

美国著名报人普利策曾经说过："倘若一个国家是一条航行在大海上的船，新闻记者就是船头的瞭望者。他要在一望无际的海面上观察一切，审视海上的不测风云和浅滩暗礁，及时发出警告。"①新闻传播从业者通过其职业行为将社会的真善美、假恶丑呈现在公众面前，构成人们认识社会的参照，以此引导社会的健康发展，形成一种积极的社会控制力量。

在我国，新闻媒体要体现双重的利益：既要体现广大受众的利益，又要充当党和政府的喉舌。因此，作为新闻传播从业者，强烈的责任意识，包括职业的敏感性、正确的判断能力、以大局为重的思维方式等都是首先必须具备的道德修养。批判什么、导向什么，都要站在双重的角度反复掂量，以引导社会朝着健康、完善、和谐的方向发展为己任。特别是在当前形势下，面对西方文化的强烈冲击，应该如何取舍，以什么标准取舍，面对市场经济的冲击，如何保持清醒的头脑，又该如何正确导向社会价值观等，都是新闻传播从业者不容回避的责任与义务。

强烈的责任感需要正确的判断来实现，而这些都必须具有超前的眼光才能保证。现代科技的发展使行业、学科、地域之间的界限越来越模糊，新闻传播从业者不仅需要具有丰富的知识储备，而且需要具有好学不倦的刻苦精神，一边工作一边不断给自己填充新的知识。

奉献精神，是一种为追求事业的理想道德境界，不求名利、不畏风险、忘我敬业，甚至在必要的时候置自己的生死于不顾的一种高尚品质。30多年来的媒体改革使媒体行业成为一个竞争十分激烈的行业。在这种激烈的行业竞争中，对人品、作品的要求自然越来越高。奉献高质量的新闻作品，常常需要更高的自我奉献精神。如西方一位女记者为了了解疯人院对精神病人的虐待情况，自己装扮成精神病人住进医院，揭露了令人震惊的内幕，引起政府的高度重视。在我国，长江韬奋奖的重要意义就在于弘扬范长江、邹韬奋那样一种无私奉献的职业精神。如范长江在东北沦

---

① 刘行芳、刘修兵：《西方新闻理论概论》（第二版），武汉大学出版社，2011，第196页。

陷、开发西北的呼声中，在生活、安全均无保障的情况下，毅然自筹旅费，赴西北考察，连续发表了轰动全国的通讯和报道。这些通讯收录在《中国的西北角》中，被胡愈之誉为"一部震撼全国的杰作"。

3. 新闻传播职业道德活动的主要规范与操作技巧

在新闻传播职业道德教育中，对一些主要道德规范及操作技巧的学习，也是提高与完善职业道德行为的重要内容。

我国新闻传播职业道德规范，现行的是 2009 年 11 月中华全国新闻工作者协会第七届理事会第二次全体会议修订的《中国新闻工作者职业道德准则》，这是我国新闻传播从业者在具体实践中必须遵守的基本行为规范。

西方国家对新闻传播职业道德行为的规定，也有一些可取的内容，我们可以通过学习来获取与借鉴。如英国报业投诉评议委员会批准的《新闻界行为准则》，在 1997 年 11 月修改以后被称为"欧洲最严格的传媒准则"。其对隐私权的保护、对未成年人的保护、对照片的拍摄和使用限制、对媒介借口公众利益滥用权利的限制等都有可以借鉴的地方。

此外，有些新闻传播媒体还制定本机构内部的新闻采编人员行为准则，国外的如《路透社采编人员手册》《美联社新闻写作指南》等，国内的如《广州日报采编行为准则》《石家庄日报社采编人员行为准则》等。这些准则一般和新闻传播职业道德有相同的追求和目标，但具有更实际的"强制性"，因为新闻传播从业者一旦违背了这些准则，就会面临降薪或开除的后果。

具体的操作技巧是一个经验积累的问题，但已经取得的经验也可以在职业道德教育中进行传授，从而站在前人的肩膀上更快实现道德理想，如隐形采访的技巧、对公众人物的秘密采访要根据公众利益而定、对违法行为的秘密采访不渲染细节等。此外，新闻传播职业有一个道德界限，就是不能侵害受众的正当权益。但什么是受众的正当权益，如何避免侵害，对于此类典型问题，我们也都可以通过对一些案例的分析与经验的总结，较快地传授给新闻传播从业者，使他们能更快地提高职业道德水平。

（三）新闻传播职业道德教育的方法

新闻传播职业道德教育的方法主要有三种：一是新闻传播行业内部的职业道德教育；二是新闻传播从业者的自我职业道德教育；三是针对在校新闻传播院系学生的职业道德教育。

1. 新闻传播行业内部的职业道德教育

新闻传播行业内部的职业道德教育是指在新闻传播行业内部进行的有组织、有目的的定期或不定期的职业道德培训。这种培训一般是由各级记协与党委宣传部组织的，也有媒体自己组织的。如2013年，央视开展马克思主义新闻观教育活动；自2000年开始，上海市委宣传部举办的多次上海新闻从业人员马克思主义新闻观教育活动等。

培训方法灵活多样：有短训班式的集体学习；有指定学习资料自学的，如上海市委宣传部组织编写学习教材《新闻工作者必读》《马克思主义新闻观百题》供新闻职业道德培训学习；有请资深专家进行专题讲座的；有组织不同形式的学习交流、知识竞赛的；等等。甚至可以通过课题研究的方式，如对不符合马克思主义新闻观的新闻传播现象进行调查分析，以此来强化新闻传播职业道德学习的效果。

总的来说，新闻传播职业道德教育，就外部教育而言，基本是理论学习与具体实践相结合；创造一种积极向上的集体舆论氛围；利用正反两方面的典型进行诱导。正面典型的树立，如1997年初，中宣部、广电部、新闻出版署、中国记协在全国推出中央和地方41家新闻媒体作为"精神文明示范单位"，后来扩大到43家。这种先进典型的树立，对全行业形成很好的示范作用，使各媒体及从业人员有了更为明确具体的努力目标。

反面典型的治理，如对有偿新闻的整顿，中央从20世纪80年代到90年代反复发文，如1985年《国务院办公厅关于加强广告宣传管理的通知》、1993年《关于加强新闻队伍职业道德建设，禁止"有偿新闻"的通知》、1997年《关于禁止有偿新闻的若干规定》等，并举办专门的学术讨论会，如北京1996年5月7日举行的"加强新闻职业道德建设，禁止有偿新闻"座谈会。1996年《中共中央关于加强社会主义精神文明建设若干重要问题的决议》明确指出："建立健全规章制度，加强队伍的教育和管理。严格禁止有偿新闻、买卖书号、无理索取高额报酬。"中国记协举报中心担负起受理举报、查处违规违纪行为的责任。全国许多新闻传播媒体向社会公布了自己的工作制度和举报电话，认真处理群众来信、来访和举报。人民日报社还专门成立报社廉政建设小组，调查与处理"有偿新闻"方面的案件。举报的有偿新闻一经查实，要么受到通报批评，要么受到行政和经济处罚，一些严重违反规定的新闻传播从业者和新闻传播媒体领导会受到处分，有的甚至会被调离新闻传播岗位。2003年，全国百家报纸在京联合签署《全国报纸广告工作自律守则》，以树立良好的行业风气，抵制不正当竞争，促进报纸广告事业健康、规范、有序地发展。2012年，新闻出版总署及中纪委驻新闻出版总署纪检组开展了打击"新闻敲诈"治理有偿新闻专项行动；2013年1月4日召开的全国新闻出版工作会议强调重点解决记者站违规、新闻敲诈、有偿新闻、滥发记者证、虚假违法有害广告、报刊摊派发行等问题；2013年党风廉政建设暨推进廉政风险防控管理工作会，通报有关严重违纪违法案件，部署开展有偿新闻治理工作。许多新闻传播媒体制定严格的上岗培训制度，对上岗人员进行规范的职业培训，其中就包括新闻传播职业道德教育。

2. 新闻传播从业者的自我职业道德教育

自我教育就是自我道德修养，是指个人依据相关的道德理论、道德原则、道德规范的要求，自觉地进行自我改造、自我锻炼、自我陶冶、自我道德提升的过程。其主体、客体都是"自我"，目的在于使自我养成符合职业所需的道德品质。

道德修养的方法主要就是自我学习、自我体会、自我提高。自古以来最为提倡的就是内省与慎独。也就是通常所说的自我批评与严于律己。

"内省"，源于《论语·学而》："曾子曰：吾日三省吾身——为人谋而不忠乎？与朋友交言而不信乎？传不习乎？"就是指做人每天要不断地反省自己，多问几个为什么，以此来检讨自己的行为是否合乎道德。用之于新闻传播职业道德修养主要是指新闻传播从业者自觉地运用职业道德规范与职业道德理想对自己的道德行为进行反思、审视与批判，从而在新闻传播实践中不断地完善自己、提高自己。

"慎独",源于《礼记·中庸》:"道也者,不可须臾离也,可离非道也。是故君子戒慎乎其所不睹,恐惧乎其所不闻,莫见乎隐,莫显乎微,故君子慎其独也。"是指做人时时、处处、事事都要严格要求自己,不仅在人前,即使在独处的时候也一样。对新闻传播从业者而言,无论何时何地都应以最高的道德标准来要求自己,自我监督、自我控制,使自己的行为丝毫不出现差错。相较于新闻传播行业所组织的外在的职业道德教育,自我教育具有更大的主观能动性。

3. 针对在校新闻传播院系学生的职业道德教育

改革开放以来,我国的新闻传播事业突飞猛进,吸纳了大批青年学生,新闻记者逐渐成为许多青年学生向往的职业。而各新闻传播院系也针对其所招收的学生,进行比较系统规范的新闻传播职业道德教育,使他们在毕业后能够在新闻传播工作中严格恪守职业精神和职业道德,发挥积极影响力。

在国际上,美国的许多新闻传播院校,很早就开设了新闻传播伦理道德课程,对学生进行职业道德教育。著名的哥伦比亚大学新闻学院传授给新闻学子最重要的两样东西就是新闻工作技巧和"道德"。日本新闻传播学者也提出要把新闻传播史、新闻传播理论与新闻伦理学作为新闻传播专业教学的三门最基本的核心课程。

在我国,高校新闻传播职业道德课程,从最初附属于新闻法之下,到逐渐成为一门独立的课程,并从本科阶段发展到研究生层次,形成基本完备的理论架构。完善的新闻传播职业道德教育,对新闻传播院系学生进行的相关培训和教育,为他们今后的新闻传播职业行为做好了充分的准备。

原载《新闻法规与职业道德教程》,复旦大学出版社,2010

合作者:黄瑚

收入本书时略有改动

新媒体与技术前沿

新媒体创新指数构建与案例考察

　　创新，早已从一个学术话题上升为政治策略，无论是创新理论，还是创新排名，抑或是国家政策，都已把创新推上时代最前沿。

　　创新的学理研究，源自经济学家熊彼特的创新理论。早在 1912 年，熊彼特即在《经济发展理论》中极富远见地指出，创新是经济发展的本质，由此开创了创新的理论研究，并逐渐发展出制度创新学派、国家创新系统学派等多个研究派系。20 世纪 80 年代以来，在全球化和信息化的发展浪潮中，创新活动有了新变化和新特征，衍生出更多创新理论，如开放式创新、创新生态系统论、全面创新管理等，创新研究蔚为大观。21 世纪，新技术和新媒体的蓬勃发展，带给创新研究前所未有的新课题与新挑战，创新更加成为当代的疑难问题;[1] 创新模式的嬗变[2]和创新理论的革新，特别是以新媒体的观照视野开拓新媒体创新的专项研究，迫在眉睫。

　　与之同时，在创新实践领域，全球创新活动如火如荼，多家全球机构发布的企业创新力研究报告备受关注，如汤森路透发布的"全球百强创新企业排行"榜单、《福布斯》杂志发布的"全球最具创新力企业"榜单、《麻省理工科技评论》杂志发布的"50 家聪明公司"榜单、*Fast Company*杂志发布的"全球最具创新力公司"榜单、波士顿咨询集团发布的"全球

---

① 张曙光:《理论创新:时代的要求和问题》,《中国社会科学》2003 年第 1 期。

② 宋刚、张楠:《创新 2.0:知识社会环境下的创新民主化》,《中国软科学》2009 年第 10 期。

50大最具创新力公司"榜单。综观此类创新报告，其创新评估多以主观判断为主，或仅以某单项指标进行考察，缺乏科学规范的评估标准。因而，对创新的实证考察，尤其是对新媒体创新的价值评估，急需一套科学、标准化、可操作的量化体系。

创新不仅对于企业至关重要，也是国家经济增长的源泉。[①] 当今时代，创新不仅上升为国家战略，而且成为全球共识。"十三五"规划继续坚持创新驱动发展战略，创新在全社会蔚然成风；国务院《"十三五"国家科技创新规划》提出深入实施创新驱动发展战略，建设高效协同的国家创新体系，"迈进创新型国家行列"的总体目标；2016年G20杭州峰会确认创新为世界经济开辟新道路的重要方式，是提高全球经济潜在增长率的关键。社会发展的历史经验反复证明：国家创新，则国家强；企业创新，则企业强。没有创新就没有竞争力，甚至没有生命力。在以创新引领发展的时代背景之下，"大众创业、万众创新"成为时代最热词，创新已成为当今时代的最重要元素和最热门话题。

因而，如何对创新进行科学评价和准确考量，特别是对新媒体创新的创新水平和创新价值进行量化评估，既是当代社会的现实需要，也是时代发展的理性诉求。

一　新媒体创新指数构建

新媒体创新是一项融合了媒体创新和产品创新的复杂创新，又是独具新媒体特质的新型创新模式，既有相关研究为新媒体创新指数的构建提供了深厚的理论资源和坚实的实践支撑。

参照企业创新力的排名比较和考察标准，针对其暴露出的严重缺陷，如评价指标和考察维度过于单一、标准化和科学性不足、评价对象针对所有的商业型公司、与新媒体创新特质不符等问题，我们在借鉴新媒体创新

---

① 〔英〕乔·蒂德、约翰·贝赞特：《创新管理：技术变革、市场变革和组织变革的整合》，陈劲译，中国人民大学出版社，2012，第5页。

的相关研究及行业实践基础上，依托科学的理论支撑和新媒体创新的突出特性，构建了新媒体创新指数，以设计标准化、可操作、通用性的评价指标体系，着重对新媒体的不同产品类型，如移动新媒体、VR/AR产品、智能家居、智能可穿戴设备、物联网、车联网、人工智能等，进行创新度、新颖性和创新价值等方面的综合考量。

（一）构建原则

为保证新媒体创新指数能够科学评价新媒体创新的综合特征与总体表现，并可依照统一的标准进行横向比较，新媒体创新指标体系的构建遵循科学的规范与实用的原则。

1. 遵循科学理论与规范计量

新媒体创新指数的构建以经济学、管理学、社会学及传播学等多学科理论为依据，保证指标体系能够真实反映新媒体创新的实质特征。各项评估指标的设定，均遵循科学严谨的理论依据，并以规范的计量标准进行指标运算，各指标之间有机配合，互为制约，形成严谨的评价体系。

2. 操作化和导向性相结合

新媒体创新指数的构建充分考虑数据获取的客观可能性，借助科学的调查方法和技术手段，对新媒体的各种运行数据进行准确把握与搜集，并依据定量分析和科学运算，对其创新程度做出正确评估。同时，在操作化基础上，指标设定坚持对创新实践的引领与导向性原则，旨在为新媒体创新提供方向指引和价值导向。

3. 兼顾层次性与综合性

创新是一个内涵丰富的概念工具，新媒体产品的类型和属性也相当多样，在构建指标体系时就要充分考虑新媒体创新的多种属性与特征，兼顾层次性和综合性。层次性和综合性既能作为单项指标评价新媒体创新的单一属性，又能作为指标体系综合反映新媒体创新的总体特征。

（二）理论遴选

新媒体创新指数的研究开发，以熊彼特创新理论的思想精髓为依托；各项测量指标的筛选与设定，主要依托罗杰斯创新扩散理论，以及集成创新理论和媒体丰富度理论的相关研究学说。创新理论的多学科研究，成为支撑新媒体创新指数构建的重要理论来源。

1. 熊彼特创新理论

新媒体创新指数根源于美籍经济学家约瑟夫·熊彼特的创新理论，并将其创新思想贯穿于指标体系构建的全过程。新媒体创新既是事关利润创造的经济问题，也是攸关社会变迁的社会发展问题。新媒体创新指数构建与指标设定充分考量创新的多元影响因素，以系统的多维指标，综合、全面反映新媒体的创新特质。熊彼特的创新理论恰是从技术与经济相结合的视角，首次提出创新的概念和理论体系，把创新界定为生产要素的"新组合"，① 指出创新对经济增长和社会变迁皆具有影响作用，不仅是对经济理论的积极贡献，也是对社会发展理论的丰富和拓展。将新媒体创新置于创新理论的宏观研究视野，能够为新媒体创新指数的构建提供宏大的理论支撑。

新媒体创新指数把对创新的考察作为一项历时性的动态评估，既反映考察对象在特定时段的静态创新表现，又展现其生命周期内的创新趋势。正如创新理论所指出的，创新是一种不停运转的机制，而不仅仅是某项单纯的技术或工艺发明，它是现代经济增长的核心要素。缘于此，新媒体创新指数以动态的考评机制，持续对考察对象的创新水准进行监测，并提供各创新指标的针对性评价。

2. 罗杰斯创新扩散理论

新媒体创新指数的核心理论来源是美国学者埃弗雷特·罗杰斯的创新扩散理论。虽然罗杰斯的研究根植于传统媒体所处的时代环境，但其关于创新"新颖度"主要特征的相关论点，同样适用于新媒体创新，与新媒体创新的根本表征具有一致性，为新媒体创新指数核心指标的设定提供了重要的思想来源和科学依据。罗杰斯主要研究大众是如何在媒介的影响下接受新事物、新产品和新思想的。他指出，一项创新的新颖度主要通过三

---

① 〔美〕约瑟夫·熊彼特：《经济发展理论》，郭武军、吕阳译，华夏出版社，2015，第56页。

个方面体现："所包含的知识"、"本身的说服力"和"人们是否采用它"。①"所包含的知识"与创新所蕴含的科技属性相关；"本身的说服力"与创新自身的特质相关；"人们是否采用它"则与创新的采纳与使用者相关。新媒体创新指数将其归纳为技术、媒体和用户三个层面，并依此建构了三个核心评估指标。

针对新媒体创新更细致的考评维度和具体指标，以及更详细的测量路径，罗杰斯的研究同样提供了关键的理论指导和可资借鉴的重要参考。罗杰斯指出，创新事物具备五个基本特征，即相对优势、兼容性、复杂度、可试性、可见性。借鉴其重要论断，新媒体创新指数在各级指标的实证测评方面，开辟了科学、可操作的指标设定与量化路径。

3. 集成创新理论

新媒体创新是全球互联情境下多种资源要素协同作用的结果，既整合内部资源，也融合外部要素；既关注自身建设，也融入用户创造；既注重技术突破，也关注管理革新。这与主张将各种创新要素进行有机关联的集成创新思想，体现出极大的理念一致性。集成创新是在信息技术、知识经济和系统理论的影响下，创新管理理论的深化与丰富，源于1998年哈佛大学教授Marco Iansiti提出的技术集成理念。集成创新最初围绕技术创新展开，后来扩展为组织、知识、管理和文化等各种创新要素的融合和集成，并逐步形成"用户集成""内部集成""外部集成"等新理念，反映出集成创新构成要素的动态变化和有机联系。新媒体创新指数以集成创新理论为指引，在指数构建时以开放和融合的思维理念，坚持全面与科学的原则，构建系统、有机联系的指标体系。

科学构建的新媒体创新量化指标体系，能以实证测量的方式对新媒体创新的现实状况进行客观评估，更能指引新媒体创新的发展方向。代表创新未来发展趋向、强调综合性与系统化创新、关注多种要素动态平衡的集成创新理论，为指标的设定提供了重要的思想源泉。

4. 媒体丰富度理论

新媒体创新，首要关注其媒体属性的创新表现，确切来说，是交互

① 〔美〕埃弗雷特·罗杰斯：《创新的扩散》，唐兴通、郑常青、张延臣译，电子工业出版社，2016，第13~15、182~184页。

型沟通媒体的创新发展。新媒体创新"媒体属性"维度的创新考察，主要借鉴沟通媒体的重要理论——媒体丰富度理论。媒体丰富度概念首次由 Daft 和 Lengel 提出，丰富度代表了媒体的信息承载量和承载能力，丰富的媒体能够减少信息的模糊性和不确定性，将信息更明确、清晰地传达给接收者，增进理解、便于沟通；而贫瘠的媒体不利于信息分享，需要接收者耗费更长的时间去理解。以互动、沟通见长的新媒体，不断创造新颖的信息交互模式，提升信息品质和媒体丰富度，展示其创新价值。

因而，信息表达更丰富、沟通更便捷的媒体呈现方式，更能体现出互动时代媒体的创新特征，以媒体丰富度来测度新媒体创新在媒体建设层面的创新程度，并分别设置操作化的各级分指标，有助于全面反映其"媒体品质"创新的综合表现。

（三）指数构建

基于新媒体创新的主要理论来源和现有研究基础，结合现实的新媒体创新实践，遵循指标构建原则，构建新媒体创新指标体系。

1. 核心指标

依据创新理论的多学科研究构筑的坚实理论和创新理论实践支撑构建的"媒体品质""科技属性""用户价值"3 个核心指标，适用于对互联网产品和移动应用的创新特征、创新水平等新媒体创新的现实表现的综合评估和实证测量。

新媒体创新指数一级指标的设定，主要参照创新扩散理论和集成创新理论的研究发现，以及新媒体创新的相关实践研究成果。创新扩散理论指出，一项创新的新颖度可分解为三个层面："本身的说服力"，"所包含的知识"，以及"人们是否采用它"。针对层出不穷的新媒体产品和频繁更新的产品功能，我们对其三重属性重新进行解读："本身的说服力"代表着媒体效能，新媒体所提供的优质内容和信息载体的优良设计，是其重要的创新表征，以"媒体品质"建构为一级指标；"所包含的知识"代表着新媒体创新对新技术的采纳水平和对新知识的运用程度，以"科技属性"加以标示，形成第二个一级衡量指标；"人们是否采用它"是从用户的角度来检测创新对用户需求满足的程度，实质上是对用户价值的凸显，反映了新媒体以用户体验为核心的创新发展理念，因而，"用户价值"成为不可替代的第三个一级指标。

新媒体创新指数的3个一级指标不仅遵循科学的理论指导，也与前文所述由新媒体创新的行业实践所提炼的三个要素——媒体、技术与用户——一一对应，从实践层面再次验证了3个核心指标的科学性与指导价值。同时，结合集成创新的研究理念，新媒体创新并不能仅凭某项单一的创新资源来完成，而是需要多项创新要素的有机互动与协同效应，因而，新媒体创新指数呈现为一个指标之间相互配合、互相制约的有机体系。

2. 指数框架与指标权重

新媒体创新指数框架围绕3个一级指标，分别构建6个二级指标和16个三级指标，形成完整、有机联系的指标体系。各指标的权重，依照权威专家的专业打分和科学的计算方法进行分配。

新媒体创新指数各级指标的选取与调整，以及详细的实现路径，皆遵循坚实的理论依据和实践基础，并对既有的创新评估方案在量化操作层面进行优化整合。

"媒体品质"，主要指代新媒体平台所负载信息的质量水准，以及其产品结构的品质状态，侧重于评估媒体（信息）层面的创新状况，其下设置2个二级测量指标：信息承载（B1）和形态设计（B2）。其中"信息承载"又分设3个三级指标，分别对新媒体内容的原创水平、信息更新频度和信息表现的丰富程度进行测评；"形态设计"也下设3个三级指标，分别从信息和产品的结构组织角度考察新媒体的创新性表现，反映新媒体的交互性水平、服务功能的多样化拓展程度和产品设计的开放度。

"科技属性"，代表新媒体创新过程中所吸纳的科学、技术与各类知识的程度差异，反映新媒体产品与应用的科技含量水准，侧重考察新媒体创新进程中对各类先进技术的采纳与使用状况，以及依托科学技术对产品实现的功能开发与更新情况，下设技术采纳（B3）和功能推新（B4）2个二级指标。"技术采纳"通过新技术升级和新知识的采用水平进行测评，对应设置2个三级指标；"功能推新"从产品功能衍变的角度考察新媒体创新的程度，借助新功能开发和产品迭代的速率来综合衡量，对应设置 2 个三级指标。

"用户价值"，是指在新媒体产品的使用与体验进程中，用户参与的多样化程度、用户的个性化表达程度，以及产品对用户需求的满足程度，主要从用户的维度，反向考察新媒体创新中用户价值的实现状况，以及用户对创新的满意程度，下设用户参与（B5）和用户满意（B6）2 个二级指标。"用户参与"借助参与便捷度、参与深度和个性化参与 3 个三级指标进行综合评价；"用户满意"从用户对新媒体产品的使用评价角度来考察，通过用户美誉度、用户活跃度和用户黏度三个维度进行评估，分设 3 个三级指标。

新媒体创新不同指标的权重分配与计算，主要采用德尔菲法，邀请20 余位新媒体专业人士，包括新媒体学术研究领域的专家学者和新媒体实践领域的高级产品经理等，对各项指标的重要程度分别进行打分，同时结合层次分析法，计算得出每个指标的权重。指标权重的计算采用OLS 模型，并通过 AHP 判断矩阵一致性的检验，最终计算出各项指标权重（见表 1）。

表 1 新媒体创新指标体系及指标权重

一级指标	权重	二级指标	权重	三级指标	权重
媒体品质（A1）	0.3788	信息承载（B1）	0.7917	原创水平（C1）	0.5730
				信息更新频度（C2）	0.2362
				信息丰富度（C3）	0.1908
		形态设计（B2）	0.2083	交互性（C4）	0.5577
				拓展性（C5）	0.2940
				开放度（C6）	0.1483
科技属性（A2）	0.3820	技术采纳（B3）	0.6711	新技术升级（C7）	0.6444
				新知识运用（C8）	0.3556
		功能推新（B4）	0.3289	新功能开发（C9）	0.7126
				产品迭代（C10）	0.2874

一级指标	权重	二级指标	权重	三级指标	权重
用户价值（A3）	0.2392	用户参与（B5）	0.5727	参与便捷度（C11）	0.6252
				参与深度（C12）	0.2341
				个性化参与（C13）	0.1407
		用户满意（B6）	0.4273	用户美誉度（C14）	0.5456
				用户活跃度（C15）	0.2482
				用户黏度（C16）	0.2062

（四）指标价值诠释

1. 媒体品质

媒体品质是媒体生存的基石，不仅代表了媒体自身的个性特质，而且影响其社会传播效应；对于新媒体而言，媒体品质同样是影响其经济效益和社会功能实现的关键要素，直接关系其未来的存续与发展。新媒体时代依然"内容为王"，高质量的信息内容和与之恰切搭配的信息呈现方式，是媒体品质的必备要素，也是新媒体创新的核心追求。

如前文述评，媒体的信息创新是内容创新和形式创新的结合，而相较于传统媒体，新媒体的信息承载能力更强，不仅内容含量更丰富，而且表达方式更多样，因而具备更大的创新空间。但不同的新媒体类型，其信息承载水平各不相同；同一个新媒体，也会在不同的时段呈现出创新程度的差异变化。因此，新媒体创新在"媒体品质"层面的创新考察，具备了现实操作的价值，并可以从"信息承载"和"形态设计"两个维度实现量化评估。

（1）信息承载（B1）

媒体的信息内容决定媒体品质，而媒体属性是新媒体的本质特征，传达和沟通信息是其主要功能，因而，以信息承载水平来考量新媒体在内容层面的创新程度甚为必要。创新扩散理论指出，创新事物具备相对优势、兼容性等基本特征，而新媒体在内容层面的相对优势主要表现为提供更多、更优的原创内容，使信息更新的频度更高，媒体内容呈现方式更丰富（如高清视频、3D 影像、H5 页面、VR/AR 内容等），因而，"原创水平""信息更新频度""信息丰富度"代表了新媒体的信息承载水平，也标示着新媒体创新在信息内容层面的创新水准。

（2）形态设计（B2）

多元信息极度丰富的时代，内容品质固然重要，如何把有价值的信息准确无误、精准个性地呈现出来同样关键。媒体丰富度理论指出，高丰富度的媒体能够传递多种线索，并能提供及时反馈，从而减少信息的模糊性和不确定性；新媒体以互动与沟通为突出特征，并为此不断在信息的结构组织层面进行创新探索，改进与革新其"交互性""扩展性""开放度"的结构布局，形态设计层面的种种创新改变也在一定程度上提升了新媒体的整体创新水准，成为考察新媒体创新的重要测量指标。

2. 科技属性

科学技术是新媒体创新的主要内驱力，未来媒体一定是技术媒体[1]，新媒体创新必然由技术驱动，与技术创新息息相关。移动互联网、大数据、云计算等新技术日新月异，人工智能、VR/AR、物联网等前沿技术不断推陈出新，不但催生了各类新型媒体形态，而且促进了新媒体产品的快速迭代更新。

创新理论始终将技术创新作为独立变量，来考察其对经济和社会发展的影响作用，认为创新是利用新工具和新方法，创造出新价值；而产品创新是一项特殊的技术经济活动，本质上是技术进步的突出反映，按照技术变化量的大小，可分为全新的产品创新和改进的产品创新。[2] 因此，技术创新和产品创新本就息息相关，对于新媒体而言，两者更是互相融入、互为一体。而为了实现独立测量，我们将两者分列为"技术采纳"（新工具、新方法，更多表现为技术创新）和"功能推新"（新价值，更多表现为产品创新）2 个二级指标。

---

[1]　参见郭全中《今日头条是如何打造智能传播平台的？》，《传媒》2016 年第 14 期。

[2]　参见傅家骥主编《技术创新学》，清华大学出版社，1998，第 17 页。

（1）技术采纳（B3）

日新月异的信息技术、传播技术、通信技术等，成为新媒体创新发展的内在驱动力。对新技术的率先采纳，往往会带来新媒体产品的市场领先；而融入和吸纳更多的先进技术，也会带来更优的产品设计和更佳的用户体验，因而，从新技术的采纳层面对新媒体的创新水准展开考察，非常有必要。对于秉持开放精神、重视互联互通的新媒体来说，技术创新不仅仅局限于内部技术提升，还包括外部知识的积累与整合，因而，新媒体创新指数以"新技术升级"和"新知识运用"2个三级指标分别对新媒体技术创新进行考察。

（2）功能推新（B4）

新媒体创新的一个重要体现是产品的更新迭代和功能的不断推新，这也是其产品创新的突出表现。对新媒体而言，多品种、短周期已成为其典型特征，创造全新的产品和对既有产品进行更新改进皆对新媒体创新意义重大，因而，衡量新媒体创新，不能仅考察其突破性、颠覆式创新表现，还应涵盖对渐进式、迭代性更新状况的考量。据此，新媒体创新指数在"功能推新"之下分设"新功能开发"和"产品迭代"2个三级指标，对其产品创新状况进行综合考察。

3. 用户价值

Von Hippel 在研究中指出，创新能否产生实效主要取决于两类信息：其一，由用户产生的需求信息，以及各种使用环境信息；其二，由产品提供者所创造的一般性解决方案信息。[1] 而对于新媒体而言，用户不仅是新媒体创新的驱动者，更是创新的积极贡献者。由此我们认为，新媒体创新的实现，离不开用户的需求驱动和价值创造，新媒体产品只有不断推陈出新，才能满足用户日益增长的多元需求，进而获得更大的生存空间。因此，用户价值成为评价新媒体产品创新性的关键指标。

新媒体创新活动中，用户的参与、知识贡献与再创造等用户价值至关重要。互联网思维即用户思维，"用户核心"理念成为新媒体创新的指导

---

① 参见〔美〕埃里克·冯·希普尔《民主化创新——用户创新如何提升公司的创新效率》，陈劲、朱朝晖译，知识产权出版社，2007，第9页。

原则，这与集成创新思想一脉相承。集成创新理论在创建技术集成、服务集成、资源集成等不同的集成创新模式时，更为强调用户在创新活动中的参与、互动和再创造，更加关注用户需求与用户满意。由此我们认为，"用户参与"和"用户满意"对于新媒体创新中的用户价值体现，是不可或缺的两个重要因素。

（1）用户参与（B5）

20世纪80年代以来，消费者就不断参与企业的新产品开发等创新活动①，消费者在价值创造中扮演越来越重要的角色②；新媒体时代，用户更是全程参与从产品研发至产品使用后的再创造的整个创新过程。"新媒体行业的需求由每一个特定用户的个性化、碎片化定制需求汇聚而成，因此新媒体产品创新更倾向于从用户获得建议和支持，甚至由用户参与研发的整个流程"，而用户参与的程度、组织对用户信息的利用程度会影响创新的成功率③，由此，我们设定"参与便捷度""参与深度""个性化参与"3个三级指标，对新媒体的"用户参与"创新程度进行评测。

（2）用户满意（B6）

以用户体验为核心的新媒体产品，对用户满意的追求永无止境，通过产品创新不断满足用户需求，甚至创造超越用户期望的额外价值，激发和引领用户的潜在新需求。新媒体创新的成败，关键在于其能否以贴合性更强、黏度更高的产品或服务形态，满足用户的深层次需求。新媒体必须为用户营造一个高度沟通和高频率的人际互动的社会化交流平台，加强情感联系并形成持续吸引力④，赢得用户赞誉的创新才能真正收获创新绩效。因而，新媒体创新指数综合运用"用户黏度""用户活跃度""用户美誉度"3个三级指标，对其"用户满意"的创新程度进行多维测量。

---

① C. K. Prahalad, V. Ramaswamy, "Co-Creation Experiences: The Next Practice in Value Creation," *Journal of Interactive Marketing*, 2004（3）: 5-14.

② 参见范秀成、王静《顾客参与服务创新的激励问题——理论、实践启示及案例分析》，《中国流通经济》2014年第10期。

③ Claude R. Martin, David A. Horne, Anne Marie Schultz, "The Business-to-business Customer in the Service Innovation Process," *European Journal of Innovation Management*, 1999（2）: 55-62.

④ 参见方雪琴《创意时代新媒体内容生产的变革与创新》，《河南社会科学》2011年第3期。

二 新媒体创新案例考察

移动互联技术的快速发展和移动应用产品的普及，促使中国手机网民规模的迅速扩张，截至 2017 年 12 月，中国手机网民达 7.53 亿，使用手机上网的人数比例持续提升，已至 97.5%，手机使用率再创新高①，而依附于智能手机的新媒体产品——移动客户端，逐渐在人们的日常工作、学习与生活中扮演起重要角色。移动客户端的创新设计与新颖体验吸引了大量用户，考察移动客户端这一典型新媒体产品的创新性特征，有助于验证新媒体创新指数的科学性、规范性与操作性。

（一）样本获取

对移动客户端新媒体创新评测对象的选取，在保证评测样本充分代表性的前提下，结合样本获取的可操作性，根据苹果（Apple）App Store、易观智库和艾媒咨询等机构发布的移动应用排行，以及相关的移动产品研究报告，同时结合各评测对象的用户活跃数量、使用时长及产品类型等，选取综合排名靠前的 11 种类型共计 106 个代表性移动客户端产品作为评估样本。

针对获取的评估样本，选取 2016 年 1 月 1 日至 9 月 30 日时段内各移动客户端主要位置（首屏、标签页、设置页面等）的推送信息进行抓取，并统计各产品在安卓市场、App Store、应用宝等主要应用市场的评分、下载、评论、版本更新等相关数据，同时参照第三方报告的用户使用状况的研究分析，对获取的各项统计数据做加权运算，最终获得各移动客户端的新媒体创新各指标分值和总分分值。

（二）移动客户端的新媒体创新现状解析

依据构建的新媒体创新指标体系，对 106 家移动客户端进行打分和权

---

① 中国互联网络信息中心：《第 41 次中国互联网络发展状况统计报告》，http：//www.cal. gov.cn/2018−01/31/c_1122347026.html。

重计算（各项指标以满分5分计），移动客户端新媒体创新总分及一、二级指标的得分情况如图1所示。

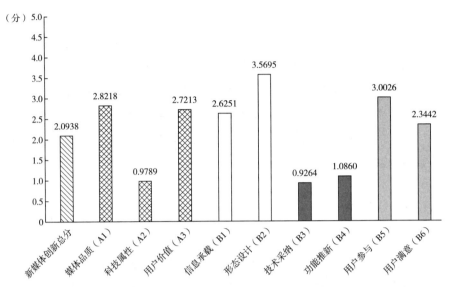

图1 移动客户端新媒体创新总分及一、二级指标得分图

评估结果显示，移动客户端的新媒体创新总分偏低，仅为2.0938分。对比3个一级指标分值，媒体品质和用户价值明显高于科技属性得分，这反映了中国目前较热门的移动客户端产品在创新活动中，能较好地以用户思维主导创新，并在自身内容建设方面投入较多，而其科技创新却暴露出短板。对照6个二级指标发现，形态设计和用户参与两项得分高于3分，两项皆与交互、互动相关，反映出新媒体创新在连接人与信息、人与人方面的突出优势；信息承载和用户满意得分为2~3分，处于第二等级；技术采纳和功能推新的分值较低，两项皆属于科技属性下的二级指标，这既反映了移动客户端在科技创新方面的弱势，也体现出其在科技投入与采纳层面有更多创新机会。

为进一步考察移动客户端新媒体创新一级指标的总体表现状况，我们以指标贡献比进行比照。"指标贡献比"表示新媒体创新的一级指标对总体创新的贡献比例，计算结果如表2所示。

表2　移动客户端新媒体创新一级指标的指标贡献比

一级指标	指标均值 （分）	指标权重	指标贡献分值 （分）	指标贡献比
媒体品质（A1）	2.8218	0.3788	1.0689	51.05%
科技属性（A2）	0.9789	0.3820	0.3739	17.86%
用户价值（A3）	2.7213	0.2392	0.6509	31.09%

　　数据显示，媒体品质指标对新媒体创新贡献最大，超出其他两项指标，指标贡献比达51.05%；用户价值指标贡献比为31.09%，接近1/3，在三个指标中属正常水准；科技属性指标贡献比严重偏低，尚不足20%。由此我们认为，虽然科学技术是新媒体创新的主要推动力量，在新媒体创新指数中权重占比也最高，但在现实创新实践活动中却未能发挥最大作用，反而成为制约创新的短板。分析其原因，一方面在于中国的前沿科技仍处于较低水平，技术创新能力不足，如专利水平和研发投入的不足，决定了其难以有突破性产品或颠覆性技术问世；另一方面则在于技术的商业化应用尚需改进，许多新媒体产品停留于同质化建设层面，未能充分利用先进技术对产品进行更多优化设计和迭代更新。

　　新媒体创新指数的三级指标得分情况如图2所示。

　　由图2发现，得分较高者为信息更新和交互性两项指标，分值都高于4分，其对应的一级指标皆为媒体品质。解析认为，移动客户端在实施创新之时，能充分利用新媒体的实时和互动优势，不断挖掘和开辟创新路径，不仅以创新手段及时提供最新信息，而且秉持开放理念积极创设互动渠道，取得了上佳的创新实效；得分位列第三的用户美誉度指标，则从用户的视角，反向印证了其对移动客户端产品创新效果的认可，用户的产品使用体验和评价总体比较积极；值得注意的是，得分排位最低的两项是用户价值一级指标下的用户活跃度和用户黏度，分值仅为0.4687分和0.6392分，这说明用户虽然对移动客户端产品创新比较认可，但他们并没有过度依赖移动应用，耗费在移动应用上的时间并没有过长，移动应用的总体使用率也较低。

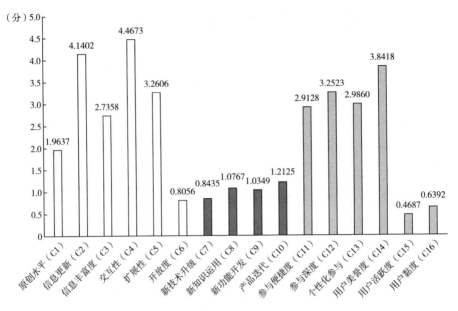

图2 移动客户端新媒体创新总分及三级指标得分

图2还反映出，科技属性一级指标下的4个三级指标——新技术升级、新知识运用、新功能开发和产品迭代，总体得分较低，且差距并不明显，最高分也仅为1.2125分（产品迭代得分）。这说明移动客户端的科技创新水准整体需要提升，无论是颠覆式技术催生的突破性创新，还是主流技术带动的渐进式创新，无论是产品新功能的开发周期，还是既有功能的优化更新速率，都未能在新媒体创新中更好地得到运用和体现。我们结合典型案例进一步对其进行解析，移动客户端新媒体创新一级指标"科技属性"得分前10名情况如表3所示。

表3 移动客户端新媒体创新科技属性得分前10名情况

排位	App名称	App类别	科技属性得分（分）	新媒体创新总分（分）	总分排名
1	知乎	社交	4.5466	3.6723	1
2	花椒直播	移动直播	2.9330	3.3308	2
3	同程旅游	旅游	2.7735	3.0718	3
4	钉钉	即时通信	2.2964	2.6643	12
5	豆瓣	社交	2.1352	2.8445	6

续表

排位	App 名称	App 类别	科技属性得分（分）	新媒体创新总分（分）	总分排名
6	途牛旅游	旅游	1.9373	2.6512	13
7	阿里旅行	旅游	1.8508	2.8332	7
8	Line	即时通信	1.8188	2.4757	29
9	Bilibili	视频网站	1.7567	2.2964	39
10	艺龙旅行	旅游	1.7349	2.6768	11

表 3 显示，移动客户端的新媒体创新，在"科技属性"一级指标得分层面，居前三位的分别为知乎、花椒直播和同程旅游，在产品类别方面分属社交类、移动直播类和旅游类，其中知乎的创新得分领先优势明显，为 4.5466 分，明显高出其他产品。科技属性得分和新媒体创新总分皆排位前 10 的移动客户端有 5 家，分别是知乎、花椒直播、同程旅游、豆瓣和阿里旅行，另有 3 家总分居第 11、12 和 13 位，两者相关性较高。排名前 10 的移动客户端分布情况为：旅游类 4 家，即时通信类、社交类、视频网站类（含移动直播类）各有 2 家。这反映出旅游类移动客户端在采纳新技术和新知识以推动技术创新方面，具有整体优势。进一步解析这 10 家移动客户端的三级指标得分情况，如图 3 所示。

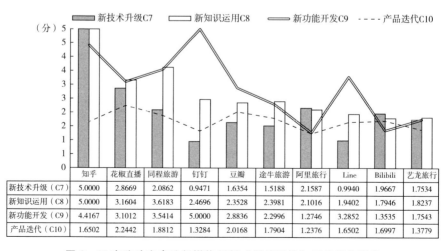

	知乎	花椒直播	同程旅游	钉钉	豆瓣	途牛旅游	阿里旅行	Line	Bilibili	艺龙旅行
新技术升级（C7）	5.0000	2.8669	2.0862	0.9471	1.6354	1.5188	2.1587	0.9940	1.9667	1.7534
新知识运用（C8）	5.0000	3.1604	3.6183	2.4696	2.3528	2.3981	2.1016	1.9402	1.7946	1.8237
新功能开发（C9）	4.4167	3.1012	3.5414	5.0000	2.8836	2.2996	1.2746	3.2852	1.3535	1.7543
产品迭代（C10）	1.6502	2.2442	1.8812	1.3284	2.0168	1.7904	1.2376	1.6502	1.6997	1.3779

图 3　10 家移动客户端新媒体创新"科技属性"三级指标得分

结合科技属性的两个二级指标和图 3 进行分析，就技术采纳二级指标下的 2 个三级指标——新技术升级和新知识运用而言，10 个移动客户端在这两项指标上的得分情况，新知识运用总体略高于新技术升级，反映出移动客户端的产品创新主要集中于以现有技术对产品进行优化完善。功能推新二级指标下的 2 个三级指标——新功能开发和产品迭代，10 个移动客户端中，新功能开发得分明显高于产品迭代，这说明移动客户端在实施创新时，更加关注以新功能来不断吸引用户，而不是仅仅注重加快产品的更新速率。有研究发现，"希望体验新功能"是中国手机网民更新手机应用的首要原因，占比 40.4%①，而考察发现，兼具社交功能的知乎、花椒直播和钉钉 3 个移动客户端产品，显然体现了这一技术创新优势，其频频更新的社交新功能，不断带给用户新鲜的体验感，因而在"科技属性"创新层面独树一帜。

三　结论与启示

新媒体创新是媒体品质、科技属性和用户价值三者有机结合、互相促进的合力效应。新媒体是现代科学技术飞速发展的产物，也是不断变化的用户需求驱动的结果；技术与用户是新媒体创新发展的两翼，共同助推新媒体在"媒体"和"产品"双重属性层面不断创新突破、进步发展。

结合 106 家移动客户端考察结果所呈示的新媒体创新现状，研究认为，中国的新媒体创新能够坚持"用户思维"和"用户中心"理念，围绕用户体验打造创新产品，并初步展示出相当的创新实效。与此同时，更值得注意的是，一向奉技术为本、"技术唯上"的新媒体，却未能很好地利用与借助先进技术与前沿科技，为其创新发展提供支持与服务，无论是研发投入、专利成果，还是技术的市场开发、商业化应用，都没能在新媒体创新绩效中体现出应有的价值，反而成为其创新发展的桎梏。国家知识产权局统计数据显示，中国的专利数量已连续 5 年居世界首位，但很多专利数据并不具有技术或经济价值，并不能引领创新，专利质量堪忧。因

① 艾媒咨询：《2015 年中国手机 App 市场研究报告》，http：//www.iimedia.cn/39672.html。

而，目前中国的新媒体创新在寻求技术支持、科技助力的道路上还需要不断努力。

如何不断强化与提升新媒体创新能力？我们依托新媒体创新指标体系的构成，提出三方面建议：新媒体创新应有机结合内容建设、技术驱动和用户主导。三者互为依托，方能有效提升综合创新水准。

首先，新媒体创新应以信息质量为核心，注重媒体品质建设。新媒体由传统媒体延伸而来，具备媒体的信息生产与传播的基本功能与属性，信息质量对其至关重要，因而，新媒体创新之首要在于媒体品质建设。一般而言，媒体品质的优劣主要表现于两个层面：高质量的信息内容，以及丰富的信息呈现。两者有效配合、互为补充，方能助推媒体品质的整体提升。信息内容层面，原创内容仍是稀缺资源，"内容为王"依然大行其道，独家和首发等信息资源是吸引用户、驻留用户的关键所在，所以，生产原创内容，或为内容生产者提供原创的发布平台，并提供原创保护，成为新媒体创新的必备要义；信息呈现方面，无线网络带宽和无线传输速度的提升，使得微小的智能手机也能承载日益多元丰富的信息类型，如 H5、高清视频等，为信息的高质量、多维度、丰富性呈现，提供了更加多样化的选择，也给予新媒体的信息类型创新更多的想象空间。

其次，新媒体创新应以技术驱动为引擎，提升科技属性水准。新媒体依托新型网络、通信和信息技术等发展起来，而各领域迅猛发展的先进技术和科学新知，如全息投影、VR/AR/MR、大数据、物联网、人工智能等，为新媒体创新不断开拓全新的技术空间，为更多样的创新形态和创新模式变革提供有力支撑。技术创新的显著变化在于，不仅颠覆式技术引发的突破式创新能取得实效，高频的产品迭代与功能优化等渐进式创新也同样能创造不菲价值，因而，技术大发展时代的新媒体创新，应改变固有的创新理念，突破单一的创新模式，探索更加多样化、多形态的创新路径，以科技创新不断驱动和引领新媒体创新的整体提升。

再次，新媒体创新应以用户需求为主导，坚持用户价值导向。用户是新媒体的生存之本，也是新媒体创新的驱动之源。用户需求和用户体验，决定着新媒体创新的方向，而用户的智慧贡献和价值创造，也成为新媒体创新的路径选择。以互动见长的新媒体，为用户参与和情感表达提供了交互平台，用户的参与和互动，能够直接服务于新媒体的产品研发与体验优化，并为新媒体创新提供动力。而用户的情绪表达和态度支持，则能转化为新媒体平台和产品的品牌资产，为新媒体创新提供更多的价值资源和用户支持。

原载《现代传播》（中国传媒大学学报）2018年第4期

合作者：李秋华

收入本书时略有改动

大数据的缘起、冲击及其应对

新媒体技术，已经经历了人与信息连接的 Web1.0 时代、人与人连接的 Web2.0 时代，开始进入人与物质世界连接的 Web3.0 时代。物联网、云计算、移动互联网、车联网、手机、平板电脑、PC 及遍布地球各个角落的各种各样的传感器，无一不是巨大数据的来源与聚集载体。伴随信息处理速度的快速提升，人类社会进入大数据（Big Data）时代。

新的信息革命将对人类社会发展产生巨大影响。

一 大数据的缘起：概念及其形成

（一）大数据概念的内涵和外延

广义的大数据概念，除了大数据技术及其应用之外，还包括大数据工程和大数据科学。大数据工程，是指大数据的规划建设运营管理的系统工程。大数据科学，主要关注大数据网络发展和运营过程中大数据的规律及其与自然和社会活动之间的关系。从概念外延上讲，大数据可分成大数据技术、大数据工程、大数据科学和大数据应用等领域，是适应信息经济时代发展需要而产生的科学技术发展趋势。

狭义的大数据概念，主要是指大数据技术及其应用，是指从各种各样类型的数据中，快速获得有价值信息的能力。一方面，强调从海量数据、多样数据里提取微价值，即具有价值（value）特征；另一方面，强调数据获取、数据传递、数据处理、数据利用等层面的高速高效，即具有快速处理（velocity）特征。大数据概念里的"数据"，是指具有可追踪、可分析、可量化特性的数据。大数据概念里的"大"，是指"大数据"所应具有的"大量化"（volume）、"多样化"（variety）两个特征。从概念内涵上讲，"大数据"一方面反映的是规模大到无法在一定时间内用常规软件工具对其内容进行抓取、管理和处理的数据集合；另一方面主要是指海量数据的获取、存储、管理、分析、挖掘与运用的全新技术体系。

事实上，大数据的战略意义不在于掌握庞大的数据信息，而在于对这些含有意义的数据进行专业化处理。换言之，如果把大数据比作一种产业，那么这种产业实现盈利的关键，在于提高对数据的"加工能力"，通过"加工"实现数据的"增值"。很显然，挖掘大数据价值、提高大数据服务的能力，是大数据时代的核心竞争力。

（二）大数据形成的必然性

1. 数据管理理念不断变革，大数据成为信息技术发展的必然选择

大数据技术及其应用的驱动原因，在于数据管理理念的不断变革。数据管理是利用计算机硬件和软件技术对数据进行有效的收集、存储、处理和应用的过程，其目的在于充分有效地发挥数据的作用。数据管理技术的发展先后经历了四个阶段，即人工管理阶段、文件系统阶段、数据库阶段、面向应用的数据管理阶段。1996年，加特纳集团（Gartner Group）提出"商业智能"概念，又称商务智能（Business Intelligence，BI）。商业智能技术提供企业迅速分析数据的技术和方法，包括收集、管理和分析数据，将这些数据转化为有用的信息，然后分发到企业各处。商业智能通常被理解为将企业中现有的数据转化为知识，帮助企业做出明智的业务经营决策的工具。为了将数据转化为知识，需要利用数据仓库、联机分析处理（OLAP）和数据挖掘等技术。因此，从技术层面上讲，商业智能不是什么新技术，它只是数据仓库、OLAP和数据挖掘等技术的综合运用。可以认为，商业智能是对商业信息的搜集、管理和分析过程，目的是使企业的各级决策者获得知识或洞察力，促使他们做出对企业更有利的决策。商业智能一般由数据仓库、联机分析处理、数据挖掘、数据备份和恢复等部分组成。商业智能的实现涉及软件、硬件、咨询服务及应用，其基本体系结

构包括数据仓库、联机分析处理和数据挖掘三个部分。

然而，随着现代信息传播技术手段和方式不断丰富，信息获取、信息传递、信息处理、信息再生、信息利用等功能应用日益多样化，智能化信息系统逐渐形成一个信息网络体系，人类社会的生产方式、工作方式、学习方式、交往方式、生活方式、思维方式等发生了极其深刻的变革，互动化、即时性、全媒体等，成为常态性的信息生态环境，传统的数据库组织架构和信息服务模式已经难以适应信息社会现实需要，整个信息技术架构的革命性重构势在必行，大数据成为信息技术发展的必由之路。

2. 大数据源于虚拟网络的迅速发展和现实世界的快速网络化

一方面，虚拟网络社会迅猛发展，形成了海量数据持续生成的空间。虚拟社会是人们在计算机网络中展开活动、相互作用形成的社会关系体系。虚拟社会的形成和发展，为人类生存和发展提供了新的空间，改变了社会结构，形成了社会存在的新形式；改变了人类的生存方式和活动方式，形成了人类的虚拟生活方式。

另一方面，云计算、物联网、社交网络、电子商务、网络社区、即时通信等技术形式的涌现，推动现实世界快速切换到网络社会形态，衍生了规模巨大、类型多样的数据资源。其中两类数据尤其引人注意，一类是企业与企业、企业和消费者之间的"大交易数据"，另一类是来自互联网、社区网、企业服务网、物联网等的"大交互数据"。

虚拟网络的迅速发展和现实世界的快速网络化，两者相互影响，最终指向海量数据的持续生成和繁杂数据的不断出现。目前，我们正处于一个信息爆炸的年代，全球每年产生的数据量是 ZB 级。2012 年全球产生 2.4ZB 的数据，相当于 3Trillion（万亿）的 DVD，到 2020 年，数据将达到 40ZB。

大数据概念的提出，最初正是由于需要处理的信息量过大，超出了一般电脑的数据处理能力，目前主流软件工具无法在合理时间内撷取、管理、处理过多的信息，亦无法将其整理为帮助企业经营决策的资讯，因此工程师们必须改进处理数据的工具，这促进了新的处理技术的诞生，比如雅虎的开源 Hadoop 平台，这类技术使人们可以处理的数据量大大增加。

3. 大数据成了决定我们未来数字生活方式的重大技术命题

大数据概念最初起源于美国，是由思科、威睿、甲骨文、IBM 等公司倡议发展起来的。

大约从 2009 年始，"大数据"成为互联网信息技术行业的流行词。事实上，大数据产业是指建立在对源自互联网、物联网、云计算等渠道广泛、大量数据资源进行收集基础上的数据存储、价值提炼、智能处理和分发的信息服务业，大数据企业大多致力于让所有用户能够从几乎任何数据中获得将信息转换为业务执行的洞察力，包括之前隐藏在非结构化数据中的信息。

最早提出"大数据时代已经到来"的机构是全球知名咨询公司麦肯锡。2011 年，麦肯锡在题为"海量数据，创新、竞争和提高生成率的下一个新领域"的研究报告中指出，数据已经渗透到每一个行业和业务职能领域，逐渐成为重要的生产因素；而人们对于海量数据的运用将预示着新一波生产率增长和消费者盈余浪潮的到来。①

大数据是一个不断演变的概念，当前的兴起，是因为从 IT 技术到数据积累，都已经发生重大的变化。仅仅数年时间，大数据就从大型互联网公司高管嘴里的专业术语，演变成了决定我们未来数字生活方式的重大技术命题。2012 年，联合国发表大数据政务白皮书《大数据促发展：挑战与机遇》。《哈佛商业评论》将数据科学家评选为 21 世纪"最性感"的职业；奥巴马依靠数据挖掘团队用比对手少 1 亿美元的竞选资金击败对手连任美国总统；EMC、IBM、Oracle 等跨国 IT 巨头纷纷发布大数据战略及产品；几乎所有世界级的互联网企业，都将业务触角延伸至大数据产业；无论是社交平台逐鹿、电商价格大战还是门户网站竞争，都有它的影子；美国政府投资 2 亿美元启动"大数据研究和发展计划"，更将大数据上升到国家战略层面。2013 年，大数据，正由技术热词变成一股社会浪潮，将影响社会生活的方方面面。

---

① 黄升民、刘珊：《"大数据"背景下营销体系的解构与重构》，《现代传播》2012 年第 11 期。

二　大数据应用与研究现状

（一）大数据业界应用状况

1. 大数据市场规模及增长趋势

针对大数据的商业应用前景，有关研究机构给出了一系列翔实的分析报告。技术研究和咨询公司 Gartner 发布了一份关于企业在大数据方面的支出情况报告，指出大数据将带动 2012 年全球 280 亿美元的 IT 支出，2013 年带动的 IT 支出规模可进一步增至 340 亿美元。而到 2016 年全球在大数据方面的总花费将达到 2320 亿美元。中国大数据应用市场已然显露出潜力，2012 年市场规模达到 4.5 亿元，2013 年还将持续发酵，未来三年内有望突破 40 亿元，2016 年有望达到百亿元规模（见表 1）。预计政府、电信、银行将是最先使用大数据工具的行业。

表 1　2011~2016 年中国大数据市场规模及增长情况

单位：亿元,%

年份	市场规模	同比增长率
2011	3.2	
2012	4.5	40.60
2013	8	77.80
2014	19.9	148.80
2015	46.4	133.20
2016	101	117.70

资料来源：根据赛迪顾问 2012 年 12 月报告整理。

2011 年麦肯锡公司的报告预计，若把大数据用于美国的医疗保健，一年将产生潜在价值 3000 亿美元，若用于欧洲的公共管理可获得年度潜在价值 2500 亿欧元，若服务提供商利用个人位置数据可获得潜在的消费者年度盈余 6000 亿美元。2012 年 3 月，美国政府发布《大数据研究与发展倡议》，这是继其 1993 年宣布"信息高速公路"之后推动实施

的又一重大科技部署。矢野经济研究所发布的报告显示，日本大数据产业
2011 年为 1900 亿日元，预计在 2020 年这个产业将会达到 1 万亿日元
（见表 2）。

表 2　2011~2020 年日本大数据市场规模及增长情况

单位：千亿日元，%

年份	市场规模	增长率
2011	1.9	
2012	2	5.3
2013	2.6	30.0
2014	3.4	30.8
2015	4.2	23.5
2016	5.1	21.4
2017	6.3	23.5
2018	7.5	19.0
2019	9	20.0
2020	10.6	17.8

资料来源：根据矢野经济研究所 2012 年 4 月报告整理。

2. 大数据商业实践典型案例举例

大数据商业实践可以划分为两类：一类是大数据行业，以 IBM、微
软、惠普、Oracle、EMC、SAP 等公司为代表，提供"硬件+软件+数据"
的整体解决方案，它们以平台性为特征，提供基础性服务；另一类是大数
据应用，以脸谱、亚马逊、谷歌、淘宝、百度等公司为代表，基于自身拥
有的海量用户信息，提供精准化营销和个性化广告推介等服务。以上两
类，大数据应用发展最为吸引眼球。从个人层面来说，大数据应用涉及智
能道路选择、车载定位通信、基于 LBS 的服务等；从组织层面来说，大
数据应用涉及地理位置定向广告、保险定价、紧急情况响应等；从宏观层
面来说，大数据应用涉及城市规划、零售商业智能、新商业模式等。

在国外，印第安纳大学利用谷歌公司提供的心情分析工具，从近千万
条网民留言中归纳出六种心情，进而对道琼斯工业指数的变化进行预测，
准确率达到 87%。华尔街对冲基金依据购物网站的顾客评论，分析企业

产品销售状况；一些企业利用大数据分析实现对采购和合理库存量的管理，通过分析网上数据了解客户需求、掌握市场动向。

在国内，中国联通、海康威视、北京亿赞普、搜狐、京东等也都在自己熟悉的行业内实施并推进着大数据的应用实践。中国市值最大的三大互联网公司——腾讯、阿里巴巴和百度——也是数据资产的最多拥有者——腾讯拥有最大的网络通信数据，阿里巴巴拥有最大的网络交易数据，而百度则拥有最大的搜索数据资产，三者都在积极布局未来的大数据业务体系（见表3）。

表3 典型领域大数据行业应用

行业	应用特性分析	应用案例
零售业	需要及时响应客户需求，实现精准营销；需要提高产品流转率，实现快速营销	肖恩·麦登在亚马逊网站客服处提交了Kindle的故障问题。仅仅30秒后，他的手机便响了。一位叫芭芭拉的客户人员问候他之后说："我了解到你的Kindle有一个问题。"亚马逊客服在两分钟内便解决了肖恩的问题，并跳过了要求他详细拼写他的名字和地址的部分，而且她并没有进一步向他销售任何东西。从亚马逊订购商品近十年，肖恩从来没有像那一刻一样爱过这家公司。
金融业	金融智能决策；金融服务创新	以阿里巴巴金融之类的小额信贷公司为例，通过在线分析小微企业的交易数据、财务数据，甚至可以计算出应提供多少贷款，多长时间可以收回等关键问题，把坏账风险降到最低。
互联网	数据爆炸增长，结构类型复杂；用户行为丰富，Web社群关系复杂；提升用户体验，增加用户黏性	Match.com等交友网站也经常会仔细查看其网站上列出的个人特征、回应和交流信息，用来改进其算法，从而为想要约会的男女提供更合适的人选。
交通行业	系统性，数据量大；复杂性，涉及多方面数据；动态性，信息实时处理要求高	UPS等货运公司对卡车交货时间和交通模式等相关数据进行分析，以此对其运输路线进行微调。

续表

行业	应用特性分析	应用案例
安保行业	多变量长期监测，多因素综合分析	以纽约市为首的警方部门也正在使用计算机化的地图以及对历史性逮捕模式、发薪日、体育项目、降雨天气和假日等变量进行分析，从而试图对最可能发生罪案的"热点"地区做出预测，并预先在这些地区部署警力。
传媒行业	新闻呈现与新闻点击联动，及时反馈，及时调整	《赫芬顿邮报》和 Gawker 网站上传播的新闻通常取决于数据，而不再取决于编辑的新闻敏感度，数据比有经验的记者更能揭示哪些是符合大众口味的新闻。

资料来源：根据相关资料综合整理而成。

（二）大数据学术研究状况

针对大数据的研究，主要集中在以下几个方面。第一，大数据基础问题研究，主要聚焦大数据的概念探讨、大数据的特征分析、大数据带来的机遇与挑战、大数据行业发展现状与趋势分析等问题，如赛迪顾问的行业发展报告《大数据产业生态战略研究 2012》、麦肯锡全球研究所的《大数据：创新、竞争和生产力的下一个前沿》等。第二，大数据技术应用问题研究，主要探讨大数据应用发展现状与趋势，特别是大数据技术在典型行业领域的案例分析，研究文章较多，形成了大数据研究的最大热点，如纽约时报、华尔街日报、人民日报均推出大篇幅报道。第三，大数据应用的战略分析、哲学审视等方面的研究，出版了一批较有影响力的著作，在某种程度上，其热度仅次于大数据技术在典型行业领域的案例研究，如牛津大学教授维克托·迈尔-舍恩伯格的《大数据时代：生活、工作与思维的大变革》、美国东北大学教授艾伯特-拉斯洛·巴拉巴西的《爆发》等。

然而，大数据相关研究还存在着诸多薄弱的部分，突出表现在以下几个方面：第一，大数据概念的内涵和外延还未有一个清晰准确的界定；第二，大数据研究的文献多集中于技术方面，从经济管理、信息传播等角度进行研究的文献较少、质量不高、系统性不强；第三，针对大数据应用发展所面临的数据搜集处理难题、用户数据安全难题、用户隐私保护难题等，缺少有效的研究和深入的探讨。这些行业发展基本难题无法破解，将会在一定时期内阻碍大数据产业的正常发展。

三　大数据带来的冲击与挑战

（一）"大数据的生态系统"各环节商业需求将催生数据技术体系变革

有研究者提出了"大数据的生态系统"① 这一概念，简而言之，就是数据的生存周期，指数据从产生到处理，再到价值提取，最后被消费掉的整个过程（见图1）。

图1　大数据的生态系统

在这个生态系统中，不同环节的商业需求正在催生新的技术模式和方法以实现新的商业模式。由于大数据产业链贯穿整个数据生命周期，涉及数据中心建设与维护、数据处理与分析、视频识别技术、语音识别技术、商业智能软件开发、IT咨询与方案实施、信息安全等诸多领域，因此，大数据产业能够催生更大的市场和利润空间，构建数据行业技术应用新体系。

---

① Stephen Watt, "Deriving New Business Insights with Big Data," http：//www.ibm.com/developerworks/opensource/library/os-bigdata/index.html.

（二）电子商务进一步发展，需要日益社会化、移动化、媒体化

所谓社会化媒体，是指基于用户社会关系的内容生产与交换平台。电子商务转向社会化媒体主要有三方面的表现。第一，社会化媒体平台上的主角是用户，而不是网站的运营者。尽管商品的基本信息是由网站提供的，但是，有关商品的评论是由用户生产的。商品评论，不能靠商家，也不能靠平台网站，只能靠用户来提供，而用户的评论的形成与丰富，离不开社会化媒体的运作思路。第二，社会化媒体是内容生产与社交的结合，也就是说，社会关系与内容生产两者是融合在一起的，社会关系的需求促进了社会化媒体平台上的内容生产，反过来，这些平台上的内容也成为联结人们关系的纽带。具体来说，电子商务网站上的评论内容，不仅促成了购买行为，也联结起了用户间的关系。人们也希望通过建立与他人的联系，更好地做出购买决定。在网络新闻领域有一句口号叫"无跟帖不新闻"，如果套用这样一个思路的话，那么我们可以看到，在电子商务领域是"无评论不交易"。但是，将电子商务与社会化媒体挂钩，并不是要将电子商务之路指向狭隘的社交网站那个方向。尽管 Facebook 等社交网站都在极力向电子商务方向拓展，但是电子商务的社会化媒体取向却可以通过不同方式来实现。第三，电子商务在不断社会化的同时，也在不断媒体化，日益成为信息流动的渠道和平台，逐渐具有了信息整合的媒体属性。有关统计显示，阿里巴巴营收中有 60%～80% 来自淘宝和天猫的广告费收入。

移动电子商务就是利用手机、PDA 等无线终端进行的 B2B、B2C、C2C 或 O2O 的电子商务。它将因特网、移动通信技术、短距离通信技术及其他信息处理技术完美结合，使人们可以在任何时间、任何地点进行各种商贸活动，实现随时随地、线上线下的购物与交易、在线电子支付，以及各种交易活动、商务活动、金融活动和相关的综合服务活动等。根据中国电子商务研究中心发布的《2012 年度中国网络零售市场数据监测报告》，截至 2012 年 12 月底，中国移动电子商务市场交易规模达到 965 亿元，同比增长 135%，依然保持快速增长的趋势。2013 年这一数字有望达 1300 亿元。移动电子商务用户逐年递增。2009 年我国移动电子商务用户规模达 3600

万，2010 年这一数字攀升到 7700 万。2011 年移动电子商务用户规模达到 1.5 亿，同比增长 94.8%。2012 年移动电子商务用户规模约 2.505 亿，同比增长 67%。预计到 2013 年，这个数字将增长到 3.725 亿。

（三）数字媒体的转型发展，需要基于大数据分析开展资源整合

大数据背景下，信息的内涵已不仅仅是消息、通信、评论等新闻，还包括各种各样的数据。这就要求媒体行业必须适应新的信息生产和传播方式，以多元化媒介形态承担信息传播的职能。大数据时代，媒体面临的挑战有以下几个方面[①]：第一，缺乏专门的数据分析方法、使用体系和高端专业人才，需要不断提升专业技术人员的大数据分析水平，使其掌握从海量数据中快速挖掘出"微价值"的方法；第二，技术（设备）水平亟须提升，数据的搜集、处理、分享等工作所需的基础技术架构和应用系统需要不断改善；第三，数据资源再加工能力和数据产品创新能力薄弱，缺乏未来媒体竞争必备的获取数据、分析数据、解读数据等技能；第四，数据真实性、可靠性等方面保障能力薄弱，如何确保数据驱动的信息产品质量成为媒介行业面临的一大难题。

大数据背景下，媒体的转型发展，既是战略问题，也是技术问题，而这些问题的有效破解，将对未来的媒体形态和格局产生深远影响。我们需要思考如何在新闻制作的过程中收集数据、过滤数据、分析数据、呈现数据；如何利用大数据有效揭示事件发生背后的趋势和意义，并以生动活泼的传播形式做出真实、准确的新闻报道；如何从海量数据中挖掘、分辨出用户的行为模式、兴趣偏好等，更准确地向用户推荐合适的内容。

（四）政治竞选团队面临大数据挑战，亟须有效利用数据驱动的机制优势

美国时代周刊报道称，数据驱动的竞选决策是奥巴马竞选获胜的关键。[②]

---

① 贾金玺、郭雪颖：《大数据：数字新闻业的新机遇》，《网络传播》2012 年第 12 期。
② 《深度分析：数据驱动奥巴马胜选》，新浪网，http：//news.sina.com.cn/w/sd/2012-11-11/135825555763.shtml。

以筹集竞选经费为例，2012 年春，奥巴马团队中的数据分析人员注意到，乔治·克鲁尼对于西海岸年龄在 40~49 岁的女性非常有吸引力，那么这个群体无疑最有希望捐钱获得一次和克鲁尼共进晚餐的机会，当然，还有克鲁尼支持的候选人：奥巴马。正如他们在奥巴马竞选连任两年里对其他数据进行收集、储存和分析的那样，奥巴马高级竞选助手们决定利用这一发现。他们试图寻找一位对女性群体有类似吸引力的东海岸的名人，以达到像克鲁尼筹款晚会那样筹集数百万美元的成绩。一名高级竞选顾问说："我们有大把选择，但最后决定的人选是莎拉·杰西卡·帕克。"于是下一场与奥巴马竞选有关的晚宴在帕克家中举行。对于普通公众来说，他们根本无法知道选择在帕克家举行筹款活动的主意来自数据挖掘技术对同一类支持者的分析：喜欢竞争、小型晚宴、名人。

各种各样的数据，科学的数据分析方法，基于数据驱动的竞选决策，将深刻影响未来的美国大选。可以预见，未来的政治竞选，数据分析人员将扮演重要角色。竞选过程中，哪一方拥有一个更为优秀的数据分析团队，将在很大程度上占据优势。大数据分析，将深刻改变总统选举的现有筹划战略和宣传策略。如何发现选民、得到他们的关注，预测何种类型的选民能够被某种呼吁手段所说服，如何根据海量的内部数据来决定在哪里投放广告，如何优化筹集竞选经费、锁定目标选民、预测投票率、督促选民投票、驱动竞选团队的广告购买、创新竞选策略和技巧等，对这些问题的处理，将成为直接影响政治竞选团队成败的关键因素。

（五）大数据挖掘，催生用户数据安全难题和用户隐私保护难题

物联网、云计算、移动互联网等新技术的发展，使得智能便携终端成为遍布地球各个角落的传感器，成为数据来源和承载方式。美国互联网数据中心预计，互联网上的数据每年将增长 50%，每两年便翻一番，而目前世界上 90% 以上的数据是最近几年才产生的。这些数据，不仅包括人们在互联网上发布的信息，还包括全世界工业设备、汽车、电表等设备上无数的数码传感器随时测量和传递的有关位置、运动、震动、温度、湿度乃至与空气中化学物质的变化有关的海量数据信息。一方面，它们使我们

的城市和地球更加智慧；另一方面，这也将催生一系列大数据信息挖掘业务，直接带来新的网络信息安全生态环境问题。可以预见的是，大数据将成为网络攻击的显著目标，加大政府、企业和个人隐私信息泄露风险，对现有的存储和安防措施提出挑战，还有可能成为高级可持续的网络攻击载体。

四　应对大数据的几点思考

（一）培植大数据产业链，促进数据技术研发

政府层面，应创造良好的大数据产业发展环境。第一，制定大数据的技术标准和运营标准，鼓励企业进行大数据相关技术研发与应用创新，在语音数据处理领域，视频数据处理领域，语义识别领域，图像数据处理领域，信息传输、信息安全等技术的研发领域设立重大专项，给予政策和财政资金支持；第二，加快实施"宽带中国"战略，大力加强网络基础设施建设，突破下一代互联网、物联网、云计算、移动互联网等关键技术，以基础设施和技术创新保障大数据产业发展；第三，启动大数据立法，解决用户数据安全难题和用户隐私保护难题，从法律层面保障信息安全。

（二）深刻洞察用户需求，构建新型电子商务模式

互联网未来发展的三大趋势是电子商务、社会化媒体和移动互联网。日益社会化、移动化、媒体化的电子商务发展趋势，将会使海量数据汇集，因此，电商企业亟须需把大数据资源转化为大数据资产、把大数据分析转化为大智慧决策。进行实时大数据分析，把数据资产盘活，输出有价值的关系图谱、意向图谱、消费图谱、兴趣图谱和移动图谱等可视化数据形式，将成为未来大数据分析的重要方式。大数据可视化信息图谱输出，使人们更加深入了解客户的需求信息，赋予大数据系统洞察未来的能力，从而更加智能和科学地构建新型电子商务模式。

（三） 数据驱动内容生产与传播，提升传媒核心竞争力

大数据背景下的媒体转型，在处理好硬件架构、应用系统、人才队伍等基础问题之后，就必须确立明确的发展方向，即数据驱动的内容生产与传播。

数据驱动内容生产，是大数据时代传媒核心竞争力提升的源头之一。[①] 整个内容生产过程首先是收集数据，其次是信息过滤，接着是使之可视化，最后融合成一个完整的作品。由于信息量巨大且杂乱无章以及质量参差不齐，过滤显得尤为重要，是数据驱动内容生产中的关键。数据驱动内容生产的表现方式不只有文字和配图，在传统表达方式的基础上加上多种媒体技术，通过分析和过滤，把大量数据融合到一个整体中，旨在把事件发生背后的趋势和意义以融合的方式完整地呈现给受众。虽然目前数据驱动内容生产发展得并不完善，但它的生命力不可小觑。

数据驱动内容传播，将会使定制化、精准化和个性化的信息平台成为一种发展趋势。面向个人的信息推送服务，媒介是移动终端（如智能手机），应用是移动互联，卖点是定制、精准和个性化，它能在最短时间内，最有效率、最具针对性地满足个性化信息需求。其操作模式为，通过一定的数据采集、挖掘和分析之后，会形成一个清晰的"模型"（也可以叫"路线图"）。之后，系统会根据这个模型，自动抓取个体关注的信息，然后向每个订阅者推送。相较于手机报，它更小众；相对于 RSS 订阅，它更具个性。

（四） 数据驱动竞选决策，赋予政治传播新机制优势

政治传播效果评估，一直是业界面临的极为棘手的难题。大数据时代，能够获得更多数据分析样本，建构更为庞大的基础数据库资源，形成连续、可靠的长期数据跟踪监测，及时获取最新政治传播效果数据信息，并以此编制更为精确、高效的政治传播效果分析评估报告，提升竞选团队

[①] 徐锐、万宏蕾：《数据新闻：大数据时代新闻生产的核心竞争力》，《编辑之友》2013 年第 12 期，第 4 页。

的洞察力及决策水平。有研究者提出，大数据与全媒体能够对抽样进行"重塑"：长期以来，因为考虑到成本问题，人们用科学的抽样来代替普查，通过抽样的数据来推断、预判需求，然而大数据的出现颠覆了传统的抽样，人们可以利用互动平台、利用大数据技术清晰地获得需求的信息，而不是去推论，这极大地提升了判断精准性。① 大数据的核心就是预测，大数据时代的决策将更多地基于数据、分析和事实，而更少凭借经验和直觉。

原载《现代传播》（中国传媒大学学报）2013年第7期

合作者：张恒山

收入本书时略有改动

---

① 参见黄升民、刘珊《"大数据"背景下营销体系的解构与重构》，《现代传播》2012年第11期。

大数据驱动下的传媒转型

2013 年，大数据概念风靡中国，从资本市场到信息产业，大数据概念引发的热点效应迅猛升温。大数据源于虚拟网络的迅速发展和现实世界的快速网络化。一方面，虚拟网络社会迅猛发展，形成了海量数据的持续生成空间。另一方面，云计算、物联网、移动互联网、社交网络、电子商务、网络社区、即时通信等技术形式的涌现，推动现实世界快速切换到网络社会形态，衍生了规模巨大、类型多样的数据资源。伴随信息处理速度的快速提升，人类社会步入"大数据"时代。从概念外延上讲，大数据可分成大数据技术、大数据工程、大数据科学和大数据应用等领域，是适应信息经济时代发展需要而产生的科学技术发展趋势。从概念内涵上讲，是指从各种各样类型的数据中，快速获得有价值信息的能力。一方面，强调从海量数据、多样数据里提取微价值，即具有价值（value）特征；另一方面，强调数据获取、数据传递、数据处理、数据利用等层面的高速高效，即具有快速处理（velocity）特征。大数据概念里的"数据"，是指具有可追踪、可分析、可量化特性的数据。大数据概念里的"大"，是指"大数据"所应具有的"大量化"（volume）、"多样化"（variety）两个特征。

综观国内外大数据应用案例，到现在为止大数据不再是一个简单的 IT 概念，已经对各行各业产生非常大的影响，而且通过移动化的设备、移动互联网的方式不断地接近生活中的方方面面。面对如火如荼的大数据实践态势，传媒业作为现代社会信息流动的核心，也跃跃欲试。因此，本文试图结合新闻传媒业、影视制作业和广告业，盘点近期大数据的发展情况，以丰富的案例为支撑，思考中国传媒业转型与升级的路径与方向。

1. 大数据用于新闻传播，驱动信息传播方式转变

近年来大数据新闻的媒体实践，主要表现在数据驱动的调查性新闻、数据驱动的趋势预测性新闻、数据驱动的深度报道、数据驱动的新闻线索与选题发现、数据驱动的可视化叙事、数据驱动的受众反馈价值分析、数据驱动的用户内容消费行为和传播行为分析、数据驱动的采写编业务工作机制等几个方面。

数据驱动的调查性新闻方面，如菲律宾调查性新闻中心，通过整合大量的财经记录，建立了一个由四部分组成的对国家最高法院法官财务状况的分析，此项调查最终导致一名法官被弹劾；匈牙利的《科洛迪福》杂志通过大量数据揭露了总理 Orbán Viktor（维克托·欧尔班）时期媒体行业中公共资金的滥用问题。

数据驱动的趋势预测性新闻方面，如《中国证券报》和万得资讯等专业资讯公司一样，建立了庞大的数据库，在资本市场某项重大政策出台前后，采编部门的编辑记者可以快速地依靠数据库做出分析和判断、写出报道，这些报道和其他媒体的记者凭自己经验和判断写出的报道相比，客观性较强。

数据驱动的深度报道方面，如来自罗马尼亚的 Das Cloud（达斯·科拉德）建立了 Macroscop（一个新闻报道项目，名叫"肉眼可见"），该项目通过借助谷歌搜索的数据展示该国的健康问题；肯尼亚的 Internews（一家传媒企业，名叫"互联新闻"）建立了"Data Dredger"（数据挖掘船）——一个帮助肯尼亚记者学习数据新闻报道的平台，即通过肯尼亚开放数据倡议（KODI），建立关于政治和健康问题的信息图表和深度报道。

数据驱动的新闻线索与选题发现方面，如中国商报利用商务部、海关总署记录的中国企业每月的分行业甚至分企业的详细数据，进行二次开发、深加工，通过分析历次危机下的行业出口受影响度、行业景气度等全方位信息，帮助企业做出准确判断，及时调整生产战略，早日抢占商机。

数据驱动的可视化叙事方面，如日本《朝日新闻》使用公开的数据将南海海槽地震的影响视觉化，通过伤亡数字、灾民数量、受损建筑数量

等数字反映每个地区受到的影响。

数据驱动的受众反馈价值分析方面，如《赫芬顿邮报》和 Gawker（捆客网）网站上传播的新闻通常取决于数据，而不再取决于编辑的新闻敏感度，数据比有经验的记者更能揭示哪些是符合大众口味的新闻。

数据驱动的用户内容消费行为和传播行为分析方面，如《金融时报》推行网站注册系统允许用户付费进入，并组建了近 10 人的研究小组，收集分析用户的各种数据及阅读习惯，比如他们读什么、何时读、喜欢读哪类文章等；社交媒体监测平台 DataSift（社交数据分析公司）监测了 Twitter 上发布的大量谈论 Facebook IPO 的 Tweet 情感倾向，根据 58665 位用户产生的 95019 条 Tweet 互动绘制了一幅图，很清晰地反映了两者的对应关系——基本上是呈正相关，结论是 Twitter 上每一次情感倾向的转向都会影响 Facebook 股价的波动，延迟情况只有几分钟到二十多分钟。

数据驱动的采写编业务工作机制方面，如 Narrative（奈若特夫）是一家拥有大约 30 名员工的美国公司，它运用 Narrative Science（奈若特夫科学）算法，大约每 30 秒就能够撰写出一篇新闻报道。2011 年该软件通过收集相关信息写出了大约 40 万则关于少年棒球联盟的新闻报道。Narrative 的新闻撰写的基本模式为：首先，通过系统的搜索引擎收集大量高质量的数据，其次根据报道题材决定文章的风格模式，再按照元作者提供的词汇来组成句子。所谓元作者是由资深记者组成的团队，他们负责创建一系列报道题材的模板，他们同 Narrative 技术工程师密切合作，使计算机能够从不同"角度"来识别相应数据。[1]

从纵向的新闻史来看，从精确新闻、电脑辅助新闻、数据库新闻到大数据新闻，呈现出一个科技化程度不断提升的发展态势。目前，大数据正改变着传媒产业的内容生产模式和整个运作体系。归结起来，大数据对新闻媒体的影响将是直接而深入的，新闻媒体也正在以积极的姿态应对大数据时代的到来。

2. 大数据用于影视策划，驱动影视运作方式转变

视频行业的大数据主要包括三个方面：用户大数据、内容大数据和渠

---

① 《未来新闻 90% 以上将为电脑化新闻》，https://www.prnasia.com/blog/archives/1622。

道大数据。正是在互联网时代，这三种数据能够融合在一起，从而为影视业提供支撑和服务。互联网视频所带来的大变革主要体现在内容生产的模式上，传统的 B2C 模式（企业对消费者的电子商务模式）正在转变成 C2B 模式（消费者对企业的电子商务模式）。通过大数据我们可以了解用户的喜好，了解用户未来的兴趣点，从而根据用户行为来定制影视内容。可以说，C2B 模式将会成为未来影视制作的主流。近年来影视运作的大数据实践，主要表现在数据驱动的影视产品市场定位、数据驱动的影视产品票房预测、数据驱动的影视产品营销推广等几个方面。

数据驱动的影视产品市场定位方面，如 2013 年热播的 TVB（香港无线电视台）剧《冲上云霄2》，可以在优酷网上直接查看该影视作品的优酷指数，包括剧集分析、人群分布、地区分布等公开数据。数据显示，该影视作品，总播放量冲破 3 亿次，集均播放量更高达 1200 万次，22～29 岁的年轻人群占总人群的近 50%；而在地区分布中，由于是港台剧，该剧观看人群最多的前 6 个城市中广东就占了 4 个。更为隐秘的是，网友的一切收看行为都被"记录在案"：观众在哪个地方按了暂停键甚至倒回看，说明观众喜欢这个桥段，以后在创作时会适当增加；在哪个地方快进、跳过去，说明这个地方让观众觉得无聊，以后会减少。同时观众的每一次搜索、评论、转发、收藏等都呈现了观众的收视习惯以及需求，这对制片方极为有用。一般来说，影视制作公司现在投拍一部影视作品时，首先就是用数据来定位，了解该内容在文学网站上有怎样的点击量，在电影网站上有多少评分，掌握电影的核心观众在哪里。

数据驱动的影视产品票房预测方面，如 2013 年《致我们终将逝去的青春》首映日百度搜索量为 14 万次，《小时代》上映前夕百度最高日搜索量为 25 万次，由此大致可以判断出两部影片的票房标准。结果，《小时代》首映日票房 7000 余万元，大幅超过《致我们终将逝去的青春》首映日 4000 余万元的票房。由此可知，一部电影相关的搜索量与票房收入之间存在很强的关联性，根据搜索次数的多少可以判断票房成败，次数越多，意味着票房越成功。虽然这种预测票房模型还显得过于粗放，没有考虑用户年龄群体、消费心理等人为因素，准确率让人怀疑，但是搜索量确实可以对票房有一定的预测作用。

数据驱动的影视产品营销推广方面，如根据优酷、土豆网的视频播放数据，就可以知道 18~25 岁的女性在每天什么时段喜欢看什么视频，然后把相关题材电影的预告片放给她们看，观众群体针对性更强，可以吸引她们进影院。

不妨想象一下，随着数据的进一步增加，坐拥用户资源的新媒体网站，完全有能力通过数据挖掘，分析用户癖好，向电视台定制一部电视剧甚至向好莱坞定制一部电影。到那个时候，电视台便如那些电厂商们，将成为产业链最低端的内容代工厂。

归结起来，随着"大数据"、新媒体等技术应用的普及和创新，影视产业结构与行业发展的生态环境也在不断调整与完善，影视行业的产业链格局正在酝酿并发生着巨大的变化，逐步影响并推动着产业链各环节的发展方向、战略定位、商业运作与思维模式的升级与变革。

3. 大数据用于广告策划，驱动广告运作方式转变

在新媒体环境下，随着社交网络的广泛普及，每一个用户都成为大数据中的一个环节。社交网络，让我们越来越多地从数据中观察到人类社会的复杂行为模式。社交网络，为大数据提供了信息汇集、分析的第一手资料。从广告运作角度来说，从庞杂的数据背后挖掘、分析用户的行为习惯和喜好，找出更符合用户"口味"的产品和服务，并结合用户需求有针对性地调整和优化广告运作策略，就是大数据的价值体现。近几年广告业的大数据实践，主要表现在数据驱动的消费者洞察、数据驱动的传播策略制定、数据驱动的广告传播形态变革、数据驱动的效果评估等几个方面。

大数据将是驱动广告主洞察消费者的重要力量。以搜狐网为例，门户、搜索、浏览器、输入法、视频、游戏、无线等多个用户聚合平台就像一台强大的发动机，通过云端能力，源源不断地为搜狐营销团队提供月度至少 9 亿人次的数据资产。所有用户都以标签属性的形式存在于搜狐集团云端的数据库中。现实生活中用户的搜索行为、浏览行为、产品应用行为、订阅行为被搜狐数据库记录分析，在云端这些行为转化为用户的清晰化属性标签，比如年龄、性别、所在城市、爱好、收入、品牌偏好等。以这些标签为依据，搜狐在广告投放和营销活动定制中，可以帮助广告主更加有效地开展各种营销活动。

传播策略制定方面，广告商借助大数据的技术优势，不仅可以实现精准广告传播，而且还可以实现多屏互动。如大数据营销企业 AdTime（泰一指尚，全球领先的大数据营销平台）曾向广告业内人士展示过一个多屏互动的完美案例：王先生是一名高端商务人士，结合他近期的上网行为，他被判定为宝马汽车的潜在客户。当他坐飞机回到北京时，看到机场 LED 屏上出现了宝马的品牌广告，这个广告将宝马的品牌印象留在了他的脑海中。紧接着，他打车准备回家，掏出手机查了一下路况，当打开手机地图 App 后，出现了一条离他最近的几家宝马 4S 店的信息，这些信息差点让他有马上前往 4S 店看车的念头。到家后，王先生打开电视看天气预报，一条很前卫的宝马新车型的视频广告让他激动不已。最后，王先生决定第二天就去家附近的 4S 店，亲身体验一下全新的宝马车型。

就数据驱动的广告传播形态变革而言，RTB 可谓一个新型广告模式。RTB 是 Real Time Bidding 的简称，即实时竞价。RTB 模式战略是大数据时代背景下产生的一个崭新的营销模式战略：在每一个广告展示和曝光的基础上进行实时竞价。在 RTB 模式下，广告主与目标受众能够进行一对一的实时交易，大大提升了广告效果。RTB 模式在我国还处于起步阶段，谷歌是国内起步最早的 RTB 广告交易平台之一，传漾、易传媒等广告公司也陆续推出了自己的 RTB 产品。

就广告效果评估而言，大数据或许是解决目前广告效果评估体系困境的一种途径。互联网平台中的大数据使消费者的个人信息和社会行为变得透明、可监测、可预判，我们一直所期待的低成本、大规模、可复制进行的"普查"得以实现。

归结来看，在大数据技术的支撑下，广告体系得到了颠覆性的变革，广告的有效性得到了极大的提升。

原载《新闻与写作》2013 年第 12 期

合作者：张恒山

收入本书时略有改动

数据新闻的发展现状、问题及对策

2010 年，英国《卫报》和美国《纽约时报》将维基解密的数据成功进行了可视化尝试。此后，世界范围内涌现出一批具有代表性的数据新闻开发组织和个体。短短几年间，数据新闻迅速成为业界和学界共同关注的热门话题。然而，由于关注点不同，实践程度不一，科技公司、研究学者、数据分析家、技术人员以及新闻工作者对数据新闻有不同的界定。本文将数据新闻定义为媒介组织、个体和科技公司运用数据处理技术，以数据分析为导向，从海量数据中提取具有新闻价值的信息，并将其进行可视化呈现的新闻报道方式或数据产品形态。

一 数据新闻的发展现状

从业界实践来看，欧美等国的数据新闻开发明显走在前列，在业务实践、团队建设、市场占位上都显示出一定优势；在理论层面，学者们的研究正从数据新闻的基本概念、工作流程、功能意义、运作模式、发展前景逐步拓展到基本的理论体系建设和现实诉求上。

（一）数据新闻的业界实践状况

1. 在业务实践上，数据新闻的叙事方式和报道类型特色鲜明

数据可视化是数据新闻的主要叙事方式，它以图形和数据为主要符号，强调运用计算机算法和图形学的相关知识，将抽象、单调的数据和概

念具体可感地加以呈现，以达到清晰有效地传达与沟通数据背后的内容和意义的目的。其具体运用主要表现为：突出可视化应用的互动性，注重复杂数据间的关联性，强调视觉语言表达的多样性。这种叙事方式遵循新闻报道的一般逻辑，强调用户视觉上的愉悦，能较好地实现开发组织与用户的交流，帮助用户获得新的解读视角。

在报道类型方面，数据新闻以调查性、解释性、预测性报道居多。数据在揭示真相、提供证据方面的重要意义，使得不少调查性报道纷纷采纳这一方式来提升调查质量，拓展调查主题。数据新闻报道的特色还在于以解释为目的，进行数据叙述，帮助人们深入理解数据背后传达的内容和意义，如 Vox Media 集团下的 vox.com 就专注于解释性报道。在预测性报道方面，数据直接助力于新闻线索的发现，并往往揭示了事件发展的趋势。如 2011 年《卫报》抓取并分析与伦敦骚乱有关的 260 万条 Twitter 内容，成功揭示了骚乱的趋势和影响。

2. 在组织架构上，小型化团队合作成主要模式

小型化团队是当前数据新闻运作的主要组织形式。如英国《卫报》的数据新闻团队由 5 人组成，新崛起的 The Quartz Things 团队仅由 4 个人组成，得克萨斯论坛的科技团队包括 1 个行政人员，总共 5 个人，我国财新数据新闻开发团队总共 10 人，且都是分散在不同部门。可见，小团队、大制作是当前数据新闻开发较为常见的构架模式。

促成数据新闻开发团队小型化的原因较为复杂。首先，在传统媒体向数字化转型的过程中，人才流动频繁。团队小型化无疑是减少队伍不稳定因素的较好方式。其次，数据新闻的高额费用开支，模糊的盈利模式，使高管们不得不考虑控制开发成本，组建小型团队自然更有利于控制预算。此外，由于数据分析人才短缺，对于一些实力相对薄弱的媒介组织而言，小型化团队既可降低进入门槛，又可减少市场风险。

3. 在市场占位上，运营模式日趋多元

一些媒介组织和科技公司凭借敏锐的商业嗅觉，以数据分析为导向，较早地开发数据分析、数据新闻产品定制、在线数据处理、信息咨询等多元业务，成功占位数据分析市场。如美国的 Bloomberge、Stat Sheet 公司、Narrative Science 公司，加拿大的汤森路透。美国的 Bloomberge 公司以向

客户提供金融数据，帮助客户查询、比较、分析业务，并做出决策见长。Stat Sheet 公司和 Narrative Science 公司，则主要是借助人工智能和科学算法从事数据新闻产品的批量生产和定制服务。而来自加拿大的汤森路透媒体集团，20 世纪 90 年代逐渐转向为客户提供行业关键信息和深度分析，其提供的媒介咨询和媒介发展行情在行业内颇有影响力。随着"快数据""实时大数据"在社交化媒体上的大量繁生，很多新的运营模式将会在数据新闻发展中出现。

（二）数据新闻的学界研究状况

1. 从业务层面探讨数据处理技术和数据新闻报道技巧

数据处理技术的应用和数据新闻报道技巧是学界进行业务研究的两个主要方面。以美国一年一度的 NICAR 数据新闻年会①为例，该年会主要围绕数据新闻处理技术和数据新闻报道技巧展开讨论，至今已连续举行 5 年，业内外反响不俗。通过对该年会 5 年以来的"主题与讲义"进行分类整理可见：作为一种颇具特色的新闻报道方式，数据新闻报道技巧类议题逐年增多，说明研究人员从新闻传播本体出发关注数据新闻发展的意识正在增强；数据处理技术应用类议题逐年减少，验证了数据新闻赖以开发的关键技术正日趋成熟（见表 1）。

表 1　2011~2015 年 NICAR 数据新闻年会"主题与讲义"分布情况

单位：个

年份	2011	2012	2013	2014	2015
数据新闻报道技巧类	3	5	22	31	31
数据处理技术应用类	29	57	51	50	32
合计	32	62	73	81	63

资料来源：依据 2011~2015 年 NICAR 数据新闻年会网站"主题与讲义"内容整理。

---

① NICAR 全称美国计算机辅助新闻报道协会（The National Institute for Computer-Assisted Reporting），成立于 1989 年。自 2011 年开始，NICAR 增开数据新闻年会，主要就数据新闻报道的相关技术和实践经验进行研讨，与会人员以美国数据新闻实践和研究方面优秀的记者、编辑、程序员、教授，以及对数据新闻有浓厚兴趣的在校学生、个人为主。

2. 从价值层面对数据新闻的社会影响进行研究

部分学者从价值层面讨论了数据新闻带来的社会影响，此类议题涉及数据获取和使用的合法性，新闻工作理念的转变等方面。如在数据获取和使用的合法性这一议题上，学者们讨论了数据新闻与世界民主、开放政府与社区安全、数据使用与记者道德、数据获取权与隐私保护①等重要话题，揭示数据新闻对促进社会发展，提高政府和公民责任的重要意义。再如，在新闻工作理念的转变议题上，Arjen van Dalen 分析了机器参与新闻写作对新闻记者的角色转变和职业观塑造的影响。② 2014 年 3 月在中国人民大学举行的"大数据与新闻传播创新研讨会"③ 上，来自国内的知名专家、学者就大数据与新闻实践、行业发展的相关问题进行了深入讨论。

3. 从运营层面探讨数据新闻的盈利模式

不少学者还从运营层面对数据新闻的盈利模式进行了探讨，如德国之声的记者米尔科·洛伦兹（Mirko Lorenz）指出出售可信的数据是新闻商业模式形成的基础。④ Tanjia Aitamurto 等则将数据新闻未来盈利模式概括为可视化效果付费、数据访问权付费，以及数据分析服务付费三种模式。⑤ 我国有学者从社会影响力的角度，剖析了澳大利亚广播公司的"用数字解读煤层气"专题，德国《时代周报》（Die Zeit）"基于 PISA 项目的国家财富比较"两个案例，认为它们分别是提供专业信息服务的"利基模式"和旨在提升全球公民意识和媒介素养的"类比模式"。⑥ 显然，当前学界对数据新闻盈利模式的探讨，正力图突破拼流量、争广告商的老

---

① Alexander Benjamin Howard, "The Art and Science of Data-driven Journalism," Tow Center for Digital Journalism, Columbia Journalism School, 2015.

② Arjen van Dalen, "The Algorithms Behind the Headlines," *Journalism Practice*, 2012 (56): 648-658.

③ 杨雅：《大数据分析与可视化技术：新闻传播的新范式"大数据与新闻传播创新"研讨会综述》，《国际新闻界》2014 年第 3 期。

④ Mirko Lorenz, Nicolas Kayser-bril, Geoff Mcghee, "Voices: News Organizations Must Become Hubs of Trusted Data in a Market Seeking (and Valuing) Trust".

⑤ Tanjia Aitamurto, Esa Sirkkunen, Pauliina Lehtonen, "Trends in Data Journalism," Hyperlocal D., 2011 (3): 15.

⑥ 史安斌、廖鲽尔：《"数据新闻学"的发展路径与前景》，《新闻与写作》2014 年第 2 期。

路子，将数据新闻社会影响力与收益结合起来考虑。

二　数据新闻发展的问题分析

在业界，数据新闻人才短缺、数据获取不易、运作模式不清晰等困扰着数据新闻的发展。在学界，作为一个新的研究领域，数据新闻吸引了不同学科领域的学者从不同的角度对数据新闻进行关注，但核心问题有待进一步商讨。

（一）阻碍数据新闻实践发展的主要问题

1. 数据新闻人才培养缺乏有效操作模式

当前，市场中数据处理人才需求旺盛。全球最大的招聘信息网站 Indeed.com 发现 2011 年到 2012 年的夏天，数据科学家的职位需求跃升。就新闻业而言，新闻业的发展受到政策环境、发展平台和经费预算等条件限制，尤其是在数据新闻盈利模式尚不清晰的状况下，新闻业更难以招聘到有实力的数据新闻人才。

2014 年，皮尤新媒体报告显示，数字媒体的大部分工作人员来自传统媒体。[①] 而对于传统媒体新闻工作者而言，最大的障碍是数据思维的转变。当前，世界范围内虽有不少知名新闻院校已经开设与数据新闻相关的课程，但如何解决跨学科课程设置、科学定位数据新闻人才的培养，以及建构合理培养模式等问题尚无有效的操作方式可供借鉴。

2. 数据资源获取受操作技术和数据开放程度的限制

影响数据获取的操作技术，主要涉及数据存储、提取和消化、可视化等环节。这些技术的操作过程中常会遇到数据来源阻塞、变形失真、丧失意义、滥用等潜在风险。影响数据资源获取的另一主要原因则是世界范围内数据开放程度的不平衡。2013 年国际开放数据调查报告——《开放数

[①] "State of the（Digital）News Media 2014"，https：//cj.sina.cn/article/norm_detail? url＝http％3A％2F％2Ffinance.sina.cn％2Fusstock％2Fhlwgs％2F2014－03－28％2Ftech－iavxeafs2125966.d.html&fromtech＝1&from＝wap&autocallup＝no&isfromsina＝yes.

据晴雨表 2013 全球报告》① 中的 "城市或地区数据开放程度" 就反映出这一问题 (见表 2)。

表 2　全球城市或地区数据开放程度得分情况

单位：分

区域	城市或地区数据开放程度得分
欧洲地区	47.47
美洲地区	34.19
亚太地区	23.93
中东和中亚地区	8.33
非洲地区	5.29

资料来源：依据《开放数据晴雨表 2013 全球报告》整理。

由表 2 可见，欧洲和美洲地区的数据开放程度得分分别位居第一和第二，亚太地区的开放程度居中，非洲地区开放程度最低。如果将这一得分情况与各地区的经济、科技等因素联系起来考察，可见发达地区的数据开放程度明显高于欠发达地区。

3. 盈利模式不清晰阻碍数据新闻快速发展

数据新闻发展至今，由于在线新闻对用户流量的依赖，依靠广告获取利润的传统方式仍发挥主要作用，而广告以外的盈利模式尚不清晰等原因使数据新闻发展速度明显受市场行为的限制。2014 年 4 月，"数字第一媒体"（Digital First Media）关闭了其致力于生产视频和数据产品的 "霹雳"（thunderdome）项目。此前，一批数据驱动的超本地新闻也因运作模式失败，或关闭或转型。如 2013 年，MSNBC 旗下斥资百万美元的 EveryBlock.com 宣布关闭，AOL（美国在线）旗下花费千万美元扩大的 Patch.com，为应对连年亏损宣布裁员、业务转型。这些失败个案的共同特点是，媒介组织拥有丰富的数据资源，但对传统的盈利模式依赖程度深，数据驱动形成的新盈利模式不清晰。

① "Open Data Barometer 2013 Global Report"，https：//cloud. tencent. com/developer/article/1104355？ areaSource = 102001. 8&traceId =_ KWB2FHORbse5sfpMoT5g.

（二）学理研究层面存在的问题

1. 中观和宏观层面的前瞻性研究不足

现有的学术研究成果多偏重于数据处理技术和数据新闻实践技巧等微观层面的探讨，对涉及数据新闻人才培养、文化政策、法律规约、伦理责任、盈利模式、使用情况、媒介影响、发展战略等中观、宏观层面的探索明显不足。

理论对实践的指导意义在于其视角的前瞻性。偏向于微观层面的探讨，忽视中观、宏观层面的研究势必会影响数据新闻的实践进程，延滞数据新闻实践操作和理论框架的建构，进而影响数据新闻作为一个新闻门类的发展。

2. 促进数据新闻发展的理论对话不平衡

由于各国数据新闻学界和业界的发展不均衡，促进数据新闻发展的理论对话在各国之间、行业之间，以及学科之间明显失衡，数据新闻的发展也因此受到影响。

从各国数据新闻的发展程度来看，不同国家对数据新闻开发投入的时间、精力以及所拥有的技术水平和专业能力差距明显，研究数据新闻的理论话语几乎一边倒地由欧美国家把持。从学界对数据新闻研究的实际情况来看，一些现有研究成果虽已涉及基本的概念、技术和经济等问题，但对数据新闻发展具有前瞻性指导意义的研究明显不足。从数据新闻发展涉及的学科领域来看，由于数据新闻对技术的依赖，技术话语在跨学科对话中占明显优势。

三　数据新闻发展的应对之策

（一）转变新闻人才观，建立灵活的数据新闻人才培养机制

随着数据新闻的发展，由算法和数据引发的新闻编辑室革命正在倒逼新闻人才培养理念的转变。具体而言，首先，记者的核心技能亟待重新确

认。国外一些研究已经表明，"熟悉数据和统计知识"[1]，具备"分析与整合大量数据的能力""解释统计数据和图形化处理的能力""视觉化的叙事能力"[2] 是未来记者必须具备的素质。实质上，未来专业记者核心技能的确认还将受到数据处理技术、媒介组织架构的影响。其次，灵活的数据新闻人才培养机制有待形成。随着数据新闻的迅速发展，不少见效快、方式灵活的社会化培训，如师徒"传帮带"、在线学习、短期培训、年会交流等使一些数据新闻爱好者受益。一些知名高校也通过开设数据新闻学专业，调整课程设置，积极回应数据新闻发展对人才的规模化需求，如密苏里新闻学院设置了较为完善的数据新闻人才培养课程体系，中国传媒大学开设了数据新闻实验班等。如果将社会化培训方式与传统学院人才培养模式进行有效整合，形成灵活多样的数据新闻人才培养机制，无疑利于数据新闻的迅速发展。

（二）开放思想，尊重各国数据新闻发展的客观现实

由于各国数据新闻发展程度不一，国家和地区间数据开放的标准、模式不统一，世界范围内要通过数据资源的共享，保障数据获取的合法性，推动数据新闻的发展，短期内恐未能得见成效。因此，各国都要以开放和包容的态度尊重不同国家和地区针对数据开放、数据新闻发展采取的数据开放模式和开发方式。也只有在此基础上，各国就数据开放、数据新闻发展展开的对话才具有实质意义。

（三）发掘数据价值，增强数据新闻的市场竞争力

数据可视化叙事方式是增强数据新闻用户满意度，扩大社会影响力的有效方式，也是数据价值所在，媒介组织和个体要注意发挥这一报道方式的优势。鉴于数据的新闻价值，数据新闻的开发也应该适用于多个平台。借助信息处理技术创造数据新闻在不同终端和平台的发布和应用条件，多

---

① C. W. Anderson, Emily Bell, Clay Shirky, "Post Industrial Journalism: Adapting to the Present," Tow Center for Digital Journalism, Columbia Journalism School, 2014.

② Howard I Finberg, Lauren Klinger, "CoreSkills for the Future of Journalism," The Poynter Institute for Media Studies, www. poynter. org, 2014.

平台共享数据资源不仅可以延长数据新闻的使用周期，还可增加数据新闻开发的边际效益。随着大数据技术的日趋成熟，媒体组织和科技公司应利用不断更新的数据资源，开发包括信息咨询、半成品数据新闻在内的多种数据业务，推动数据新闻立足更广阔的数据生产、销售和服务市场。

（四）加强前瞻性研究，指导数据新闻业界发展

作为一个正在崛起的新闻门类，数据新闻的发展离不开学界对业界的前瞻性指导。首先，数据新闻是在大数据语境下得以迅速凸显的，学界应立足大数据发展，为数据新闻的业务实践提供指导。其次，数据新闻在媒体产业化发展中占位，既与以数据为导向的数据业务开发模式有直接联系，也与社会需求紧密相连，学界应科学考量数据新闻运用模式，观测社会需求，为数据新闻融入媒体产业化发展提供前瞻性建议。此外，数据快速繁生也带来"内容农场"监管困难、虚假数据挑战新闻真实性、个人隐私数据得不到合法保护等问题，学界应从数据新闻的操作规则、规范管理等方面为业界提供对策。

原载《新闻与写作》2015年第8期

合作者：李苏

收入本书时略有改动

移动 App 新媒体创新现状与发展研究

　　新媒体领域，创新是发生频率最高的现象；新媒体是创新的前沿阵地。新媒体创新，是新媒体持续发展的原动力与重要驱动引擎，因应新兴技术的迅猛发展和新型媒体形态的快速更迭，在多维层面不断涌现，表现活跃。科学评价与准确测量新媒体的创新水准与创新表现，特别是新媒体产品及应用的创新性和创新价值，不仅事关新媒体组织的现实运营，也关乎整个行业和社会整体经济的健康运行与良性发展。

一　新媒体创新指数及样本说明

　　依据科学理论和新媒体创新实践研究，构建系统、全面、可操作的新媒体创新指数，针对科学选取的评测样本，实证考察移动 App 典型类别的创新水平、创新程度和创新价值等新媒体创新现状。

（一）新媒体创新指数构建

　　综合熊彼特的创新理论、罗杰斯的创新扩散理论、集成创新理论以及媒体丰富度理论等关于创新的相关研究，总结发现：创新不仅是生产要素或生产条件的"新组合"，更是一种不停运转的机制[①]；创新不仅是某项单纯的技术或工艺发明，也是多种不同类型创新资源和能力的协同与整

[①]　〔美〕熊彼特：《经济发展理论》，郭武军、吕阳译，华夏出版社，2015，第56页。

合，表现为技术集成、服务集成、资源集成等不同的集成创新模式①；创新的新颖度由三方面来表达——所含知识、本身的说服力、人们采用它的决定②，可以归结为媒体、技术和用户三者的有机合成。同时，结合传媒与传播领域的信息创新研究、经济与市场领域的产品创新研究，以及新媒体创新的相关研究，可视信息创新是内容与形式相结合的全面创新，产品创新则是技术和用户综合作用的结果，而新媒体创新则是信息创新与产品创新的整合协同作用。以创新的新颖特征为逻辑起点，结合新媒体创新的特有属性，我们构建了由 3 个一级指标、6 个二级指标和 16 个三级指标组成的新媒体创新评价指标体系，对移动 App 的新媒体创新程度、创新水平和创新价值进行量化评估。新媒体创新指数的 3 个一级指标分别是：媒体品质、科技属性和用户价值。

移动 App，即移动应用服务或移动客户端，是针对手机、笔记本电脑、平板电脑等移动终端设备，提供无线上网服务而开发的应用程序和软件。移动 App 是当今时代最为典型的新媒体类型，业已成为人们日常生活与工作交往最常用的新媒体产品。移动 App 借助不断改进的内容建设和信息传播服务而实现"媒体品质"创新，"媒体品质"指标重点评测新媒体所负载的信息内容的质量水准，以及新媒体产品结构的素质状态，主要考察新媒体产品及应用本身的创新特征，包含 2 个二级指标：信息承载和形态设计。新媒体创新必然由技术驱动，与技术创新息息相关，与之相关的"科技属性"指标，主要指新媒体创新过程中吸纳科学、知识和先进技术的水平和程度，重点考察新媒体产品对新技术的采纳程度和新功能的开发能力，包含技术采纳和功能推新 2 个二级指标。用户是新媒体创新的来源，更是新媒体创新价值的积极贡献者，移动 App 的新媒体创新离不开用户的参与、创造与价值贡献，"用户价值"指标正是从用户维度，评测新媒体产品在使用过程中，用户参与的便利程度和深度，以及用户需求的满足程度，本指标下设用户参与和用户满意 2 个二级指标。移动 App

---

① 何卫平、刘雨龙：《集成创新理论的研究现状评析》，《改革与战略》2011 年第 3 期。
② 〔美〕罗杰斯：《创新的扩散》，唐兴通、郑常青、张延臣译，电子工业出版社，2016。

的新媒体创新指标体系的每个二级指标之下又分别设置了若干三级指标和具体的实现路径，用于全面考察其创新表现的各个不同层面。

移动 App 的新媒体创新指数构建及指标设定，遵循科学的理论依据和严谨的计算标准，同时参照操作性、导向性、全面性、层次性与系统化原则。各指标在进行权重计算时，邀请 20 余位以新媒体业界高级产品经理、学界新媒体研究专家为主的专业人士，以德尔菲法对指标体系中不同指标的重要性进行评分，同时运用层次分析法（Analytic Hierarchy Process，AHP）和普通最小二乘法（Ordinary Least Square，OLS）检验判断矩阵的一致性，评估得出每个指标的权重。移动 App 的新媒体创新指标体系及指标权重详见表 1。

表 1　移动 App 的新媒体创新指标体系及指标权重

一级指标	权重	二级指标	权重	三级指标	权重
媒体品质 A1	0.3788	信息承载 B1	0.7917	原创水平 C1	0.5730
				信息更新频度 C2	0.2362
				信息丰富度 C3	0.1908
		形态设计 B2	0.2083	交互性 C4	0.5577
				拓展性 C5	0.2940
				开放度 C6	0.1483
科技属性 A2	0.3820	技术采纳 B3	0.6711	新技术升级 C7	0.6444
				新知识运用 C8	0.3556
		功能推新 B4	0.3289	新功能开发 C9	0.7126
				产品迭代 C10	0.2874
用户价值 A3	0.2392	用户参与 B5	0.5727	参与便捷度 C11	0.6252
				参与深度 C12	0.2341
				个性化参与 C13	0.1407
		用户满意 B6	0.4273	用户美誉度 C14	0.5456
				用户活跃度 C15	0.2482
				用户黏度 C16	0.2062

（二）样本获取

在样本获取中，为了保证评测样本的代表性和样本获取的可操作性，主要参考易观智库、艾媒咨询和苹果公司 App Store 三家最新的移动 App 排行情况及相关研究报告，同时结合研究对象的影响力以及移动 App 的不同性质、类别，最终选取 7 大类共 106 家最热门的移动 App 产品，对其创新水平进行考察和评析。7 大类分别是：资讯类、视频类、即时通信类、社交类、旅游类、综合电商类、移动支付类。同时，为了更详细评析不同移动 App 的创新性表现，在进行指标分析和榜单解读时，又将资讯类移动 App 细分为传统媒体资讯类、商业网站资讯类和聚合型资讯类三类，将视频类移动 App 细分为视频网站类、移动直播类和短视频类三类。

本研究报告针对选取的 7 类移动 App 新媒体产品，主要采集 2016 年 1 月 1 日至 9 月 30 日的相关数据，主要包括各移动 App 的产品版本及更新数据、首屏信息及功能设计数据、信息原创及更新状况的定时观测数据，同时参照第三方报告的活跃用户数及 App 使用情况的统计数据。对各统计数据进行综合计算后，获得各移动 App 的新媒体创新各指标的最终数值及得分。

二 移动 App 新媒体创新现状考察

依据构建的新媒体创新指标体系，针对选取的 7 种类型移动 App 客户端产品进行新媒体创新的量化评估和实证考察，评估结果显示了各类移动 App 的新媒体创新现状。

（一）资讯类移动 App 新媒体创新 TOP30

资讯类移动 App 共考察 30 个评测对象，依据新媒体创新总分（满分为 5 分）排名，排名情况如图 1 所示。

今日头条以 2.49 分的较大优势居于资讯类移动 App 新媒体创新榜首，央视新闻和 UC 头条分别以 2.31 分和 2.21 分排在第 2 和第 3 位。总体来看，排名前 10 的移动 App，传统媒体资讯类仅有 1 家，聚合型资讯

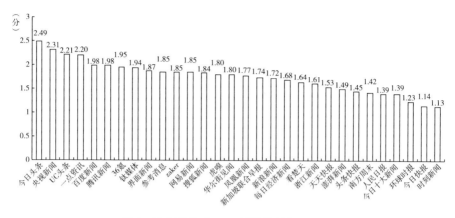

图 1 资讯类移动 App 新媒体创新 TOP30

类有 4 家，商业网站资讯类有 5 家。以今日头条为代表的聚合型资讯类移动 App，其新媒体创新总分明显高于其他两类，前 5 名中占据 4 席，分别为今日头条（第 1）、UC 头条（第 3）、一点资讯（第 4）和百度新闻（第 5）。比较发现，传统媒体资讯类移动 App 的新媒体创新总分普遍偏低，前 10 名仅有央视新闻 1 家，排名第 2，在后 15 名中却占了 8 席，这反映出脱胎于传统媒体的资讯类移动 App 新媒体亟待提升其创新水准。

（二）视频类移动 App 新媒体创新排名情况

视频类移动 App 共考察 26 个评测对象，依据其新媒体创新总分进行排名，排名情况如图 2 所示。

花椒直播以 3.33 分的较大优势居于视频类移动 App 新媒体创新榜首，龙珠直播和 YY 直播同以 2.69 分并列第二。总体来看，排名前 10 的视频类移动 App 中，移动直播类占据 8 席，具有绝对优势，短视频类占据 2 席，表现尚可，而视频网站类则无一家进入前 10 名，其创新表现亟待改善。比较发现，以花椒直播为代表的移动直播类 App 新媒体创新总分普遍高于其他两类，前 5 名中占据 4 席，并占据前 4 名，分别为花椒直播、龙珠直播、YY 直播和斗鱼直播；短视频类异军突起，有 2 家进入前 10 名，分别为秒拍（第 5）和小影（第 7）。

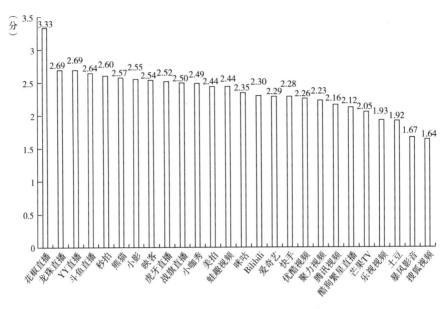

图2　视频类移动 App 新媒体创新排名情况

（三）即时通信类移动 App 新媒体创新 TOP10

即时通信类移动 App 共考察 10 个评测对象，依据其新媒体创新总分排名，排名情况如图3所示。

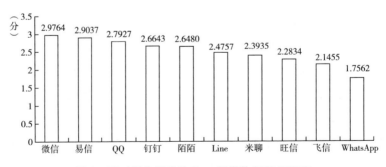

图3　即时通信类移动 App 新媒体创新 TOP10

即时通信类移动 App 新媒体创新排名 TOP10 中，微信、易信难分伯仲，居前 2 位；QQ 紧随其后，仅以约 0.1 分之差排名第 3；WhatsApp 是唯一得分低于 2 分的即时通信类移动 App，排名第 10。微信、QQ 作为目前市场上用户规模最大、最活跃的两款即时通信类移动 App，借助对用户需求的精准把握和用户体验的不断提升，保持了较强的用户黏性和较高的用户满意度，展现出持续、高效的创新能力。易信的用户数量虽不及微信和 QQ，但其借助新技术的研发投入和新知识的持续更新，带来产品的不断迭代优化和功能出新，体现了新媒体创新的上佳表现。

（四）社交类移动 App 新媒体创新 TOP10

社交类移动 App 共考察 10 个评测对象（未包含即时通信类和直播社交类），其新媒体创新总分排名，如图 4 所示。

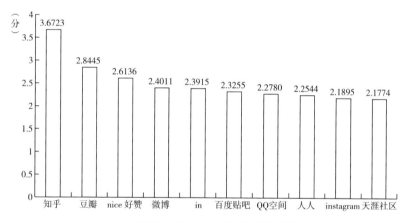

图 4　社交类移动 App 新媒体创新 TOP10

社交类移动 App 新媒体创新排名 TOP10 中，知乎以较大领先优势占据首位，是唯一得分超过 3 分的社交类移动 App；豆瓣和 nice 好赞紧随其后，排第 2、3 名；微博则以 2.4011 分位居第 4。排第 1、2 位的知乎和豆瓣同为社区平台，两者以高质量的内容分享和高价值的用户创造赢得了上佳的创新表现。排名第 3 的 nice 好赞，是近年来国内新兴的图片社交类移动平台，依托较高的技术创新水准，提升了其整体创新表现水平。微博作为国内较早的社交网络平台，以较高的用户活跃度和较强的用户黏性，提升了其整体创新水准，排名第 4。

（五）旅游类移动 App 新媒体创新 TOP10

旅游类移动 App 共考察 10 个评测对象，其新媒体创新总分排名，如图 5 所示。

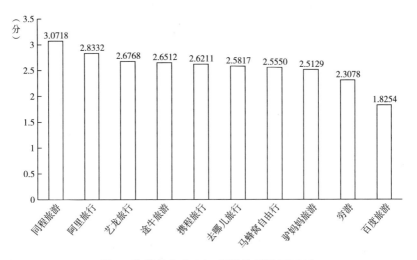

图 5 旅游类移动 App 新媒体创新 TOP10

同程网络科技的同程旅游，以唯一得分超过 3 分的新媒体创新总分，占据旅游类移动 App 新媒体创新榜榜首；阿里巴巴集团的阿里旅行，则紧随其后，排名第 2；艺龙旅行、途牛旅游和携程旅行旗鼓相当，分列第 3、4、5 名；百度旅游的新媒体创新总分仅为 1.8254 分，是唯一一家分值低于 2 分的移动 App，排名第 10。旅游类移动 App 的新媒体创新整体水准表现尚佳，各家移动 App 需要有针对性地弥补其不足之处，并提升其持续创新能力，为用户提供更加优良的移动旅游服务。

（六）综合电商类移动 App 新媒体创新 TOP10

综合电商类移动 App 共考察 10 个评测对象，其新媒体创新总分排名，如图 6 所示。

淘宝和京东占据榜单前 2 位，两者的新媒体创新总分相差不大，明显高于其他 8 家综合类电商移动 App，居于第一集团；一号店、国美在线、

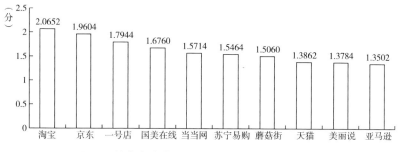

图 6　综合电商类移动 App 新媒体创新 TOP10

当当网、苏宁易购和蘑菇街五家移动 App 整体相差不大，列第 3～7 名，处于第二集团；天猫、美丽说和亚马逊 3 家 App 得分在 1.35～1.40 分，与前两个集团有一定差距，在新媒体创新表现方面各有特点，但皆需持续提升其总体创新水准，不断改善用户的网络购物体验。

（七）支付类移动 App 新媒体创新 TOP10

支付类移动 App 共考察 10 个评测对象，其新媒体创新总分排名，如图 7 所示。

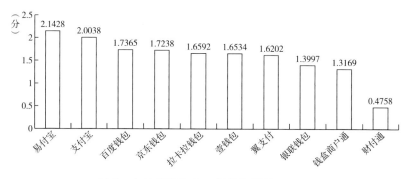

图 7　支付类移动 App 新媒体创新 TOP10

支付类移动 App 新媒体创新得分排行显示，分值区间为 0.4758～2.1428 分，两端分差较大，中间呈梯状变化。苏宁云商旗下的易付宝和阿里巴巴集团的支付宝分列前 2 名，得分均高于 2 分；腾讯公司的财付通则以低于 1 分的新媒体创新总分，排名第 10；百度钱包、京东钱包等其余 7 家移动 App 的分值皆在 1~2 分，分差并不明显。作为移动支付平台的支付类移动 App，新媒体创新的整体得分并不高，需要在媒体品质、科技属性和用户价值方面全面提升其创新水平，以便为用户提供更安全可靠、体验优良的在线支付服务。

三　移动 App 新媒体创新考察结论与建议

结合移动 App 新媒体创新的量化考察结果，提供总体分析结论，并依据其创新现状所反映的问题及不足，提供有针对性的提升创新力的建议。

（一）移动 App 新媒体创新考察结论

1. 分类别解析

通过对 7 类 106 家移动 App 新媒体创新得分状况进行分类解析发现，在新媒体创新总体表现层面，即时通信类、移动直播类、社交类和旅游类四类移动 App 新媒体创新水平整体表现相对较好，移动 App 新媒体创新总分 TOP10 排名得分情况如表 2 所示。

表 2　移动 App 新媒体创新总分 TOP10 排名得分情况

App 类别	数量（家）	App 名称	新媒体创新总分（分）	总分排序
即时通信类	3	微信	2.9764	4
		易信	2.9037	5
		QQ	2.7927	8
移动直播类	3	花椒直播	3.3308	2
		龙珠直播	2.6924	9
		YY 直播	2.6905	10
社交类	2	知乎	3.6723	1
		豆瓣	2.8445	6
旅游类	2	同程旅游	3.0718	3
		阿里旅行	2.8332	7

信息沟通与交流是人类社会的基本需求，在人类长久的历史发展进程中，对信息一直存在着畅通、明晰和便捷的追求，在当今科技日新月异的时代，利用先进技术和新颖工具不断探索信息沟通的新方法、新形态、新途径，既满足了人们日常生活中对社会交往的渴求，也带动了经济与社会层面的创新变革。新媒体创新总分 TOP10 中无论是即时通信类、社交类移动 App，还是花椒直播等具有明星属性的移动社交直播平台、龙珠直播等以游戏直播促发联络交友的直播产品，都具有鲜明的信息沟通与社会交往特性，这类移动 App 较大程度契合人们的生活所需，也有多款产品展现出较强的创新精神和鲜明的创新态度，并在产品设计中体现出更强的创新特质，因而，其创新分值也多排名居前。

随着交通工具的进化发展和全球化进程的不断加快，人们的旅游出行欲望不断得以释放，各式各类旅游 App 不断涌现，并以创新的产品形态、营销模式和独特体验，吸引着诸多爱好、向往旅游的个人和家庭出游团，新媒体创新总分 TOP10 中有同程旅游和阿里旅行两个移动 App，这正体现了当下的社会需求变化，更和旅游类移动 App 自身的产品建设和技术创新有着紧密关联，反映出旅游类移动 App 贴合用户需求，以高品质的信息内容和先进的技术转化，赢得了用户认可与支持，体现出较强的创新追求和鲜明的创新态度，并展露出较高的创新水准。

2. 分指标解析

新媒体创新指数一级指标得分分布显示，"媒体品质"和"用户价值"两项指标得分整体较高，且相对均衡，"科技属性"得分整体偏低，且两极分化。

106 家移动 App 新媒体创新指数一级指标"媒体品质"得分 TOP10 分布情况如表 3 所示。

表 3　移动 App 媒体品质得分 TOP10 分布情况

单位：分

排序	App 名称	App 类别	媒体品质得分
1	微信	即时通信	3.9629
2	QQ	即时通信	3.9437

续表

排序	App 名称	App 类别	媒体品质得分
3	央视新闻	传统媒体资讯	3.8111
4	飞信	即时通信	3.8008
5	易信	即时通信	3.7539
6	马蜂窝自由行	旅游	3.7112
7	虎牙直播	移动直播	3.6889
8	米聊	即时通信	3.6828
9	钛媒体	商业网站资讯	3.6768
10	斗鱼直播	移动直播	3.6673

媒体品质一级指标得分排名居前 3 位的分别是微信、QQ 和央视新闻。前 10 名移动 App 分布情况为，即时通信类 5 家，资讯类和移动直播类各 2 家，旅游类 1 家，反映出即时通信类移动 App 在自身内容建设方面的强势地位。微信、QQ 等即时通信工具为用户提供了即时交流的便捷平台，用户可以在上面畅所欲言、互发信息、传递文件、共享照片，甚至可以共享音视频、表情、动画文件等，不仅形式丰富，而且类型多样，真正实现了媒体的丰富性，因而在"媒体品质"创新方面表现突出。

106 家移动 App 新媒体创新指数一级指标"科技属性"得分 TOP10 分布情况如表 4 所示。

表 4　移动 App 科技属性得分 TOP10 分布情况

单位：分

排序	App 名称	App 类别	科技属性得分
1	知乎	社交	4.5466
2	花椒直播	移动直播	2.9330
3	同程旅游	旅游	2.7735
4	钉钉	即时通信	2.2964
5	豆瓣	社交	2.1352
6	途牛旅游	旅游	1.9373
7	阿里旅行	旅游	1.8508

排序	App 名称	App 类别	科技属性得分
8	Line	即时通信	1.8188
9	Bilibili	视频网站	1.7567
10	艺龙旅行	旅游	1.7349

科技属性一级指标得分排名前 3 的分别是知乎、花椒直播和同程旅游，知乎领先优势比较明显，高达 4.5466 分。前 10 名移动 App 分布情况为，旅游类 4 家，即时通信类、社交类、视频类各 2 家，反映出旅游类移动 App 在运用新技术、新知识推动技术创新方面整体较有优势。同程旅游、途牛旅游等旅游类移动 App 不仅以丰富的旅游信息方便了人们出行，而且不断借助科技手段创新移动 App 的功能设计，依靠频繁的产品迭代、功能更新和技术优化，不断给用户带来新鲜的体验感，因而在"科技属性"创新方面独树一帜。

106 家移动 App 新媒体创新指数一级指标"用户价值"得分 TOP10 分布情况如表 5 所示。

表 5　移动 App 用户价值得分 TOP10 分布情况

单位：分

排序	App 名称	App 类别	用户价值得分
1	微信	即时通信	4.8311
2	陌陌	即时通信	3.9502
3	QQ	即时通信	3.9158
4	爱奇艺	视频网站	3.9149
5	土豆视频	视频网站	3.8304
6	易信	即时通信	3.7688
7	淘宝	综合电商	3.7680
8	花椒直播	移动直播	3.7095
9	去哪儿旅行	旅游	3.6601
10	钉钉	即时通信	3.6269

用户价值一级指标得分排名前 3 的分别是微信、陌陌和 QQ。前 10 名移动 App 分布情况为，即时通信类 5 家，视频类 3 家，综合电商类和旅游类各 1 家，反映出即时通信类和视频类移动 App 皆能在创新方面较好地创造用户价值。即时通信类产品本身较好地贴合了人们社会交往的现实需求，而依托于视频技术革新发展起来的视频类移动 App，特别是带有直播技术的移动视频直播产品，则更加拓宽了人们获取信息的渠道，并以视听兼备的直观形态展示给用户，因而能给用户带来更丰富的信息内涵，创造更大的用户价值，因而其"用户价值"创新性体现得更为充分。

（二）移动 App 新媒体创新发展启示

综合 106 家移动 App 新媒体创新考察所反映的问题与不足，依托新媒体创新指标体系，从三个方面提供新媒体创新未来发展的启示与建议。

首先，以内容建设为核心，新媒体创新首先注重的是媒体品质。新媒体是传统媒体的延伸和发展，具有媒体的基本属性，承载着信息生产与传播的主要职责和功能。内容建设包含两个层面：高品质的内容和合宜的信息呈现形式。两方面相互契合、互为依托，才能助推移动 App 的整体媒体品质创新获取更多实效。就内容层面而言，新媒体时代依然"内容为王"，原创内容仍是稀缺资源，也是吸引用户的关键，所以注重原创，或者为原创作品提供生产与发布的平台，成为新媒体创新必然关注的重点。信息呈现形式方面，以互动为典型特征的新媒体，特别是无处不在、无时不在的移动新媒体，在进行信息传播时，更有诸多独特优势，伴随着无线互联技术的迅猛发展，移动上网的速度有了极大改善，微小的手机屏幕开始承载更丰富的信息呈现方式：高清晰照片、高解析音频、原画质视频、H5 页面、VR/AR 图像等。丰富的信息类型为内容的高质量、丰富性呈现提供了更多选择，以内容为基准，匹配恰切的呈现方式，方能提升整体信息品质，进一步改善新媒体创新整体水准。

其次，以技术驱动为引擎，新媒体创新应以科学技术为依托。迅猛发展的各领域先进技术，如 3D、大数据、云计算、量子力学、增强现实、全息技术、人工智能等，被整合进新媒体创新发展的各个进程之中，不仅有利于加速新媒体的创新发展，而且能为其提供多样化的创新类型、创新模式。突破式创新多让人感到震撼，渐进式创新同样让人欢欣鼓舞，因而，技术大发展时代的新媒体创新，不仅表现为依托尖端、突破性技术研发的开创式产品，还呈现为众多借助科学知识实施的产品迭代与功能优化。未来的媒体一定是技术媒体，移动 App 的新媒体创新应依托于先进技术不断提升创新力，并探索更具多样性、多元化的实践创新之路。

最后，以用户需求为主导，新媒体创新应坚持用户价值导向。用户是新媒体的终极服务对象，新媒体的创新发展由市场和用户共同驱动，其创新效果也应由用户加以检验。新媒体的最大特点是强化了互动性，借助新媒体，用户不仅可以与产品进行交互，而且可以和其他更多的在线用户进行互动。用户的参与和互动，不仅帮助新媒体实现了自身的产品价值，而且可以为新媒体的持续创新提供新的动力。用户满意不仅验证了新媒体创新产品对用户需求的满足程度，而且进一步展示了其创新水平和创新价值。因而，移动 App 的新媒体创新应时刻坚守用户思维、用户理念，以用户价值为行动标准和实施准则，如此才能在创新发展之路上无往不胜。

原载《传媒》2017 年第 11 期

合作者：李秋华、伍刚

收入本书时略有改动

Web2.0 时代的门户转型

Web 2.0 使互联网发生了颠覆式的变化，移动互联网、社交网络迅速发展，在中国是新浪微博、腾讯微信，在美国则是 YouTube、Facebook、Twitter 等如今像新浪、腾讯、网易这类内容导向型门户网站，其竞争对手已经不再是传统媒体，而是更新的"新"媒体，这就意味着内容导向型门户网站必须跟上时代的脚步。内容导向型门户网站面临 Web2.0 时代"新"媒体哪些方面的挑战，这对内容导向型门户网站提出了怎样新的要求，内容导向型门户网站该如何迎接 Web2.0 的挑战并寻求转型发展等是本文尝试探讨的问题。

一　内容导向型门户网站面临 Web2.0 时代新媒体挑战

Web2.0 时代的新媒体，逐渐具有更多交互化、社会化、本地化、移动化、个性化等属性，其模式更加以用户为中心，从而日益渗透进人们生活的方方面面。如同过去门户网站带给传统媒体的冲击一样，目前更新的"新"媒体也给门户网站的业务经营带来了相当程度的压力。

1. 内容生产面临挑战

以 UGC 类新媒体为例，用户将自己原创的内容通过互联网平台进行展示或者提供给其他用户进行分享，而用户在地域分布、价值观念等方面具有诸多差异，促使这类媒体在内容生产的即时性、全面性、个性化、本地化方面取得了巨大优势。

2. 内容传播面临挑战

以 SNS 类媒体为例，用户不仅在发布内容过程中实现与网络服务器之间的交互，而且也实现了同一网站不同用户之间的交互，以及不同网站之间信息的交互，促使这类媒体在内容传播的交互化、社会化、分众化程度方面得到了极大提升。"智能便携终端+App"的互联网使用模式的流行，逐渐实现了各类媒体形式的融合，创造了用户阅读信息内容的新体验，迎合了用户使用互联网的新趋势，促使这类媒体在内容传播的移动化体验方面更受欢迎。

3. 用户经营面临挑战

以 SoLoMo 类媒体为例，其逐渐整合了人们日常生活中的碎片化时间和信息，逐渐聚拢了海量具有高度黏性的忠诚用户，促使这类媒体在用户数据资源利用方面逐渐拥有了掌控权，并以此为基础不断优化了相关业务经营，逐渐与门户网站在人气方面拉开了差距。

二 内容导向型门户网站亟待提升业务运营的水平

Web2.0 时代新媒体所带来的各种冲击，给内容导向型门户网站的业务运营提出了新的要求。新的竞争态势下，内容导向型门户网站需要紧跟社会化媒体、移动终端、大数据等新的信息传播技术趋势，满足和贴近用户不断涌现的在交互化、社会化、本地化、移动化、个性化等方面的需求，提升业务运营水平，优化用户的浏览体验。

1. 内容生产新要求

内容全面性与内容个性化之间的矛盾需要平衡。2012 年，网易联合艾瑞进行了专项调研，数据显示，有 88.9% 的网民依然会通过门户网站来获取新闻资讯，但是网民使用网络服务和获取资讯的需求、目的趋于多元化。随着海量资讯时代成为过去，门户网站必须在提供全面资讯和满足用户差异化需求中找到平衡点。

UGC 类媒体碎片化内容资源需要得到更高质量的整合利用。以好友社交网络、视频分享网络、照片分享网络、知识分享网络、社区/论坛网络、微博等为代表的 UGC 类媒体，创造了海量的碎片化信息内容，如何在信息庞杂的互联网空间发挥门户网站信息整合能力和大数据技术分析能力，成为摆在门户网站经营者面前的一道难题。

门户网站的发展需要提供更多本地化、生活化的内容。门户网站本地化、生活化，慢慢成为主流发展趋势。一方面，人们对于左邻右舍的关注度和回复度，远远高于自己未曾谋面的虚拟社交好友，而且，因为身边真实生活的刺激，其热度持续时间也会更长；另一方面，围绕着本地衣食住行、吃喝玩乐等内容的门户网站有着强大的资源整合优势，主要在于线上和线下结合的成本较低，且互动性较高，精准营销的效果相对明显。

2. 内容传播新要求

门户网站的内容呈现需要更注重交互性。根据用户浏览历史记录生成相应的浏览模式，及时提供用户喜欢的内容，精准满足其信息需求。需要更多关注如何增强用户的忠诚度并为不同用户提供差异化的浏览体验，需要更多关注如何更好地实现跟随用户浏览页面的滚动操作，并实现用户与门户网站之间的智能交流互动。

门户网站的内容传播需要更多注重移动终端的呈现效果，特别是多种终端的内容同步及时更新。

门户网站的内容传播需要更多关注用户体验效果的改善和浏览设计水平的提升。

3. 用户经营新要求

门户网站现有服务质量的反馈情况、门户网站的版面设计是否符合用户要求、门户网站首页和频道将向何处改进等，都需要基于用户数据的深度分析。过去，这类分析主要基于随机抽样的用户调查，现在，随着大数据技术及应用的日益成熟，用户资源日益成为具有某种决定性意义的战略资源。未来，门户网站的大数据技术平台、专业分析人员、各类接近用户的互联网应用产品所搜集到的用户数据资源等将会成为门户网站市场竞争胜负的决定性因素之一。

基于大数据技术及应用，门户网站用户资源运营将会迎来巨大变革。第一，大样本，甚至全样本的用户状况分析，将代替过去随机抽样的用户调查分析，将具有更为准确的客观属性；第二，门户网站借助大数据技术及应用将会更加深刻洞察用户需求，特别是进行实时大数据分析，输出有价值的关系图谱、意向图谱、消费图谱、兴趣图谱和移动图谱等可视化信息图谱数据形式，从而更加智能和科学地构建新型信息服务模式。

三　内容导向型门户网站实现自我转型的几点思考

Web2.0 时代的新媒体发展，给内容导向型门户网站带来了多方面的挑战，也提出了更高的发展要求。内容导向型门户网站要适应新的发展趋势，就必须理顺现有业务流程，吸收更多先进的技术元素和管理经验，主动调整，主动改革，努力争取自我转型。

1. 内容生产层面，从编辑策划与更新转向用户数据驱动更新

全面提升内容生产的水平，必须进一步贴近用户的访问习惯，根据用户的兴趣偏好，为用户提供个人菜单，在最短时间内，最有效率、最具针对性地满足个性化信息需求。其操作模式为，通过一定的数据采集、挖掘和分析，形成一个清晰的"模型"（也可以叫"路线图"）。然后，系统会根据这个模型，自动抓取个体关注的信息，将信息整合之后，向每个用户主动推送。例如，《赫芬顿邮报》和 Gawker 网站上传播的新闻通常取决于数据，而不再取决于编辑的新闻敏感度，数据比有经验的记者更能揭示哪些是符合大众口味的新闻。

2. 内容传播层面，从大众传播转向定制化、精准化和个性化传播

门户网站的架构设计和服务设计，需要更多关注如何借鉴 Web2.0 的各类展示方式，有效提升用户的浏览体验，提供具有更多社交属性、互动属性、移动属性的服务内容，吸引更多用户关注，并促进分享以扩大传播的范围。例如，重要新闻资讯的及时推送、个性化信息内容的交互式呈现、读者的差异化阅读体验、自我掌控的信息聚合项目、网站电脑界面与移动界面的内容同步更新等。

3. 用户经营层面，从广告客户关系管理转向用户价值经营新模式

构建用户个人服务中心，积累用户数据资源。以个人信息页面、邮箱账号、网络通行证等形式，为用户提供一站式服务，并以此提高用户对网站的忠诚度。例如，虽然谷歌产品众多，但在用户个人账户中心可以看到

各类清晰简明的服务列表，个人账户中心是用户使用谷歌产品的大本营，也是个人形象展示、信息资源整合的根据地，不仅可以放置个人简介、联系方式、照片，还可以添加链接地址列表。

构建大数据分析平台，开创用户价值经营新模式。日益成熟的大数据技术及应用，催生了人们对于门户网站客户关系管理的更多想象。更好地服务客户，本质上就是不断提升网站自身价值的过程。对于网站浏览者，必须以数据分析为基础，提供令其满意的优质信息服务，增强其忠诚度。对于各类广告商，必须努力实现广告效果的优化，基于大数据关联算法，挖掘用户兴趣内容与广告内容的结合点，制定匹配的投放策略，从而提升广告实际转化效果，提升访问深度，使流量更加有效率。

原载《网络传播》2013 年第 7 期

合作者：张恒山、郭雪颖

收入本书时略有改动

微时代网络专栏的创新

新闻专栏是由具有共性内容组合而成的专门栏目，具有内容的连续性和固定的风格。网络新闻专栏是传统新闻专栏在互联网上的延伸，虽然发展较晚，但依托互联网新媒体，影响力日渐突出。

网络新闻专栏最为突出的特色有两点。第一，信息来源广、内容更新快。传统的新闻专栏内容多由记者或者通讯员提供，但网络新闻专栏的内容来源广泛，除了网站编辑，众多网友也是内容的制造者，网络论坛、BBS、SNS等领域的信息，只要经过采访核实都可以成为专栏的信息来源。第二，受众积极参与，互动性强。只要网友对内容感兴趣就可以在网络上展开讨论。尤其是重大话题，只要网友愿意就可以参与其中，这种强大的互动性是传统专栏所不可比拟的。

一　网络专栏的发展困境

网络新闻专栏为网友展开讨论、表达心声提供平台，但是随着2010年微博的强势来袭，大批专栏用户流失，网络新闻专栏的用户量有所减少，影响力有所削弱。

从内部发展环境来看，第一，同质化现象严重。出现了大量的雷同专栏，基本上以仿效为主，如红网的"百姓呼声"开设之后，各地的网站纷纷开办类似专栏。这些专栏不仅缺乏特色，而且没有深入考察社会的需求、用户的需求，自身的影响力、竞争力等，很难在众多的专栏中脱颖而出。第二，网络新闻专栏页面制作缺乏创新。专栏页面的制作并没有随着多媒体的发展而改进，尤其是对多媒体表达式的使用、网友评论互动的形式都没有得到有效改善，这导致新闻专栏的发展滞后于网络技术的发展。

从外部发展环境来看，也有社交媒体强势冲击的影响。网络专栏问政的热潮在新闻网站一度火热，但是随着"微博问政"的强势冲击，网络新闻专栏的影响力受到很大的挑战。所以网络新闻专栏要想获得长足的发展，必须紧跟技术发展的步伐、与时俱进，以不断创新获取在新媒体发展中的强势地位。同时，受众使用习惯随着互联网的快速发展会不断变化，网络新闻专栏的形式也要不断适应用户需求。

二 网络专栏的创新突围

网络新闻专栏以特色鲜明、品牌影响力大为上。打造优秀的网络新闻栏目，必须在创新上不断努力。

第一，突出专栏的"专"，重点打造个性特色，形成品牌优势。网络的最大特点就是信息量巨大，网络新闻专栏要做到内容"专"，必须有明确的定位，充分考虑媒体的特点、受众的需求、媒体发展的环境，通过定位其内容与风格，形成自己的鲜明特色。

国外的网络专栏作品类型多样，个性化要求甚高。个性化不仅可以直接体现在专栏的形式上，也可以体现在报道的创新中。所以，一个好的专栏可能与其他专栏形式接近，但是内容肯定做到了独辟蹊径。

第二，与 SNS、微博等社交媒体联手，打造网络专栏发展的新平台。在互联网世界中，新事物总是具有无可比拟的优势。以微博为代表的社交媒体，将众多网友紧紧黏合在一起，以方便快捷的操作和积极有效的互动征得众多网友的关注，同时也削减了网络专栏的用户影响力。

好的网络作品善于把新生事物融入自己的发展中，国外几乎所有网络作品中都可以找到 Facebook、Twitter 等社交媒体的影子。在我国，此举同样适用。可以采取专栏在微博上设立账户运作的方式，也可以采取微博成为专栏的组成部分的方式，用户不仅可以通过微博开展讨论，还可以通过这种途径将信息传递出去。

第三，重视网络专栏的服务性。这里的服务性有两层意思：一是内容的服务性，要求网络专栏创办的出发点是为受众服务，强调知识性和信息量；二是完善网络专栏页面中的服务功能。国外网站特别重视网页中的服务功能，如搜索、分享、下载、打印、邮件、订阅、RSS 等，甚至在征得作者同意后还提供专栏作者的信息、联系方式等，方便网友与作者的沟通交流。

我国的网络新闻专栏对服务功能重视不够，在作品中很难看到完备的基础功能。为网友提供便利的功能可以体现网站的细节关怀，也是赢得用户的重要手段，值得效仿。

第四，积极与网友互动，激发网友参与热情。有些网络专栏中，网友只是扮演"围观者"的角色，发言评论的有效互动较少，网络互动性优势没有得到最好的发挥。国外的网络专栏，网友留言评论积极，互动良好。而且在很多的网站中还有对本作品提出改进和反馈意见的版块，这不仅与网友开展了互动，还为网站的发展吸纳了网友的意见，一举两得。

优秀网络新闻专栏必须注重以内容吸引网友积极讨论，还可就一些与网友利益相关的重大问题开展调查或者进行在线民意测验等，产生良性互动，变围观状态为有效互动。

第五，改善页面设计，做到内容与页面形式的完美统一。我国网络专栏作品中的页面大多偏于简单，表达方式基本以文字、图片为主。虽然网络专栏重在内容，但是在视觉化时代，好的版面设计会为专栏带来更多的用户浏览量。好的网络专栏页面应当是文字、图片、音频、视频、Flash等相结合的多媒体表达方式，内容饱满，没有留白，各版块编排精良，布局科学合理，为用户带来良好的视觉享受。

我国的网络新闻专栏制作水平越来越高，但较之国外多元化的网络专栏内容尚显单一。所以在积极打造网络专栏品牌的同时，不妨拓展专栏的种类，打造内容涉及政治、经济、文化、社会的多元化网络专栏。

原载《网络传播》2012 年第 11 期

合作者：范孟娟、郭雪颖

收入本书时略有改动

从体制内"报网互动"走向
体制外"报网融合"

——腾讯·大楚网运作模式及其启示

当国内学界仍在谈论媒介内容和渠道孰轻孰重，一些报业集团和新闻网站还在谨慎尝试媒介融合的方法与途径时，腾讯公司却走在了前头——大力推行商业网站地方化策略。继 2006 年与重庆日报报业集团合办大渝网以来，腾讯又相继在西安、成都、武汉及福州独立或与相关媒体合作，创办了大秦网、大成网、大楚网和大闽网。至此，腾讯的地方化版图已基本铺开，其系列地方站点共同打造的媒介跨地域扩张及融合模式，已成为一个极富开拓意义的尝试和值得深入研究的媒介经营样本。

腾讯公司的地方站点既是该公司立足全国性综合门户向地方媒体市场渗透的产物，也是地方媒体借助腾讯的渠道资源占领地方媒体市场前沿的结果，但基于不同的地域媒介环境，合作与扩张的具体方式及成效有所区别。其中，大楚网与大渝网的运作模式基本相同，走的是"综合门户+地方纸媒"的媒介融合之路。2008 年 7 月上线的大楚网，两年多来运营平稳并已实现盈利，日均独立 IP 已达到 102.2 万。对于一家有高远追求的媒体，两年多只能算是起步，但好的开始等于成功了一半，大楚网的这一开局自然成了腾讯公司地方化战略可行性的又一注脚。

一 腾讯·大楚网：报网跨地区融合的新成果

湖北日报传媒集团成为腾讯公司在华中地区选择的合作伙伴有一定的必然性。首先，湖北省的经济发展水平和网络发展水平在华中地区相对较高。据统计，截至 2010 年底，湖北共有网站 13 万个。其次，湖北日报传媒集团是全国首家拥有"双百万"报刊的传媒集团，旗下的《楚天都市报》目前发行量居全国第 8 位（日均发 130 万份）。[①] 2000 年创办的《特别关注》杂志发行量共超过 300 万份。再次，湖北日报传媒集团尽管在传统纸媒领域已成为湖北省内的领头羊，但面对报业发展整体趋缓的不利局面，报业集团试图依托体制内资源向新媒体拓展的举措，也一时难以找到社会效益和经济效益结合的突破点，在政策许可范围内，引入外部资源，以合作方式占领新媒体市场高地便成为现实选择。

腾讯作为目前国内最大的网络公司，其盈利能力近年来一直处于领先地位。特别是它依靠客户端软件（QQ 聊天工具）积累起来的庞大用户资源，已经成为众多网络服务商艳羡不已的宝藏。腾讯公司 2010 年第三季度财务报告显示，其即时通信服务活跃账户数达到 6.366 亿，最高同时在线账户数达到 1.187 亿。[②] 但高速发展的腾讯远未到高枕无忧的时候，一是作为其安身立命根本的客户端资源面临着激烈的市场竞争，2010 年喧嚣一时的"3Q 大战"就是明证。二是尽管腾讯有较强的盈利能力，但门户网站及附着其上的网络广告业务一直是腾讯的软肋。自 2003 年上市以来，腾讯的广告收入占总营收的比例一直在 10% 上下徘徊[③]，其主要收入来源是 IM（即时聊天）和网游等在线及无线增值服务。立足长远，腾讯另辟蹊径，走地方化之路，发展地方站点，量大且质优的地方 QQ 用户资源仍是其可以依赖的雄厚资本。QQ 聊天工具在湖北拥有 1300 万活跃用

---

① 《中国排行榜：2009 中国十大最有影响力都市报排行榜》，https://www.hubeidaily.net/r/cms/www/default/html/paper_ctdsb.html，最后检索时间 2023 年 6 月 24 日。
② 《腾讯发布 2010 年第三季度财报》，腾讯科技网，2010 年 11 月 10 日，https://tech.qq.com/zt2010/tencent10q3/，最后检索时间 2023 年 6 月 24 日。
③ 通过分析腾讯对外公布的 2003~2009 年财务报表而得。

户，这无疑成为腾讯·大楚网在湖北迅速站稳脚跟并进一步谋求发展的重要保证。

从大渝网到大楚网，腾讯与地方主流媒体的合作，实现了资源的共享及新旧媒体之间的相互渗透，创建了一个共赢的利益格局。对于腾讯公司而言，实现地域化的 QQ 用户资源向地方网站的平移，既是对 QQ 用户价值的深度挖掘，也提升了用户黏度，更重要的是实现了全国性门户网站触角向地方腹地的延伸与渗透，也通过地方网站的独特命名方式（如腾讯·大楚网、腾讯·大渝网）加强了腾讯品牌的营销与升值空间，其战略意义非同小可。对于合作方的湖北日报传媒集团而言，除了在新闻采编业务上增加了一个资源共享的伙伴外，还可获得稳定的投资回报，更为关键的是，此举还实现了体制内的报业资源与体制外的新媒体资源之间的跨地域嫁接，在一定程度上扩大了集团内众多媒体的影响力，并为未来的报业转型和进一步的媒介融合提供了坚实的平台。

二　地方化与分众化：网络媒体扩张的新路径

互联网也需要地方化吗？当雅虎、新浪和搜狐等全球性的门户网站大火时，这个问题被忽略了，全球化语境及网络技术快速发展带来的美好前景，将"地方"这个略带温情的概念无情忽略了。事实上，互联网发展十几年来，在全球性互联互通变成现实后，网络全面介入了社会生活领域，并开始部分取代传统媒介的功能，与网络的大众化传播领域的强大优势并行的，是人们日益增长的带有地域性和分众化特点的网络应用需求，这一趋势与互联网从 Web1.0 到 Web3.0 代际更替的内在规律相吻合。换句话说，大而全、覆盖广的网站只能满足网民部分层面的需求，而专业化、地域化、分化众网站的出现则对应着人们更多层面的信息需求，这也意味着互联网技术与人类生活更紧密结合的必要与可能。

进一步讲，虽然互联网是跨区域的，但网民却是区域化的。一方面，就新闻浏览而言，国际新闻与国内新闻自然是网民的重要需求，但基于心理和地理接近性的新闻价值排序也让本地新闻成为网民更加日常化的实际需求，同一块土地上的个体及群体的生存状态与命运变化对每一个具体网民的生活无疑具有更直接的参照意义；另一方面，就生活服务而言，餐饮、购物、休闲、娱乐、旅游、交友等生活类资讯的传播与交流更具有典型的区域性特征，传统的、大而全的门户网站对满足这些需求往往无能为力。腾讯公司的地方化策略正是基于这一理性思考进行的现实选择。

对于逐渐铺开的地方站点而言，曾经走"大而全"道路的腾讯实现地方化扩张的具体途径如何？其又是如何通过新闻和资讯服务融入地方网民的生活的？综合其两年的发展历程可以总结为：依托 QQ 聊天工具的客户资源，将腾讯网的定向传播技术和湖北日报传媒集团的本土信息资源优势结合起来，打造"最武汉、最生活"的地方在线生活服务平台。具体而言，就是精准化的信息传播、本地化的生活服务、立体化的信息组合、积极的活动策划。

1. 精准化的信息传播

湖北省 1300 万 QQ 活跃用户是腾讯网赖以发展地方站点的先决条件，也是大楚网上线后得以迅速站稳脚跟并快速发展的基础和保障，背后的秘诀就在于依托 QQ 客户端软件，网站可根据用户的 IP 地址进行定向传播。这种推送式的定向传播通过两种方式实现，一是 QQ 弹窗（Tips），二是腾讯网迷你首页（湖北地区内嵌了大楚网）。在我国当前的媒介环境下，这种略带强制性的传播方式有一定的可行性和不一般的传播效果。

2008 年 6 月 3 日下午（大楚网正式上线前），大楚网通过 QQ 聊天工具在湖北地区发布了第一个区域性的弹窗广告，既宣布腾讯和湖北日报传媒集团的战略合作，也招聘英才，结果迅速达到 2 万次点击量，并在 1 小时内收到应聘邮件 400 封。另外，迷你首页也是腾讯公司成功开创的捆绑式传播手段，大楚网加以模仿运用，也达到了快速增加流量的效果。定向传播不仅成为大楚网及腾讯系列地方网站开拓市场、扩大影响力的利器，其实现地域化和分众化信息传播的意义也十分丰富。

2. 本地化的生活服务

打造"最武汉、最生活"的地方在线生活服务平台是大楚网的目标定位，其实现途径有三：一是依托湖北日报传媒集团旗下纸质媒体，提供本土化的新闻信息；二是创建论坛（大楚社区），提供本土化的话语平台，反映并引导地域化的舆论；三是通过各具特色的生活频道，为湖北网民营造"自己的网站"的本土认知。如大楚网设置的专题新闻调查栏目"新闻热干面"以调查和分析热点新闻和有普遍意义的社会现象为主，至今已满178期；"九头鸟热议"是大楚网的新闻评论版块，正在着力打造本土化的舆论平台；"校园动态"是针对武汉高校集中的现实情况开办的栏目，很受高校学生的欢迎。这些栏目（版块）从形式到内容都极具湖北本土文化特点，成为大楚网强化地方生活服务的重要品牌。

3. 立体化的信息组合

在信息传播方式上，大楚网依托腾讯网的技术优势和湖北日报传媒集团的信息资源形成了"即时通信传播+互联网传播+平面传播"的立体组合，传播形式更加丰富和多元，信息价值挖掘的广度与深度都有较大程度的拓展。

"楚天报料台"是体现其信息组合传播的一大亮点，也是实现报网信息共享和互动的重要机制之一。"报料台"是大楚网与《楚天都市报》共同打造、面向社会征集新闻线索的栏目。据统计，自2008年7月8日测试上线以来，报料台日均收到报料帖约60条，而每月则有10~60条的报料贴转化成为报纸新闻。[①] 这在湖北的传媒领域产生了较大影响，"报料台"当年被评为湖北省网络文化品牌栏目，并在此后大楚网的多次网络调查中居"最受网民欢迎栏目"之首。"报料台"的成功运行，一方面为大楚网和湖北日报传媒集团旗下报纸提供了鲜活的新闻线索，使很多新闻价值大的事件和人物广受关注并成为议程设置和舆论引导的成功案例，如"武汉OK民警""经适房六连号""巡司河治理"等有影响的报道都是从"报料台"得到的新闻线索。另一方面，"报料台"还开通了评论跟帖功能，一个焦点报料，点击量及跟帖量最高可达数万。这无疑使"报料台"成了读者反馈和媒体调整、改进采编质量的一个重要渠道。近期，大楚网还顺应微博发展的趋势，在报料台上增设了微博报料的链接，这也是有意义的尝试。

4. 积极的活动策划

策划活动可深度挖掘新闻的社会价值与宣传价值，也可起到媒介品牌

---

① 舒展、孙禹：《报网如何有效互动——以"大楚网·楚天报料台"为例》，《新闻前哨》2010年第2期。

营销的作用。相对于传统媒体，网络的渠道优势会增强其策划活动的传播效果，而拥有客户端资源的网站则更胜一筹。定位为地方在线生活服务平台的大楚网，自然不会满足于常规化的新闻与生活资讯供给，通过策划活动快速提升知名度和影响力就是必然选择。

自 2008 年上线以来，大楚网成功策划并实施的主要社会活动有 2008 年 12 月 28 日的"联通长江，见证爱情"，2010 年 7 月 22 日大楚网两周年之际的"第一架网友包机游世博"，2010 年 9 月发起社会力量拯救河南双胞胎患儿的"宝贝一个都不能少"，2010 年 12 月 11～12 日的"大楚车展"。这些活动有的本身就具有极高的新闻价值，如长江隧道通车和拯救双胞胎患儿；有的则带有鲜明的公关及营销特点，如"包机游世博"和"大楚车展"。但无论在社会效益还是经济效益上，这些活动都取得了良好的效果。

三 模式的力量：从内部互动到外部融合

我国的传统媒体（主要是报纸）办网站已有十多年历史，形式从早期的网络版到后来的媒体网站，内涵从"向新媒体延伸"到"报网互动"再到"媒介融合"。有学者总结其历程后认为传统媒体无法迈过资金、技术和观念三大门槛。① 事实上，制约我国媒体网站发展壮大的根本原因还在于陈旧的传媒运作与管理体制，或者说体制的坚冰无法打破才导致了资金、技术和观念找不到合适的突破口与落脚点。

十余年来，报纸进军网络经历了三个阶段，也代表了三种模式，即报纸网络版、报网互动、报网一体化（也称报网融合）。这些模式尽管取得了一些实际效果（至少为报纸探索新媒体积累了经验与教训），但缺点与不足也十分明显：其一，局限于报业体制内资源的重新配置与组合，始终无法摆脱体制的痼疾；其二，这些模式的潜台词和操作规则还是以传统媒体为核心，并未建立真正的新媒体观念和到位的融合意识，也就是没有实

---

① 《挑战·融合·创新——都市报总编辑谈传统媒体与新媒体的融合》，《中国记者》2008 年第 12 期。

现学者彭兰提出的"在新共同体中实现业务流程再造的体制变革"①要求。

当前的媒介融合实践，业界在观念上走到了"全媒体"这一步，但在实践探索中，很多参与媒体想得更多的是以自己现有状况可以做些什么，而不是在一个新共同体和新业务流程中自己该做什么。在媒介融合的过程中，很多媒体想的是如何保持原有利益的完整性，而不是如何与别人结为一体，创造新的利益。② 但国外媒介融合的趋势与经验表明，停留在媒体之间整合这个层面上来理解媒介融合是远远不够的，更不要说停留在传统媒体内部的内容整合了。因为随着数字技术和媒介融合，业务形态变得丰富，传播渠道、发布平台与接收终端等环节的技术因素对于业务的制约作用会日益显著，而这往往是媒介的内部力量无法解决的。顺着这一思路考虑和设计媒体融合的模式与途径，一是要突破原有体制来重新构想媒体融合的多种可能，二是应从以传统媒体为中心的融合模式向"全媒体"（Omni media）和"大媒体"（Mega media）过渡。

当然媒介融合不是一蹴而就的，当外部压力和内部需求均不够强大时，希冀传统媒体打破体制枷锁，超越实际进行大刀阔斧的媒介融合改革是不现实的。正是在这个意义上，腾讯作为传媒体制外的力量，与身处体制内的湖北日报传媒集团合作成立的大楚网才具有非同一般的价值，其意义不是个案式的，而可能是现阶段我国媒介融合实践中一个可以复制和推广的模式，即商业门户与地方传统媒体的融合模式。尽管这一模式可能也只是一种过渡形态，具有许多不成熟的特征，也不符合"全媒体"和"大媒体"的设想，但最重要的是，它具有现实操作的可能性，而且突破了原有模式体制内循环且无法实现经济回报的局限，实现了体制内外资源的整合与融合，并有望达到获得社会效益与经济效益的双重目标，这对于媒体做大做强有着重要的标志作用。这一模式及其效果，在总体上推行渐进式改革的当下中国，其现实意义是不言而喻的。

---

① 彭兰：《媒介融合方向下的四个关键变革》，《青年记者》2009 年第 4 期。
② 彭兰：《媒介融合方向下的四个关键变革》，《青年记者》2009 年第 4 期。

四 启示与展望：媒介融合与发展的多种可能

地方化是腾讯公司迈出的重要一步，其旗下的大楚网和大渝网都已具备了一个成功商业网站的基本潜质与外在特征。但这种融合模式并未走向成熟，更不是最终目标。地方化这一命题，还存在纵向与横向继续深化拓展的可能。最近，大楚网已经在湖北省内开通了宜昌站，襄阳站也在筹备中，这无疑是大楚网地方化的纵向拓展，触角向下寻求更坚实的地域基础，并最大限度地挖掘 QQ 活跃用户的潜在价值。作为地方化策略的设计者，腾讯公司未来三年内将在全国开通 15 家地方站点，并发展成为中国最大的区域门户联盟。此举的横向扩张意图及目标十分明确，有了"地方化+商业化"这一成功模式的支撑，其实现也许并非难事。

但正如前文所言，大楚网等腾讯地方站探索的模式并不是媒介融合的终极版，我们在乐观其成的同时，还需要用长远的眼光来看待我国媒介发展与融合的空间，并为探索多种可能做出准备，而不是一碰到成功范例就蜂拥模仿，并迅速将它的经验价值耗尽。当大家开始摒弃传统媒体"内容为王"的定位，意识到"渠道为王"的可能性和"关系建构"对于网络的重要性时，技术与社会已为新旧媒介的融合与发展提供了多种可能性，重要的是我们不能故步自封，而要敢于尝试与开拓。

原载《新闻前哨》2011 年第 4 期

合作者：黄朝钦

收入本书时略有改动

网络新闻分类及其评优标准探析

——以中西网络新闻奖评选为例

对于网络新闻，中西方国家因社会背景不同而有不同的理解。在我国，对网络新闻较为宽泛的理解是媒体网站上新闻频道所涵盖的所有栏目的内容。狭义的理解，则仅指互联网上发布的时政类新闻信息。在西方国家，因对源头没有严格的限制，所有类型的网站信息，不论个体的还是组织的，只要信息本身具有一定的新闻价值，就可以被称为网络新闻。

在国内，网站获取新闻资质是其进入网络信息主流的标志之一。在历届网民行为调查中，上网阅读新闻信息是网民最常见的行为，占网民规模（23400万人）的78.5%[①]，新闻可以为网站带来巨大的流量，流量带来广告，广告带来收入。因此，媒体网站出于盈利的目的，致力推出有品质的新闻作品。政府出于主流文化建设的需要，更是极力维护网络媒体的舆论主导地位。如何建构其价值判断的标准，如何运用完善的评价体系推动内容与形式的创意与创新，成为网络媒体进一步发展的关键所在。本文将借鉴国外网络新闻评优标准，结合我国网络新闻评优实际，对这一问题进行系统梳理与探讨。

[①] 《第23次中国互联网络发展状况调查统计报告》，中国网信网，2009年1月22日，https://www.cnnic.cn/n4/2022/0401/c88-800.html，最后检索时间：2023年6月24日。

一 我国网络新闻的分类及评优

1. 我国网络新闻的一般分类

整体而言，网络媒体的内容可以划归为三大类：信息类、互动类、服务类。

信息类包括搜索、资讯、图片、视频、广播等；互动类包括论坛、播客、视客、推客、淘客、游戏等；服务类包括电子商务、黄页、问答、咨询、百科等。网络新闻，集中体现在信息类资讯内容的新闻频道上。探讨网络新闻，新闻网站的人民网和新华网、商业网站的新浪网和搜狐网上的新闻频道最具代表性。我们对这四家网站新闻频道的栏目进行分析后发现，其是从内容与形式的双重角度进行分类的。

以内容划分，重合率等于或超过1/2的栏目见表1。

表1 以内容划分重合率等于或超过1/2的栏目

内容	新浪网	搜狐网	人民网	新华网
国内	国内	国内	时政	时政
国际	国际	国际	国际	国际
社会	社会	社会	社会	社会
军事	军事	军事	军事	军事
财经	财经	经济	经济	—
体育	体育	体育	体育	—
科技	科技	IT	科技、IT	—
娱乐	娱乐	娱乐	娱乐	—
地方	—	—	地方	地方
健康	健康	健康	—	—
汽车	—	汽车	汽车	—
教育	—	教育	教育	—
公益	公益	公益	—	—
环保	—	绿色	环保	—
文化	—	文化	文化	—
台湾	—	—	台湾	台湾

以形式划分，重合率等于或超过 1/2 的栏目见表 2。

表 2 　以形式划分重合率等于或超过 1/2 的栏目

形式	新浪网	搜狐网	人民网	新华网
滚动	滚动	滚动	滚动	—
评论	评论	评论	（观点频道有人民时评）	评论
视频	视频	视觉联盟	—	—
图片	图片	—	图片	—
专题	专题	专题	专题总汇	（另有专题频道）
RSS	—	RSS	RSS	—

这些重合率较高的新闻栏目，构成网络媒体新闻频道的主体。当然，差异化发展依然是网站的追求。从内容角度分类，各网站会根据自身的特色与优势进行个性化的延伸。从形式角度分类，网站同样会另设频道或在新闻频道下增加特色栏目以吸引受众。

2. 中国新闻奖对网络新闻的分类

评优是一种以价值为核心的判断过程，即评价者根据一定的标准与方法对评价对象进行选择的过程。在这一过程中，对评选对象的科学分类极其重要。原则上，网络新闻奖的类别划分应该以网络新闻的类别划分为依据，然而，由于网络新闻发展的动态性，以及传统新闻奖的延续性，现有类别是在网络新闻形式类别的基础上综合各种因素，如与传统类目的对应，该类目本身的影响力、成熟度等来划分的。目前，最具代表性的是中华全国新闻工作者协会主办的中国新闻奖网络新闻评选的类别划分。

创办于 1990 年的中国新闻奖，是中央宣传部批准的全国性年度优秀新闻作品最高奖，其对象原本只是国家认可的正规的报纸、通讯社、广播电台、电视台等提供的作品，自 2006 年第 16 届中国新闻奖开始，网络媒体的新闻作品开始进入该奖项的评奖范围，并且从最初设立的网络新闻评论、网络新闻专题 2 项，很快扩展出新闻网页设计、网络新闻专栏、网络新闻访谈 3 项，而且，网络媒体上登载的新闻摄影、新闻漫画作品还可以参加综合评选类摄影、漫画等奖项的评审。①

中国记协将网络新闻划分为五大类，即网络新闻评论、网络新闻专题、新闻网页设计、网络新闻专栏、网络新闻访谈，既体现了举办方对网络新闻的理解，同时也反映了目前我国网络新闻发展的实际。这一划分显然以网络新闻的表达形式为主要依据，并沿袭中国新闻奖对传统新闻类别的划分。从2009年第19届中国新闻奖传统奖项的设立来看，报纸、通讯社类设有消息、评论、通讯、系列报道、报纸版面、报纸副刊6项，广播、电视类设有消息、评论、新闻专题、系列报道、新闻访谈节目、新闻现场直播、新闻节目编排各项。② 奖项的设立多是依报道形式进行划分，这种沿袭便于操作。

3. 我国网络新闻的评优标准

科学的评优标准本身负载价值，对评价对象具有极大的认识与导向功能。对已有网络新闻类目的评优，中华全国新闻工作者协会积累了多年的经验，总结出一套切实可行的操作标准。

关于新闻评论：观点鲜明，立论正确，有新意，论据准确，分析深刻，论述精辟，论证有力，有鲜明的网络特色。关于新闻专题：主题得当，特色鲜明，容量大，采集广，更新快，交互性强，表现形式多样，页面结构清晰，逻辑分明，布局合理，页面设计新颖美观，富有特色，达到内容与形式完美统一。关于新闻访谈：主题恰当，时效性强；嘉宾选择有代表性、权威性；谈话主题集中，脉络清晰，结构完整，语言简洁生动流畅准确；主持人提问、转乘自然得当，对现场节奏把握适度；背景资料运用得当。关于新闻网页设计：主题鲜明，风格独特；能够完美、准确展示新闻内容，体现网站（新闻频道）首页功能；布局合理、富于创新；细节精致、色彩协调；符合读者阅读习惯，体现新闻性、艺术性和网络特点的完美统一。关于新闻专栏：选题重要，信息量大，交互性强，图文音像并茂，编排制作精良，社会影响较大，有比较固定的位置。③

---

① 参见《关于举办第19届中国新闻奖网络新闻作品初评的通知》。

② 参见中国记协网，http：//www.xinhuanet.com/zgjx/jiang/zgxwj.htm。

③ 参见《关于举办第19届中国新闻奖网络新闻作品初评的通知》。

这套标准在实践中逐年完善，已经成为我国网络新闻评优的指导性原则。

二　欧美主要网络新闻奖及评奖标准

1. 欧美主要网络新闻奖

欧美国家网络新闻奖项设立大多源自 20 世纪 90 年代末与 21 世纪初。评选对象往往不限于一个国家，有针对全球网站的，有针对英文网站的，如英国 BBC 的在线新闻在欧美国家都有获奖。

较为重要的网络新闻奖主要有：①Eppy 新闻奖（the Eppy Awards，又称 Eppies），由《编辑与发行》（Editor & Publisher）和《媒体周刊》（Mediaweek）举办；②Edgie 数字新闻奖（the Digital Edgie Awards），美国在线报纸协会（Newspaper Association of America's Digital Edge）举办；③在线新闻奖（the Online Journalism Awards），在线报纸协会和南加利福尼亚大学 Annenberg 传播学院（Online Newspaper Association and the USC Annenberg School for Communication）举办；④Batten 新闻创新奖（the Batten Awards for Innovation），互动新闻学会（The Institute for Innovation in Journalism）举办；⑤Webby 新闻奖（the Webby Awards），美国国际数字艺术与科学学会（the International Academy of Digital Arts and Sciences）举办；⑥欧洲在线新闻奖（the European Online Journalism Awards（Netmedia）在线新闻协会（Online News Association）举办。①

2. 欧美主要网络新闻奖类目及评奖标准举例

欧美网络新闻奖因举办方与举办目的的不同，在类目设立与评选标准上各有侧重，而且在发展过程中不断调整与完善。但整体而言，其价值取向是基本趋同的。

Edgie 数字新闻奖，在 1996 年设立之初只有三个类别：最优在线报纸

---

① Hans Beyers, "What Constitutes a Good Online News Site?: A Comparative Analysis of American and European Awards," *Communication*, 2006（31）: 215–240.

奖、最优公共服务奖、最优交互特征奖。2004年扩展到9个类别，最全新闻奖、最具创新多媒体表达奖、最具创新受众参与奖、最佳设计奖、最佳分类创新奖、最佳交互媒体使用奖、最佳广告奖、最佳地方购物和地址目录策划奖、最佳地方或娱乐点导游奖。考察标准为多媒体使用率、创新性使用数字技术、链接先前发表的材料、互动制图、支持不同文本格式的阅读、受众交流。

在线新闻奖，发起于2000年，该奖针对英语新闻网站，2008年设立类型如下：公共服务奖、在线新闻奖、非英语新闻奖、突发新闻奖、专业网站新闻奖、调查新闻奖、多媒体特色展示奖、在线主题报道奖、在线评论奖、杰出数字技术使用奖、视频新闻奖、学生新闻奖。各奖项皆有自己的考察重点，但整体而言，基本标准是：呈现新闻内容的精彩度、数字技术及工具的使用率、有效的社会影响。

欧洲在线新闻奖，奖项分为20类，较重要的如优秀新闻奖、优秀网络突发新闻奖、优秀新闻设计与导航奖、优秀新闻表达奖、最佳网络新闻创意奖、最全新闻服务奖等。评价标准为数字工具（听、视、图表等）与网络技术（超链接、互动等）的创新性使用、传统新闻的价值元素与新媒体的技术优势的创造性融合等。其他考虑因素有：故事的力度、写作的质量、实时性、媒介效果（适当的链接、多媒体插入）、多媒体插入的质量、创新性、结构和导航、互动及链接、视觉设计及功能。

Eppy新闻奖，主要针对媒介产业的网站，评选专家由网络产业、媒介行业以及学术界专家组成。主要从如下方面考察：设计的质量、是否易于使用、内容的全面性与及时性，并特别注重网络互动特点产生的附加价值。

Batten新闻创新奖，针对在内容与形式上具有明显创意与创新的新闻作品。其考察标准为利用新技术、新思想，创新性展现报道对象，激发受众想象并激励其积极参与，刺激网民互动并产生相应的社区效果。

Webby新闻奖，31类，判断标准有六个：内容、结构与导航、视觉设计、功能性、互动性、全体验等。

3. 欧美网络新闻评奖标准的探讨

欧美国家由于技术发达，对网络新闻的研究也更早。早在21世纪初，西方学者就将新闻网站的特征归结为四个：多媒体（multimedia）、互动（interactivity）、超文本（hypertext）、即时（immediacy）。① 这些特征基于网络媒体的技术优势，自然也是衡量网络作品的首要标准。

关于评奖标准的探讨。2001 年，Jankowski 和 Van Selm 提出八条标准：①扩展新闻资源的超链接，②新闻服务的有效性，③传统媒体新闻的消融，④在线用户的讨论群，⑤用户反馈，⑥多媒体表达，⑦线上线下新闻服务的融合，⑧新闻信息的即时更新。之后，又有 Robinson 的十六条标准，即：①图片库，网站是否拥有丰富的图片；②图片制作，网站通过技术使用大量图片，如 flash；③音频，以音频文档呈现相关内容，如访谈、音乐；④视频，以视频文档呈现相关内容，如访谈、讲座；⑤交互式图表，以生动、交互的视觉形式，呈现数据、对象、观点、过程，可能情况下附带声音；⑥讨论版、聊天室，充分有效互动；⑦民意测验，组织在线投票，用户参与并实时显示结果；⑧游戏与问答，仅针对娱乐新闻，如填字；⑨搜索功能，提供在线搜索服务；⑩SMS 服务，用户可以对其标题或突发新闻订阅 SMS 服务；⑪WAP/GPRS，内容能有效地在移动手机上阅读；⑫PDA 版本，即个人数字助手；⑬PDF 文本，识别简易的文件形式或类似的编辑；⑭使用内在的与外在的超链接，以此链接相关的文章，提供更多信息；⑮邮件，是否有用户为其标题与突发新闻订阅 e-mail 服务；⑯突发新闻，热点新闻发生后不停地更新内容。②

以上这些标准的确立，基于对大量优秀新闻作品的分析，体现了欧美网络新闻的价值追求。就具体标准而言，在内容与形式并重的同时，特别强调网络技术与工具的创造性使用，特别强调用户的感受与反馈，充分凸显了对网络媒体特色与优势的尊崇。

---

① E. De Waal, "Are Online Newspaper Threatening Civic Participation? Toward A Theory about the Different Impact of Print and Online Newspaper on the Public Agenda," Paper presented at the VSOM/NESCOR Conference, "Etmaal van de Communicatiewetenschap," Utrecht, The Netherlands, November, 2002.

② Hans Beyers, "What Constitutes A Good Online News Site?: A Comparative Analysis of American and European Awards," *Communication*, 2006 (31): 215–240.

三 中西网络新闻奖的比较与借鉴

1. 中西网络新闻奖所设类目的比较

如前所述，在我国网络新闻奖设有五类。其中评论、专题、专栏、访谈皆根据新闻的形式特征，明显沿袭传统新闻奖项的设立。网页设计更多考虑到网络技术的独特性，但仍带有"报纸版面"项设立的痕迹。这一类目划分，使网络新闻作品在形式上易于区分，如网络新闻评论，即2000字以内的原创评论；网络新闻专题，即以多媒体手段与多种新闻体裁报道同一新闻事件或主题的作品；新闻网页设计，主要指网站首页、新闻频道首页或新闻专题首页；网络新闻专栏，即时间一年以上，有固定位置，发布具有共性特征的新闻版块；网络新闻访谈，即主持人与嘉宾就新闻话题现场交流的网络作品。[①] 而且，这些类目基本提炼了我国网络新闻中较为成熟的作品形式，尊重了网络的技术逻辑，凸显了我国媒体传统的对内容重大性的关注。同时，这一划分也明显体现出我国媒体管理的特点，即以网络媒体为主体，充分尊重网络媒体，特别是新闻网站自身的价值。

西方新闻奖的类目设立，如前所述，有9、12、20、31类不等，但总的来说类目设置都更多更细。仅以在线新闻奖的12类设置为例，公共服务奖，是用来表彰通过报道重大社会事件履行公共服务职能的数字新闻在线新闻奖，授予出色完成编辑任务、有效服务受众、最佳利用网站特色、体现最高新闻标准的网站；非英语新闻奖，颁给优秀的非英语语言的网站；突发新闻奖，奖励事件第一时间的直击者；专业网站新闻奖，授予聚焦某一单个主题的小型网站；调查新闻奖，奖励网络记者独家调查，并有力度地分析和解释的作品；多媒体特色展示奖，授予创造性使用多媒体技术展现新闻的作品；在线主题报道奖，授予个体或团队进行的主题报道作品；在线评论奖，授予网站发表的观点独特、有影响力的原创新闻评论；杰出数字技术使用奖，授予成功使用数字技术呈现新闻、提供社区服务的

---

① 参见《关于举办第19届中国新闻奖网络新闻作品初评的通知》。

网站；视频新闻奖，授予网站优秀的原创视频新闻；学生新闻奖，授予学生或者学生团队的优秀数字新闻。① 显然，其划分具有多重标准，有依新闻形式的划分、有依网络特点的划分、有依网络作者的划分、有依网络内容的划分、有依使用语言的划分、有依网站类型的划分，这些划分尽可能关照到不同群体、不同语言、不同形式的个性，尊重网络的多样性，特别是对不同创新者、不同创新细节都有关注。

2. 中西网络新闻奖评优标准的比较

在我国，网络新闻的评优标准虽依具体类目不同而有不同要求，但其共性基本可以概括如下：政治性、艺术性与网络特色。首先是作品内容的正确性、鲜明性；其次是作品表现形式的完美性、丰富性；最后是网络特色的充分展现，这是网络作品凸显价值的关键要素。这一评优标准的确立，既尊重我国新闻媒体的基本特性，又充分考虑了网络新闻的功能特征，对我国网络新闻的发展有很好的导向作用，符合我国新闻的管理与运作规律。

西方国家的网络新闻因类目较多，评优标准也较为多元。以在线新闻奖为例，公共服务奖，强调推动市民生活水平的提高；杰出数字技术使用奖，强调创造性使用网络技术，如 widget（插件）、互动数据库、mashups（混搭程式）、数字工具，以及转换平台等；视频新闻奖，强调原创性使用多媒体技术；学生新闻奖，强调在校生原创的发表在个人或学校网站上的作品。虽然不同奖项具体要求各有侧重，但对多媒体技术及工具的创造性使用是其最为首要的要求，在内容要求上以"精彩"为上。总之，内容创意、技术创新，是贯穿其评价体系始终的价值核心。

3. 借鉴与启示

在所有价值导向手段中，评优是最具力度、最为直接的导向手段之一。任何行业范围内的评优，都是一个行业价值体系的综合体现，评优标准无疑是行业价值观的最高体现。

---

① 《国际记者网络》，国际记者网，2014 年 6 月 10 日，https：//ijnet.org/zh-hans，最后检索时间：2023 年 6 月 22 日。

西方网络新闻奖的评选经历了十余年的积累，我国大型网络新闻奖的评选仅有 4 年（2006~2009 年）历史，因此，借鉴西方国家已有的经验教训，根据我国网络新闻发展实际，对现有评优体系进一步优化，可以更好地引导我国网络新闻事业的发展。

就目前我国网络新闻评优方式来看，中国新闻奖的评选主要是从省记协到国家记协，逐级上升。一些行业内的评选，也是由下而上地进行。事实上可以将参评作品完全放在网上，让专家通过网络直接评选，同时鼓励网民积极参与，将网络评优变成一种网民互动，使评优方式更加开放与多元，综合性网络新闻的评优活动可以进一步扩大范围，从现有新闻网站扩大到商业网站，甚至个人网站也可以进入某些特别奖项的评选。

就目前我国网络新闻评优奖项设立来看，五类奖项的设置显然偏少。网络新闻作品较传统新闻作品，包含更加丰富的制作元素，很多时候难以用一以贯之的标准统一衡量，所以增加一些特色奖项，如多媒体技术创意奖、最佳互动奖等，可以激励网络媒体某些重要特色的创新。

就目前评优标准来看，由于设置的类目较为宽泛（除新闻评论外），评价标准难以逐项落实，难以建构细致的量化指标，这样会造成主观成分偏重、优化对象难以集中的弊端。因此，在细化类目的前提下细化评价标准，可以使评选效果更加客观、公正，从而调动更大的积极性。

原载《国际新闻界》2009 年第 9 期

合作者：陈盼

收入本书时略有改动

影响力·互动性和表现力

——第九届湖北网络新闻奖评选综述

2008 年 3 月 5 日，"第九届湖北网络新闻奖"评选暨"第二十五届湖北新闻奖（网络新闻）"复评会议在湖北武汉举行。本届湖北网络新闻奖的奖项在原有新闻专题、新闻专栏、新闻评论的基础上，新增了新闻访谈和新闻网页设计两个评选项目。此次评选活动由湖北省记协主办，湖北广播电视总台承办。

2008 年，CNNIC 公布的第 21 次《中国互联网络发展状况统计报告》显示，近年来中国网民数量增加迅猛，仅 2007 年一年就新增 7300 万，年增长率达 53.3%，网民总数已达到 2.1 亿。网络媒体的发展势头和强大影响力日益凸显，政府管理部门对其的重视程度也日益提高。在这一背景下，对全省网络发展水平进行阶段性评价与激励，具有强烈的现实意义。

此次湖北省共 15 家新闻网站选送了 49 件参评作品，评委会在选送的五大类网络优秀作品中优中选优，经过多轮投票慎重取舍，《第六届城市运动会》《汉网网友走进人大》等 25 件作品获湖北网络新闻奖，《2007，生死岩崩》《东湖评论频道》等 12 件作品送湖北新闻奖参评，《武汉城市圈成为国家级试验区》《第八届中国艺术节》《谁代表网友给小慧的后妈道歉》等 4 件作品代表湖北省参加中国新闻奖网络新闻类复评。对于参评作品，专家、评委们一致认为整体水平较往年有了显著提高，体现出"贴近实际、贴近群众、贴近生活"的原则。

一 充分利用网络技术优势 凸显网络作品整体影响力

互联网发展日渐呈现整合与分众的双重趋势。一方面，网站需要对网民关注的重大问题集中力量进行全景式展现，运用多种媒体手段提供密集型信息。另一方面，网站又需要针对用户的个性化需求，满足网民对信息的各种偏好。因此，全面性、多样性、个性化、服务性等成为网络媒体发展的追求。以网络新闻专题为例，网络要进行资源整合，达到最大的丰富性，同时，又要兼顾个体，利用互联网的各种传播手段，满足用户的使用需求，从而达到最优的传播效果。在本次评选的新闻专题类作品中，获奖作品《武汉城市圈成为国家级试验区》《第八届中国艺术节》《中国共产党第十七次全国代表大会》《互联中国》等都突出展现了网络媒体影响社会、表现宏大叙事的综合实力以及个性化需求的统一。

荆楚网选送的新闻专题类获奖作品《武汉城市圈成为国家级试验区》，在政府批文发布的当天即重磅推出。在内容构架上，既有国家综合配套改革情况纵览，又有情况介绍、个人问题解答，还有特区经验类比、同类经济圈对比、历年数据统计、具体问题分析等。为了体现专题的重大意义，作品以大型互动专栏的形式，做到了专栏主题与分栏的有机统一，面面俱到又疏密得当，既注重最新的新闻资讯，又展示了丰富的背景材料，既有全景式的统揽，又有具体入微的展现。火凤网选送的《第八届中国艺术节》专题，利用互联网的空间优势，视频、图片、文字交相呼应，达到全景式呈现。开设网上展馆等版块，使整个报道更具有立体感和纵深感，从而将第八届中国艺术节的影响扩大，满足网民的精神生活需求。长江网选送的《中国共产党第十七次全国代表大会》，将全党、全国各族人民政治生活中的盛会全景式展现，会议内容与群众关注的热点相结合，理论宣讲与生产生活实际相结合，党光辉历程的影像资料与宽频特色相结合，体现网络特有的立体化、多视角、大格局优势。

网络新闻专题报道对综合资源的有效挖掘、多媒体技术的和谐使用、多角度的网民互动，构成网站竞争实力的关键要素。从浅层综合走向深度整合，从松散集合到有机聚合，不仅是网站专题策划的追求，更是网络新闻专题发展的大势所趋。

二　充分利用网络互动优势　激发网民参与热情

网络媒体的最大优势之一就是互动性，受众参与度高，进一步开发与拓展这一优势是各网站致力于追求的目标。从新媒体与传统媒体的互动，到网站与网民之间的互动，再到利用这一平台实现网民与网民之间的互动，互联网对互动模式的探索永无止境。只有在多种互动模式的合力之下，网站才能充分吸引受众，提升影响力。这一点在各类参选作品中都有体现。

汉网选送的《互联中国》大型报道，在互动性上的努力尤为突出，作品以开创跨地区网络媒体互动报道为追求，策划汉网和新民网跨地域报道，派出两地记者同时采访，既有两地媒体的互动，也有媒体与网民的互动，还有两地社会各界的互动，加上采访互动、论坛互动、稿件交换等，极大地促进了两地媒体、市民及社会各界的了解和交流。作品通过网络媒体生动展现了在沪湖北人和在鄂上海人的生存状态，引发网民的共鸣。

荆楚网的《名记张云宽讲述八艺节背后的故事》，采用典型的报网互动、跨媒体合作形式，连续推出"八艺节"后续报道，以文化记者和博主张云宽为主线，展现了湖北省由文化大省向文化强省迈进的强劲态势。此外，《第六届城市运动会》《看看我们的党代表》《湖北广播网焦点时刻》等作品皆在网络媒体与传统媒体互动互补上各具特色。

三　密切关注网络舆论发展　切实把握网络舆论导向

随着网络舆论的社会影响力日增，各网站都十分关注网络舆论的发展与导向，近年来，"网络暴民""网络通缉""人肉引擎"等现象充斥网络，引导网民回归理性至关重要。评选中，评委对在网络舆论发展过程中起到正确引领作用的网络作品以及正面的网络评论给予好评。

在网络舆论发展过程中起到重要引导作用的作品，如荆楚网选送的《谁代表网友给小慧的后妈道歉》，作者在网民对后妈的一片谴责声中，逆舆论而发，站出来为后妈叫屈，篇幅短小、语言精练、观点鲜明，很快改变了舆论走向。荆楚网的《"南海一号"是考古还是作秀》、长江网的《霸王条款 PK 两型社会》、湖北省互联网研究中心的《随州发展不靠节》等作品，皆以逆向思维，直指时弊，表达群众心声，引发政府部门关注，产生了良好的社会效果。

正面的网络评论，其舆论导向作用尤为重要，湖北广播网选送的新闻专题《看看我们的党代表》、汉网选送的新闻访谈《汉网网友走进人大》，给公民提供了政治参与的新途径。其他如荆楚网选送的《黄石开通"民情快车"》、咸宁新闻网选送的《让人人都有一颗感恩的心》等，都特色鲜明，成为这方面的代表作。

四 内容与形式和谐统一 提升网络媒体的表现力

内容与形式高度统一，可以使网络作品影响力倍增。视觉样式本身就是网络语言的一个要素，网页不仅可以用布局、色彩等形式表达观点，更可以凸显意义本身。这一特点在页面设计类作品中表现突出。

参赛的页面设计类作品，多为网站首页。如火凤网首页、长江网首页、武汉广电网首页、荆楚网全新改版的新闻湖北首页以及恩施新闻网旅游频道等。

从设计来看，火凤网、新闻湖北首页、长江网首页、湖北广电网首页等皆布局合理、制作精良，充分结合网站的内容特色，考虑到网民的使用习惯，进行功能分区和结构分层，定位准确，特色鲜明。火凤网，基于广电媒体网站特色，打造一种轻松娱乐风格，突出电视台网站的特点，版面设计注重视觉冲击力，明快活泼，有意识将素材进行整合，通过多样化的组合样式，如采用鲜明直观的动画效果，综合音效、图画，突出时尚感和娱乐特色。整体规划上，功能区分简洁实用，重点突出；功能上，突出了与广播、电视节目互动互补的特点。服务意识强，注重以受众的需求调整内容设置。武汉广电网的页面设计，色彩丰富具有动感。其按照新闻、社区、主打栏目进行功能划分，突出图片和动画，增强画面活力和美感，缓解了用户使用中的视觉疲劳。荆楚网新闻湖北栏目，网页设计庄重又不失亲切，表现出与其信息主流性、权威性相符合的特点。

本次会议评选出的 25 件新闻奖作品，从不同侧面展示了湖北省网络媒体发展的最新成果，其进步也有目共睹。通过评选活动，各网络媒体得到互相切磋、取长补短的提升机会。这既是已有成果的展示，更是新的成功的起点。

原载《网络传播》2008 年第 4 期

合作者：王汉超

收入本书时略有改动

2010~2011年网络热点科学
事件及其传播特征分析

　　随着现代科学的不断发展，科学技术的创新和应用与公众的日常生活发生越来越密切的联系，"科学"不再只是少数科学家和科技工作者的事情。在中国，随着全民参与意识与科学素养的提升，越来越多的人开始从个人经验和可及的范围内寻找素材和资料，分析与评价某些科学问题。凭借自由、开放的特性，互联网成为公众开展科学知识交流的最佳平台。近年来，一系列具有重要科学属性的事件先后引爆互联网舆情，进而成为整个社会关注的焦点。本研究以2010~2011年两年时间内发生的网络热点科学事件为考察对象，通过对所涉案例的时间、地点、类型、传播途径等关键要素的逐一分析，来把握我国网络热点科学事件的基本特征，并尝试利用对比研究来探究"媒体"与"公众"这两类传播主体在网络热点科学事件的传播上的行为差异。

　　网络热点科学事件在本文中被界定为在互联网上被网民（公众）和网络新闻媒体广泛关注并引发热议的、以科学因素为主导或是具有重要的科学属性的事件。案例选取的标准有两项：其一，被网民和网络新闻媒体广泛关注的事件，主要根据百度搜索引擎搜索出的相关信息条数判断；其二，必须为科学事件。经过反复搜索和筛选，最终在每个年度各选取最受网民和网络新闻媒体关注的前10起网络热点科学事件作为研究案例（见表1）。

表 1　2010 年、2011 年前 10 起网络热点科学事件

2010 年			2011 年		
网络热点科学事件	地域	发生时间	网络热点科学事件	地域	发生时间
安阳曹操墓真伪之辨	河南	2010 年 1 月	日本 9.0 级地震	国外	2011 年 3 月
西南地区发生特大旱灾	西南	2010 年 3 月	抢盐风波	全国	2011 年 3 月
山西疫苗致死事件	山西	2010 年 3 月	双汇瘦肉精	河南	2011 年 3 月
玉树地震	青海	2010 年 4 月	上海染色馒头事件	上海	2011 年 4 月
广东大亚湾核泄漏传闻	广东	2010 年 5 月	渤海漏油事故	渤海湾	2011 年 6 月
张悟本食疗言论惹争议	全国	2010 年 5 月	台湾塑化剂风波	台湾	2011 年 6 月
紫金矿业汀江污染事件	福建	2010 年 7 月	云南铬污染事件	云南	2011 年 6 月
舟曲泥石流	甘肃	2010 年 8 月	大连 PX 项目	大连	2011 年 8 月
湖南金浩茶油致癌事件	湖南	2010 年 8 月	中国航母出海试航	全国	2011 年 8 月
河南蜱虫中毒事件	河南	2010 年 9 月	"神舟八号"发射升空	全国	2011 年 11 月

一　网络热点科学事件的时间分布

　　通过对 20 起网络热点科学事件的详细考察可以发现，围绕热点科学事件所展开的网络讨论都有一个形成、高涨与回落的过程，每起事件所引发的网络舆情均在某一特定时间点上达到高潮。以最受关注的日本地震事件为例，图 1 显示了通过百度指数查询工具获取的 2010 年 1 月至 2011 年 12 月期间网民和各大网络新闻媒体对"日本 9.0 级地震"这一关键词的关注热度。从百度指数的查询结果可知，网民和各大网络新闻媒体对日本地震的关注度在 2011 年 3 月 14~20 日这一周内均达到顶点，且两者对事件的关注度的变化基本趋同。

　　进一步考察 20 起网络热点科学事件舆情制高点的时间分布发现：2010~2011 年，网络热点科学事件在网民与各大网络新闻媒体的议程中一直占据重要位置，从 2010 年 1 月的"安阳曹操墓真伪之辨"事件到 2011 年 11 月的"神舟八号"发射升空，网络热点科学事件的舆情制高点的时间分布较为分散，公众和网络新闻媒体对网络热点科学事件的关注较为持续，具体分布情况如图 2 所示。

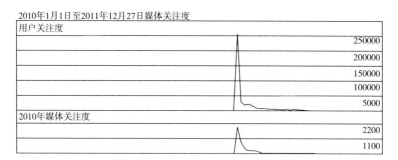

图 1 "日本 9.0 级地震"事件的用户关注度和媒体关注度

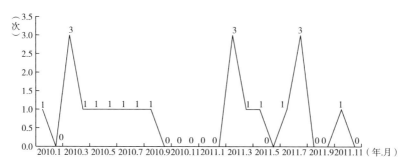

图 2 20 起网络热点科学事件舆情制高点的事件频率

由此可知，随着我国民众科学素质水平的提高以及大众传媒科学传播观念的加强，网络科学议题越来越成为社会关注的焦点。

二 网络热点科学事件的空间分布

鉴于 20 起网络热点科学事件均源于现实社会，本研究从事件的地域分布以及网民关注度的城市排名两方面对网络热点科学事件的空间分布特征予以考察。

如图 3 所示，对网络热点科学事件的发生地进行统计后发现，2010~2011 年，网络热点科学事件仅有 1 起源于国外，网民与网络新闻媒体对源自国内的科学事件关注程度更高。从具体方位来看，网络热点科学事件的分布以中部和东部地区偏多，共有 10 起，具体分布在上海、大连、河

南等地，内容主要涉及环境污染、食品安全等；源自西部地区的事件 4
起，但 3 起事件为自然灾害。可见，网民与网络新闻媒体对西部地区科学
事件的关注主要受天灾等自然因素的影响，对该地区发生的社会性科学事
件的关注度并不高。

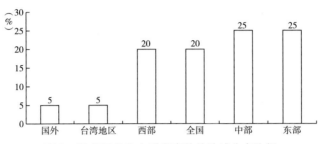

图 3　20 起网络热点科学事件的地域分布比例

　　利用百度指数对每起热点科学事件网民关注度最高的十个城市进行排
名，结果显示：北京和上海两地网民对网络热点科学事件的关注度最
高。① 在 20 起网络热点科学事件中，两地网民的关注度排名均处于前 10
位，其中，北京网民对 20 起事件的关注度排名均处于前 3 位，且有 17 起
事件关注度占城市排行首位，而上海网民在 13 起网络热点科学事件的关
注度排名中位列全国城市的前 3。此外，如图 4 所示，广州、深圳、天
津、杭州、武汉、西安、苏州这些经济较发达城市的网民对网络热点科学
事件的关注度也很高。以上数据反映出网民对网络热点科学事件的关注热
情与其所处城市的发达程度之间有某种正向关系。经济较发达城市的网民
拥有相对较高的科学素质，对科学事件的关注度也更高。此外，研究还发
现，部分网络热点科学事件的网民关注度最高城市即为事件发生地城市，
如最为关注"大连 PX 项目"的网民集中在大连，而安阳是"安阳曹操墓
真伪之辨"事件中网民关注度最高的城市。这一现象说明，网民对科学
事件的关注度会受接近性心理的影响。从认知的角度看，人们更易关注自
己身边的或与切身利益密切相关的科学事件。

---

① 由于"百度指数"提供的关键词关注度最高的十个城市排行是基于其注册用户数据，本
　文未考虑其用户的代表性可能存在偏差的问题。

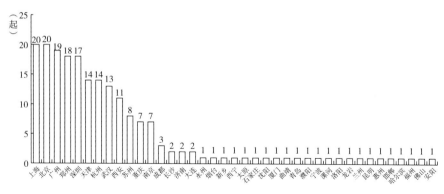

图 4　20 起网络热点科学事件的网民关注度城市排名

三　网络热点科学事件所涉类型

网络热点科学事件的类型是指科学事件的议题与性质。现代社会以科学因素为主导或是具有重要科学属性的事件层出不穷，所涉内容非常广泛，无论是网络新闻媒体还是普通网民，对科学事件的关注都具有选择性。对 20 起网络热点科学事件所涉类型进行具体考察发现：2010~2011年，网络舆情关注的网络热点科学事件类型较为集中。从事件所涉议题内容来看，环境污染（30%）、自然灾害（25%）、食品安全（20%）以及医疗卫生（10%）四类与公众切身利益息息相关的事件达到 85%；从事件所涉议题性质来看，20 起网络热点科学事件中，18 起为负面议题，占90%（见图 5）。

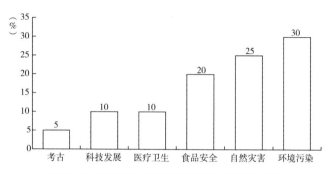

图 5　20 起网络热点科学事件的议题类型比例

以上数据说明，尽管许多科学议题已超出纯粹科学研究的范畴，逐步平民化，但只有那些关系老百姓基本生存与生活状态的事件才可能成为网络热议的话题，引发公众的参与。而随着中国社会各领域诚信危机的发生，民众的心理变得极为敏感，日益增强的社会参与意识和逐渐提高的科学素养，使越来越多的人自觉、主动地关注科技所带来的社会风险，网民对现实社会出现的以科学因素为主导的各类负面信息的关注就是很好的例证。

四　网络热点科学事件的传播途径

从信息来源入手，对 20 起网络热点科学事件的媒体传播途径进行考察后发现，20 起事件的传播途径大致可分为两种：一是事件率先由传统新闻媒体报道，后经网络新闻媒体的转载以及网民的自发传播而扩散与放大，成为网络舆情的焦点，这一情况占 80%；二是事件首先由当事人或知情人在互联网上传播，引发网民广泛关注与热议，之后被传统媒体和网络媒体跟进，形成多渠道传播的局面，此种情况占 20%。从 2010～2011年发生的 20 起网络热点科学事件的整体情况可知，"科学"作为反映现实世界各种现象本质规律的知识体系，往往具有较强的专业性，普通公众活动范围有限，一般很难作为直接的信息源挖掘出具有重要科学属性的事件，更多时候他们是作为科学事件社会效果的评价者，通过积极地参与科学事件的传播来扩大事件影响、推动事件的发展与解决，参与科学知识的建构，而大众传播媒介作为他们获取外界信息的主要来源，往往起着引导他们关注特定科学事件的作用。

此外，对 20 起网络热点科学事件的传播途径按年份分别考察发现，2010 年发生的 10 起网络热点科学事件中，仅有 1 起源自网友爆料，90%的科学事件均首先由新闻媒体传播；而 2011 年发生的 10 起网络热点科学事件中，源自网友爆料的有 3 起，由新闻媒体率先传播的科学事件下降到70%。可见，尽管网络热点科学事件的发生具有一定的偶然性，但从两个年度的对比中仍可看出，随着全民科学素养的逐年提升，面对那些与自身利益密切相关的科学事件，公众的批判性和质疑性得到空前发挥，参与科学传播的主动性日益增强，开始影响媒体对热点科学事件的议事日程。

五 网络新闻媒体和公众在网络热点
科学事件传播上的差异

特定科学事件在互联网上的传播离不开网民（公众）与网络新闻媒体的合力推进，其所引发的互联网舆情主要通过两种方式予以呈现：一是具有新闻媒体性质的网络新闻将舆情反映出来；二是公众通过微博、论坛、博客等平台将对该事件的认知、态度、情感以及行为倾向表达出来。尽管网络新闻媒体与公众都参与了科学事件的网络传播，但两者在传播特征上存在较大区别。本研究尝试通过对 20 起网络热点科学事件所引发的网民言论，以及相关的网络新闻媒体报道内容的对比研究，来解析网络新闻媒体与公众在科学事件传播上的差异。具体说来，对网民（公众）言论的考察主要集中在微博、论坛与博客三大网络平台，而对网络新闻媒体报道内容的考察则主要依据百度新闻搜索的结果。

（一）网络新闻媒体和公众的议程差异

"议程"即为议事日程，反映出议事者对于当前大事及其重要性的认识与判断。网络新闻媒体和网民（公众）作为互联网上传播科学事件的主体，会形成各自有关当前科学事件的议事日程，两者对各起科学事件重要性的判断将直接影响他们对事件的传播热情。议程设置理论认为，大众传播媒介在一定阶段内对某个事件或问题的突出报道会引起公众的普遍关注，进而影响公众对事件重要性的判断。传统媒体的议程设置功能已被众多学者接受，但许多研究已经证实，互联网环境下，网络媒体的议程设置功能尽管存在，却并不如传统媒体时代那么明显。本研究尝试利用百度新闻搜索查询 20 起网络热点科学事件的相关新闻数，用以衡量网络新闻媒体对各起事件的重视程度，同时通过统计各起事件的论坛主帖数、微博发帖数以及博客文章数①，来考察网民（公众）对 20 起

---

① 此处论坛主帖数是利用搜索语法，通过百度搜索引擎获取；微博发帖数仅搜索新浪微博和腾讯微博的发帖数；博客文章数则是利用百度博客搜索引擎查询所得。

网络热点科学事件的重视程度。

图 6 和图 7 清楚地显示了网络新闻媒体和网民（公众）在热点科学事件重要性排序上的差异与重合。网民（公众）议程与网络新闻媒体议程并未完全吻合。20 起事件中，仅有 6 起事件的重要性排序完全吻合，即"日本 9.0 级地震""玉树地震""西南地区发生特大旱灾""'神舟八号'发射升空""广东大亚湾核泄漏传闻""河南蜱虫中毒事件"。而议程相差较大（差距大于或等于 5 万）的事件达到 4 起，分别为"紫金矿业汀江污染事件"、"抢盐风波"和"云南铬污染事件"。尤其是"抢盐风波"和"紫金矿业汀江污染事件"，尽管网络新闻媒体并未刻意宣传，公众却借助互联网自由开放的平台对这两起事件进行了较为充分的探讨，这主要是因为两起科学事件均与人们的生活和生存状态直接相关。以"抢盐风波"为例，日本地震引起的核泄漏引发了全国的抗辐射狂潮，"碘盐可防辐射"的谣言四起，由于缺乏科学的认识和严谨的态度，许多不明真相的网民在"抢盐风波"中被谣言传播者和别有用心的人利用，成为谣言的助推者，由此引发了一场现实中的"抢盐"闹剧。在这一事件的发展过程中，网络新闻媒体扮演着辟谣的角色，其报道内容专业、通俗易懂且数量适中。然而，由于涉及人们的日常生活问题，在"抢盐"事件发生的前后几天时间内，公众对这一事件的关注达到白热化程度，因此，这一事件在 2011 年科学事件的公众议程中占第二位。

通过对 20 起网络热点科学事件的公众议程和网络新闻媒体议程的比较，我们发现，网络新闻媒体的议程会影响公众对科学事件及其重要性的认知和判断，但这种作用是有限的，公众对议题重要性的感知会受其性格、爱好、周围环境等因素的影响，尤其当议题对公众的利益、行为和态度有显著意义的时候，网络新闻媒体的议程设置作用将失效。此外，对不同网络平台的公众议程的对比研究发现，在论坛、微博和博客三类平台上，网民对各起事件的关注度并不完全相同，个别事件甚至存在较大差异。如"紫金矿业汀江污染"和"双汇瘦肉精"两起事件，分别在 2010 年和 2011 年的博客议程中排在第二位，但在网络论坛和微博上的重要性排序却相对靠后，这一现象可能与各类网络平台的使用群体不同有关。

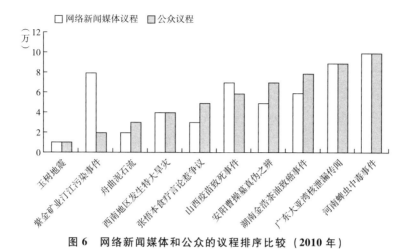

图 6　网络新闻媒体和公众的议程排序比较（2010 年）

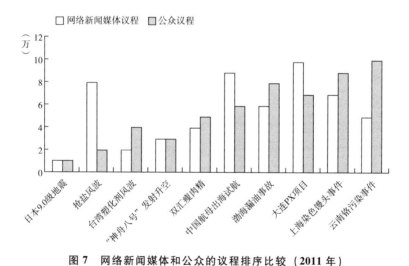

图 7　网络新闻媒体和公众的议程排序比较（2011 年）

（二）网络新闻媒体和公众的框架差异

框架作为将社会真实转换为主观思想的重要凭据，是人们用来认识和解释社会生活经验的一种认知结构。美国学者恩特曼（Entman）认为，信息传播者在决定传播或突出某种信息时，会自然而然地受到自己既有框架的影响。① 他从功能角度对框架进行了分类，认为框架可分为问题界定、原因分析、道德判断和对策建议四类。而加姆桑（Gammson）曾将框架的定义分为"界限"和"架构"两个层次，其中的"界限"代表了取材的范围。② 本研究认为，科学事件在互联网上的传播依赖网络新闻媒体与公众对传播内容的选择，他们的取舍直接影响着科学事件的最终呈现，网络新闻媒体与公众在科学事件传播过程中所采用的框架必然存在一定差异。因此，本研究尝试从科学事件的传播主题和传播内容的功能框架两个维度来具体考察公众和网络新闻媒体在科学事件传播过程中的框架差异。

通过对 20 起网络热点科学事件的公众言论和网络新闻媒体报道内容进行整体观照，本研究发现，面对同一科学事件，公众与网络新闻媒体所关注的主题存在一定的区别。尽管网络新闻媒体对每起事件的报道重点会因媒体性质的差异而有所区别，但科普工作是各类媒体肩负的神圣职责，因此，网络新闻媒体在针对 20 起科学事件的报道中都会有意识地进行相关的科学传播。而公众在针对各起事件发表言论时，尽管事件与科学有着千丝万缕的联系，但更多时候他们的关注焦点在事件的基本事实、反映的社会问题以及社会影响等主题上，对事件涉及的科学技术问题探讨较少。少量公众进行的自发的科学知识的传播，多数时候也只是出于好意——使其他人能够了解与事件相关的信息从而规避风险，属于无意识行为，而且很少提及科学知识的来源。如"日本 9.0 级地震"这一事件，网民言论多围绕地震的最新消息、日本人与中国人在地震中的反应比较、同情与祈福、地震引发的核辐射对我国的影响、中国人的素质等主题展开，专门的科学讨论帖或博客文章较少。而网络新闻媒体则会有目的地传播一些与地震有关的科学知识，通过专业或者通俗的内容引导舆论。然而，值得注意的是，即使是网络新闻媒体，在 20 起科学事件的传播中也并未将科学知

① Robert M. Entman, "Framing: Toward Clarification of A Fractured Paradigm," *Journal of Communication*, 1993 (4): 51-58.
② 张洪忠：《大众传播学的议程设置理论与框架理论关系探讨》，《西南民族学院学报》（哲学社会科学版）2001 年第 10 期，第 89 页。

识的传播作为重点来对待。如在"广东大亚湾核泄漏传闻"中，媒体在报道中几乎没有讨论是否真的发生"核泄漏"等技术问题，而是从信息透明、公众知情权保护等角度来报道这一事件。

此外，在传播内容的功能框架的选择上，网络新闻媒体与公众也存在一定的区别。网民（公众）对科学事件的传播更多是出于自身利益，因此，网民针对这些科学事件所发表的网络言论多采用"问题界定"、"责任归因"和"强调后果"这三类功能框架，倾向于对特定事件的主要事实予以廓清，并以批判的视角对事件发生的原因进行认定，同时非常关注事件对自身所造成的影响。尤其是一些网络中的活跃分子，常扮演起"公民记者"的角色，试图影响其他网民对事件的认知，却较少就事件所产生的不良影响提出对策或建议。而网络新闻媒体在科学事件的传播过程中，更多关注事件造成的文化、经济、政治等方面的社会后果，着力通过事件涉及的相关科学知识的传播来引导人们正确认识科学事件，并对事件所造成的不良后果提出对策和建议。

六　结论与启示

通过对 2010~2011 年发生的 20 起网络热点科学事件及其传播特征的分析，本研究得出如下结论与启示。第一，随着科学素质水平的提升，公众在面对科学因素主导的事件时，越来越自觉主动地寻求科学信息，参与科学传播，但当前公众参与科学传播在很大程度上仍受限于议题与其切身利益的相关性，广度和深度不够。第二，作为科学与公众之间的桥梁，网络新闻媒体对科学传播的重要性日益显著。然而，网络新闻媒体的议程对公众议程的影响是有限的，公众对议题重要性的感知会受一系列个人因素的影响，当前网络新闻媒体的科学传播力度与传播方法仍有待加强。在以受众为中心的传播时代，网络新闻媒体一方面应满足公众对科学事件基本事实信息的需求，另一方面也应积极引导公众参与科学发展的效果评价以及科学知识的建构。第三，在热点科学事件的传播中，科学家群体应发挥舆论领袖的作用。互联网传播环境下，纷繁复杂的信息内容给予了科学家群体利用专业知识引领舆论的机遇。然而，我们对 20 起热点科学事件的分析发现，科学家群体在议程设置、议题框架方面发挥的作用甚微。如何有效利用互联网，以科学方式引导公众筛选信息，实现有效科普，是科学家群体和网络新闻媒体需要认真思考的问题。

原载《中国科学传播报告（2012）》，

社会科学文献出版社，2012

合作者：陈然

收入本书时略有改动

国外公益组织在网络传播中的发展：
研究进程与热点议题（1989~2016年）

对于公益组织而言，网络不仅被描述为一个有助于加强在线管理、在线动员的有效传播工具[1]，还是增强组织募捐能力和提升组织效能的有效途径。[2] 我国公益组织的发展自20世纪90年代以来才逐渐成为一个社会话题，公益组织在网络传播中的发展也尚在起步阶段，不仅缺乏理论的整合，而且也亟须改善研究方法。相较于国内公益组织的发展，国外公益组织起步早，网络使用程度高，研究成果颇丰。因此，对国外公益组织在网络传播中的发展进行周期性综述具有重要意义，这一研究既可以为我们提供理解国外公益组织基于网络传播发展的概念化途径，又有利于我们概览公益组织基于网络传播发展的进程、热点和方法，为我国公益组织研究提供参考。然而，国内目前对此类研究成果的整理和引介并不多见。基于此，本文回顾了过去28年间发表在国际期刊上的一些代表性研究成果，希望增进国内研究人员和实践者对国外公益组织基

---

① Kristen Lovejoy, Gregory D. Saxton, "Information, Community and Action: How Nonprofit Organizations Use Social Media," *Journal of Computer-Mediated Communication*, 2012 (3): 337-353.

② Per G. Svensson, Tara Q. Mahoney, Marion E. Hambrick, "Twitter as a Communication Tool for Nonprofits: A Study of Sport-for-Development Organizations," *Nonprofit and Voluntary Sector Quarterly*, 2015 (6): 1086-1106.

于网络传播发展的了解，为促进国内外公益组织网络传播的发展经验交流做出贡献。

一 公益组织在网络传播中的发展简介

20世纪80年代，学界对公益组织和ICT的运用日益关注。20世纪90年代末，媒介开始炒作电子公益（E-philanthropy）的可能性，预言电子公益将吸引和挽留新一代的公益支持者。① 进入21世纪后，ICT在公益组织中的运用得到迅速推广，在线捐赠（online donations）逐渐成为一种普遍被利益相关者接纳的捐赠方式。②

在国外，较早对ICT用于公益组织这一实践活动进行描述的代表人物是Theodore R. Hart，他将电子公益描述为"相对新型的筹资和捐赠技术在公益活动中的运用"。③ 在此时期，常与电子公益交替使用的术语还有电子赠送（e-giving）、在线慈善（online charity）、在线捐赠等。这些术语间的交替使用在一定程度上反映出研究人员和实践者对电子公益在认识上的分歧。尽管如此，人们仍对电子公益的价值进行了充分的肯定，他们认为，网络技术的使用是公益组织建立竞争优势的重要条件之一，电子公益能借助网络传播有效地聚集大量的听众，是一个更深入的实践，包括了一系列有益于公益组织关系和社区建设的工作，具有利用网络技术来维持与捐赠者、支持者和志愿者关系的能力，如果运用网络技术提供设计得不错的网站，对营销方法进行革新，公益组织势必能更成功地开展在线捐赠项目。

---

① L. Atlas, "Charity Begins on the Web: Tips to Enhance Online Fundraising," https://www.snpo. org/members/Articles/Volume23/Issue4/V230425. pdf.

② Richard D. Waters, "Nonprofit Organizations' Use of the Internet: A Content Analysis of Communication Trends on the Internet Sites of the Philanthropy 400," *Nonprofit Management and Leadership*, 2007 (1): 59-76.

③ Theodore R. Hart, "E-Philanthropy: Using the Internet to Build Support," *International Journal of Nonprofit and Voluntary Sector Marketing*, 2002 (4): 353-360.

　　国外研究人员和实践者对公益组织在网络传播中的实践描述和发展研究如果以在线捐赠的术语化为开端，那么随着公益组织与 ICT 更紧密的结合，电子公益显然已经不能涵括公益组织基于网络传播进行的倡导、信息披露、责任建构等包含各种使命和目的的传播活动。本研究关注公益组织基于网络传播的发展，广泛涉及公益组织运用 ICT 和社会化媒体发起的资金募捐、人员招募，还包括公益组织运用 ICT 和社会化媒体开展的一切促进公益发展、提升组织效能的传播活动。

　　在术语使用上需要特别说明的是，Philanthropy（公益）是国外用来广泛地指称公益行为和形式的术语，且常被用来和其他术语，如 charity（慈善）、benevolence（善行）、giving（赠送）、donating（捐赠）、voluntary sector（志愿组织）、non-profit organization（非营利组织）、non-government organization（非政府组织）交替使用。随着人们从事公益的途径和开展公益的方式的变化，Philanthropy 这一术语的界定也面临诸多挑战，由于本文旨在审视较长时段内公益组织基于网络传播的发展，故仍采用公益组织这一具有普适性的术语，以便囊括在政府与企业之外从事非营利性活动的所有公益行为和形式。

二　文献选择标准及来源

　　为了将公益组织和网络传播相关的研究文献区别开来，本文限定关注公益组织与网络传播的研究是，能为公益组织基于网络传播的概念或理论发展提供明确参考的文献，能在组织或信息层面回答公益组织基于网络传播的有关问题，或者从组织或信息传播层面探讨公益组织基于网络传播这一现象的研究。当然这些文献也包括只是研究公益组织基于网络传播的某一自变量或因变量，或以公益组织发起的公益项目、志愿活动为研究对象的文献，其中书评、报道、会议性论文则剔除在外。

　　基于上述考虑，本研究进一步将文献搜索的范围集中在 6 个国际期刊上。这 6 个国际期刊发表的与公益组织使用 ICT 和社会化媒体相关的所有文章都在搜索的范围内。6 个国际期刊的选择遵循三个原则：它们一定要集中在传播学或公益组织研究上，它们应该包括不同的方法视角，它们应该包括国际视角。遵循这些原则，参照国际上发布的 2015 年国际期刊影响因子分析，有 6 家期刊被选择。主要的传播学期刊是《传播学期刊》（*Journal of Communication*）、《计算机辅助传播》（*Journal of Computer Mediated Communication*）、《人类传播研究》（*Human Communication Research*）。主要的非营利组织期刊有《非营利与志愿组织季刊》（*Nonprofit and Voluntary Sector Quarterly*）、《非营利管理与领导》（*Nonprofit Management & Leadership*）、《志愿》（*Voluntas*）。

在 6 家期刊中，最早讨论非营利组织运用 ICT 技术的文献出现在 1989 年，Rubinyi 在《传播学期刊》上发表了《电脑和社区：组织的影响》。[①] 故本文将文献搜索的起点设定在 1989 年，将 1989 年到 2016 年 28 年间出现在上述 6 个学术期刊上的主题文章作为研究对象。遵循前面提及的文献选择要求，对搜索的文献进行筛选，最终得到 35 篇样本文章。这些由主要的组织学者和传播学者写作的文章大致代表着公益组织基于网络传播发展研究的阶段性成果。

对 35 篇满足文献综述统计标准的文章进行整理，各个期刊中出现的文章情况为：《非营利与志愿组织季刊》中有 16 篇，《志愿》中有 6 篇，《非营利管理与领导》中有 7 篇，《传播学期刊》中有 1 篇，《计算机辅助传播》中有 4 篇，《人类传播研究》中有 1 篇。接下来，本文将对 35 篇文章的研究进程和热点议题进行综述。

三　研究进程与热点议题

（一）研究进程

搜集到的 35 篇样本文章，从时间上可以划分为三个阶段：1989 年到 1999 年，2000 年到 2010 年，2011 年到 2016 年。

---

① Robert M. Rubinyi, " Computers and Community: The Organizational Impact," *Journal of Communication*, 1989 (3): 110-123.

1989 年到 1999 年，共有 3 篇文章。这一阶段可视为国外学者探索 ICT 运用到公益组织传播中的起步阶段。学者们主要关注 ICT 被公益组织采纳的情况以及影响 ICT 采纳的相关因素。

2000 年到 2010 年，共 13 篇。该阶段部分学者继续推进 ICT 在公益组织传播中的采纳和影响研究，与此同时，不少研究成果开始深入 ICT 如何通过改变信息流动路径作用于组织深层的变化领域。

2011 年到 2016 年，共 19 篇。该阶段的突出成果体现在不少学者通过构建理论框架，尝试为公益组织基于网络传播的研究提供相对规范、稳定的范式，如 Lovejoy 等[1]开发了公益组织网络传播功能量表，Dumont 构建了公益组织虚拟责任指数体系，Hyndman 等[2]对公益组织在线信息披露的透明度框架进行了建构。

从研究进程看，国外学者对公益组织基于网络传播的发展研究随着时间的推移而日趋加强，从最早将 ICT 在公益组织中的运用作为一个现象加以介绍和观察，到深入研究 ICT 对公益组织深层变化的影响，再到公益组织网络虚拟责任建构和透明度提升的范式探讨，这一过程反映出公益组织基于网络传播的发展研究随着网络技术的革新、实践的探索和研究人员思考模式的转变而演进。

（二）热点议题

从搜集到的样本文章看，国外学者对公益组织在网络传播中的发展研究涉及三大热点议题：一是 ICT 和社会化媒体在公益组织中的应用及影响研究，二是公益组织在线责任的建构和评估研究，三是公益组织在线透明度的建设研究。

---

① Kristen Lovejoy, Gregory D. Saxton, "Information, Community and Action: How Nonprofit Organizations Use Social Media," *Journal of Computer-Mediated Communication*, 2012 (3): 337-353.

② N. Hyndman, D. J. Mcconville "Transparency in Reporting on Charities' Efficiency," *Nonprofit and Voluntary Sector Quarterly*, 2016 (45): 844-865.

1. ICT 和社会化媒体在公益组织中的应用及影响研究

研究 ICT 在公益组织中的应用及影响的样本文章数量较多，共有 25 篇，研究跨越了 28 年的发展历程，涉及 ICT 在公益组织中的推广、使用和采纳，公益组织的社会媒体传播实践，公益组织基于网络传播的效能，等等。

（1）ICT 在公益组织中的应用

ICT 在公益组织中的推广较早开始于电脑技术的社区推广项目。[1] 在早期的研究过程中，研究人员着眼于互联网的推广和使用对地方性非营利组织扩大影响力，增强动员能力的阐释[2]。也有学者注意到组织使用 ICT 技术过程中出现的数字沟现象[3]和沟通障碍[4]。

随着 ICT 在公益组织中的使用日趋常态化，不少学者通过大样本分析来检测组织的价值理念[5]、制度因素[6]以及组织的规模、类型、财务预算[7]等因素对组织采纳 ICT 的影响。

尤其值得注意的是，越来越多的学者开始认识到 ICT 正通过改变组织内外信息流动的路径影响组织的社会角色[8]、组织形态、组织结构、组织

[1] Robert M. Rubinyi, "Computers and Community: The Organizational Impact," *Journal of Communication*, 1989 (3): 110-123.

[2] Bret Elliott, Marios Katsioloudes, RichardWeldon, "Nonprofit Organizations and the Internet," *Nonprofit Management & Leadership*, 1998 (3): 297-303.

[3] Jo Anne Schneider, "Small, Minority-Based Nonprofits in the Information Age," *Nonprofit Management and Leadership*, 2003 (4): 383-399.

[4] Srivatsa Seshadri, Larry Carstenson, "The Perils of E-Mail Communications in Nonprofits," *Nonprofit Management and Leadership*, 2007 (1): 77-99.

[5] John G. McNutt, "Electronic Advocacy by Nonprofit Organizations in Social Welfare Policy," *Nonprofit and Voluntary Sector Quarterly*, 1999 (4): 432-451.

[6] Theodore E. Zorn, Andrew J. Flanagin, Mirit Devorah Shoham, "Institutional and Noninstitutional Influences on Information and Communication Technology Adoption and Use Among Nonprofit Organizations," *Human Communication Research*, 2011 (1): 1-33.

[7] Seth Finn, Jill K. Maher, Jeff Forster, "Indicators of Information and Communication Technology Adoption in the Nonprofit Sector Changes Between 2000 and 2004," *Nonprofit Management & Leadership*, 2006 (3): 277-295.

[8] Dov Te'eni, "The Changing Role of Nonprofits in the Network Economy," *Nonprofit and Voluntary Sector Quarterly*, 2003 (3): 397-414.

内外关系①、组织的运作方式②，甚至组织属性③的变化。

ICT 在公益组织中的应用促使学者们从技术价值的研究逐渐深入传播工具价值的研究，形成了对公益组织基于 ICT 构建自组织传播网络的相关认知，也揭示了公益组织基于网络传播谋求发展的现实意义。

（2）公益组织在社会化媒体中的传播实践

20 世纪中后期，社会化媒体的兴起开创了网络技术在社会组织传播中应用的新局面。社会化媒体的用户参与和互动特点对于公益组织而言意味着新的发展机遇。搜集到的样本文章中，有 6 篇围绕公益组织社会化媒体传播实践展开研究。

从传播功能来看，国外学者们对公益组织社会化媒体传播实践的研究已经跳出是否使用和有何影响的研究模式，而是关注公益组织如何利用社会化媒体进行传播实践。他们发现公益组织的社会化媒体传播实践主要包括信息传播、社区建构和公益动员。④ 当然，仍有学者在具体的调查中发

---

① Eleanor Burt, John A. Taylor, "Information and Communication Technologies: Reshaping Voluntary Organizations?" *Nonprofit Management and Leadership*, 2000 (2): 131 – 143. Eleanor Burt, John Taylor, "Advanced Networked Technologies in the U. K. Voluntary Sector," *Voluntas*, 2001 (4): 313 – 326. Eleanor Burt, "New Technologies, Embedded Values, and Strategic Change: Evidence From the U. K. Voluntary Sector," *Nonprofit and Voluntary Sector Quarterly*, 2003 (1): 115 – 127. Lori A. Brainard, Jennifer M. Brinkerhoff, "Lost in Cyberspace: Shedding Light on the Dark Matter of Grassroots Organizations," *Nonprofit and Voluntary Sector Quarterly*, 2004 (3): 32S – 53S.

② Judith R. Saide, "Information Technology and the Voluntary Sector Workplace," *Nonprofit and Voluntary Sector Quarterly*, 2003 (1): 5 – 24.

③ Michelle Shumate, Lori Dewitt, "The North/South Divide in NGO Hyperlink Networks," *Journal of Computer-Mediated Communication*, 2008 (2): 405 – 428. Michelle Shumate, Justin Lipp, "Connective Collective Action Online: An Examination of the Hyperlink Network Structure of an NGO Issue Network," *Journal of Computer Mediated Communication*, 2008 (2): 178 – 201. Michelle Shumate, "The Evolution of the HIV/AIDS NGO Hyperlink Network," *Journal of Computer Mediated Communication*, 2012 (2): 120 – 134.

④ Kristen Lovejoy, Gregory D. Saxton, "Information, Community and Action: How Nonprofit Organizations Use Social Media," *Journal of Computer-Mediated Communication*, 2012 (3): 337 – 353. Chao Guo, Gregory D. Saxton, "Tweeting Social Change: How Social Media Are Changing Nonprofit Advocacy," *Nonprofit and Voluntary Sector Quarterly*, 2014 (1): 57 – 79. Per G. Svensson, Tara Q. Mahoney, Marion E. Hambrick, "Twitter as a Communication Tool for Nonprofits: A Study of Sport-for-Development Organizations," *Nonprofit and Voluntary Sector Quarterly*, 2015 (6): 1086 – 1106.

现，公益组织使用社会化媒体的实际情况落后于其他部门，其中参与人员和组织成员对社会化媒体的认识和使用缺乏既往的经验、受限于组织的经费预算等是阻碍组织使用社会化媒体的主要原因。①

公益组织使用社会化媒体的另一个重要目的就是提升组织的网络募捐能力。Saxton 等②对进驻 Facebook 社交网站的 68 家美国大型公益组织在线慈善募捐的情况进行调查，研究结果表明，慈善捐赠的多少在很大程度上与公益组织的在线连接和动员能力相关。围绕个体的组织归属和社会化媒体使用是否会影响在线捐赠这一问题，Reddick③ 检测了个体的社会化媒体使用、组织归属与在线捐赠间的相互关系，结果发现组织归属是影响在线捐赠的重要决定因素，而社会化媒体的使用只是补偿组织社会资本缺失的一种机制，对在线捐赠的拉动作用十分有限。

由上可见，公益组织使用社会化媒体的方式和动机总是通过一定的传播策略反映出来。未来的研究中，公益组织如何使用社会化媒体以唤起利益相关主体的参与和提升组织募捐能力仍将是学者们关注的重要议题之一。

（3）公益组织基于网络传播的效能

从传播学角度来看，学者们在网络互动环境中探求新的路径来实现公益组织的目标，提升组织能力，实质上就是对组织传播效能的探讨，共有3 篇文章涉及这一议题。学者们的研究集中在如何提升公益组织网站传播④的效能以引起使用者的积极评价⑤，从而达到增加募资的目的等方面。

---

① Theodore E. Zorn, Suzanne Grant, Alison Henderson, "Strengthening Resource Mobilization Chains: Developing the Social Media Competencies of Community and Voluntary Organizations in New Zealand," *VOLUNTAS: International Journal of Voluntary and Nonprofit Organizations*, 2013（3）: 666-687.

② Gregory D. Saxton, Lili Wang, "The Social Network Effect: The Determinants of Giving Through Social Media," *Nonprofit and Voluntary Sector Quarterly*, 2014（5）: 850-868.

③ Christopher G. Reddick, Branco Ponomariov, "The Effect of Individuals' Organization Affiliation on Their Internet Donations," *Nonprofit and Voluntary Sector Quarterly*, 2013（6）: 1197-1223.

④ Adrian Sargeant, Douglas C. West, Elaine Jay, "The Relational Determinants of Nonprofit Web Site Fundraising Effectiveness An Exploratory Study," *Nonprofit Management and Leadership*, 2007（2）: 141-156. Noel Hyndman, Danielle McConville, "Transparency in Reporting on Charities' Efficiency: A Framework for Analysis," *Nonprofit and Voluntary Sector Quarterly*, 2016（4）: 844-865.

⑤ Katarina Panic, Liselot Hudders, Veroline Cauberghe, "Fundraising in an Interactive Online Environment," *Nonprofit and Voluntary Sector Quarterly*, 2016（2）: 333-350.

就搜集的样本文章而言，国外学者们对如何提升公益组织网络传播效能以及如何评估公益组织在线传播能力的关注多停留在提升组织传播效能的价值和如何改善组织信息传播途径的层面，对公益组织基于网络传播的效能评估、测量研究仍十分有限。

2. 公益组织在线责任的建构和评估研究

公益组织的责任建设不仅关系到组织的公共形象塑造，更直接影响组织的生存和发展。当下，公益组织如何通过网络传播推进组织虚拟责任建设，成为社会大众和组织共同的呼求。

有 3 篇样本文章进行了网络虚拟责任探讨。这些研究建构了公益组织网络虚拟责任的解释模型①，探讨了公益组织在线虚拟责任的可操作化和测量问题②，分析了不同属性的公益组织建构虚拟责任的动机③。可见，学者们在此议题下回应了影响公益组织虚拟责任建设的相关因素，并对网络虚拟责任模型进行了建构。至于离线环境中的公益组织责任建构与在线环境中的责任建构间有何区别和联系，这些研究并没有过多涉及。

3. 公益组织在线透明度的建设研究

对于公益组织而言，组织在线信息披露是提升组织效能和建设可持续发展环境的关键；对于利益相关者而言，组织在线信息披露则是建构信任和促进公民参与的驱动力。

所搜集到的 4 篇样本文章从组织层面的效能测量④，到信息层

---

① Gregory D. Saxton, "Accountability Online: Understanding the Web-Based Accountability Practices of Nonprofit Organizations," *Nonprofit and Voluntary Sector Quarterly*, 2011 (2): 270-295.

② Georgette E. Dumont, "Nonprofit Virtual Accountability: An Index and Its Application," *Nonprofit and Voluntary Sector Quarterly*, 2013 (10): 1049-1067.

③ Joannie Tremblay – Boire, Aseem Prakash, "Accountability.org: Online Disclosures by U. S. Nonprofits," *VOLUNTAS: International Journal of Voluntary and Nonprofit Organizations*, 2015 (2): 693-719.

④ Noel Hyndman, Danielle McConville, "Transparency in Reporting on Charities' Efficiency: A Framework for Analysis," *Nonprofit and Voluntary Sector Quarterly*, 2016 (4): 844-865. Juan L. Gandía, "Internet Disclosure by Nonprofit Organizations: Empirical Evidence of Nongovernmental Organizations for Development in Spain," *Nonprofit and Voluntary Sector Quarterly*, 2011 (1): 57-78. Gregory D. Saxton, Jenn Shyong Kuo, Yi cheng Ho, "The Determinants of Voluntary Financial Disclosure by Nonprofit Organizations," *Nonprofit and Voluntary Sector Quarterly*, 2012 (6): 1051-1071.

面①的传播操作，涉及公益组织在线信息披露模型、影响因素及传播效能，反映出学界对公益组织与网络传播更好地融合，向一个更信息化、关系化的环境建构发展的期待，也表达了学者们将网络传播的潜在价值转变为组织资本的研究兴趣，遗憾的是这些研究并没有考虑大众媒介的影响。

从热点议题来看，国外学者们的研究已经广泛涉及公益组织在线传播的资源、行为、技术、策略等维度，分析单元则多集中在技术应用、组织管理、利益相关主体动员、传播方式几个方面，未来的研究有待在信息、社会和文化等多个层面进一步拓展。

四 结语

回顾国外学者 28 年间对公益组织基于网络传播的发展研究，我们既可以看到 ICT 和社会化媒体对公益组织发展的深远影响，又可以观察到学者们对 ICT 和社会化媒体在公益组织传播中的运用研究正在发生从实践考察到思考模式的转移，这一变化无疑将挑战组织基于网络传播实践的各种可能。在后续的研究中，许多工作亟待完善，如在研究对象的样本选择方面可以向不同规模、属性和类型的公益组织拓展，以网站、社会化媒体为代表的网络传播在公益组织中的作用机理及影响周期有待进一步探讨，如何更好地理解公益组织基于网络传播的实践也需要更加丰富的视角和多维的考察，尤其是考虑大众传媒的参与。对公益组织基于网络传播的后续研究不仅将考验研究人员的创新能力，也将挑战研究人员从公益组织的社会化媒体账户、网站上获取大样本数据的研究能力。

国外公益组织基于网络传播的发展研究，对我国公益组织立足网络环境的发展无疑具有重要启示。首先，加强公益组织基于网络传播的发展研究，不仅有助于我们了解不同社会文化背景下各国公益组织是如何发展的，还有助于增进我们对公益组织间基于网络传播展开的跨国、跨地域交

---

① Marı́a del Mar Ga´lvez Rodrı́guez, Marı́a del Carmen Caba Pe´rez, Manuel Lo´pez Godoy, "Determining Factors in Online Transparency of NGOs: A Spanish Case Study," *VOLUNTAS: International Journal of Voluntary and Nonprofit Organizations*, 2012 (3): 661-683.

流和合作的理解。其次，网络传播对我国公益组织发展可能会产生什么影响，有哪些值得关注的变化同样值得研究。最后，了解国外公益组织基于网络传播的发展，不仅有助于我们有借鉴地探讨适宜我国公益组织发展的有效路径，也有助于革新我国公益发展理念，顺应公益发展的新趋势。

原载《西南民族大学学报》（人文社会科学版）2017 年第 9 期

合作者：李苏

收入本书时略有改动

传播科技的影响扩散

"科学技术是第一生产力",这句话有着丰富的内涵。随着社会的快速发展,科技对社会的影响与日俱增,人类社会的组织结构、运作方式,甚至人类本身的思维方式、行为方式等都在因技术而改变。"技术已成为一种无所不在、动荡不居的力量,影响着人类的历史。"① 本文将从三个方面对传播科技的影响扩散进行探讨:第一,传播科技影响扩散的意义内涵、基本方式;第二,传播科技影响扩散的关键要素;第三,传播科技与社会发展的协调。

一 传播科技影响扩散的意义内涵、基本方式

了解传播科技影响扩散的意义内涵,首先必须对"传播科技"及其"影响扩散"进行界定,在此基础上再去把握传播科技影响扩散的过程与规律。

(一) 传播科技及其影响扩散的内涵

1. 传播科技

在定义传播科技之前,有必要先了解"科技"的意义。

科技即科学技术,科学与技术是两个密不可分的概念。科学,是指探

---

① 〔荷〕E. 舒尔曼:《科技文明与人类未来:在哲学深层的挑战》,李小兵等译,东方出版社,1995年,第1页。

寻、发现、掌握事物客观规律的学问，是科学知识、科学活动、科学方法、科学精神等的总和。就类别而言，科学可以分为自然科学、社会科学与哲学。技术，则往往与工具相连，是人类自然能力的延伸，是指解决具体问题的方法和手段。技术包括实验技术、学习技术、实用技术等。

比较科学与技术的特性可知，其不同有四：第一，科学大部分是自由的学术研究，而技术则是有目的的开发；第二，科学活动的主体大多为国家科研机构与大学，而技术则主要是由企业研发中心来主持，其实现是集体式的分工协作；第三，科学倾向于意识层面，而技术则多倾向于器物层面，表现为硬件、软件；第四，科学的知识载体多为学术论文与学术专著，而技术的知识载体则多为专利、原理模型，也有学术论文等。[①] 科学与技术虽有如此多的区别，然而，就总体而言，科学与技术两者总是相辅相成、相得益彰的。技术是科学的延伸，科学是技术的升华。技术的发展不仅为科学研究提供先进的实验工具，也为科学的突破提供新的基础与前提。尽管科学的内涵不单包括科学技术知识，但由于科学总是与技术、技术产品等紧密相连，因此，科学在使用中常常等同于科技。基于对科学与技术的认识，传播科技就是指与传播相关的科学技术。

传播科技可以归结为三大类型，这也是传播科技发展的三大阶段，即印刷技术、电子技术、数字技术。印刷技术是指以纸质媒体为传播载体的技术，电子技术是指以电磁波传递为手段的技术，数字技术是指以数字编程为核心的计算机技术。在媒介技术中，人们习惯按其发展的先后与核心技术的不同，将报刊、广播、电视、电影等划归为传统媒介，而将有线电视、电脑通信系统、高度信息通信系统、对话型图像信息系统、图文电视、广播卫星、通信卫星等定义为新媒介。新媒介又可以划分为三类：有线类，如有线电视、电脑通信系统；无线类，如图文电视、无线数字广播；卫星类，如广播卫星、通信卫星等。[②]

人类总是不断根据自身的需要，在旧有传播技术的基础上发展新的技术。"创新—发展过程通常始于意识到某种问题或需要的存在，这种意识

---

① 胡卫：《"科学传播"和"技术传播"与国家创新体系》，《理论与改革》2001年第5期。
② 吴信训：《时髦西方传播界的"新媒介"》，《新闻界》1994年第1期，第34~36页。

刺激人们去开展研究和开发活动，从而创造一种解决问题或需求的创新措施。"① 事实上，"传播媒介的形态变化，通常是由于可感知的需要、竞争和政治压力，以及社会和技术革新的复杂相互作用引起的"②。就技术而言，媒介技术的发展总是新旧媒介不断推陈出新的过程。从传播技术的形成来看，"新媒介一是由传统媒介在技术上发展而成；一是由传统媒介的相互联姻或是与其他媒介的新式结合而产生"③。如继黑白电视、彩色电视之后的高清晰度数字电视，除了在技术上改变传统电视的电磁波传递为0与1的数字传递外，其扫描线改为1125，图像光点增加了4倍多，图像极为逼真、清晰，其屏幕的高与宽的比例为3:5，更符合人的视觉习惯。人们将电视技术与多媒体技术融为一体，观众不仅可以听到声音、看到图像，而且还可以查阅所需资料，体现出传播技术不断朝着综合计算机、录像机、录音机、传真机等多种功能的趋势发展。因此，新的媒介技术生生不息，旧的媒介技术又不断被发掘出新的使用功能，不断刺激、挖掘与满足人类新的需求，不断推进新的传播技术革命。

2. 传播科技的影响扩散

"扩散"作为一个专门的术语，本指创新技术的传播过程。技术创新理论的鼻祖——奥地利经学家彼特（J. A. Schumpeter）认为，技术扩散是技术的大面积与大规模模仿。美国经济学家斯通曼（P. Stonman）认为，技术扩散是"一项新技术的广泛应用与推广"。埃弗雷特·M. 罗杰斯认为："扩散是创新通过一段时间，经由特定的渠道，在某一社会团体的成员中传播的过程。它是特殊类型的传播，所含信息与新观念有关。"④

决定高新技术传播有效程度的三个基本的维度是：参与人、知识、时空。它们影响着特定的高新技术传播的发生、发展以及最终结果，传播技术的有效程度正是取决于这三个基本维度的有效程度的向量和传播科技的

---

① 〔美〕埃弗雷特·M. 罗杰斯：《创新的扩散》，辛欣译，中央编译出版社，2002，第118页。

② 〔美〕罗杰·菲德勒：《媒介形态变化》，明安香译，华夏出版社，2000，第19页。

③ 吴信训：《时髦西方传播界的"新媒介"》，《新闻界》1994年第1期，第34~36页。

④ 〔美〕埃弗雷特·M. 罗杰斯：《创新的扩散》，辛欣译，中央编译出版社，2002，第5页。

扩散。按其时间先后与影响性质的不同，我们可以将它划分为两个大的阶段：第一阶段是技术本身的扩散，也被称为创新扩散，即新技术逐步成熟，得到社会的普遍认同并被广泛使用的过程；第二阶段是技术向社会其他领域的扩散，也被称为影响扩散，即技术使用向社会其他领域广泛渗透，对人类现有的生活方式、社会组织结构等产生影响的过程。第一阶段是我们通常所说的传播科技的创新扩散，第二阶段则是本文所提出的传播科技的影响扩散。

技术的传播正是通过不断扩散影响来发挥其社会功能。认识技术扩散的规律，是把握与控制技术的社会影响的必要前提。对此问题的研究吸引了众多的学者，早在20世纪初，法国学者泰勒就以模仿的法则系统研究了技术传播现象，并发现了 S 形传播曲线。到20世纪40年代，赖安、格劳斯等进一步证实了传播的 S 形曲线。到20世纪60年代，国际技术转移研究将技术传播现象看成一个技术经济过程加以考察。创新扩散的研究在20世纪六七十年代进入黄金时期，研究者中大家辈出。

传播科技的每一次突破，其所产生的革命性震撼，不仅仅限于传播领域，同时也极大地影响到社会生活的其他方面。传播科技广泛地渗透社会，影响、改变、决定着人类社会的基本形态与基本特征，成为社会文化的重要组成部分，社会发展与科学技术的完美结合，可以最大限度地造福人类，因此，传播科技有着丰富的人文内涵。

（二）传播科技的价值特征

传播科技作为技术的一种形式，与所有技术一样，具有工具价值与负载价值。所不同的是，传播科技作为传播的技术工具，其价值更多地受到传播主体的制约。

1. 技术的价值特征

对技术价值特征的分析，一般有两种对立的观点：一种是技术中立论；一种是技术本身就具有负载价值论。

技术中立论者认为，技术在本质上是中立的，不含有任何善与恶的指向，所产生的结果不取决于技术本身，而是取决于使用技术的人。技术的价值功能的实现，是人类把技术作为改造世界的手段，通过主体的实践过程，将潜在的生产力转化为直接的生产力，从而满足社会主体的现实需求，实现人类的目的。马克思主义哲学历来把科学技术看作生产力，而且认为它是一种直接的生产力，是推动社会经济发展的主要动力。

技术负载价值论者认为，技术本身就具有价值上的偏向性，技术从一开始设计就带有专门的意图，以其特定的技术功能为社会某一特定阶层服务。技术的后果与影响内置于技术之中，不管设计者是否完全意识到。

早在18世纪，西方就展开了关于科技的社会价值的论争。之后，德索尔的第四领域理论、杜威的实用主义技术论、芒福德的技术文明论、海德格尔的存在技术观、法兰克福学派的批判理论、艾鲁尔的技术系统论、科塔宾斯基的技术行动学、温纳的自主技术论、平奇的建构主义、伊德的实践技术论、芬伯格的技术批判理论，以及米切姆关于"工程学的技术哲学"与"人文主义的技术哲学"的划分等，都对技术的价值问题进行了深入广泛探讨。如米切姆将技术的构成划为四类要素：①作为对象（人工物）的技术，包括装置、工具、机器、人工制品等要素；②作为知识的技术，包括技艺、规则、技术理论等要素；③作为活动的技术，包括制作、发明、设计、制造、操作、维护、使用等要素；④作为意志的技术，包括意愿、动机、欲望、意向和选择等要素。在我国，学者们对技术也做了广泛的研究，有的学者把技术定义为人类借以改造与控制自然，以满足生存与发展需要的，包括物质装置、技艺与知识在内的可操作性体系。也有学者把技术界定为人类的一种以取效为目标的理性活动，认为效用是技术的内在价值的核心，内在价值是"使技术成为其所是"的"本体论承诺"等，对技术的价值意义给予了充分的肯定。

技术的负载价值的实现，是指科学实践本身蕴含着实践主体的目的性、探索性、能动性，负载着主体的价值追求与道德选择，是一种理性的实践过程，本身就包含着丰富的价值内涵。法兰克福学派意识形态理论将科学技术等同于意识形态，如马尔库塞把技术理性看作意识形态，哈贝马斯直接提出"科学技术即意识形态"。

对技术负载价值的认识，应该从该技术的设计、应用等不同阶段进行具体分析。就技术的开发而言，有出于政治需要而制作的技术，有出于经济效益而制作的技术。前者的负载价值形成于设计阶段，影响与后果内置于技术之中。在这种情景中，"技术不是简单地'发生'的，而是为造成特定结果而被选择和设计的"①。后者的价值偏向发生在技术的应用阶段，有无意识与有意识等原因造成的价值偏向。在这种情况下，人的主体性就成为价值实现的决定性因素。

对于技术的工具价值与负载价值，人类只有将它们有机地统一在一起，才能最大限度地实现其有益于人类的社会价值。技术的价值意义集中体现在技术的工具价值与负载价值的和谐统一上。

2. 传播科技的价值特征

"技术包括所有的物质文化，而不仅仅指工具与机器。"② 传播科技作为技术的一种，同样具有丰富的价值内涵。

传播科技的工具价值首先体现在它符合技术性要求，根据技术发展的逻辑，其物性功能不断得到实现与拓展。在传播科技发展之初，人类以自身为媒介，辅之以实物为载体的标记符号进行传播，如鼓、号、火、旗等声光信号，还有类似原始文字的图画符号等。但这些初级的传播技术具有稍纵即逝、无法保存的致命弱点。大约三四千年前，古埃及的圣书文字、古美索不达米亚的楔形文字、中美洲的玛雅文字、中国的汉字陆续产生，文字跨越时空的特性，使人们能够把有价值的信息长久地保存起来，并为远距离的交流提供可能。但当时的文字载体，如黏土、龟甲、竹简、青铜、羊皮纸、绢帛等，或笨重或昂贵，又为这种交流的普及设置了不可逾越的障碍。105 年，蔡伦在前人的基础上，用树皮、麻头、破布、旧渔网等为原料造成廉价实用的蔡侯纸，并且其技术逐渐经中亚、阿拉伯传往欧洲。公元 7 世纪前后又产生了雕版印刷技术，公元 11 世纪毕昇发明活字印刷术，这些传播技术在原有技术功能的基础上不断改进。然而，纸质媒介有排版复杂、出版周期较长、传播内容欠生动、远距离交流困难等缺点，20 世纪 20 年代，随着无线电通信技术的发展，媒介跨进了一个电子

---

① 肖峰：《论技术的社会形成》，《中国社会科学》2002 年第 6 期。

② Danie Chandler, "Technological or Media Determinism," http：//www. aber. ac. uk/media/ Documents/tecdet/.

技术传播的时代。如广播媒介以语言代替文字，时效性强，又亲切生动。20 世纪三四十年代，电视传播技术产生。电视以其可听可视、形象直观及时快捷、现场感强、形式多样等优势，将媒介技术又推进了一步。20 世纪 80 年代末，集电子媒介、印刷媒介多种优势于一身的网络媒介，以其容量大、覆盖面广、时效性强、远程传输便利快捷，且选择性强、参与性强等众多优势，将媒介技术推向了一个新的高峰。媒介技术作为人类交流的工具，按其自身发展的逻辑，不断得到完善与提高。

传播科技的负载价值体现在，传播技术作为传播思想与文化的工具，有些技术在开发之初就带有较强的功利目的。如广播电视技术的开发，就是由于两次世界大战、冷战和美苏超级大国的军事竞争所促进的。第一次世界大战时期，交战双方为了将无线电通信用于战争，所以加紧了广播技术的开发。第二次世界大战时期，作为心理战的有力工具，广播短波与大功率中波发射得到快速发展。冷战与美苏军事竞争时期，广播电视作为政治斗争的强大武器，迅速与卫星技术相结合。其每一步发展，都负载着技术开发者明确的价值目的。因此，传播技术作为政治宣传的工具，其所体现的价值不仅是传播者所赋予的，同时也是技术开发者在技术开发之初内置其中的。

（三）传播科技影响扩散的基本方式

传播科技的扩散是一个艰难的过程，这不仅指技术创新本身要付出巨大努力，而且即便技术成熟以后，获得社会的承认和使用仍然十分困难。美国未来学家保罗·萨弗曾经说过："至少在过去五个世纪里，新思想完全渗入一种文化所必需的时间数量，一般约为三十年。"他还以两种不同的方式重申了这一原则："（1）由实验室的突破和发现到转变为成功的商业产品或服务，所要花的时间几乎总是比任何人预料的都要长。（2）那些表面上看起来作为成功的新产品或新服务而突然出现的各种技术，其开发的时间都比任何人承认的要长得多。"[①] 培根在《新工具》中也说过：

"在一种发明的进程中，人心方面有着这样一种别扭情况和不顺当的根性，开始是不信赖它，随后又蔑视它。起初不相信任何这类事物能被发现，既经发现以后则又不能理解何以人世与它迷失如此长久。"①

1. 传播科技本身的创新扩散

以比特网的创新扩散为例。比特网是典型的传播技术，属于交互式传播。它所满足的人类需求是人际沟通不再只是面对面的，而是可以简便地通过电子通信技术来完成。1981年，先行者伊拉·弗切斯和格雷登·弗里曼利用各自的校园网合作进行学术研究。之后他们租借一根电话线将两所大学的计算机中心的计算机连接起来，使两所学校的任何人都可以使用计算机联网的信息。这就是最早的比特网。该网运行到当年年底，又有四所大学加入，他们都是通过租用一条电话线，将其计算机与比特网成员中最近一所学校的计算机相连接。

计算机联网的结果是，成员越多，信息越多，成本越低，而且影响也越大。很快，美国东海岸的著名学府都加入了比特网。到1982年，加利福尼亚大学伯克利分校也加入了比特网，他们用昂贵的价钱租用了一条长距离的电话线，从而使比特网向西海岸的大学延伸。此后，用户数量快速增长，到1983年已有19所大学加入比特网，从1984年到1985年，比特网的用户数量每隔6个月就翻一番。并且，连接网络的电话线很快延伸到加拿大、欧洲、日本等地的大学。联邦科研与开发实验室也加入了比特网。

就技术本身的扩散而言，1982年美国加利福尼亚大学伯克利分校加入比特网，可以看作比特网技术扩散过程中"临界大多数"点发生的关键时刻。"临界大多数"点是指技术扩散过程中从量变到质变的关键过渡，即创新扩散过程中，已有足够的个体采纳了该创新，从而该创新的进一步扩散显得相对稳定，有一种自我维持能力②。"一旦采纳人数达到临界大多数，采纳率便显著增长。每过6个月，采纳人数便翻一番。"③ 因

---

① 〔美〕弗朗西斯·培根：《新工具》，许宝骙译，商务印书馆，1984，第75页。

② 〔美〕埃弗雷特·M. 罗杰斯：《创新的扩散》，辛欣译，中央编译出版社，第297页。

③ 周密：《社交网络情境下新产品扩散中早期大众采纳意愿研究》，南开大学硕士学位论文，2018，第12页。

此，在技术扩散过程中，"关键的策略就是要辨别出系统内的关键个体和单位。一旦这些个体和单位采纳了该项创新，他们会很快地影响到潜在的采纳者"①。

从西方发达国家传播技术产生与发展的历史来看，新技术的出现，大多首先响应社会日常生活领域的某种具体需求，然后通过逐渐发挥作用渗透到人们的生活之中，最后，影响向社会生活的各个领域不断扩散。如日本有线电视诞生之初是为了解决山阴地区无线电视收视困难的问题。早在1953年，日本NHK就正式开播无线电视，到1955年发现一些地方的山阴地区收视困难，于是NHK拿出部分补助金，建设共用天线设施，用强力天线接收电视信号，再经电缆传送到用户家中的电视机上。也就是经中继站的有线电视电缆，将某地能接收到的电视电波传送到难以接收无线电视波的地方。这就是日本的第一代有线电视，又被称为社区共用天线型有线电视。之后，在此基础上又发展出多频道化有线电视、都市型有线电视、卫星有线电视网络等。② 以此不断满足社会需求，不断完善技术本身，不断扩大社会影响。

2. 传播科技影响的社会扩散

传播科技在完成技术创新扩散之后，其影响的社会扩散其实已经开始。我们很难在这两者之间划出一个明确的分界线，其过渡是一个潜移默化的过程。

以因特网的影响扩散为例。

在比特网在高校及学术研究机构流行的时候，美国国防系统的科研开发组织也在开发自己的计算机网络。20世纪60年代初，古巴导弹危机使美国与苏联间的冷战状态升温，美国国防部高级研究计划局（Advanced Research Projects Agency，ARPA）为了保证其计算机系统在遭受敌方打击时不致全部瘫痪，设想建立一个类似蜘蛛网的没有中心的网络系统，由BBN（Bolt Beranek and Newman）公司负责研究各计算中心之间的通信方法。1969年，BBN提出了被称为网络控制协议（Network Control Protocol，

---

① 〔美〕埃弗雷特·M.罗杰斯：《创新的扩散》，辛欣译，中央编译出版社，第302页。
② 吴信训：《世界大众传播新潮》，四川人民出版社，1994，第44~50页。

NCP）的分组交换网络协议，并且开发出对计算机进行网络控制的信息报文处理器（Information Message Processor，IMP）。随后，位于加利福尼亚大学洛杉矶分校和圣芭芭拉分校以及斯坦福大学和犹他州立大学的四台大型计算机被首先连接起来，这就是世界上第一个计算机网络，即 ARPA 网。20 世纪 80 年代，ARPA 网联入了比特网。到 20 世纪 90 年代早期，无数类似的网络连接到一起，形成了因特网。因特网沿袭了 ARPA 网的非中心化网结构，成千上万的计算机通过电话线形成不计其数的网络路径。

因特网的发展过程中有两次关键性的飞跃。第一次飞跃是美国国家科学基金会（National Science Foundation，NSF）对网络的介入。他们利用 ARPA 网发展出两个基本的网络协议，即 IP（Internet Protocol）协议和 TCP（Transmission Control Protocol）协议。TCP/IP 协议是计算机网络互联的核心技术，联网的计算机只要遵照这两个协议，就能通过网络传送任何以数字方式存在的文件或命令。出资建立名为 NSFNET 的广域网，连接范围扩大到美国所有的大学和研究机构。其构网方式是以校园网为基础，然后通过区域性网络，再互联成为全美范围的计算机广域网 NSFNET，以后又逐渐和全球各地原有的计算机网络相连，把因特网拓展到了全球范围。

因特网发展过程中的第二次飞跃，是因特网的商业化使用。在 20 世纪 90 年代以前，因特网的使用一直限于军事与学术研究领域。20 世纪 90 年代初，General Atomics、Performance Systems International、UUNET Technologies 等私营企业开始投资因特网，专门为 NSFNET 建立高速通信线路的 ANSI（Advanced Network and Service Inc.）也推出了自己的商业因特网骨干网，商业机构的介入充分挖掘了因特网通信、资料检索、客户服务等方面的巨大潜力。1995 年 4 月 30 月 NSFNET 正式宣布停止运行，代之而起的是美国政府指定的三家私营企业——太平洋贝尔公司（Pacific Bell）、美国科技公司（Ameritech Advanced Data Services and Bellcore）、斯普林特（Sprint）。至此，因特网彻底完成了商业化。随着一批以提供搜索引擎为主要服务内容的公司的诞生，如 Yahoo、Infoseek 等，丰富的网络资源终于能被有序地检索和阅览。同时，世界上几乎所有著名的国际公司也都纷纷在网上建起自己的商业站点，并把公司的局域网连上因特网，开展多种形式的网上服务。于是，因特网被迅速地推向社会各行各业，其社会影响迅速扩大。

现代通信技术是 200 年前科技革新的产物。微晶片使信息二进位的形式快速程序化，激光使信息可以快速阅读，光学纤维使信息可以从一个信息处理器传输到另一个信息处理器，在其基础上整合而成因特网技术。因特网的快速发展使人们相信："时空组织的任何新变动肯定对生命机体产生根本的影响，从而足以保证'革命'的成立。""因特网已经被认为是通信技术革命的缩影，而且有时被认同为通信技术革命的象征。"①

传播科技对社会发展的巨大影响贯穿传播科技发展的始终，如中国古代四大发明，"欧洲文艺复兴初期四种伟大发明的流入传播，对现代世界的形成，曾起重大的作用。造纸和印刷术，为宗教改革开了先路，并使推广民众教育成为可能。火药的发明，削除了封建制度，创立了国民军制。指南针的发明，导致发现美洲，因而使全世界而不再是欧洲成为历史舞台。"② 培根也有类似的论述："这三种发明（印刷术、火药、指南针）已经在世界范围内把事物的全部面貌和情况都改变了：第一种（指印刷术）是在学术方面，第二种（指火药）是在战事方面，第三种（指指南针）是在航行方面；并由此又引起难以数计的变化来；竟至任何帝国、任何教派、任何星辰对人类事务的力量和影响都仿佛无过于这些机械性的发现了。"③ 马克思也说过："火药、指南针、印刷术——这是预告资产阶级社会到来的三大发明。火药把骑士阶层炸得粉碎，指南针打开了世界市场并建立了殖民地，而印刷术则变成新教的工具，总的来说变成科学复兴的手段，变成对精神发展创造必要前提的最强大的杠杆。"④

---

① 〔英〕史蒂文·拉克斯编《尴尬的接近权：网络社会的敏感话题》，禹建强、王海译，新华出版社，2004，第 133~134 页。
② 张瑞冬：《科技革命背景下的科学传播受众研究》，硕士学位论文，新疆大学，2012。
③ 〔英〕培根：《新工具》，许宝骙译，商务印书馆，1984，第 103 页。
④ 《马克思恩格斯全集》第 37 卷，人民出版社，2019，第 50 页。

二 传播科技影响扩散的关键要素

传播科技的影响扩散在技术本身的创新扩散阶段与技术影响的社会扩散阶段各有侧重。在技术本身的创新扩散阶段，技术占据绝对主导的地位。在技术影响的社会扩散阶段，社会人文因素的影响逐渐扩大。

（一）传播科技本身的创新扩散

罗杰斯将这一阶段过程完成的重要因素概括为四点，即创新、传播渠道、时间、社会系统。[①]

1. 创新

创新，罗杰斯将其定义为一项技术的采用较未采用前的状况的改进，即一项技术较原有技术具有某些新的功能与特性。衡量一项新技术是否具有创新性，一般具有这样几个标准：相对优势、相容性、复杂性、可试性、可观察性。

创新的相对优势，除了技术本身性能上的改进外，还包括经济方面与社会方面的因素。就经济因素而言，较高的经济利润、较低的初始成本、回报的快速及时、时间与精力的节省等尤为重要；就社会因素而言，社会身份的显示、满意度的提升以及相关社会效益的提高等都是重要的衡量指标。对于相当一部分人来说，采纳某项创新的动机之一就是为了赢得社会地位。早在1903年，加布瑞尔·塔德就指出，许多人仿效他人来采纳创新的一个主要原因就是寻求社会地位。[②]

创新的相容性是指一项创新与现存价值观、潜在接受者过去的经历以及个体需要的符合程度，[③] 人们往往更易于接受与自己思维习惯、使用习惯相吻合的新产品。如电脑与网络技术，在使用习惯上，它整合与延伸了

---

① 〔美〕埃弗雷特·M.罗杰斯:《创新的扩散》，辛欣译，中央编译出版社，2002，第10页。
② 〔美〕埃弗雷特·M.罗杰斯:《创新的扩散》，辛欣译，中央编译出版社，2002，第196页。
③ 金兼斌:《技术传播——创新扩散的观点》，黑龙江人民出版社，2000，第90页。

传统媒体的各种功能，使人们的交流需求得到进一步的满足；在思维习惯上，它迎合了大多数现代人追求"先进""潮流"的心理，使人们的精神需求得到满足。

复杂性是指创新被理解或被使用的难易程度。① 一项再先进的产品，如果操作十分困难，无疑会影响其技术的扩散。如 PC 机的技术扩散，第一台为非专业技术用户设计的个人电脑早在 20 世纪 70 年代初就开始投入使用，但它复杂的使用程序，大量的 DOS 命令，使一般用户望而却步，虽然 20 世纪 80 年代电脑公司就正式大规模地向市场推销 PC 机，但是收效甚微。直到 20 世纪 90 年代，电脑操作软件不断人性化、直观化、简洁化，电脑的个人使用与普及才成为可能。

可试性与可观察性，前者是指用户在正式采用创新前对创新性能进行试验、考察的可能性，后者指创新的采用结果对其他人来说可观察的程度。②

2. 传播渠道

传播渠道是指创新或技术从一个地方（技术拥有者）到达另一个地方（目标用户）的途径。③ 更具体地说，传播渠道主要有两种，即大众传播渠道与人际传播渠道。创新扩散的阶段一般可以划分为认知阶段、说服阶段、决策阶段、使用阶段、确认阶段。在创新扩散的不同阶段，最有效的传播渠道各不相同。

在认知阶段，传播需要引发创新、创造需求，因此大众传播的作用尤为重要，因为大众媒介点对多的信息扩散特点，可以尽可能多地使潜在用户快捷有效地对新技术产品建立最基本的认识。在说服阶段，传播需要强化对新技术的感性认知，驱动潜在用户使用行为的实现，因此意见领袖的作用显得尤为重要。决策阶段（包括试用阶段）是潜在用户在一定范围和程度上使用创新产品、观察其效果、消除不确定感、决定采用或拒用该产品的过程。到这一阶段，人际传播的重要性越来越凸显出来，创新推广

---

① 金兼斌：《技术传播——创新扩散的观点》，黑龙江人民出版社，2000，第 96 页。
② 金兼斌：《技术传播——创新扩散的观点》，黑龙江人民出版社，2000，第 98~99 页。
③ 金兼斌：《技术传播——创新扩散的观点》，黑龙江人民出版社，2000，第 44 页。

者与潜在使用者通过面对面的接触相互产生影响，导向产生接受使用新技术的行为。"扩散过程的核心是潜在采用者模仿网络中伙伴的做法。因此，扩散是一个非常社会化的过程。"① 学者对人际传播对政治决策的影响的调查结果也证明了这一点，"我们本来的调查目标是分析大众媒体如何影响政治创新。但调查的结果表明，媒体效应微乎其微，我们确实很惊诧。在政治决策中，相对于大众媒体而言，人们更容易受到身边面对面交往对象的影响"。② 在使用阶段，新产品的功能不断明确，并使自己的决策得到强化，因此这一阶段往往与之前的决策阶段、之后的确认阶段夹杂在一起。

在传播过程中，"技术拥有者与目标用户之间的认知差异与传播效果密切相关"。③ 任何新技术的诞生，都有着丰富的人文内涵，代表着一定的价值倾向。就技术传播者而言，其个人修养、思维方式、经济地位、社交能力等都发挥着重要的影响作用。一般来说，当个体之间具有更多的相同性，即进行沟通的两个个体之间的相似程度趋近时，传播效果就会更加显著，这就是所谓的同质性传播，"职业和所受教育程度相似的个体之间的社会关系更为密切"。④ "在社会地位和个人志趣方面相似的人之间的交往是一种高效率的交往过程，因为他们共享类似的文化和价值观，在知识结构上也大致相称，因此彼此间容易沟通，是一种高度情景共享的交流过程（high-context communication），容易在认知、态度、行为转变等方面相互影响。"⑤ 同质扩散模式导致新观念在系统内水平扩散，而不是垂直扩散。

不容忽视的是，在异质传播中，"由于技术水平的差异、信仰的差异、社会地位的差异、语言的差异等，沟通中常常造成语言被误解，信息被扭曲或疏漏"。⑥ 但在传递创新信息方面异质传播有着更加突出的作用。

① 〔美〕埃弗雷特·M. 罗杰斯：《创新的扩散》，辛欣译，中央编译出版社，2002，第17页。
② 〔美〕埃弗雷特·M. 罗杰斯：《创新的扩散》，辛欣译，中央编译出版社，2002，第268页。
③ 金兼斌：《技术传播——创新扩散的观点》，黑龙江人民出版社，2000，第45页。
④ 〔美〕埃弗雷特.M. 罗杰斯：《创新的扩散》，辛欣译，中央编译出版社，2002，第270页。
⑤ 金兼斌：《技术传播——创新扩散的观点》，黑龙江人民出版社，2000，第45页。
⑥ 〔美〕埃弗雷特.M. 罗杰斯：《创新的扩散》，辛欣译，中央编译出版社，2003，第270页。

3. 时间

时间是指技术创新扩散的过程以及被采用的速度。罗杰斯将扩散过程的时间因素概括为三种：第一种，创新决策过程，即创新采用过程，是个体知道一项创新，并且决定采用还是拒绝该创新的过程；第二种，个体和单位比其他系统成员采用创新更早和更晚的程度，即个体创新精神；第三种，一个系统中创新的采用速度，即创新在系统中的扩散率，通常指在给定时间内该系统中采用创新的人数的增加率。

创新决策过程，是指用户从获取创新信息到采纳或否决创新技术的过程。如前所述，罗杰斯将这一过程划分为五个阶段：认知阶段、说服阶段、决策阶段、实施阶段、确认阶段。这五个阶段客观地描述了新技术扩散从获取创新信息到形成特定的态度、采纳相应的决定、引入新技术使用、得出结论的逻辑发展次序。在这五个阶段中，时间变量在每一阶段虽有发生的先后顺序的不同，但有时也会有例外，如决定过程可能发生在说服阶段之前。而且，每个阶段所需要的时间也各不相同，如个人层次与组织形式的创新扩散所用的时间就各不相同，由组织选择的创新由于涉及众多的个体，比由个体选择的创新，其决策过程要复杂得多。

个体创新精神，可以根据创新采用中采用时序的差异对创新采用者进行分类。一般分为五类：革新者、早采用者、早期多数采用者、后期多数采用者、落后者。扩散研究表明，同一类型的采用者具有许多共同的特征。如早采用者，多为具有探索精神的个体，一般具有广泛的信息渠道、广博的人际交往，在群体中具有一定的影响力。而后期多数采用者，一般社会地位较低，他们很少接触大众传媒，只是通过人际关系渠道从熟悉的个体那里获取新信息。创新采用者群体的特征决定了他们采用创新技术的先后。

创新在系统中的扩散率，是单位时间内一个社会系统中采用创新的人数的增加率，实际上是技术扩散速度的快慢问题。"绝大多数创新的采用轨迹都是 S 形的。但是各创新之间，S 的坡度不同。一些新方法扩散得非常快，S 曲线相当陡峭。另一些创新扩散得比较慢，S 曲线比较平缓。①"事实上，同一创新在不同社会系统中扩散速度是各不相同的，它是由技术

---

① 〔美〕埃弗特·M. 罗杰斯：《创新的扩散》，辛欣译，中央编译出版社，2002，第20页。

本身的特点以及社会系统的请多因素共同决定的。

4. 社会系统

创新扩散的社会系统是指创新扩散的社会环境。任何社会系统都是一组相互联系的社会结构单位。常见的社会结构主要有两类：金字塔式纵向社会结构与扁平式网状社会结构。这种有形的社会结构多体现在社会的组织管理方面。传播结构是一种无形的组织结构，指社会成员之间纵横交错的信息传递关系。然而仔细剖析，传播结构也能体现不同的社会分层，因为同质性更多的人对信息需求的内容更为一致，会形成不同群体的信息传播圈。

社会系统对创新扩散的影响，主要表现在社会系统限定了创新扩散的范围。其中影响突出的是社会规范、潮流引领者、创新代理机构。

社会规范是一个社会相沿成习、约定俗成的行为准则，包括风俗习惯、道德规范、法律规范、宗教规范等。在特定社会系统中，社会规范是对个人行为强制性与非强制性的约束，久而久之，个体行为具有一定的规律性、稳定性、可预测性。因此，对社会结构进行分析，可以解读社会成员的行为信息及发展趋势。一般来说，相同的道德要求、价值取向等会通过社会规范的约束内化于同一社会系统各成员的意识之中，成为他们对许多具体问题进行判断取舍的标准，这些标准虽然具有非理性色彩，却带有较强的稳定性与主导性，了解这些影响因素有助于消除我们对人们行为预期的不确定性的把握。

在任何一个社会结构中，意见领袖的行为总是具有表率性与导向性，较之少数开创者，意见领袖具有更强的说服力。由于他处于人际关系传播网的中心，是系统中其他成员的榜样与模仿对象，其行为对身边个体的行为与态度具有较强的影响力。然而，在某些情况下，如其行为偏离系统标准太远，或过度被创新代理机构所利用等，其领导地位、影响力也会被削弱。因此，意见领袖的产生、作用规律等都是不可忽视的重要影响因素。

（二）传播科技影响的社会扩散

一般来说，新技术传播在技术成熟之后，还必须经过社会采纳，才能实现真正意义的个人使用，最终产生相应的社会效果，社会采纳是一个复杂的过程，它决定技术影响扩散的强弱与方向。在这一过程中，政治、经济、文化等因素的影响越来越突出。

1. 政治因素对传播科技扩散的影响

在传播科技影响的社会扩散方面，政治影响因素主要指一个社会的政治环境。政治环境通常表现为国家的政策、法律、规章条例等。政府会根据需要，出台扶持或阻止某一技术发展的管理规范。不同的政治环境对传播科技会采取不同的态度（接纳推广或阻止扼杀），从而使其社会影响显著不同。

一种技术创新，即使它能带来显而易见的好处，也不一定能在社会上流行开来。最典型的是德沃拉克键盘的产生与消失。本来该键盘在字母键的安置上较通行的奎代键盘更为合理，不仅能提高打字效率，而且双手交替平衡，动作也更优美，人感觉更舒服。然而，奎代键盘"一统天下"的局面并未改变。再如，美国早在 20 世纪 30 年代就发明了调频广播，其技术远胜于调幅广播，但是直到 30 年后，它才在北美市场取得优势。

所有的政策制定者都力图去影响创新的产生与扩散进程。前人的经验表明，通过利用人为的规则或者制造历史的偶然性，把握创新内在的、动态的复杂性与不确定性是完全可能的。[①] 在技术影响扩散过程中，政治行为可以使问题上升到社会问题系统议程的突出地位。"一个问题的社会建构既是一个科学技能问题，又是一个政治权利问题，而创新的需求就被列入优先考虑的议事日程。"[②] 在美国，为了使技术创新能尽快产生影响，政府在 20 世纪七八十年代制定了一系列法规与法案，如联邦技术转让法。再如有线电视，美国是世界上最早发明有线电视的国家。1949 年有线电视就在费城西部的一个山村产生，但由于人为的干扰，其将近 20 年没有得到应有的发展。原因是有线电视的优越性，使美国三大广播公司的老板害怕竞争，于是游说国会进行管制来限制其发展，其发展一直只限于乡村。直到 20 世纪 50 年代后半期，美国各州的公益事业局将有线电视作为

---

① Joachim Schwerin, Claudia Werker, "Learning Innovation Policy Based on His Torical Experience," *Structural Change and Economic Dynamics*, 2003（14）：385-404.

② 〔美〕埃弗特·M. 罗杰斯：《创新的扩散》，辛欣译，中央编译出版社，2002，第119页。

公益事业来发展。1968 年，在司法部强烈要求下，美联邦通讯委员会才允许有线电视在城市发展。自此有线电视才进入迅速发展阶段。

创新技术要想尽快达到预期效果，最有效的措施是走上层路线、制造舆论、执行奖励刺激等。斋滕优认为，当新技术 T 投入到某个技术传播机构 M 中，在一定环境因素影响下产出技术传播成果 A，这一过程由各种政策来推动，技术传播的速度与效率取决于政策的协调并与传播结构的匹配。

1960 年，奎包姆在其《科学与大众传播》中说到，科技决策过程有赖于民众真正了解科技，民主社会和国家政策的有效性有赖于公众具有较高的科学素养。事实上，美国国家科学技术委员会在其《技术与国家利益》报告中决定，为了解一个日益技术化的社会所带来的复杂的经济、政治、伦理和社会问题，美国需要在联邦政府、教育界、产业界和宣传媒介之间建立合作伙伴关系，以共同提高公众的科技素养，培养下一代的科学理解力和鉴赏力。①

扩散必然要受社会系统结构的影响，同时也对这个系统和结构的功能产生反作用，引发某种结构性调整与变动。因此，扩散本质上是一种社会变化。美国著名未来学家托夫勒曾经说过，在第二次浪潮中，大众传播媒介不断向人们的头脑输入统一的形象，结果产生"群体化的思想"，而由新媒介技术决定的"第三次浪潮就这样开始了一个真正的新时代——非群体化传播工具时代。一个新的信息领域与一个新的技术领域一起出现了。而且这将对所有领域中最重要的领域——人类的思想，发生非常深刻的影响。总之，所有这一切变化改变了我们对世界的看法，也改变了我们了解世界的能力"。②

2. 经济因素对传播科技扩散的影响

社会经济因素是指传播技术发展和新技术生存的历史背景。具体而言，它包括社会经济的发达程度和用户个人的经济能力。就社会经济的

---

① 金兼斌：《技术传播——创新扩散的观点》，黑龙江人民出版社，2000，第 8~9 页。
② 〔美〕阿尔温·托夫勒：《第三次浪潮》，朱志焱、潘琪、张炎译，生活·读书·新知三联书店，1984，第 225 页。

发达程度而言，经济越发达的国家，传播科技的影响扩散越快。仍以因特网为例，因特网的扩散是从讲英语的欧美国家开始的，他们更早地采纳了这一新技术，表 1 为 1998 年世界不同语言使用者使用因特网的情况①。

表 1　1998 年世界不同语言使用者使用因特网的情况

采用的语言	世界人口	世界因特网用户	世界因特网拥有者
英语使用者	8%	58%	52%
欧洲其他语言	24%	29%	34%
非欧洲语言	68%	13%	14%

资料来源：欧洲市场 1998 年评估。

再看日本信息处理开发协会发布的《2001 年信息白皮书》（日本自 1966 年以来每年发布一册）的数据（见表 2）。

表 2　2001 年世界网民数的分布

排名	地区	网民数	国家	网民数
1	北美	1.6712 亿	美国	1.5384 亿
2	欧洲	1.1314 亿	日本	3864 万
3	亚洲	1.0488 亿	德国	2010 万
4	拉丁美洲	1645 万	英国	1998 万
5	非洲	311 万	韩国	1640 万
6	中东	240 万	—	—
地区总数			4.071 亿	

数据来源：日本信息处理开发协会。

世界上经济落后的国家因特网技术的采纳与普及则是另外一种情形。如在拉丁美洲，因特网最发达的国家是巴西，1997 年其用户数为 130 万，2000 年为 984 万，占总人口的 5.7%。其他各国均低于 5%。非洲最富有的国家是南非，1998 年 1 月所统计的上网人数是 60 万，2000 年 5 月是 182 万，占总人口的 4.195%。毛里求斯、塞舌尔群岛属于普及率较高的

① 〔英〕史蒂文·拉克斯编《尴尬的接近权：网络社会的敏感话题》，禹建强、王海译，新华出版社，2004，第 134 页。

国家地区，2000 年 7 月统计上网人数分别为 5500 和 500，占人口总数的比例为 4.66% 和 6.30%。大多数非洲国家的因特网普及率都在 1% 以下，其中 28 个国家的因特网拨号用户在 1000 以上，只有 11 个国家的用户达到 5000。

任何新技术的开发与普及在初期都需要大量的资金投入，经济实力必然对新技术的使用产生巨大影响。如 20 世纪 30 年代美国经济大萧条时期，社会对广播与电视新技术反应冷淡，致使其应用于日常生活的时间晚了数十年。在我国，第一个电视台在 20 世纪 50 年代就已经开播，而到七八十年代电视机的日常使用还不算普及。

就用户个人的经济能力而言，新技术最初只是迎合了某类人的生活方式，并使这种生活方式成为人们崇尚的生活。因此，新技术的早期使用者多为具有较强经济实力的个体。"人们从过去对传播阶段的研究中发现，个人的社会经济地位是同他们与创新机构接触的频繁程度相关的，而地位（和创新机构的联系）又反过来与他们的创新性程度密切相关。这样，创新机构在引入创新成果的过程中，增强了接受者社会经济地位的不平等。"①

仍以因特网的普及为例，美国 1999 年所做的一次调查显示，年收入在 7.5 万美元以上的家庭上网数是低收入家庭的 20 倍。② 年收入 7.5 万美元的家庭 87% 拥有电脑，其中 68% 的家庭上网。年收入低于 2.5 万美元的家庭只有 7% 拥有电脑，其中 2% 上网。在英国，有 25% 的家庭上网，其中高收入家庭上网占 50%，最低收入家庭上网为 3%。③ 在我国，以 CNNIC 历年统计为例，上网最多的群体是收入在 501~1000 元的群体，其次是收入在 500 元以内、1001~1500 元的群体（见表 3）。

---

① 〔美〕阿尔温·托夫勒：《第三次浪潮》，朱志焱、潘琪、张炎译，上海三联书店，2002，第 137 页。
② "Falling Through the Net：Defining the Digital Divide," http：//www.ntia.gov/legacg/ntiahome/fttn99/contents.html.
③ 孙敬水：《数字鸿沟：21 世纪世界各国面临的共同问题》，《国际问题研究》2002 年第 6 期。

表3 我国上网用户个人月收入的分布情况

单位：%

截止日期	2001 年 1 月	2001 年 7 月	2002 年 1 月	2002 年 7 月	2003 年 1 月	2003 年 7 月	2004 年 1 月
500 元以内	15.31	20.00	23.60	24.80	23.50	20.80	23.80
501~1000 元	25.94	25.50	25.30	24.10	20.90	18.30	15.60
1001~1500 元	15.81	16.30	16.50	16.50	15.40	15.90	16.50
1501~2000 元	7.54	9.00	8.80	8.20	8.20	9.80	11.30
2001~2500 元	4.05	3.70	4.40	4.60	5.10	4.60	6.20
2501~3000 元	3.49	5.60	3.40	2.60	3.80	3.70	5.70
3001~4000 元	2.93	3.10	2.30	2.70	3.10	2.40	4.90
4001~5000 元	1.80	1.40	1.10	1.30	1.30	2.00	2.40
5001~6000 元	1.61	0.50	0.80	0.70	0.70	0.90	1.20
6001~10000 元	0.53	0.50	0.70	0.60	0.70	1.00	1.10
10000 元以上	0.57	1.10	0.80	0.90	0.80	1.10	0.90
无收入	16.35	13.30	12.30	13.00	16.50	19.50	10.40
未确定	4.07	—	—	—	—	—	—

经济因素对传播科技扩散的影响，是一个互动的过程。技术创新及其影响扩散，是一个国家、一个民族繁荣昌盛的决定性因素，技术进步是经济增长的发动机。然而，正如斯通曼所言，技术除非得到必要的应用推广，否则它难以对经济产生任何实质性的影响。同样，熊彼特也强调技术扩散与经济发展的关系，认为技术创新具有使创新者在一定时间内获得超额垄断利润的可能，因此，一旦某种具有潜质的创新技术被个别厂家采用并产生超额利润，市场上的许多企业受利益驱动会群起而模仿，正是这种模仿推动了经济的发展，并带来了经济的起伏。梅特卡夫则将技术扩散与经济结构变化等同起来，看重技术扩散与社会整体经济结构变化的相互关系，如当代信息通信技术对社会发展和产业结构调整的影响，通信技术的变化引起或产生了社会生活结构和组织的急剧转变。"通过通信技术，某些不具优势的企业集团将准许逾越其历史的环境局限，获得社会和经济发

展的新生，而以前的社会管理明显是无法企及的。"①

3. 文化因素对传播科技扩散的影响

文化是"历史的共同意义与当代生活的融合，是一种历时性的胶合剂"。在诸多社会现象中，文化是最复杂与最稳定的影响因素，甚至许多时候带着某些感性的色彩，但却以某种思想方法、观念的形式积淀在人们的意识深处，不轻易受外界的干扰。技术在不同群体、不同民族、不同国家的采用与普及的先后的不同，说明了技术本身对特定社会环境与文化的要求。

一个国家的技术向来是一个国家文化的产物，我国儒家思想崇尚道德人伦，轻视工艺技巧。因而很长的历史中技术的发展没有受到应有的重视。即便很早就产生了数学、天文学，结果也只不过是用来看看风水、测算命运而已。梁启超曾经说过："做中国学术史，最令我们惭愧的是，科学史料异常贫乏。"钱存训也说过，由于中国传统知识分子对印刷术的轻视，有关雕版的技术、工具、印刷程序和印制数量等等的记录，在中国文献中几乎连只言片语都没有留存，一直到 20 世纪 40 年代才稍有透露，倒是在一些西方的著述可见一二。② 而欧洲自从工业革命开始，由于对技术的重视，大多数西方国家经济增长率迅速增加。日本在第二次世界大战以后飞速发展，也得力于他们对技术作用的认识，并大力采用欧美技术来发展自己的实力，最终他们成为一个电子技术大国。"科学理性的信念和自身易于采用新的通信技术的信念之间存在可选择的联姻关系，而新的通信技术是包含由通信技术所引发变化的各种力量的混合体。"③

就传播技术而言，每一种新的传播方式总是悄悄地进入社会，在一定时间内与旧的传播方式并存、较量，潜移默化地改变着社会环境、生存状态。在这个过程中，文化起着重要的把关与筛选作用。通信技术的积极使用者与非使用者，是否共享相同的文化理念？调查显示："总体上高比例

---

① 〔英〕史蒂文·拉克斯编《尴尬的接近权：网络社会的敏感话题》，禹建强、王海译，新华出版社，2004，第 132 页。

② 《张秀民印刷史论文集》，印刷工业出版社，1988，第 331 页。

③ 〔英〕史蒂文·拉克斯编《尴尬的接近权：网络社会的敏感话题》，禹建强、王海译，新华出版社，2004，第 137 页。

的个人表现出一种实际未被科学浸染的理性，这并不意味着这样的个人推理世界的方法都是非科学的，而是以他们所接受的含义公开面对非科学的基本原理。"① "我们的文化中总是存在一整套人们选取的有意义而经不起科学推理的所发生事情的记录，但是这并不意味着我们对科学理性的放弃，或至少在那些科学已经被证明（和接受）的领域不会放弃科学的理性。文化的惯性作用，使新技术的产生往往非得新思想引领，否则难以立竿见影。扩散中的观念领导、舆论导向，对传统观念产生重要影响与引领作用。创新扩散过程，是创新所代表的价值倾向和社会系统中人们的文化社会习俗、价值取向发生碰撞、互动的过程。如通信技术靠其自身的逻辑不能找到一个现成的空间——从某种方式上来说，以一种新的方式与世界交流是自然的，或者这种交流是发自意愿的。据此，这是一个技术运作的世界，并非新通信技术使自身进入，维持为一种转型力的归宿。在缺乏选择性联姻的任何逻辑，或者需要新的先进通信技术的情况下，这个归宿几乎不可能变得高度技术化。"② 如电子邮件是物理邮递系统的拓展，它使传统生活更加便捷，但并没有发生根本性的不同。网络交友，它使人际交往多了一个渠道，并非实质性的变化。伴随新的传播技术产生的 E-mail、快译通等，以及后技术时代高科技的智能化，如傻瓜机、视窗等设计都是顺应传统文化与人类思维的习惯，从而得到社会的广泛认同。

三　传播科技与社会发展的协调

传播科技与社会发展的关系是一种双向互动的关系。一方面，传播科技的发展对社会的发展产生诸多正面的或者负面的影响，这些影响体现在社会的政治、经济、文化、管理、道德、国际关系等的方方面面，对现有社会结构、个人行为、未来发展都产生极大的冲击。另一方面，社会又以其特有的手段对传播科技的发展进行制约与调控，从而促使两者的关系趋

---

① 〔英〕史蒂文·拉克斯：《尴尬的接近权：网络社会的敏感话题》，禹建强，王海译，新华出版社，2004，第 137 页。

② 〔英〕史蒂文·拉克斯：《尴尬的接近权，网络社会的敏感话题》，禹建强、王海译，新华出版社，2004，第 140 页。

于协调。

对传播技术与社会发展关系的理论探讨，就学科源头，发端于技术哲学；就学派起源，来自加拿大多伦多学派。并且，随着麦克卢汉（Marshall Mcluhan）、伊尼斯（Harold Innis）等西方学者著作的大量译介，对媒介的社会作用的探讨也成为我国学者研究传播学的热点。

（一）媒介决定论的理论基础及其主要思想

探讨媒介技术问题，首先就会涉及技术哲学中技术决定论思想，继而是麦克卢汉等发人深思的媒介论述。

1. 媒介决定论的理论基础

媒介决定论是技术决定论在媒介研究领域的反映。随着技术学在 20 世纪 60 年代逐渐走向成熟，对技术与社会关系的探讨一直就是一个相持不下的焦点问题，由此滋生出技术决定论、社会决定论、技术社会互动论、社会技术整体论等诸多学术流派。

技术决定论的主要观点有二：一是认为技术是一个独立因素或自主力量，二是认为技术变迁引起社会变迁。依其程度轻重的不同，技术决定论还可以细分为硬技术决定论与软技术决定论。前者认为技术绝对自主，技术发展是社会变迁最重要的因素。后者认为技术只是相对自主，技术是影响社会变迁的诸多原因之一。与技术决定论相关的概念有媒介决定论、技术自主论、技术统治论。

与技术决定论相对应的是社会决定论，其主要观点同样有二：一是认为社会是一种独立因素或自主力量，二是认为社会变迁引起技术变迁。依其程度轻重的不同，社会决定论又可以细分为强社会决定论与弱社会决定论。前者认为，社会绝对自主，不受技术影响，社会是技术变迁的最重要的原因。后者则在承认社会对技术影响的同时，也承认技术对社会的影响，并且社会不是技术变迁的唯一因素。社会决定论最典型的形式是社会建构论。

对技术决定论与社会决定论进行调和的观点是技术社会互动论与社会技术整体论。技术社会互动论的主要观点有三：一是技术与社会是分立的；二是技术构成社会，技术对社会产生影响；三是社会构成技术，社会对技术起到构建作用。其核心思想认为，技术与社会两者之间是互动、相互影响的关系。社会技术整体论则视技术社会现象为一个整体，整体处于不断的演进之中，其中诸多异质要素相互联系与相互作用。

20 世纪上半叶，美国社会学家和经济学家凡布伦（Thorsstein Veblen）在其《工程师与价值系统》中提出技术决定论（硬技术决定论），强调技术人员对政治决策的决定性影响，实际上是技术统治论。之后，奥格本则从社会学角度强调技术强大的社会影响，并从多个方面展示了无线电广播技术广泛的社会影响。奥格本对传媒技术作用的强调，为媒介决定论的研究奠定了基础。其他著名的持技术决定论思想的学者，如 Sigfried Giedion 等，在他们眼里，技术的力量至高无上，"马轭圈导致现代社会的快速发展"（Mcluhan）、"计算机将在所有层面改变整个社会"（Christopher Evans）[①]。事实上，现代最流行的信息社会理论是基于技术决定论的。"后工业社会冲击社会，社会发展不再在议会系统或市民的控制之下，对安全与环境问题的决定因素是技术与科学。"[②]

技术决定论在传媒领域最有影响的代表人物是伊尼斯与麦克卢汉，其他还有 Samuel Ebersole、Daniel Chandler、Neil Postman、Paul Levinson 等。媒介决定论思想与硬技术决定论思想一脉相承，皆以技术的自主性为前提，特别强调媒介技术的社会影响。随着计算机与网络技术的快速发展与广泛渗透，媒介技术的力量越来越引人注目，探究信息技术对全球化的影响，使媒介决定论再一次成为研究的时尚，以《数字麦克卢汉》一书成名的莱文森（Paul Levinson），被誉为数字时代的麦克卢汉。

2. 媒介决定论的主要思想

技术决定论认为，技术是一个具有内在逻辑的自我循环系统，并且技术的逻辑决定社会的逻辑。据此，媒介决定论的主要观点可以梳理如下。

---

① "Daniel Chandler Technological or Media Determinism," https：//www. researchgate. net/publication/265101073_Technological_or_Media_Determinism.

② Pekka Jokinen, Pentti Malaka and Jari Kaivo-oja, "The Environment In An 'Information Society'：A Transition Stage Towards More Sustainable Development?" *Future*, 1998（6）：485-498.

第一，以传播媒介的历史为人类文明的中心，以媒介为人类文明划分的标志。

对社会发展阶段与类型的划分，是认识社会历史所要解决的首要问题。"随着人们知识的不断增加，我们知道存在着非常多的社会系统。"早期人类和充分文明化的人类一样，都展现了多样化的社会类型。[①] 传统社会阶段与类型的划分，较有影响的如马克思以阶级划分的 5 个社会阶段，汤因比依历史、地缘与宗教等划分的 21 个文明单位等。这些社会阶段或社会类型的划分，都以社会的主体人为中心。

媒介决定论者则不然，他们以媒介作为人类文明划分的依据。伊尼斯按传播媒介将世界分为："从两河流域苏美尔文明开始到泥版、硬笔和楔形文字时期；从埃及的莎草纸、软笔、象形文字和僧侣阶级到希腊罗马时期；从苇管笔和字母表到帝国在西方退却的时期；从羊皮纸和羽毛笔到 10 世纪或中世纪的时期，在这个时期，羽毛笔和纸的使用相互交叠，随着印刷术的发明，纸的应用更为重要；印刷术发明之前中国使用纸、毛笔和欧洲使用纸、羽毛笔的时期；从手工方法使用纸和印刷术到 19 世纪初这个时期，也就是宗教改革到法国启蒙运动的时期；从 19 世纪初的机制纸和动力印刷机到 19 世纪后半叶木浆造纸的时期；电影发展的赛璐璐时期；最后是 20 世纪 30、40 年代的现在的电台广播时期。"[②] 在麦克卢汉眼里，同样，文明史就是传播史，就是媒介演进史。他将媒介三次飞跃视为文明的三次飞跃，即拼音文字、印刷术、电子媒介，并产生相应的部落化、非部落化、重新部落化。如同伊尼斯所言："一种新媒介的长处，将导致一种新文明的产生。"[③]

媒介决定论者认为"传播媒介是文明的本质"，"交通与传播是帝国扩张的决定性因素"（伊尼斯），"一种文明的占支配地位的传播技术是那个社会的文化和社会结构的中心"[④]。正如罗杰斯在其《传播学史：一种

---

① 张晓群：《社会演化论的一般理论》，http://www.tszz.com/scholar/hangxiaoqun/。
② 〔加〕哈罗德·伊尼斯：《传播的偏向》，何道宽译，中国人民大学出版社，2003，第 1~2 页。
③ 〔加〕哈罗德·伊尼斯：《传播的偏向》，何道宽译，中国人民大学出版社，2003，第 19 页。
④ 付淑峦：《论 17 世纪前的欧洲媒介嬗变与传播：文明史视阈的考察》，东北师范大学博士学位论文，2015，第 17 页。

传记式的方法》中所评价的，"在人类社会的研究者中，伊尼斯与麦克卢汉独特地将大众媒介的历史当作整个文明史的中心。他俩都不仅将媒体看作社会的技术附属物，而且看作社会结构的至关重要的决定因素。对于他们来说，大众媒体的历史不仅仅是历史研究的另一条途径，而且是西方文明史的另一种方法"。①

第二，强调媒介技术在决定传播内容上的作用。

传统的媒介研究，都是以传播内容与传播对象为主要研究对象，媒介决定论者则转向对媒介技术本身的关注。在叙述媒介历史发展的时候，特别强调媒介技术在决定传播内容时的巨大作用。

认为技术本身无所不能，技术对传播内容的影响压倒一切。在技术面前，人类显得无能为力，既难以思考也难以保护自己，只有被动地接受其影响。

媒介定论者用许多实例证明媒介技术对媒介内容的影响，如对于投影技术，"1824 年英国人佩特·罗格特从理论上解释了投影原理：图像移走或更换后，在人的视网膜还能保留片刻，'视觉停留'被用来欺骗眼睛，使人相信一连串分开的、略有区别的图像事实上是个运动的图像"。② 图像组合的内容完全是由技术所制造的。再如电影技术，"关于电影的叙述存在许多问题。由于急于创造'大人物'，叙述就变得具有高度选择性"。③

媒介技术决定媒介内容最有力的实证是 1954 年丹尼斯·莱纳在近东所做的一个调查，"当现代媒介突然用于第三世界的传统村庄，媒介发挥了极大的作用，猛然开阔了村民的眼界，一下子提高了人们的期望，这里，技术对媒介内容发挥了巨大的作用"。④

媒介技术决定媒介内容最精辟的论述是麦克卢汉的"媒介即信息"，

---

① 〔美〕E. M. 罗杰斯：《传播学史：一种传记式的方法》，殷晓蓉译，上海译文出版社，2002。

② 〔英〕布里恩·温斯顿：《技术发展的原因及其对传播内容的影响》，来丰编译，《新闻大学》2001 年第 4 期，第 29 页。

③ 〔英〕布里恩·温斯顿：《技术发展的原因及其对传播内容的影响》，来丰编译，《新闻大学》2001 第 4 期，第 30 页。

④ 〔英〕布里恩·温斯顿：《技术发展的原因及其对传播内容的影响》，来丰编译，《新闻大学》，2001 年第 4 期，第 29~36 页。

"任何媒介（即人的任何延伸）对个人和社会的任何影响，都是由新的尺度产生的；我们任何一种延伸（或曰任何一种新的技术），都要在我们的事务中引进一种新的尺度"。① 如印刷术，"导致了民族主义、工业主义、大众市场的产生，普遍的断文识字和教育的普及。由于印刷一再重复相同的语言鼓励人们开创延伸社会能量的新形式"。总之，"媒介即信息"最确切的解释为，"他的意思是，就媒介在几个世纪的发展过程中对整个社会和文化的影响而言，媒介内容（明确的讯息）对传播本身的影响远不如媒介技术对传播的影响"。②

第三，认为媒介偏向决定社会偏向、媒介形态决定社会形态与社会心理。

在媒介偏向上，伊尼斯与麦克卢汉皆有精辟的论述，伊尼斯认为，"传播与传播媒介都有偏向，即口头传播的偏向与书面传播的偏向、时间的偏向与空间的偏向"。③ 他因此将媒介分为两大类：有利于空间上延伸的媒介和有利于时间上延伸的媒介。并且不同的媒介偏向会产生不同的社会偏向。如口头传播与书写技术，属于以时间为偏向的传播体系，相应的社会特性是稳定的、等级制的；偏向于空间的媒介，分量轻、易于运输，如纸浆与纸以及现代电子媒介，它们使远距离管理成为可能，所带来的社会特性是地理延伸、军事扩张、政治权威增强、各种世俗机构的建立等。④

麦克卢汉则将媒介划分为冷媒介与热媒介两种。"热媒介只延伸一种感觉，并使之具有'高清晰度'。……热媒介并不留下那么多空白让接受者去填补或完成。因此，热媒介要求的参与程度低。""冷媒介是低清晰度的媒介"，"要求的参与程度高，要求接受者完成的信息多"。"热媒介有排斥性，冷媒介有包容性。""高强度与高清晰度使生活中产生专门化

① 〔加〕埃里克·麦克卢汉、〔加〕弗兰克·秦格龙：《麦克卢汉精粹》，何道宽译，南京大学出版社，2000，第227页。
② 〔英〕布里恩·温斯顿：《技术发展的原因及其对传播内容的影响》，来丰编译，《新闻大学》2001年第4期，第34页。
③ 刘玉洁：《传播的时空偏向与社会文明传播建设路径探究》，《新闻研究导刊》2022年第3期，第49~51页。
④ 〔美〕E. M. 罗杰斯：《传播学史：一种传记式的方法》，殷晓蓉译，上海译文出版社，2002，第512页。

和分割化。""带有专一视觉强度的印刷文字……创造了极端个体性模式的企业和垄断现象。"①

与先前的许多技术哲学家一样，麦克卢汉视技术为人的延伸，但他更加关注技术对人类感知世界的方式的改造，更强调媒介的心理影响和社会后果。他认为，"传播技术是社会变化的一个主要原因，特别是在个体的层次上是这样"。②"从生理上说，人在正常使用技术的情况下，总是永远不断受到技术的修改，反过来人又不断寻找新的方法去修改自己的技术。"③"所有的媒体，从音标到计算机，都是人体的延伸，都对人造成深刻持久的变化，并且改变了他的环境。"④

麦克卢汉的这一研究思路对学者产生广泛的影响，马克·波斯特在其《信息方式——后结构主义与社会语境》中也有类似的论述，他认为媒介对自我意识产生影响，"在第一阶段，即口头传播阶段，自我（the self）由于被包嵌在面对面关系的总体性之中，因而被构成语音交流中的一个位置。在第二阶段，即印刷传播阶段，自我被构建为行为者（agent），处于理性/想象的自律性的中心。在第三阶段，即电子传播阶段，持续的不稳定性使自我去中心化、分散化和多元化"。⑤

（二）媒介技术与社会关系的协调

在媒介技术与社会关系的协调上，"人们不是被技术管制，而是以适应它们的方式与技术结合"。⑥"技术选择不仅仅是技术的考虑，而且是基

① 〔加〕埃里克·麦克卢汉、〔加〕弗兰克·秦格龙：《麦克卢汉精粹》，何道宽译，南京大学出版社，2000，第244页。
② 〔美〕E.M.罗杰斯：《传播学史：一种传记式的方法》，殷晓蓉译，上海译文出版社，2002，第513页。
③ 〔加〕马歇尔·麦克卢汉：《理解媒介——论人的延伸》，何道宽译，商务印书馆，2000，第52页。
④ 张照东：《健康科普短视频叙事内容与策略研究》，西南大学硕士学位论文，2021年，第39页。
⑤ 〔美〕马克·波斯特《信息方式——后结构主义与社会语境》，范静晔译，周宽校，商务印书馆，2000，第13页。
⑥ 〔英〕史蒂文·拉克斯编《尴尬的接近权：网络社会的敏感话题》，禹建强、王海译，新华出版社，2004，第7页。

于社会理想、价值观、伦理观。"① 理想传播途径是判断传播政策及其有效性的标准，技术传播太快，技术还未成熟到有利可图的地步，会付出高昂的代价。技术传播太慢，不能提高竞争能力。我们主要从两个方面来理解：在媒介技术的开发阶段，社会对技术的合理开发进行适当的取舍；在媒介技术的使用阶段，社会对媒介技术价值功能的发挥进行选择。

1. 在媒介技术开发阶段，社会对技术的合理开发进行适当的取舍

技术决定论者认为，技术具有绝对的自主性，技术发展是按照其内在逻辑自行完成的。媒介技术则不然，其发展在一定程度上是社会选择的结果。马克思曾经说过："自然界没有制造出任何机器，没有制造出机车、铁路、电报、走锭精纺机等等。它们是人类劳动的产物，是变成了人类意志驾驭自然的器官或人类在自然界活动的器官的自然物质。"② 技术的社会形成论认为，"大量的案例研究表明，技术并不是按一种内在的技术逻辑发展的，而是社会的产物，由创造和使用它的条件所规定；某种技术被选择，是体现不同社会利益和价值取向的大量的技术争论的结果"。③ 这些说法在很大程度上可以印证媒介技术的发展。

事实上，不仅仅是媒介技术，任何技术的存在与发展，首先都必须符合社会性要求，只有这一技术能够满足社会的正常需要，它才有可能存在并发展。正如曼纽尔·卡斯特所言："假如社会并不决定技术，但社会却能窒息其发展，而这主要是通过国家（state）的作用。或者换过来说，主要也是通过国家干预，可以加速技术的现代化，并在几年之中改变经济的命运、军事的力量与社会人类福祉。"④

如美国，有线电视技术在 20 世纪 50 年代就已经成型，但由于政治考虑，其真正的发展延迟到 70 年代以后。再如我们国家，广播的普及比电话的普及要早半个世纪，这是因为广播强大的政治宣传功能，在文化大革

① Pekka Jokinen, Pentti Malaka and Jari Kaivo-oja, "The Environment In An 'Information Society' A Transition Stage Towards More Sust", *Future*, 1998（6）：485-498.
② 《马克思恩格斯全集》第 46 卷下，人民出版社，1980，第 219 页。
③ 肖峰：《论技术的社会形成》，《中国社会科学》2002 年第 6 期。
④ 〔西〕曼纽尔·卡斯特：《网络社会的崛起》，夏铸九、王志弘等译，社会科学文献出版社，2001，第 8 页。

新媒体与传统文化传播（上卷）

命期间作用巨大。①

技术的价值功能最终总是以服务于人类需要为目的。早在 1877 年，创立技术哲学的德国学者卡普（Ernst Kapp）在其《技术的器官投影论》中就提出技术工具的仿人性，技术的形成总是模仿人类器官的功能，延伸肢体或大脑。技术的形成过程就是人类各种器官及功能的对象化的过程，技术永远是人的模仿者，永远反映人性的某些特征，永远打着人类选择的烙印。如彩色胶卷作为白人科学家的发明，其所选择的染料的物理特性最适用于白人肤色，却不适用于黑人肤色，黑人的肤色在彩照中会变成绿色。② 媒介技术，特别是计算机网络设计不断人性化发展的过程，正体现出媒介技术不断迁就人类选择的过程。

2. 在媒介技术使用阶段，社会对其价值功能的发挥进行选择

任何技术，其功能都是多样化的，社会可以有选择地凸显某些功能，也可以扼杀其他功能。马克思说过，每一种有用物，"都是许多属性的总和，因此可以在不同的方面有用。发现这些不同的方面，从而发现物的多种使用方式，是历史的事情"。③ 例如，"一方面，机器成了资本家阶级用来实行专制和进行勒索的最有力的工具，另一方面，机器生产的发展为用真正社会的生产制度代替雇佣劳动制度创造必要的物质条件"。④ 这种对技术功能的选择使用，在技术发展史上不乏其例。典型的如鲁迅在《伪自由书，电的利弊》中所说的，"外国用火药制造子弹御敌，中国却用它做爆竹敬神；外国用罗盘针航海，中国却用它看风水"。雨果在其《怪面人》中也有类似的论述，"像印刷术、火炮、气球和麻醉药这些发明，中国人都比我们早，可是有一个区别，在欧洲，有一种发明，马上就生机勃勃地发展成一种奇妙的东西，而在中国，却依然停止在胚胎状态，无声无息"。对工具价值功能的选择性使用，受到特定社会习俗、文化心理等因素的影响，也有技术本身的原因。如对广播电视技术的控制使用，在其技

---

① 杨伯溆：《全球化：起源、发展和影响》，人民出版社，2002，第 134 页。
② 〔英〕布里恩·温斯顿：《技术发展的原因及其对传播内容的影响》，来丰编译，《新闻大学》2001 年第 4 期，第 35 页。
③ 《资本论》第 1 卷，人民出版社，1975，第 48 页。
④ 《马克思恩格斯全集》第 16 卷，人民出版社，1964，第 357 页。

· 376 ·

术开发之初，由于频谱资源的稀缺，各国对其使用都进行严格的控制，媒介数字化技术突破以后，放松规制（re-regulation）使其使用规模扩大。目前，在世界许多国家，由于政治或经济因素，对广电频道的控制仍然较为严格，政府通过不同的管理手段有选择地开放频道。

就技术使用的个人层面而言，"在社会秩序中处于不同地位的群体，喜欢不同的技术"。① 杨伯溆曾对电视、收录机、电话、BP 机的使用习惯进行实证调查，发现"即便某个媒体对所有的人都有益处，它的被采用也和社会声望和阶级密切相关"。"某个媒体只被一些人欢迎的现象，也可能是因为消费者年龄不同而造成的……在社会上扮演的角色有区别，也会导致对媒体的评价不一样。"②

媒介技术的诸多使用价值发生冲突时，技术的社会选择必然会进行调节，形成一种以社会性为主导的功能选择，在技术价值与社会价值的平衡中，社会价值常常占主导地位。

原载《传播科技与社会》2009 年第 6 期

收入本书时略有改动

---

① 肖峰：《论技术的社会形成》，《中国社会科学》2002 年第 6 期。

② 杨伯溆：《电子媒体的扩散与应用》，华中理工大学出版社，2000，第 50 页。

喻园新闻传播学者论丛

新媒体与传统文化传播

（下 卷）

NEW MEDIA AND
TRADITIONAL CULTURE COMMUNICATION (VOL.2)

钟 瑛 著

社会科学文献出版社
SOCIAL SCIENCES ACADEMIC PRESS (CHINA)

目 录
CONTENTS

下　卷

新媒体运营及治理

古代文化传播

新媒体运营及治理

我国互联网发展现状及竞争格局

我国互联网的发展，自 20 世纪 90 年代中期向社会全面开放，至今已有十多年的历史，纵观其发展，其艰难探索，其残酷竞争，其辉煌与失落，跌宕起伏，惊心动魄。这些不仅为互联网业界发展积累了丰富的经验与教训，也吸引了传播学学界众多学者的目光。对互联网发展规律的探索和对互联网竞争格局的把握，成为学界与业界共同关注的焦点问题，正确解决这一问题是导向互联网进一步高效发展的关键。

一　我国互联网发展阶段及其现状

对互联网发展阶段进行划分，以及对互联网发展历史进行总结，在我国互联网发展十年之际成为学界与业界共同探讨的热门话题。对此发表看法的大有人在，其中有较具代表性的观点，如 2004 年 9 月，中国互联网信息中心（CNNIC）推出中国互联网历史长廊主题展，其按时间线索，用图片、文字形式将我国互联网发展分为五大阶段：1987~1994 年，网络探索阶段；1993~1996 年，网络蓄势待发阶段；1996~1998 年，网络空前活跃阶段；1999~2002 年底，网络普及与应用快速增长阶段；2003 年至今，多元化与走向繁荣阶段。其划分是以互联网硬件建设与互联网技术的应用为线索的。[1] 再如，中国人民大学教授彭兰在其博士论文《中国网络

---

[1] 《中国互联网发展大事记》，新浪网，2005 年 7 月 20 日，https：//tech.sina.com.cn/focus/Net_Events_04/index.shtml，最后检索时间：2023 年 6 月 25 日。

媒体的第一个十年》中，将互联网发展划分为五个阶段：1994~1995 年，萌芽阶段；1996~1998 年，探索阶段；1999~2000 年，大跃进阶段；2001~2002 年，继续壮大阶段；2003 年及之后，跨越阶段。其是针对网络中从事新闻与信息传播的媒体而言的，也就是作者自己所说的可以发布新闻的网站，包括有传统媒体背景的网站和有新闻登载资格的商业网站划分的。①

对互联网发展历史的总结，对互联网发展阶段的划分与回顾，其实不同的研究群体站在不同的研究角度会得出完全不同的结论。问题是，到底什么样的划分标准更加全面、更加客观，且更有利于厘清互联网发展的脉络，更有利于揭示互联网的内在发展规律。本着对以上问题的思考，在大量文献检索与业界调研的基础上，笔者认为，对互联网发展阶段的划分，应该以互联网行业发展的主体——互联网业界的整体兴衰为标志，虽然硬件建设、行政调控、网民使用等都关系重大，但这些较网络行业本身的兴衰都只是相对外在的影响因素，网络行业自身的发展才是互联网发展的核心所在。基于这种认识，我们以互联网行业本身的起落为线索，对其发展阶段进行划分，可以划分为四个阶段：第一阶段：1995 年 1 月以前，是互联网萌芽到初步成型阶段；第二阶段：1995 年初~2000 年中，是互联网发展的第一次高峰；第三阶段：2000 年中~2003 年底，是互联网发展的低谷；第四阶段：2003 年底到现在，是互联网发展的第二次高峰。

1. 第一阶段：1995 年 1 月以前，互联网萌芽到初步成型阶段

1987 年 9 月 14 日，北京计算机应用技术研究所发出第一封电子邮件，算是揭开了中国人使用互联网的序幕。1994 年 4 月 20 日，NCFC 工程连入 Internet 的 64K 国际专线开通，实现了我国与 Internet 的全功能连接，国际社会正式承认我国是真正拥有全功能 Internet 的第 77 个国家。1995 年 1 月，邮电部电信总局在北京、上海设立的通过美国 Sprint 公司接入美国的 64K 专线开通，通过电话网、DDN 专线、X.25 网等方式向社会提供 Internet 接入服务。

---

① 彭兰:《中国网络媒体的第一个十年》，清华大学出版社，2005。

20 世纪 90 年代正是国际社会竞相发展"信息高速公路"的关键时期。1991 年，美国副总统戈尔率先提出"信息高速公路"这一概念，1994 年 1 月，美国总统克林顿在《国情咨询》中决定建设"信息高速公路"。1993 年，欧共体（现欧盟）委员会主席德洛尔在关于"发展和就业"的一份白皮书中，提出了建立欧洲的"信息高速公路"的设想，并提出在 5 年内投资 330 亿法郎发展欧洲"信息高速公路"。1994 年 10 月 20 日，在欧洲运营计算机网络达 10 年之久的两大组织"欧洲网络机构协会"和"欧洲学术科研网"合并，成立"泛欧科研教育网络协会"，推动欧洲"信息高速公路"的快速发展。日本在 1992 年制订了一个为期 5 年的产、官、学联合开发计划——Mandara 计划。1993 年 6 月，日本政府宣布建设"研究信息流通新干线网"，决心用光缆把全日本的研究机构连接起来。在 1994 年 5 月亚洲太平洋电气通信事业联合会与联合国贸易发展委员会共同主持的一次研讨会上，日本邮政省代表又提出以亚洲地区为骨干的"信息高速公路"的设想，以争取在未来互联网基础建设方面发挥领先作用。在国际社会竞相发展"信息高速公路"的关键时刻，我国政府也在大力推动互联网的发展。

2. 第二阶段：1995 年初到 2000 年中，互联网发展的第一次高峰

截至 1995 年初，我国互联网发展的平台已经搭建成功，但对互联网的主要特性、发展潜力、社会影响等诸多问题的深入了解尚处于初级阶段。互联网作为一项高新技术，其概念充满了神秘的诱惑力。最初投身互联网事业者大多是在海外亲身感受到互联网魅力，或者是计算机相关技术出身的本土年轻人。1996 年底，国内的互联网服务提供商（ISP）达到 60~80 家，网络用户达到 10 万户。1995 年 1 月，国家教委主管主办的《神州学人》杂志上网，成为中国第一份中文电子杂志。到 1996 年底，在互联网上发行电子版的报纸达 30 余种，电子版杂志有 20 余家。1997 年 1 月 1 日，《人民日报》网络版诞生，同日，国务院新闻办建立的"中国互联网新闻中心"开通。在此前后，新华网（1997 年 11 月 7 日）、中央电视台（1996 年底）、中国国际广播电台（1997 年）、《光明日报》网络版（1997 年底）以及一些地方媒体都开始推出网络报，形成中国媒体第一波上网潮。商业网站也纷纷出现，1998 年，搜狐、新浪网出现，

1999 到 2000 年，企业网站如 e 龙、携程、51job（前程无忧）等纷纷成立，"烧钱""圈地"等热极一时的词形象地描述出当时人们对网络的热情。

1999 年 7 月，中华网作为第一个登上美国纳斯达克股市的中国互联网公司，很快募得 8600 万美元；数月后，再发新股，又募得 3 亿美元；之后，其旗下香港网国际网络公司分拆上市，再募 1.7 亿美元。其上市成功引发了我国互联网行业的第一次上市热潮，2000 年，中国三大门户网站新浪（4 月 13 日）、网易（6 月 30 日）、搜狐（7 月 12 日）先后在纳斯达克上市，但是结果并不令人满意。事实上，自 2000 年 4 月起，纳斯达克科技股开始一落千丈，网络行业开始陷入困境，网站倒闭、并购、裁员之风由国外刮向国内。

3. 第三阶段：2000 年中~2003 年底，互联网发展的低谷

互联网经过 90 年代末的虚假繁荣之后，2000 年 4 月泡沫瞬间破灭，美国纳斯达克网络股崩盘，纳斯达克指数突然下跌 355 点，道琼斯指数下降 617 点。全球首家流行时尚网站 Boo.com 在 2000 年 5 月宣告破产，辉煌一时的亚马逊网站在 2000 年 6 月宣布其第二季度营业收入明显低于华尔街预期，打折零售商美国价值网（Value America）在 2000 年 8 月关闭，Pes.com 网站 2000 年 11 月倒下，等等。没有倒闭的网站以大批裁员进行自我保护。在我国，仅三大门户网站在 2000 年中的亏损就达到 7986 万美元，搜狐亏损 1924 万美元，网易亏损 1725 万美元，新浪亏损 4337 万美元。我国几家在美国纳斯达克上市的网络公司股价随纳斯达克大盘一路狂跌，均在 5 美元之下徘徊。搜狐股价在 2001 年 3 月跌破 1 美元，濒临摘牌。网易因虚假财报停牌，股价降至六七十美分[1]。席卷全球 IT 界的网络寒潮持续了两年，直到 2002 年下半年才稍有转机。2003 年开始，中国电信、中国网通推出的以短信为主的无线增值业务，给困境中的各大门户网站发展带来了契机。

---

① 《中国互联网十年，变革中的新力量》，新浪网，2003 年 11 月 8 日，https：//tech.sina.com.cn/i/w/2003-11-08/1704253775.shtml，最后检索时间：2023 年 6 月 25 日。

这一时期，互联网企业纷纷倒闭，存留下来的网络公司艰难挣扎。经过这一次残酷的洗牌，我国互联网行业经受了最严峻的考验。存留下来的公司大多具有这样的特点：或最早抢占眼球，或拥有雄厚的媒体资源，或拥有强大的资本背景。而那些缺乏信息来源、缺乏独立资源、缺乏资本支撑的网络公司则纷纷倒闭。《商业周刊》总结互联网萧条的主要原因时认为，在以高科技概念为中心的新经济里，高度"挥发性"的金融运作扮演了极为关键的角色，这使得新经济具有极为陡峭的性格，快速窜起，但也快速崩落。

4. 第四阶段，2003 年底到现在，互联网发展的第二次高峰

经过泡沫和严冬，国内互联网行业进入理性发展阶段。2003 年 12 月 10 日，携程网成功登陆纳斯达克，成为 2000 年 7 月以来首个在美国 IPO 的中国网络公司，其成功上市被业界视 2000 年为我国互联网 3 年冰冻期的结束，其股票发行价为每股 18 美元，首日就以 33.94 美元收盘，上市当天股票升值 88.6%，募集资金 7560 万美元。同年 12 月 17 日，慧聪网在香港创业板上市，募集资金 1 亿元港币。两者揭开了中国互联网企业重返国际资本市场的序幕。自此，我国互联网开始了 2004 年新一轮的上市热潮。掌上灵通、灵通网、腾讯、盛大、空中网、TOM Online（TOM 在线）、前程无忧、第九城市、e 龙、金融界等纷纷在纳斯达克或香港上市。较 2000 年第一次上市潮，新一轮的上市与之相比具有很大的不同：一是上市网络企业的类型不同，上一轮上市以宽泛的门户网站为主，新一轮的上市以专业网站为主，在线服务、网络游戏、无线增值业务等成为新的亮点，门户网站（TOM Online）并未受到追捧；二是上市网络企业商业模式清晰、行业地位稳定、市场前景良好，这些公司大多与某一传统领域相结合，如互联网+服务（e 龙、前程无忧）、互联网+游戏（盛大、第九城市）等拥有明确的目标客户群的支持。2005 年是我国互联网进行并购与重组的一年，如盛大入股新浪、雅虎与阿里巴巴联盟等，2005 年被称作互联网的整合时代。这些气势宏大的资本运作，使中国网络企业成为美国纳斯达克、新加坡交易所、伦敦交易所、东京交易所等国际资本市场争夺的重要资源。

二　我国互联网竞争格局分析

我国互联网发展十多年的历程，积累了丰富的经验与教训，从最初刻意的模仿美国模式，到发现中国特色的网络运营模式，其所显示的主要特色与竞争趋势可以从四个方面来进行分析：商业门户网站的市场竞争日趋激烈，垂直网站在特色定位中抢占阵地，电信运营商进行业务多方位拓展，媒体网站在回归与开拓中努力转型。

1. 商业门户网站的市场竞争日趋激烈

目前我国最大的三大门户网站主要是新浪、搜狐、网易，这三家网络企业皆于 2000 年在纳斯达克上市，挺过互联网寒冬之后，2002 年下半年开始有所转变。门户网站在 2002 年之前的盈利是以网络广告为主，2003 年之后以短信为主的无线增值业务发展迅速。根据 2003 年财报，新浪、搜狐、网易的 SP 业务收入平均占总收入的三分之二，但很快因其违规运作受到中国移动的处罚。三大门户网站在各个领域内竞争激烈，其 2000 年到 2005 年的营收总额见图 1。

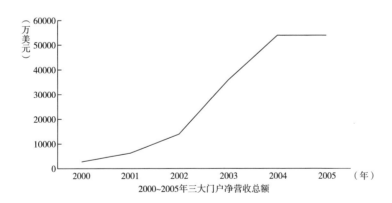

2000~2005年三大门户净营收总额

图 1　2000～2005 年三大门户净营收总额

数据来源：本文作者据各网站历年财报制作。

对 2005 年三大门户网站财报进行分析，三大门户网站在市场激烈竞争中发展。网易以游戏为主打，因其游戏，特别是《梦幻西游》《大话西游Ⅱ》等表现优异，股价接近新浪、搜狐的 4 倍，发展前景被看好。新浪的移动增值业务在其收入结构中占据较大的比例，网络广告收入居其次，但政府无线增值业务政策对其影响较大，2005 年开发支出费用加大，所以净利润额并不显著。搜狐就其自身而言，营收在平稳上升，2005 年创其自身营收纪录新高，其主要收入从依靠无线增值业务转回网络广告收入，基本摆脱政府无线增值业务政策的影响，其业绩高出华尔街的预期。三大门户网站竞争激烈，竞争重点虽各有不同，但市场份额的争夺仍然激烈，腾讯网、博客网对准门户网站，上升势头强劲，TOM 在线总营收和净利润时有超过搜狐，成为其新的竞争对手（见表1）。

表 1　三大门户网站 2005 年营收分类

网站	总营业收入（亿美元）	广告收入（亿美元）	非广告收入（亿美元）	净利润（亿美元）	每股完全摊薄收益（美元）
新浪	1.936	0.85	1.086（移动增值 0.981）	0.431	0.75
搜狐	1.083	0.709	0.375	0.298	0.77
网易	2.1	0.299	1.8（网游 1.709）	1.155	3.27

资料来源：《三大门户网站 05 年财报横评》，http：//tech. sina. com. cn/i/2006 - 02 - 27/1424852363. shtml。

2. 垂直网站在特色定位中抢占阵地

垂直网站，也称专业网站，是针对综合性门户网站而言，为特定领域、特定人群、特定需求提供相关信息与服务的网站。与综合性门户网站集多样化内容与综合性服务于一体不同，垂直网站注重较强的专业性与行业色彩，力图在某一特定领域做到全面深入。在互联网发展的初期，人们对互联网缺乏了解，综合性门户网站起到了很好的导航作用，但随着网民的成熟，人们对互联网信息的需求从早期大而全转变为专业化、个性化、地域化，对互联网细分市场进行争夺成为互联网新一轮的竞争重点。雅虎从一个单纯的互联网门户开始不断调整发展方向，2005 年底宣布将业务重点转向搜索领域，在社区服务上以财经、体育、娱乐为重点。在我国，三大门户网站也以各自的方式向专业化方向拓展，新浪坚持自主开发，搜狐收购专业网站，网易请人代管专业版块。原有的垂直网站更是明确自身定位，以其专攻某一行业的绝对优势争夺目标市场。目前这一类型网站的运作大多是将互联网与某一成熟的传统领域紧密结合在一起，对其产业链上、中、下游的资源进行整合，充分发挥传统产业与互联网技术的综合优势，从而在某一领域取得绝对优势的领先地位。如旅游网站携程网、e龙网，以互联网整合传统旅游资源；房地产网站搜房网、顺驰置业，整合互联网与房地产优势；人才招聘网前程无忧、中华英才网，以互联网整合人才招聘资源；IT网站硅谷动力、IT168，实现内容与商务、导购与销售的紧密结合；游戏网站盛大与第九城市，在互联网上开发与运营游戏；其他如汽车网站中国汽车网、金融网站金融界、电子商务网站阿里巴巴，等等，都是以这样一种信息与服务、导购与促销相结合的方式，在特殊领域占据无可取代的优势地位。大多垂直网站与现实中某一成熟的经营模式相结合，等于是将现实社会成熟的商业运作模式直接搬上互联网，因此盈利模式清晰、稳定，在2004年新一波的上市潮中成为主力军，并在纳斯达克股市上走势良好，遮蔽了昔日大型综合门户网站的风光，代表着互联网行业发展的方向。

3. 电信运营商多方位拓展业务

1994年中国联通成立，1999年国信寻呼从中国电信剥离出来并入中国联通。同时，国家先后成立中国网通公司与中国吉通公司，参与IP电话与互联网业务的市场竞争。1999年到2000年，中国电信分拆为四，将移动通信、国信寻呼、卫星电信剥离出来。2002年，政府又将中国电信南北分拆，将北方电信与网通、吉通整体合并，组建中国网通。自此形成中国电信市场的基本格局形成，即以中国电信、中国移动、中国联通、中国网通四大公司为主导。互联网的快速发展，互联网上的MSN、QQ、ICQ等即时通信，使电信固网用户严重流失，面对激烈的市场竞争，电信行业仅仅依靠传统的电话接续和上网接入服务显然不够，2003年，全球主要电信运营商的固网业务营收全面出现负增长，固网运营商不得不从传统通信服务商向信息服务提供商转型。因此，电信运营商发展为集电话信息服务、宽带内容应用服务、系统集成服务等于一体的通信信息服务提供商是大势所趋。国际电信运营商如德国电信的T-Online、法国电信的

Wanadoo、BT Open world、韩国电信控股的 KT Hitel（KTH）等网络运营商都在向媒体内容提供商发展，不断延伸其产业价值链，向电信网络的上下游延伸，或开发业务，或参股、控股。2004 年，中国电信、中国网通都将宽带业务作为自己的战略重点。2004 年底，中国电信与上海文广新闻传媒集团达成协议，开发在电信增值业务以及新媒体方面的项目。2005 年 3 月，中国电信又与凤凰网达成类似的协议。同时，各地电信公司与当地电视台进行合作。中国网通在 2004 年初推出宽带网站"天天在线"，明确将自己的方向定位在宽带网络电视台上，一些地方网通公司也与中视网络达成合作，开展相关的网络电视业务。中国移动、中国联通两家移动运营商将其业务向 3G 领域延伸，竞争内容增值业务。2005 年 4 月 7 日，中国移动的"动感地带"与美国 NBA 达成协议，4 月 27 日又与 MTV 联手，进军无线音乐市场。目前，中国移动的"移动梦网""动感地带"、中国电信的"互联星空"、中国网通的"天天在线"、中国联通的"UNI"平台等，都已经成为网络用户娱乐内容消费的重要通道，聚集的信息内容提供商越来越多，为电信运营商的转型拓展了空间。

4. 媒体网站在回归与开拓中努力转型

我国媒体网站有国家级媒体网站与地方级媒体网站。国家级媒体网站最主要的是 8 家重点新闻网站，即人民网、新华网、中国网、中国日报网、国际在线、中青网、中国经济网、中国广播网。地方级新闻网站有千龙网、东方网、南方网、北方网等，各省都有自己的新闻媒体网站。在互联网强大的市场竞争压力之下，新闻媒体网站作为传统媒体的延伸，其喉舌功能与市场压力兼而有之，媒体网站的运行发展在两者之间艰难取舍。2000 年 11 月，国务院新闻办、信息产业部颁布实施《互联网站从事登载新闻业务管理暂行规定》，2005 年 9 月又发布《互联网新闻信息服务管理规定》，这两份规定在给予新闻网站一定特权的同时，也使其市场化发展受到了极大的限制。根据规定，政府对媒体网站与非媒体网站实行分类管理，媒体网站最大的特权是经审批可以从事登载超出本单位已刊播的新闻信息业务，即可以像传统媒体一样拥有新闻信息的采编权，而非新闻媒体网站则仅能转载传统媒体已经发布的新闻信息。这一点使媒体网站的新闻信息具有原创性，且商业网站永远无法企及。同时，在资本构成方面，面对商业网站宏大的资本运作，政府规定"新闻单位与非新闻单位合作设立互联网新闻信息服务单位，新闻单位拥有的股权不低于51%的，视为新闻单位设立互联网新闻信息服务单位"。"任何组织不得设立中外合资经营、中外合作经营和外资经营的互联网新闻信息服务单位。"[①] 这使媒体网站的资本扩张受到严格的控制。新闻媒体网站的运作，从最初以内容为主、兼顾经营开始转向仅以网络内容为主。2006年初政府下发的关于文化体制改革的第14号文件认为："党报、党刊、电台、电视台、通讯社、重点新闻网站和时政类报刊，政治性、公益性出版任务的出版单位，研究机构，体现民族特色和国家水准的艺术院实行事业体制，由国家重点扶持。" 随着政府管理思想的进一步明确，媒体网站开始了新的调整。如新华网，其网站定位是"党中央直接部署，国家通讯社新华社主办的中央重点新闻网站主力军，是党和国家重要的网上舆论阵地"。新华网已经不再是一个简单的网络公司、舆论阵地，它经过新的调整之后，内容为重点、兼顾经营的战略方针转向以新闻报道、内容制作为核心，其他市场开发事宜由网站之外的部门来承担。为了力保网络新闻的高质量，其计划以高素质的网络记者配备高新技术的多媒体直播车，进行高品质、全方位的采、编、播。

原载《新闻与传播研究》2006年第4期

收入本书时略有改动

---

① 国务院新闻办、信息产业部：《互联网新闻信息服务管理规定》，2005。

我国商业门户网站差异化
竞争及发展

门户网站，是指提供综合性互联网信息资源及其服务的应用系统。业界人士（慧聪网创始人郭凡生）更为具体的解释为：门户由门、户、路组成，门即主页，户是主页上的各个版块，路是搜索引擎。虽说网站分类众说纷纭，但只要说到商业门户网站，新浪、搜狐、网易必定被首先提及。本文对这三大商业门户网站的竞争特色进行比较分析，从中探寻我国互联网的核心竞争力与发展趋势。

一 我国商业门户网站差异化竞争特色

我国商业门户网站目前形成的差异化竞争特色是几经较量的结果。三大门户网站皆创办于 20 世纪 90 年代中后期，它们共同营造了中国互联网发展史上的第一次繁荣。在三大门户网站创办之初，由于受众对网络的崇拜以及对信息的渴求，其皆以海量的中文资讯内容提供商为定位，然而，利用内容聚集网民的同质化竞争难以一劳永逸，于是，三大门户网站在竞争中又不断调整自己的目标定位，以坚持不懈的努力追求各自在市场竞争中的支配地位。

1. 三大门户网站历年盈利状况比较

商业网站的实力竞争，盈利是终极目标。目前我国网站主要盈利方式有：网络广告、各类网络增值服务（如与传统媒体合作的节目收费、电子杂志订购，与电信运营商合作的短信服务、彩铃下载等）、电子商务、网络游戏、即时通信（发布广告、与短信结合收费）、在线教育、网络招聘（收取企业会员费）、在线交友（以虚拟社区为核心提供收费服务）等等。

我们对三大门户网站历年整体盈利情况进行分析比较，虽然影响网站最终盈利状况的因素有很多，但网络市场的激烈竞争仍然可以从中窥见一斑。图1显示，2004年以前，新浪盈利一路领先，但是2004年之后，网易利润飙升，与搜狐拉大距离，直逼新浪，并在2005年之后以绝对优势超过新浪，处于三大门户网站的排头位置（见图1）。

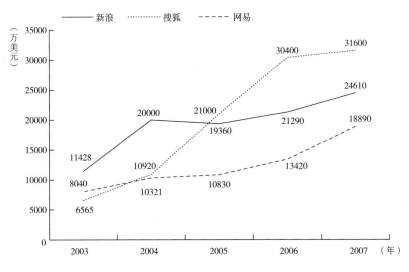

图1 三大门户网站历年净营收额比较

数据来源：三大门户网站历年发布的财务报告。

2. 三大门户网站市场份额比较

目前门户网站主要开发的服务项目有：新闻、搜索发动机、网络接入、聊天室、电子公告牌、免费邮箱、影音资讯、电子商务、网络社区、网络游戏、免费网页空间等等。其目的是吸引并稳定数量可观的客户群体。从目前网站竞争结果来看，三大门户网站总是力图摆脱同质化恶性竞争，寻求并打造自己的发展特色及方向。

三大门户网站2003～2007年的收入结构见图2、图3、图4。

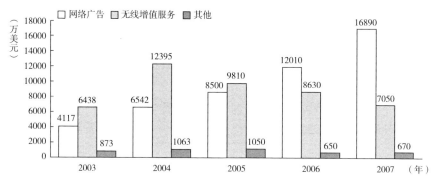

图 2　2003～2007 年新浪收入结构

数据来源：新浪发布的历年财务报告。

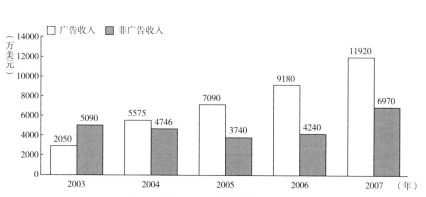

图 3　2003～2007 年搜狐收入结构

数据来源：搜狐发布的历年财务报告。

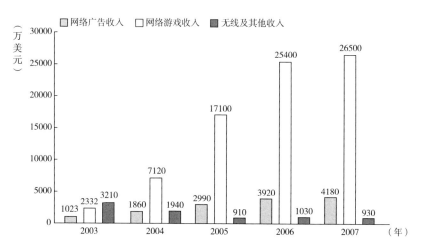

图 4　2003～2007 年网易收入结构

数据来源：网易发布的历年财务报告。

数据显示，新浪、搜狐广告收入逐渐占据其整体收入的主要位置，网易的则是游戏份额占据主导地位。

对三大门户网站 2007 年广告收入情况进行横向比较，结果见表 1。

表 1　2007 年三大门户网站广告收入一览

单位：万美元

	第一季度		第二季度		第三季度		第四季度		2007 全年		
	收入	增幅	收入	增幅	收入	增幅	收入	增幅	收入	增幅	份额
新浪	3180	−11%	4120	30%	4580	11%	5010	9%	16890	41%	51%
搜狐	2560	3%	2840	11%	3150	11%	3370	7%	11920	30%	36%
网易	730	−21%	860	11.7%	1140	23%	1340	15%	4180	6%	13%

对三大门户网站非广告构成情况进行横向比较，结果见表 2。

表 2　三大门户网站 2007 年非广告收入构成

网站	非广告收入构成	备注
新浪	移动内容增值服务（短信）、网络游戏等	开展《天堂 Ⅱ》等在线游戏业务，盈利情况不详
搜狐	信息增值业务（短信）、网络游戏、电子商务等	开展《天龙八部》在线游戏业务，搜狐非广告业务毛利率增长主要由于《天龙八部》贡献的营收增加
网易	无线及其他服务（短信）、在线游戏等	《大话西游 3》在 9 月中正式运营，《梦幻西游》游戏在 2007 年最高同时在线人数超过 150 万

3. 三大门户网站差异化市场定位及其调整

三大门户网站在市场竞争中，不仅老对手实力强大，新的对手如门户网站腾讯、TOM 等更是咄咄逼人。因此网站发展策略随着形势变化不断进行调整，三大门户网站既力图多元化发展，也注重开发自身的特色领域，追求差异化发展。

新浪网络广告居于创收首位。新浪 2007 年度总收入较上年增长了 16%，广告营业收入达到 1.689 亿美元，较上年度增长了 41%，呈现网络广告为主的姿态。2005 年 10 月，新浪大打精英博客牌，以名人博客带动网站内容流量。2006 年 9 月至 12 月，新浪博客频道用户人均月访问次数持续增长，2006 年 9 月为 6.03 次，12 月增长到 6.57 次。新浪博客频道已占据新浪网站频道访问量之首。

搜狐 2007 年总收入为 1.889 亿美元，广告收入达 1.192 亿美元，比上年度增长 30%，在一定程度上填补了 2006 年无线业务违规造成的损失。搜狐在博客、P2P、搜索等三大战略产品上进行重点投入，又通过互补性合作推动互联网视频直播，特别是与欧洲多媒体体育平台 Eurosport 合作，使体育赛事成其亮点，搜狐正力图打造以技术为驱动的娱乐平台。

网易 2007 年的净营收额、净利润分别为 3.16 亿美元和 1.73 亿美元。与同上年相比增幅分别为 3% 和 2%。其中在线游戏服务收入达 2.65 亿美元，较上年增长 4%，占到总收入的八成。截至 2008 年，网易游戏已占据国内网游市场较大份额，网易成为国内自主研发和自主运营能力最强的网络游戏厂商之一。一手抓游戏，一手抓门户，显然是网易的定位策略。

二 我国商业门户网站发展趋势

对我国三大商业门户网站的竞争状况，从历年盈利情况、市场份额、差异化市场定位及其调整等方面进行分析，我们可以看出我国商业门户网站的发展方向：网站定位个性化是核心竞争力。网站技术创新是新的增长点，网络盈利模式的探索是发展的主导。这也正是我国整个互联网发展的方向。

1. 网站定位个性化是核心竞争力

三大门户网站皆以网络门户的要求定位，原则上，门户网站的生命力在于信息的流量与质量。但在残酷的市场竞争中，没有特色就等于没有出路。因此即便是同类网站也必须要有自己鲜明的特色定位。

以新浪、搜狐的网络新闻运营为例，其皆在 1998 年下半年涉足网络新闻领域，经过 20 世纪 90 年代末政府规范化整顿之后，2000 年 12 月 27

日，新浪第一个拿到登载网络新闻的牌照，搜狐于两天后拿到牌照。一场以网络新闻吸引受众眼球、提高用户黏性的市场竞争正式展开。在这场竞争中，新浪以更早介入的品牌优势和以整合新闻为目标的战略定位占据了上风。面对新浪新闻的整合强势，搜狐新闻则通过大型改版来调整自己的定位，体现出有别于新浪的个性特色，将海量、平面的新闻变成有效的针对性的新闻，增强公信度，改变网上新闻的纯报摘形象。确立其新闻价值观为：人文关怀、社会责任感与新闻震撼力。将其新闻定位在有思想、有灵魂、有神韵上。搜狐 2007 年 5 月 17 日推出的最新版，体现的也正是这一追求。搜狐新版新闻一改从前海量信息的门户风格，以清爽型两栏风格为主，令人耳目一新。

在当今个性化消费张扬的时代，谁能够做到给用户提供更有特色的、更高质量的产品和服务，谁就能创造真正的价值，在市场竞争中取得领先地位。

2. 网站技术创新是新的增长点

互联网的竞争在很大程度上是依赖技术的竞争。在 Web 1.0 时代，门户网站海量的信息流通可以满足用户多元化的信息需求，但随着 Web 2.0 技术的推广使用，网络用户对信息需求的方式发生了根本性的转变，用户要求创造并分享信息，用户体验成为网站新的增长点。相应的以 Web 2.0 为特征的博客、维基百科、标签系统（Tag）、聚合内容（RSS）、社交网络服务（SNS）等新的技术使用，给互联网门户网站发展带来了新的机遇。

面对网络市场技术飞速发展的冲击，门户网站不断寻找新的技术增长点。以博客为例，中国于 2002 年开始引入博客，2004 年业界一片沸腾，2004 年被称为"网络博客年"。

2005 年 10 月，新浪将注意力投向博客，其总编陈彤广发邮件，遍邀知名人士开博新浪，在博客草根文化甚嚣尘上的情形下，新浪以精英博客独树一帜。在其影响下，网易、搜狐高举"草根"博客大旗，纷纷推出了自己的博客频道。面对新浪的名人博客，搜狐以娱乐八卦攻城略地，网易则发挥自己的技术优势，从提高服务角度切入，以速度更快、版面更清爽、功能更强大、域名更友好等技术与服务优势，以及以电子邮件邀请、用户推荐模式，一夜之间成为博客"新贵"。博客为门户网站带来了稳定的客户群体，从而成为网站需要的盈利目标。

对新技术、新概念的开发与利用，是网站在差异化竞争中决胜的关键。如谷歌推出的个人门户，用户只要拥有 Gmail 的用户名和密码，就可以定制 NYT 和 BBC 新闻、天气预报、财经资讯等。腾讯的弹出桌面式新闻，变传统新闻被动搜索为主动抢占眼球。IM（即时通信）和 Blog、RSS 的结合使用也是绝妙的创意。

3. 网络盈利模式的探索是发展的主导

探索更好的盈利方式是网站健康发展的前提。在互联网商业竞争愈演愈烈的今天，网站面临的关键问题是，技术飞速发展而相应的经营、管理明显滞后。网站传统的信息发布与信息整合等常规运营已经很难获取利润，特别是面对 Web 2.0 带来的运营方式的转变，如何盈利的问题更为突出。

网络使用应该免费还是收费，一直是网络运营商与网络用户的心结。互联网开发之初，出于对新生事物扶持的需要，网站大多以提供免费服务为主，但结果是网站的市场生存面临严重的挑战。2002 年 5 月，263 实施邮箱全部收费，三大门户网站也先后推出收费邮箱、主页服务，搜狐甚至连域名注册的业务都做。特别是在中国移动推出移动梦网计划之后，网络短信收费成为门户网站的重要转机。网易在 2002 年向网络游戏的转型也大获成功。

互联网的开放性、交互性、即时性等特征，决定了商业网站在创造利润、确定主营业务、合理收费的同时，有必要为网民提供一定程度的免费空间。互联网的发展反复证明，免费是最好的网络营销，先通过免费将流量和规模做大，有了大规模和大流量才会有获利的基础。

目前门户网站的主要收入来源是：第一，在线广告；第二，付费体验（包括移动增值服务和网络游戏等）；第三，网上购买（电子商务）等。比较而言，中国门户网站的模仿对象雅虎，其收入的 87% 来自网络广告，而中国门户网站非广告收入却占有相当大的比重，同时，国内网站在电信增值业务与网络游戏方面的盈利在全球实属罕见。

面对残酷的市场竞争，目前各大网站相继推出的主要盈利措施有：第一，专业定位，特色服务；第二，创造价值，免费与收费并举；第三，立足增值网络业务，瞄准增值电信服务；第四，挖掘网站生存空间，与传统企业联合盈利；等等。总之，对网络盈利模式的探索永远是商业网站发展的主导。

原载《现代传播》（中国传媒大学学报）2008 年第 3 期

合作者：张胜利

收入本书时略有改动

从"媒体平台"到"关系网络"

——综合门户网站的经营现状与模式转型

互联网投入商业运营已二十年，尽管 Web 3.0 是当下的时髦概念，但作为 Web 1.0 代表的综合门户网站，至今仍占据重要位置。据 DCCI（互联网数据中心）2011 年公布的中国互联网调查数据，我国网民使用最多的网络应用为综合门户网站，占比为 70.9%。另一机构 CNNIC（中国互联网信息中心）2013 年 7 月公布的报告显示，除了微博作为新兴的社会化媒体应用方式增长势头良好（使用率 56%，半年增长 7.2%），传统的网络新闻、博客/空间、电子邮件这三大应用方式也维持较高比例，分别为 78%、68% 和 41.8%，而这些应用形态所依托的平台和主阵地正是传统的综合门户。上述两组数据说明，综合门户仍是广大网民日常获取信息的重要平台。在网民规模达到 5.91 亿、互联网普及率攀升至 44.1% 的当下中国，经过十余年发展的综合门户群体早已形成一个不容小觑的媒体产业。但与传统产业一样，综合门户的市场格局也几经变化，不断上演老将出局、新人登场的悲喜剧，可谓几家欢乐几家愁。如今的网络市场正呈现出技术更新加速、网民需求进一步细分、社会化媒体不断推陈出新的态势。作为先行者的综合门户网站，无疑是新兴网络应用的大力推广者和网络经济的重要组成部分。因此，其经营状况、商业模式及发展前景仍是一个值得探讨的话题。

一 从入口到平台：边界不断模糊的门户网站

对于门户网站，一个广为接受的定义是：通向某类综合性互联网信息资源并提供有关信息服务的应用系统。但这无疑是一个比较抽象甚至是有点模糊的定义，而且"应用系统"一词也带有过于技术化的痕迹。科技资讯网 2007 年曾经对"新门户"做出过界定，其标准包括三个：一是足够大的浏览量（每日每百万到达人次达 4 万以上）；二是在广告、付费搜索、电子商务这几方面都有盈利（游戏的收费可看为电子商务的一种）；三是所提供的功能性应用尽量全面。

事实上，随着网络技术环境及上网方便程度的改变，门户网站的内涵与外延一直在变化。我们今天谈论的门户与 20 年前雅虎初创时所代表的门户已经有很大的不同。那个曾经以提供搜索服务为主、引导网民登堂入室的"门户"角色，几经转变已经面目全非。从搜索到新闻，再到游戏、社区、博客和微博，门户的主业一直在转移。而且，门户群体内部早已出现分化，不同门户网站之间的差异之大，已让人怀疑"门户"这个词语指称的有效性。比如今天的网易早已走出当年"新浪、搜狐、网易"并称的门户格局，有人甚至将其视作网游公司；携即时聊天工具 QQ 崛起的腾讯，更是颠覆了传统门户模式。另外，门户网站还出现了综合与垂直的分野。

如今的门户网站可谓一个提供网络信息及应用服务的综合平台，其信息内容及应用功能几乎无所不包。从第一代的以新闻为主，到第二代的重视发展博客、播客、游戏和电子商务，再到第三代以 SNS、微博等社会化媒体为发展方向，其新旧业务与功能之间并非取代和颠覆，而是不断整合与叠加，这就使得现在的门户网站成为一个个新媒体巨无霸，但这也自然给它们的经营与发展带来许多新的问题与挑战。比如，是着眼于内容生产，继续维持"媒体"定位，还是着眼于"关系"，及时拥抱新技术，成为真正意义上的综合服务平台？如何理性并前瞻性地分配新、旧业务之间的比例，并达到动态平衡？这些也许是困扰各大综合门户网站的核心问题。

二 新浪与雅虎：两个由盛转衰的门户样本

2013 年 4 月 29 日，阿里巴巴集团以 5.86 亿美元购入新浪微博公司 18%的股份。这一事件在澄清了坊间多个版本的谣传之后，又迅速引发种种联想，媒体评论对此也出现不同解读。有人认为这是"电子商务和社交平台的强强联手，中国的互联网企业试图将巨大的影响力转变成真金白银"，或预言"又一头无线怪兽崛起"。也有论者在比较此次收购行为中新浪的估值与其在资本市场的市值后断言"门户终于落下帷幕"，理由是新浪总市值为 33 亿美元，而新浪微博估值约 32.5 亿美元。这样一来，经营多年、规模庞大并以新闻为主体的新浪门户就只剩下区区 5000 万美元了。这个算法足够残酷，其结论也具有很大的杀伤力。在此次收购发生之前的半个月，新浪改版也引发过"门户已死"的猜想。当然，做出此种判断的媒体使用了更为狭隘的"门户"概念，即特指以生产新闻及相关内容为主的业务模块（新闻频道的另一说法）。而本文所指的门户，则是把属于 ICP（内容服务商）类型的一家具体网络公司所有业务视为一个门户整体。因为，即使新浪提供种类繁多的内容和其他产品及服务，它们大体也在一个大而全的门户平台上得以呈现。作为中国综合门户网站醒目标志的新浪，如今在经营业绩上尽管不再占据引领位置，但其一举一动仍然被广泛关注。这当中也许包含了情感与期待，还有对未来的惶惑。而这些，当然是短期的财务数据无法完全解释或者轻易抹杀的。新浪由盛转衰只是具有个体意义的事件，还是可以推而广之的行业风向标？这个问题的答案也并非一目了然。至少到目前为止，新媒体业界和理论界还没有人能清楚预言社会化媒体的未来，新浪与阿里巴巴的合作更是一幅处在构思阶段的图景。

在新浪因微博战略和资本运作引发关注的同时，大洋彼岸的雅虎由于业绩下滑而频繁换帅也吸引了中国 IT 界诸多大佬及研究者的目光。在诸多观察者看来，作为世界上最早、最成功的综合门户网站，雅虎的兴衰成败似乎更能反映门户网站的现状与未来，也更具全球表征意义。这家创立于 1995 年的互联网公司曾被誉为"20 世纪末互联网奇迹的创造者之一"，但近几年来，我们很容易在媒体报道中看到以"雅虎衰落史""雅虎转型之痛""雅虎的悲剧""雅虎新救赎""雅虎的墓志铭" 等为题的文章。排除大众媒体及专栏作家们追求标题耸人听闻的因素，一个基本事实也无法回避：曾经的网络巨头雅虎正在经历一个困难的发展阶段。2008～2011年，雅虎营收和利润持续下滑。为应对困境，雅虎实行了 6 轮裁员，共削减 6000 个职位。在诸多分析中，执着于媒体业务、错过发展搜索引擎的黄金期、面对社会化媒体浪潮反应迟缓，这三点作为"雅虎之殇"的根源似乎在分析家眼里已成共识。但故事并未就此终结，2012 年 7 月上任的 CEO 玛丽莎·梅耶尔用了不到半年时间为雅虎打造了一份让股东和市场刮目的财报，从而使经历 4 年阴霾的雅虎重新走上增长之路。雅虎的明天会怎样？没人能准确预知。雅虎和新浪，这两家公司的命运能否代表全球及中国门户网站的现状与未来？更深一层的问题还在于，雅虎和新浪当前的困境究竟是门户网站商业模式的困境，还是整个网络新媒体产业商业模式的困境？这些问题无疑值得进一步追问。面对网络技术和应用形态更新频繁的新媒介环境，被称为"雅虎中国门徒"的四大门户——新浪、搜狐、网易和腾讯，如何在自身的优势领域保持领先地位，并通过与新技术、新应用的及时对接来彰显自身特色、维持稳定增长，则是更为现实的问题。

三　眼球与利润：中国四大门户网站的现状与格局

近几年来，中国门户网站的格局一直处在变动之中，新浪、搜狐、网易三大门户并称的格局早已被打破，腾讯作为综合门户网站崛起以后迅速跻身强者行列，而中华网、TOM 等传统门户网站的市场份额和影响力则一再下滑。从国际排名情况来看，目前国内门户网站的前四强依次是腾讯、新浪、网易和搜狐。

1. 四大门户的排名及市场份额

据美国互联网实验室 2013 年 11 月底公布的数据，中国四大门户网站的国内及国际的流量排名如下（见表 1）。

从表 1 可看出，腾讯的流量后来居上，腾讯成了国内门户网站的领头羊，而一直跟新浪争夺综合门户网站头把交椅的搜狐在国内和国际的总排名中与另外三家的距离也被逐渐拉开。根据美国互联网实验室的数据,流量排名第五的是凤凰网,第六的是华文网站,它们赶超搜狐的架势已十分明显(2013年11月底搜狐网的国内、国际排名分别为第14位、第83位)。这至少从一个角度说明,目前的门户网站格局并不稳定,随着社会化媒体应用的发展和新形态的出现,在未来几年内门户网站格局也许还会有大变化。

表1　四大商业门户网站的流量排名

网站名称	国内排名	国际排名
腾讯	3	7
新浪	4	15
网易	5	22
搜狐	10	45

流量排名只是表现特定时间点上流量的相对大小,说明了公众的关注程度,而市场份额则是更为直接的排名指标。市场份额又称市场占有率,是指一个企业的销售量(或销售额)在市场同类产品中所占的比重,直接反映消费者和用户对企业所提供的商品和服务的满足程度,表明企业的商品在市场上所处的地位。中国互联网实验室曾定期公布不同类别网站的市场份额,但目前通过网络搜索手段仅能找到该组织官方网站(www.chinalabs.com)公布的截至2009年3月的数据(见表2),本文借此略做说明。

表2　四大商业门户网站的市场份额及排名

排名	网站名称	人气值	市场份额	上一期份额
1	腾讯	1588.47	31.93%	33.97%
2	新浪	1310.12	26.34%	26.27%
3	网易	724.19	14.56%	13.76%
4	搜狐	485.74	9.76%	9.52%

数据来源:中国互联网实验室2009年3月中国门户网站市场份额统计报告。

结合 2009 年 3 月门户网站的流量排名情况和表 2 的数据可知，我国四大门户网站的市场份额与当时的流量排名高度相关，即人气值的差别程度在市场份额这一指标上得到了直接反映。

2. 四大门户的营业收入与盈利情况

通过流量排名和市场份额可大体看出不同门户网站的经营状况，但仍不免粗疏。具体而实际的经营则要根据经济指标来衡量，其中比较重要的是净营收、收入结构和净利润等指标。笔者查询了四家门户网站历年的财务报表（新浪、网易、搜狐财报自 2000 年以来可查，腾讯自 2004 年以来可查。腾讯 2003 年的财务数据可根据 2004 年报表推算出来）。分析可知，2006 年，腾讯的营收水平就开始超越其余三家门户网站，并且差距随着时间推移愈拉愈大（2012 年腾讯的净营收为 69.83 亿美元，新浪、搜狐和网易分别为 5.29 亿美元、10.67 亿美元和 13 亿美元）；网易和搜狐的净营收也分别在 2005 年和 2008 年超过新浪。四家门户净利润的差别情况与营收差别极为相似：腾讯的盈利水平在 2006 年便后来居上且一骑绝尘，大大超过其余三家（腾讯 2012 年的净利润为 22.91 亿美元，新浪、搜狐和网易分别为 0.104 亿美元、0.98 亿美元和 5.84 亿美元）；网易和搜狐的净利润额也分别在 2005 年和 2008 年超过新浪，并保持优势至今。

3. 四大门户的营收构成情况

网络界有句口头禅"门户即入口，入口即流量，流量即金钱"，乍一听颇有道理，但实际上却并非如此。综合上文表格及其他数据可知，门户网站的流量、市场份额与收入及盈利水平并非一一对应。腾讯的大流量和市场份额带来了骄人的营收与利润，但与新浪可观的流量及市场份额相对应的却是日益走低的收入与盈利。原因何在？答案应该是不同门户网站的收入来源及收入结构存在差异。再进一步，此问题更指向综合门户网站传统商业模式的可持续性这一关键点，也即前文述及雅虎与新浪两家典型综合门户面临经营困境的根源所在。

笔者根据四家门户网站的财务报表制作了反映四家网站 2003~2012 年收入构成及其变化情况的表格。通过表 3 可以清晰了解四大门户网站收入构成的纵向变化及横向对比。"广告营收"与"非广告营收"是划分营收构成的一个主要标准，尽管实际情况要比这种划分更为复杂，但对于本文讨论的话题而言，这种区分已经足够。

通过广告营收占总营收的比例这一角度可以分析四家门户网站的广告依存度；而广告营收绝对数的变化则是另一个重要的考察视角，通过它可以看出各家门户网站开拓广告市场的意愿与能力。结合表3和四家公司各年财务报表中的其他相关数据，大致可归纳出如下几点。

其一，在收入构成上，新浪和搜狐对于网络广告的依赖度较高，且新浪广告营收占比在近几年仍有走高的趋势。2012 年，新浪和搜狐广告营收占总营收的比例分别达到 78.01% 和 39.46%；在网易和腾讯的总营收里，广告营收的占比则相对低得多，2012 年分别仅有 10.46%和 7.71%。

表 3   2003~2012 年四家商业门户网站广告营收及其占总营收比例

单位：万美元

年份	网站							
	新浪		搜狐		网易		腾讯	
	广告营收	占总营收比例	广告营收	占总营收比例	广告营收	占总营收比例	广告营收	占总营收比例
2003	4114	36%	2975	37%	1023	15.62%	395	4.5%
2004	6540	32.7%	5570	53.97%	1860	17.06%	660	4.78
2005	8500	43.9%	7090	65.47%	2990	14.24%	1400	7.92%
2006	12010	56.41%	9180	68.41%	3920	13.8%	3420	9.54%
2007	16890	68.63%	11920	63.1%	4180	13.23%	6750	12.9%
2008	25850	69.94%	17590	41%	5950	13.65%	12090	11.55%
2009	20220	61.61%	17710	34.38%	6820	12.31%	14090	7.73%
2010	29080	72.23%	21180	34.56%	9590	11.18%	20720	7%
2011	36880	76.39%	40500	47.54%	12600	10.5%	31620	7.52%
2012	41290	78.01%	42100	39.46%	13600	10.46%	53810	7.71%

其二，网易和腾讯两家公司的广告依赖度虽然较低，但其总营收早已远超新浪和搜狐，这说明网易和腾讯的非广告业务收入十分可观且较为稳定。对于网易而言，非广告收入来源主要是网络游戏（占总营收的80%左右）；对于腾讯而言，则是网络增值（IM相关业务）和无线增值两大业务（占总营收的90%左右）。

其三，四家门户的广告营收呈上升趋势，并且，腾讯的广告营收总额在2012年大幅超过了长期占据广告领头位置的新浪（超出30%），前者为5.381亿美元，后者为4.129亿美元。就年度的广告营收增幅而言，2012年腾讯在四家门户中也是遥遥领先，增幅达70.18%，而对广告依存度较高的新浪、搜狐两家的增幅仅为11.96%和3.95%。这一方面说明，尽管收入结构有差异，但门户网站都没有放弃对网络广告的争夺。信息内容的数量、质量及相应的社会影响力依旧是门户网站追求的重要目标之一。另一方面也说明，腾讯作为一个有独特技术和产品支撑的商业门户网站，其近年来的地方化战略（在多个省份开通的"大字头"系列地方门户，如"大楚网""大闽网""大秦网"等）已见成效，并迅速在广告市场开拓中开花结果。

综观四家门户网站十年来的系列财务数据及其变化情况，本文的初步结论为：它们分别开辟了不同的发展道路。新浪、搜狐实施的是"免费内容+广告"的媒体战略，而网易和腾讯则开辟了"产品和服务有偿使用"的技术型道路。

四 "内容生产"与"关系生产"：
门户的商业模式及其转型

"商业模式"是一个管理学的概念，它是指一个组织在明确外部假设条件、内部资源和能力的前提下，用于整合组织本身、顾客、供应链伙伴、员工、股东或利益相关者来获取超额利润的一种战略创新意图和可实现的结构体系，以及制度安排的集合。管理学大师彼得·德鲁克曾有一个广为流传的论断：当前企业之间的竞争，不是产品之间的竞争，而是商业模式之间的竞争。因为模式的生命力与市场价值远高于具体产品及服务，产品与服务是商业模式在不同阶段的具体表现形式。

　　有研究者对四大门户的商业模式做过分类概括，将新浪和搜狐的商业模式称为"内容型"，将网易和腾讯的商业模式分别概括为"产品型"和"用户型"，并从成本投入、营销模式、收入模式等方面进行了分解说明，如表4所示。当然这只是对十余年四大门户经营状态的总结，并不能涵盖当下及未来趋势。

　　在笔者看来，上述三种模式本质上就是两种模式："媒体平台"模式和"关系网络"模式。前者以新浪和搜狐此前多年的运营模式为代表，后者则以网易和腾讯为代表。所谓"媒体平台"模式是指网站的主营业务和收入及盈利构成都是围绕信息内容的生产来展开的，并且内容生产的主体是网站自身。一句话，这种模式带有浓厚的传统媒体特色与印记，这也正是Web 1.0时代的要义。而"关系网络"模式则意味着机构从事内容生产的重要性开始让位于关系的组织与建构，网站的主营业务、收入和盈利是依托于为网民提供日常化的联系和交流而存在并得以实现的。遵循此模式的网站依然会从事由自身主导的内容生产（如网易和腾讯的新闻频道），但基于社会关系而存在并维系的"用户生产内容"（UGC）则逐渐成为主流，这就是相对成熟的Web 2.0和Web 3.0时代日趋繁盛的"社会化媒体"景观。

表4　四大商业门户网站的商业模式比较

	战略目标	成本投入	营销模式	收入模式	商业模式
新浪	为全球华人提供新闻与内容服务	新闻采编	海量新闻内容报道	广告	内容型
搜狐	打造中文社群传媒帝国	新闻采编	重要活动内容提供	广告	内容型
网易	集内容、社区、电子商务于一体的在线服务	产品研发	以产品吸引人气	收费网游和邮箱	产品型
腾讯	为用户提供一站式服务	电信运营	围绕"即时通讯"展开	网民支付	用户型

1. "机构生产内容"的媒体平台模式危机重重

以新浪、搜狐为代表的 Web 1.0 时代的门户网站最大的功劳是普及了互联网应用的观念与常识，并成功实现了媒体内容生产由传统的三大媒介向互联网的逐步转移。它们吸引到的巨大用户规模和浏览量在过去十余年里不仅导致了传统媒体的用户流失和广告收入下滑，也成功地为门户网站赢得了可观的广告收入和社会影响力。但究其本质，在 Web 1.0 环境下，门户网站与传统三大媒介在商业模式上并无本质区别，依然遵循传统媒体的"免费内容生产"和"二次售卖广告"模式，其相对于后者的优势主要在于传播技术的方便快捷，而非商业理念与模式上的革新。在传播主体多元化和用户注意力日益稀缺的 Web 2.0 和 Web 3.0 时代，这一模式的衰微将出现不可逆转的趋势，遵循同样模式的传统媒体盈利能力与社会影响力近年来的整体持续下滑就是一个明证。

危机之一：门户网站的内容阅读型用户逐渐流失。用户流失的主要原因在于，新闻信息传播的主体多元化使"机构主导生产与传播"的重要性和权威性显著降低。信息采集与传播技术的迅猛发展和普及在赋予门户网站相对于传统媒介竞争优势的同时，也赋予了多重主体参与信息传播的能力，比如以信息抓取技术见长的搜索引擎、以网民个体间关系为纽带的社会化媒体和各种立足于移动互联网技术的手机移动媒体等。尤其是参与度高、数量庞大的社会化媒体使用主体，渗透到社会各个层面的信息采集、传播与广泛联系，更是极大挑战了门户网站作为机构化主体对新闻传播权的垄断性占有。如此一来，用户的分流和注意力的转移就成为必然。

危机之二：门户网站的广告额虽有增长但比重却不断下滑。随着用户的分流和注意力的转移，门户网站的广告资源逐渐流失已成趋势。虽然近年来我国的网络广告市场整体规模仍在高速扩张，如 2010 年至 2012 年，网络广告额分别为 256.6 亿元、512.9 亿元和 753.1 亿元，上涨速度分别达到 99.88% 和 46.83%。但门户网站占据网络广告头把交椅的好时光已经一去不复返。搜索引擎、电子商务网站和视频分享类网站正在大力蚕食门户网站的广告市场份额，如搜索类网站 2011 年和 2012 年分别获得网络广告总额的 33.5% 和 34.0%，牢牢占据了第一梯队的位置；电子商务网站的广告收入占比近几年也同样超过了综合门户网站;崛起中的视频分享类网站广告份额也在向门户网站发起挑战(见表5)。

表5 2011~2012年四类主要网络媒介的广告收入情况

	2011 年广告额(亿元)	2011 年占比	2012 年广告额(亿元)	2012 年占比
综合门户网站	79.4	15.5%	98.2	13%
搜索引擎网站	171.9	33.5%	255.8	34%
电子商务网站	89.7	17.5%	175.4	23.3%
视频分享网站	36.4	7.1%	57.9	7.7%

数据来源:本文作者根据网站历年财报整理制作。

2."用户生产内容"的关系网络模式方兴未艾

如果说"机构生产内容"是传统门户网站"媒体平台"模式的直接体现,那么"用户生产内容"就是"关系网络"模式的鲜明特点。笔者将应用社会化媒体为主导的模式称为"关系网络"模式,并非意味着这种模式下门户网站已经舍弃传统的内容生产和传播,而是强调"机构生产内容"已不再是网站的主营业务和主要盈利渠道,在网站平台上发布和传播的大量信息不再由网站负责采集和提供,而是由广大网民自发完成发布与修正。并且,维系这种内容生产与传播机制的不是行政命令,也不是网民与网站之间的规约,而是网民之间复杂而多样化的社会关系。一句话,面向未来的门户网站将不应再满足于做内容的搬运工与发布者,而是致力于为广大网络用户提供人际交往与信息交互的综合平台。门户网站向"关系网络"模式转型就是大力开拓社会化媒体的应用空间,或者说将此前积累的大量阅读型用户引导为信息生产和交互型用户。社会化媒体是指以开放式技术为基础,用户自主参与内容创作与互动传播的信息生产平台,即允许人们撰写、分享、评价、讨论、相互沟通的网站和技术平台。目前主要有博客(含QQ空间)、论坛(含BBS、贴吧等)、微博、即时聊天工具(如QQ、MSN、微信等)、播客、百科、内容分享、社交网站(如人人网、开心网等)等应用形态。事实上,从Web 1.0时代到Web

2.0时代，门户网站从未拒绝过社会化媒体，如论坛、博客等应用形态曾一度为新浪聚集了可观的人气。但关键在于立足于媒体定位，在网络广告仍有上升空间的环境下，由于商业模式的惯性作用和对市场预期的影响，早期的门户网站未能将主业及时转向社会化媒体，倒是后发的门户网站（如腾讯）独辟蹊径，在社会化媒体应用领域闯出了一条新路。

当然，如今的社会化媒体还未成为让人惊艳的利润增长点，中外亦然，但对这一领域的乐观预期和投资热情，中外网络界也不谋而合。比如美国著名的社交网站Facebook（脸书）2012年5月在纳斯达克上市时市值高达1152亿美元，2014年第一个交易日更是达到1366亿美元，但这个投资大热门的盈利却姗姗来迟：2013年7月才首次宣布扭亏为盈。美国另一著名社会化媒体Twitter（推特）于2013年11月上市，市值312亿美元，但至今仍在探索盈利模式。类似故事的中国版本则是前文提到的阿里巴巴以5.86亿美元收购新浪微博18%的股份，这说明还未找到盈利点的新浪微博已被估值约32.5亿美元。资历尚浅、盈利也未见端倪的新兴社会化媒体为何如此受追捧？这恐怕不是"非理性"和"网络泡沫"几个标签化的词语可以解释的。笔者认为，个中的道理应该在于，新兴社会化媒体的功能与特点在很大程度上契合了信息时代大众的实际需求，也负载了社会和投资者对其盈利潜力的乐观期待。能支撑这种需求与期待的，不是一个新形象或商业噱头，而是一种全新的信息传播模式和商业模式。在中文网络世界里，腾讯的成功就是最好的注脚。

3. 商业模式转型的实质：由大众传播走向网众

任何商业模式都不是商业精英们闭门造车的结果，它必须依赖相应的社会土壤才能生根发芽继而茁壮成长。当今所处的信息时代（后工业文明时代），也自然会要求有突破大众媒介生产和运营的新模式与之相适应。这种新模式，从经济学和管理学的角度来看是一种新经济形态和新商业模式，但从社会学和传播学角度来看则意味着更具根本性的内容：人类信息生产与传播活动的模式转型。简而言之，就是由"大众传播"向"网众传播"转型。而门户网站的模式转型不过是这个巨大转型过程中的一个具体细节和表现而已。

"网众传播"的概念由研究者何威提出并予以界定和论证。它是指"由网众发起和参与，由社会化媒体中介的传播模式、现象与行为"，而"网众"被定义为"积极的社会化媒体用户组织的群体"。这一概念的提出，直接指向大众传播概念体系在面对方兴未艾的社会化媒体传播时凸显的解释力不足问题，并予以弥补。网众传播的核心要义在于：其一，用户生产内容；其二，用户间主动、便捷的信息分享与互动都基于一定的社会关系来开展并维系。一个显而易见的事实是，社会化媒体的信息传播并不遵循传统的大众传播规律，也不具备大众传播的基本特征：采集和生产信息的组织机构作为主体向数量庞大、分散且不确定的客体（大众）传播信息。因此，社会化媒体传播活动的普遍存在在事实上确立了一个与"大众传播"相对应的全新传播模式，并催生了一个新的信息传播格局。在此过程中，"网众传播"概念的使用与相关阐释只是一个理论确认的环节。这个新的传播模式意味着，传媒机构作为信息生产和传播主体的主导地位在迅速下降，活跃的社会化媒体用户及其群体（网众）参与的信息生产和互动传播日益成为社会生活的主要内容。近年来多个研究报告（如 CNNIC 报告）显示，用户由新闻门户向微博、微信、社交网络等新兴社会化媒体转移的趋势明显。同时，政府、社会管理者及相关研究机构也日益关注和重视经由社会化媒体传播并扩散的舆论，有研究者甚至提出"两个舆论场"的命题。这些情况说明，大众传播一统天下的格局已被打破，新的信息传播格局正在形成。

社会化媒体的"网众传播"模式何以能够挑战和动摇"大众传播"维持了近两百年的权威？答案就在于信息传播技术的赋权（empowerment）效果，即新媒体应用技术的低门槛为普通个体参与信息生产和传播提供了可能，大众传播时代由机构垄断的信息生产和传播权力随之土崩瓦解。当然，这中间还有经济市场化、政治民主化和信息社会等多种复杂的社会及文化因素的综合作用，但技术的赋权作用始终是其中的关键环节。社会化媒体有时也被称为"自媒体"，这本身就意味着被赋权后的用户个体（或群体）已成为一个个媒介主体的现实。

综上所述，社会化媒体"关系网络"模式的普遍应用正在逐渐挤压传统门户网站"媒体平台"模式的生存空间（事实上，不只是门户网站受到挤压），模式转型在催生信息传播新格局的同时，也在孕育全新的网络商业模式。在当前的媒介融合趋势下，综合门户网站的优缺点也许都在于"综合"：以往因过多依赖综合的信息生产能力而失掉的机会，如今也可能通过成为社会化媒体的综合平台而重新找回。新浪大手笔投资和拓展旗下盈利前景不明的微博业务，腾讯在跟新浪激战微博市场的同时通过大力发展微信向移动网络延伸 IM 业务，搜狐在移动新闻 App 装机量上与其他门户网站展开搏斗，网易正联合中国电信推出"易信"与微信争夺移动 IM 市场，等等，都是顺应这一模式转型趋势的重大举措。各家门户网站具体业务未来的成败虽然无法预计，但新兴媒体的"社会化""移动化"将是新经济发展的态势，这一点在门户网站经营者当中已成为共识。当然，顺应模式转型进行经营方略调整不仅是综合门户网站未来生存的关键，对于其他类型的新媒体经济实体，同样也是非同寻常的启示与借鉴。

原载《现代传播》（中国传媒大学学报）2014 年第 7 期

合作者：黄朝钦

收入本书时略有改动

互联网问题的分析框架与类目建构

互联网在给人类社会带来巨大进步的同时，也带来了诸多问题。这些问题随着互联网使用的深入，逐渐影响社会生活的方方面面，它们使传统价值观、政府管理等都面临严峻的挑战。解决互联网问题早已成为学界、业界、管理界，甚至社会致力的焦点。解决问题的基础是认识问题，认识互联网问题，找到一个合适的认识角度最为关键。在对现有研究经验进行系统梳理的基础上，笔者吸收大多数学者认同的时间、空间的认识角度，以及人类行为的认识角度，将互联网中的所有问题置于时间、空间、人类行为的三维视角之下，即分为时间延伸产生的互联网问题、空间延伸产生的互联网问题、人类行为延伸产生的互联网问题，从而系统地建构互联网问题的类目系统，发现同类问题的共性与不同问题的个性，以系统、有效地寻求问题的解决方案。

一　时间延伸产生的互联网问题

世间万物都必然有时间逻辑，从产生、发展到死亡，即便其间曲折起伏。互联网超越时间，大多只是指互联网技术对时间速度的改变，以及超越现实的虚拟模仿与再现等功能，而时间从起点到终点的根本逻辑永远不可能因技术而改变。基于这一认识，我们可以从新技术延伸时间的角度将互联网问题划分为两类，即传统问题的延伸问题、新技术带来的新问题。

（一）传统问题的延伸问题

传统问题的延伸是指现实社会早已存在的问题直接延伸到互联网上，问题本身与传统问题只是载体不同，本质完全相同。事实上，互联网对社会生活的广泛渗透，网络虚拟空间早已成为人们不可或缺的第二生活空间，人们将现实世界中的一切都延伸到互联网上，无论精华还是糟粕，皆借助网络技术的优势，得到前所未有的拓展与传播。随着人们对互联网的认识逐渐加深，互联网的虚拟外衣逐渐被剥离，这类由现实问题延伸而来的网络问题因与传统问题密切关联，最容易被识别，也因现实问题已有成熟的解决方案可供借鉴，因而更易于解决。

互联网延伸问题与传统现实问题的关联性主要表现在如下三个方面。第一，较传统问题，延伸问题产生的主体与主观因素不变。其主体是指网络延伸问题的行为者。在貌似虚拟的互联网上，所有问题的行为主体都是现实社会真实的个体，技术的工具性完全取决于主体对技术的使用偏向。主观因素是指行为主体在打破约束机制时的思想意识活动，即动机、目的等，主体的思想意识，支配着主体的一系列感性动作或外部活动，是主体行为失范及问题产生的内控因素。① 因此，如同针对传统问题的解决方案，对延伸问题主体与主观因素的关注，同样是解决问题的根本与核心。第二，较传统问题，延伸问题的根本性质没有发生改变。无论线上还是线下，其基本构成即主体要件、主观要件、客体要件、客观要件等都相通。除了行为环境从现实走向虚拟，致使延伸问题的解决变得更加棘手，其他均无本质差异。如网络欺诈、网络侵权等，从现实到网络，都是以欺诈与侵权论处，其定罪、量刑、抗辩等皆与传统问题处理方式相通。第三，问题的危害后果同样严重，且有过之而无不及。在虚拟的网络社会，行为者由于缺少了现实社会的道德规范、人际关系的约束，从而使犯罪行为更加肆无忌惮；网络技术的隐匿性，又为犯罪行为提供了更多的选择途径。以网络欺诈为例，较之传统欺诈，网络行为主体可以借助身份的隐匿性，通过假冒、伪造、发布虚假信息等多种手段，使其欺骗性更大、传播面更

---

① 杨伯溆主编《因特网与社会》，华中科技大学出版社，2022，第113页。

广、传播速度更快，损害结果自然更加严重、更加复杂。互联网延伸问题与传统现实问题的关联性，是认识与解决这类问题的关键。然而，在充分借鉴的同时，新技术带来的个性特征仍然不能忽视，只有准确抓住其个性特征，才能使问题得到根本性解决。互联网延伸问题的个性特征，我们可以从如下两个方面来认识。第一，行为主体的现实与虚拟不对等存在。网络社会每一个虚拟角色背后都会对应着一个现实社会真实的个体。不仅现实的人与虚拟的人相对应，现实的物与虚拟的物也相对应。只是这种对应关系并不是简单的一对一的关系，因为当一个现实个体走进网络世界的时候，他往往可以根据自己的不同需要注册多种虚拟身份，这使网络行为主体的身份更为复杂。在处理这类网络问题的时候，对网络多重身份的识别以及与现实身份的对应是问题解决的难点。第二，主体行为在虚拟形式下产生现实危害。在现实社会中，主体行为表现为人通过物质手段和物质载体将自己的主体性对象化。而人在网络社会，行为活动则由电脑通过比特网虚拟化自动完成。网络行为主体可以跨越时空，异时异地进行各种行为活动。这种主体行为貌似虚拟，超越传统对物质性和精神性的理解，但其现实影响及危害却有过之而无不及。这使对该类问题把握的难度超越了人们对传统问题的理解。事实上，互联网延伸问题是互联网问题的主流。基于以上对传统问题及其延伸问题的共性与个性的认识，我们可以基本沿袭传统问题的解决方案来处理传统问题的延伸问题，尽量沿用现有法律规范、伦理道德等。对其个性特点，根据具体需要对原有规范进行必要的增补与完善。

（二）新技术带来的新问题

网络新技术营造了一个完全有别于现实社会的虚拟场域，虚拟场域极大激发人类灵感，给人类带来超越传统的全新体验。在这种全新体验中，人性中的善与恶都被无所顾忌地释放出来。互联网新技术带来的新问题，在这种特定的虚拟场域中形成，其中最为典型的如网络黑客、计算机病毒等。

新技术带来的新问题主要有两个方面的原因。一是互联网的开放性带来人类行为的张扬。在互联网设计之初，美国军方在建立其雏形阿帕网的时候，为了使其能经受住苏联的核打击，没有采用传统的中央控制式网络体系，而是建成分布式的网络体系。同时他们放弃了传统的线路交换式信息传递方式，采用了全新的包切换技术，除非整体摧毁，否则就无法阻止链接在网络上的计算机互相传递信息。然而，网络技术的开放性必定带来人类网络行为的张扬，这就意味着任何人都能够在互联网上随心所欲，互联网成为一个真正意义的自由开放的大集市。二是互联网的隐匿性导致传统社会约束机制失灵。借助网络技术，任何人都可以在互联网上来无影去无踪。在网络虚拟身份的掩护下，网民行为脱离现实社会道德规范、文化习俗、人际关系的束缚，呈现出难以节制的情绪化、叛逆性与破坏性。一些网民张扬个性、热衷挑战、蔑视权威、追求自由放纵，甚至制造各种网络暴力。

新技术带来的新问题由于无从参照现实社会，所以认识其特性需要一定的积累，妥善处理更需要高度的智慧。对此我们必须要有充分的心理准备。首先，新问题影响的范围更加广泛，主流思想难以引导。网络事件所产生的影响不再局限于某一区域、某一群体、某一领域、某一文化，它会在人类社会各个方面、各个层次交错产生震动与冲突，造成更为复杂、深远的影响，主流思想的引导面临严重挑战。而某些问题、矛盾和麻烦，更是已经超越国界、肤色和族别，它需要集中的是人类智慧和努力，以求共同的解决。[①] 其次，新问题表现的形式更加复杂，传统管理手段难以应对。网络社会中的行为主体，身份和行为都以虚拟的形态呈现，而且身份多重，身份变换也轻而易举，这使网络活动的过程复杂且不确定。判定虚拟的主体身份、权责关系、行为结果，对其危害后果进行定性、量刑等，都是传统管理规范难以解决的问题，必须考虑新的对策。最后，新问题的演化更为迅速，我们必须具备前瞻性眼光。新技术带来的新问题随着技术发展的节奏快速发生变化，旧问题尚未解决，新问题已经层出不穷。因此，把准问题的实质，掌握其发展规律，具备前瞻性眼光，是我们解决问题的关键。

---

① 尹韵公：《网络文化的全球视野与中国特色》，《理论参考》2009 年第 8 期，第 9~10 页。

总之，针对互联网新技术带来的新问题，必须抓住其有别于传统问题的差异性，根据网络技术的发展逻辑，寻找新的解决方案，或出台新的管理规范，或以更高的管理技术进行应对。

二　空间延伸产生的互联网问题

从空间角度来理解，互联网带来了有别于传统现实社会的虚拟空间，虚拟性成为虚拟空间最为显著的特色。现实社会与虚拟空间两相对应，世界在形式上被网络技术一分为二，即线上世界与线下世界。但两个世界并非完全隔绝，虚拟世界建立在有形的物质世界之上，千丝万缕的计算机网络系统，无以数计的计算机终端，这些明显的物理界限，就是沟通虚拟世界和现实世界的桥梁。通过这一桥梁，网民游走于两个世界之间，在创造社会价值的同时，也制造不同的社会问题。发生在线上的网络问题被称为线上问题，发生在线下的网络问题被称为线下问题。

（一）线上问题

线上问题是指该类问题发生在互联网上，离开互联网环境，该问题就不复存在的网络问题，如虚拟财产纠纷、垃圾邮件投递等。理解线上问题，关键是要抓住互联网的技术特性。首先，正确认识线上问题的虚拟性。线上问题发生在网络虚拟社会，通常是虚拟人物之间的虚拟权利或虚拟利益纠纷。其主体、客体以及行为结果都是以数字化呈现的虚拟形态，如电脑病毒散布、黑客非法入侵。其行为主体就是一个网名，一个 ID，其行为是一个网络程序，其结果是被侵犯者的网络数据遭到破坏。在互联网越来越深地融入现实社会生活的时代，网络数据的破坏甚至可以对被侵害者产生毁灭性的打击。如何确定虚拟身份、虚拟权利，如何对网络损失进行度量，如何认识网络虚拟性背后的真实危害，这些对于网络管理者来说都是需要认真思考的新问题。其次，线上问题的危害性总是向现实社会扩散，且严重性超出纯粹的现实问题。线上行为者通过电脑、网络、各种相关技术，将自己的想法付诸行动，线上行为直接受线下行为者思想支配。复杂的是，虚拟的线上行为者身份更加隐匿，破坏性更大。而且线上问题的危害性必定从虚拟延及现实，造成线上线下的双重损害。处理这类问题，既要关注问题的虚拟特性，又要考虑问题的现实影响。

（二）线下问题

线下问题是指行为者借助互联网，或以互联网为工具，对现实社会的某一对象造成侵犯与伤害，也就是通常所说的传统犯罪形式在互联网上的延伸与变异，如网上赌博、网上洗钱、网上泄密等。理解线下问题，关键有二。第一，互联网仅仅是线下问题凭借的重要工具或手段。线下问题原本就存在于传统的现实社会，只是互联网技术的介入，使这类问题增加了技术含量。如果剥掉其虚拟性外衣，它事实上基本等同于传统犯罪。比如，现实社会色情犯罪因网络技术的介入，犯罪手段变得更加隐蔽、灵活、多元化。第二，依托于互联网的线下问题，其危害性更大。所幸的是，此类问题在传统社会大多已经具有较为成熟的解决方案，处理时不会不着边际。但是，网络的技术特性仍然赋予该类犯罪许多新的元素，只有结合网络特点才能正确识别与妥善解决此类问题。

线上问题与线下问题，因为行为主体的共性有时难以决然分开，有时它们还可以相互转化。就现状来看，线下问题占据了网络问题的绝大多数。随着网络虚拟社区的进一步拓展，人类对网络社会的依赖越来越强，线上问题、线下问题会越来越复杂，二者的交融也将越来越明显。

三 人类行为延伸产生的互联网问题

互联网给人类开辟的虚拟社会是一个更为纯粹的、更为自我的精神家园，人类行为可以在这里脱离现实道德规范、人际关系的束缚，做自我之想做，表达自我之想表达。然而，随之而来的问题是，在既有道德规范逐渐丧失作用的同时，新的网络道德规范却仍然在建设之中。这不可避免地形成一个管理的真空地带，网络行为失范问题接踵而来。网络行为失范，是指网络行为主体在网络环境下所做出的与网络主流价值、道德规范等相偏离的行为。人类行为延伸产生的互联网问题，实际上就是网络行为失范问题。轻而言之，它属于道德层面；重而言之，它属于违法犯罪。从行为主体的角度，可以将这类问题划分为网络个体行为失范、网络群体行为失范和网络组织行为失范。

（一）网络个体行为失范

网络个体行为失范，关乎人性与个性，主要表现为独立的自然人在网络中或借助网络进行的不正当行为。网络个体行为失范的特征可以概括为以下三点。首先，它是人类迄今为止最为彻底的个体行为表达。任何个体行为都必定是其内心需求驱动的结果。在网络环境中，社会约束机制尚不健全，多元文化泛滥，主流价值迷失，人性中潜藏的各种需求被激发而又缺乏有效的价值引导，一些被压抑的心理需求、不宜表达的过激情绪，包括各种阴暗的、低俗的甚至违法乱纪的不当行为，在这里找到了释放的土壤。其次，网络个体行为呈现出虚实相间的双重特性。事实上，绝大多数网络行为最后都不满足局限于虚拟而会延及现实，如一年一度的博客聚会、网站举办的笔友会、网友自发组织的社区聚会等。大多数网络失范行为的表达，都是源于现实社会的积郁，如低俗信息浏览、极端情绪发泄、网络语言暴力等。因此在分析网络行为失范时，线下行为也是重要的参照。再次，网络失范行为虽然隐匿但危害不容小觑。以 2009 年的"海运门"网络事件为例，事件当事人"garros"将其前女友的不雅照片和视频放到"纳米盘"上供网友下载，其传播面、传播速度等一点也不会因为行为主体的隐匿而有所缩减，相反，其隐匿的行为极大地加大了处理难度。

（二）网络群体行为失范

网络群体行为失范，是指互联网上因共同话题、共同兴趣、共同利益等松散组织在一起的一群人，借助网络共同进行的不正当行为。网络群体行为失范主要表现在以下两方面。一是虚拟环境营造的网络集体狂欢更具吸引力。互联网为网民群体提供了一个虚拟的聚集场所，在网络匿名的掩护下，这些因某种共性特别是某些不雅共性聚集在一起的网民，完全避免了现实社会面对面的尴尬，以及其行为受到社会监视的可能，而且其低俗行为的表达会因网络群体参与而变得更加热烈、更具吸引力。二是网络群体传播具有强大的同化功能。网络群体传播中存在着一种典型的群体极化现象（Group Polarization），其概念早在 1961 年由詹尼斯·斯托纳（James Stoner）提出。21 世纪初，美国学者桑斯坦针对网络进一步指出："群体极化的定义极其简单：团队成员一开始即有某种偏向，在商议之后，人们朝偏向的方向继续移动，最后形成极端的观点。"① 该理论认为，群体讨论可以使群体中多数人的意见得到加强，使原来可能不是很强烈的意见取向变得强烈甚至偏激，而原本群体所反对的意见、反对的倾向也更为明显。这正好印证了传播学经典理论"沉默的螺旋"、群氓心理理论，它们同样证明作为群体成员的个人，在参与群体讨论时极易受到群体的感染和同化，最终个体成员"失明"，出现"群体极化"。该现象在网络社区中十分明显，最为典型的如近年来影响日益加剧的"人肉搜索"，网民通过对搜索对象真实信息的揭露来采取进一步的行动，借以表达某种意见、态度和情绪②，但在群极化过程中，网民情绪极大的膨胀，促使事件不断升级，最后形成道德审判、群体暴力。

（三）网络组织行为失范

网络组织行为失范，是指法人即具有民事权利主体资格的社会组织在网络中进行的不正当行为。较网络个体和网络群体行为的失范，网络组织行为失范具有如下显著特征。第一，强大的经济利益驱动使铤而走险者前仆后继。网络的功能强大，企业很快从中嗅到了商机。一方面传统企业最早纷纷上网，开辟自己新的营销场所，非营利机构也出于自身的需要紧跟上网潮流。另一方面，新兴的以网络为依托的营销组织雨后春笋般发展兴盛，各种类型的电子商务、电子营销、电子交易充斥网络。巨大的利益诱惑，加上网络营销管理的相对不足，网络组织失范行为也就屡禁不止。最典型的如手机短信管理，垃圾信息泛滥使手机用户备受困扰，政府屡次下

---

① 〔美〕凯斯·桑斯坦：《网络共和国》，黄维明译，上海人民出版社，2003，第 17 页。
② 邹军：《作为网络舆论的"人肉搜索"及其规制》，《中国地质大学学报》（社会科学版）2009 年第 5 期。

力整治，但每次整治的结果都不尽如人意。究其原因，巨大的利润诱惑、上亿的手机用户、唾手可得的消费群体、轻松的盈利形式，在利益链的各个环节包括利益链顶端的移动公司，皆可从中牟取暴利。第二，广泛的规模效应使网络组织行为失范影响超出网络个体与群体行为失范。网络组织行为失范，是由专业组织有计划、有目的地实施的，其行为能力势必远远高于网络个体和松散集结的网络群体，加上组织行为的集群效应，网络组织行为失范的影响范围更广，影响程度也更加深远。

四 互联网问题类目建构

在前面对互联网问题进行不同维度的梳理之后，我们试图在这一分析框架之下尽可能搜罗互联网问题，并分门别类地建构其类目的层级系统，条分缕析地认识互联网问题，从而有效地解决互联网问题（见表1）。

表1 互联网问题类目结构及其危害程度

一级类目	二级类目	三级类目	危害程度
网络内容问题	反国家信息	危害国家安全，泄露国家机密，颠覆国家政权，破坏国家统一	特别重大
		损害国家荣誉和利益	
		煽动民族仇恨、民族歧视，破坏民族团结	
		破坏国家宗教政策，宣扬邪教和封建迷信	
		其他反国家信息	
	违法信息	违反宪法所确定的基本原则	重大
		违反法律、法规和国家明文禁止的其他内容	
	侵权信息	侮辱、诽谤、侵害他人合法权益	较大
		未经同意擅自获取、更改、发布他人隐私信息	
		侵犯他人财产权	
		窃取、擅自发布商业秘密	
		剽窃、盗用他人知识产权	
		其他侵权信息	

续表

一级类目	二级类目	三级类目	危害程度
网络内容问题	扰乱社会秩序信息	虚假信息	一般
		垃圾信息	
		淫秽、色情信息	
		暴力、恐怖信息	
		教唆犯罪信息	
		颓废信息	
		其他有违公序良俗，损害民族优秀文化传统的信息	
网络行为问题	未经授权的网络运营	未经授权进行的互联网信息服务	一般
		未经许可的网吧经营	
		未经授权的网络运营及其他	
	未经许可的网络接入	自行建立或使用未经允许的信道进行国际联网	较大
		擅自连接国家禁止的境外网站	
		其他未经许可的网络接入	
	非法入侵网络信息系统	恶意攻击机密、重要网络信息系统	重大
		非法进入他人电脑系统	
		在出售的网络硬件或软件中设置后门	
		其他非法入侵网络信息系统行为	
	非法破坏网络信息系统	制作、散播各种网络病毒	重大
		制作、散播各种流氓软件	
		恶意程序变种可和发短信消耗话费	
		破坏计算机信息系统功能	
		擅自中断计算机网络或者通信服务	
	利用网络实施不良行为	利用互联网实施诈骗、盗窃、贪污、赌博、洗钱、窃取国家机密或者其他相关犯罪	重大
		利用互联网实施欺骗、引诱、猥亵等各种不道德行为及违法行为	
虚拟人及关系问题	人的异化	网络言行极端	较弱
		网络成瘾	
		网络依赖导致心理与行为障碍	
	人际关系的异化	网络虚拟婚恋/性爱	较大
		网络信任危机	
		网络导致的其他人际关系恶化	

　　理清互联网问题，显然不是一件轻而易举的事情。互联网上的信息内容极其庞杂，传播速度迅猛且难以掌控，网络行为者身份隐匿、复杂，网络行为方式因技术发展而不断更新。在这样一个复杂多变的网络环境下，对问题类目的设计，既要广泛借鉴传统问题管理的经验，同时也要充分考虑互联网自身发展的逻辑。

　　尽可能穷尽互联网问题，是建构互联网问题类目的努力目标。事实上，随着互联网本身快速发展与变化，新生的问题也处在不断形成、发展与变化之中。所以，应尽可能地在力所能及的范围内，对较为普遍的互联网问题以及典型的互联网问题进行概括式梳理，以期普遍问题能对后续产生的类似问题具有兼容性，典型问题能对后续产生的类似问题具有延展性。在这一主导思想的指导下，本文将互联网问题划分为三级类目，其分类显然更多立足于人文社会的角度，特别关注互联网与人的相互关系，以及互联网对人与社会的作用与影响。因为这种关系与影响正是互联网问题产生的根源。表1中各级指标既相互独立，又彼此牵连。在这一类目结构中，多元复杂的互联网问题呈现出有序的关联性，同类问题的共性、不同问题的个性有条不紊。

　　原载《中国地质大学学报》（社会科学版）2010年第2期

合作者：李亚玲

收入本书时略有改动

我国互联网管理模式及特征

特定的媒介管理方式都是特定的政治、经济环境以及特定的社会文化传统的必然产物。在我国，互联网管理既沿袭传统的媒介管理的基本思想，又根据网络技术的特殊性被赋予了一些新的内容。

一 互联网管理的基本模式

1. 国外典型的互联网管理模式

赵水忠在《世界各国互联网管理一览》中将目前各国对互联网的管理分为两类，一种是政府主导型模式，另一种是政府指导行业自律型模式。前者强调政府在网络管理中的作用，通过政府立法以及网络过滤技术进行网络管理，代表性国家有新加坡、德国、澳大利亚等。后者在政府指导之下，倚重网络行业的自律进行管理，在基本法律框架之下，尊重网络行业的分级制度、自律规范等，代表性国家有美国、英国、加拿大、日本等。[1] 后又有研究者在其基础上增加政府与行业共同管理型模式，将法国视为该类型的代表。[2]

新加坡是政府主导型网络管理模式的典型，政府对网络的监管采取相对严格的态度。在新加坡广播局（后并入新加坡媒体发展局）的主管之下，早在 1996 年 7 月，新加坡就通过了《网络管理办法》，并依据《新

---

① 赵水忠：《世界各国互联网管理一览》，《中国电子与网络出版》2002 年第 10 期，第 8 页。
② 龙洪波：《我国互联网信息管理研究》，硕士学位论文，华中科技大学，2004。

加坡广播法》进一步颁布了《网络行为准则》，制定了《网络内容指导原则》。其政府监管的主要手段有二：一是实行许可与注册登记制度，二是实行严格的检查制度。虽然在其管理方式中包含了分类许可证制度、接受建议与鼓励行业自律、加强公共教育等，但政府管理的强制性显而易见。

法国是政府与行业共同管理模式的代表。法国政府在 1999 年初提出并开始执行"共同调控"的管理政策。"共同调控"是建立在以政府、网络技术开发商、服务商和用户多方经常不断的协商对话基础上的。政府要求网络技术开发商和服务商注重对网络的管理并向网络用户普及网络知识，网络开发商和服务商们因此成立了互联网监护会、互联网用户协会、法国域名注册协会等网络调控机构，并开发相关宣传网站。为了使"共同调控"真正发挥作用，法国还成立了由个人和政府机构人员组成的机构，即互联网国家顾问委员会。①

美国也是多方协调型网络管理模式的代表。美国政府于 1997 年宣布对互联网采取"不干预政策"，原因有二：一是政府认为只有自由、不受管制的宽松环境才能刺激互联网的发展；二是没有一个管制机构享有对互联网进行全面管制的法律授权。美国联邦通信委员会（FCC）是电信法的执行机构，可以根据电信法制定、发布行政规章，负责监管公共电信企业、专用无线电通信、大众媒体、有线电视等。但 FCC 没有将互联网的管理简单理解为对一般电信业务的管理，其不仅对互联网坚持自由的非管制的政策，而且还给予诸多政策上的支持。在基本不主张立法规范网络内容的情形下，美国政府寻求业界自律以及通过技术手段对网络内容进行管控。

2. 我国政府主导型管理模式的确立

如果将互联网管理分为政府主导型管理模式与多方协调型管理模式的话，我国目前的互联网管理显然是典型的政府主导型管理模式。互联网的产生是计算机通过通信线路互联互通完成的，因此在技术上互联网发展依托于电信行业。互联网信息内容的传播在很大程度上又与传统大众媒介内容的运作相似，因此在内容管理上又隶属于大众传媒管理的范畴。无论电

---

① 江小平：《法国对互联网的调控与管理》，《国外社会科学》2000 年第 5 期，第 48 页。

信业，还是大众传播业，两者都是政府实行严格控制的行业。在我国，采用这一管理体制的必要性体现在以下三方面。

首先，政府主导型管理最适合网络发展的基本规律。网络运作的基本规律是跨地域信息流通，因此特别强调运作过程的系统性、互联性，这必然要求管理上进行全国统筹规划，制定全国统一标准，实行全国统一管理。

其次，政府主导型管理最有利于将网络企业做大做强，增强国际竞争力。面对网络行业的竞争，由政府进行全面的统筹规划，可以避免地方封闭分割，避免高代价的重复建设，发展与加强有实力的网络企业，形成有国际竞争力的大企业、大集团。

最后，政府主导型管理能最有力地维护国家主权。电信行业历来都是事关国家主权的敏感行业，特别是我国加入 WTO 以后，电信业的对外开放使网络安全面临更加严峻的挑战。这些远非个体力量所能对付，必须由政府站在全局利益之上，集中力量进行统一的防范与控制。①

因此，在特定的环境之下，经过不断的探索与实践，我国对互联网的管理选取政府主导型管理模式。

二 我国网络媒介管理的主要手段

目前我国互联网管理的主要手段可以归结为两种，一是控制，二是导向。具体而言，又可以细分为四，即网络立法管理、行政手段的监督、技术手段的控制、行业自律的约束。就网络立法而言，为了适应互联网的动态发展，我国不断出台互联网管理法规，至今已有40多个。而其中最为重要的就是通常所说的"一法两规两条例"，即《全国人民代表大会常务委员会关于维护互联网安全的决定》（2000 年 12 月 28 日）、《中华人民共和国电信条例》（2000 年 9 月 25 日）、《互联网信息服务管理办法》（2000 年 9 月 25 日）、《互联网站从事登载新闻业务管理暂行规定》（2000年 10 月 8 日）、《互联网电子公告服务管理规定》（2000 年 10 月 8 日），

---

① 陈金岭：《我国电信监管体制为何选择中央垂直管理》，《通信产业报》2002 年 1 月 16 日。

这些法规构成我国网络内容管理的重要依据。并且，为了保证法规的有效实施，我国同时备有数量可观的网警队伍。与传统媒体以政策管理为主不同，网络媒体由于主体的多元化，依法管理显得尤为重要。但就整体而言，我国网络立法仍然不够完善，因为缺乏系统的理论研究使大多法规的出台显得仓促。

行政手段的监管是实施网络立法管理的辅助手段。网络媒介管理部门有规律地对网站进行更为具体的干预，如定期检查网站内容、临时下达各类报道要求、随时布置网站工作重点、控制网络信息资源等。如针对2003年5月非典事件，北京市政府新闻办首先将信息传递给搜狐网站，显示出政府管理部门的关爱，使搜狐具有率先报道该信息的机会，其点击率迅猛上升。目前中国可以直接或者间接管理网站的上级部门多达20余家，主要的有信息产业部、国务院新闻办公室、公安部网络管理处、中共中央宣传部、新闻出版署、文化部等。公安部对网络有害信息、网络犯罪、网络安全进行管理，网络新闻办对网络内容进行管理，信息产业部管理网络运营、接入及安全问题，新闻出版署管理网络出版、知识产权，文化部门管理网络游戏、网吧等，各司其职。为了配合政府部门的多头管理，有些大型网站甚至专门成立政府公共关系部门，委任专人负责协调相关工作。

技术手段的控制主要是针对网络有害信息，或设置防火墙，封锁敏感网站；或安装过滤软件，过滤敏感词汇及相关网页与邮件；或实施内容监控，在网络终端进行全程监控，在网吧安装报警软件等，以此来控制与防范有害信息的传播。公安部正在建设的大型网络管理项目"金盾工程"完工以后，我国网络技术管理水平会达到更高的层次。

行业自律的约束是指通过行业规范、网站管理条例、社会监督等多重渠道进行的自律与他律相结合的管理方式。如中国互联网协会是一个重要的互联网管理与协调机构，它制定的《中国互联网行业自律公约》，针对国内所有网络从业者，对其网络行为进行规范。也有互联网行业中某一具体行业的联盟，通过共同制定更有针对性的行业规范来约束竞争行为，如《软件工程师道德规范》《网络广告业自律公约》《电子商务者自律公约》《网吧自律公约》等等。政府管理部门还设立举报网站进行更为广泛的社会监督，如 2004 年 6 月 10 日，中国互联网协会互联网新闻信息工作委员会开设"违法和不良信息举报中心"，任何网民都可以在这里举报违反法律和法规的网站，包括邪教网站、危害国家安全的网站、宣扬暴力和色情的网站以及违反知识产权的网站。

就媒介管理而言，控制与导向总是相辅相成的，在控制一部分内容的同时也等于引导了另一部分内容。国家为了保证导向的高度正确性，重点扶持一些网站，形成网络主流媒体。目前商业网站可以登载新闻的有 44 家，新闻网站 120 多家，这 160 多家网站代表中国网络媒体的主流。政府对这些主流新闻媒体给予人、财、物三方面的支持，如新华网其体制并未完全企业化，在网络媒体没有新闻采访权的情况下，新华网原创新闻报道达 60%~70%。政府为了确保网络导向不出现任何疏漏，还定期开办网站工作人员培训班，截至 2004 年底，这种培训班已经开办了 11 期。

三 我国互联网管理的基本特征

我国以政府为主导的互联网管理模式具有鲜明的特色。这些特色可以归结为四：发展与控制并行不悖的管理思想，政策与法规相结合的管理依据，社会监督与个体自律并重的多元管理手段，适应网络经营者成分多元的分类管理方式。

1. 发展与控制并行不悖的管理思想

在我国，互联网已经相当普及，早在 2000 年 6 月 28 日中央思想政治工作会议上，江泽民同志就指出："要重视和充分运用信息网络技术，使思想政治工作提高时效性，扩大覆盖面，增强影响力。"[1] 党的十六大报告中江泽民又认为："互联网站要成为传播先进文化的重要阵地。"[2] 事实上，我国政府对互联网的发展采取了积极扶持的态度。国家采取多种措施大力建设信息高速公路，扶持 ISP/ICP 的发展，积极改善网民的上网条件。其结果，根据 CNNIC 2005 年 1 月的最新统计，上网计算机总数已达

---

① 《江泽民论有中国特色社会主义》，中央文献出版社，2002，第 412-413 页。
② 《十六大以来重要文献选编》（上），中央文献出版社，2005，第 29 页。

4160 万台，上网用户总数已达 9400 万户，网站点总数已达 66.9 万个。为数众多的上网主体目的各异，现实生活中的林林总总都延伸到网络，网络社会的秩序已经影响到现实生活的秩序。

对大众媒介的控制性管理，是我国传统媒体政策的核心。在中国，传统大众媒体是党和政府的喉舌，政府在媒介管理上必须进行内容控制。互联网的媒介属性决定了对其进行控制性管理是我国政府的必然选择。因此，自网络媒体开放之初，我国政府就积极介入对互联网从市场调控到内容控制的不同层面的管理。自 20 世纪 90 年代中期到现在，经过多年管理经验的积累，政府对网络管理的思路已经越来越明晰，目前的管理思想就是，既要尽可能有利于我国互联网的发展与市场竞争，又要使政府管理部门能对网络内容进行有效的控制。中国共产党第十六届中央委员会第四次全体会议通过的《中共中央关于加强党的执政能力建设的决定》指出："高度重视互联网等新型传媒对社会舆论的影响，加快建立法律规范、行政监管、行业自律、技术保障相结合的管理体制，加强互联网宣传队伍建设，形成网上正面舆论的强势。"[①] 对互联网既控制又发展，这在操作层面必然会面临一定的冲突。为了协调好两者的关系，达到既控制又发展的双重目的，我国政府管理部门采取了相应的配套措施。一方面，他们组织并参与互联网理论层面的研究探讨，出国考察发达国家的网络管理经验；另一方面，又与大型网站联手在实践中进行相关课题的开发。如 1998 ~ 1999 年，搜狐网络广告的运作探索为国家工商总局网络广告的管理提供了重要的参照。

2. 政策与法规相结合的管理依据

迄今为止，我国针对网络监管的法律只有一部准法律性文件，即 2000 年 12 月 28 日全国人大常委会通过的《全国人民代表大会常务委员会关于维护互联网安全的决定》，而有关网络监管的行政规章则多达 40 多个。相对于我国传统大众媒体管理以政策管理为主，网络媒体由于主体的多元化，无论网络经营者、网络信息传播者还是网络信息接收者等都十分庞杂，政策管理显然会有挂一漏万之忧，因此更为稳定的立法管理显得

---

① 《十六大以来重要文献选编》（中），中央文献出版社，2005，第 285 页。

尤为重要。这方面的努力，自 20 世纪 90 年代就持续不断，政府依法管理网络的思想十分明确。

3. 社会监督与个体自律并重的多元管理手段

相对于传统大众媒体管理主要依赖上传下达的纵向控制，网络媒介管理同时也看重横向的社会监督与个体自律。传统大众媒体的管理，从创办设立到日常运作监管都实行一条龙式的封闭式纵向管理。媒体创办要经过申请—批准—登记等程序，即创办者首先向有关管理部门提出申请，经过审批同意之后才具备创办资格。审批条件则由管理部门单方制定，根据 1997 年《出版管理条例》的精神，设立出版单位（包括报社、期刊社等）的条件是：有出版单位的名称、章程；有符合国务院出版行政部门认定的主办单位及其必要的上级主管机关；有确定的业务范围；有 30 万元以上的注册资本；有固定的工作场所；有适应业务范围需要的组织机构和符合国家规定的资格条件的编辑出版专业人员；等等。这些条件对申请出版者从指导思想、组织条件、物质条件等诸多方面都提出了较高的要求。这一较高的准入门槛，再加上严格的刊号管理与总量控制，能进入大众媒体运作行业者基本都是国务院出版行政部门认可的单位。对大众媒体准入资格的严格控制，使对其日常运作的监管较为容易操作，如内容审查、资源控制、违纪违规的处罚等，简单的政策指令即可解决。

网络传播则以去中心化的分散性结构为特点，单纯的金字塔式的纵向管理显然力不能及。为了适应网络自身运作的规律，政府在网站创办上从最初沿用传统媒体的审批制，最后确立为审批、登记制并行的多元管理方式。2000 年 9 月 25 日，国务院发布的《互联网信息服务管理办法》第四条规定："国家对经营性互联网信息服务实行许可制度；对非经营性互联网信息服务实行备案制度。"事实上，在网站创办管理上，这种较为宽松的准入政策，由于网络技术，在具体实施中仍然难以达到绝对控制。据统计，我国目前真正登记备案的网站仅有 1 万多家，而未备案的网站高达 95%，并且以每天 200 多家的速度递增。网站创办的难以控制，势必使网站的日常运作更加难以监管，因此政府特别强调网络管理中横向的社会监督与网络个体的自律。除了成立各级互联网协会、开设网络不良信息举报中心外，政府对网络主体提出具体的责任要求，如《互联网信息服务管理办法》第十四条规定："从事新闻、出版以及电子公告等服务项目的互联网信息服务提供者，应当记录提供的信息内容及其发布时间、互联网地址或者域名；互联网接入服务提供者应当记录上网用户的上网时间、用户账号、互联网地址或者域名、主叫电话号码等信息。互联网信息服务提供者和互联网接入服务提供者的记录备份应当保存 60 日，并在国家有关机关依法查询时，予以提供。"[①]

4. 适应网络经营者成分多元的分类管理方式

由于网络媒体市场化的程度远远高于传统媒体，政府为了加强管理的针对性，将现有网络媒体进行分类管理。

网络媒体在构成成分上较为复杂，除政府主办的网站，还有外资、合资、民营资本的网站。网站创办较低的准入门槛，使个人建站也极为方便。这些成分众多的网站不可能再以党和政府的喉舌一概而论，因此政府在网络管理中摸索出了分类管理的管理方式。在媒介准入管理上，将经营性网站与非经营性网站进行分别对待，经营性网站备案即可，非经营性网站则实行许可制。在申报条件的限制上，经营性网站应当具备的条件是："（一）有业务发展计划及相关技术方案；（二）有健全的网络与信息安全保障措施，包括网站安全保障措施、信息安全保密管理制度、用户信息安全管理制度；（三）服务项目属于本办法第五条规定范围（新闻、出版、教育、医疗保健、药品和医疗器械等互联网信息服务）的，已取得有关主管部门同意的文件。"非经营性网站则更加简单，仅需准备如下材料："（一）主办单位和网站负责人的基本情况；（二）网站网址和服务项目；（三）服务项目属于本办法第五条规定范围的，已取得有关主管部门的同意文件。"[②]

除了区分经营性网站与非经营性网站，政府管理部门为了加强内容管理，还将媒体网站与非媒体网站进行区分。针对媒体网站，《互联网站从事登载新闻业务管理暂行规定》第五条规定："中央新闻单位、中央国家机关各部门新闻单位以及省、自治区、直辖市和省、自治区人民政府所在

---

① 《互联网信息服务管理办法》，http://www.pkulaw.cn/。
② 《互联网信息服务管理办法》，http://www.pkulaw.cn/。

地的市直属新闻单位依法建立的互联网站（以下简称新闻网站），经批准可以从事登载新闻业务。"针对非媒体网站，《互联网站从事登载新闻业务管理暂行规定》第七条规定："经批准可以从事登载中央新闻单位、中央国家机关各部门新闻单位以及省、自治区、直辖市直属新闻单位发布的新闻的业务，但不得登载自行采写的新闻和其他来源的新闻。非新闻单位依法建立的其他互联网站，不得从事登载新闻业务。"① 这种分类管理的网络管理方式使不同类型的网络媒体运作各得其所。

原载《南京邮电大学学报》（社会科学版）2006年第2期

收入本书时略有改动

---

① 《互联网站从事登载新闻业务管理暂行规定》，国务院新闻办公室网站，http：//www.scio.gov.cn/ztk/hlwxx/06/10/Document/1018166/1018166.htm。

论互联网的共同责任治理

互联网管理方式的完善，是一个历久弥新的问题。互联网技术迅猛发展，给国家治理带来新的冲击，如信息安全问题凸显、社会权力结构扁平化、社会矛盾更易激化、价值观念多元化等。我们认为，随着互联网管理实践的不断探索，管理方式的创新也在不断推进，应在以权威管理为主的管理方式中，加大共同责任治理比重。本文主要从三个方面展开论述，即互联网技术发展对国家治理带来的冲击、互联网管理方式的改变、构筑互联网共同责任治理体系。

一　互联网技术发展对国家治理的四个方面的冲击

互联网技术迅猛发展，给国家治理带来新的冲击，其主要表现在国家、社会和个人三个层面。国家层面，主要是国际信息安全问题凸显和国内社会权力结构扁平化。社会层面，主要是非理性传播较易激化社会矛盾。个人层面，主要是价值观念趋向多元。

1. 国际政治层面：信息安全问题凸显

互联网技术的发展，进一步凸显了国家信息安全的重要性。2013 年"棱镜门"事件的爆发，一方面，引发了人们对信息安全边界的思考；另一方面，也在客观上促使世界各国更加注重网络和信息安全的对话。保障信息安全，已经成为事关国家安全的重大战略问题，直接关系到国家经济发展、科技进步、社会稳定。

鉴于信息产品的安全性直接涉及国家安全和国家利益，欧美等发达国家很早就制定了完善的信息安全产品策略，如《保护美国关键基础设施》总统令、《确保欧盟高水平的网络与信息安全的相关措施》等。反观我国，整个信息化行业，无论是终端、网络、软件，还是服务器、集成电路芯片，几乎大部分 IT 基础设施建设都采用了国外技术、国外品牌。作为一个拥有六亿网民的网络大国，同时也是网络攻击的主要受害国，中国需要认真考虑和适时调整国家信息安全战略，用全新的思维审视我国的信息安全形势，制定适宜可靠的国家信息安全战略。

2. 国内政治层面：社会权力结构扁平化

互联网技术的发展，赋予公民和非政府组织更多隐形的社会权力，促使社会权力结构更加扁平化。之前人们更为熟悉军事、经济、政治等权力形态，这类权力比较容易被识别、感知和抵抗，但是，信息时代的权力形态更多表现为信息流动以及对信息流动状态的掌控，这类权力更多表现为渗透性的权力结构，比较难以被识别、感知和抵抗。[1] 如今，世界各国的无组织群体正在通过社交网络进行"再组织化"，甚至呈现出一种超越组织的力量。在网络空间里，社交网络更易于被一些国家或者政治组织势力利用，对目标国家开展意识形态渗透或鼓动社会动乱。只要某个国家内部此前积聚了一定的社会矛盾，都有可能通过社交网络引爆，并借助社会突发事件，挑战政府管理机构的治理能力。从 2009年伊朗总统选举时期的政治动荡开始，包括西亚北非诸国和欧美国家，都曾因社交网络而出现政治或社会层面的骚乱或动荡，如伦敦骚乱、"占领华尔街"运动等。这些问题的出现并非全部归因于社会化媒体革命，但社会化媒体的出现，无疑对此类问题的发酵、放大和扩散起到了推波助澜的作用。

3. 社会层面：社会矛盾更易激化

互联网技术的发展，更易于负面社会情绪的传播和群体性事件的激化。通过对多起群体性事件的考察可以发现，新媒体在其中起到了促使事

---

① 沈逸：《探索新媒体管理刻不容缓》，《人民日报》2011 年 8 月 25 日。

件发酵、升级的作用。群体性事件的参与者与围观者，通过多种新媒体手段传播大量谣言，传播与扩散各种消极、负面及非理性的言论或社会情绪，能够迅速产生巨大社会影响，吸引大量新的参与者和围观者聚集讨论，促使事态升级与问题恶化。以微博为代表的社交网络对群体具有强大的聚合能力，它通过信息的流动，将原本分散、孤立的社会个体，以不同的关系组合成众多的小群体。无以数计的信源，通过无以数计的小群体，构成无以数计的新的传播渠道，使信息传播成几何级数向外扩散，产生群体性问题的病毒裂变式传播效果。这种串联与动员一旦从线上发展到线下且政府的管理沟通没有及时跟进，问题的恶化程度就会加重，影响的范围就会扩大，引发的后果很可能就是社会骚乱或政治动荡。

4. 价值层面：价值观念多元化

互联网技术的发展，促使价值观念多元化，社会共识更加难以达成。互联网技术所具有的开放性，能最大限度地吸纳网民的意见，容易使不同的社会思潮在社交网络中交锋碰撞，容易引发政治渗透和舆论失控，对主流意识形态与传统价值观造成冲击。网民在匿名的互联网上，更容易发表具有情绪化、非理性化倾向的网络言论。自由的互联网，更易于被少数网民用来传播低俗内容、极端思想、自由思潮等。在此情况下，各类网民都能便捷地在网上找到自己的"志同道合者"，一起传播和扩散自己所支持的意见，结果导致意见鸿沟扩大，民意协商及共识达成的难度就会加大。不同意见的交流互动，有利于社会思想的活跃，然而，不同意见的过度分化，不利于社会基本共识的形成，会使现实社会矛盾激化。[①]

二 互联网管理方式的改变：从权威管理到共同治理

在不断的摸索中，我国逐渐健全了中国特色的互联网管理方式。这种管理方式具有显著的特点，对国家安全、社会稳定、互联网发展等都发挥

[①] 张春贵：《新媒体能否促成中国的"进步运动"》，《中共天津市委党校学报》2013年第4期。

了应有的保障作用。面对新兴互联网业态的冲击，这种传统的权威管理方式也日益遭受冲击和挑战。伴随这些挑战，互联网管理方式不断走向成熟，共同责任治理方式越来越引起人们的重视。

1. 原有互联网管理方式的特点

纵观过去二十多年，中国在互联网管理实践领域取得了巨大的成就，也积累了丰富的管理经验。互联网的立法和执法工作逐步加强，一些政府部门开始积极利用互联网提高政府决策的民主性和科学性，一些政府部门也尝试利用互联网解决工作中的难题，互联网管理机制不断健全，一个具有中国特色的互联网管理方式被逐步摸索出来。整体上看，这种管理方式就是以政府为主体、以业务许可制为基础的自上而下的传统权威管理方式。事实上，在互联网管理的实际操作层面，中国的权威管理主要体现为申请许可制，其法律基础是《互联网信息服务管理办法》。①申请许可制具体分为三个方面。其一，许可证制度要求互联网服务商在取得政府许可之后才能进行互联网信息服务，否则将会面临网站关闭和罚款等惩罚。其二，互联网内容服务商提供的信息服务必须合法，否则将会丧失互联网信息服务的营业资格，这就使其必须加强自身内容的审查。其三，建设互联网防火墙，大范围屏蔽影响国家安全、社会稳定的互联网信息内容和其他涉嫌违法的信息内容。总的来看，传统权威管理方式的特点可以归纳为以下几点：第一，从管理主体上看，这种传统的权威管理方式是政府主导的自上而下的管理，各部门分工负责，遵循政府传统管理职能延伸到互联网业务管理的原则，几乎所有的政府部门都出台了互联网管理法规；第二，从管理目标上看，传统的权威管理方式是将"规范"互联网行业发展、消除互联网弊端和混乱现象作为主要目标；第三，从管理手段上看，此管理方式主要通过法律法规的执行，对外设置"防火墙封锁"以维护国家信息安全，对内采用"事前业务许可制度以提高进入门槛和事后加强管理以取缔违法违规行为"。

---

① 武卓韵：《自由与管制之间：中、美、新三国互联网管理模式对比》，http://cnpolitics.org/2014/02/internet-control-or-internet-censorship/，最后检索时间：2023年6月24日。

2. 原有互联网管理方式面临的冲击

政府主导的传统权威管理方式，往往容易滞后于互联网技术创新的步伐。面对互联网业态的不断创新，政府有限的资源，往往难以适应互联网无穷的新变化。

一方面，未经许可的互联网业务大量泛滥。虽然互联网管理部门发放了一定数量的网络业务运营牌照，但是许多小微企业，除非业务发展到一定规模才会考虑牌照问题，一般情况下，小微企业根本没有足够的资金和精力去申请遥不可及的牌照。互联网管理部门的监管力度有限，难以对大量小微互联网企业形成监管实效，即使责令其立即关闭网站，那些企业只要换个域名并拷贝数据就可以重新开业。即使国内互联网管理部门出台了新的监管措施，加大了监管力度，这些小微互联网企业也会把网站搬到国外，只能令国内互联网管理部门望洋兴叹。互联网新兴业务形态层出不穷，互联网管理部门之间难以划清监管权限，小微互联网企业可以通过各种创新手段逃避监管。[1]

另一方面，互联网管理部门资源有限，大多通过"专项整治"活动来应对不断增加的违法经营业务。这个矛盾存在已久，对比互联网业态创新的层出不穷和互联网企业的大量涌现，互联网管理部门人力、物力等都很有限，监管程序反应比较慢，监管手段往往滞后于互联网业务创新。就目前而言，尚未建立起互联网治理的长效机制，互联网管理部门往往沦为"消防队"角色，哪里互联网业务问题严重，就赶赴哪里急匆匆地"救火"。以谣言治理为例，由于网络的开放性和匿名性，传统的权威管理方式，难以有效遏制谣言的传播和扩散。就现有管理实践来看，消除谣言的纠错机制应该包括以下几个方面：其一，网民通过博客、微博、微信、论坛等多种途径发布消息，纠正相关谣言；其二，互联网平台运营商可以及时过滤相关错误信息、纠正相关谣言，如网站论坛版主、网站内审人员、网站内容编辑等；其三，互联网管理部门通过各种管理手段，及时采取适当方法，纠正相关谣言；其四，司法部门可以通过法律手段及时追究少数网民散布谣言的相关法律责任，震慑违法传播网络谣言的行

---

[1]　马骏等：《中国的互联网治理》，中国发展出版社，2011，第 24 页。

为。由此可见，随着互联网技术的进步，仅靠传统的权威监管，无法有效治理互联网的问题，只有政府引导基础上的多方参与的互动合作才能有效应对。

3. 从权威管理走向共同治理

随着互联网管理实践的不断探索，管理方式的创新也在不在推进，人们逐渐认识到，在不断改善互联网管理过程中，我国的网络管理方式既要改变传统政府主导型的权威管理方式，也不能照搬英国那种过度依赖自下而上的行业自律的方式，而是要在政府引导下建立起共同责任治理方式。这种方式类似于以法国为代表的政府与行业共同管理方式，但也有区别，即它更强调政府的服务引导功能、行业的自律功能以及社会第三团体的监督功能。这里的第三团体，从狭义上讲就是互联网相关的行业协会，广义上包括网民、社会其他团体乃至社会公众。

共同责任治理方式的特点是，政府引导所有互联网行业相关者共同制定和执行规则。共同责任治理方式的优势表现为，一方面，互联网行业相关者共同参与规则的制定，既可以集思广益，也可以兼顾各方利益，这些兼顾，日后都会成为互联网"善治"的基础；另一方面，在互联网行业相关者达成"共识"的基础上，相关规则将得到绝大多数人的拥护，其中多数人会遵照"共识"调整自身行为，针对少数不遵守"共识"的机构或个人，则可以由多数人予以督促纠正。

三 "善治"新思路：构筑互联网共同责任治理体系

共同责任治理方式的实行，需要不断借鉴国外互联网治理经验，并在政府的引导下建立健全互联网共同责任治理体系。政府的引导作用主要体现在：一方面，政府需要积极动员社会力量参与互联网治理，与各种社会力量形成互动合作的关系，对社会可以解决的问题逐步放手、放权；另一方面，政府可以利用行政手段解决市场调整、共识协商、自律自治等手段难以解决的问题，对社会解决不了的问题，充分配置资源予以解决。

构筑互联网共同责任治理体系，主要是指：第一，从法律层面，不断明晰互联网内容的法律责任；第二，从行业管理层面，不断借鉴国外互联网行业组织的治理经验，增强互联网行业组织的监督责任；第三，从第三方机构层面，不断增强互联网第三方机构的监督责任；第四，从用户层面，不断提升互联网用户的道德责任感。

1. 健全信息发布规则，不断明晰互联网内容的法律责任

由于互联网行业是一种技术主导发展的市场形态，技术发展速度远远超过了法规的更新速度，所以无论是欧美等发达国家，还是印度等发展中国家，都在不断明确互联网治理的权利和义务，不断明晰互联网治理的责任界限。尽管具体做法不同，但依据国情，不断强化互联网法律责任治理，不断提升互联网用户的法律意识，已成为全球共同趋势。综观国内现有的互联网法规体系，在业务许可、市场准入、运营管理等方面的法规内容较多，但缺少一部全方位明确互联网信息传播责任的基本法律，对此，还需要整合现有法规，制定权威统一的专门法律，建立完整、规范、明确的互联网信息发布责任规则，进一步明确信息发布者和传播者的法律责任界限，同时依法制裁恶意发布或传播违法信息，以及利用信息发布从事违法活动的行为。若建立基本法律的工作短期内难以取得突破性进展，则可以考虑不断加强对现有法律适用于互联网管理的延伸和司法解释工作，进一步明晰现有法律在互联网领域的认定标准和适用范围。

2. 健全行业自律体系，不断增强互联网行业组织的监督责任

行业自律体系，堪称西方国家互联网企业的免疫系统，对我国互联网治理具有借鉴意义。鉴于互联网机构在网络信息审查方面所担负的义务以及因失责所引起的潜在风险，西方发达国家的互联网机构，大多在政府的引导下，自发组建了行业自律组织，通过制定行业自律规范、受理公众投诉、开展媒介素养教育等方式，在保障国家信息安全和维护公众共同利益方面发挥了重要的作用。

美国互联网信息安全行业组织，在网络安全应急响应、职业道德规范制定、职业资质认证、从业人员教育、信息安全技术交流等方面，发挥了无法替代的作用，比较著名的有：美国计算机协会（ACM）、国际互联网协会（ISOC）、计算机安全协会（CSI）、信息系统审查与控制协会（ISACA）、计算机应急响应协调中心（CERT/CC）、美国计算机职业者社会责任协会（CPSR）等。此外，还有其他互联网自律团体、组织或联

盟，纷纷通过各种方式来协助政府的管理，基本涵盖了电子商务、社交网络、新闻网站等几个互联网管理的主要方面。在法国，有"法国互联网理事会"、"法国域名注册协会"、"互联网监护会"和"互联网用户协会"等行业机构。在德国，有"国际性内容自我规范网络组织"等。在日本，有电信服务业提供商协会、电气通信从业者协会等行业组织。

3. 建立互联网企业责任第三方监督机构，健全责任评估指标体系

互联网社会责任的履行，实质上，需要一套机制来保证内容产品的质量，用以保证内容产品具有更好的品质和更高的可靠性，用以保障在激烈的商业市场竞争中互联网行为能够被规范在个人道德规范、媒体职业道德规范以及任何能更好地为公共服务的责任体系之内。这套机制的核心，就是建立起互联网第三方机构，由其直接负责客观评估互联网行业社会责任状况及问题，并形成具有督促意义的责任信誉表彰机制。目前的困难在于还没有一套成熟的互联网行业社会责任评估指标体系。虽然互联网社会责任问题的研究视角主要来自西方媒体社会责任理论，但西方学界并未给出一套媒体社会责任的标准评估体系。虽然互联网社会责任问题已经引起了国内各界的密切关注，但互联网社会责任履行的程度问题尚无法进行科学判定。正如英国经济学家哈耶克所言，只有在某个给定的行为规则系统内才可能对行为规则做出有效的批判或改进。因此，建立互联网企业责任第三方监督机构，健全责任评估指标体系，有助于推进互联网治理的完善。

4. 开展媒介素养教育，不断提升互联网用户的道德责任感

网络媒体，特别是社交媒体，其社会责任的履行，如消除网络暴力等，还需要依靠用户媒介素养的提升。在互联网用户的媒介素养教育方面，英国、美国和澳大利亚都做出了一定程度的探索，为我国媒介素养教育提供了大量经验。英国作为率先提出媒介素养教育的国家，其教育部门通过优化设计相关教育课程，力争达到初中生可以理解电视媒介的说服意图，高中生可以管理自己的上网行为的效果。[①] 据有关统计数据，美国很

---

① 郭铮：《英国青少年媒介素养教育的发展历程及启示》，《新闻爱好者》2013 年第 6 期，第 21~23 页。

多学校把网络伦理问题纳入计算机考试内容，过半以上的学校都设有网络伦理相关课程①。澳大利亚不仅通过生活社区向网民宣传正确使用互联网的有关内容，还在学校设立专门机构，对学生传授正确的互联网启蒙知识。

原载《华中科技大学学报》（社会科学版）2014 年第 6 期

合作者：张恒山

收入本书时略有改动

---

① 严鸿雁：《美国青少年网络道德教育的经验及其启示》，《学校党建与思想教育》2012 年第 26 期，第 21~23 页。

我国主流媒体网站管理现状与建议

主流媒体网站是网民活动空间、使用行为的关键节点。主流媒体网站自身的管理能力，在一定程度上体现了整个网络行业自我调控与发展的能力。因此，主流媒体网站在积极引导网络舆论、建设中国特色网络文化、推动网络产业持续发展方面具有非常重要的影响。

2011年10月，中共十七届六中全会关于深化文化体制改革的决定中明确指出，"支持重点新闻网站加快发展，打造一批在国内外有较强影响力的综合性网站和特色网站，发挥主要商业网站建设性作用，培育一批网络内容生产和服务骨干企业"。[①] 2012年3月，人民网正式登陆上海证券交易所，成为中国"官网上市第一股"。主流媒体网站的建设和管理将成为新媒体图景中的重要关注点。

全面认识当前主流媒体网站的管理现状，对主流媒体网站的建设和管理将有重要的参考意义。

一 关键概念

"主流媒体网站"是依据2000年11月17日发布的《互联网站从事登载新闻业务管理暂行规定》第五条和第七条规定，经过国务院新闻办批准而取得发布或登载新闻资质的网站，包括中央新闻单位、中央国家机

---

① 《十七大以来重要文献选编》（下），中央文献出版社，2013，第570页。

关各部门新闻单位以及省、自治区、直辖市和省、自治区人民政府所在地的市直属新闻单位依法建立的互联网站（简称新闻网站）和非新闻单位依法建立的综合性互联网站（简称综合性非新闻单位网站或商业网站）。依此规定，"主流媒体网站"实际包括了两层含义：一是指党和政府认可、主导的网站；二是指具有发布或登载新闻资质的网站。因而，"主流媒体网站"的称谓具有特指性，其界定具有一定的行政色彩和中国特色。

目前，国内学界对媒体网站研究的成果很多，但在全国范围内对网站高层管理者通过问卷和访谈的实证考察相对缺乏。媒体网站高管是互联网管理与中国特色网络文化建设的"领头羊"，他们所在的媒体网站在管理体制、员工管理、内容管理、经营管理等方面的现状，以及他们对网站管理的认识状况，直接反映了当前我国互联网的管理现状。

二　方法设计

2009年7月至2011年9月，我们在全国范围内对主流媒体网站的高层管理者进行了抽样调查和访谈，调查涉及全国16个省市的37家主要网络媒体。① 通过对第一手材料的基本描述和分析，我们试图呈现当前网站管理的主要取向、问题和趋势。

研究采用以结构式问卷为主、半结构式访谈为辅的方法。调查问卷共分为网站基本状况、网站员工管理状况、网站内容管理状况、网站经营管理状况，以及被调查者的个人基本信息等五部分。课题组验证了问卷设计的科学性，几乎没有出现选项残缺、重复或歧义等技术问题。半结构化访谈采取面访形式，研究者对访谈的结构具有一定的控制，同时也允许受访者积极参与，研究者事先备有访谈提纲，使受访者所提供的信息大致限定在访谈目的之内，且研究者把所有访谈录音转录成文本，加以分析和解释。②

---

① 参见孟慧《研究性访谈及其应用现状和展望》，《心理科学》2004年第5期。
② 本研究数据均来自课题组和笔者2009年7~8月对各网站的访谈。

三 数据分析

（一）网站管理体制

网站管理体制，我们从四个方面来分析，即管理归属、管理目标、管理难题和政府支持。

1. 管理归属

管理归属是针对网站管理主体，即网站管理所属对象或形式分析的。我们把这些对象与形式分为党政机关、传统媒体、传媒集团、传统媒体与传媒集团、党政机关与传媒集团、独立运营等。

在调查有利于网站的管理归属上，发现网站总体倾向于"独立运营"和"传媒集团"。有30%的网站选择"独立经营"，显示了自我发展的愿望；24%的网站倾向于传媒集团的管理归属；而选择"传统媒体"和"党政机关"的比例均只为3%（见图1）。

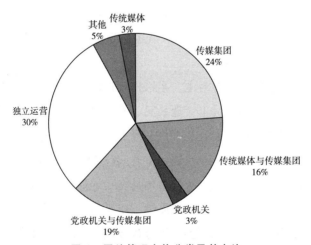

图1 网站管理主体分类及其占比

经 Pearson 卡方检验，不同性质的网站在管理归属上存在非常明显的差异（显著性概率为0.007，小于0.01）。商业网站倾向于"独立运营"，中央级新闻网站倾向于"传统媒体与传媒集团"，地方级新闻网站的选择倾向则介于两者之间（见表1）。

表1　不同性质的网站在管理归属上的差异

网站＼管理归属	传统媒体	传媒集团	党政机关	传统媒体与传媒集团	党政机关与传媒集团	独立运营	其他	总计
中央级新闻网站（个）	1	2	0	2	0	0	0	5
地方级新闻网站（个）	0	6	0	4	7	4	1	22
商业网站（个）	0	1	1	0	0	7	1	10
合计（个）	1	9	1	6	7	11	2	37

卡方检验值：27.337　　显著性概率：0.007

资料来源：本课题组。

在访谈中，网站选择"传统媒体"和"党政机关"的比例很低。究其原因，一是国有体制带来的强力监管。"如有些属于灰色地带的图片、内容，商业网站可以上，新闻网站要求会严一些。"某中央级重点网站高管认为，"随着网站和互联网的力量越来越大，管理力度在不断加大，个人感觉有时甚至超过传统媒体，甚至在细致程度上也超过了"。二是国有体制管理带来的形式弊端。不少地方级新闻网站高管坦承，新闻网站尽管外壳是有独立市场主体的公司，但实际上是母媒体的附属部门。"重点新闻网站有很大一块是事业性的，很多事情没有效益也得做。所以说现在外部的管理体制决定内部的管理体制。这些管理机制，公司法里面都规定得很详细，包括公司章程、总经理的产生啊，但这些是理论、形式上的。我们当时成立这个公司是为了拿经营……你要用这个壳子去拿资本。我们内部的管理和母媒体一样，实际上还是把我们当二级部门来管理。"三是国有体制管理带来的活力缺乏。"如当年各地电信公司兴盛的信息港，因为国有体制的原因，在20世纪90年代末商业网站上市后都逐渐削弱了。"

2. 管理目标

我们将管理目标设定为进行舆论导向、提高网站点击率、传播信息、扩大网站知名度、盈利等。

调查发现，"进行舆论导向"的目标意识在各大网站普遍较强（81.1%），显示了传统媒体管理意识在网站中的延续。但网站并没有忘记自身"传播信息"的基本功能（59.5%）。"提高网站点击率"（40.5%）和"盈利"（59.5%）的高位比例，反映了网站在政治宣传、传播信息的基础上获取经济利益和提高影响力的强烈内在愿望（见图2）。

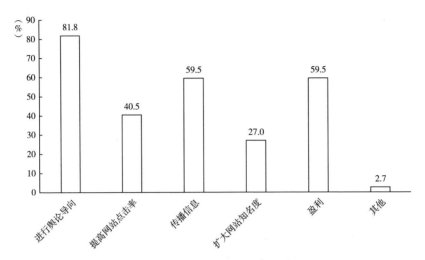

图 2　管理网站的主要目标分类及其占比

经 Pearson 卡方检验，不同性质的网站在"进行舆论导向"（显著性概率为 0.012）、"提高网站点击率"（显著性概率为 0.019）、"盈利"（显著性概率为 0.016）的目标上均存在显著差异。其中地方级新闻网站在"进行舆论导向""提高网站点击率"的目标选择上更为显著，商业网站和中央级新闻网站则在"盈利"的目标选择上更为显著（见表2）。

表 2　不同性质网站在管理目标中的显著性（n=37）

网站性质	进行舆论导向	提高网站点击率	盈利
中央级新闻网站	100%（n=5）	20%（n=1）	100%（n=5）
地方级新闻网站	90.90%（n=20）	50.09%（n=13）	40.91%（n=9）
商业网站	50%（n=5）	10%（n=1）	80%（n=8）
卡方检验值	8.850	7.885	8.300
显著性概率	0.012	0.019	0.016

资料来源：本课题组。

在舆论导向的目标选择上，主流媒体总体表现了高度的认同，都表示应承担政治责任和社会责任，但商业网站责任意识相对淡薄，主要原因在于新闻网站与商业网站的管理底线不对等，商业网站没有新闻网站在采编经营上的种种束缚。也有网站高管对当前舆论导向管理进行了理性的反思，提出了舆论导向管理的操作难度问题，如网民参与互动的开放性对管理成本的挑战，再如网络平台的复杂性（包括公域、私域）对管理方式的挑战。有高管认为，"原来传统媒体都具有喉舌性质。网络来了后，我们突然发现平台化的问题出现了……这就带来一个我们怎么管的问题"。

3. 管理难题

我们将管理难题预设为经费不足、管理经验不足、经营权不明确、管理规范不全、网站定位不清、员工多元化等方面。调查显示，除了"经费不足"（51.4%）这个最大困难外，"经营权不明确"（10.8%）、"管理规范不全"（10.8%）也是管理体制的主要难题，由此也导致了"网站定位不清"（16.2%）（见图3）。经 Pearson 卡方检验，不同性质的网站在面对管理困难的各个方面均不存在显著差异，表明这些主要的困难是各网站共同面对的问题。

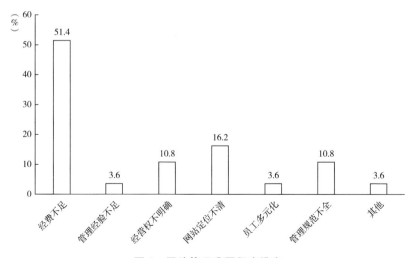

图3 网站管理难题程度排序

经费不足在地方新闻网站中表现最为突出，不少高管为此表现了急迫而无奈的心情。"我们有好的项目，但缺少资金，上不了新设备。""有个数字，重点新闻网站六年的投入比不上新浪一年的投入。这没法去做。"管理规范方面，网站高管也表现得束手无策，主要原因在于管理规范不清晰、不成熟，"很多东西压根没法弄"，"管理最难的在于部门设置以及它和业务之间的关系，其次就是管理制度规范要达到的那个效果"。

4. 政府支持

我们将政府支持预设为投入经费支持、给予政策保护、进行人力支持、提供信息资源、允许完全市场化等方面。调查显示，在需要得到政府支持的项目中，依重要程度，"投入经费支持"（64.9%）、"给予政策保护"（51.4%）、"提供信息资源"（40.5%）、"允许完全市场化"（35.1%）均受到网站的重视，这些需求与前面提到的"经费不足""网站定位不清"两大困难是相呼应的（见图4）。

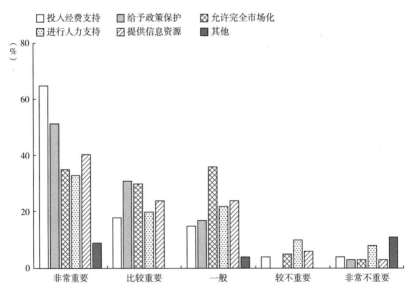

图 4　各项政府支持的重要程度

经 Pearson 卡方检验，不同性质的网站在"投入经费支持"方面存在非常明显的差异（显著性概率为 0.001）。地方级新闻网站对"投入经费支持"的愿望最为强烈，中央级新闻网站次之，商业网站的愿望相对比较均衡（见表3）。

和中央级新闻网站相比，地方级新闻网站显示出政府经费支持与市场化经营期待之间的利益矛盾。"我们想去走市场又走不了。应让我们做我们该做的事情，不做就没机会赚钱。经营很困难，太痛苦，要得分裂症。""但我们想在一些新产品上做好，和政府扶持是分不开的。政府管理部门应该给予资金支持。要想在国际上发出我们的声音，你没有投资是不行的。"

表 3　不同性质网站对"投入经费支持"倾向的显著性 （n = 37）

网站性质	非常不重要	较不重要	一般	比较重要	非常重要	总计
中央级新闻网站（个）	0	0	0	3	2	5
地方级新闻网站（个）	0	1	0	2	19	22
商业网站（个）	2	0	4	1	3	10
合计（个）	2	1	4	6	24	37

卡方检验值：27.638　　显著性概率：0.001

资料来源：本课题组。

在"给予政策保护"方面，新闻网站最大的优势是拥有政策资源和新闻资源。拥有新闻采访权和新闻发布权是政策、体制赋予新闻网站的"尚方宝剑"，也是新闻网站与商业网站展开竞争的先天特权，而商业网站只有登载新闻的资质。当前新闻网站盈利主要来源于政策保护下的垄断资源，如依靠新闻采集发布权进行的版权交易、重大活动转播权、电子政府网站建设等。对此，某网站高管说："现在需要什么样的政策倾斜我也说不上来，但是我们需要和我们网站发展相适应的政策倾斜。"

（二）网站员工管理

关于网站员工管理，我们从以下几方面展开调研：年龄构成、员工流动、激励方式、招聘标准、人才培育与成长空间等。

1. 年龄构成

调查显示，81%的网站员工处于20～30岁，显示了鲜明的年轻化趋势（见图5）。这与网络行业从业人员年龄小（平均年龄为28岁）的整体状况大体一致。经 Pearson 卡方检验，不同性质的网站在"员工年龄构成"上不存在明显差异。

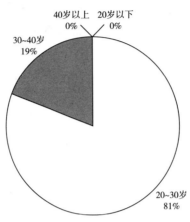

图5　网站员工年龄构成及占比

对于网站员工的基本构成，有网站高管概括得很精练，"员工是80年代的，中层一般是70年代的，领导是60年代的"。年轻化的主体结构使得代沟成为员工管理的难点。如何建立合理有效的激励机制和培育企业文化认同感，适应"80后"甚至"90后"群体的现实状况，是各大媒体网站在人力资源管理上的重要议题。

2. 员工流动

调查显示，总体上看员工队伍不太稳定，每年"比较频繁"流动的比例达16%，"一般"流动达24%，员工队伍稳定性总体并不算好（见图6）。这种状况与互联网行业员工自愿离职率高达15.9%的状况大致相当。经 Pearson 卡方检验，不同性质的网站在"员工流动"方面均不存在明显差异。

在访谈中，我们了解到员工流动主要有如下原因。一是"将员工分成A、B、C类。A类是无固定期限的合同，就是终身制；B类是签一定时长的合同，第一次签了下次再签；C类就是跟人才市场签合同。因为互联网发展很快，C类员工中有的学到一些东西之后就跑了，我们这就像一个培训机构"。二是机构改革和组织调整也导致了员工的流动性增强。三

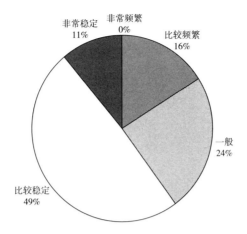

图6 网站员工每年流动情况及占比

是"80后""90后"的员工自我意识较强，对跟自己价值观不吻合的事物认可度偏低，不满意就走人的情况较常见。

但也有网站高管从"流水不腐，户枢不蠹"的角度认为，适度的流动比例是有利的，甚至对所在网站3%的人员流动比例非常不满意，认为正常的企业人员流动比例应该在10%~15%，"但说实话，引入机制做得不够好，我们需要引入一些人才，即使是高工资"。

3. 激励方式

调查显示，"培养网站认同感"（59.5%）成为激励员工最重要的方式，因而必须重视和加强富有凝聚力的网站文化建设。"提高奖金水平"（35.1%）和"提高晋升机会"（27.0%）也是重要的激励方式（见图7）。经Pearson卡方检验，不同性质的网站在"激励方式"的各个方面不存在明显差异。

在激励机制方面，各网站在经营方面有比较明确的量化指标，但采编方面的业绩难以明确量化。与商业网站相比，新闻网站特别是地方级新闻网站的绩效考核相对薄弱。一是编辑部缺乏具体考核制度。二是考核量化指标过于简单。"采编考核的核心指标是流量，其他的一些细化指标比如更新的时间、数量，策划专题的数量，差错率等也有要求。"三是团队缺乏职业经理人。在培养网站认同感方面，有网站高管认为，企业文化的创造需要和年轻人的价值实现结合起来。

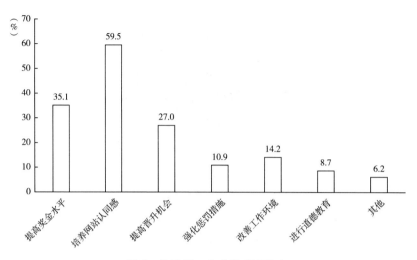

图7 激励员工方式的重要程度

在奖励和惩罚制度上，商业网站有比较严格的评价机制。一般的网站都有试用期，试用期内会对新员工进行帮助和辅导，但如果通过不了就得离开。正式加入以后，也要经历比较严格的考核程序，如果连续几个月打分都低的话，会有奖金倒扣甚至是辞退的处罚。

4. 招聘标准

调查显示，"政治敏感、新闻敏感"（81.1%）和"专业技能"（48.6%）是招聘网络编辑时非常重要的标准，这显示了传统媒体的专业素质在网络媒体业务中的延续性。"工作经验"（24.3%）和"网络技术"（16.2%）也被认为是适应网络媒体环境的两个特殊的、重要的要求（见图8）。经Pearson卡方检验，不同性质的网站在"招聘标准"的各个方面不存在明显差异。

"政治敏感、新闻敏感"作为传统媒体人员的重要素质，在主流媒体网站中得到了高度重视。很多网站高管认为，网络编辑等同于"官方代言人"。只有高度的政治敏感，才能保证网络编辑在海量的信息中判断出哪些信息是违法违规的，才能在言论自由和信息安全之间找到一个平衡点。与此同时，专业素养，或者说新闻敏感性也是招聘网络编辑人员的重要指标。依靠新闻敏感快速选取网民真正感兴趣的新闻和热点，是对网络编辑的一个重要业务要求。

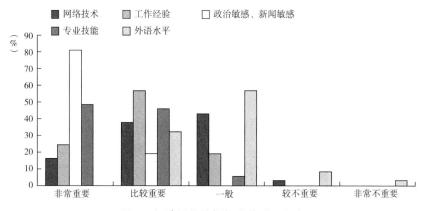

图8 招聘网络编辑标准的重要程度

"工作经验"也是许多网站在招聘时较为看重的因素,部分网站认为高校专业教育应加强学生的实践动手能力,加强复合型人才的培养。"如果一些高校经费允许,可以办些小型网站,让学生参与其中,我们也很愿意招一些有过社会工作经历的同学,因为发现他们融入团队的成功率很高。我们需要的是复合型人才,既要懂媒体,又要懂经济、互联网。"在"专业技能"方面,网站高管认为网络编辑比传统媒体有更高的要求,网络编辑既要有丰富的从业经验又要有娴熟的网络技术。与传统媒体网站不同的是,商业网站除了强调政治敏感外,还十分重视员工的营利和风险意识。某商业网站高管说,"我们对于员工有一个比较根本的要求就是,我们请他来这里,我们公司就是以生存和营利为目的的,而不是为了实现他个人的政治抱负。所以他们所做的不能危害到公司的生存和营利。因为毕竟我们是一个公司,而不是慈善机构或者是党团。因为我们的是为用户提供更好的服务,以此实现公司的营利"。

5.人才培育与成长空间

"进行专业培训"(56.8%)是提高网站编辑素质的最重要方法,"提高奖励水准"(29.70%)和"委以重要岗位"(13.50%)位居其次,进一步说明人才培育机制和激励机制的建立和完善是提高网站编辑素质的重要举措(见图9)。经Pearson卡方检验,不同性质的网站在人才培育与成长空间的各个方面不存在明显差异。

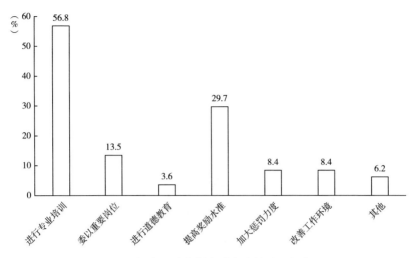

图9　提高网站编辑素质方法的重要程度

主流网络媒体培训员工的主要方式有两个：一是网站内部针对新员工的上岗培训和对员工的常规培训；二是国新办和省新办每年定期举办的业务和政策培训。培训内容一般分成两部分：一是公共知识培训，如怎样做一个合格的媒体工作者，包括一些基本业务素质培训；二是专业培训，如网络编辑怎么做好专题，怎么排图片，广告人员如何做营销等。

（三）　网站内容管理

关于网站内容管理，我们从栏目设置、新闻栏目特色、内容版块、内容功能、管理手段、引导形式、影响网络舆论的因素、重大事件报道措施、互动措施等方面进行调查。

1. 栏目设置

调查显示，"受众需求"（67.6%）和"地域特色"（62.2%）是网站设置栏目时考虑的首要因素，表明了"受众中心意识"和"本土化战略"仍然是有效的竞争法宝。"扩大知名度"（48.6%）和"增加流量"（56.8%）是前两个首要因素的内在驱动因素（见图10）。

经 Pearson 卡方检验，不同性质的网站在考虑"地域特色"方面存在非常明显的差异（显著性概率为 0.000），在"行业特色"（显著性概率为 0.048）、"增加流量"（显著性概率为 0.039）方面存在差异，地方级

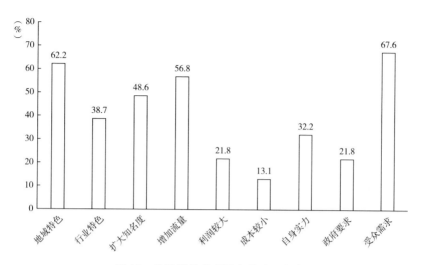

图10 设置栏目考虑因素的重要程度

新闻网站对"地域特色""行业特色""增加流量"的强调更为强烈,中央级新闻网站和商业网站表现相对平淡(见表4)。

表4 不同性质网站在栏目设置中的显著性(n=37)

网站性质	地域特色			行业特色			增加流量		
	一般	比较重要	非常重要	较不重要	一般	比较重要	非常重要	一般	比较重要	非常重要
中央级新闻网站(个)	1	4	0	0	0	2	3	0	3	2
地方级新闻网站(个)	1	1	20	1	6	4	11	0	6	16
商业网站(个)	1	6	3	0	3	7	0	3	4	3
合计(个)	3	11	23	1	9	13	14	3	13	21
卡方检验值	20.983			12.695			13.266		
显著性概率	0.000			0.048			0.039		

资料来源:本课题组。

在访谈中我们了解到,地方级新闻网站都想强调自己的本土化,通过多种方式来提升社区感。有高管谈道,"对于首页新闻的选择,优先考虑本地一些重要和可读性强的新闻","本地的一些商家会在我们特定的版块做广告"。

2. 新闻栏目特色

调查显示，"具有地域特色"（27%）和"富有权威性"（21.6%）是网站新闻栏目最想突出的两大特色。但真正体现网络特性或网站竞争力的"时效性"和"原创性"并没有得到应有的重视，而"原创性"的缺乏直接导致当前我国媒体网站在信息内容上严重趋同（见图 11）。经 Pearson 卡方检验，不同性质网站在"新闻栏目最突出特色"的选择方面不存在明显差异。

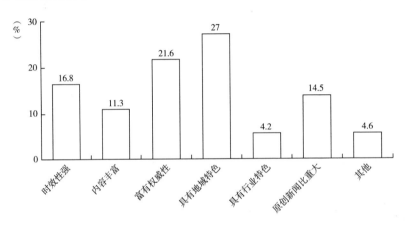

图 11 网站新闻栏目突出特色及占比

关于新闻来源，所有高管均强调三个来源：国新办和省新办提供的可以供转载新闻的媒体名单、政府部门网站、所在地区的重点新闻网站。可见政策限定对媒体网站新闻来源的重要影响，由此也导致了网站强调"地域性""权威性"的特色取向，而"原创性"和"时效性"的意识在政策制约下相对谨慎。

我们从访谈中了解到，新闻网站由于有母媒体做后盾，基本上也没有原创性新闻。其原因有三：一是新闻网站被看作附属于传统媒体的机构，二是原创新闻具有政治风险，三是追求原创内容成本相对较高。但也有新闻网站表达了升格成为采访中心来增加原创内容的愿望。商业网站由于只有登载新闻的资质，一般是通过购买、授权、互换、合作等方式获取新闻信息，在原创性和时效性上基本是在政策框架内实施边缘突破策略。相对来说，生活、娱乐方面的内容原创性更多，如大型商业活动、娱乐明星等的采访策划等，而对时事政治类事务一般比较谨慎。

3. 内容版块

调查显示，"新闻"是最受重视的内容版块，以大比例（78.4%）居首位，表明新闻信息在媒体网站中的核心地位。而其他版块则明显处于从属地位（见图12）。经 Pearson 卡方检验，不同性质的网站在"最受重视的内容版块"选择方面不存在明显差异。

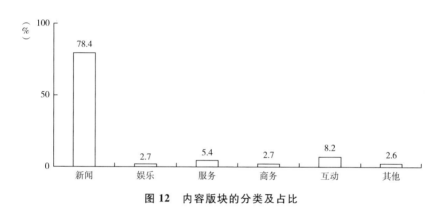

图 12 内容版块的分类及占比

各大媒体网站普遍重视新闻信息的基础作用及其带来的黏附效应，强调新闻频道是重点开发的频道，认为新闻是打造网站权威性和公信力的重要途径。不少网站采取了一些重要措施，如"特地增加新闻协调部，这是很重要的机制"，"打造大新闻——财经、体育、娱乐"。商业网站比较侧重娱乐、服务、商务、技术等。如搜狐"一直坚持核心技术战略，主营业务第一是游戏，第二是搜索引擎"；腾讯"推出一站式互联网服务"，"希望是集新闻信息、互动社区、娱乐产品和基础用户为一体的一个门户型网站"。

4. 内容功能

调查显示，"信息汇总"（67.6%）是最受重视的内容功能，这与前述的"新闻是最受重视的内容版块"是一致的，进一步突出了主流媒体网站在新闻信息传播方面的重要功能。但这种总体单一性也反映了其他内容功能还处于非常薄弱的阶段（见图13）。经 Pearson 卡方检验，不同性质的网站在最受重视的内容功能之间不存在明显差异。

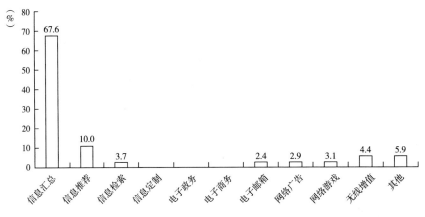

图 13　内容功能的分类及占比

　　内容功能结构上的单一性，折射出当前大多数媒体网站还处于信息经营的初级阶段，这导致信息栏目设置的严重同质化。内容同质化是目前网站发展中突出的问题，其原因是利益的驱使和网络空间的廉价以及优质内容的缺乏。某高管的回答也许能找到某种答案："很多重点新闻网站什么频道都有，但内容并不完善，比如房产频道只是在上面放了些图片，做得好不好是另一回事。放了这些图片，频道也没什么损失。没准哪一天我整个网站的品牌起来了以后，还可以卖出个好价。"

　　当然不少媒体网站也在努力规避同质化，在信息的深度加工、开发利用方面不断尝试创新。一是立足于"媒介融合"的趋势，实施跨媒体发展策略。二是将手机、iPad 等新媒体终端作为媒体网站今后重要的发展方向，尽管在开发利用过程中还存在不少制约因素。

　　5. 管理手段

　　调查显示，"稍加疏导"（54.1%）和"疏导"（43.2%）被认为是最合适的内容管理手段。而"顺其自然"、"听从上级指示"和"封堵"这些简单、僵化、极端化的手段则完全不被看好（见图 14）。经 Pearson 卡方检验，不同性质的网站在管理手段的倾向上不存在差异。

　　在访谈中，对于国家明令禁止的 13 条规定的内容，各网站所采取的措施主要包括"删除""审核""过滤""查封"等。当前各大网站都实

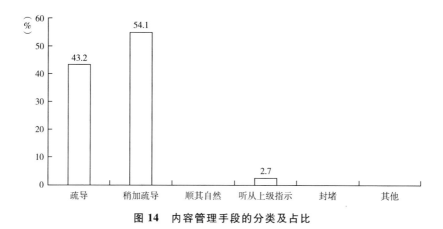

图 14　内容管理手段的分类及占比

行了 24 小时的先审后发制度，建立了多重监管机制。对国家明文禁止的信息内容坚决删除。对于一些不属于国家明文禁止但又比较敏感、不好把握的信息，有些网站出于风险成本的考虑也会采取"封堵"措施。

对网上各种不同的声音，有些网站在不违法的底线下会进行一定程度的疏导。一是恪守中立原则，二是及时提供事实真相，三是引导网民理性思考。

对于当前网络内容的管理方式，一些网站高管也进行了具有启示意义的反思。一是认为管理应该符合网络传播规律。如在突发事件或群体性事件中，"以封堵为主的传统宣传模式，会引起网民的反感"，"我们网站一天平均接到两到三条禁令，大量的都是代表某些局部利益"，因此，"在管理方式方法上，如何偏柔性一些，是一个重要课题"。二是认识到过度介入管理影响网络媒体的发展。有高管认为，"如果完全封杀不同的言论的话，对于媒体的公信力来说是一种伤害。我们把握的这个度还是比较松的，但是红线是绝对不允许碰的"。"有些帖子是否要删值得讨论。上级部门叫我们删帖，我们删了网友就不来了。网友都不来了，我怎么盈利呢。""报纸上发表的就抠不下来了，而我们网站随时可以删啊，如果网上的东西可以随便删的话，网站还有什么公信力可言。""你管得太严又没人说话，太松又不好。我们希望论坛整体的气氛是往比较温馨的方向去发展，而不是一上来就讨论社会、政治问题。"

6. 引导形式

"网站时评"（32.4%）、"论坛主帖"（21.6%）、"即时新闻"（24.3%）被认为是最重要的网络舆论引导形式（见图15）。经 Pearson 卡方检验，不同性质的网站在网络舆论引导形式之间不存在差异。

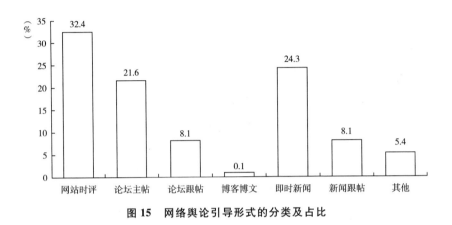

图15　网络舆论引导形式的分类及占比

大部分网站在实际工作中创造性运用各种引导方式，如"注意避免一边倒的言论立场"，"把博客、论坛中一些重要的帖子推荐到主页"，"重点推荐一些理性网友的分析"，"派记者核实和采访"等，大部分网站强调即时新闻的重要性，认为缺乏时效性将带来舆论引导上的被动，并在突破时效性限制和加强评论员队伍方面做了一些探索。

也有网站说明了不重视网络时评的原因，一是难度大，二是害怕触碰禁区，三是担心曲高和寡。在实际引导过程中，一些网站高管表示政策尺度难以准确把握，网站时常处于左右为难的境地。一位高管表示，在发生热点事件后，"我们比较苦恼的事情是，到底是做还是不做，到底怎么做，这个尺度怎么把握，我们也把握不准"。

7. 影响网络舆论的因素

调查显示，"网络议程和引导手法"（59.5%）是影响网络舆论的最重要因素（见图16）。因而如何有效设置网络议程，创新引导手法，是网络舆论管理中的核心论题。经 Pearson 卡方检验，不同性质的网站在"影响网络舆论的因素"选择方面不存在明显差异。

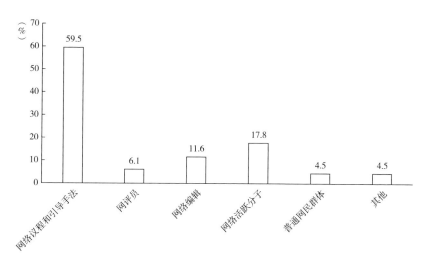

图 16 影响网络舆论因素的排序

各大媒体网站普遍重视议程设置，但对引导手法，各网站有不同的理解和做法。一是概括网民意见中的关注热点加以引导。二是从网友角度，用网友语言来引导。三是利用归谬论证法并提供准确信息来引导。

如何充分发挥网络意见领袖（活跃分子）的积极作用，一些网站在实践中逐渐积累了一些经验。一是培养意见领袖，使之成为一个喉舌化的群体。二是建立"舆论统一战线"，选择"接近现有体制但不能离体制太远了的人"。在此基础上尽量发挥意见领袖的正面作用，规避意见领袖的负面作用。

8. 重大事件报道措施

调查显示，发生重大或突发事件时，网站经常会采取"强化新闻报道"（94.6%）、"引导互动版块"（94.6%）、"组织网评员写评论文章"（83.8%）等措施（见图17）。这些措施有助于在重大突发事件中积极引导网络舆论，掌握舆论主动权。

各大网站都重视新闻报道在发生重大或突发事件时的引导作用，如某高管所说，"你网站6个小时不发消息，网民自己会发消息。你如果12个小时没有正面声音的话，基本是谣言占据主流。'快'很重要，而且'快'的同时要给那个消息翅膀插上正确的舆论风向标。我们形成了非常

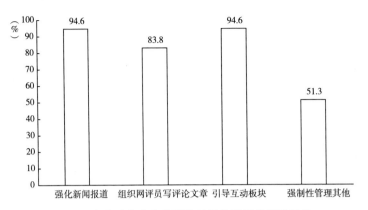

图17 发生重大或突发事件时网站采取的报道措施

深刻的共识——自己发比别人发好，主动发比被动发好，先发比晚发好"。新闻网站一般会及时转发母媒体采写的报道。商业网站一般会在核实后转载。主要核实方式有"按照新闻办下发的白名单来核对"，"通过广播、电视等多渠道寻求真实性"，"通过百度和 Google 来了解这个事件的最新信息"。如果事实出入较大，一般以新华网、人民网等权威渠道为准，或在传统权威网站发布相关新闻后再发布。

经 Pearson 卡方检验，不同性质的网站在"组织网评员写评论文章"方面存在显著差异（显著性概率为 0.017）。绝大多数新闻网站会选择"组织网评员写评论文章"，而商业网站对此做法不太重视（见表5）。某商业网站高管认为，"舆论引导不是我们的主要功能，那种写评论来引导舆论的编辑比较少。我们的网友本来就是很喜欢娱乐"。

表5 不同性质网站在"组织网评员写评论文章"方面的显著性（n=37）

网站性质	不会	此项不适用	会	总计
中央级新闻网站（个）	0	0	5	5
地方级新闻网站（个）	1	0	21	22
商业网站（个）	3	2	5	10
总计（个）	4	2	31	37

卡方检验值：12.022 显著性概率：0.017

资料来源：本课题组。

9. 互动措施

"设置互动版块"（73.0%）是增进与网民互动的最有效措施，"和网民举办活动"也达到 16.2%（见图 18）。经 Pearson 卡方检验，不同性质、不同地区的网站在"互动措施"的各选项上没有显著差异。

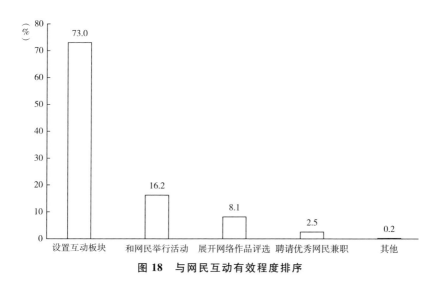

图 18 与网民互动有效程度排序

互动版块并不停留在网民发帖和上传视频等传播行为，很多网站已经将线上线下结合起来，在活动策划中实现网民之间、网站与网民之间的互动。如"广州视窗"的互动版块运作比较成功，并因此被誉为"最地道华南地区门户网站""2008 中国最佳区域门户网站"。中国互联网协会官方数据（2009 年 6 月）显示其黏着率为 94.7%。但是也有不少网站提出了互动版块管理存在的一些障碍：一是人手不够，二是各种"绿色通道"干扰，三是微博、论坛、即时通信等社交媒体难以控制。

（四） 网站经营管理

关于网站经营管理，我们从经费来源、收入来源、盈利方式、经营困难等方面进行考察。

1. 经费来源

调查显示，总体来看，网站经费来源相对单一，多元化渠道不足。依靠"母体单位投资"（41%）是网站（主要是地方级新闻网站）运营经费的主要来源，其次是"自主经营"（主要为地方级新闻网站和商业网站）（35%）和"政府拨款"（主要为新闻网站）（24%），"社会股份"及"其他"资本缺乏（见图19）。经 Pearson 卡方检验，不同性质的网站在"经费来源"的各选项上没有显著差异。但仔细分析表6发现，商业网站几乎没有得到政府的拨款，而在自主经营上的比例（60%）远高于新闻网站（中央级新闻网站为20%，地方级新闻网站为27.27%）。

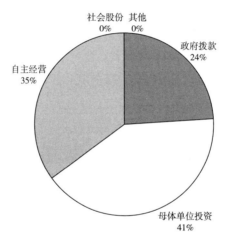

图 19　网站运营经费来源及占比

表 6　不同性质网站对"经费来源"倾向的差异（n＝37）

网站性质	政府拨款	母体单位投资	自主经营	合计
中央级新闻网站	40%（n＝2）	40%（n＝2）	20%（n＝1）	100%（n＝5）
地方级新闻网站	31.82%（n＝7）	40.91%（n＝9）	27.27%（n＝6）	100%（n＝22）
商业网站	0（n＝0）	40%（n＝4）	60%（n＝6）	100%（n＝10）

资料来源：本课题组。

具有国有资本背景的网站在收入来源上一般集中在政府拨款或母体单位投资。对于重点新闻网站，国家有关部门每年给予补贴，一般每年3000万至4000万元。省级新闻网站一年大约70万元。

尽管国家目前正在推动新闻网站转企改制上市，但改制政策是在保证传统媒体控股的前提下，才允许国有资本进入，目前对风投尚未开放。当前改制背景的尴尬是：一方面想要政府政策、资金扶持；另一方面光靠政府的投入又不够，有了政策但没有保障风险投资、风险基金的机制。

2. 收入来源

调查显示，网站收入来源相对单一，"广告收入"高居首位（91.43%），"增值业务"（如会员定制）有所增加（占 31.43%），"交易收入"（如电子商务、信息内容销售等占 14.29%）和其他收入来源仍处于起步探索期（见图 20）。经 Pearson 卡方检验，不同性质、不同地区的网站在"收入来源"的各选项上没有显著差异。但在实际访谈中，商业网站的收入来源普遍要比新闻网站更为广泛。

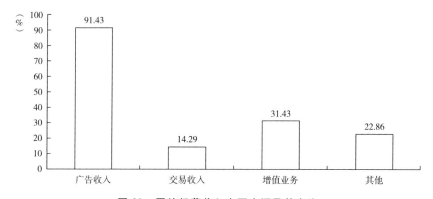

图 20　网站经营收入主要来源及其占比

新闻网站以广告为主的收入结构非常鲜明，但应看到，多数新闻网站在努力走向市场化，以摆脱拨款不足的尴尬现状。新闻网站拓宽收入渠道大致有三招：一是丰富本地特色的内容；二是提供本地商家信息，为用户提供便民购物信息；三是对商家收费。少数地方级新闻网站由于有母媒体和政府拨款，市场意识不太强烈，甚至有网站直接说，"因为我们不是商业性网站，也谈不到经营，所以这个（收入来源问题）没办法回答"。

商业网站在收入结构上则更为多样。有些网站的增值收入、游戏收入远远超过广告收入。如 21CN 收入构成（见图 21）的多元化水平，就明显高于传统媒体或有政府背景的新闻网站。腾讯的"广告收入占整体收入比较低，增值业务是最核心的盈利来源。收入来源中，40%是游戏，13%来自广告，其他的是我们的增值收入，大概占 80%"。

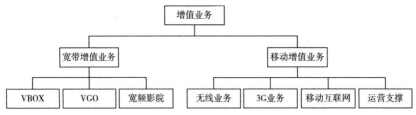

图 21　21CN 增值业务构成

3. 盈利方式

数据显示，出现在第一位的盈利方式是"在线广告"（64.9%），可谓"一枝独秀"，出现在第二位的是"企业信息化服务"（29.7%），其他盈利方式贡献率相对较低（见图 22）。经 Pearson 卡方检验，不同性质的网站在盈利方式的各选项上没有显著差异，趋同性较强。

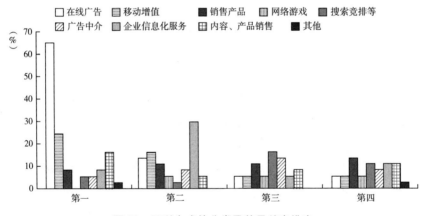

图 22　盈利方式的分类及其贡献率排序

我们在实际访谈中了解到，商业网站的盈利方式要比新闻网站更为多样，也更成熟。新闻网站特别是地方级新闻网站总体很尴尬，正如某高管所言，盈利方式"是关键问题，也是个难题，目前我们还处在寻找阶段，但尚无具体创新方式"。① 从当前来看，很多盈利模式都是依靠政策垄断

---

① 《探寻新闻网站的盈利模式》，国务院新闻办公室网站，2009 年 2 月 20 日，http://www.scio.gov.cn/wlcb/llyj/Document/307417/307417.htm，最后检索时间：2023 年 7 月 2 日。

资源带来盈利的。

商业网站如腾讯、网易在盈利方式方面呈现出立体化的布局，特别是网络游戏盈利已经进入相对成熟阶段。如网易，2008 年收入 30 亿元，网络游戏占了 25 亿元。[①] 而后起的腾讯，游戏业务发展也很迅速，2008 年第三季度已超过网易。[②] 但也有网站管理者担忧，商业网站过分倚重网络游戏的盈利模式给社会特别是青少年带来危害，他们认为这是"一种带血的暴力模式"。

4. 经营困难

数据显示，"经费不足"是网站经营的最大困难。"经费不足"在第一位的经营困难问题中占据首位（54.1%），其次为"管理体制不清"（22.3%），两大困难也反映了"政策控制多"和"市场化不充分"的问题（见图 23）。经 Pearson 卡方检验，不同性质的网站在"经营困难"的各选项上没有显著差异。

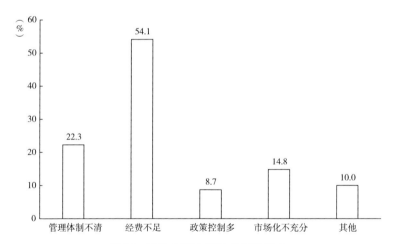

图 23　网站经营中面临的困难排序

---

① 《网易 2008 年一季度总收入 9300 万美元　同比增 29.5%》，网易科技，2008 年 5 月 22 日，https://www.163.com/tech/article/4CHA9IRF000915BF.html，最后检索时间：2023 年 7 月 2 日。

② 《腾讯 2008 年财报盈利增长近八成》，新浪网，2009 年 3 月 20 日，https://news.sina.com.cn/c/2009-03-20/113315340397s.shtml，最后检索时间：2023 年 7 月 2 日。

在实际访谈中，国有体制下的媒体网站在经营中碰到的困难要比商业网站大。除了我们在前面反复提到的"经费不足"问题，"管理体制不清"也是束缚媒体网站发展壮大的主要障碍。"管理体制不清"主要表现在两方面：一是网站是作为媒体还是技术推广平台的定位不清，二是网站是作为事业单位还是企业的身份不明。

四　基本结论与对策建议

（一）基本结论

通过对问卷和访谈的深度分析，我们发现当前我国网站管理存在一些急需解决的问题。

一是管理体制。在管理归属上，目前大多数新闻网站还依附于传统媒体或集团甚至党政机关，"独立自主经营"的管理归属相对缺乏；在管理目标上，地方级新闻网站的"盈利"意识、市场导向不显著，商业网站在"舆论导向"意识上不显著；在管理难题上，"经费不足""经营权不明确""管理规范不健全"是大多数网站共同面对的主要问题。

二是员工管理。在员工队伍上，年轻化特色鲜明，流动性偏高，员工队伍总体不稳定；在人才招聘上，缺乏具有传统媒体经验和网络媒体技能的复合型人才；在人才培育和激励方式上，缺乏合理有效的、可操作性强的考核评价机制。

三是内容管理。在新闻栏目上，真正体现网络特性或网站竞争力的"时效性"和"原创性"并没有得到应有的重视；在内容功能上，"信息汇总"功能的总体单一性，也反映了其他内容功能还处于非常薄弱的阶段；在舆论引导上，特别是在发生重大突发性事件或群体性事件时，如何把握报道尺度和政策界限，如何防止管制过度介入，成为网络内容管理的棘手难题。

四是经营管理。经费来源单一，由于政府对新闻网站的资本来源、构成有明确限制，新闻网站"自我造血"功能严重不足；在收入来源上，网站过分依赖广告收入，其他收入来源仍处于起步探索期；在经营困难上,"经费不足"成为网站经营的最大困难,"管理体制不清"也导致了"政策控制多"和"市场化不充分"的问题,严重限制了网站的可持续发展。

(二)对策建议

第一,管理体制上,加快推进新闻网站的转企改制上市,强化商业网站的舆论引导意识。

加快推进新闻网站转企改制上市的步伐。促进产权制度改革,实施股份制改造,完善法人治理结构和资本运作机制。按照现代企业制度的组织框架和经营模式对新闻网站进行改制,理顺政府、母体、网站之间权、责、利的关系,真正摆脱体制性怪圈,在逐步脱离政府资助的基础上鼓励新闻网站参与市场竞争。

加强商业网站的舆论引导意识。商业网站应增强社会责任感,在追求经济利润时应强化经济伦理和社会公德建设。目前大多数有影响力的网络社区、社交媒体由商业网站创办,它们在网络舆论的生发上具有重要的影响力。政府可通过政策扶持、经济奖励等多元手段,推动商业网站提高正面的舆论引导意识和能力。

第二,员工管理上,健全合理的人才培育激励机制,建立多元化的考核评价机制。

加大对员工的专业培训,特别是重视对复合型专业人才的培育。为员工进行职业规划,鼓励员工积极参加国家职业能力考核,制定全面、科学的培训体系,增强员工可持续发展的能力。充分考虑网络媒体从业者年轻化的现状,从"80后""90后"新一代青年的心理和个性出发,营造适合青年群体的工作氛围,注重企业文化内部建设,进一步"提高奖金水平"和"培养网站认同感"。实行全员聘任制,制定可操作的考核评价机制。通过竞争上岗、双向选择,形成能上能下、能进能出、合理流动、优胜劣汰的用人机制。在人员考核评价机制方面,新闻网站应该多向有市场经验的商业网站取经。PV(页面浏览量)、UV(独立访客)、流量并非考量业绩的唯一指标,很多商业网站建立了比较全面立体的评价机制。

第三,内容管理上,强调差异化定位和内容原创,全面权衡信息,使其自由而安全地流动。

强调差异化定位和内容原创。新闻网站应坚持新闻和服务并举、线上与线下相结合的发展思路，要善于依托权威性、及时性新闻信息，整合网民资源、政策资源和政府资源，积极进行信息服务的相关开发。决策部门应考虑赋予商业网站一定范围内采访新闻信息的权利，并对其义务和责任进行明确的界定，以便更主动、及时地把握舆论导向。事实上，商业网站在某些领域如体育赛事的采访权已经有所突破，它们通过与传统媒体或境外媒体的合作，隐性地获得了采访权。中国新闻奖的评选在确保舆论导向的基础上，应考虑将商业网站纳入。在评选项目上可参照国外网站评优的标准，进行中国特色的本土化改造。每年的中国网络新闻奖的评审，把商业网站排除在外面，事实上并不利于掌握舆论引导上的主导权和推动网络产业的健康发展。

全面权衡信息，使其自由而安全地流动。在内容管理上应符合网络传播与发展规律，改变传统的宣传主导型模式。在强调安全前提下确保信息自由流动是网络内容管理的关键。政府在网络内容管理上的主要任务是制定规则和强化监管，加强全面细致的规制分析，任何网络管理规制的目的、手段、结果、成本、收益、程度和范围等都需要进一步考察。

第四，经营管理上，通过多种渠道拓宽资金来源，积极寻求适合自身发展的盈利模式。

通过多种渠道拓宽资金来源。随着新闻网站实力的增强，在确保主办单位控股的前提下，资本来源应由"国有战略投资者"向民营资本、私人资本、国外资本逐步放开。可以尝试上市融资、股权转让、收购兼并等多种方式，以整合和配置资源，扩大网站发展规模，实现网站的跨越式发展。特别是改制上市的公司，应正确处理好公共性和商业性的博弈与平衡，必须在未来几年努力证明自己，真正能够在商业模式及盈利能力方面通过市场的检验并赢得市场的青睐，而非仅仅作为"舆论喉舌"上市"圈钱"。

积极寻求适合自身发展的盈利模式。应积极推动新闻网站从资源依赖型向创新驱动型的转变。在作为党和国家的重要舆论工具的同时，新闻网站积极依托自身独特的核心资源，改变现有依靠广告生存的单一模式，在内容版权交易、电子商务、电子政务和社交媒体等增值业务方面开拓更大空间。当前，新闻网站面对的难题是在正确舆论引导下如何尽可能地拓展有效商业化运作的生存空间。商业网站应充分利用技术创新、资本雄厚、体制灵活等优势，立足网络增值业务，瞄准网络增值服务，积极开拓海外市场，继续完善收入结构，保持盈利方式的多样性。

原载《新闻与传播研究》2012年第1期

合作者：罗昕

收入本书时略有改动

我国网络媒体从业者基本状况调查分析

目前，国内学界对网络媒体研究的诸多方面都在不断深入，但对网络媒体从业者的研究尚不多见。2009 年 7 月至 12 月，笔者所在的课题组对全国网络媒体从业者基本状况进行了一次大规模的问卷调查，调查范围包括全国 15 个省市的 48 家主要网络媒体，力图通过大量的数据采集与分析，呈现我国网络媒体从业者的基本状况，以期为我国网站管理者、经营者提供一些有价值的参考，并为学界后续相关研究打下基础。

一 基本概念及调研方法

（一）基本概念

网络媒体。对网络媒体的界定，主要有两种观点。一是广义而言，凡是借助互联网发布信息和进行信息服务的网站都是网络媒体，不仅包括传统媒体与政府宣传机构所创办的网站，也包括其他行业、企业和个人等创办的网站。二是狭义而言，只有从事新闻信息的编辑、发布，创造一定社会效益和经济效益的网站才是网络媒体。也就是说，只有经过行业管理部门批准、具有新闻信息发布资质的网站才是网络媒体。

显然，狭义的理解更加具有中国特色，我们的研究选取这一界定。根据这一界定，我国的网络媒体目前可以细分为两类：新闻网站和商业网站新闻频道。

网络媒体从业者。媒体从业者的界定，广义而言，是指与媒体组织建立了一定人事或劳动关系的人员，以及无其他固定职业，专业为媒体供稿的自由撰稿人。狭义而言，媒体从业者"仅指在媒体中利用自己的专业知识、专业技能构建了媒体功能的内在机制，而使媒体的功能能够产生和发挥，媒体的特性能够保持的人员"。[①]

参照此界定，我们将网络媒体从业者界定为：与网络媒体建立了人事或劳动关系的，以互联网为工作平台，对网络新闻和信息进行采集、整理、加工、发布和经营，以及提供网络信息产品服务的人员，包括网络编辑员、网络技术工程师、网络经营管理者等。简而言之，就是指在有新闻信息发布权的网站中从事新闻信息的采集、整理、加工、发布和经营等工作的人员。其工作具有公共服务性、自主性、知识密集性三大主要特征。

（二）调研方法

问卷设计说明。问卷第一部分考察网络媒体从业者的基本状况，即考察从业者个人特质以及对工作的影响，包括年龄、性别、学历、工作年限、职位类别以及月收入等六个变量。问卷第二部分考察从业者的工作状况，分别从工作能力发挥、工作回报、工作压力、工作环境及工作感知和评价等几个方面具体展开。

问卷发放及回收情况说明。2009 年 7 月至 12 月，问卷调查在全国范围内展开。课题组运用判断抽样与方便抽样相结合的方法从全国 190 家网络媒体中选取了 48 家，这些网站基本涵盖了我国现有网络媒体的主要类型。

问卷调查实施。华中科技大学新闻与信息传播学院教师、博士生、硕士生分别负责走访，对网站员工进行访问调查，同时对网站高层进行深度访谈，累计发放问卷 625 份，回收 519 份，回收率 83.04%，其中有效问卷 493 份，占 94.99%，即生成样本量为 493。问卷分布情况具体见表 1。

---

① 李丹林：《论中国媒体从业人员的权利保障》，《廊坊师范学院学报》2005 年第 3 期，第 18~22 页。

表 1　调查问卷分布

新闻单位的网络媒体（66.3%）	中央级新闻网站（15.0%）	新华网（10）、人民网（9）、央视国际（10）、中国网（10）、中国经济网（9）、中国台湾网（1）、光明网（10）、中国广播网（10）、环球网（5）
	地方级新闻网站（51.3%）	东方网（29）、西部网（11）、北方网（5）、东北网（10）、红网（15）、中国江苏网（5）、东北新闻网（10）、内蒙古新闻网（13）、大众网（1）、华龙网（1）、荆楚网（10）、南方网（10）、北国网（2）、金羊网（10）、胶东在线（9）、大连天健（28）、长江网（10）、奥一网（9）、京华时报网（10）、新京报网（20）、吉林电视网（2）、新华报业网（3）、大洋网（10）、深圳新闻网（9）、舜网（1）、哈尔滨新闻网（10）
非新闻单位的网络媒体（33.7%）	大型综合门户网站（17.7%）	新浪（14）、腾讯（20）、搜狐（21）、网易（22）、21CN（10）
	垂直门户网站（2.8%）	和讯网（14）
	地方综合门户网站（13.2%）	商都网（15）、武汉热线（10）、广州视窗（10）、黑龙江信息港（10）、沈阳网（10）、长春信息港（5）、呼和浩特信息港（5）

注：括号内数字分别为所占样本量比重及样本数量分布。

本次调查数据采用 SPSS16.0 进行处理。在录入和查错清理中，对于定类变量和定序变量的错误或缺失数据，采用众数来替换；对于定距和定比变量的错误或缺失数据，采用平均值来代替。

二　网络媒体从业者基本状况

考察网络媒体从业者的基本状况，具体针对受访者年龄、性别、学历、工作年限、职位类别以及月收入等六个变量进行考察。

（一）受访者年龄

年轻化是网络媒体从业者的共同特征。超过 97% 的网络媒体从业受访者年龄在 40 岁以下。其中，77.3% 的受访者年龄处于 20~30 岁，即我们通常所称的"80后"。年龄最小者 20 岁，最大者 48 岁，平均年龄 28 岁。

（二）受访者性别

根据 CNNIC 每年发布的调研报告，网络使用群体的性别差异虽然有所缩小，但整体而言，男性群体总是略高于女性群体。这一现象在网络媒体从业者中同样有所体现。在接受问卷调查的 493 位网络媒体从业人员中，男性占 53.1%，女性占 46.9%，男性比例略高于女性。

（三）受访者学历

网络媒体在开办新闻业务的审批中就对从业者素质提出了具体要求，即要求有"5 名以上在新闻单位从事新闻工作 3 年以上的专职新闻编辑人员"，对非新闻单位开办新闻业务则要求 10 名。[①] 这使网络媒体从业者成为一个具有较高学历的从业群体。

受访的网络媒体从业者中，本科及以上学历接近 90%，而高中或中专学历仅占 1.0%。其中本科学历比例高达 76.7%，研究生学历占 12.8%。可见，大学本科毕业生是网络媒体从业者中一个数量最庞大的基础群体。

（四）受访者工作年限

互联网行业是一个开放的行业，员工流动较为频繁。受访者中，进入网络媒体工作在 4 年以上的仅有 34.3%，4 年及 4 年以下的占据了 65.7%，将近 2/3。从业者工作年限较短，直接反映出他们的工作经验相对会比较缺乏，但另一方面也可以推断出他们的工作热情和创造力会相对比较高。

（五）受访者职位类别

根据网络媒体实际从业状况，我们将其职位类别划分为 6 大主要类型：内容编辑、技术研发、市场营销、客户服务、职能支持、产品运营。

受访者职位类别分布中，内容编辑人员最多，为 67.1%，占到近七成；技术研发类员工其次，占 12.4%；其余四类——市场营销（6.9%）、

---

① 参见《互联网新闻信息服务管理规定》。

职能支持（4.9%）、产品运营（4.7%）、客户服务（4.1%），员工比例较为相近。

显然，内容编辑是网络媒体从业者的核心群体。2010 年，有专家估算我国内容编辑从业人员有 600 多万人，且需求呈上升趋势，总增长量将超过 26%，比其他各类职位的平均增长量还要高。[①] 我国传统媒体编辑记者的总量近 100 万，网络媒体编辑人员已经从规模上远远超过传统媒体。

2005 年 3 月 31 日，劳动和社会保障部正式向社会公布了 10 种新的职业，网络编辑就为其中之一。调查还显示，网络媒体从业者的职业类别与性别存在着一定的相关性。从表 2 可见，技术研发和客户服务两种职业类别的男女比例差异最大。从事技术研发的男性是女性的 3 倍多，而从事客户服务的女性则是男性的 3 倍多。卡方检验也表明，性别的职业类别有显著差异（$P = 0.000$）。

表 2　网络媒体从业者性别与职位类别的关系

职业类别	性别		合计
	男	女	
内容编辑（%）	62.2	72.7	67.1
技术研发（%）	18.3	5.6	12.4
市场营销（%）	7.3	6.5	6.9
客户服务（%）	1.9	6.5	4.1
职能支持（%）	6.1	3.5	4.9
产品运营（%）	4.2	5.2	4.7
合计（%）	100.0	100.0	100.0
n	(262)	(231)	(493)
$x^2 = 26.494$	df = 5　$P = 0.000$		$\tau = 0.014$

（六）受访者月收入

本调查受访者中，月收入最低为 500 元，最高为 20000 元，平均月收

---

① 谭云明：《网络编辑：引领新媒体大发展》，《网络传播》2010 年第 3 期，第 62~63 页。

入为 3607. 2 元。收入在 3001～5000 元的人最多，占到 37.5%；2001～3000元的为 22.7%，而 2000 元及以下的也达到了 24.6%；5000 元以上高收入群体为数较少，占 15.2%。

这与之前的预测有所出入。2008 年《财富时报》撰文预测 2010 年最赚钱的十大职业中，网络媒体人才名列第三，平均年收入在 10 万元至 12 万元之间，即月收入应该是在 8000 元至 10000 元。

而调查结果显示，中国互联网行业的平均薪酬并没有预想的高，但高于社会职工平均工资水平。据国家统计局 2009 年 8 月 7 日发布的《关于上半年城镇单位职工平均工资的说明》，2009 年上半年全国城镇单位在岗职工月平均工资为 2440 元，而网络媒体从业者收入为 2000～5000 元的最为普遍。

（七）小结

本次调查的受访者是网络媒体从业者的代表，其基本状况显示：网络从业者普遍年轻化、高学历；其职位以内容编辑占主导；其性别以男性略占优势，技术与管理职位则更为突出；大多收入水平中等偏上。这是一个朝气蓬勃、充满活力、潜力无限的从业者群体。

三　网络媒体从业者工作状况

对网络媒体从业者工作状况的了解，我们从其岗位职权和能力发挥、工作回报、工作压力、工作环境以及从业者对工作的感知和评价几个方面来调查。

（一）网络媒体从业者岗位职权和能力发挥

从业者工作岗位的责权是否清晰，岗位对其能力的发挥是否充分，直接影响到从业者的工作态度，进而影响到网站的工作绩效。对此，我们从从业者对就职岗位的设置与职责划分的满意度、从业者对自身工作职权与能力发挥的认可度两个方面进行考察。

关于从业者对就职岗位的设置与职责划分的满意度，调查显示，

55.7%网络媒体从业者对自己的岗位设置和职责分工持"比较满意"与"非常满意"的态度，占调查总数的一半以上，只有8.2%调查对象表示"非常不满意"与"较不满意"。

关于从业者对自身工作职权与能力发挥的认可度，调查显示，61.8%的被访者"比较同意"或"非常同意"自己的工作职责与权力很明确；51.5%的被访者"比较同意"或"非常同意"自己的才能在岗位上得到了充分发挥。仅有10.3%与13.4%的调查对象分别表示"较不同意"与"非常不同意"。

我们对不同岗位的职能满意度进行比较，将它们从高到低分别赋值5~1运算，发现从事产品运营工作的被访者对自己的工作职权和能力发挥的认可度最高，均值分别达到了4.13和4.04；从事职能支持工作的被访者对工作职责与权利的认可度最低，为3.38，这应该与他们时常需要跨部门工作的工作性质有关；从事技术研发的被访者对才能发挥的认可度最低，为3.36（见表3）。整体而言，网络媒体从业者中技术研发类人员更多认为自己的能力没有得到充分的发挥，这触发我们思考：媒体网站的技术创新仍有较多上升的空间。

表 3　网络媒体从业者对工作职权及能力发挥的认可度均值比较

	内容编辑 （n=331）	技术研发 （n=61）	市场营销 （n=34）	客户服务 （n=20）	职能支持 （n=24）	产品运营 （n=23）
对工作职责与权利的认可度均值	3.67	3.51	3.79	3.65	3.38	4.13
对才能充分发挥的认可度均值	3.46	3.36	3.53	3.60	3.46	4.04

（二）网络媒体从业者的工作回报

工作回报包括薪酬与福利、学习与培训、个人发展与价值实现等各项内容，其中薪酬与福利是激励员工最为重要的手段。调查显示，35.5%的被访者对就职网站的薪酬体系"比较满意"与"非常满意"，43.4%的被访者对就职网站的福利待遇"比较满意"与"非常满意"。对两者"较不满意"

与"非常不满意"的都占到 20.5%。虽然"非常满意"与"比较满意"的人数大于"非常不满意"与"较不满意"的人数，但是总数远在一半以下。涉及自己的薪金待遇和工作付出的相符性时，不满意的比例更是有所上升，达到了 27.2%。网站员工薪酬与福利的改善显然应该引起关注。

关于学习与培训，这是保障企业与员工竞争力的重要手段，也是保障网站争先领先的重要基础，互联网是个快速发展变化的朝阳行业，学习与培训的意义尤为重要。调查显示，被访者对网站学习与培训的认可度相对较高，47.7%的被访者对就职网站岗位培训持"非常认可"与"比较认可"的态度，64.3%的被访者认为自己在工作中学到了很多新知识。对两者持"较不认可"与"非常不认可"的分别占 17.1% 与 7.5%。

关于个人发展与价值实现，调查显示，60.1%的调查对象"非常同意"与"比较同意"自己的工作得到了尊重和重视，63.3%的调查对象"非常同意"与"比较同意"自己的工作成果得到了上级的认可，47.7%的调查对象"非常同意"与"比较同意"自己很清楚自己职业发展方向。

进一步对工作回报的各项指标进行比较，分析被访者对薪酬福利、提高能力和晋升空间三项指标的重视程度，从"非常重要"到"非常不重要"分别赋值 5~1，计算其均值，发现被访者最重视的是提高能力，其次是薪酬福利，再次才是晋升空间（见表4）。这说明，网络媒体从业者大多数具有较强的上进心，十分重视自身能力的提高。网站管理者应该在这方面给予足够的重视。

表4　网络媒体从业者对提高能力、薪酬福利和晋升空间的重视程度比较（n = 493）

	提高能力	薪酬福利	晋升空间
均值	4.45	4.36	4.20
标准差	0.73	0.73	0.86

（三）网络媒体从业者的工作压力

接受调查的网络媒体从业者大多感觉工作压力较大。53.3%的从业者感觉工作压力"非常大"（占8.5%）或"比较大"（占44.8%）。感觉工作压力"较小"或者"比较小"的不足10%，合占7.7%。

比较不同职位类别的工作压力，我们将工作压力从"非常大"到"非常小"分别赋值5~1，比较其均值，结果发现，不同职位类别的从业者工作压力有所不同。产品运营类的被访者工作压力最小，均值为3.09；其次是内容编辑类的被访者，压力均值为3.49；其他依次为职能支持类、客户服务类、技术研发类。压力最大的是从事市场营销类工作的被访者，其压力均值达到3.82（见表5）。

表5 不同职业类别的网络媒体从业者工作压力比较（n=493）

	内容编辑 （n=331）	技术研发 （n=61）	市场营销 （n=34）	客户服务 （n=20）	职能支持 （n=24）	产品运营 （n=23）
工作压力均值	3.49	3.62	3.82	3.55	3.54	3.09
总体均值	3.51					

进一步对工作压力来源进行调查，将其设置为工作难度、同行竞争、社会环境、工作强度以及其他，结果发现：工作强度是最大的压力来源，占37.3%；其次是社会环境，占23.9%；再次是同行竞争占16.4%，工作难度占15.4%；其他，包括自我要求、人际关系、个人发展、工作任务、经济条件等，共占6.9%。

（四）网络媒体从业者的工作环境

具体来讲，工作环境包括办公硬件环境、工作中信息沟通、工作配合情况等。关于办公硬件环境的满意度，调查显示，52.3%的被访者对办公设备是"满意"与"比较满意"的，59.5%的被访者对办公室条件是"满意"与"比较满意"的，即一半以上的被访者对自己的工作硬件环境表示满意，仅有12.7%与11.5%的被访者表示"较不满意"与"非常不满意"。

关于工作中的信息沟通情况，调查中被访者给予了较高的评价。无论是下情上达，上情下达，还是相互沟通，都较为满意，其好评率（包括

"非常同意"和"比较同意"的比率）分别为：65.5%、62.7%、55.8%（见表6）。

表6　网络媒体从业者对工作中信息沟通情况的认可度　（n=493）

单位：%

	非常同意	比较同意	一般	较不同意	非常不同意	总计
您可以和上级进行任何工作问题讨论	19.9	45.6	27.6	5.3	1.6	100
网站在传达重要信息方面具有效率	18.7	44.0	27.2	7.7	2.4	100
网站内部沟通能得到及时反馈	16.2	39.6	34.5	8.3	1.4	100

关于工作配合情况，我们从从业者自身的工作配合、从业者与同事和部门工作配合、从业者对上级工作的认可三方面来考察。

首先，从业者自身的工作配合情况。75.9%的被访者表示自己能较好地完成上级指派的任务，80%的被访者表示会较为主动向上级汇报工作情况，57%的被访者还能积极地向上级提出好的参考方案，80.3%的被访者对自己处理人际关系的能力评价较高（见表7）。可见大多数网络媒体从业者对自身的评价较高，认为自己不仅能够很配合地完成本职工作，还能积极献言献策。

表7　网络媒体从业者自身的工作配合情况　（n=493）

单位：%

	非常同意	比较同意	一般	较不同意	非常不同意	总计
您能不折不扣地完成上级指派的任务	25.8	50.1	20.1	3.7	0.4	100
您能主动地向上级汇报工作情况	25.8	54.2	16.8	2.8	0.4	100

续表

	非常同意	比较同意	一般	较不同意	非常不同意	总计
您总是能向上级提出好的参考方案	14.2	42.8	38.1	4.5	0.4	100
您在工作中人际关系处理得很好	22.1	58.2	17.4	1.4	0.8	100

其次，从业者与同事和部门工作配合情况。调查显示，79.5%的被访者比较或非常认可自己与同事之间的配合，58.4%的被访者比较或非常认可部门之间的配合（见表8）。

再次，从业者对上级工作的认可情况。大多数被访者对上级的工作予以好评。对上级的工作能力（指导和协调）好评率（"非常同意"与"比较同意"之和）最高，为74.6%；对上级的激励能力（鼓励下级的工作热情）好评率次之，为70.4%；对上级的权责平衡能力好评率再次之，为65.9%（见表9）。

表8　网络媒体从业者对同事和部门工作配合情况的认可度（n=493）

单位：%

	非常同意	比较同意	一般	较不同意	非常不同意	总计
您的同事能与您紧密合作	23.5	56.0	18.7	1.0	0.8	100
其他部门能够与您所在部门良好配合	14.2	44.2	30.2	8.9	2.4	100

表9　网络媒体从业者对同事和部门工作配合情况的认可度（n=493）

单位：%

	非常同意	比较同意	一般	较不同意	非常不同意	总计
您的上级会给您必要的指导和协调	21.7	52.9	21.3	3.4	0.6	100

	非常同意	比较同意	一般	较不同意	非常不同意	总计
您的上级会注意协调下级权责的平衡	19.7	46.2	27.6	5.5	1.0	100
您的上级会鼓励下级的工作热情	23.1	47.3	22.7	5.1	1.8	100

（五） 网络媒体从业者对自身工作的感知和评价

对工作的感知和评价，指从业者对自己工作的总体认识和评估，它会直接影响到工作热情与忠诚度。我们将这种感知和评价细分成以下几个维度：工作成就感、企业文化认同和长期效力的意愿等，用五级量表分别进行测量。

关于工作成就感，52.1%的被访者工作成就感较强（取值为 4 及以上），其均值为 3.51（见表 10）。

表 10　网络媒体从业者的工作成就感（n=493）

	非常强（高）→非常弱（低）（分值由高到低）（%）					总计（%）	均值	标准值
	5	4	3	2	1			
工作成就感	15.0	37.1	35.9	7.9	4.1	100	3.51	0.98

关于企业文化认同和长期效力的意愿，93.1%的被访者对企业文化的认同打分在 3 及以上，被访者对企业文化的认同均值为 3.79；91.3%的被访者对长期留在本网站工作的意愿打分在 3 及以上，被访者长期在本网站工作的意愿均值达到了 3.85（见表 11）。可见，大多数网络媒体从业者对自己就职的网站持较高的认同感，并且忠诚度较高。

表 11　网络媒体从业者的企业文化认同和长期效力意愿 （n = 493）

	非常强（高）→非常弱（低）（分值由高到低）（%）					总计（%）	均值	标准值
	5	4	3	2	1			
对企业文化的认同	18.3	52.9	21.9	3.4	3.4	100	3.79	0.90
长期留在本网站工作的意愿	23.3	49.1	18.9	6.5	2.2	100	3.85	0.93

四　结论与建议

其一，网络媒体从业者较为年轻，且工作年限普遍较短，加强培训尤为重要。网络媒体从业者的年轻化，体现在从业者年龄的低龄化。以上海地区为例，77.3%的受访者为"80后"，年龄最小者仅为20岁，最大者也只有48岁，平均年龄28岁。传统媒体从业者平均年龄34.7岁，最小年龄20岁，最大年龄63岁[①]，与其相比，网络媒体从业者显然年轻很多。网络媒体从业者的年轻化必然导致其工作年限较短。被访者工作年资在4年及4年以下的占据了65.7%，将近2/3。年轻化与工作年限较低，一方面给网站带来活力，另一方面也造成工作经验不足，因此，网络媒体在从业者队伍建设上，需要有意识地加强各方面知识的培训，特别是加强思想与道德教育培训。

其二，网络媒体从业者工作压力较大，对工作岗位发挥其能力的认可度有待提升。网络媒体从业者的工作状况整体评价良好，但工作压力普遍感觉较大。51.3%的从业者感到工作压力很大或较大，而且这种压力主要来自工作强度。对工作岗位发挥其能力的认可度为51.5%，对网站不同岗位实现其能力的状况进行比较，结果是技术研发类人员的认可度较低，因此媒体网站在注意给员工适当减压的同时，要努力做到人尽其才。

其三，网络媒体从业者对工作环境较为满意，但对薪酬与福利满意度

---

① 陆晔、俞卫东：《社会转型过程中传媒人职业状况——2002上海新闻从业者调查报告之一》，《新闻记者》2003年第1期，第42~44页。

不够高，对能力提升最为看重。从业者对其工作环境评价较高，对网站硬件设置、人际关系都较为满意，但对网站薪酬与福利满意度不够高，认为"非常满意"与"比较满意"的人数不足一半，分别为35.5%与43.4%。在各类工作回报中，网站员工最为看重的是能力的提高。因此网站在调动员工积极性方面，重点要放在提高待遇与创造更多提高员工工作能力的机会上。

其四，网络媒体的工作重点仍在"内容"。"内容为王"的竞争法则在网络媒体时代依然适用。网络媒体从业者中数量最多的就是内容编辑，比重达到了67.1%。而且互联网未来发展对内容编辑的需求有增无减，据调查，网络媒体的人才缺口为3万~5万人。① 而且网络编辑的职业化使该职业的重要性更为凸显。

五　本研究的不足

本调查采用的是非随机抽样，所以最终的结论不具有总体的推论性，只能在一定程度上反映总体的某些突出特征。本调查重点在于对网络媒体从业者基本状况的把握与描述，对于原因、影响等解释性问题未做过多深入研究，今后的调研会在这些领域进行跟进。

原载《中国地质大学学报》（社会科学版）2012年第4期

合作者：李亚玲

收入本书时略有改动

---

① 周海英：《我国网络新闻传播专业教育现状的思考》，《琼州学院学报》2009年第3期，第101~103页。

网站管理规范的内容特征及其价值指向

　　互联网站为了树立自己良好的公众形象，完善内部管理，避免矛盾纠纷，一般在创办之初就必须出台一系列相应的管理规范。这些管理规范有针对网站所有内容而言的，如各网站的服务条款（用户协议）、隐私声明、免责声明等；也有针对具体栏目的，如电子邮件使用协议、BBS管理条例、聊天室公约、手机短信服务条款等。它们从不同角度、不同层面共同建构网络道德规范丰富的意义内涵，体现出网络所倡导的道德价值。

　　本文以15家不同类型的著名大型网站的管理规范为分析对象，对其内容特点与价值取向进行探讨。这15家网站是：人民网、东方网、千龙网、联合早报网（新加坡）、新浪、搜狐、易网、雅虎、上海热线、谷歌、微软、中华英才网、榕树下、第九城市、西陆网等。

一　网站管理规范的内容特征

　　对网站管理规范进行逐一解读，其内容特征可以概括如下：敏感问题在不同规范中同义互现、规范内容以相互尊重与协商为前提、在规范的实现上较多地依赖自律、适合网络特点的前瞻性规范管理、在问题与责任承担上更多地立于网站立场。

　　1. 敏感问题在不同规范中同义互现

　　同义互现是指相同或相近的内容在不同规范，或同一规范的不同条文中或相互提示，或重复出现，显示出网站对这类问题的高度重视。同义互现指涉较多的主要有隐私问题、免责问题、版权问题等。

隐私保护方面，如新浪网《网络服务使用协议》第 5 条为"隐私保护"，其中以三款内容阐述隐私的保护及其使用情况，"保护用户个人信息是新浪的一项基本政策，新浪保证不对外公开或向第三方您的注册资料及您在使用网络服务时存储在新浪的非公开内容，但下列情况除外：（a）事先获得您的明确授权；（b）根据有关的法律法规要求；（c）按照相关政府主管部门的要求；（d）为完成合并、分立、收购或资产转让而转移；（e）为维护社会公众的利益"。但在其《隐私保护》的"隐私权原则4"中又重复提到，"新浪网也许会因法律要求公开个人资料，或者因善意确信这样的做法对于下列各项有其必要性：（1）符合法律公告或遵守适用于新浪站点的合法程序；（2）保护新浪网的用户之权利或财产；（3）在紧急的情况下，为了保护新浪及其用户之个人或公众安全"。类似的情况较为常见。

关于网站免责，千龙网在《法律声明·免责声明》中开宗明义地说："任何因使用本网站或与本网站连（链）接的任何其他网站或网页而引致的意外、疏忽、合约毁坏、诽谤、感染电脑病毒、版权或其他知识产权纠纷及其造成的损失，千龙新闻网概不负责，不承担任何法律责任。"在《法律声明·保护个人信息及隐私权政策声明》中，又有类似的表达："注册用户在千龙新闻网的论坛、聊天室或留言板上自愿透露的个人资料可能经由网络传播被其他人士收集和使用，此类行为非网站所能控制，若造成注册用户的任何困扰，本网站不对此负责。"虽然所陈述的角度不同，但共同强调了网站对第三方使用造成的用户损失免除责任。

关于版权所有，新浪《网络服务使用协议》第 4 条"内容所有权"下有两款。"4.1 新浪提供的网络服务内容可能包括：文字、软件、声音、图片、录象（像）、图表等。所有这些内容受版权、商标和其它（他）财产所有权法律的保护。4.2 用户只有在获得新浪或其他相关权利人的授权之后才能使用这些内容，而不能擅自复制、再造这些内容、或创造与内容有关的派生产品。"其《版权声明》又重申："北京新浪信息技术有限公司独立拥有新浪网中国网站相关网页内所有资料的版权，或与新浪网中国网站相关网页内的资料提供者共同拥有该网页内资料的版权。"这显示了网站对该类问题的高度重视。

2. 规范内容以相互尊重与协商为前提

互联网的管理规范都注意以相互尊重与协商为前提，这一点体现为网站规范始终贯穿着公平对等的精神与知情同意的原则。

公平对等的精神主要体现在规范对网站与用户双方权利与义务的规定中，如雅虎的《服务条款》第 4 条"您的注册义务"中，"为了能使用本服务，您同意以下事项：依本服务注册表之提示提供您本人真实、正确、最新及完整的资料及随时更新登记资料，确保其为真实、正确、最新及完整的资料。若您提供任何错误、不实、过时或不完整或具误导性的资料；或者雅虎有理由怀疑前述资料为错误、不实、过时或不完整或具误导性的，雅虎有权暂停或终止您的帐（账）号，并拒绝您于现在和未来使用本服务之全部或任何部分"。用户对网络服务的使用是在同意网站提出的某些条件下达成的。同样的对等规范随处可见，如上海热线的《服务条款》中，"如果用户提供的资料不准确，不真实，不合法有效，上海信息产业公司保留结束用户使用'上海热线'各项服务的权利。用户在享用'上海热线'各项服务的同时，同意接受'上海热线'提供的各类信息服务"。谷歌的《隐私政策》中，"多数浏览器的初始设置都接受 Cookie。您可以将浏览器重新设置为拒绝所有的 Cookie，或在有 Cookie 发来时进行提示。但是，请注意，如果您拒绝接受 Cookie，某些谷歌搜索服务可能无法正常工作"。

在个人资料的搜集与利用方面，一般都以知情同意原则为前提。如新浪网《网络服务使用协议》中的"隐私保护"第 1 款第 1 项就是："（对其资料的使用）事先获得用户的明确授权。"同样，搜狐网的《网站保护隐私权之声明》第 2 条"个人资料"中，对个人资料的搜集与使用的说明是，"当您在搜狐网站进行用户注册登记、网上购物、参加网上拍卖或公共论坛等活动时，在您的同意及确认下，本网站将通过注册表格、订单等形式要求您提供一些个人资料"；"请了解，在未经您同意及确认之前，本网站不会将您为参加本网站之特定活动所提供的资料利用于其它（他）目的"。这些条文极大地体现出网站对用户自主行为的尊重。

3. 在规范的实现上较多地依赖自律

规范对行为的约束毕竟是一种软性的约束，正如东方网在其《会员服务条款》的最后所注明的："这份条款只为方便会员查阅，没有任何法律与契约效力。"事实上提到法律的层面，网站所有的服务条款、免责声明等都是没有实质性的效力的，它们最多只是给人一种价值上的导向、心理上的警示。

在网站管理规范中，"概不负责""不承担任何责任""责任完全自负""风险由您个人承担"等表述经常出现，如雅虎的《服务条款》中，"维持密码及帐（账）号的机密安全，是您的责任。您应对所有用您的密码及帐（账）号的活动负完全的责任"（条款6）。"在任何情况下，雅虎均不为任何内容负责。"（条款7）在上海热线的《服务条款》中，"如果您未保管好自己的帐（账）号和密码而对您、'上海热线'或第三方造成的损害，您将负全部责任。另外，每个用户都要对其帐（账）户中的所有活动和事件负全责"（条款6）。"用户理解并接受下载或通过'上海热线'产品服务取得的任何信息资料取决于用户自己，并由其承担系统受损或资料丢失的所有风险和责任。"（条款7）榕树下网站的《服务条款》中，"每个用户都要对其在榕树下的所有活动负全责"（条款5）。网易《服务条款》中的用户责任，"对于您通过网易服务而上载、张贴、发送或其他形式的传输的任何内容负责"，"您对本服务的使用的风险将由您独自承担"。

网站对网络行为推行自我约束、自行负责的同时，还执行用户之间的相互监督与用户对网站的监督，如雅虎《服务条款》第72条，"倘发现任何违反本服务条款之情事，请通知本公司客户服务部"；榕树下《服务条款》第5条："用户同意若发现任何非法使用用户名或安全漏洞的情况，立即通告榕树下公司"；等等，形成一种广泛的社会监督。

4. 适合网络特点的前瞻性规范管理

网络规范的内容显示出适合网络快速发展的前瞻性管理特点，这主要体现在规范的制定具有一定的弹性与空间，显示出动态的、发展的活力。大多数网站对网络内容的快速流动明确提出免责。如雅虎《服务条款》第1条："您了解并同意，本服务仅依其当前所呈现的状况提供，对于任何用户通讯或个人化设定之时效、删除、传递错误、未予储存或其他任何问题，雅虎均不承担任何责任。"网易的《服务条款》中，"本服务按照'现状'和'现有'的基础而提供"。同样，新加坡联合早报网的《服务条款》："该网站提供的内容是按现有状态提供，早报网不对其精确性、实时性、完整性等作（做）任何担保，也不对其错误或遗漏问题承担任何责任。"对适应网络发展的网络维护与升级等问题也多有事先声明，如第九城市的《保护隐私条款》第5条"有关免责"："为了网站的正常运行，需要定期或不定期地对网站进行停机维护，因此类情况造成的正常服务中断（免责）。"新浪《网络服务使用协议》中，"新浪保留随时变更、中断和终止部分和全部网络服务的权利"。

网络的快速发展为网络管理不断带来新的问题，因此管理规范的内容也会不断进行更新，各网站都明确地提出这一问题。如雅虎《服务条款》第1条："这些条款可由雅虎公司随时更新，且毋（无）须另行通知。雅虎服务公约一旦发生变动，雅虎将在网页上公布修改内容。修改后的服务公约一旦在网页上公布即有效代替原来的服务公约。您可随时造访http://cn. yahoo. com/docs/info/terms/查阅最新版服务公约。"网易《服务条款》第3条："网易公司会在必要时修改服务条款，网易服务条款一旦发生变动，公司将会在用户进入下一步使用前的页面提示修改内容。"第九城市的《保护隐私条款》第6条"有关免责"："（包括）第9城市服务使用者与the9. com公司之第9城市合约及第9城市网站不时颁发和修改的规章、制度、条款等规定的其他免责条款。"这些规范都从不同角度为网络的快速发展留下了余地。

5. 在问题与责任承担上更多地立于网站立场

虽然就整体而言，网络建设以自主、公平、开放、共享等为前提，但这些由网站出台的管理规范，仍然显示出更多的维护网站利益的倾向。这一点特别体现在网站的诸多免责声明中，大多网站几乎为其提供的内容、技术、服务等免去了所有的责任，而且在权利的拥有方面，明显的超出并优于用户方。如上海热线《服务条款》13条"结束服务"："用户或'上海热线'可随时根据实际情况中断服务。'上海热线'不需对任何个人或第三方负责而随时中断服务。用户若反对任何服务条款的建议或对后来的条款修改有异议，或对'上海热线'服务不满，用户只有以下的追索权：①不再使用'上海热线'服务。②结束用户使用'上海热线'服务的资格。③通告'上海热线'停止该用户的服务。结束用户服务后，用户使用'上海热线'服务的权利马上中止。从那时起，'上海热线'不再对用户承担任何义务。"网易《服务条款》31 条也同样声明了这种追索权。雅虎《服务条款》第 1 条："您在使用雅虎提供的各项服务之前，应仔细阅读本服务公约。如您不同意本服务公约及/或随时对其的修改，您可以主动取消雅虎提供的服务。"结果是，网站留给用户的权利仅仅成了取消使用该网站资格的权利。

而且网站的有些条款对用户的要求带有一定的强制性，如雅虎《服务条款》："通过本服务存储或传送之任何信息、通讯资料和其他内容，如被删除或未予储存，您同意雅虎毋（无）须承担任何责任。您亦同意，长时间未使用的帐（账）号，雅虎有权关闭。您也同意，雅虎有权依其自行之考量，不论通知与否，随时变更这些一般措施及限制。"（条款 31）新浪网《服务条款》："新浪网不担保网络服务一定能满足用户的要求，也不担保网络服务不会中断，对网络服务的及时性、安全性、准确性也都不作担保。"（条款 6）在搜狐的《保护隐私权之声明》中，网站阐明对用户信息的处理方式是："如本网站将电脑处理之通知送达您，而您未在通知规定的时间内主动明示反对，本网站将推定您已同意。"（条款 3）面对诸如此类的要求，用户完全没有选择的余地。

二　网站管理规范的价值指向

网站管理规范直接目的是对网民基本的网络行为进行约束，对网站自身权益进行保护。其深层意义则是倡导一种网络主流价值观，这种价值观体现为以自主自律、互惠互利、互相尊重为核心的网络精神。

1. 倡导自主自律的网络价值观

互联网作为一个新型的传播媒体，最大的特色之一就是传播方式的个性化。它将传统大众传播点对面的传播形式转变为点对点的传播形式，从而使网络信息的传播与接收都带有极大的自主性，这种自主性不仅被网络技术所支持，而且为网站规范所鼓励。如千龙网对匿名上网的规定："通常情况下，任何人都能在匿名状态下访问千龙新闻网并获取信息。特别地，千龙新闻网面向 18 岁以下未成年人的网站或内容，在收集个人信息时鼓励未成年人使用网名、昵称而非真名。"匿名使网络行为带有更强的自主性，上网者完全摆脱了现实社会的种种羁绊，诸如错综复杂的人际关系等，在网络匿名状态下即刻化为乌有，网络行为变成了一种彻底的独立自主的行为，所有的现实规范与约束在匿名的网络行为中都缺乏实质性的意义。

由匿名产生的网络道德行为，必然是基于自觉自律的个体行为，这也是人们称网络道德为"慎独型道德"的根本原因。"慎独"一词，原本出自《礼记·中庸》："道也者，不可须臾离也，可离非道也。是故君子戒慎乎其所不睹，恐惧乎其所不闻。莫见乎隐，莫显乎微，故君子慎其独也。"其指做人时时、处处、事事都要严格要求自己，不仅在人前，即使在独处的时候也一样。这一概念用来表达网络自主自律的道德特点极为恰当，网站管理规范中时时体现这种价值观。如各网站的免责声明，网站方几乎毫无例外地对网络传输中的各种行为免责，声明其责任由网络行为者自己承担，无论这种损失是由技术原因造成的，还是信息误导造成的，或是第三方链接造成的。诸如此类的承诺不仅在网站一级管理规范中重复互现，而且在网站二级栏目管理中也被反复提及。在网站的各级注册协议中，承诺个人对自己行为的负责成为进入网络的必备条件之一。网站还要求，这种自觉自律不仅针对自己的行为，同时还延及对周边行为的监督。

2. 倡导互惠互利的网络价值观

互联网作为一个全球性的网络媒体，是一个完全开放的传播空间，任何人只要拥有基本的上网设备就可以自由地遨游于网络世界，分享其所需的网络利益。然而网络的开放与共享建立在互惠互利的基础之上，这种互惠互利正是网络规范所倡导的价值观。如许多网站规范对 Cookie 软件的使用说明是，用户如果接受 Cookie 软件的跟踪，有可能会泄露某些个人信息，但可以得到更好的网络服务，用户如果拒绝 Cookie 软件的跟踪，则其网络服务会受到某些限制，因为 Cookie 会给网站方的商业运作提供诸多利益。同样，大多数网站服务条款对用户所提供的个人信息的要求是，用户必须提供真实、正确、完整、最新的个人资料，因为网站方需要利用这些信息来分析用户使用情况，从而提供更好的网络服务，因此对提供不合要求的信息的网络用户，网站有权对其停止服务。

互惠互利不仅体现于网站与用户之间，同时也体现于用户与用户之间，作为网络时代的主要价值观之一，互惠互利具有极大的普遍性。因为网络使用大多是免费进行的，一些大型的网站，仅仅提供一个主题交流的平台，其中的网络内容完全由志趣相投的用户提供，他们通过相关问题的探讨、相关内容的粘贴，使参与的各方相互受益。

3. 倡导相互尊重的网络价值观

网络规范对隐私问题、版权问题的重申，表现的就是网站对个体价值的重视与尊重。

隐私问题是高新技术对个人最大的挑战，各网站的管理规范都反复强调个人隐私问题，一方面对用户的隐私保护进行承诺，另一方面对用户个人资料的使用情况进行详细说明，而且在个人信息的使用上，赋予用户自主决定的权利，充分尊重用户的个人权利。

在版权问题方面，网络技术给传统版权问题提出了新的课题，如借用、移植、复制软件程序及网络内容造成的产权所有者损失等。各网站的管理规范明确坚定地对自己网站所提供的技术、服务及内容等进行版权保护，显示了网站对个体劳动的尊重。

原载《新闻大学》2004 年第 2 期

合作者：刘海贵

收入本书时略有改动

网络内容管理的差异性与多元化

网络内容泛滥是网络技术带来的一个最为棘手的问题。在相当程度上，网络对于社会产生的正面或负面影响，其根源主要就产生于网络内容管理的成效上。本文参考国内外部分网络内容管理法规、原则与方法，以党的十六大期间的网络舆论引导为契机，以其他国家的网络内容管理为参照，提供一点有关网络内容管理的差异性与多元化的思考。

一　对网络内容管理的理论与实践探索

20 世纪 90 年代中期，网络在绝大多数国家迅速普及，其技术优势给人类社会带来了始料不及的冲击，造成了传统的思维方式、行为方式、认知方式等的极大改变。人们在对这一新媒体的新奇、崇拜、狂热、迷茫等感情变化之后，已经开始冷静的思考。思考本身是以网络内容带来的诸多混乱为起点的，因此思考也就是围绕着网络内容的管理展开的。

1. 关于网络内容管理的归属

对新媒介的管理首先涉及的是对新媒介的定位问题，因为按照传统惯例，对新事物的认识总是以旧事物为参照，对新媒介的管理自然也要以与其属性相近的旧事物的管理为依据。目前对网络媒体的基本认识是，网络是一种传播媒介。但它具体应该属于传统的哪一类媒介呢？显而易见的是，这种新媒介与传统媒介相比，具有更多、更强、更综合的传播功能。如 E-mail 是传统邮件功能的延伸，网络新闻与电子报纸是传统印刷媒介功能的延伸，网络广播与网络电视是传统广电媒介功能的延伸，同时网络媒介还具有计算功能、广告功能等。以上诸多功能在传统管理中都划归不同的管理门类，那么，哪一种功能是网络媒体最基本的功能呢？

从现在一般的管理归属来看，由于网络是一种电子媒介，所以目前最主流的归类方法是把网络归于传统广播电视的管理之列。如美国、法国、澳大利亚、新加坡等国都是这种归类方法。在美国，传统电子传播领域，包括广电、电信等全部隶属于联邦通信委员会（FCC）管理，网络产生之后，自然也归属于FCC管理。在法国，CST（le Conseil Superieur de la Telematique）通过检索终端——Minitel系统——管理网络内容，确保网络内容与法国电信签订的合同内容相符。澳大利亚广播局（Australian Broadcasting Authority，ABA）负责调查与制定网络内容管理的各种规定，并在1999年针对网络内容管理出台《澳大利亚广播服务修正案》[The Australian Broadcasting Services Amendment（Online Services）Act]。新加坡的网络管理是采用多元管理的方法，主要由广播局（Singapore Broadcasting Authority，SBA）管理网络的内容，加上执照分类制度、内容事后审查等。

从对网络内容的管理归属上，我们可以看到，各国均是按照其传统媒介管理的惯例，以传统媒介管理模式为基础，然后结合具体的网络特点来进行网络内容的管理，因此，各国传统的管理惯例对新媒体的管理具有重要的影响。

2. 政府是否应该对网络内容进行管理

关于政府应不应该管理网络内容的问题，有两种基本对立的观点。一些人认为不应该管理网络内容，理由是：从技术上来讲，网络传播内容本身难以控制，谁发布信息，谁接收信息，落实到具体对象上十分模糊，无法管理；从网络发展来说，管理等于控制，网络正处于蓬勃发展的阶段，控制等于限制网络的正常发展，因此不能管理；从网络内容控制技术来看，一些基本的内容分级、过滤等手段完全可以解决网络内容管理问题，政府管理显得多余；从法律的角度来看，网络内容的控制触犯了现实社会各国宪法对公民言论自由权的保护，有违宪之嫌；等等。由于以上诸多原因，有人将政府对网络内容的管理称为"制造网络世界的村庄傻瓜"，政府对网络技术特性缺乏基本的理解。但政府出于保障儿童网络安全、遏制恐怖活动、控制种族仇视、限制商业不正当竞争等多种理由，将对网络内容控制与管理视为自己的责任与义务。政府方面最流行的做法是修改原有的法规以囊括互联网内容的管理，或者干脆出台新的互联网法规。

最富喜剧色彩的是美国，美国在 1996 年出台新的《电信法》，该法案要求网络信息提供者要确保色情信息不被儿童所接收，违者判处 25 万~50 万美元的罚金和 2 年以内的监禁。结果该法案遭到美国公民自由协会（American Civil Liberties Union）的违宪起诉。法院虽以色情不受宪法保护、处罚针对犯罪行为等理由抗辩，但最终法院仍以违宪定案而使新的网络法规失效。两年以后，美国出台的《儿童在线保护法案》（Child Online Protection Act, COPA）也是同样的命运。

政府到底是否应该干预网络内容，这一问题在理论界一直因国情的不同而各有不同、悬而未决，但在实践中没有哪个国家的政府真正放弃了网络内容的管理，不同的只是在管理方式上，或是更直接的管理，或是更间接的管理。

3. 网络内容管理的具体方式

以什么方式来管理网络内容？网络发展从起步到成熟，在管理方式上也经历着艰难探索。目前有代表性的网络内容管理模式有四种：政府立法管理、技术手段控制、网络行业与用户自律、市场机制的调节。每一种管理方法在具有一定的优势的同时，又都带有明显的局限。

政府立法管理。一般来说，法律控制是最有效的管理手段，因为法律具有最大的强制性与权威性。但法律一旦出台，它在有力保护各种关系的同时，硬性的规定也在一定程度上妨碍了各方的自主权，这也是西方媒体大喊自律，唯恐政府插手管理的主要原因之一。

技术手段控制。目前内容控制最常见的技术手段是对网络内容进行分级与过滤。分级制度是国际上较为流行的一种防止未成年人接触网络色情信息的办法。将内容分成不同的级别，浏览器按分类系统所设定的类目进行限制。如最常见的设置过滤词，是通过对过滤词的设置阻挡有关内容的进入。然而，技术本身的机械性，并不能灵活地处理各种具体问题。而且，道高一尺魔高一丈，有控制技术就会产生相应的反控技术，因此技术管理不可能达到完善的程度。

网络行业与用户自律。目前网络管理中喊得最响的就是各方自律。因为自律给行业发展带来较少的限制，更有利于网络的自由发展。在网络出现之初，国外一些计算机协会与网络自律组织相继成立并制定一些行为自律规范，如美国计算机伦理协会的十条戒律、南加利福尼亚大学的网络伦理申明等。我国也成立了"中国互联网协会"，并制定了《中国互联网行业自律公约》《全国青少年网络文明公约》等。然而自律的力量在巨大的市场压力面前常常会显得微不足道。

市场机制的调节。发生关系的各方，通过各自的获取与付出，达到一种各方认可的协调与平衡。这种调节以一定的市场规律为前提。但缺点也是显见的，这种自由的协商，缺乏一个权威的把关人作为中间环节。结果是协商的各方很可能仅从个体利益出发，根据自己的规则与价值判断来取舍，而这种取舍很有可能不符合或损害社会的整体利益。

以上管理方式一般是相互配合来使用的，但是以哪一种方式为主导，则依各国的具体情形而定。

二 我国网络内容管理的基本特征

在我国，1994 年 NCFC 工程通过美国 Sprint 公司接入 Internet 的 64K 国际专线，实现了我国与国际互联网的全功能连接。1995 年，中国电信筹建中国公用计算机互联网（CHINANET）全国骨干网，中国开始向社会开放网络接入并提供全面服务。网络运行到 1999 年，其内容的混乱与管理的问题引起了政府的高度重视。因此，2000 年政府出台了一系列的管理措施，对网络内容进行一种多元的管理。

1. 我国网络内容管理的主要依据

我国在 2000 年出台了一系列网络内容管理方面的法规，主要有：《互联网信息服务管理办法》《互联网站从事登载新闻业务管理暂行规定》《互联网电子公告服务管理规定》。9 月 20 日国务院出台的《互联网信息服务管理办法》，对网络服务商的责任提出了具体要求。要求网络信息服务商记录提供信息内容及发布时间、网址、域名；网络接入服务商记录上网用户的上网时间、用户账号、互联网地址或域名、主叫电话号码等信息。并对 9

类信息进行严格禁止，包括：违法违宪，危害国家安全、损害国家利益，引发民族矛盾、破坏宗教政策，破坏社会稳定、扰乱社会秩序如造谣、侮辱、诽谤、色情、暴力等。

2000年11月17日，国务院新闻办与信息产业部出台《互联网站从事登载新闻业务管理暂行规定》。该规定主要是对网络信息源进行了严格的控制，对商业网站从事网络新闻的发布进行了严格的资格审查。商业网站具备发布资格之后也不具备新闻采访权，其新闻的获取要与正规新闻单位签订协议，并在当地政府新闻办备案，发布出来的网络新闻必须注明信息来源与具体日期。如果需要链接境外新闻，必须另行申报国务院新闻办审批。文件重申了对9类违法信息的严厉禁止。

2000年10月8日，信息产业部出台了《互联网电子公告服务管理规定》，该规定对电子公告服务商提出了明确的责任要求。如其内容服务不得超出规定的类别和栏目；严禁9类违法信息的出现，如有发现必须及时删除并向有关机关报案；对用户发布信息的内容、时间、网址、域名等记录保持备份60天。

2. 我国网络内容管理的主要方式

国务院新闻办在2000年4月成立网络新闻宣传管理局，并在各地设立网络新闻宣传管理处对网络内容进行管理。涉嫌违法的网络内容则交由公安部门的公共信息网络安全处处理。在具体操作上主要是在政策导向的前提下，人工把关与技术控制相结合来进行管理。目前网络内容管理的重点主要集中在五个方面：对网络信源的控制、对网络链接的管理、对网络安全的重视、对网络交互的关注、对行业人员素质的培训。

与传统媒体管理相类似，上级主管部门经常会有一些指导性的政策及指示不定期的传达下来，在这一主导精神的指导下，下级部门各司其职，分工管理，网络媒体的管理也是一样。在网络资源控制上，国家广电总局对网络宽频的审批权进行严格的行政控制；非媒体网站发布网络新闻信息同样要经各级政府新闻办公室进行资格审查，以此来限制非媒体网站的进入，因为其可能造成信息内容混乱。在技术控制上，进行多层次的内容监管，如各地网络新闻宣传管理处拥有一个内存庞大的搜索引擎终端，重点对其管辖区的网络内容进行全面的监控。各网站又备有专门的网络管理人员对其网站的传播内容进行全天候的监控，及时发现问题并及时通报与处理。同时过滤关键词，并对有问题的 IP 地址与不良信源进行封堵，从而多渠道、多角度地控制网络有害信息的进入。

为了便于管理，近年来各网站对用户推行实名登记制，即用真实的身份进行上网登记。国家曾于 2000 年颁布有关条例，要求网吧上网实行实名制登记。但实名制在实际推广中收效甚微，原因是没有一个有效的技术手段来保证其可靠性。

三　网络内容管理多元化的必然性

随着西方跨国公司的全球扩张，从经济领域开始的全球化浪潮波及社会其他领域。网络对虚拟空间的扩展，更彻底地打破了传统"自然边界"的划分。世界同一性与地域差异性的碰撞，使网络内容的管理也面临着一系列的冲击。然而同一性永远不可能取代差异性，多元化是世界存在的必然方式。

1. 网络内容管理的差异性

如前所述，在网络媒体的内容管理上，各国主要是参照现有的广播电视的管理模式。这些模式就功能而言主要可分为两种类型：一是经济性管理，二是社会性管理。经济性管理主要侧重于对各种经济关系的协调，如企业与企业之间、企业与消费者之间；社会性管理则侧重于对社会效益的控制，如经济行为带来怎样的社会影响等。在具体操作中偏向于哪一种管理类型则依具体情况而定。

在西方发达国家，由于他们更早走上了市场化发展的道路，市场运行机制趋于成熟，因此他们更多呼吁通过市场调节与行业自律来对网络信息实行"自我规制"，将负面的网络信息分为两类：非法信息与攻击性信息。前者以法律为依据，按法律来制裁；后者则依赖用户与行业的自律来解决。同时他们辅以自律性道德规范与网络知识教育，并取得了较好的管理效果。在美国，政府对网络内容管理的立法屡屡遭到一些社会团体的反对，他们认为相关法律是对宪法规定的公民言论自由权的剥夺，所以有关法案都以法院认为违宪告终。因此，美国网络内容的管理除违法部分依法惩处外，其他也主要是依行业自律与市场调节来进行管理，并以法律的手段来确保自我调节的有效性。如美国在 1998 年出台《网络免税法》，对自律的网络商给予两年免征新税的待遇。2000 年，美国联邦调查局（FBI）与国家白领犯罪中心（The National White Collar Crime Center）设立网络欺骗控告中心（The Internet Fraud Complaint Center），提供广泛的社会监督。在西方国家中英国是传统色彩较浓的一个国家，其网络管理以实行立法与自律并举的方式进行。1996 年，英国颁布《3R 互联网安全规则》，对网络中的非法信息，特别是色情淫秽内容进行管理，其管理以网络服务商与网络用户的自律为基础，有人举报时，政府才介入调查、处理。

或由于文化传统的不同，或由于市场运行机制的不成熟，或由于社会稳定缺乏一定的保障，一些亚洲国家与发展中国家对网络内容的管理具有较多的要求。早在 1995 年韩国就出台了《电子传播商务法》（Elecctronic Communication Business Law）。其信息传播伦理部门（Information & Communication Ethics Office）对"引起国家主权丧失"或"有害信息"等网络内容进行审查。信息部（Ministry of Information）可以根据需要命令信息提供者删除或限制某些网络内容。在越南，内务部有权监控网络内容，包括电子邮件以及网络用户在网上传输的任何信息。在新加坡，SBA 监控网络有害信息，包括色情的、政治的、宗教的、种族的，内容提供商被要求用代理服务器对某些网络信息来源进行过滤。

2. 网络内容管理多元化的必然性

网络内容管理并不是独立于社会整体运行机制的，不是虚拟的，也不是没有具体对象的监管。它管理的对象并不是虚拟空间本身，而是利用虚拟空间进行一切实实在在的社会交流活动的人，因此对网络内容的管理说到底还是对人的管理。人都是一定社会环境的产物，因此网络内容的管理方式作为社会整体管理的一个组成部分，必定受到现有媒介管理惯例、市场运行机制、政治文化传统诸因素的影响，并因具体情况的不同而形成多元化的管理模式。因此，无论是从现有状况还是发展来看，网络内容管理的差异性与多元性都是必然的结果。

现有媒体管理惯例的影响。这主要针对电信业，特别是广播、电视媒介的传统管理而言。在欧美国家，广电体制创建之初，由于频谱资源的限制以及网络化产业的特点，政府对这一行业的限制较多，甚至不允许企业进入，因此早期欧美国家的广播基本都是公共广播，整个电信业都被当作非营利性质的行业。但是20世纪80年代以后，一场放松规制（de-regulation）的改革，将欧美的媒体推向了私有化、市场化、自由化的发展之路。欧美网络媒体的诞生正处于这样一种宽松的行业氛围中。而在我们国家，整个媒体行业由于历史的原因，起步较晚，发展也较为缓慢，广播电视的管理体制在20世纪80年代才开始建立，与西方媒体的公营、私营，或公私并营不同，我国的媒体行业都是属于国有模式。之后虽经不断改革，从国家垄断走向行政垄断，又从行政垄断走向相对自由竞争，并在20世纪90年代推行集团化，但这种集团化说到底还是一种政府行为。因此我国媒体始终都没有完全摆脱国有体制与行政手段的控制，隶属于媒体管理之列的网络管理自然也就处于这种行政控制之下。

特定市场运行机制的影响。西方发达国家，其整体的市场运行机制已经进入较为成熟的阶段，在此环境下的网络媒体商业化运作对市场的依赖性较强，因此网络经营者为了获取更多的经济利益，必须考虑网络用户、国家等多方面的影响。并且西方的市场化运作具有较为成熟的法律保障体系，其较为健全的法制环境对市场行为具有明确的约束力。落实到网络媒体的管理上，市场自我调节的成分自然可以居多。而我们国家的社会主义市场运行机制正处于探索、发展阶段，单纯的市场调节在许多情况下还不是十分成熟，政府调节经常显得无处不在。而法律，特别是媒介管理方面的法律也不够健全。因此对社会价值导向具有重要引导作用的媒体行业，国家从整体利益出发进行行政干预与调节，在目前环境下还是有一定的必要的。

特定政治文化传统的影响。自由思想在西方文化传统中根深蒂固，其文化源头古希腊、古罗马文化中就带着这样一种精神。14世纪从意大利兴起遍及整个欧洲的文艺复兴运动，是一次彻底的思想解放运动，这一运动将自由思想推向了更加理性的高度。"言论自由"在西方社会逐渐成为深入人心的思想。对网络内容的控制，在那种特定的政治文化氛围中不仅在形式上具有违宪之嫌，在理念上也难以为人们所接受。而在我们国家，起源于氏族社会的伦理政治型文化，使人们更加注重全社会的统一协调以及个人修养上的含蓄、奉献，社会管理强调用统一和谐的手段来达到统一和谐的目标。面对社会整体利益的时候，中国人较易于接受整体上的协调与管理。

原载《新闻大学》2003 年第 3 期

收入本书时略有改动

我国互联网管理理念的发展与制度创新

网络技术迅猛发展，给人类生活带来前所未有的改变。在不到20年的时间里，互联网从逐渐普及到广泛渗透，已经成为人类生活不可或缺的生存工具。人类行为，无论工作、学习还是生活、交流，无一不依赖互联网，互联网在无限延伸人类大脑、中枢神经的同时，也正在侵蚀人类的生活。

对互联网的管理，伴随着互联网的发展，已经成为一个越来越严峻的问题。关于政府是否应该管理互联网的争论早已结束，面对互联网侵犯个人隐私、威胁国家安全、传播不良信息等，各国政府的干预越来越明确而坚定。我国政府对互联网的管理，同样经历着一个认识、发展、成熟、创新的过程，而由此显示的网络管理效果、发展趋势等，构成本文力图理清的问题焦点。

一 我国互联网管理理念的发展

20世纪90年代中期，我国互联网开始对社会全面开放，其发展之迅猛，是政府管理部门始料不及的，因此，政府对互联网的管理，从最初的摸索阶段，到逐渐成熟，再到进一步完善，目前已成为国际社会互联网有效管理的典范。

我国互联网管理的发展阶段，大致可划分为3个历史时期，即初创阶段（1999年以前）、发展阶段（2000～2003年）、完善阶段（2004年以后），政府的管理理念在管理实践中不断创新，水平不断提高。

（一）我国互联网管理的初创阶段（1999 年以前）

1. 网络管理环境

20 世纪 90 年代，正是国际社会竞相发展信息高速公路的关键时期。美国的网络霸权地位业已形成。他们从 1969 年的 ARPA 网到后来的万维网，再至 20 世纪 90 年代中期网络已经进入商用阶段，克林顿政府的"信息高速公路计划"更是加速推动了美国社会信息化进程。

在我国，20 世纪 90 年代中期 90 年代末期，是互联网早期发展与初步繁荣阶段。面对新技术，我国政府以开放的姿态引进、扶持、推动互联网的发展。在这种开放的态度之下，我国互联网发展速度迅猛得令人猝不及防，1994 年我国实现互联网全功能连接，1995 年互联网开始对社会全面开放。1997 年 10 月，上网用户数已达 62 万户，上网计算机数 29.9 万台，站点数 1500 万个；1999 年底，上网用户数上升到 890 万户，上网计算机数 350 万台，站点数 15153 万个。这种发展速度在媒体发展史上史无前例。

网络以其神秘的潜力吸引着人们的视线。不仅个人上网活跃，诸多单位也开始意识到网络带来的机遇与冲击。这期间 46.69% 的单位建起自己的网站。稍具实力的传统媒体纷纷开办网络版，商业网站更是抢占先机，1999 年政府上网工程启动，更直接刺激了电子商务、企业上网的热潮。1999 年 7 月，中华网登上纳斯达克股市，并大获成功，将我国网络发展推向第一个高峰。

2. 网络管理特点

这一时期，政府对互联网的管理是以扶持、建设、推动为主导。宏观上，政府积极进行规范化建构；微观上，则针对具体问题进行探索性管理。

1993 年，由国务院牵头 20 多个部委参加的"国民经济信息化联席会议"，在 1996 年改建为"国务院信息化工作领导小组"，专门负责制定与协调信息化发展中的战略、方针、政策、规划、技术标准等。

1997 年 6 月 3 日，受国务院信息化工作领导小组办公室委托，中国科学院在中国科学院计算机网络信息中心组建了我国互联网管理与服务机构——中国互联网络信息中心（CNNIC），负责管理维护中国互联网地址系统，引领中国互联网地址行业发展，权威发布中国互联网统计信息，代表中国参加国际互联网社群。

1998 年 3 月，第九届全国人民代表大会第一次会议批准成立信息产业部，主管全国电子信息产品制造业、通信业和软件业，推进国民经济和社会服务信息化。

1999 年 12 月 23 日，国家信息化领导小组成立国家信息化推进工作办公室，负责推进国家的信息化工作，等等。

这一阶段，政府发布的管理文件，针对互联网面临的具体问题，主要有网站备案与域名管理、国际联网安全管理、网吧与网络音视频管理等方面。这些管理文件涉及网络管理的不同方面，多以"通知""暂行办法""暂行规定"的形式出现，虽然不是十分成熟，但它们初步构建了我国互联网管理的基本框架。

（二） 我国互联网管理的发展阶段 （2000~2003 年）

1. 网络管理环境

20 世纪 90 年代末，我国互联网发展进入第一次狂热发展的时期。各类网站质量参差不齐，内容混杂。2000~2003 年，随着席卷全球 IT 界的网络寒潮，商业网站面临严峻的市场冲击，而新闻网站在政府扶持下迅速强大起来。

就商业网站而言，2000 年，搜狐亏损 1924 万美元，网易亏损 1725 万美元，新浪亏损 4337 万美元。不计其数的互联网企业倒闭，存留下来的网络公司也是艰难挣扎。

而新闻网站，1999 年始，国务院新闻办公室就大力维护网络新闻传播秩序，2000 年开始实施重点新闻网站建设工程，人民网、新华网、中国网、国际在线、中国日报网、中青网等被定为第一批中央重点新网站，千龙网、东方网、北方网等迅速崛起，官方背景的新闻网站迅速成长，向综合性信息门户网站发展。

网民人数持续增长，2000 年网民有 890 万，2003 年底已发展到 7950 万。互联网的社会影响更加凸显出来，网络事件频频发生，甚至主导社会舆论，因此，2003 年被大家称作"网络舆论元年"。

2. 网络管理特点

针对 20 世纪 90 年代末超速发展的互联网，特别是丰富庞杂的网络内容，政府这一时期将管理重点放在内容管理上。2000 年 4 月，国务院新闻办成立网络新闻宣传管理局。2000 年 10 月上海成立网络新闻宣传管理处。之后各省市宣传部门皆有相应的网络内容管理机构。

这一时期出台的网络管理规范，关于网络内容管理方面的如《全国人民代表大会常务委员会关于维护互联网安全的决定》（2000 年 12 月）、《互联网信息服务管理办法》（2000 年 9 月）、《互联网站从事登载新闻业务管理暂行规定》（2000 年 11 月）、《互联网电子公告服务管理规定》（2000 年 10 月），从一般的网络内容到政府更为关注的网络新闻、电子公告等，都做了明确具体的规定。2000 年由于出台了大量重要的网络管理规范，被称作"网络立法年"。

这一时期的管理规范对前一阶段的管理规范进行了明显的完善，如对网站备案与域名、网吧与网络音视频的管理等，同时也进一步扩大了管理范围，如对互联网出版与互联网文化的管理，显示出政府网络管理水平迅速提升。

（三）我国互联网管理的完善阶段（2004 年以后）

1. 网络管理环境

互联网经过 2000 年的寒流后，在 2003 年开始复苏，2003 年 12 月，携程网成功登陆纳斯达克，带动了 2004 年网站新一轮的上市热潮。最为惹眼的如盛大、百度、腾讯等的上市。2005 ~ 2006 年，由于 Web 2.0 盈利模式不清，互联网被称作一个温和的泡沫，2007 年又显示出新的发展态势，中国互联网在现实中回归理性，市场从孕育趋向成熟，资本从热捧转变为审慎。网民人数在 2007 年底持续上升到 2.1 亿人。

就内容而言，2004 年以后，我国互联网发展进入 Web 2.0 时代。以 Web 2.0 为特征的网络使用与 Web 1.0 具有显著不同，它变传统传播的网站中心为用户中心，变内容中心为以人为中心，特别注重用户参与与体验。其典型的使用方式有博客、播客、维基百科、标签系统（Tag）、聚合内容（RSS）、SNS（Social Networking Service）等，其中博客、播客影响最大。2007年，排名前100位的网站提供Web 2.0服务的多达64家（独立的Web 2.0网站23家，提供Web 2.0服务的传统网站41家）。[①] Web 2.0的使用推动了网络更深层次的互动与共享，从而带来一些新的网络管理问题，如网络暴力、人肉搜索、视频恶搞等。

2. 网络管理特点

这一时期政府的管理逐渐走向成熟与完善。针对网站备案与域名的管理进一步规范，网络文化与网络著作权等的管理进一步完善。

网络内容管理仍然是政府关注的焦点，如网络新闻管理，在2000年的《互联网站从事登载新闻业务管理暂行规定》中对象限定不够清晰，在2005年的《互联网新闻信息服务管理规定》中管理对象十分明确。

视频管理是这一时期新的管理重点。视频网站在2006年迅速发展，从原有的30多家增加到300多家，2007年又增加到400多家。国家广电总局、文化部、信息产业部对它们的管理存在重叠与矛盾。《互联网视听节目服务管理规定》《广电总局关于加强互联网传播影视剧管理的通知》要求网上提供视频服务的公司必须取得上岗许可证，同时要求公司国有独资或国资控股。新的管理规范之下，《互联网视听节目服务抽查情况公告（第3号）》显示，10家网站被责令停止视听服务，17家受到警告处罚。[②]

这一时期政府的管理理念有所转变。从早期的以控制为主，转变到以引导为主。大量的网上舆论成为政府不可或缺的洞察民情的重要窗口，因此政府管理部门纷纷成立网络舆情监测机构，有意识地对网络舆论进行分析、研究，从而极大提高了政府引导网络舆论的能力。

二 我国互联网管理效果及其评析

互联网进入中国以来，网络媒体一直是政府监管的重点，为了达到有

---

① 互联网实验室：《2007年中国互联网网站市场表现研究报告》。
② 《广电总局关停10家违规视频网站 知名网站赫然在目》，中国新闻网，2008年10月29日，http://www.chinanews.com.cn/it/hlwxw/news/2008/10-29/1429298.shtml，最后检索时间：2023年6月27日。

效管理、和谐上网，政府部门制定了一系列的法律和相关制度来规范网络行为，相关各界也采取了一系列措施配合网络管理行动，并取得了很大的成果。由于网络产业处于不断发展变化之中，政府及相关各界对网络管理取得巨大成绩的同时，也存在许多不足，因此我们需要对网络管理效果做一个客观分析与评价。

网络运作的日常监管主要涉及两个方面：一是在传播内容上，是否遵守法律规范，符合社会道德要求；二是在传播形式上，是否配合网络管理部门的秩序要求，进行有序化运作。

（一）1999 年及之前的网络管理效果重点

从互联网进入中国到 2000 年之前，网络规范与安全一直是政府内容监管的重点。这一时期，网络病毒、网络色情问题比较突出，虽然这两方面一直是政府监管的重点，政府也出台了很多管理措施，但是效果并不理想，网络色情和网络病毒等甚至有不断扩大的趋势。如 2007 年 6 月，公安部公共信息网络安全监察局开展了 2007 年度信息网络安全状况与计算机病毒疫情调查活动。调查内容包括 2006 年 5 月至 2007 年 5 月，我国互联网单位发生网络安全事件以及计算机用户感染病毒情况。调查结果显示，连续 3 年我国信息网络安全事件发生比例呈上升趋势，2007 年达到 65.7%，较 2006 年提高 11.7 个百分点。计算机病毒感染比例在前两年基本持平的情况下，2007 年达到历年最高，计算机病毒感染率为 91.4%。在网络色情的管理上，公安部副部长张新枫坦言："尽管目前境内网站上的淫秽色情信息较专项行动开展前有大幅度减少。但是，互联网上的'黄'风还没有完全刹住，境内网上淫秽色情信息还没有清除干净，境外互联网上的'黄'源也没有完全堵住。"

（二）2000 年至 2003 年之间的网络管理效果

和前一阶段相比，这一段时期政府对网络的管理渐趋成熟，网络管理范围也进一步扩大了。最明显的特征是政府加强了对网络垃圾、网络出版、电子公告与网络新闻的管理。如 2000 年 9 月，国务院出台了《互联网信息服务管理办法》，到 10 月 8 日国务院新闻办又紧跟着与信息产业部联合出台了《互联网站从事登载新闻业务管理暂行规定》，信息产业部也在同一天出台了《互联网电子公告服务管理规定》。通过一系列的管理规范与引导，政府对网络新闻网站及网络信息发布方面的管理卓有成效，网络已经成为社会监督最大的一块公地，但在舆论管理与引导上面，政府还有很多要改进的地方。网络垃圾治理也是这一时期政府监管的重点，在政府一系列整治垃圾邮件活动后，辅以一定的行业自律，垃圾邮件的治理效果显著。中国互联网协会反垃圾邮件中心公布的中国反垃圾邮件状况调查报告显示，2007 年第三季度中国互联网电子邮件用户每周收到的垃圾邮件比例为 55.85%，较上个季度的 58.84% 下降了 2.99 个百分点，并连续几个季度呈下降趋势。

（三）2004 年以后政府的网络管理成效

2004 年以后，Web 2.0 概念风起云涌，网络进入一个全新的时代。网络由过去 Web 1.0 时代信息刊载为主转向主要提供信息服务，强调用户的参与和体验。这就给政府的管理增加了很大的难度。以博客为例，对于博客的管理，目前国内还没有专门的管理法规，对博客网站的管理主要还是遵照管理其他网站的规章制度，对博客内容的管理也是参考《互联网电子公告服务管理规定》，比照电子公告进行管理。由于集个人网页、社区、BBS、网络交友之长于一体的博客仍处于不断发展变动之中，所以现行的管理规章制度显得相对落后，从而也出现了很多博客纠纷、侵权等问题，博客管理成为网络管理的新难题。

2004 年以后，政府对互联网管理有了进一步的全新认识，认识到互联网管理是一项巨大的文化建设工程。2006 年 10 月 11 日，中国共产党第十六届中央委员会第六次全体会议通过了《中共中央关于构建社会主义和谐社会若干重大问题的决定》，该决定要求积极加强网络文化建设，胡锦涛在中共中央政治局于 2007 年 1 月 23 日下午进行的第三十八次集体学习中也着力强调了网络文化的重要性。同时，各级政府也成立网络舆情监察机构，重视民情和网络舆论的引导。政府的管理理念从着重监管转向监管与引导并重，整个网络朝更加良性和有序化的方向发展。

从总体上看，自互联网进入我国后，政府积极监管，成效颇为显著，但其间也有许多失误和不足。

在网络具体业务和网民网上行为上，目前政府管理欠佳的原因主要是总体上手段单一、缺乏强有力的行业自律、管理制度缺乏创新。相对于传统媒体，互联网是一个新兴的媒体，其自身尚处在不断变化之中，且发展速度极快。因此，再迅速地立法也会显得相对滞后和不够周全，所以在政府政策的引导下，积极运用行业自律、技术监管、道德约束等多元手段是解决问题的根本所在。另外，自20世纪90年代网络普遍进入我国，媒体就已经同步进入媒体融合时代，但我们的网络管理大多还是借助于传统媒体的管理经验，制度明显缺乏创新。而在媒体融合时代，制度管理的改革与创新恰是网络媒体健康发展的关键所在。

在宏观管理方面，我国网络成立之初，为了有效地进行监管与引导，政府成立了很多监管部门，目前可以直接或者间接管理网站的部门多达20余家，其中主要有信息产业部、国务院新闻办、新闻出版总署、国家广播电影电视总局、文化部、公安部网络管理处、中宣部等。较之传统媒体以新闻出版总署、国家广播电影电视管理总局、中宣传等为主体的管理模式，网络管理多头管理现象严重，在初期运作阶段，多头管理常常显示出分工不够明确的弊端。另外，互联网发展迅速，新技术新现象层出不穷，而政府的立法配套措施往往滞后，这使得网络媒体的前进仍然遭遇很多瓶颈与困难。

三　我国互联网管理的创新与发展

20世纪七八十年代，西方社会科学领域"重新发现"了制度分析在解释现实问题中的地位和作用，进而形成了新制度主义分析范式。20世纪90年代以来，新制度主义分析范式已经变成超越单一学科，遍及经济学、政治学、社会学乃至整个社会科学的分析路径。新制度主义代表一种经验研究方法，它像关注个体行为一样关注社会政治生活的制度基础，强调制度因素的解释性权利。[①] 在网络技术飞速发展的今天，我国的互联网

---

① 陈家刚：《全球化时代的新制度主义》，《马克思主义与现实》2003年第6期。

管理经过三个阶段的螺旋式演进，管理成果总体尚好。但在各媒体进一步融合突进中，网络的发展也出现了很多问题，其中既有社会问题也有管理问题。要想互联网阔步发展，就必须改变管理思维，突破管理的制度瓶颈，不断进行制度创新。其中，新制度主义理论对互联网管理的制度创新与变革具有积极的借鉴意义。

从理论角度看，制度变迁理论是新制度主义理论中的重要组成部分。新制度主义认为，制度变迁不是泛指制度的任何一种变化，而是特指一种效率更高的制度替代原有的制度。制度变迁的动力来源于作为制度变迁的主体——"经济人"的"成本-收益"计算。主体只要能从变迁预期中获益或避免损失，就会去尝试变革制度。制度供给、制度需求、制度均衡与非均衡形成了整个制度变迁的过程。①

从 20 世纪 90 年代至今，我国的互联网管理历经初创、发展与不断完善三个阶段，基本上实现了一种制度的供给。如果把制度的供给看成是创造和维持一种制度的能力，把制度供给的实现看成是一次制度变迁的过程，那么我国的互联网管理制度在同质范畴内实现了三次变迁。在互联网日新月异、媒介融合如火如荼的境况下，制度需求成为一种新的变革张力。制度的需求是指当行为者的利益要求在现有制度下得不到满足时产生的对新的制度的需要，而制度的变迁首先是从制度的非均衡开始的。从第二部分对我国互联网管理的效果分析中可以看出，当前，我国互联网管理欠佳，网络媒体做大做强之路可谓荆棘丛生，这里面既有行业利益和技术问题，也有网络立法与管理问题。在众多问题中，制度管理问题是解决问题的关键。从某种程度上讲，这种管理失衡的态势就是一种制度的非均衡，而这种非均衡的平衡则产生了一种制度的需求。这是当下我国互联网管理制度在更大程度、更广范围、更高级别上进行创新与变革的内在需求。

从实际操作层面讲，社会与技术的发展其实为互联网的改革发展奠定了很好的基础，而新的管理理念产生与制度创新主要在于管理者的改革意志和愿望。在老制度经济学的代表人物凡勃伦看来，制度"实质上就是

---

① 陈家刚：《全球化时代的新制度主义》，《马克思主义与现实》2003 年第 6 期。

个人或社会对有关的某些关系或某些作用的一种思维习惯"①。制度既然是一种"思维习惯"，就总会是一种过去的产物，代表过去既得利益集团的利益，是同过去的环境相适应的。但现实的情况是，互联网技术发展一日千里，网络新媒体迅速发展壮大，各种媒介大融合成为一种波及世界的大潮流。技术的发展与媒介形态的变化同时带来了环境的变化，也产生了代表技术革新一方越来越大的利益诉求。在技术条件发生变化和环境也随之变化的情况下，劳作本能表现最明显、受现行思维影响最小、利益诉求最明显的利益代表方就会不断冲击与克服现有的制度阻力，并推进制度革新，以便产生一种新的制度供给，以达到推进发展所需的制度均衡状态。在我国，技术进步、网络新媒体力量的持续壮大是推动网络管理理念与制度革新的根本动因。

当下，网络媒体要进一步合理有序发展，需要积极立法，加强管理，不断打破森严的行业壁垒，并适时制定有利于媒介融合的技术标准，推动媒介融合。同时，还要不断创新理念、变革立法制度，为互联网的发展创造一个良好的环境。

要做好管理理念与制度的创新，最主要的是做好以下两点。

（1）实行媒介融合，解决技术壁垒、政策壁垒和市场壁垒

自美国《1996 年电信法》颁布实施起，各国竞相对本国的信息产业政策进行调整，积极鼓励媒介融合，互联网逐渐进入媒介融合时代。在媒介融合时代，互联网的有效维护与管理最终还是要通过"三网融合"来解决。"三网融合"是指电信网、广播电视网、计算机网的互联互通、连为一体，业务上相互交叉渗透，人们通过其中一网就可以享受到其他网络的业务服务。② 促进融合的形成就是要破除不同属性行为主体之间的融合壁垒，这些壁垒包括技术壁垒、政策壁垒和市场壁垒。消除这些壁垒需要国家的产业政策有统一的能力，包括能促进融合的形成，即推动不同属性

---

① 张林：《凡勃伦的制度变迁理论解读》，《经济学家》2003 年第 3 期。
② 梁平：《推进我国"三网融合"进程的思考》，《有线电视技术》2002 年第 5 期，第 12~16 页。

的行为主体形成统一的整体；能保证对产业的统一管理。①

目前，三网融合的关键技术都已经实现，关键是要打破三网之间的"语言"障碍，克服政策上的限制，寻找传输速度和传输质量的最佳结合点。三网融合在欧美国家早已进行，并且发展到了一定的阶段。我国三网融合虽然起步晚，但却具有后发优势，可以借鉴国外的许多经验，避免走很多弯路。三网融合最重要的就是尽快健全相应的法制体系，把三网纳入一个相同的大法律体系当中，统一管理，打破垄断，避免低水平的重复建设，实现网络资源共享。

（2）更新管理观念，强调"以人为本"的宗旨

在新制度主义的理论框架中，对制度的最初理解是将其看作一系列的规则、组织和规范等。社会学制度主义倾向于在更广泛的意义上界定制度，制度不仅包括正式规则、程序和规范，而且还包括为人的行动提供"意义框架"的象征系统、认知模式和道德模块。这种界定打破了制度与文化概念之间的界限，倾向于将文化本身也界定为制度。② 其实这种新制度主义和"以人为本"的宗旨是一脉相承的。

新制度主义理论关于制度的解读给了我们一个重新审视互联网管理的角度。过去，我国的互联网管理模式主要是政府主导型，对互联网管理的制度考量也主要着眼于管理与约束层面，很少看到管理中人性化的一面，很少看到网络认知、理念、道德及网络文化其实都属于制度的范畴。所以，在制度管理上刚性的东西太多，而网络道德教育及网络行业、个人自律则显得太过单薄。在媒介融合时代，各种网络问题就像肆流的江河，如果仅仅采取围堵的方式，再先进的法规措施也难免漏洞百出，从长远来看，最明智的方法就是疏导。

因此，当下，互联网管理制度革新，除解决三网融合问题，另一个最迫切的问题就是改变以前网络管理制度中过于刚性的一面，要积极加强网络道德教育，加强行业自律及个人的网上自律行为，使政府制度的着眼点

① 王菲：《媒介大融合——数字新媒体时代下的媒介融合论》，南方日报出版社，2007，第23页。
② 陈家刚：《全球化时代的新制度主义》，《马克思主义与现实》2003年第6期。

转向服务引导层面。

他山之石可以攻玉，由政府主导型管理模式逐渐向政府指导下行业自律管理模式的转变应该是现下我国网络管理制度创新的一个总体思路，这方面可以充分借鉴国外的成功经验。美国是互联网最早诞生的国家，美国对互联网的管理也是匠心独运，非常成功。美国政府针对前卫的互联网发展状况，所颁布的许多法案及管理措施都具有开创性与引导性，美国政府对互联网的立法与行政管理显示出井然有序的连续性，以沿用与扩展现有法规为主。这种沿用与扩展有两个特点，一方面是保持了网络行政与法规管理的连续性和渐进性，另一方面也彰显了政府引导与服务功能。与政府的直接干预相比较，自律为互联网发展创造了较为宽松的环境。美国政府对互联网的管理一直是本着"少干预、重自律"的管理思路，只采取最低限度的干预，提倡网络行业和网络用户的自律。在政府指导下建立多层次、全方位的行业自律是美国网络有序发展的一个重要保证。美国政府网络管理另一个可圈可点的地方就是积极发展高新技术手段对网络内容进行保护、规范、限制和禁止等。为了营造较好的道德氛围，美国政府不仅向互联网使用者进行宣传呼吁，而且借助社会团体、组织和国家力量以他律来达到自律。如美国政府一直倡导的一种互联网行为的道德标准——著名的"摩西十诫"（The Ten Commandments for Computer Ethics），就是由美国计算机伦理协会制定的关于计算机道德的十条戒律。另外，美国也借由市场的力量来对网络进行合理的调节与规范。

我国现行的互联网管理制度必须详查当前的环境与形势，用创新的理念来革新现行的网络管理体制。第一，要积极完善当前的网络管理法制体系，当然这种完善的重点要放在引导服务层面而非限制层面。第二，也是最重要的，是在政府指导下加强行业自律，建立多层次的行业自律体系，使得大多数网络发展中的矛盾在网络自律体制内就能得到很好的解决，而解决的过程却是和谐的，成本也相对低廉。第三，就是坚持发展与引导并行不悖的管理思想、政策与法规相结合的管理依据；坚持社会监督与个体自律并重的多元管理手段；采用适应网络经营者成分多元的分类管理方式。第四，值得引起注意的是积极加强网络道德教育，积极进行有中国特色的网络文明建设，使网络为和谐社会、文明社会的构建创造一个良好的环境。

载《技术，制度与媒介变迁：中国传媒改革开放 30 年论集》，

复旦大学出版社，2009

合作者：余秀才

收入本书时略有改动

对新媒介环境下主流媒体舆论引导的思考

新媒体异军突起，促使媒介传播呈现一些新的特点。在此情况下，舆论形态更加错综复杂，舆论环境更为严峻。舆论多元是社会进步的表现，但舆论多元不能等同价值观的混乱。为了营造健康的网络环境，需要在进行硬性管理的同时，凸显主流媒体的传播功能，尤其需要注重传播策略与传播技巧。

一 新媒体异军突起 信息传播呈现新的特点

在媒介传播领域，新媒体异军突起，一下子打破了传统媒介生态格局。目前最为热门的媒介传播方式就是微博、微信借助移动终端，主要是智能手机，随时随地传播信息。3亿多的微博用户、2亿多的微信用户，构成无处不在的信息源，使新媒介传播呈现一些新的特点，这些特点可以简要归结为三个方面。

（一）传播模式的裂变——病毒式传播

原有对传播模式的描述，有线性传播、两级传播、循环传播、互动传播等，但是自从微博产生之后，所有的传播模式都难以表述新媒介带来的巨大变化，"病毒裂变式传播"成为热门词，用来表述新的传播形态。

事实上，以微博为代表的社会化媒体，因其操作便捷、进入门槛低，深受大众青睐。而社会化媒体对群体具有强大的聚合能力，它通过信息的流动，将原本分散、孤立的社会个体，以不同的关系组合成众多的小群体。无以数计的信源，通过无以数计的小群体，构成无以数计的新的传播渠道，使信息传播成几何级数向外扩散，产生病毒裂变式传播效果。

（二）传播主体参差——情绪化传播

很早就有学者研究发现，网络言论往往更加大胆、更加情绪化。基于这一理解，对网络群体的研究，群体极化现象受到高度关注。群体极化的研究早期是在心理学领域，2003年美国学者凯斯·桑斯坦《网络共和国：网络社会中的民主问题》出版中译版，国内学者开始高度关注这一现象。

事实上，网络中极端言论往往会引起更多的关注，有学者对时政论坛进行观察，发现愤青情节、偏激言论具有较高的关注度。也有学者对《南方周末》事件的网络争论进行分析，发现观点对立明显。还有资料显示，在对多国网民的信息偏好比较中，中国网民更加偏好负面信息。在这些偏激言论的影响下，一些原本态度中立的旁观者，往往会受到偏激情绪的影响，逐渐显示出一定的偏向。综观大量的转发信息，主观性、情绪化色彩信息传播有逐渐加重的趋势。

（三）传播内容复杂——混杂型传播

网络传播内容的复杂，表现在网络信息源头、网络信息渠道无以数计。

就信源而言，网络信息发布的多源头状况严重影响信息质量。特别是在一些重大新闻事件中，微博等新的传播形式以其独特的优势，往往抢先发布信息，如"7·23"动车事件、汶川地震、芦山地震等都是由微博率先发布信息。微博、微信等已经成为一些传统大众媒体重要的信息来源。

就信息渠道而言，来路不明的信息源，通过社会化网络的众多小群体，一圈一圈向外交叉扩散，循环往复，在传播过程中又因各种原因发生误传、变异等，其间一些正规媒体、大号微博、名人微博等的介入，更增加了信息的复杂性，结果信息几经传播变得越来越真伪莫辨。

二 多元舆论错综复杂 舆论环境更为严峻

舆论，是一个笼统的概念，指以各种方式传播的大众议论与意见。网络舆论、社会舆论、现实民意等，皆以舆论为关联，它们是舆论不同阶段与不同类型的具体体现。因此，在舆论表达上，它们之间既关系紧密，又内涵有别。

（一）关于舆论与民意

理解舆论与民意，首先要理解舆论形成的过程。一般来说，舆论的形成经历三个阶段：民意—舆情—舆论。

民意，是民众意识、意志和意愿的统称，属于社会心理范畴，是最基础、最底层的民众心理状态或心理事实，一般通过心理测量可以获知民意。民意调查就是针对这一层面。

舆情，是民意的进一步上升，到达意见与态度层面，即大众对社会生活中各个方面的问题，尤其是热点问题的公开意见和情绪。舆情监测，及时捕捉与发现问题，就是针对这一层面。

舆论，则是舆情的更进一步，形成了大多数人的一致性意见。一般来说，舆论内容多针对社会政治事务与公共生活，因此舆论具有煽动性、影响力、复杂性、可持续性、可操纵性等特点。进入舆论阶段，舆论引导则是更为有效的管理方式。

（二）关于网络舆论与社会舆论

网络舆论与社会舆论的关系较为复杂。广义地说，社会舆论是一个宏观的概念，它涵盖社会上所有的舆论，包括网络舆论。因为网络社会被视为人类社会的延伸，网络舆论自然也就是社会舆论的组成部分。但狭义地理解，社会舆论又特指存在于现实社会的舆论，与存在于网络社会的网络舆论相对应。

广义而言，社会舆论大于网络舆论，但其源头都是现实民意。其结构关系可以表述如下。

现实民意———→网络舆论———→社会舆论

狭义而言，社会舆论与网络舆论相互对立，其共同的源头仍然是现实民意，其结构关系表述如下。

↗社会舆论

现实民意

↘网络舆论

（三）关于网络舆论与现实民意

民意是客观存在，而舆论具有可操纵性，因此，网络舆论与现实民意之间具有一定的关联性，也有诸多的不确定性。具体而言有以下两点。

第一，网民结构性偏差，网络舆论仅代表特定网络群体的意见。

就一般网民而言，我国13亿人口中有5亿多网民，根据CNNIC最新数据分析，这5亿多的网民，29岁以下的占54%，39岁以下的占80%，事实上，18~24岁的网民是最为主要的网民群体，而且以城市中的学生群体居多。他们最为热衷的使用是及时通信、搜索引擎、网络音乐等。这非常符合这一群体的特征。但如果推及13亿多的整体，显然过于勉强。

就网络活跃群体而言，以公共性话题中的意见领袖为例，他们大多是热衷公共事务、勤于思考、擅长表达的群体。这一群体在网络中吸引众多眼球，如美国Twitter，2万精英吸引了50%的注意力，在网络中，"沉默的大多数"规模依然庞大。有学者对时政论坛的意见领袖进行分析发现，他们大多是具有愤青情节、观点偏激、归属感不强的群体。又有学者对新浪名人堂大号微博博主进行分析，发现他们主要是娱乐明星，媒体及媒体人，学者特别是经济学家、企业家、作家、海外人士等，他们是特定领域、特定群体的代表。

第二，一些网络舆论源于现实民意，但传播过程中会因网络特点而发生变异。

由于新媒体传播信息简单快速，因此它往往能更早捕捉信息源头，成为信息传播的重要发源地，在随后的转发、评论中，新媒体信息内容会不断丰富与完善。因此，一些传统正规媒体开始重视并引用网络媒体信息。但是，新媒体信息由于甄别的困难，常常伴随诸多不确定性，使事实夹杂着流言与谣言。如电影《搜索》所表现的，网络信息的片面性，易于煽动情绪，易于激发暴力，网民会因盲目而伤害到无辜者，导致不明事理的民众卷入其中，莫名其妙地成为暴力事件的帮凶。

三　在舆论多元中凸显主流媒体的传播功能

舆论多元是社会进步的表现，但舆论多元不能等同价值观的混乱。一个社会的核心价值观是一个国家文化精华的积淀，是民众的精神支柱，是社会发展的向心力，如传统文化留给我们宝贵的精神财富，集体主义、奉献精神、爱国主义等。营造健康的网络环境，在进行硬性管理的同时，要特别注重传播策略与传播技巧。

（一）　主流媒体的权威地位面临诸多挑战

媒体结构，就整体而言，有国家级媒体、地方级媒体；就个体而言，有母媒体、子媒体。由于媒体各自的定位不同，所以重要性也有所区别。随着社会多元化发展，特别是新媒体的冲击，一些传统观念遭受严重挑战。如主流媒体、权威信息等，这些核心概念的衡量标准逐渐在发生改变。

1. 什么是主流媒体

这是一个很难找到统一答案的问题。在学界，有从政治影响角度的界定，有从经济效益角度的界定，也有多种标准同时并存的界定。在业界，各类媒体都争相成为主流媒体。20世纪90年代末，都市报主流化转型，喊出"迈向主流媒体""新主流媒体"等口号，甚至有学者认为，"党报逐渐退出主流，都市报正向主流媒体迈进"。网络媒体中，新闻网站也面临商业网站的强势冲击。虽然我们有对重点新闻网站的扶持，有对网络新闻采访权的限制，但商业网站巨大的流量，特别是具有高度黏性的互动平台，仍然对新闻网站产生难以抵抗的冲击力。这种各类媒体互竞高低的局面，导致主流媒体的主流性更加使人困惑。

2. 什么是权威信息

权威信息原本是与主流媒体密切关联的一个概念，因此会有权威主流媒体的说法。权威信息，一般被理解为来自权威媒体或权威机构的信息。但是，在新媒体环境中，被视为权威信息的源头无形中被扩大，综观网络平台，其中关注度高、转发率高、评论数多的信息源多种多样，如加 V 的大号微博、各行业的名人微博、名记微博，还有突发事件中的当事人、对某一问题有特别兴趣的"草根"等，这些看似权威的信息源，同样在混淆我们对权威信息的理解。

（二）传统主流媒体，亟须利用好新媒体渠道，重视传播技巧

无论市场竞争如何激烈，媒介格局如何复杂，那些被政府寄予厚望、享有巨大资源优势的主流媒体，在彰显舆论的主导作用，倡导社会主流价值方面应该发挥更加有效的功能。

就传统主流媒体而言，面对新媒体的冲击，要迅速转变传播策略，充分利用新媒体传播渠道扩大自身影响力。目前，舆论的热点多在微博、微信，传统媒体纷纷开设微博、微信账号发布信息，跻身新媒体大军之列。需要注意的是，新媒体传播有新媒体传播的技巧。查阅新浪微博媒体影响力排名，名列前茅的媒体微博有央视新闻（中央电视台新闻中心官方微博）、人民日报（《人民日报》法人微博）等。央视新闻微博关注对象数为110，发布微博数为12833，粉丝数为4868926。人民日报微博关注对象数为199，发布微博数为9971，粉丝数为6333655。他们的关注对象主要集中在其他媒体微博以及少量政府微博，发布的信息以新闻信息为主，同时掺杂一些贴近民生的内容，如发布一些生活常识、励志格言等。在粉丝数上，与名列前茅的名人粉丝数（排名前2的分别为42870395与32516920），仍然有很大距离。如何真正提高传统媒体微博的影响力，是一个需要花大力气进行探讨的问题。

（三）网络主流媒体，亟须从经验教训中吸取养分，注重传播策略

就网络主流媒体而言，新闻网站，特别是重点新闻网站，应该是网络传播的主力军。但是在网络新闻的流量中，QQ 新闻流量总是遥遥领先。

网络舆论的热点也多集中在商业网站的微博平台与人气论坛上。新闻网站如何吸引人气，真正放开手脚进入市场竞争，利用自己的品牌优势、资源优势在新媒体竞争中获取制胜地位，从而真正主导网络舆论，引领舆论走向，这也是一个需要深入思考的问题。

传统媒体的管理模式，用之于网络传播，显然有许多力不能及的方面。对网络舆论事件的处理，我们积累了丰富的经验，如事件处置与舆论引导同步开展、同步部署；快报事实、慎报原因、重报态度、准报措施、再报进展、后报结果；低开低走，尽量让事件处置和舆论处置限定在事件发生地所处的级别；网来网去，就是网络关注的热点，一般不要采用平面媒体回应，防止事态扩大、升级；就事论事不论战，要有针对性地回应社会关切，而又不针锋相对地论战，争取主动和回旋的余地，尽快为热点降温，发挥理性平和的示范作用。

从长远来说，尊重新媒体的运行规律，尊重媒体管理的规律最为关键。首先，网络信息公开最为关键。主要是第一时间发布权威信息，第一时间掌握话语权；科学选择信息发布的方式和渠道；真实准确陈述事实，积极回应公众关切和问题焦点；增强"对话意识"，诚恳谦卑、全面平衡地表达。其次，网络舆论引导是有效手段。主动设置议题，加大正面宣传流量；主动调控网上热点敏感舆论；团结和培养一批有社会影响力的意见领袖和网评员。

原载《今传媒》（学术版）2014 年第 7 期

合作者：张恒山

收入本书时略有改动

论网络新闻的舆论特征及舆论导向

网络新闻舆论以其快捷、广泛、深入等特征对社会、政治、文化等方面的影响越来越大，如何加强网络新闻的舆论导向成为目前政府极为关注的问题，探讨网络新闻舆论导向的关键是把握网络新闻的舆论特征。目前对于网络新闻的理解较为混乱，一种是以信息为新闻，无所不包；一种是以传统时政类新闻为新闻，内容较为具体。根据上海市人民政府新闻办公室访谈资料，这里我们所讨论的网络新闻，特指国家网络新闻管理部门所规定的三类新闻：国际国内时政新闻、国内国外社会新闻、不含娱乐成分的文化新闻。

一 网络新闻的舆论特征

"舆论是公众关于现实社会以及社会中的各种现象、问题所表达的信念、态度、意见和情绪表现的总和，具有相对的一致性、强烈程度和持续性，对社会发展及有关事态的进程产生影响。其中混杂着理智和非理智的成分。"[1] 一般来说，舆论具有表层性、复杂性、动态性、可操纵性等特征。网络新闻，自20世纪90年代末我国政府对网络进行全面整治后，其内容进入良性有序的运行发展，较之传统舆论的特点，网络新闻的舆论体现出权威性、广泛性、快捷性等特点。

---

[1] 陈力丹：《舆论学——舆论导向研究》，中国广播电视出版社，1999，第17~18页。

1. 网络新闻内容的权威性

舆论的表层性在我国网络新闻中表现为内容的权威性。网络新闻舆论的权威性主要是由网络新闻发布机构的权威性以及信息源的权威性决定的。在我国，根据《互联网站从事登载新闻业务管理暂行规定》（下文简称为《暂行规定》）第9条，综合性非新闻单位网站从事登载新闻业务，应当具备下列条件：（一）有符合法律、法规规定的从事登载新闻业务的宗旨及规章制度；（二）有必要的新闻编辑机构、资金、设备及场所；（三）有具有相关新闻工作经验和中级以上新闻专业技术职务资格的专职新闻编辑负责人，并有相应数量的具有中级以上新闻专业技术职务资格的专职新闻编辑人员；（四）有符合本规定第十一条规定的新闻信息来源。在这种严格的审批要求把关下，目前国内从事网络新闻传播的媒体主要有三种：中央及地方新闻单位的新闻媒体网站、中央各部委主办的新闻网站、通过审批的大型商业网站。

新闻媒体网站，以传统媒体机构为依托，具有原有媒体在信誉与信源上的绝对优势，其权威性不言而喻。特别是2000年以后，我国传统媒体纷纷联手创建大型新闻网站，如北京千龙新闻网，联合9家市属新闻媒体与一家国际文化传播中心、一家信息技术公司；上海东方网，联合上海家主要传媒机构。新闻媒体网站在充分整合传统媒体资源优势的同时，又发挥网络技术的各种优势，形成了在原有品牌上更具特色的新型品牌。

政府部门主办的新闻网站。这类网站的主办单位是中央各大机关、国家各部委、各立法机关以及各级政府部门。由于他们本身就是有关政策的制定者、发布者，因此其新闻不仅权威性最强、可信度最高，而且在发布速度的快捷上也是其他媒体难以比拟的。如外交部网站经常发布当天新闻发布会的最新信息。

通过审批的大型商业网站的新闻栏目，根据《暂行规定》第7条："非新闻单位依法建立的综合性互联网站……经批准可以从事登载中央新闻单位、中央国家机关各部门新闻单位以及省、自治区、直辖市直属新闻单位发布的新闻业务，但不得登载自行采写的新闻和其他来源的新闻。"因此，其新闻来源只有三个途径：传统媒体、新闻网站、政府网站。就整体而言，其信息源的权威性保障了其新闻内容的权威性。

2. 网络新闻传播的广泛性

舆论的复杂性在网络新闻传播中表现为传播对象的广泛性。网络媒介集大众传播、人际传播、组织传播于一体，其实现了最大范围的信息传播。这种广泛性的传播是通过网络受众的广泛互动来实现的。与传统媒体的读者来信、热线电话、观众参与节目等互动的个别性与偶然性相比，网络媒介的互动是广泛、普遍与即时的。虽然网络新闻一般来说都是只读文本，但在每一条新闻下，网络新闻的编辑者都会专门设立读者意见反馈区，网民可以及时将自己的感想与评论，自愿、匿名、方便地反馈给网络新闻编辑部，同时也可以通过电子邮件、主题论坛、兴趣聊天室等转贴出去，或给固定的朋友，或给不固定的社群，从而激发一些潜在公众参与接连不断的次级传播，网络新闻传播在个体互动的同时带动了更大范围的群体互动。网络新闻传播通过对网络信息接受者自主意识的激发，吸引了更加广泛与忠实的受众群体。网络新闻接收者在网络互动中摆脱了传统媒体的强制性信息输出，主动的选择新闻、反馈信息、转贴新闻，其自主性得到了前所未有的尊重，参与的热情自然高涨。事实上，网络新闻为了吸引更多的网络受众，在新闻传播上已变传统单纯新闻发布的理念为全方位的新闻信息服务。根据对我国主要新闻网络页面的考察，目前我国网络新闻已具备了 12 个主要服务性项目：滚动新闻、直播新闻、新闻检索、新闻排行热点、相关新闻列表、新闻专题集纳、新闻图片、主流媒体新闻、新闻调查、新闻讨论、主送新闻信息、个性页面（定制）等。这种凸显受众地位的新闻发布赢得了受众更加广泛的参与。

3. 网络新闻舆论形成的快捷性

舆论的动态性在网络新闻中表现为舆论形成的快捷性。网络新闻基于网络技术的优势，其新闻不仅发布速度快，而且由于转贴方便，其传播的速度也十分惊人。网络新闻快速发布并迅速形成广泛影响，最著名的例子是德拉吉网站对克林顿丑闻的曝光。1998 年 1 月 17 日深夜，德拉吉向其新闻邮件订户发布了一条令世人震惊的信息："在最后一分钟，星期六（1 月 17 日）晚上 6 点，《新闻周刊》杂志枪杀了一个重大新闻。这条新闻注定将动摇华盛顿的地基：一个白宫实习生与美国总统有染。"很快该信息被转贴到其他新闻网站，造成网络堵塞，引起世界性的轰动。而且德拉吉网站不断通过其广泛的信息渠道提供一个接一个的最新消息，如关于莱温斯基的情况、关于一盘电话录音、关于一条深蓝色的裙子等，将网民情绪推向一个又一个的高峰。事实上，关于克林顿丑闻的新闻本来是《新闻周刊》记者迈克尔·艾西科夫首先发现的，如此重要的发现在见报之前，由于涉及的对象的重大性而被《新闻周刊》的高层所扼杀。克林顿丑闻在网络上大约沸腾了 4 天，之后，美国的主流媒体才开始低调介入，再之后，才有 CNN、美联社等的全力追踪。①

　　网络新闻传播的快捷性，不仅来源于网络技术的支持，同时更来源于网络传播理念的自由与开放。对传统媒体而言，即使再追求言论自由的媒体，在新闻发布之前，都必须经过多层把关人的严格把关，这种把关由于各种原因都会在不同程度上造成新闻发布的延误，甚至扼杀。而网络新闻发布，由于操作简单易行，缺少传统媒体金字塔式的纵向操纵，因而更加易于发布与传播。

　　较之传统媒体，网络媒体的新闻传播可以快速显示效果。对媒介时滞问题的研究源于对媒介议题设置功能的探讨。早在 20 世纪 80 年代，美国学者斯通和麦库姆斯对公众议题与媒介议题的关系进行了实证研究，研究发现，一则新闻从媒介议程转向公众议程，其时间差大致是 2～6 个月。当然，以后的研究又对这一结论进行了不断的修正，如认为所报道的问题不同、媒介的覆盖面不同、媒介本身的不同等都会对新闻报道效果的时间差产生影响。但无论怎样，较之其他媒体，网络新闻传播效果的直接与快捷是不容置疑的。前面所举的德拉吉网站对克林顿丑闻的报道，其他如对 CBS 解雇著名华裔主持人宗毓华、英国黛安娜王妃车祸身亡（在美率先发布）等都是德拉吉网站先于传统媒体报道。北京时间，1999 年 5 月 8 日凌晨 5 时 45 分，北约突袭我国驻南斯拉夫大使馆，新浪网在当天下午就抢先发布了独家新闻，并不断补充新的信息，迅速引起群情激愤。为了引导迅速高涨的公众情绪，人民网专门开设抗议论坛加以疏导。这些都显示了网络新闻媒体形成舆论的快捷性。

---

①　陶然：《网站整体策划与设计》，新华出版社，2002。

二　网络新闻的舆论导向

由于舆论"混杂着理智和非理智的成分",为了避免舆论的负面影响,需要坚持正确舆论的导向,网络新闻舆论同样如此。网络新闻的舆论导向主要体现在两个方面:一是对不良舆论的控制,二是对主流舆论的引导。

1. 网络新闻的舆论控制

虽然较传统媒体,网络媒介以自由、开放、资源共享等为特征,但再先进的机器都不过是人类智慧的产物,因此网络新闻也是可以人为控制的。从网络新闻的发布过程来看,网络传播处处"布满了把关人"。而且在某种意义上,对内容的把关程度甚至超出了传统媒体。

修梅克和瑞斯在1991年提出了5种影响媒介内容的因素:来自媒介工作者个人的影响;来自媒介日常工作惯例的影响(如时间、版面、报道原则等);媒介组织方式对内容的影响(如盈利目标);来自媒介机构之外的组织对媒介内容的影响(如利益集团);意识形态的影响。这些影响既有微观层面的,也有宏观层面的,并且其影响力依次不断递增,意识形态的影响处于该结构的最顶层,是其他一切影响因素的根源。在网络新闻的运行过程中,这些影响因素依然存在。

以关于党的十六大的网络新闻报道为例,为了统一报道思想,早在党的十六大召开之前,各大新闻媒体网站就开始筹备有关党的十六大的宣传准备工作,为了确保绝对正确的新闻舆论引导以及对不良信息的快速处理,有关部门确定以新华网为党的十六大新闻授权发布单位,其他网站的内容以新华网发布内容为基准。同时各大网站出台了一系列具有针对性的具体控制措施。如新华网,除每天召开编前会议传达指示精神外,同时委派综合素质较高的资深编辑对网上内容进行全天候的监控。对境外网站内容一律不发,遇国际重大事件,由社总编室统一协调安排,不自作主张。同时加强论坛管理,管理人员实行资格认证制,对网民来帖实行先审后上的做法,杜绝有害信息的传播,并定期通报网上舆情动态。在技术保障方面,技术人员24小时监控、巡查。在对地方新闻网站的管理上,新华网早在会议召开之前，就举办了一期地方频道党的十六大宣传管理培训班，对有关报道和信息内容的安全监控工作进行专项布置。

我国政府对网络新闻的控制，重点针对的是网络新闻信息源。《暂行规定》在这方面做了具体详细的规定。在网络新闻的整体把关过程中，新闻网站的编辑把关是最为重要的，因此在网站开办网络新闻的资格审查中，专门列出一个条件，就是新闻网站必须具备相关新闻工作经验和中级以上新闻专业技术职务资格的专职新闻编辑负责人，并有相应数量的具有中级以上新闻专业技术职务资格的专职新闻编辑人员，其意义在于他们懂得新闻宣传的各种纪律与政策。

2. 网络新闻的舆论引导

新闻舆论的形成与引导可以通过媒介操纵来实现。在传统媒体的舆论引导方面，主要是通过新闻媒体的"反复播出""强化该话题在公众心目中的重要程度"来完成的。由于互联网超越时空，不存在传统媒体时间与版面的限制，因此"强化"某一话题，提高报道频率与强度，操作起来更加轻而易举。

仍以我国网络新闻媒体关于党的十六大的报道为例，党的十六大期间，全国各级网站在党的十六大授权新闻发布媒体新华网的带领下，形成各级网站协同报道的强势宣传优势，所有的新闻网站都开设党的十六大专题栏目。重点网站还同时推出传统媒体无法制作的完全版、视频版、访谈版、资料板、论坛版等多种形式。而且在进一步吸引眼球上，各大新闻网站别出心裁，推出多种专题栏目。加上全天候的网上直播、实时报道，极大地提升了该议题在公众心目中的重要程度。

新闻界的舆论合力构成了社会意见共鸣，这种共鸣主要来自新闻界的重要社论及各种言论。对网络新闻来说，虽然原则上我国新闻网站不具备新闻采访权，但网络新闻评论却可以发表网站原创作品。如人民网的人民时评、新浪网的新浪观察等，就是以发表自己的作品为主。在凸显舆论效果方面，调动受众的主体意识极为关键。在这一点上，网络媒介的互动性具有得天独厚的优势。

1995年，美国学者汪达和米勒对克林顿1994年国情咨文的反映进行实证研究，他们发现："议程设置并非一个机械的和自动的过程，而是与受众个人的信息处理活动紧密关联的。人们会对从媒介获得的信息做出评估，而这一评估对议程设置效果发生与否因人而异。"① 因此，受众对媒介传播的信息，是会选择性的接触、注意与记忆的，关键是媒介如何掌握受众需求。只有媒介议程与受众需求一致的时候，媒介议程设置的效果才能有效发挥。虽然传统媒体也尽量注意与受众的沟通，如报社的读者信箱、电台、电视台的热线直播等，但对难以数计的广大受众而言，这些不过是杯水车薪。在网络传播中，传者与受者的沟通原本就是网络信息传递的主要方式，"每一个人都可以是一座没有执照的电视台"，各种类型的新闻网站为了方便读者交流信息，往往还会在网络上直接公布负责人的网址，并在刊登的文章后留下读者发表评论的地方。

早在 20 世纪 90 年代，麦库姆斯和肖就对伯纳德·科恩早年提出的"媒介告诉人们想什么，而难以告诉人们怎样想"的观点提出了修正，认为"议程设置是一个过程，它既能影响人们思考些什么问题，也能影响人们怎样思考"。网络媒介的舆论引导证明了媒介的这一导向功能。

原载《华中科技大学学报》（社会科学版）2004 年第 4 期

合作者：刘海贵

收入本书时略有改动

---

① 转引自〔美〕沃纳·塞弗林：《传播理论起源、方法与应用》，郭镇之等译，华夏出版社，2000，第 266 页。

重大网络舆论事件生态链

　　我国重大网络舆论事件，在时间上呈波浪状不断上扬的发展态势，2009 年有所回落，但 2010 年又重新恢复上扬的态势。在重大网络舆论事件中，发生在 2003 年的有 9 起，2007 年有 17 起，2008 年有 58 起，2009 年有 40 起，2010 年有 50 起。这些年来，特别是 2008 年，上升态势明显。这正验证了通常所说的：2003 年是网络舆论年，2007 年是网络民意年，2008 年是网络舆论监督年，2010 年是微博元年。这些具有标志性的年份，在网络舆论事件的数量上皆有明显表现。

　　我们根据现实中的地域概念将网络空间进行划分，为了方便统计，我们选取方位角度、大小角度。从方位角度，我们通常以方位不同将地域分为东部、中部、西部三个部分。从大小角度，我们通常以人口数量、经济属性、消费水平等将地域分为大城市、中小城市以及农村偏僻地区。对我国重大网络舆论事件发生的地域进行统计，结果如下：

　　由此可见，重大网络舆论事件更为频发的地域以东部地区与大城市为主，而且城市越发达，受网络舆论关注的程度越高。以方位而言，频发顺序是：东部、中部、西部；以发达程度而言，频发顺序是：大城市、中小城市、农村偏远地区（见表 1、表 2）。

表 1　网络舆论事件发生的地域及其占比

地域	案例数（件）	占比（%）
东部地区	99	54

地域	案例数（件）	占比（%）
中部地区	40	22
西部地区	43	24

表 2　网络舆论事件城市分布及其占比

地域	案例数（件）	占比（%）
大城市	96	56
中小城市	51	30
农村偏远地区	23	14

在东部大城市中，北京、广州、上海、深圳最为突出；在中部地区，网络舆论事件分布以湖北、河南、湖南、山西四省偏多；西部各地，以重庆、陕西、四川偏多，而且多集中在成都、重庆与西安三个城市，这也正好是西部较为发达的三个城市。

一　重大网络舆论事件所涉群体

重大网络舆论事件所涉群体，参照《当代中国社会阶层研究报告》，"以职业分类为基础，以组织资源、文化资源占有状况作为划分社会阶层的标准"，最终划分出中国当代社会十大阶层，即国家与社会管理者层、专业技术人员阶层、办事人员阶层、个体工商户阶层、商业服务业人员阶层、产业工人阶层、农业劳动者阶层、城乡物业半失业阶层。

重大网络舆论事件所涉阶层，以国家与社会管理者阶层为主，相关案例共 67 起，约占整体的 38.3%。其次是专业技术人员阶层，案例共 28 起，占到整体的 16%。位列其三的是私营企业主阶层，案例为 22 起，占整体的 13%；然后是办事人员阶层，案例 18 起，占整体的 10.3%；农业劳动者阶层，案例 16 起，占整体的 9.1%；商业服务人员阶层与产业工人阶层各为 10 起、5 起，各占整体的 5.7% 与 2.9%。位列最后的是经理人员阶层、个体工商户阶层、城乡无业失业半失业阶层，各 3 起，仅占整体的 1.7%。

国家与社会管理者阶层，是党政事业和社会团体机关单位中行使实际行政管理职权的领导干部，是整个社会阶层结构中的主导性阶层，他们在整个社会阶层结构中所占比例仅为 2%，但却拥有并控制着整个社会最重要的组织资源，对社会发展具有决定性的作用。因此，他们构成了网络舆论事件的焦点，网民极度关注他们的道德品质、管理能力、工作作风等。

在所有社会阶层中，经理阶层、个体工商户阶层、城市无业、失业、半失业者阶层受到网络舆论的关注最少。经理阶层与个体工商户阶层在经济地位上较高，人口比例却相对较小，因此获得的关注较少，拥有很少的社会资源，从已经发生的网络舆论案例看，引起的网络舆论关注也最少。

通过对以上网络舆论关注的各阶层分析发现，网络舆论对社会阶层的关注度明显呈现出如下特点：对社会资源占有越多，被关注度越高；对社会资源拥有越少，被关注度越低。

二　重大网络舆论事件所涉类型

网络舆论事件的类型是针对网络舆论事件的议题与性质来分的。网络舆论事件所涉内容很广，但主要集中在政治生活与民生方面。在政治生活方面，网民一方面积极关注政府的管理绩效，另一方面起到了一定的监督作用。如 2008 年胡锦涛通过人民网强国论坛对话网民、网民对科技部网站留言的热议、网民对中国政府大部制改革的关注等，都受到网民的热烈追捧。

对民生问题的关注，是网络舆论事件关注的又一热点。民生问题是与普通百姓生活密切相关的问题，如教育、医疗、城市拆迁、环境污染、食品安全等，这类案例共 39 起，占到总体数量的 18.6%。这些内容最易于引起网民共鸣，快速形成网络舆论热潮，并引发人们对体制缺陷的探讨。

性与婚姻问题也是网络舆论关注的焦点，这类案例共 9 起，占到整体的 4.3%。现实社会的道德滑坡使网民特别关注体现人类基本道德的性与婚姻问题。这类问题总是与名人隐私、插足小三、家庭责任等联系在一起。

在历年重大网络舆论事件中，2010 年出现了一些新的变化。微博、手机等新媒体迅猛发展，政府管理、房屋拆迁等事件占比呈扩大趋势，成为容易引发网络舆论关注的兴趣点。

三　网络舆论事件的信源与传播途径

目前，大众传播的媒体主要有三：传统媒体（包括广播、电视、报纸、杂志等）、网络媒体和手机媒体。我们对 210 起案例的信源与传播途径进行考察，以探寻网络舆论事件在各媒体间形成、扩散与传播的基本规律。

考察网络舆论事件的信息来源，我们通过多种渠道进行追溯：追溯谷歌、百度、搜狗、有道等搜索引擎；追溯门户网站以及社区论坛自带的检索系统；也通过电子期刊库进行文献追溯。通过对 210 起网络舆论案例的信息源的考察，我们发现，43% 的网络舆论事件由传统媒体率先报道，34% 源自网络媒体，3% 源自手机媒体，20% 是各类媒体同时报道，难以分辨先后（见表3）。

表3　重大网络舆论事件的信源及其占比

单位：起

媒体源头	传统媒体	网络媒体	手机媒体	多种媒体
最先报道数	91	71	7	40
所占比例	43%	34%	3%	20%

重大网络舆论事件的信息源，可查证的大多来自传统媒体，这与我们通常所感觉的"网络媒体已经成为最为重要的信息源"有所出入，但却十分吻合我们对门户网站信息源的分析，在门户网站提供的海量信息中，除体育与娱乐信息原创率居高外，其他新闻信息多转自传统媒体或新闻网站。

然而，对性质敏感、发生地偏远的事件，网络媒体的挖掘功能却有独到之处。如 2003 年的 SARS 事件，在管理部门未明确指示之前，传统媒体难以报道，但网络论坛上四处传播。2008 年温州出国考察门事件——一张遗失的公务员出国考察账单，在事情没有核实之前，传统媒体难以报道，但网络论坛四处张贴。2008 年山西娄烦矿难，当地政府封闭消息，传统媒体难以报道，记者孙春龙却将事件发表在自己的博客上。

网络媒体发掘信源的能力将会越来越强势，其不计其数的信息源头，四通八达的信息渠道，特别是随着移动网络的广泛使用，网络媒体的优势会更加明显。

我国重大网络舆论事件的传播途径基本如下：一是从手机媒体到网络媒体或传统媒体，占 3%；二是从网络媒体到传统媒体或手机媒体，占 29%；三是从网络媒体到网络媒体，占 5%；四是从传统媒体到网络媒体或手机媒体，占 43%；五是各媒体同时关注，占 20%。事实上，网络舆论事件的形成，大多是多种媒体互为传播的结果。

对网络舆论事件的传播途径进行整体考察，发现其扩散过程基本呈现出葫芦状模型：某媒体发掘信源—各媒体分头传播—多媒体共鸣—舆论事件形成，并向社会各方扩散影响。

网络舆论形成的途径较为多元。在事件发展中网络媒体的推波助澜作用尤为突出。网络媒体彻底消解了传统媒体的话语霸权，广大网民都可以发出自己的声音，探讨问题、形成观点、引导舆论。在网络舆论事件中，意见领袖的作用值得关注，因为起关键作用的观点往往来自非常有限的几个活跃分子。

值得一提的是，5% 的重大网络舆论事件，在网络上沸沸扬扬，持续升温，传统媒体却处之漠然，如一个馒头引发的血案、"铜须门"事件等。这反映出不同媒体截然不同的价值取向，这种取向会随着媒体的多元发展更趋明显。

四　网络舆论事件的影响与效果

网络舆论不同于司法审判，它主要是通过"舆论场"形成强大的舆论压力，对事件各方施加影响，从而左右事件进程。探讨网络舆论事件的影响与效果，主要从两个方面展开：一是探讨网络舆论对事件解决的多向作用，二是比较网络舆论事件中各媒体的影响力。

网络舆论对事件解决的多向作用，是指网络舆论在促进原始事件解决过程中的正面或负面影响。传播学先驱勒温在研究群体社会行为时建立了一个力场分析图。他将促进事物变革的力量分为作用力与反作用力，当作用力大于反作用力时，事物将会走向变革的反面；当作用力与反作用力相持不下时，事物会处于均衡状态。受此启发，我们将事件进程中网络舆论作用分为三种：正向、负向与中性。

数据显示，起正向作用的网络舆论占绝大多数，其正面的积极的意义十分明显。起中性作用的网络舆论对促进事件解决的作用不甚明显，却起到了广开言路的作用，显然这些言论不免良莠不齐。

起负面作用的网络舆论所占比例较小。网络舆论的情绪化、鼓动性、不负责任等特点，也易于引起网络暴力、网络侵权等问题。

比较网络舆论事件中各媒介的影响力，我们将事件进程与主要媒体报道联系在一起，对不同媒体报道影响事件发展的作用进行考察，结果发现网络媒体主导事件发展的案例有80起，占50%，传统媒体起作用的有14起，占9%，多种媒体作用的66起，占41%，手机媒体的主导作用尚不明显。

不同媒体对舆论事件进程的影响力，网络媒体首屈一指。虽然网络媒体在信源挖掘上尚不及传统媒体，但网络媒体最具人气、最具开放性的特点使其影响力远在传统媒体之上。许多传统媒体无法解决的问题，网络媒体皆因网民的自觉参与，挖真相，张正义，最终形成势不可挡的网络舆论气势，管理者不得不重新审视问题。

网络时代传统媒体受到的冲击已经迫使传统媒体不得不重新寻找出路。虽然目前在信源获取上仍有政策保护，但在对重大舆论事件的影响力方面，与网络媒体相比仍有差距。到目前为止，传统媒体的权威性仍然难以被超越。手机媒体，其媒体功能开发较晚，在舆论事件中的影响力难以考察，但其独特的便宜性、移动性，皆是其他媒体无法比拟的。

在全信息时代，多种媒体共同关注重大事件，共同影响事件发展，将成为媒介发展的必然趋势，网络舆论监督将成为一种社会常态。网络媒体的影响力已经越来越大，不仅在网络舆论事件发展中起到重要的作用，在推进事件圆满解决方面的正向作用也十分突出，因此，如何有效利用网络媒体是我们继续研究的课题。

原载《网络传播》2011 年第 8 期

合作者：余秀才

收入本书时略有改动

微博传播的舆论影响力

微博作为社会化媒体的典型，源自美国的 Twitter，2007 年进入国内。2009 年 9 月，新浪推出新浪微博，之后腾讯、搜狐、网易陆续推出了各自的微博平台。据 CNNIC 在互联网发展信息与动态中的最新统计，截至 2012 年 12 月，我国微博用户已达 3.09 亿。微博作为迅速便捷的传播媒介，因低门槛、高互动、高首发率，在网络舆论场中频频发力。微博裂变式的传播效果对网络舆论产生了极大的推动作用。

一　微博在舆论发酵过程中扮演重要角色

微博的传播优势不仅使其成为舆论的重要发源地，也影响了舆论的整个发酵过程。在舆论发展的生长期，微博加速扩散，推动舆论走向高潮；在舆论发酵的成熟期，微博意见领袖推波助澜，影响舆论走势。依靠庞大的用户群和独特的用户关系，微博日益成为新媒体格局中影响力持续增长的媒介形态，而其裂变式的传播特征在不断彰显微博舆论影响力的同时，也引领着我国转型期社会舆论的关注点。

首先，微博加速舆论扩散，推动舆论走向高潮。微博融合了博客、论坛等多种传播媒介的传播特点，主要表现有：第一，传播形式碎片化，140 字的传播方式，门槛较低，方便快捷；第二，传播终端多元化，微博整合了多种客户端，实现了随时随地的传播；第三，信息结构裂变化，微博具有转发、评论、关注等诸多功能，形成裂变式的传播结构，实现了快速的信息传播。

微博传播效果体现在网络舆论演变的过程中，热点话题在微博平台上快速发酵，与之相关的微博数量迅速变得庞大，对近三年来每年排名前五的热点舆论事件在新浪微博和腾讯微博上的微博数进行统计，统计数据显示，近三年影响力较大的舆论事件的相关微博数大部分都为百万数量级。2010 年单起舆论事件相关微博数最高达到 200 多万条，2011 年增长至 900 多万条，2012 年直接飙升到近 7000 万条，整体呈增长趋势（见表 1）。

表 1　2010~2012 年热点舆情事件的相关微博数量统计

单位：条

年份	事件/话题	新浪微博	腾讯微博	合计
2012	钓鱼岛与反日游行	68463301	740000	69203301
2012	伦敦奥运	55562228	12868900	68431128
2012	神舟九号与天宫一号对接	35157797	3422700	38580497
2012	黄岩岛与南海局势	10007209	371200	11118862
2012	舌尖上的中国	10747662	——	——
2011	"7·23" 动车事件	2823515	6842000	9665515
2011	佛山小悦悦事件	4501634	2881871	7383505
2011	日本 9.0 级地震	3804683	3546262	7350945
2011	郭美美事件	3832538	3500651	7333189
2011	深圳大运会	2006881	5135881	7142762
2010	3Q 大战	2605482	——	2605482
2010	上海世博会	1061019	——	1061019
2010	网络红人凤姐	570050	——	570050
2010	李刚之子校园撞人致死	144840	——	144840
2010	富士康员工跳楼	57327	——	57327

在舆论发酵过程中，由于微博多元化的传播形态，加之网民可将舆论通过论坛、博客、SNS、QQ 等转载到微博平台，微博的舆论扩散能力已超过其他网络平台。微博传播能快速形成大量的关注度和扩散度，加之微博的传播主体庞大，个体对事件的认知存在差异，易于形成观点交锋和碰撞，各方力量汇合起来，推动事件的升温，进入舆论高潮。

相关调查显示，近年来在过半舆论事件的发展过程中均有微博的介入，微博起到重要作用的事件超过 30%。在这些事件中，62%的事件在一天以内被微博曝光，形成舆论热点。以"7·23"动车事件为例，2011 年 7 月 23 日 20 点 38 分事故发生，4 分钟后网友发出了第一条微博，早于传统媒体两个多小时，在 7 月 25 日 8 点，网友关于该话题的讨论已累计有 4581899 条相关微博，姚晨关于动车事故的第一条微博已达 228624 条的转发数和 57006 条的评论数，动车事故话题位于热点话题榜首，舆论高潮形成。所以微博裂变式的传播效果加速了舆论事件的传播扩散，推动了舆论高潮的形成。

其次，微博意见领袖的转发与粉丝的围观加速舆论扩散。意见领袖是活跃在传播网络中，经常为他人提供信息、观点或建议并对他人施加个人影响的人物。在传统人际传播中，意见领袖扮演着中介者的角色，被誉为"杀伤力最强的舆论载体"的微博既为传统意见领袖提供了全新的平台，又为新兴意见领袖的产生提供了条件。微博意见领袖具有独特的社会影响力，新闻事件一旦被其关注、转发或评论，就会带动意见领袖的粉丝围观并加速传播。以新浪微博为例，截至 2013 年 1 月 11 日，粉丝数量超过 1000 万的公众人物微博有 70 个，其中粉丝数最多的达 3000 多万，微博意见领袖具有强大的舆论扩散力。

微博意见领袖大部分属于精英阶层，拥有海量粉丝，其言论往往获得大量的转载和评论，在舆论的扩散中扮演着至关重要的角色，在影响较大的且与微博有关的舆情事件中，有近一半的案例存在明显的意见领袖。

二 微博在舆论解决过程中具有监督作用

微博使舆情影响力增大。微博促使某个事件升温，成为公众议论的话题，并引起有关部门的重视。从宜黄事件，到日本核辐射引起的"抢盐风波"、中石化天价酒、局长开房直播、"7·23"甬温线动车追尾事件、归真堂事件等微博传播事件，都是由微博引发舆论热潮，然后引发社会的共振使事件得到解决。

微博使得舆论监督范围更广，它提供了便捷平等的发言渠道，成为舆论监督新阵地。微博的舆论监督作用使得"开房局长"在网民的围观中付出代价；微博推动掀起了全民打拐的浪潮；"郭美美事件"引发了国民对中国慈善机构积压已久的质疑，致使多家慈善机构做出回应，推出公开透明的捐款查询平台。微博行使舆论监督权，促进舆论事件得到解决。

微博一方面汇集影响力，促使公共问题引发热议并得到解决；另一方面起到监督作用，使公民可以行使舆论监督权，即使到了舆论消亡期，一旦新的事实、新的证据在微博中出现，整个事件的舆论也会重新爆发，引起热议，故而微博还起到监督社会管理的作用。

微博作为一个新兴的舆论场，在舆论形成的潜伏期为舆论事件提供了重要的信息来源，成为舆论的重要发源地；在舆论形成的成长期，以裂变化和便捷化的传播优势，加速了舆论的形成和扩散，推动舆论走向高潮；在舆论发展的成熟期，微博意见领袖推波助澜，影响舆论走势；在舆论发展的消亡期，微博又是促使舆论得到解决的重要力量。由上可知，微博改变了传统的舆论格局，在舆论生成发展的各个阶段都产生了不可估量的影响。如何在了解微博影响舆论规律的基础上，有效地利用微博平台引导舆论发展，有待于人们进一步探讨与思考。

原载《网络传播》2013 年第 2 期

合作者：刘利芳

收入本书时略有改动

构建中国式网络问政模式

成功品牌是精心累积与不断创新的结果。胶东在线"网上民声"创办于 2003 年 5 月，在国内属第一个具有网络问政性质的平台。之后，胶东在线以该栏目为龙头逐渐推出"爱心无限""网上问法"等栏目，打造网站系列品牌，形成了强大的聚合效应。

一 社会责任指向贯穿始终

衡量新闻栏目的好坏，首要标准就是栏目的定位。"网上民声""爱心无限""网上问法"等系列品牌栏目，皆从不同角度指向社会最为敏感的民生问题。"网上民声"是搭建政府与市民沟通的"连心桥"，"爱心无限"是全社会帮扶救助弱势群体的网上"爱心桥"，"网上问法"是民众化解法律纠纷的网上"舒心桥"。胶东在线通过这一系列特色不同而指向相同的网络平台，为百姓排忧解难，帮助政府汇聚民智、了解民心。与此同时，其极大地发挥了媒介的诸多功能，如监督环境、协调社会、沟通信息等。

当今社会，敢于担当社会责任是重要的媒介功能。回顾近年来中国新闻奖获奖的网络新闻栏目，如 2010 年（第 20 届）奥一网的"网络问政平台"，2009 年（第 19 届）人民网的"地方领导留言板"、胶东在线的"网上民声"，2008 年（第 18 届）新华网的"新华直播"、红网的"百姓呼声"，2007 年（第 17 届）红网的"红辣椒评论"，2006 年（第 16 届）

河南报业网（现大河网）的"焦点访谈"，无一不是以承担社会责任为己任，在网络问政的大流中汇聚各自的力量。

网络问政对于推动当今中国政治沟通具有重要作用，丰富了传统政治沟通的途径。网络环境促使传统科层式沟通转向扁平式沟通，极大地缩短了政府和民众之间的距离，使政府的形象更具亲和力。同时，网络问政弥补了传统政治沟通时效差、成本高、互动不足等缺陷，构建了一个简单易行、四通八达、形式多样的网络问政平台。胶东在线这种明确的社会责任指向，正是其系列品牌栏目成功的关键。

二　建构中国式网络问政模式

胶东在线通过近十年系列品牌的打造以及成功经验的积累，形成了一套可供推广的操作模式。网站以丰富多样的人性化栏目内容，构成了一套完整的网络问政的运作流程。如"网上民声"，包括网站对信息的搜集平台（如追踪热线、民声访谈等栏目）、网民主动提供信息平台（如民生杂谈、个人中心等栏目），更多的子栏目指向问题的反馈，满意度、回复率等更有督促解决问题的性质。整个网站通过众多子栏目形成"提问（留言）—审核—汇总—调查或转办—批复或回复—反馈"完整的互动流程，指涉的政府管理部门100多个，几乎涵盖了地方所有的政府管理部门。再如"网上问法"，是国内首创的学法、用法、化解法律纠纷的网上平台。网民通过网络平台发布诉求，律师在线解答，相关部门审核监督，形成一套"注册—咨询—审核—解答—接洽"等规范完善的运行体系，建立起"一套体系、两头并进、三方联动"的工作模式。

在具体运作中，网站在提、审、办、回四个重要环节严格把关，配套制定网民留言规范、群众投诉制度、定时值班制度、删帖标准、转内参制度、问题审核制度、七天回复规则等。为了提高网站的信度与效度，又定期开展嘉宾访谈，追踪久拖不决的问题，联办网上热点难点。这一系列大大小小的规则、运行模式，都是当今中国网络问政的有效模式，成为众多宣传单位与新闻网站争相学习的样板。

三 影响辐射线上线下

衡量优秀的网络新闻栏目,能够产生品牌效应也是重要标准。胶东在线以"网上民声"为龙头的系列品牌栏目,不仅追求单个栏目的影响力,同时更以系列品牌产生聚合效应。

仅以获奖而论,三大栏目都有获奖。"网上民声"在不断受到好评的同时屡获大奖。2006 年 6 月,获 2005 年度山东新闻奖网络新闻专栏类金奖;2008 年 1 月,获评 2007 年度中国互联网品牌栏目(频道);2008 年 5 月 30 日,获评第 18 届中国新闻奖网络作品复评优秀专栏;2009 年 10 月 28 日,获第 19 届中国新闻奖一等奖,这是中国新闻作品的最高奖项。"爱心无限"与"网上问法"虽然开办时间不久,但也屡获大奖。"爱心无限"栏目获评 2009 年度中国互联网站品牌栏目,2010 年度山东新闻奖网络作品复评一等奖和由山东省慈善总会、山东省新闻工作者协会评选的第四届山东省慈善事业好新闻奖特别奖;"网上问法"获评 2010 年度中国互联网站品牌栏目(频道),这是中国互联网的最高奖。

获奖是对网站综合价值的肯定。三大栏目皆以服务群众、帮助群众为宗旨,巨大的社会影响从线上延及到线下。"网上民声"收集群众反映问题 40 余万条,解决问题 90% 以上;"爱心无限"有站内热心义工 100 多人,筹集善款,帮贫救弱;"网上问法"有律师 24 小时在线答疑,为网民解决法律纠纷 3000 余起。其无疑畅通了民意渠道、化解了社会矛盾、促进了政府工作效率、协调了党群关系。

以胶东在线为先导的网络问政模式,构建了当今中国社会政府与媒体良性互动的关系模式。长期以来,我国主流新闻媒体在党和政府的领导下,以舆论导向为先导,这在某种意义上使新闻媒体与党政关系显得被动并带有一定的局限性。虽然在理论上,媒体与政党的关系应该具有一定的互动性,即党领导媒体,媒体反过来监督与协助党的领导,但是在实际操作中,媒体与政党关系的互动很难找到理想的实现途径,真正广泛的、具有常态性的政府与媒体关系的互动并没有完全实现。

胶东在线是以"网络问政"为指向的网络平台,将地方媒体与地方政府管理有机联系在一起，由网络媒体搜集、汇聚民意，分类呈交相关政府管理部门，政府管理部门负责回复与解决问题，网络媒体进行监督并负责信息沟通。全市参与网络问政的管理部门从最初的 20 多个发展到 100 多个，几乎涵盖所有的地方政府管理机构，在这种良性互动中，媒体监督政府的功能得到最大限度的实现，而政府管理机构也在这种监督与互动中提高了工作效率，提升了政府形象。

在当今中国越来越多元化的社会形态下，政府与媒体关系的互动越来越重要。然而，如何进一步完善与规范，尚有更大的探索空间。就目前以胶东在线为先导的网络问政模式而言，如在信息流向上，网络信息的完整、对称、平衡还有待加强，信息不对称或不完整会导致理解偏差，甚至网络暴力；在问政主体上，政府可以主动就部分管理问题征求民意，汇聚民智；在问政形式上，问答式帖子居多，多样化、立体化的网络问政形式可以进一步发掘；在问政效果上，网络问政的结果更多依赖政府部门的开明行为，完善的常态化、制度化机制有待开发；在技术层面，面对新媒介技术的层出不穷，最能体现网站传播效果的视频新闻形式有待强化，社会化媒体的使用也可以进一步拓展。

原载《网络传播》2011 年第 9 期

收入本书时略有改动

网络恶搞流行现状与管制困境

2005 年末，陈凯歌导演耗时 3 年、耗资过 3 亿元的贺岁大片《无极》，被一个普通青年胡戈快速改编成网络搞笑短片《一个馒头引发的血案》。短片一经网上传播，便在年轻人中爆炸般蹿红，胡戈一夜成名。短片影响远在贺岁片《无极》之上，并引起网络恶搞高潮。这一奇特的网络现象引起了社会的广泛关注。

一　网络恶搞流行的现状

网络恶搞之源，多有文章认为是来自日文 KUSO，经由香港传入内地。胡戈并未论及自己作品的渊源，因此网络恶搞就其结果来看，更像是网络技术与本土文化结合滋生的产物。

"网络恶搞"已经成为一个约定俗成的网络用语，其所对应的意思多为网上搞笑、搞怪、搞恶作剧等。"搞"在汉语中含义十分宽泛，大凡动作都可以用"搞"字来涵盖，落实到网络恶搞上，则有搞视频、搞音频、搞图像、搞文字等，因此网上恶搞的形式多种多样。就恶搞内容而言，恶搞之"恶"，本义是贬义，但现在活用为滑稽、搞笑之义，这就使其带上了中性的色彩。

目前最为典型的网络恶搞有如下五类。

一是恶搞知名作品，既包括当代知名作家不同形式的作品，也包括中外历史经典。如胡戈《一个馒头引发的血案》对陈凯歌执导大片《无极》

的改编，《晚饭》对冯小刚执导大片《夜宴》的改编，卓别林的电影被配上方言，格林童话中的白雪公主被恶搞成与父王乱伦而遭毒手，《红楼梦》中多愁善感的林黛玉被恶搞成风尘女子，当代作家赵丽华的诗歌风格被恶意模仿与嘲讽等。就连奥运吉祥物"福娃"、歌曲《吉祥三宝》、舞蹈《千手观音》等都未能幸免。2008 年奥运会吉祥物福娃刚面世，旋即被恶搞"成福娃战队""葫芦兄弟版""超女五人组""无间道福娃""圣斗士五福娃"等。《吉祥三宝》脍炙人口，其恶搞版很快出现数十个，影响较大的有"馒头无极版""养猪版""小偷版"等。2005 年春晚节目《千手观音》一炮而红，随后网上到处可见类似造型的滑稽搞怪图片。

二是恶搞名人、红人，名人指的是不同类型的社会名流，红人信息时代突然一夜成名的普通人。如对曾为中央电视台体育解说评论员的黄健翔世界杯解说词的恶搞，各地方言版、手机彩铃版、机关枪版等争相产生，最终导致黄健翔不堪压力而辞职。娱乐明星被恶搞的例子举不胜举，如葛优、赵本山、巩俐、周星驰、王姬等。像木子美、芙蓉姐姐、李宇春这样的网络明星更是首当其冲，木子美征婚被恶搞成"我也要从良"的怪图，《芙蓉姐姐的传奇一生》的恶搞视频短片借《文涛拍案》夸张丑化芙蓉姐姐的成名经历，演唱风格偏中性的李宇春与 2006 年《加油！好男儿》选手向鼎被恶搞成连体图。

三是恶搞红色经典，包括凝聚民族精神、体现社会主流价值、社会认可度极高的不同形式的艺术作品。

四是恶搞民族英雄、典型人物，这些人物早已转化为一个民族优秀子民的象征符号，其榜样价值远远超出个体本身。

五是恶搞普通人（包括自己）、普通事，将日常生活中有意思的瞬间进行夸张。木子美、芙蓉姐姐皆因自己恶搞自己而出名。其他被别人恶搞的，如被称作恶搞鼻祖的"百变小胖"，主人翁本来只是上海某中学的普通学生，某好事者将其照片传到网络上后，他的面部被合成到机器猫、阿里巴巴、怪物史莱克、蒙娜丽莎、自由女神，甚至裸女、光屁股小孩身上。"猥琐男"，则是将一男子的好色、猥琐态传上网进行恶搞。"后舍男生"是广州美术学院的两名普通学生，用独特夸张、古灵精怪的表演手法假唱流行歌曲，令人捧腹大笑。

网络恶搞的对象非常多，其形式迎合了年轻人部分心理需求，不仅受到热捧，而且吸引大量年轻人积极参与。许多网站都开设相应的栏目来吸引眼球，如恶搞妙文、恶搞贴图、歌曲歪唱、影视恶搞工作室、全民乱搞、搞笑论坛等在网上随处可见。即便号称反恶搞的网站也带着恶搞的风格。如网易的反恶搞联盟，其口号是："一人恶搞，全家断网！结恶搞的扎，上文明的环！恶搞不改，牢底坐穿！养儿爱恶搞，不如养盆草。养女爱恶搞，就像养雀鸟。聚众恶搞违纪，私下恶搞可耻！"

二 网络恶搞流行的原因

恶搞在互联网上突然蹿红，在《无极》的导演陈凯歌对《一个馒头引发的血案》的作者胡戈的谴责声中，胡戈的恶搞短片仍得到了95%的网民认同，[①] 64%的支持声倒向恶搞者，以致最后事情不了了之。网络恶搞如此迎合网民，究其原因不外有二：其夸张的发泄形式迎合了网络青年的心理需求；宽松的社会环境对娱乐化的纵容以及网络媒介的技术支持为网络恶搞提供了滋生土壤。

1. 夸张的发泄形式迎合了网络青年的心理需求

网络恶搞其实是以一种极度夸张的方式表达与发泄个人情感，这种情感发泄对步入社会不久、面对社会竞争尚未完全适应的年轻人无疑是一种极具吸引力的放松途径。

如世界大多数国家的网民以年轻人为主一样，我国网民年龄主要集中在18~24岁。CNNIC最新发布的网民人数为12300万，其中18~24岁的网民占到网民总数的38.9%。18~24岁是一个极富创造力与想象力的年龄段，这个年龄阶段的年轻人出生于20世纪80年代，其成长期的20年正是中国社会对外开放、世界经济一体化、网络传播全球化的特殊时代。开放的互联网带来多元文化的冲击，加上中国经济快速发展带来的秩序调整，中小学应试教育给年轻人造成的巨大心理压力，使他们在对主流价值的认识、对传统文化的认同、对多元文化的甄别上产生不同程度的困惑。

① 姜奇平：《当"恶搞"遇上"胡搞"》，《互联网周刊》2006年第4期，第64页。

互联网上相对宽松的表达环境，成为他们张扬自我、叩问社会、发泄不满的理想场所。

美国作家唐·泰普斯科特在其研究网络新生代的著作《数字化成长：网络世代的崛起》中谈到网络世代的意识形态，认为网络世代的未来充满了不确定性，即使他们满怀着自信及自尊，而且有数字媒体的推波助澜，但还是必须为未来担忧，这些都是他们所无法控制的。外在的成人世界及缺乏尝试的机会，使他们也不信任政府及精英。"网络世代极度强调自己的权利：独处的权利、隐私权、拥有及表达他们自己观点的权利，当他们迈入青少年时期之际，倾向于反对政府及父母对网络采取管制，希望被平等对待。""网络世代也拥有相当强烈的共同归属感和集体的社会意识，亦不吝啬负起公民责任，他们不仅较先前世代更有知识，对于社会议题的关心程度亦较高。"[①] 这些基本特征在我国年轻网民身上都有明显的体现，也正是这样一些共同的心理，致使网络恶搞成为他们发泄与表达的共同选择。

2. 宽松的社会环境对娱乐化的纵容以及网络媒介的技术支持为网络恶搞提供了滋生土壤

经过 20 多年的改革开放，人们物质生活水平得到快速提高。在物质生活达到一定水平之后，对精神生活的需求自然也会随之提升，因此不同形式的娱乐成了人们工作之余放松的主要方式，娱乐产业成为现代社会经济的重要支柱。恶搞作为一种娱乐文化的极端发展形式并非始于网络媒体，早期的滑稽剧、喜剧电影等所呈现的搞笑风格皆蕴涵着恶搞的潜质。其实以善意搞笑为目的的娱乐节目在电视频道中早已极为普遍，网络媒体的互动性、大众的参与性更扩大了传统媒体的娱乐功能，将搞笑的主动权延及独立的个体。而且在技术处理上，只要拥有基本的设备与操作技能，如电脑、数码相机、相关编辑软件等，视频、音频、文字、图片的制作，对现代年轻人而言都轻而易举。

网络恶搞以自娱自乐、自我发泄为主要目的，因此其表现手法极尽夸

---

① 〔美〕泰普斯科特：《数字化成长：网络世代的崛起》，陈晓开、袁世佩译，东北财经大学出版社，1999，第 394 页。

张，语言表达极尽诙谐，情感发泄淋漓尽致。在网易科技频道网络科技栏目的"中国网络恶搞视频终极排行榜"中，排名前十的是《一个馒头引发的血案》、后舍男孩处女作，《春运帝国》《分家在十月》《闪闪的红星》《中国队勇夺世界杯》，方言配音卓别林系列剧，《狙神传说》《鸟龙山剿匪记》《芙蓉姐姐传奇的一生》，它们皆以表现出网友们无穷的想象力和创意荣登榜单。

三　网络恶搞面临的管制困境

目前网络恶搞在各网站推动下大为流行，受到网络青年的热捧，成为网站吸引眼球的新途径，而且恶搞内容已经从一般性的搞笑发展到对红色经典、英雄模范、传统文化的嘲弄。在管理上面临的主要问题有二：一是网络恶搞的道德底线何在；二是网络恶搞是否构成侵权、是否合法。

关于网络恶搞的道德底线，在评论界一直有两种不同的声音，特别是在网络恶搞之初，支持网络恶搞者的声音远远大于反对恶搞者的声音。在我国现有媒体管理政策之下，互联网是最为自由开放的舆论场，自然成为人们自由表达与情绪发泄的理想场所，特别是对话语权相对有限的年轻人而言更是如此。代表性的观点如"《无极》与《馒头》真正的矛盾，是两代人对人性看法的冲突，是现代性价值观与后现代性价值观的冲突。陈凯歌那代人，是崇尚英雄、精英的一代，胡戈这代人，是崇尚小人物、普通人的一代"①。"生活需要娱乐，恶搞是一种发泄方式，是一种对现有主流文化的背叛与颠覆。""（恶搞）是纯粹来自民间的娱乐，我们最擅长的就是用不规则的，电视上、纸媒体上看不到的话语方式，用逗笑的方式让大家高兴。""任何公众都有权对文化产品做出自己的评价，而网络的虚拟性则激发了恶搞者的创造力、想象力和幽默感。"②

甚至在政府试图出台网络视频管理新规对网络恶搞进行管理的情况下，质疑之声也指向政府管理。关于网络视频管理新规的内容，大家较为

---

① 姜奇平：《当"恶搞"遇上"胡搞"》，《互联网周刊》2006年第4期，第64页。

② 《网络"恶搞"应该有底线》，《视听界》2006年第5期，第110页。

关注的是个人传播视频内容需要领取许可证。因此批评之声如"设立'网络视频许可证'的懒政思维必定会伤害中国正在成长的开放社会与公共空间，而那些多是自娱自乐的'恶搞视频'，更没有发展到威胁公共安全与经济发展的程度"。"这个规定意味着网上冲浪遭遇了'疯狂的石头'。""网上'恶搞'并不限于视频，还有图片与文字。显然，没有谁会同意自己每传送一张图片或张贴一个帖子都要经过相关部门的审查。"①

恶搞将搞笑之手伸向红色经典、民族英雄，其道德底线问题不容置疑地凸显出来。2006年8月，《中国青年报》社会调查中心与新浪网新闻管理中心联合展开了一项调查，调查对象近千人，调查内容包括"你认为哪些内容不应该被恶搞"，选项有红色经典、传统文化、道德伦理、信仰信念、他人人格、他人形象、名著名篇、时政新闻等，结果是，大家普遍认为不应该成为恶搞对象的内容排序依次为：道德伦理（84.6%）、传统文化（73.1%）、他人人格（67.9%）、信仰信念（63.3%）、红色经典（63.3%）。《中国青年报》社会调查中心与腾讯网新闻中心在2006年5月也开展过一个类似调查，调查对象有6000多人，结果89.9%的人认为恶搞应该有道德底线。据此，网民对网络恶搞应该具有道德底线达成了基本共识。《中国青年报》社会调查中心与新浪网新闻中心联合调查的另一问题"是你觉得怎样才能促进适合青少年的'善搞'佳作取代'恶搞'佳作"，选项有政府引导、民间人士推动、文化媒体界人士推动、靠青少年自身努力、借鉴西方文化、发掘传统文化等，结果是文化、媒体界的推动居首位（76.8%），发掘传统文化次之（71.0%）。据此，对网络恶搞现象的改善，媒体与教育责任重大。

网络恶搞构成的侵权包括侵犯著作权、名誉权、隐私权、肖像权等，其中讨论更多的是著作权与名誉权问题。一般来说，民事侵权有四个条件：损害事实客观存在，致害行为具有违法性，加害行为与损害事实之间有因果关系，行为人主观上有过错。但网络恶搞由于网络行为的特殊性，使人们对其侵权行为的判断显得更为困难。

认为网络恶搞构成侵权的观点如"对于仍在著作财产权保护期限内

① 婴雄：《网络视频许可证"恶搞"了谁?》，《南风窗》2006年第17期。

的作品，即便仅仅是改编也应当经过著作权人的同意。有些恶搞作品会注明恶搞中的素材出处，尽管如此，其行为仍然构成侵权。因为，恶搞作品一般侵犯著作权中的修改权和保护作品完整权，注明素材的出处，并不能解决上述侵权问题"。对于歪曲英雄人物形象的恶搞侵权，其本身并不是针对某一具体作品，而是针对英雄人物在公众心中的正面形象。这种情况虽然不会侵犯著作权，但有可能构成侵犯英雄人物或者其后人的名誉权，也可能违反相关的行政法规。

认为网络恶搞并不构成侵权的观点，主要是认为网络恶搞只是借鉴了他人的一些图画等素材，在思想和表达的意义上完全不同，如针对胡戈一案，一位法学学者认为，如果改编中未使用侮辱、谩骂、诋毁、诽谤等语句或形象，未以书面、口头形式宣扬他人隐私，未捏造事实公然丑化他人人格造成一定影响，则这种不利倾向还不至于上升到侵犯名誉权的高度。更为折中的看法是，《一个馒头引发的血案》具有原创成分，即便侵权，情节也极为轻微，结果也只会是公开道歉。胡戈自己的辩护则更加不以为然，他说："根据著作权法第二章第四节第一条的规定，就好比影视专业学生对成名片子进行修改，只是我的作品被人传出去了。"

网络恶搞是否合法，是指是否遵守国家广电总局、文化部、信息产业部等管理部门的相关管理法规，如国家广电总局发布的《互联网等信息网络传播视听节目管理办法》、文化部发布的《互联网文化管理暂行规定》、国务院发布的《中华人民共和国电信条例》《互联网信息服务管理办法》等。国家广电总局正试图出台的网络视频管理新规具有更强的针对性。

原载《南京邮电大学学报》（社会科学版）2007 年第 2 期

合作者：崔磊

收入本书时略有改动

网络有害信息管理中的冲突与困境

随着网络技术的快速发展，网络越来越广泛地渗透到社会生活的各个领域，成为与人们生活、工作、学习密不可分的重要组成部分。网络新技术在改变人类现有生活方式的同时，也带来了一系列负面的影响，其中尤为突出的是网络有害信息的泛滥。然而，对网络有害信息的管理，由于面临与现实社会言论自由权、隐私权等的冲突，成为一个敏感而且实施起来举步维艰的问题，本文主要针对网络有害信息的管理困境进行探讨。

一　有害信息管理与言论自由权的冲突

网络内容管理与言论自由权的冲突主要表现在强调言论自由者主张互联网是一个完全自由的空间，应该享受不受限制的自由与民主，反对网络中对任何信息的管理与控制，否则就构成对言论自由权的侵犯；社会管理者则认为，网络中大量有害信息的存在会造成恶劣的社会影响，必须采取有效的措施进行控制与管理。两者决然对立，不过在对显而易见的网络违法信息的管理上基本可以达成共识，最难以达成共识的主要集中在对网络色情信息与网络垃圾信息的管理上。

1. 网络色情信息与言论自由

对儿童网络色情信息的打击，各国政府的态度都是坚定的，然而，对成年网络色情信息的管理则存在着较大的分歧。主要原因是，不同国家因文化背景不同，对言论自由保护的力度有所不同，对色情犯罪的标准、限制权利的程度、解释机制等均有所区别，矛盾与冲突自然也就在所难免。

这一问题在美国最为突出，因为美国宪法对言论自由的保护是一种排他性的保护（直接保障），即在宪法上明确加以规定，不准国会和政府制定任何妨碍言论自由的特别法规。1792年美国宪法第一修正案的规定是"国会不得制定关于下列事项的法律：确立宗教或禁止信仰的自由，剥夺人民言论或出版的自由，剥夺人民和平集会及向政府请愿的权利"。1868年美国宪法第十四条修正案又对此做了补充规定："各联邦不得制定和执行任何废止美国公民的权利和安全的法律，不得未经法律程序而剥夺任何人之生命、自由或财产。"甚至美国各州也有类似的规定，如纽约州的宪法规定："每个公民对于任何问题均有写作、口述或出版其意见的自由，但须自负滥用此项权利的责任，政府不得限制或废止言论即出版自由。"[①]因此，任何有碍网络言论的管理手段都可能有违宪之嫌。

美国人对言论自由的敏感，使美国政府对有关网络内容管理方面的立法举步维艰，并屡屡以违宪败诉告终。1995年初两位参议员提议在原有《通信庄重法案》（Communication Decency Act）的基础上增加制止网络色情犯罪的内容。该提案1995年12月获美国联邦通信委员会（FCC）批准，并获国会通过。1996年2月，克林顿总统批准了这一提案，使之成为有效法律。该法案内容涉及禁止在网上用进攻性语言向特定的人或18岁以下的青少年传输性内容；清除父母为限制孩子接触不良网上内容使用过滤技术时遇到的障碍；网络服务提供者或使用者出于善意，限制用户接触他们认为非法或有害的内容，或对其进行过滤，不论这些资料是否被宪法保护，均不承担责任；企图干扰、诋毁、威胁或刁难别人的淫秽、淫荡、猥亵、肮脏或下流的网络通信为犯罪。违者判处25万~50万美元的罚金和2年以下的监禁。但法案仅生效了几分钟，"美国公民自由联盟"（American Civil Liberties Union）针对该法案向费城联邦法院进行违宪起诉。法院虽以色情不受宪法保护，处罚是针对犯罪行为等理由抗辩，但最终仍判决该法案的主要条款侵犯了公民的言论自由权，判决理由是政府想以对传统印刷品或广播进行严厉控制的方式来规范网络内容，这违背了美国宪法第一修正

---

① 袁秀挺：《虚拟世界的冲突：网络法律案例研究》，中国科学技术出版社，2001，第201页。

案有关言论自由的规定。1997 年 6 月，该法案被裁决违宪并被终止。

《通信庄重法案》被取消以后，为了进一步限制未成年人接触网络色情内容，1998 年 10 月，美国国会又通过了《儿童网络保护法案》（Child Online Protection Act），又称 CDAII，该法案要求商业网站的经营者必须限制 17 岁以下的未成年人浏览色情内容，方法是通过电子的年龄认证系统对用户进行检查，进入者可以信用卡或账号等方式访问，违反者处以 5 万美元以下的罚金和 6 个月以下的有期徒刑，两者并罚。然而该法案又被"美国公民自由联盟"和 17 个组织及公司（包括在线杂志出版商和书商）起诉，认为它的出台是政府再次企图限制网络言论自由。"美国公民自由联盟"的律师安·比森认为，这项法律压制相当一部分的网络言论自由。这种犯罪处罚涉及数百万网络内容提供商，他们可能因为网页上一点描写和一张图片而被认定有罪。在 1999 年 4 月，法院发出预先禁令，判定该法案在法院最终判决前不生效。

网络色情的控制与言论自由的保护之间的协调十分艰难。美国最高法院传统上将色情信息区分为"猥亵"与"粗俗不雅"两种，并认为"粗俗不雅"的内容仍然应该受到言论自由的保障。这些内容因为于未成年人不宜，因此允许采取一定的规范措施，但这类措施不能影响到成年人对这类信息的接收，如果影响到成年人对这类信息的获取，那么这类管理手段就会被认为违宪。然而，在具体操作中，两者的平衡总是难以把握。如弗吉尼亚州法律规定，国家公务员不得使用国有计算机访问因特网上的色情网站，这项法律从 1996 年开始被采用。大学教授或国家公务员在有必要访问这类站点前必须征得所属部门的签字许可。2001 年 1 月，该法遭到六位教授的联名起诉。教授们认为，该法违反了美国宪法第一修正案的规定，第一修正案规定大学学者享有学术自由权利，国家公务员在从事合法的、与工作相关的活动时也享有这一权利。在此案的审理中，联邦法官裁决这项法律违反了美国宪法第一修正案，并侵害了国家公务员的权利。但美国联邦上诉法院推翻了裁决，理由是弗吉尼亚州只是禁止在私有或从国有部门租用的电脑上访问色情站点，与美国宪法第一修正案是不相悖的。而美国最高法院则没有进行任何评论，拒绝对美国联邦上诉法院的决定重新进行审定。

网络色情的管理给传统法律规则提出了一个棘手的难题——如何平衡言论自由与公共秩序之间的关系。

2. 网络垃圾信息与言论自由

美国最早对垃圾邮件处理的案例是法院对"垃圾邮件大王"华莱士（Wallace）公司的制裁。华莱士由于向大量网络服务商（ISP）用户投送垃圾邮件，有时还盗用 ISP 的名义发送，被大脚公司（Bigfoot Partners Ltd.）和大地连线公司（EarthLink NetworkInc.）告上法庭。加州洛杉矶高等法院根据有关禁止非法穿越私人领地的法律对该案做出裁决：禁止华莱士向两公司用户发送垃圾邮件，并向受害用户书面道歉，再有类似行为，罚款 100 万美元。然而，整个加州根据这一案例，对是否应该管理电子邮件问题发生了激烈争议。反对限制垃圾邮件者认为，发送电子邮件与公民言论自由是同一性质的问题，因此从保护公民言论自由的角度来说应该保护邮件发送。而且有些用户愿意接受这类广告，消费者也有选择的自由。美国著名的网络问题研究专家埃瑟·戴森就认为，垃圾邮件并不是一种旨在引起接受者反感（骚扰）或被种族主义者利用、针对某一人群发起攻击（仇杀）的个人化信息，少量的垃圾信息在美国将受到宪法第一修正案的保护，在其他允许言论自由国家也将受到这一自由权利的保护。主张限制垃圾邮件者则看重垃圾邮件带来的巨大负面影响，将不受欢迎的信息塞满无辜者的信箱，除了金钱与时间的损失外，对他人的生活安宁与网络商的正常工作也造成侵犯，因此主张对滥发邮件的行为应该进行有力的限制。

1997 年，美国众议院史密斯提出议案，内容是将有关垃圾传真件的法律适用范围扩大到垃圾邮件。因为传真机通过电话线发送与接收传真，其原理与 E-mail 传输一样，因此垃圾传真被禁止的法律应该适用于垃圾邮件。据此，向毫无关系的对象发送垃圾邮件应是违法行为。但反对者立即指出该提案违反宪法关于商业言论自由的规定。

垃圾邮件管理提出的难题是如何在发件人的言论自由权与收件人的隐私权之间找到平衡。埃瑟·戴森在其《2.0 版数字化时代的生活设计》中提出通过市场自行解决这一问题。方法是对电子邮件做出清楚的标记，让用户在接收电子邮件之前向发信人收费。如果一个发信人发出了过多标记不明确的电子邮件，他的网络服务商就会接到投诉。这一方法的有效性取决于付款方式和邮件标记真实可靠。这也涉及一个对发信人支付能力的确认的问题。也有人试图通过道德自律来解决垃圾邮件问题。美国成立了一个"电子邮件市场营销委员会"（Internet E-mail Marketing Council），监督电子邮件的滥用。其声称："一个全行业的专业性组织，旨在提倡大宗邮件业务中的职业道德。""作为一个监督机构，防止滥用电子邮件进行商业活动。"从发展角度来看，对垃圾邮件的限制正在不断法制化。

二　有害信息管理与隐私权的冲突

通常意义的隐私权是指个人对与社会无关的个人生活与个人信息依法享有的自主决定的权利。隐私权包含两个方面的内容：一是对个人资料的积极主动的支配权；二是个人生活不被干扰的权利。具体而言，有个人生活安宁权，如个人生活不受监视、干扰等的权利；个人信息保护权，如个人社会关系、档案文件不被刺探、利用、公开等的权利；个人私事决定权，如对自己身体的暴露、个人信息的利用以及匿名发言等的权利。在网络环境下，个人隐私问题涉及较多的是个人数据的利用与匿名发言的公开。凸显的冲突主要表现为为了保证网络信息安全，网络管理者需要对网络信息进行储存、监视、定期的审查以及必要时的公开，而这些必然对个人隐私权有所侵犯，从而形成一些难以调和的矛盾。

1. 网络匿名与隐私权

网络技术最大的特点与优势之一就是匿名性。匿名与隐私的区别在于，匿名是指身份的消失，而隐私是指对个人的信息的保密与控制使用。匿名之举并非始于网络，但由于网络技术的支持，网络匿名较之传统匿名更具隐藏性，因此它使用得最为普遍。匿名与隐私的冲突在于：匿名可以使人获得隐私权，有效的保护个人隐私；然而匿名的滥用又给网络犯罪提供机会，给社会管理造成麻烦。

坚持保护匿名的人认为，网络作为个体表达的工具，用户希望匿名。其原因很多，如畅所欲言地批评政府和企业官员，大胆地发表非主流观点，为不愿为人所知的个人生理和心理疾病寻找资料，摆脱现实不如意的身份、地位、种族等的限制，避免跟踪软件的跟踪，等等。埃瑟·戴森曾说："匿名是一种非常有用的机制：人们可以在把后果降至最轻微的程度的同时，肆无忌惮地发表自己的看法，对各种主张或幻想加以摸索和尝试，并避开社会的非议。"事实也是如此，网络匿名有助于发掘真正的民意、推动真正的民主。另外，从网络安全的角度考虑，特别是对儿童而言，网络匿名可以保护儿童免受网络色魔的跟踪；对成人而言，匿名可以有效地保护个人信息，避免跟踪软件的跟踪。

然而，反对保护网络匿名的人同样言之凿凿，他们认为网络匿名的滥用带来相当的社会混乱，目前，由于操作上的简便，在 BBS 电子公告板、新闻论坛、电子邮件、网络聊天室等网络空间内，匿名现象随处可见。许多网络侵权、诽谤、造谣等有害信息的传播都是通过网络匿名进行的，匿名成为网络犯罪的重要帮凶。正如埃瑟·戴森所言，"最根本的反对匿名的理由是那些真正犯下恶行的，真正的坏人可能会借助它逃避责任"。

对网络管理者而言，一方面允许匿名发言，鼓励人们无所顾忌地参与讨论，营造网络自由的气氛；另一方面，又希望监视网络违法言论，令发言者承担相应的法律责任。埃瑟·戴森说过，"一个社会要想整体上保持健康，其成员需要有名有姓，特别是那些上市公司、公共官员和其他受人信赖的位置上的人，社会应该对其隐私权和匿名权有所限制"。如在 Hvide 起诉雅虎与美国在线的案例中，Hvide 被一个匿名为 Justhefactsjack 的人进行恶意诽谤，结果法院支持原告，要求网站公布匿名诽谤者的身份，认为维护正当的权利比保护匿名权更为重要。

我国为了便于更好地管理，近年来各网站对用户推行实名登记制，即用真实的身份进行上网登记。国家曾于 2000 年颁布有关条例，要求网吧上网实行实名制登记。但实名制在实际推广中收效甚微，原因是没有一个有效的技术手段来保证其可靠性。而且，公开网络匿名身份，应当保护被告在程序上的正当权利，同时应该仔细权衡保护原告不受人身攻击的权利与被告的匿名权之间的利害关系。如何在保护网络匿名权与尊重网络隐私权之间取得平衡，又是摆在我们面前的一个难题。

2. 网络跟踪与隐私权

为了更好地管理网络，寻找商机，网站或网络管理部门委托一些专门的调查公司或由自身组建某个部门对网络使用情况进行调查。其常用调查手段就是用软件进行跟踪，以搜集、存储、交换、分析用户网络使用信息。美国的一项调查显示，美国人在 21 世纪最关心的问题就是丧失隐私，认为丧失隐私的占调查者的 29%；网络用户中有 37% 的用户倾向于购买有隐私政策的网站的物品；促使购买行为发生最重要的因素是隐私安全大部分被调查者不愿意为了牺牲隐私去网上购物；等等。

网络跟踪常用的方法有数据储存、Cookie、对图像和网络语言 Javascript 进行隐形追踪等。以 Cookie 为例，该软件是储存在网络浏览器目录或文件夹中的文本文件，当浏览器运行时就可以储存到计算机的随机存储器中。该软件有两种类型：一种是"期间性 Cookie"；另一种是"永久性 Cookie"。前者只在用户使用浏览器时存在，一般只保存在服务器的内存空间里，用户关掉浏览器一段时间后就会自动注销；后者则会停留在访问者的计算机上，直到设定的中止日期为止。通过使用 Cookie 追踪访问者的一切网上行动，对个人隐私造成严重的侵犯。美国参议院 Robert Yorricelli 第一个提出限制使用 Cookie 文件的网络隐私法案。美国白宫也明令禁止使用网络追踪技术追踪网站访问者。但在一次总审计局审查的 65 个网站中，仍有 11 个网站在访问者的网络浏览器上安置该软件。特别是网络广告商，常用 Cookie 来记录用户访问行为。对于 Cookie 侵犯隐私权的问题，一些人提出由技术而不是法案去解决。规定网站和浏览器厂商对顾客事先解释清楚 Cookie 及其使用目的，然后由用户自己决定是否接受 Cookie，但前提是在技术上使这种选择一目了然。

3. 网络监视与隐私权

各国政府都有相应的网络监视法规与技术支持。如英国《2000 年调查权利法案》（RIP）要求网络服务商提供经过他们电脑的所有数据，并发送到政府提供技术援助中心（GTAC）。政府提供技术援助中心是英国安全局 MI5 的总部，MI5 相当于美国的 FBI（联邦调查局）。RIP 使监控与扫描技术合法化。根据该法，法院可以要求得到任何数据的密码，不服从者判处两年有期徒刑。欧盟为了加强反恐，曾试图制定互联网监视公共准则，通过电信公司和 ISP 对欧盟公民的电子邮件和电话进行地毯式监视，结果引起了激烈的争论。日本的《通信监听法》也将电子邮件列为监视对象。

美国是世界上最大的网络监视者。美国联邦调查局使用的"肉食者"（Carnivore）电子邮件监控系统，由于巨大的监视面，引起极大的争议。该程序 1997 年 2 月问世，它通过与 ISP 的网络相连，对进出的所有信息进行筛选、监视与拦截。该软件与传统电话窃听的显著不同在于，电话窃听只针对犯罪嫌疑人，而该软件则要将所有 ISP 上的电子邮件截获，筛选出所需要的信息，而且其速度非常快，一秒钟内可以浏览数百万封电子邮件。虽然其使用目的是在刑事侦查中秘密监视犯罪嫌疑人的电子邮件，但其强大的监视功能不可避免地侵犯了普通公众的隐私权，既与美国宪法第四修正案所涉及保护的公民不受无理搜查和逮捕的权利相抵触，也与美国窃听法中的搜查法不符，因此遭到了国会以及美国公民权利自由协会、华盛顿电子隐私信息中心等组织的质疑，要求 FBI 公开该软件的全部相关资料以消除人们的疑虑，国会和法院对其适当性与是否违宪进行了审查。FBI 一方面面临 Carnivore 侵犯隐私权的争议，另一方面仍然我行我素地研制其升级版本。

对 FBI 来说，保护个人隐私应该服从工作需要，美国政府因此也迁就 FBI，着手修改通信监视的法律，以方便执法部门更加容易地监视网络内容。克林顿执政时期，美国政府曾打算建立一个由 FBI 负责的电脑网络监视系统——Fidnet，用以监视政府机构的电脑系统，但是国会明令禁止司法部对其进行投资。

政府对网络监视管理的态度，使网络服务商更是无所适从。一方面，网络管理部门对网络服务商提出明确的协助监视的要求，如我国《互联网信息服务管理办法》要求网络信息服务商记录提供的信息内容及发布时间、网址、域名，要求网络接入服务商记录上网用户的上网时间、用户账号、互联网地址或域名、主叫电话号码等信息。ISP 有协助侦查的责任与义务。公检法部门依法定程序调查取证时，ISP 应该无条件提供网络记录。而另一方面，是公众的隐私权不容侵犯的问题。在美国，美国有线电视法与《电子通信隐私法》在此问题上就明显相互抵触。美国有线电视法规定，网络服务商不能泄露用户信息，《电子通信隐私法》则允许不做事先通知，就可以对用户数据进行监视。一般情况下，由于 ISP 对网络内容负有连带责任，为了避免责任，ISP 往往都会在管理部门的要求下，对网络内容进行监视，对有问题的内容进行删除，拒绝发布，并在公安机关、司法部门的要求下，提供网络个人资料，监督用户的上网行为。然而这一行为也因触犯个人隐私权，遭到诸多批评。

隐私权是一种可以主动放弃的权利，网站对网民个人信息的跟踪与资料搜集，虽说需要取得对方同意，但事实上，网络的快速性使用户很少去仔细阅读各种网络使用规则，因此不自觉放弃隐私的情况也就大量存在。欧盟数据保护法规定互联网服务提供商应当删除流量记录以保护隐私，结果在面对重大网络案件时，却因无法搜集到有力的证据而加大了侦破工作的难度。因此，我们面临的问题是如何平衡二者的关系与合理地使用权利。

原载《国际新闻界》2004 年第 4 期

合作者：刘海贵

收入本书时略有改动

网络色情信息危害现状与管理控制

网络色情信息是指互联网上以不同形式传播的黄色图片、色情文学、色情游戏、淫秽影片、色情行为等充斥低级趣味的有害信息。目前互联网上色情信息传播问题越来越严重，影响面也越来越大，成为政府网络管制的重点。

一　网络色情信息危害的现状

在互联网有害信息中，目前传播面最为广泛的就是网络色情信息。据最新资料的统计，互联网上的色情网站已有 420 万个，占全部网站的 21%，色情网页有 3.27 亿个，每天色情主题搜索量达 6800 万，占全部搜索问题的 25%，每天色情邮件 250 万封，占全部邮件的 8%。苏格兰一家软件公司对互联网所做的调查显示，每天世界上要新增 2 万多个色情网站。互联网上非学术性信息中有 74% 的内容与色情有关。网络中大量的色情内容，以低级简单的方式重复链接，对现实社会中意志薄弱的人产生极大的诱惑。其结果是，亚洲地区搜索引擎中出现频率最高的词是 "SEX"，在新加坡、马来西亚、菲律宾、印度等国家和中国台湾、中国香港等地区全无例外。在网站 10 大关键词排行榜中，与性相关的就占 8 个。

互联网技术极大地助长了色情信息的传播。对个人而言，在传统社会，个人接触色情信息必须通过购买黄色报刊、黄色光盘，或去阴暗的色情传播场所，这多少有点脸面上的顾忌。而网络使色情进入个人电脑，个人在自己的家中就可以轻易地甚至不留痕迹地获取色情信息。特别是面对大量强行塞入电子信箱的色情信息，个人稍不留心就会面临网络色情的冲击。而且，随着网络技术的发展，网络色情的传播渠道越来越多样化，它不局限于网站、电子邮件、BBS 等，目前较热门的色情传播渠道主要有视频聊天、BT 下载、网摘、电影网站、App 下载、内容网站等六种。

在美国，超过五分之一的美国公民曾经浏览过色情网站，特别是有90% 的 8~16 岁少年儿童浏览过色情网站；在新加坡，三分之一的网民浏览过色情网站；在香港，有三分之一的香港人每天利用上班时间用来浏览娱乐、色情和犯罪网站。在台湾地区，据台湾社会福利团体励馨基金会对18~21 岁的学生的调查结果，他们面临的两大困扰就是网络色情与就业问题，七成以上的学生表示接触过色情信息；在广东，有三成以上的受访者承认浏览过色情网站。这些统计数字，表明了网络色情危害面的广泛性。

网络色情通过在网上传输大量的黄色信息，以网络为媒介对无辜者进行引诱、性骚扰，从而造成恶劣的社会影响。其中最为无辜的是少年儿童。在英国破获的一起网络儿童色情犯罪团伙案中，一个自称仙境俱乐部的犯罪团伙，靠在互联网上销售儿童色情照片牟取暴利。警方搜出的黄色儿童图片有 75 万张，涉及 1200 多名无辜儿童，其中年龄最小的只有三个月。这是世界上最大的涉嫌儿童色情网络犯罪案件。

手机短信流行以后，手机贩黄又成为新的"时尚"，超过 95% 的手机用户涉足过色情信息。全球移动产业市场调查公司发布的一份关于无线产品成人娱乐服务的报告称，到 2008 年时这项服务（指向用户手机 E-mail 信箱发送色情信息）的盈利将达到 10 亿美元。手机色情短信在 2001 年以后迅速传播的原因，除了手机传播色情短信本身的技术便利外，主要是手机短信最初在管理上游离于网络媒体监控和传统媒体监控，成了色情行业开发的一个新的增长点。

二　网络色情管理的困境

对网络色情的管理，已经引起国际社会的广泛关注。网络色情问题，既是传统色情问题的延续，又带有网络技术的特点，由于一些现实矛盾，针对其进行的管理常常举步维艰。

1. 网络色情管理的难点

在传统媒体的管理中，淫秽色情的内容都是受到政府控制的。再标榜开明的国家，也只有管理程度的不同，而不会放任不管。在我国，《刑法》第六章第九节规定了"制作、贩卖、传播淫秽物品罪"；国家新闻出版署公布的《关于认定淫秽及色情出版物的暂行规定》中列举了7种具体情况，对电影、电视等表示视觉动态形象的媒体色情内容的控制就更为严格；广电部颁布的《电影审查规定》、国家广电总局发布的《电视剧审查暂行规定》中都对此有明确规定。然而，网络传播的快捷、匿名、不留痕迹等特点，为色情传播大开方便之门，给网络色情信息的审查与管理带来了极大的难度。

在网络色情的认定上，由于网络传播的全球化，各地文化传统以及法律规章不同，常常会面临色情认定标准不统一的问题。在美国，国内50个州关于网络色情的立法就各不相同。1998年，美国上诉法院第三辖区由于对各州的不同规定无所适从，只好对《儿童网上保护法案》进行修订，而美国最高法院并不赞同，认为这是对地方法律的侵犯。美国在20世纪90年代末就此展开过是否要建立统一的色情标准的讨论，结果不了了之。在新加坡，政府规定本地网站禁止刊登任何色情内容，为此，新加坡当地网络服务商特意提供一种家庭接入技术服务，可以把所有列在规定的黑名单上不健康的网站全部自动屏蔽。

在网络责任的划分上，网络内容提供商、网络技术服务商、网络用户应分别承担哪些具体的责任与义务一直是一个问题。2001年2月，美国一家较大的网络服务公司Buffnet，因向客户提供儿童色情网站入口，被法院以"非法提供便利"为由宣布必须承担责任。该裁决引起了互联网公司的异议，理由是，网络服务公司根本无法控制互联网中传播的各种信息，他们不应该对此类事情负责。而且这一判决与以往的判决不一致。在我国，政府明确规定，从事国际联网的单位和个人不得制作、查阅、复制和传播妨碍社会治安的信息和淫秽色情等信息。对网络经营者的具体要求是，网络内容服务商，应记录提供的信息内容及发布时间、网址、域名等信息；网络技术服务商，应记录上网用户的上网时间、用户账号、互联网地址或域名、主叫电话号码等信息。

2. 与言论自由权的冲突

严重的网络色情犯罪，各国政府都是全力打击的。如在美国，代号为"雪崩行动"的工作小组在 2001 年 8 月摧毁了一个最大的儿童色情网站，这是美国有史以来最大宗的互联网贩黄案，主犯托马斯·瑞迪被判处 1335 年监禁。德国最高刑事法庭也曾宣布，在互联网上散播儿童色情内容与交换类似内容的印刷品没有区别，都将面临最高达 15 年的监禁。足见各国政府对网络色情传播惩治的决心与力度。

各国政府对儿童网络色情的打击态度都是坚定的，然而，对成年网络色情的管理则存在着较大的分歧。主要原因是，不同国家文化背景不同，对言论自由保护的力度有所不同，对色情犯罪的标准、限制权利的程度、解释机制等均有所区别，矛盾与冲突自然也就在所难免。

这一问题在美国最为突出。1995 年初两位参议员提议在原有《通信庄重法案》（Communication Decency Act）的基础上增加制止网络色情犯罪的内容。该提案 1995 年 12 月获美国联邦通信委员会（FCC）批准，并获国会通过。1996 年 2 月，克林顿总统批准了这一提案，使之成为有效法律。但法案仅生效了几分钟，美国公民自由联盟（American Civil Liberties Union）针对该法案向费城联邦法院提起违宪诉讼。法院虽以色情不受宪法保护，处罚是针对犯罪行为的处罚等理由抗辩，但最终仍以 7 票对 2 票，判决该法案的主要条款侵犯了公民的言论自由权，理由是政府想以此对传统印刷品或广播进行严厉控制的方式来规范网络内容，违背了美国宪法第一修正案有关言论自由的规定。1997 年 6 月，该法案被裁决违宪并被终止。

网络色情的管理给传统法律规则提出了一个棘手的难题——如何平衡言论自由与公共秩序之间的关系。

3. 与经济利益的冲突

网络色情是网络行业中最为盈利的项目之一，给网络经营者带来巨大的经济利益，并在某种程度上引领着网络技术的发展。

在美国，成人娱乐产业市场给国家带来丰厚的税收。2000 年美国网络产业付费内容的总收入为 83 亿美元，其中有 27 亿美元来自网络成人娱乐业。2003 年，全美色情业总收入达到 120 亿美元，这一收入超过了美国最受欢迎的几大体育项目——职业橄榄球赛、职业篮球赛和棒球赛年度收入的总和，成为美国最赚钱的行当之一。

色情网站在许多国家的网站排名榜上通常都能跻身前 20 名。Casa Rosso 网站动用 120 台大型计算机，每天把长达 430 小时的自制色情节目通过网络传输出去。

网络色情业巨大的利益极大推动了网络高新技术的开发与应用，如网络用户交费下载色情图像，直接推动了网络视频下载技术的发展。其他如宽带应用、在线广告流量管理、在线支付等，网络色情业的推动作用都不容小觑。

三　网络色情信息的管理对策

关于网络色情的治理，应以法律与行政的硬性管理为主，辅之以行业自律与社会监督。

1. 传统法规的规定

1997 年，第八届全国人大第五次会议修订的《刑法》对淫秽物品做出如下规定："本法所称淫秽物品，是指具体描绘性行为或者露骨宣扬色情的诲淫性的书刊、影片、录像带、录音带、图片及其他淫秽物品。有关人体生理、医学知识的科学著作不是淫秽物品。包含色情内容的有艺术价值的文学、艺术作品不视为淫秽物品。"《刑法》规定有关罪名有：走私淫秽物品罪（第一百五十二条），制作、复制、出版、贩卖、传播淫秽物品牟利罪（第三百六十三条第一款），为他人提供书号出版淫秽书刊罪（第三百六十三条第二款），传播淫秽物品罪（第三百六十四条第一款），组织播放淫秽音像制品罪（第三百六十四条第二款）。

2. 网络法规的管理

政府出台有关互联网内容管理的法律规范，反复强调对网络色情的禁止，将"散布淫秽、色情、赌博、暴力、凶杀、恐怖或者教唆犯罪的"列为"不得制作、复制、发布、传播"的信息内容之一。

中国最高人民法院、最高人民检察院 2004 年 9 月 5 日联合出台、

2004 年 9 月 6 日开始施行《最高人民法院、最高人民检察院关于办理利用互联网、移动通信终端、声讯台制作、复制、出版、贩卖、传播淫秽电子信息刑事案件具体应用法律若干问题的解释》（以下简称《解释》）。根据《解释》规定，利用互联网、移动通信终端制作、复制、出版、贩卖、传播淫秽电子信息，将以制作、复制、出版、贩卖、传播淫秽物品牟利罪定罪处罚。

3. 行政手段控制

2003 年以来，我国政府致力于网络环境的治理，大力打击网络色情。2004 年 7 月 16 日，全国打击淫秽色情网站专项行动电话会议召开，中宣部、公安部等 14 个相关部门周密配合，开展"全国打击淫秽色情网站的专项行动"，截至 2004 年底，依法关闭淫秽色情网站 1129 个。

信息产业部切断淫秽色情网站收费链，中国移动、中国联通清理手机支付业务。银行业积极配合，切断淫秽色情网站资金支付结算渠道。

2004 年 9 月 15 日国家广电总局配合中央宣传部、中央外宣办、最高人民法院、最高人民检察院、公安部、教育部、信息产业部、文化部、国家工商行政管理总局、国家广播电影电视总局、新闻出版总署、国务院法制办、中国银行管理监督委员会、共青团中央联合制定的《打击淫秽色情网站专项行动方案》，发布《关于贯彻落实全国打击淫秽色情网站专项行动电视电话会议精神　加强互联网传播视听节目管理的通知》。

4. 网络行业自律

2003 年 12 月 8 日，人民网、新华网、中国网、南方网、新浪网、搜狐网、网易新闻网等 30 多家互联网新闻信息服务单位在北京共同签署了《互联网新闻信息服务自律公约》，承诺自觉接受政府管理和公众监督，坚决抵制淫秽、色情、迷信等有害信息的网上传播，抵制与中华民族优秀文化传统和道德规范相违背的信息内容。

2004 年 6 月 10 日中国互联网协会互联网新闻信息服务工作委员会发布了《互联网站禁止传播淫秽、色情等不良信息自律规范》，具体规定了淫秽信息、色情信息的类型以及相关的遏制方式。

5. 社会监督

2004 年 6 月 10 日，中国互联网协会互联网新闻信息工作委员会开通

"违法和不良信息举报中心网站"（https：//www.12377.cn/）。该举报网站自开通以来已接到举报 25.6 万余件，有效处理 4000 多件。

2004 年 7 月 16 日，公安部开通"淫秽色情举报网站"（www. cyberpolice. cn），24 小时接受社会各界和广大人民群众的举报，很快在全国 63 个城市开通举报网站，联动 110。

原载《信息网络安全》2007 年第 5 期

合作者：李茂娟

收入本书时略有改动

新闻网站上市的"冷思考"

中央"圈定"10家重点新闻网站年内完成转企改制，确保至少有1~2家能够成功上市。这引起国内外舆论广泛关注，特别是整体上市，而不是局限于过去将报纸的采编业务与广告等商业经营剥离开来的做法更是关注重点。我国新闻网站"整体上市"毕竟是前所未有的创举，上市面临的困难依旧不容小觑。与商业网站相比，新闻网站的转企改制、上市融资需要独特的战略规划，要避免功利性、冒进式甚至形式化的炒作。

一　如何坚守舆论阵地

政府积极推动重点新闻网站上市，一方面希望通过市场化手段来解决自身体制和资金匮乏问题，另一方面是希望增强活力，壮大实力，提高网站影响力和引导力，抢占互联网中的舆论高地。新闻网站整体上市，将采编等内容版块打包进入市场，新闻网站能否继续担当起舆论导向的重任而不陷入商业逻辑的槽模？新闻网站改制后如何维护公共利益？网络新闻能否继续保持公平、公正、公开？传统新闻理念、新闻尺度在商业环境下是否发生变化？编辑方针、管理层任命将由政府决定还是由董事会决定？如何在政治性、公共性、商业化之间寻求合理的边界？这些都是新闻网站转企、改制、上市必须面对的关键问题。

新闻网站是党和政府的重要舆论工具，是党宣传思想政治工作的重要组成部分，在互联网新闻信息服务和舆论引导格局中扮演着越来越重要的角色，必然成为国家互联网战略中非常重要的一环，而整体上市只是谋篇布局中的一步。新闻网站市场化运营不同于一般的商业网站运营，商业网站的一切运营行为都以获取经济利益为目的，而新闻网站运营的主要目的则立足于社会效益。我国的新闻网站拥有特殊的身份：既有事业性质，要坚持正确的舆论导向，又是企业单位，要面临激烈的市场竞争。它的双重身份与双重职能，决定它要完全市场化独立运作和全面接轨市场机制是不可能的，必须坚持正确的舆论导向，肩负崇高的公共责任。

二　核心竞争力还能保持多久

短期内，特别是在新闻网站上市的几年内，政府不会轻易改变当前新闻资源分配的格局。在新闻网站整体上市的背景下，商业网站和新闻网站进行的全面竞争，仍然是在不对等的新闻资源占有状况下的竞争。但是拥有新闻发布权，并不等于拥有不可替代的核心竞争力。网络技术带来的快速复制以及网络新闻业内流行的"洗稿"的潜规则，使新闻网站的新闻垄断优势逐渐弱化，市场化背景下，政府会如何调整新闻资源的布局，将是一个值得关注的问题。

此外，目前新闻网站作为母体的一个部分，可以无偿使用母体采制的新闻内容，并与商业网站进行有偿交易或资源互换。新闻网站一旦整体上市后，作为一个独立运营的网络企业，它与其母体在新闻资源资产方面的关系将发生改变。作为独立法人的新闻网站和它的母体之间，如何处理新闻内容版权的共享与交易，也将是新闻网站整体上市后会面临的一个新问题。而这一问题有可能进一步影响新闻网站在新闻内容上的核心竞争力。

因此，新闻网站应坚持新闻和服务并举、网上与网下相结合的发展思路，要善于依托自身的权威性、及时性，整合网民资源、信息资源和政府资源，积极进行信息服务的相关开发，增强新闻网站的服务功能，在网民注意力的自然转移中有效实现"嵌入式"的商业运作。当网民在"集贸市场"或"大型超市"穿梭不停时，新闻和信息服务之间就产生了一种"相互反哺"的现象，由此提高了新闻网站对网民的黏性。商业门户网站特别是新浪的运作模式可谓深谙这种"相互反哺"的道理，这值得新闻网站学习。

三　资金来去如何

"列入改革试点的新闻网站可以尝试通过多种渠道拓展资金来源，引进国有企业战略投资者，在确保主办单位控股的前提下，建立现代企业制度，组建股份公司，条件成熟时在国内上市。"① 新闻网站由于受媒体属性所限，一定程度上并不能完全实行资本化运作，在融资环境和融资政策方面依然受到诸多限制。资本来源仅限于"国有战略投资者"，并没有对民营资本、私人资本、国外资本放开；控股方仅限于"主办单位"（即政府或所属母媒体），股份结构总体上并没有得到实质性改变。应该看到，当新闻网站的实力增强到一定程度，在确保主办单位控股的前提下，资本来源应由"国有战略投资者"向民营资本、私人资本、国外资本逐步放开。

从市场竞争、商业规模、数据流量和盈利水平来看，"圈定"的这10家新闻网站实力与影响力，同在海外上市的新浪和搜狐等相比尚有不足。目前从盈利状况来看，10大新闻网站中，居盈利能力首位的为央视网，2009年营收在四五亿元，而新浪2009年仅第四季度净营收总额就达9350万美元。从营收前景来看，目前新闻网站的收益是否能够支持其在资本市场上市？从新闻网站所具有的意识形态导向来看，国有企业战略投资者谨慎考虑投资风险时是否有兴趣和动力？国有企业只能参股而不能控股，是否会减弱甚至抑制他们投资新闻网站的欲望？国有企业战略投资者投资新闻网站是否在业务、资源方面存在可能的合作空间？这些都是国有企业战略投资者在投资新闻网站时可能考虑的问题。

通过资本市场筹集到的大量资金在一定程度上能解决新闻网站长期以来资金来源单一、生存压力较大的难题，但怎样合理使用这笔"从天而

---

① 《新闻网站改革全面铺开 转企改制是突破关键》，中华人民共和国国务院新闻办公室，2009年12月2日，http://www.scio.gov.cn/wlcb/llyj/document/482374/482374.htm，最后检索时间：2023年7月3日。

降"的资金，资金注入后是否会对新闻网站的发展起到推动作用，都是新闻网站上市前必须考虑的问题。有媒体报道，东方网"如果上市成功，将把所募集的资金主要投向三大业务：一是网络多媒体，即发展网络音频、视频；二是全国拓展，即在上海以外区域开设东方网点；三是产业园，东方网目前在上海嘉定地区打造了东方慧谷信息产业园"。① 我们看到，东方网的资金投向明显具有从中心到外围的辐射扩散结构，既有目标的集中度，又有视线的相关度。此外，新闻网站公司如何避免母体对公司的投资进行过多的干预，是否与母体之间进行过多的关联交易，母公司是否会依附其行业垄断地位影响上市公司的利润等问题都将成为新闻网站上市的需要厘清的问题。

四 盈利能力能否持续

政府要求新闻网站"构建盈利模式，增强盈利能力，努力将网站打造成为具有强大竞争力的新型互联网企业"。② 在新闻网站的内在动力和行政意志的外在推力下，新闻网站转企改制并最终上市，目前的营利能力也许不会成为主要的障碍。但上市后是否具备能够提供持续发展的营利能力是个关键问题。当前新闻网站盈利主要来源于政策保护下的垄断资源，如依靠新闻采集发布权进行的版权交易、重大活动转播权、电子政府网站建设等，持续营利能力有待观察。新闻网站营利模式单一，大多依靠提供纯新闻来获得广告收入。特别是地方新闻网站，虽拥有新闻资讯、无线增值、宽带内容、技术服务、电子政务等核心业务，可是从服务内容到广告收益，都无法与新浪、搜狐等门户网站的浏览量相比，对于广告商的吸引力显然较小。

---

① 《新闻网站上市的"冷思考"》，中华人民共和国国务院新闻办公室，2010 年 7 月 15 日，http://www.scio.gov.cn/m/cbw/qk/4/2010/07/Document/704016/704016.htm，最后检索时间：2023 年 7 月 3 日。
② 《新闻网站上市的"冷思考"》，中华人民共和国国务院新闻办公室，2010 年 7 月 15 日，http://www.scio.gov.cn/m/cbw/qk/4/2010/07/Document/704016/704016.htm，最后检索时间：2023 年 7 月 3 日。

新闻网站如果还坚持依靠纯新闻拉广告的现有操作模式，将难以获得可持续发展的营利能力。在网络广告、信息出售、电子商务和手机短信等方面，留给新闻网站的市场空间有限。新闻网站需要以信息传播生产与经营为主，积极开展多种经营，不拘一格尝试新的商业模式，寻找新的营利增长点。新闻网站没有依靠新闻和信息服务的强大黏性来实现产品多元化的发展，而是盲目地效仿商业门户网站的多元产品结构，这无异于"舍本逐末"，最终将落入同质化竞争中。

诚然，新闻网站转企改制上市还需要做很多细致而繁杂的工作。如公司的法人治理结构是否能提前布局，相关的新闻资源、产业资源能否实现全面优化整合，是否建立了科学、规范、高效的人事制度、分配制度、运行机制等，这些都决定着新闻网站能否成功上市或上市后能否成功。

总之，转企改制上市对于新闻网站来说是个积极的信号，无疑具有重大的意义。这意味着，新闻网站将会打破长期自我封闭的状态，在市场化的道路上跨出一大步。至于转企改制上市推进的速度、力度和效度，都取决于目标实现的各种边界条件。从外部来说，转企改制上市目前更多的还是部门意志，如何将这种部门意志转化成具体有效的制度安排是新闻网站发展的关键。我们期待着转企改制后的新闻网站在激烈的市场竞争中，经过优胜劣汰、大浪淘沙后，呈现定位精准、个性鲜明、内容多元、产品多样、功能互补的格局。

原载《网络传播》2010 年第 7 期

合作者：罗昕

收入本书时略有改动

微博产业化的路径选择

一　微博影响力的彰显与产业化困境

随着互联网技术与通信技术的快速发展，技术在不断改变着人们所见所闻、所思所想的同时，也推动着媒介的变革与创新。新媒体时代，任何媒介形态都被或多或少地赋予了技术特性，微博的兴起与发展正得益于此。

微博即微型博客，是基于互联网终端和用户关系的信息分享与获取媒介，是一种即时信息的传播形态。微博用户可以通过 WEB、WAP 以及各种客户端组建个人社区，以 140 个字符以内的文字即时更新信息。从一定意义上说，微博是现实世界在互联网上的延伸，这种延伸突破了现实的时空限制，微博用户在这种互联网络社区平台上互相交流信息，探讨时事，辩论观点，为微博网络平台创造了丰富的内容。

微博带来的是一种新的信息传播和交流方式。每个人可以将自己的见解和观点以最精炼的字符来表达，通过微博形成自己的粉丝群。随着信息的不断更新和反馈，微博已然成为最流行的网络应用，微博用户的数量也在不断激增。

作为发展最早的微博网站，Twitter 的影响力不断扩散，用户遍及世界各地，据知名第三方流量监测机构 Comscore 发布的报告，2011 年，Twitter 的每月全球独立用户访问量从 2010 年的 1.03 亿增长至 2011 年的

1.679亿。① 国内新浪微博与腾讯微博，用户数量双双破亿，另有搜狐微博、网易微博等综合性微博加入。中国微博用户数量惊人。中国互联网络中心发布的《第29次中国互联网络发展状况统计报告》显示，截至2011年12月底，在大部分娱乐类应用使用率有所下滑、商务类应用使用率呈平缓上升的同时，微博用户数量以高达296%的增幅，从2010年底的6311万暴发增长到2.5亿，网民使用率为48.7%，微博用1年时间发展成为近一半中国网民使用的重要互联网应用。

作为技术特性与内容创新的媒介形态，微博的影响力随着用户的不断增长而逐渐显现，主要表现在一些重大突发事件和全球性关注事件的舆论传播之中。如在迈克尔·杰克逊猝逝的消息还未得到证实的情况下，已有众多歌迷根据提供的消息聚集到洛杉矶加州大学医院；在甬温线动车相撞事故中，关于事故原因、事故救援与事件真相的调查都在微博上引发了激烈的讨论，这也成为2011年微博舆论发展的标志性事件。

微博自由、自主及免费开放的媒介特性，使之因庞大受众群和巨大影响力成为网络应用的翘楚。微博功能及其发展趋势从技术上为微博的商业应用提供了支持，微博用户数量的急剧增长预示着巨大的潜在市场需求。在此背景下，微博的商业应用价值已经凸显出来，但当前微博发展的现实状况不容乐观。

虽然具有广泛的发展与盈利空间，但微博目前最引人瞩目的成绩无疑是遍布全球的用户和"井喷"式的增长规模。当微博想要在盈利上迈步时，却面临着种种源于自身的困扰，微博属于用户，还是属于某个运营商？如果植入广告或是开发付费产品，都会在一定程度上破坏微博的媒介特性，如Twitter推出的"推荐用户列表"服务，汇集了200名使用Twitter的名人、企业家和专家，并为之提供服务，而这一功能自推出就引发诸多争议，被认为是在疏远核心用户。既要保证微博用户的自由交流与自主创造，又要在激烈的市场竞争中生存发展，这种发展中的两难境地正体现了微博产业化发展的艰难，这种发展困境在国内微博市场日渐形成却又彷徨不前的

---

① "Social Networking On-The-Go: U. S. Mobile Social Media Audience Grows 37 Percent the Past Year", http://www.comscore.com.

现状中体现得尤为明显。

与中国微博用户呈几何状增长的态势相比，目前国内微博产业发展基本处于积累用户、探索盈利模式踏步走的成长期。微博作为一种传播形态，其影响力的日益彰显与产业发展的滞后形成了鲜明对比。由于没有明确可行的产业链结构及盈利模式，微博仍处于大规模的投入阶段，微博的产业化路径选择成为亟待解决的问题。

二 微博产业化的前提：双重性关系平台的建构

微博裂变式的传播方式使得信息的传播和扩散达到最大化，内容的碎片化传播在契合现代人快节奏的生活状态的同时，也使微博的传播内容和形式得到拓展与深化。从一定意义上说，微博裂变传播机制基础上的信息发布与分享促进了媒介功能的不断强化，微博成为内容媒介而存在于新媒体格局之中，并发挥着越来越重要的作用。

从某种意义上说，微博中的用户行为都是围绕内容进行的，微博长期秉承的是单纯的"内容传播"，微博用户可以迅速和及时地了解热点内容与话题，并参与讨论，用户观点和意见不断被评论和转发，使得微博的内容平台作用日益凸显。

平台是一种实现双方或多方主体互通互融的通用介质（标准、技术、载体、空间等），它能够实现需求力规模经济和供给力规模经济的对接。[①]关系平台是基于媒介技术基础上的多元化平台，是媒介平台、内容平台和社交平台的融合形式，这意味着，微博将不再简单地满足用户的信息消费需求，而是注重用户的多重内容与服务需求。而微博关系平台的建构表明，微博已不再单单限于网站的概念，而是更像一个生态系统，微博信息生产、流通与消费将支撑起微博关系平台的基本架构。

微博的媒体特性造就了其"内容平台"与"媒介平台"共存的发展状态，这与早期国内社交网站人人网、开心网的发展状态类似，社交网站

---

① 黄升民、谷虹：《数字媒体时代的平台建构与竞争》，《现代传播》（中国传媒大学学报）2009年第5期。

作为"单纯媒介"仅仅承担信息的传递与反馈功能，在内容提升与关系再造上缺乏韧性和激励是早期人人网、开心网衰败的主要原因。作为独立的传播形态，微博尽快实现向"关系平台"的融合转换，锁定既有用户并不断扩大微博的使用范围与覆盖率是避免重蹈覆辙的有效途径。

微博独特的用户关系机制是其区别于其他互联网产品的竞争优势，而"关系类型的延展性编织是传媒获得多样化'关系群'和'持续性的社会关系'优势的必由路径"①，微博要保持这种优势并实现持续性发展，必须实现线上关系、线下关系的双重性关系编织，而这种双重性的关系编织正是微博产业化的基础与前提。线上关系平台指向微博内容平台，线上关系编织主要针对微博自身的关系建构，不仅包括微博的用户关系，还包括微博用户网络应用的关系。

当前国内微博的用户关系模式较为单一，主要依靠明星、专家学者、政府机构建立起来的类似"明星—粉丝"的关系模式，带动和实现微博的用户更新和评论。这种关系模式虽然可以在短时间内积累用户，但也可以在短时间内失去用户，韧度和广度的缺乏将持续影响微博用户关系的稳定性与可靠性。要实现用户关系的稳定与持久，微博除了注重自身功能和应用的完善，更要借鉴早期国内社交网站的经验教训，探索出更具韧性的用户关系模式。

作为发展最迅速的互联网应用，微博的核心价值就是开放与互动。在构建线上关系平台时，要通过开放和拓展 API② 接口，使更多的第三方开发者参与微博拓展功能的开发，最大范围地延伸微博的功能，增加更多有价值的微博应用，从而满足不同用户的需求；通过开放 API 接口，可以让现有的互联网应用及时地将信息通过微博平台发布出来，实现微博平台和其他网站信息的同步，比如视频网站可以利用微博网站提供 API 的接口，将自己网站上新内容 URL 的链接自动地实时传递到微博平台上，实现和视频网站信息的同步更新。

---

① 麦尚文：《"关系"编织与传媒聚合发展——社会嵌入视野中的传媒产业本质诠释》，《国际新闻界》2010 年第 1 期。

② API，Application Programing Interface，又称应用编程接口。

除了注重自身可持续发展外，微博还要注重自身作为传播途径的公共性，即微博"关系平台"的构建要体现社会价值，建立一种沟通和交流的关系。线下关系平台指向微博媒介平台和社交平台，既强调微博的媒介功能，又注重微博成为用户日常生活和工作的社交平台。

微博的媒介功能以信息服务和微博舆论最为显著。独特的传播机制造就了微博无与伦比的信息传播速度与广度，在提供更多信息的同时，微博的信息服务功能使得微博逐渐成长为新闻资源的整合平台，如Twitter建构了名为"Twitter for Newsrooms"的新闻资源平台，将新闻资源分为"报道""参与""发表""其他"四类，用户只要点击进入，就可以获得更加丰富和全面的新闻资讯。微博舆论的兴起彰显着微博媒介功能的不可复制性，微博的开放性使之成为突发和热点事件的舆论中心，在信息爆料、信息发布和微博用户的持续关注下，郭美美事件带来了信任危机，小悦悦事件完成了道德启蒙。在越来越多的微博舆论事件中，如何整合社会问题，积极引导社会关注的热点和焦点，将影响微博的媒介发展空间。

微博成为用户日常生活和工作的社交平台，而且使用微博将内化为日常生活的一部分。随着微博手机用户的不断增长，微博的传播范围和空间将不断扩大，微博在日常生活中的不可或缺性成为可能。微博社交平台的建构核心是实名制，匿名传播环境对微博平台的健康和稳定提出诸多挑战，实名认证环境下的微博传播将更加接近现实，还在一定程度上克服了"虚拟世界"和"现实世界"之间的障碍，更有益于微博用户的日常生活与工作交流。

三 微博产业化的必由之路：由"信息服务"向"意义经济"提升

微博的迅速发展得益于其即时、全方位的信息服务，微博用户不仅可以随时随地发布信息，还可以通过微博搜索查找到所需信息内容。微博的全方位信息服务赋予了其广阔的发展空间，而信息的碎片化传播与无限量堆积使得微博的发展"在基本面上还只是一种要素增长型的发展"①。微博的初期发展便是要素增长型的发展阶段，信息传播缺乏独创性，并从根本上阻碍了微博产业化的发展。

微博要走产业化发展之路，必须要实现由"信息服务"向"意义经济"的提升。所谓意义经济，是指"媒介产品通过传播过程并使人们产生生产、流通和消费行为从而实现其商业价值的活动"②。

微博意义经济是指微博通过信息传播，强化微博用户信息生产、流通和消费，从而实现微博产业化的活动和形态。微博意义经济主要从体现为三个层次：微博消费、微博产业链、微博盈利模式（见图1）。

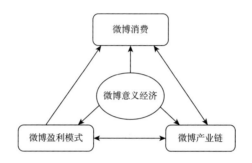

图1　微博意义经济

微博意义经济的实质是一种聚合效应，是将原本散乱的内容聚合为具有商业潜能的空间。微博意义经济的实现是微博产业化发展的必由之路，微博消费推动微博产业链的构建，微博产业链在促进微博盈利的过程中强化微博消费的影响力，微博盈利模式为微博产业链的不断完善和微博消费的存在性提供支撑和保障。

1. 微博消费深化用户体验与微博使用内化

微博消费强调微博用户对微博的使用日常化且内化为无意识的消费行为。微博消费内化成为无意识的社交行为，其基础和前提是微博关系平台的存在及微博用户的满意性体验。从某种程度上讲，即时信息的发展与获

---

① 喻国明：《中国传媒业 30 年：发展逻辑与现实走势》，《编辑之友》2008 年第 6 期。

② 谭天：《传媒经济的本质是意义经济》，《国际新闻界》2010 年第 7 期。

取、人际网络的建构与维护、多样化的网络应用奠定了微博区别于其他互联网产品的竞争优势基础。① 微博产品的竞争优势显而易见，借助关系平台的助推力，最大化地强化用户的体验是微博消费的重中之重。

用户微博体验强化，即微博用户体验的黏性越来越强。随着移动终端不断推陈出新，对微博的使用将更加便利和多媒体化，而微博手机终端的拓展使用无疑将成为发展重点。微博手机终端消费拓展主要从形式创新、内容开发两个层次进行。

在形式创新层次，微博手机消费应着力依靠技术支撑进行创新，这不仅包括移动终端由高端到低端、由小众到大众的渠道开拓，还包括移动终端便携性带来的微博形式创新，诸如微博文本与图像视频与手机的兼容传播，微博手机终端成为移动掌上电脑，用户可以利用其进行各类信息的检索与阅览，提供实时信息搜索服务，实行信息资源的深度挖掘。尽管目前的微博都能提供搜索服务，但是并不能完全满足用户对于信息搜索的需求，而开发出功能更加强大的实时搜索引擎，是微博未来发展的一个重要的趋势，对微博的发展和商业开发有着重大的意义。同时，微博平台可以和谷歌、百度、必应等传统搜索引擎巨头合作，将微博平台上用户实时产生的内容嵌入其搜索结果，这样也可以极大地提高微博的影响力。

在内容开发层次上，应立足于不同受众的需求，进行个性化定制。互联网在发展初期遭遇泡沫经济，在广告业不景气的情况下，就是依靠内容开发度过危机。这对于发展初期遭遇瓶颈的微博来说很有借鉴意义，微博应充分发挥自身媒介优势，在不断强化用户信息互动传播中，针对不同受众进行更加个性化的内容定制。微博还可以开发新的功能以满足人们日益增长的各种信息的需求。比如，开发出能够直接用语音、视频等方式发布信息的微博功能；或者可以像电视台直播新闻事件一样，在微博上开设直播频道，微直播新闻事件或体育比赛；或者开设微广播频道，进行微广播播音等，这些应用将极大刺激更多用户使用微博平台。

2. 微博产业链：横向产业链与纵向产业链

微博产业价值链是微博消费的递进阶段，微博产业价值链是多元化的

---

① 卢金珠：《微博客传播特性及盈利模式分析》，《现代传播》（中国传媒大学学报）2010年第 4 期，第 127~130 页。

价值链形态，是在科技推动、文化创造和商业运作基础之上的多元化的价值链形态。微博产业化发展的路径必然是产业价值链的形成、延伸和拓展的过程，具体表现为微博自身核心竞争力提升基础上的横向产业价值链、媒介融合基础上的纵向产业价值链。微博独特的传播性质决定了用户的需求与体验是贯穿微博产业价值链的核心要素。

横向产业价值链是反映当前以及以后较长一段时间内微博的战略性价值链转型，即逐渐摆脱束缚微博网站独立发展的各种因素，转而追求一种在竞合中构建特色价值链的过程。微博横向产业价值链的建构包含内容创新与技术推动，具体而言，内容创新是微博实现价值链延伸的根本推动力，以受众需求为导向，提供健康、个性的原创性高质量文化产品与内容服务，针对微博特性进行差异化内容开发、策划，进行定向、定时、定量传播，激励原创者的内容开发积极性；技术推动是微博顺利开展业务的基础，也是微博实现价值延伸的根本保障，而成熟的网络支撑与有效的终端适配，积极进行移动微博平台的开发与拓展是大势所趋。

纵向产业价值链是对微博产业化过程中必然要涉及的结构性价值链的整合。微博纵向产业价值链以媒介融合为依托，强调微博与其他传播形态的整合发展，是一种战略整合，主要涉及层面有：微博终端的扩展，通过提供更加便捷和个性化的服务进行价值延伸，如手机客户端、Gmail 应用组件、Outlook 应用组件等；微博与搜索引擎的强强联合，微博利用自身提供的搜索功能，可以与谷歌、百度等强势搜索引擎联合推出基于关键词的匹配投放广告；微博与传统媒体的整合，传统媒体积极在微博领域寻求更多的受众，微博应充分发挥自身优势，在为传统媒体提供更加便利的传播途径的同时，借鉴传统媒体的经验教训，逐渐形成微博自身独特的价值模式；等等。

3. 微博盈利模式：微博商业化与复合型盈利模式

微博盈利模式是在微博消费、微博产业链完善的基础上实现的微博商业化与经济形态。微博产业化发展的初期阶段决定了微博短期发展方向仍趋保守，并在一定程度上体现为复合型的盈利模式，即多种盈利模式共存的形态，微博广告、与运营商分成、增值服务将是最为重要的三种盈利模式。

微博的商业化是微博不断实现盈利的过程，就盈利模式而言，微博短期内仍将延续其他网络媒体的运营模式，即依靠创新服务、积累用户和流量，基于朋友圈子、共同话题进行广告投放，在形成规模效应的基础上实现广告投放盈利。通过向微博群用户提供有针对性的广告，将会取得更加有效的效果；利用微博强大的搜索功能，推出基于关键词的匹配投放广告；与企业进行广告收入分成也将成为微博广告的重要途径，微博可以随时了解用户对企业产品和服务等各方面的态度和看法，及时将信息反馈给企业，而企业在不断改进自身形象的同时，在微博上随时发布新产品，推出新服务，使受众与品牌代言人互动，可以在很大程度上激发受众主动传播信息，迅速地提高品牌知名度。

微博运营商可以与移动运营商进行短信和流量的分成，这是当前微博最为便捷有效的盈利模式。由于短信已经成为微博信息传播的重要形式，微博凭借高额短信量的优势与移动等电信运营商分成以实现盈利成为短期内的可行策略。在这一合作运营模式中，移动等电信运营商成为主导者，直接管理客户关系，负责业务的提供、市场运作及客户服务，是其他利益主体与用户沟通的平台，借助移动运营商网络的交互式能力也使推广自身的个性化服务成为可能。

增值服务将成为微博产业化初期的竞争点，主要包括深层次信息开发、个性化服务。深层次信息开发主要是指向特定用户提供实用性的收费信息，如向企业、商界名人提供对经济形势的深度分析等信息，向关注娱乐和时尚信息的用户提供专题信息等；个性化服务主要是指全方位的在线服务，如微博个性化的页面选择、在线娱乐和服务等，如新浪微博推出的虚拟货币——微币，类似于腾讯的 Q 币，可以用于购买微博平台上的各种虚拟产品和增值服务，包括第三方提供的虚拟产品和服务等。

四　微博产业化发展的探索与构建

微博以其独特的传播特质和影响力改变着新媒体产业化格局，由于尚无成功经验可资借鉴，微博产业化发展的道路必将面对诸多阻碍，微博必须在体制与格局等宏观层面、内容与形式等微观层面进行探索，为实现自身的可持续性发展提供可行的途径与方式。

1. 多元发展模式的探索

任何媒介形态的发展都不是一帆风顺的，微博影响力的不断彰显与产业化发展的困境成为困扰和制约微博发展的瓶颈，要突破微博产业化发展瓶颈，必须突破既有发展框架，进行多元发展模式的探索。

首先，由于微博产业化发展处于初级阶段，建构一个框架内的良性互动系统来支撑和保障微博的可持续发展就显得尤为重要。微博的产业化发展涉及新媒体产业的各个层面，具体而言，政府推动、运营商主导、终端支持、用户积极响应的互动系统将是微博在今后一段时间内发展的框架，而是否可以推动以及如何推动这个互动系统的良性发展，需要系统内要素的相互博弈、相互妥协。

其次，微博探索多元化的发展和盈利模式，离不开政府的支持和鼓励。在微博产业的发展过程中，尽管诸多学者专家对其莫衷一是，甚至并不看好，认为只是昙花一现，但是媒介形态的出现、发展都具有自身的规律，政府作为大政方针的制定方，应给予微博足够的发展空间和整合时间，在政策和规则的制定上推动微博的产业化探索与发展。

2. 本土化发展的再造

新媒体语境下，新旧媒体在竞争并存中逐渐改变自己的媒介姿态，走向相互间的互动融合甚至融合互补。微博产业化发展无论在形式还是内容上，都体现为多层次的互补融合。

微博产业化发展尚无成功经验可以借鉴，微博作为一种新型的传播形态，内容提供与信息满足本应是其的基本属性，但在目前普遍缺乏原创和多是信息整合的微博平台中，微博的同质化现象严重，这不仅仅因为微博在中国发展初期就面临着种种信息的监管，还因为多数微博网站在模仿Twitter的模式。随着用户规模的不断扩大和新技术的不断成熟，微博的竞争格局将逐渐形成，竞争态势也将更加激烈，微博的本土化与独创性将成为竞争的重点。

首先，微博的本土化再造体现为内容与形式上的独创性。当前国内微博形式，无论从版面设计、功能设计，还是信息发布与评论机制等，都无一例外地借鉴了国外微博网站Twitter的模式以至于国内微博被称为"Twitter中国版"。媒介形态的发展与创新离不开版面设计和功能开发，短期内的借鉴和模仿可以为国内微博发展提供便利，却对其长远发展造成不良影响，导致其形式与框架变得刻板，缺乏持续性的发展动力与空间。

其次，微博的本土化再造要注重其作为公众意见交流与社会民主化进程的良性沟通渠道的作用。随着中国网络民主的逐渐显现，微博日益成为重大突发事件舆论传播的中心，各种突发事件和社会敏感事件通过微博实现了更大范围的扩散传播，微博的信息传播、舆论扩散与社会舆情密切相连，构建微博舆论与社会民主的良性沟通是本土化再造的基础。

最后，微博的本土化再造要对微博发展的乱象进行整治与规避。在微博营销方式的探索中，人造粉丝、加 V 认证等各种微博乱象甚嚣尘上，寻找"僵尸粉"等粗暴的营销模式对微博自由、平等、自主的传播本质是一种歪曲和破坏，微博乱象的整治与规避刻不容缓；在微博信息传播过程中，很多创作者为了单纯追求内容的点击与转载，对信息进行了大量恶搞且花样百出，甚至以极度煽情的手法上传色情和暴力影像，形成微博的内容垃圾，这不仅扰乱了微博的传播秩序，而且给微博传播带来了不良社会影响，形成视觉污染。

3. 主体性的构建

作为新的媒介形态，微博对于个性的突出与强调是其在激烈的媒介竞争中取得优势的关键，而在媒介产业化竞争白热化的格局中，对主体性的追求与保护也是微博能够生存的保障。

微博的发展正处于初级阶段，构建自身的主体性对于其生存和发展有至关重要的意义。微博的交互传播体现着全民织网、自由自发的理念，依靠诸多特色发展起来的微博也因其标新立异的形式与自由自主的信息发布赢得众多用户的青睐。但从长远来看，在媒介大融合的时代，标新立异可以与其他媒介形态进行区分，却显然不利于微博的可持续性发展。

首先，微博主体性的建构要实现真正意义上的全民织网、民主的理念。当前国内微博借鉴明星博客的成功经验，在定位中采取了名人微博的策略，利用名人资源形成名人效应，形成"明星—粉丝"的刻板传播模式，众多拥趸的关注、跟踪和转发，使得普通用户的表达缺乏关注，信息发布源相对集中，大多数微博用户在不断地转发和跟踪中接收信息，而不是创造和交流信息。微博要从根本上体现全民织网的理念，就应该在不断增加微博应用的同时，鼓励和激励更多的用户参与信息的创造与交流。

其次，微博主体性的建构要积极借鉴传统媒体和其他新媒体的经验。在信息多元化以及消费主义横行的当代社会，微博也存在着信息散乱和言论不实的倾向，而传统媒体具有良好的品牌效应，其更加深度、权威和真实的内容是微博所不能及的，其他新兴媒介和形态如手机、SNS 等，都在产业化的发展道路上迈出了步伐，许多经验值得借鉴，因此更为理智的办法就是微博积极与传统媒介和其他新兴媒介合作，发挥各自优势实现双赢。

最后，微博网站应具有自身独立的运行机制。当前国内微博并非独立网站，因为各大门户网站新浪、腾讯、搜狐等纷纷涉足微博并成为国内微博的主流。尽管门户网站的介入与支持使得微博发展日益壮大，但是微博逐渐失去独立性成为门户网站的"标配"已然成为事实。微博要保持自身传播的优势，保障微博用户分享信息的自由，必须不断增强综合竞争能力，独立成为微博网站，而不仅附属于门户网站。

作为当前发展速度最快、网民使用率最高的互联网应用，微博将在新媒体格局中发挥越来越重要的作用，微博产业化的发展将决定微博可以长久生存，而不是昙花一现。任何媒介形态的发展都要经历各种阻碍，只有在不断的探索和创新中突破枷锁，微博才能实现真正意义上的可持续发展。

原载《中国文化产业评论》2012 年第 2 期

合作者：李青青

收入本书时略有改动

中国报业的困境

纽约时报公司董事长阿瑟·苏兹伯格在伦敦对外宣称："在未来的某个时候，我们将停印《纽约时报》。"这是自 2008 年 10 月 28 日美国主流大报《基督教科学箴言报》首次宣布停止出版纸质日报以来报业最为震惊的消息。创办于 1851 年的《纽约时报》曾 104 次获得普利策新闻奖，其凭借影响力坐实"美国头号大报"之位，被誉为全球"主流媒体范本"。其停止印刷版，转推网络版，被看作全球报业发展的标志性事件，在业界引起巨大反响，重重敲响中国报业发展的警钟。

一　大　势　所　趋

《纽约时报》的境遇是美国报业近况的冰山一角。事实上，自 2007 年金融危机以来，美国报业的整体萧条状况令人触目惊心。2007 年最后一天，属于著名的斯克利普斯报业集团的两家地方报纸《辛辛那提邮报》和《肯塔基邮报》宣布关闭。这两家报纸创办于 1881 年，是有 126 年报史的"老字号"；2009 年 2 月 27 日，斯克利普斯报业集团的《落基山新闻报》正式停刊，该报创办于 1859 年，是第一家因数字媒体冲击而倒闭的大报；《基督教科学箴言报》2009 年 3 月 27 日停刊，转为新闻网站，并发行周报和电邮新闻，这是第一家停办日报转而发展新闻网站的国际性大报；诸如此类，举不胜举。转网、倒闭、裁员、出售，成为过去十年美国报业的常见现象，而且日趋严重，2008 年迄今，美国已有 200 家报纸倒闭，2.1 万名记者被裁员。仅 2009 年上半年，就有 105 家报纸被迫关闭，报业失业人数达到 1 万人，目前美国多数城市的综合性日报从原来的两份减少到一份。

报业广告全面下滑。统计数据显示，2000~2007 年，全美报纸印刷广告收入累计下滑超过 15%。2006~2008 年，美国平面媒体失去了 28% 的广告份额。2008 年前三季度，报纸的传统广告收入下滑趋势更为明显，分别为 14.38%、16.07% 和 19.26%，即使加上网络广告，仍然无法扭转颓势，收入分别减少 12.85%、15.11% 和 18.11%。其中，占报业广告收入 1/3 强的分类广告缩水尤为严重，传统的广告大户房地产商和汽车制造商由于自身经营的问题缩减了广告开支，越来越多的广告客户流向了 Craigslist 等广告网站。与此相反，2003 年始，各家报纸网站的广告收入逐年增加，5 年间增幅超过 160%。

美国报业困境带来并购风潮。2006 年、2007 年就发生多起并购案，如新闻集团收购了《圣荷塞信使新闻》和《圣保罗先锋报》等报纸，MaClatchy 公司收购了 KnightRidder，私募基金公司 AvistaCapitalPartners 收购了《明州论坛星报》，等等。华盛顿邮报公司也宣布《新闻周刊》以"最低价"售与加州音响设备大亨西德尼·哈曼。这类并购还在延续。

报业危机不可避免。各类新媒体的竞争使传统媒体商业模式失灵，报业内部的经济结构，已无法适应媒体技术、读者群、社会条件和环境的急剧变化，由内到外的改变势在必行。

二　中国报业困境

中国报业发展面临着与西方报业共同的问题，如新媒体冲击、宏观经济不振、盈利空间逼仄，但资金来源、整体规模、管理体制、大众化水平等与西方国家判然有别。

中国报业经历 20 年的高歌猛进之后，2005 年开始停下持续高增长的脚步，被称为中国报业的"拐点"。数据显示，包括报纸和期刊在内的平面媒体广告在 2005 年初开始出现惊人下滑，平均跌幅达 15% 以上，其中尤以报纸的下滑最为惨重。广告收入的增长率从持续 20 年的高位跌落后趋于平缓。2006 年，全国报业增长幅度进一步放缓。2005~2007 年，全国大型城市报刊发行量未见明显增长，主要城市报刊广告同比增长约 7%，仍低于同期

GDP 增长率，报业广告整体涨幅也连续 3 年处于较低水平。2009 年，有些报业集团的广告量甚至出现负增长，全国性的大报发行量也继续减少，各类行业报、专业报走向衰落，一些晚报经营也出现疲软现象。与此相反，网媒增长急剧加速，网络广告收入 2009 年为 193.3 亿元，2010 年达 252.7 亿元。

面对新媒体的竞争，报业数字化水平显然偏低。2006 年发布的《全国报纸出版业"十一五"发展纲要（2006—2010）》，将发展数字报业作为报业"十一五"期间的一项重要任务。同年，中国数字报业实验室启动，标志着中国报业数字化转型开始从一种理论构想向实际运作模式、介质形态等方面转变，这一年因此被称为"中国数字报业元年"。综观最近几年报业数字化的历程，一些报社（或报业集团）在数字化方面尽管也推出了一些举措，但受制于技术条件、经营理念和政策环境等多方面因素，数字报业总体还处在初级阶段。

三　数字化之路

"报纸消亡论"，因《纽约时报》的停报转网说再次甚嚣尘上。欧美报业遭遇空前危机，新媒体使受众分离，我国传统报业面临生死存亡的考验。

首先，要主动应战，利用新媒体技术寻求出路，从报网互动走向全面数字化。报网互动是实现报业数字化的必由之路，当然也是一种过渡方式。报业数字化，建立在对传统报业资源整合的基础上，而不是抛开报纸另辟蹊径，也不是通过数字平台对媒体产品和传统业务的简单整合，更不能简单地把"数字化"当作报纸的点缀与补充。报业数字化必须打破传统的媒体边界和行业疆域，在一个更高层次上对媒体产业链进行价值重构。报网互动是报纸和网络媒体的关联方式，在媒介运营层面，报纸和网站在内容、广告、发行等多方面进行合作与互动，充分共享资源。具体到操作层面，一是打破"先报后网"的传统观点束缚，进行报和网之间采编流程的优化，形成新闻信息源共享、采编队伍联动的机制，并充分运用网民的力量，通过开展讨论版有效扩大新闻源，并及时了解新闻传播的效果。二是建立报与网双方管理层的互动机制，及时了解网络舆情，主动设置议题并形成报与网之间的议程的动态和立体配合，达到多层次、广覆盖的信息传播和舆论引导效果。三是建立网络新闻数据库，并在多媒体报道及深度报道等体裁和版面元素之间建立报网双向索引，为报纸读者和网民的信息检索和延伸阅读提供方便而快捷的服务。

其次，要对多种媒体各取其长，实现真正意义的媒介融合。

虽然学界对"媒介融合"的理解至今还莫衷一是，但业界的步伐已经先期迈出。媒介融合至少意味媒介终端、渠道、内容表达形式等的多重融合。包括媒介形态及组织机构边界的突破，技术、功能、人员、资本等重要方面的深度结合，直至融为一体。媒介融合不仅是一种传播手段的融合，而且是由媒介形态的变迁引起的新闻业的融合。从这个意义上讲，报网互动的远期目标是报网融合，甚至是多种媒介形态的融合，如电信网、广电网与互联网的"三网融合"，甚至更多网络的融合。

媒介融合的结果是，传统的、独立形态的媒介形式不复存在，一个个被重新命名的多媒体平台和不同的阅读终端，如宽频手机、电子阅读器、电子纸等将出现。内容合一、终端合一、网络合一，采用最为低廉便捷的形式实现最为有效的媒介使用。

目标也许是长远的，但眼前的道路却是现实的。树立媒介融合的信念，并保持谨慎乐观的态度应该是第一步。目前，即使是媒介融合领域最前沿的研究者也不敢将未来描绘得过于完美，就像较早从事媒介融合研究的美国密苏里大学的几位研究者所言："媒介融合是必要的，甚至是不可避免的，因为如果操作得当它将是媒体在电子时代幸存或实现优势的重要策略。然而，媒介融合也是十分困难和有挑战性的过程，需要智慧、努力和时间。对于媒介市场上的不同媒介单位，它不一定都能适用。"另外，在充分挖掘报纸优势的同时，应尽量避免对报纸的过度保护。从传播时效和功能上讲，在报网共存的较长时期里，大力发挥新媒体的传播优势，做到"先网后报，网报一体"应该是较为现实的选择。

原载《网络传播》2010 年第 11 期

合作者：黄朝钦

收入本书时略有改动

古代文化传播

新闻传播媒体演进的文化思考

　　新闻传播媒体是新闻传播过程得以实现的物质载体。在新闻传播史上，随着人类科学技术的进步，新闻传播媒体不断发展演进，其结果是在相当程度上推动了人类社会发展的进程。今天，在新型网络媒体迅猛冲击人类生活的时候，探讨新闻传播媒体的演进，从它与社会文化双向作用的角度揭示其发展演进过程中所体现的特点与规律，便于更好地把握新闻传播媒体未来发展的走向。

　　新闻传播媒体的演进过程，就总体而言，经历过报刊媒体、广播媒体、电视媒体、网络媒体四次大的突破性进展，每次大的变化都是社会发展特别是科技进步直接推动的结果。第一次新闻传播媒体的突破，是17世纪初近代报刊媒体的产生。在此之前，人类新闻传播经历过一个长期的初级发展阶段，在这一阶段人们只是通过一些最原始、最直接的传播媒介来进行交流。如以人为载体的体语、口语，以实物为载体的标记符号，以鼓、号、火、旗等为载体的声光信号，还有类似原始文字的图画符号等。这些原始的传播载体以其分散个别的意义内涵为不同的人类群体所共识，其稍纵即逝、无法保存的致命弱点使它难以满足人类社会越来越复杂的信息需求。三四千年以前，古埃及的圣书文字、古美索不达米亚的楔形文字、中美洲的玛亚文字、中国的方块汉字陆续产生。文字的产生从根本上改变了原始的新闻传播状态，文字可跨越时空的特性，使人们能够把有价值的信息长久地保存起来，并为远距离的交流提供了可能。但当时的文字载体，如黏土、龟甲、竹简、青铜、羊皮纸、绢帛等，或笨重或昂贵，又为这种交流的普及设置了不可逾越的障碍。公元 105 年，东汉的蔡伦在前人经验的基础上，用树皮、麻头、破布、旧渔网等原料造成廉价实用的纸，并且其技术逐渐经中亚、阿拉伯传往欧洲。公元 7 世纪前后唐代又产生了雕版印刷术，公元 11 世纪宋代毕昇发明活字印刷术，这些人类传媒史上的重大发明，为新闻传播的批量生产提供了技术上的可能。16 世纪，随着资本主义生产方式的到来，人与社会、人与人的关系越来越密切。生产需要协调，社会需要协调，新闻信息已成为决定个人、群体、国家兴衰存亡的重要资源。地理大发现与文艺复兴的刺激使各种信息交流空前活跃，在这一触即发的历史时刻，带有近代色彩的手抄小报首先在商业发达的意大利威尼斯诞生，同时，新闻书也开始不定期出现，定期刊物与日报接踵而来。定期报刊的出现，标志着具有近代意义的新闻传播媒体的诞生，这不仅是新闻传播媒体发展的突破，同时也宣告了近代新闻事业的开始。从此，各种报刊纷纷问世，如德国的《通告——报道或新闻报》《观察周刊》《报道》、尼德兰的《安特卫普新闻》、英国的《每周新闻》《牛津公报》、法国的《各地见闻》《公报法国》等，信息交流渠道的畅通，加速了社会发展的进程。

报刊媒体的产生，是资本主义商品经济直接刺激的结果。

在报刊媒体一统天下的时候，20 世纪 20 年代，随着无线通信技术的发展，广播媒体应运而生。广播媒体的产生，首先要归功于无线电波的发现，1844 年 3 月 24 日美国人莫尔斯在美国国会议事厅发出了世界上第一封电报。1896 年，俄国科学家亚历山大·斯捷潘诺维奇·波波夫制成了历史上第一个无线电接收装置。同年末，意大利科学家卡格列模·马可尼完成了无线电波通信的实验。1916 年，被称为"无线电之父"的发明家李·德福雷斯特在纽约进行了世界上第一次新闻广播。1920 年，美国威斯汀豪斯公司在匹兹堡建立 KDKA 电台，这是世界上第一家广播电台，它标志着世界无线电广播事业的开启。此后，仅两三年时间，广播媒体便如雨后春笋般遍及全世界主要国家。广播媒体以语言代替报刊媒体的文字，时效性强，又亲切生动，完全克服了报刊媒体排版复杂、出版周期较长、报道内容欠生动、远距离交流困难等缺点，使传统印刷传媒跨入一个电子传媒的新时代。

广播新闻传媒问世不久，20 世纪三四十年代，一种更先进的声形并茂的新型媒体——电视新闻传播媒体产生。电视传媒的技术准备可以追溯到 19 世纪中期，英国工程师约瑟夫·梅发现了化学元素硒的光电效应。1884 年，德国科学家尼普科夫发明机械扫描图盘，通过光电转换，初步解决图像传播问题。1925 年 10 月，英国科学家贝尔德制成了世界上第一台电视。1926 年 1 月 26 日，贝尔德第一次在实验室公开播送电视图像。1936 年 11 月 2 日，英国广播公司建立世界第一座公共电视台，定期播出电视节目，从此宣告了世界电视事业的开始。电视新闻传播媒体以其可听可视、形象直观、及时快捷、现场感强、形式多样等优势很快占领了广大市场。到 1939 年第二次世界大战前夕，已有不少发达国家，如英、美、德等国都在致力于对电视技术进行进一步开发与研究。

广播与电视的产生与发展，是工业经济时代社会生产规模不断扩大、社会竞争越来越激烈的必然产物。

在传统报刊、广播、电视媒体各显所长的时候，20 世纪 80 年代末互联网络在美国诞生。互联网是由无数局域网组成的全球性信息传输电子网络系统。其技术基础是数字传输。1946 年，美国宾夕法尼亚大学研制出世界第一台电子管通用计算机，短短五十年，历经电子管、晶体管、集成电路和超大规模集成电路等不同阶段的发展快速走向成熟，互联网络正是融计算机技术、电视技术、通信技术于一体的新型信息传输技术。在新闻传播上，它集广播、电视、报刊多种优势于一身，以容量大、覆盖面广、时效性强、远程传输便利快捷且选择性强、参与性强等众多优势，很快在新闻传播领域占据重要地位。据统计，1969 年，试验联入因特网的发源地——美国国防部阿帕计算机网的计算机只有 4 台，到 1997 年底，全世界联入因特网的国家和地区已达到 60 多个，联网计算机达 400 万台，用户已超过 1 亿。到 1998 年底，全世界网民达 1.53 亿。在我国，到 2000 年 7 月，上网计算机已有 600 万台，上网用户 258 万户。1998 年 5 月，在联合国新闻委员会年会上正式将互联网定名为第四媒体。这一新型的第四媒体给人类带来了全新的传播概念，它不仅在物质形态上对传统媒体产生极大冲击，而且在意识形态上也给人类带来众多的困惑与思考。

第四媒体，是知识经济时代社会高度信息化、智能化的产物。

新闻传播媒体在不断演进过程中越来越走向完善，观察其发展规律，我们可以看到，纵向而言，其变化的速度越来越快。如果从原始的口头交流算起，到文字的产生，花费的时间是几万年，甚至几十万年。从文字的产生到正式报刊的出现，花费的时间是 5000 多年。从近代报刊出现到广播的产生，花费的时间是 400 多年。从广播到电视，花费的时间则只有十几年。近几年，传播技术日新月异，几乎每年都有突破性进展。就横向而言，新型的新闻传播媒体总是首先产生在经济发达的地区。推动新闻传播媒体发展取得实质性进展的一些重要技术，如造纸术、印刷术等都发生在当时领先世界的中国，报刊则首先诞生在最先进入资本主义社会的欧洲各国，广播、电视、互联网等也都同样诞生在发达的英、美等国。

人类进步是新闻传播媒体发展演进的直接动力，反过来，传媒发展又以其广泛的影响力极大推动了社会的发展。作为物质文化范畴的新闻传播媒体，紧跟时代步伐，积极跟随文化的发展脚步，从而又揭示了文化发展的规律，我们可以从其大众化、多元化、全球化的发展趋势来进行分析。

大众化，是与精英化相对应的一个概念，指文化向更普及、更广泛的方向发展与延伸。新闻传播媒体正是以其内容与形式不断贴近广大民众的发展历程来体现着文化大众化的规律。

新闻传播媒体的大众化，从报刊媒体，到广播、电视媒体，到新型的网络媒体，其形式越来越为人民大众所喜闻乐见。最初以文字为表现形式的报刊媒体，在其产生之初，由于文化的贵族化，广大民众根本没有机会接受教育，连文字都不认识，何谈接收信息？随着工业革命对工人素质要求的逐渐提高，识字的人数越来越多，报刊很快从面向社会上层、面向特定政党转向面向社会中下层的广大民众。19 世纪廉价报纸的产生从根本上实现了这种转变。以语言报道为表现形式的广播媒体，在交流方式上较之报刊媒体更加简单直接，因为它完全不受文化程度的限制，即使不认识字，也可以轻而易举地接收信息。而且，在传播过程中，传播者利用广播亲切生动的特点，进行不同层次的开发，使所传播的信息尽可能满足不同群体的要求。在价格方面，由于广播电台接收装置越来越便宜，中下层民众完全可以承担信息接收成本。加上使用方便，可随身携带、随处安装，广播电台接收装置必然拥有更加广泛的群众基础。以语言、声音、图像为综合表现形式的电视媒体，较之广播又更进一步，它形声兼备、直观感人，信息传递融娱乐性、服务性、知识性为一体，轻松地走进千家万户。合适的价格，贴近民众的内容，使它成为现代家庭必备的休闲工具。新型的网络媒体，则完全改变了传统媒体单向传播、被动接受的交流方式，使信息传播实现双向互动。一旦进入网络世界，传播者与接受者便能凭借网络信息交流系统建立多向的相互联系，任何个人或组织既可以是新闻和信息的接收者，也可以成为新闻与信息的传送者。在这分散型的传播巨网里，任何一个网络节点都能够生产发布信息，所在网络节点生产发布的信息都能够以非线性方式流入网络的经纬之中。这种全方位的双向交流，具有极大的主体性与灵活性，充分调动了广大民众的参与意识。互联网正是以其交流形式的多样化，实现更大程度的大众化。用户普及率成倍增长。据统计，互联网最初产生的 5 年，用户人数就迅速达到 5000 万，这个数目对广播来说需要 38 年，对电视来说需要 13 年。而且网络使用成本越来越低，这使它具备了更广泛的大众化发展潜力。因此，新闻传播媒体发展演进的整个历程，正是它不断走向大众化的过程。

多元化，是针对单一化而言，指一个系统的开放性与多样性，它是文化发展充满活力与竞争力的重要特性。新闻传播媒体发展演进的多元化，主要是就其形式的多样化而言，它包含两个方面的含义：一是指媒体发展过程的无限可能性，一是指媒体各发展阶段多种形式的并存与竞争。

综观新闻传播媒体发展的历史，新型传媒不断产生，旧的传媒不断改进，呈现永无止境的发展状态。新媒体的产生，不是以旧媒体的淘汰为结果，而是新旧媒体并存，互竞高低，多元发展。最早产生的新闻媒体——报纸，从 16 世纪发展到现在，多次遭受新媒体的冲击。如今，网络媒体给它带来更严重的威胁。面对这一系列冲击，报纸并没有因此而消亡，相反，在历次冲击之后，它以更加鲜明的特点显示出旺盛的生命力。当广播、电视媒体以其快捷、生动的优势征服亿万受众的时候，报纸媒体所做的反应是迅速调整自己的角色，一方面提高报道的时效性，另一方面在报道深度上大下功夫，并产生深度报道、新闻特写等新型文章体裁。当新型网络媒体迎面而来的时候，传统报纸又纷纷在互联网上寻找发展空间，有的将印刷版报纸进行电子复制，有的干脆重新组织版面刊出网络版。一些著名的世界性大报的网络电子版都争先恐后地问世，如美国的《纽约时报》《华盛顿邮报》《今日美国》，英国的《每日电讯报》《泰晤士报》，日本的《朝日新闻》等，国内也已有几十家报纸刊出网络电子版。这些电子报刊，在发扬传统报纸优势，突出自身特色的同时，又利用先进的科学技术，实现远距离快速信息传递，弥补了传统报纸的不足。广播媒体也一样，面对电视与网络媒体的竞争，不断加大高新技术的投入，从最初的有线广播，发展到无线广播，又发展到更高层次的融卫星传输技术与现代电缆、光缆传输技术于一体的新型广播。同时又在节目制作上突出自身的优势，加强音响效果，强化新闻功能，注意重点名牌节目的重播等，以特色取胜，使自己在竞争中立于不败之地。电视媒体在多种媒体的生存竞争中，快速从无线电视、有线电视，发展到卫星电视、数字电视。数字电视虽然还没有完全普及，但一些先进国家如美、日等，都早已将它们提上议事日程，并安排了电视向数字化过渡的日程表，同时电视也在网上开辟了新的市场。多元化竞争的结果是不同媒体各显神通，信息渠道四通八达。

多元化的新闻传播媒体，为多元化的信息交流提供了广阔的渠道，这在给人类信息交流带来便利的同时，也带来了某种程度的混乱，如仅亚洲上空就有 39 颗同步卫星发送 200 多个电视频道的节目。新型网络媒体，更是充分实现了信息自由流通，这对信息发布者与信息接收者都提出了更高的要求，新闻传播媒体不仅要丰富市场、占领市场，而且要导向社会的健康发展。

在新闻传播媒体的发展过程中，每一种新媒体的产生，要么是传统媒体技术的发展，要么是传统媒体与其他技术的相互结合，总之，都是对现有技术的整合与改进。如有线电视、图文电视、电视多重声音广播等主要都是电视技术自身发展的成果。广播是对电话与唱机的整合，电视是对广播与电影的整合，互联网则是对一切传媒功能的整合。这种多重媒体功能组合的结果，极大地扩展了信息交流的能量。第四媒体的产生，使世界资源共享完全成为现实，人们可以从互联网上自由获取世界任何一个地方的信息，它使世界各地人们的思维和活动可以在同一时间得到交流。地球明显变小了，全球化成为一种势不可挡的趋势，形成一股强大的冲击力，推动着整个社会发展的进程。少数发展较慢的国家，如果把握得好，在这一冲击面前，完全有可能实现跳跃式发展。与此同时，我们也必须清醒地意识到，在当前的世界力量对比中，发达国家无可否认地处于主导地位，他们形形色色的思想意识都可以轻而易举地伴随着先进的网络传播技术传输到世界各地，这自然在一定程度上影响着其他国家的正常发展，形成一种实际意义上的文化侵略。

与网络媒体携手而来的全球化，是人类文明发展的时代要求，是全世界从孤立的地域国家走向国际社会的必然过程。这一过程带来不同文明之间的冲突，引起了人们的各种反应：新奇、义愤、恐惧和困惑。如何面对这一挑战？我国在封建社会末期，由于闭关自守已经失去过一次信息交流的发展机会。在新一轮的网络信息大战中，中华民族一定要吸取教训，利用好这个机会，尊重媒体发展的规律，不断改进媒体技术，充分利用信息资源，尽快跻身世界强者之林。

媒介发展，作为一种与社会发展密切相关的文化现象，已经引起了越来越多学者的注意，媒介文化研究的不断深入，必将给人们带来更多的思考与有益的启示。

原载《华中科技大学学报》（社会科学版）2001 年第 4 期

收入本书时略有改动

论中国古代新闻法规的形成及特点

　　新闻法规，是指新闻传播活动中由统治者制定并强制实行，体现统治者利益，调整与规范新闻工作中不同关系的各种规章、政策、法律等的总称。在中国历史上，较为独立正式的新闻法规产生于清代末年，如1906年清政府颁布的《大清印刷物专律》、1908年颁布的《大清报律》等。如同新闻传播活动的产生远远早于新闻传播理论的研究一样，新闻立法的实践同样远远早于正式的新闻法规的诞生。中国作为一个文化源远流长的文明古国，其文化活动带有明显的承袭性，因此，早期有关新闻传播方面的立法实践不仅为后代的新闻立法活动积累了丰富的经验，而且还在某种意义上规定了后世新闻立法活动发展的方向。

　　新闻法规伴随着新闻传播活动的产生而产生。在中国漫长的前新闻时期，由于物质条件的限制，新闻传播主要是依靠论辩与著书立说来达到目的，具有近代意义的新闻报刊直到19世纪才进入中国。因此，相应的中国古代新闻法规体现在对言论发布与图书流传的限制与管理上。第一个对言论进行管理的法规，见于我国最早的一部文件汇编《尚书·盘庚篇》中。盘庚想把都城迁往殷邑，臣民们不愿意，于是盘庚召集部分权贵训诫，最后说道："凡尔众，其惟致告：自今至于后日，各恭尔事，齐乃位，度乃口。罚及尔身，弗可及。"让各位各安其事，不要乱发议论，否则惩罚下来，后悔莫及。从此以后，言禁的记载不断出现。如战国初期，魏国的《法经》中有一条："议国法令者诛，籍其家极其妻氏，曰'狡禁'。"规定老百姓无权议论国家法令，否则除本人处死外，其家人妻子全要贬为奴婢。

秦始皇焚书坑儒时，更下令："有敢偶语《诗》《书》者，弃市。以古非今者族，吏见之不举者与同罪。"① 严禁人们谈论《诗》《书》，否则处死示众，批评当朝时政者，则尽杀其家族，知而不举报者，以同样的罪名制罪。中国早期的新闻法规不仅对人们的言论进行严格的限制，连欲言又止都为法所不容。《汉书·食货志》便记载了西汉大司农颜异，因见法令施行不便却没有直谏皇帝，仅"微反唇"，便犯下了"腹诽罪"而被判处死刑。

对于图书的限制与管理，见于历代统治者的禁书记载。中国早在战国初期就开始了禁书的历史。秦孝公时期，著名的商鞅变法，其变法内容之一就是焚书。《韩非子·和氏》篇记载此事："商君教秦孝公以连什伍，设告坐之过，燔《诗》《书》而明法令，塞私门之请而遂公家之劳，禁游宦之民而显耕战之事。孝公行之。"以焚烧《诗》《书》来达到控制思想，严明法令的目的。到秦始皇统一六国，则更以焚书为巩固其独裁统治的重要措施，秦始皇下令全国："史官非秦记皆烧之，非博士官所职，天下敢有藏《诗》《书》百家语者，悉旨守尉杂烧之。"综观整个中国历史，对图书的限制虽或松或紧，但禁书之举却绵延不断。到清代乾隆时期，编纂大型丛书《四库全书》，对古今图书进行广泛收罗，对"异端"文化进行全面清扫，焚书二十四次，全毁书目达二千四百五十三种，抽毁书目达四百零二种（陈乃乾《禁书总目》），连带的文字狱多达四十余起，历次禁书法令均载于《四库全书总目》之首，禁书规模浩大，达到了封建社会禁书的最高峰。

中国古代，由于新闻事业本身发展状况的限制，不可能产生专门的新闻法规。但综合性成文法典的制定一直受到历代统治者的高度重视，与新闻法规相关的言论与图书传播方面的各种规章制度大多散见于这些法律文献。最早的一部成文法典是战国时期魏国法家李悝编撰的《法经》，其中已列有限制言论自由的条款。西汉时期，中国法律文献中已专门设立"妖书妖言"罪，以对言论与图书传播进行法律上的限制。记载东汉典章制度的《东汉会要》载有"妖言大狱，所及广远，一人犯罪，禁致三属"的法律条文。从此以后，相关条目越来越多，越来越细，"妖书妖言"罪

---

① 《史记》卷6《秦始皇本纪》，中华书局，1959，第322页。

更因其处罚上的严酷而成为历代封建法典中的一条致命大罪。

集封建文化之大成的唐代，其《唐律》集前代法规之大成，涉及言论及图书管理方面的法律条文颇多。《唐律·贼盗》条："诸造妖书妖言者，绞。传用以惑众者，亦如之。其不满众者，流三千里。言理无害者，杖一百。即私有妖书，虽不行用，徒两年。言理无害者，杖六十。"对无论是制造"妖书妖言"的人，还是传播"妖书妖言"的人，皆以死罪论处。对造成影响不大或根本没有产生任何危害的人，处以"流三千里""杖一百""徒两年"等不同的刑罚。《唐律·职制》条："诸玄像器物、天文、图书、谶书、兵书、七翟律，《太一》《雷公式》，私家不得有。违者徒两年。"对私家收藏图书进行限制，违规者，判刑两年。《唐律·贼盗》条："诸口陈欲反之言，心无真实之计，而无状可寻者，流二千里。"针对仅言"欲反"空话的人，给以"流二千里"的法律制裁。《唐律·职制》条："凡指斥乘舆，情理切害者，斩。非切害者，徒两年。"对议论朝政之人，重则"斩"，轻则"徒两年"。《唐律·斗讼》条："诸詈祖父母、父母者，绞。""诸妻妾詈夫之祖父母、父母者，徒三年。"对以下骂上罪处以"绞"与"徒三年"的不同刑罚。

在被认为文化政策较为开明的宋代，对言论与出版的限制同样没有放松。宋代对邸报的管理主要表现在对其内容方面的严格限制上。如《宋会要·刑法》："臣僚章疏不许传报中外，仰开封府常切察觉。仍关报合属去处，内敕黄行下臣僚章疏，自合传报。其不系敕黄行下臣僚章疏传报者，以违制论。"又"哲宗元符元年五月十七日尚书省言，进奏官许传报常程申奏及经尚书省已出文字，其实封文字或事干机密者不得传报，如违并以违制论"等，禁止对灾异、军情、朝廷机密、尚未批准的章奏等内容进行传播。为此，宋代邸报传播实行定本制，即经官方审定后的定本方可传播。

宋代对民间小报的管理则主要表现为对其内容的严格限制，以及对其违规现象的严厉惩罚。如《宋会要·刑法》："今后有私撰小报，唱说事端，许人告首，赏钱三百文，犯人编管五百里。"又《庆元条法事类》："诸听探传报漏泄朝廷机密事，若差除，流二千五百里。主行人有犯加一等，并配千里。非重害者徒三年，各不以荫论。既传报实封申奏应密文书，并撰造事端誉报惑众者，并以违制论。以上事理重者奏裁，各许人告。于事无害者杖八十。""事不宜传播而辄漏泄者，杖一百。""告获听探传报漏泄朝廷机密事并差除，每人钱五百贯，系公人仍转一资。"对"惑众""泄密""撰造事端"等后果，处以"编管五百里"、"流二于五百里"、杖刑等不同的严厉制裁。

元代，言论出版的自由受到更加严格的限制。明清时期，一方面，中国封建专制集权走向极端，在厉行禁忌主义的文化政策下，对新闻传播的限制更加严厉；另一方面，由于西方文化的输入，传统文化受到极大的冲击，在西方报业的影响下，具有近代意义的新闻法规建设开始起步。

明代统治者极力推崇程朱理学，皇帝朱元璋多次诏示："一宗朱子之书，令学者非五经孔孟之书不读，非濂洛关闽之学不讲。"又删节与自己思想相悖的前代经书，并下令全国"但许言前代，不及本朝"，严禁对当代问题的任何讨论与思考。

在邸报与民办报刊的管理上，明统治者对其传抄环节以及传抄内容进行严格控制。"各衙门章奏，未经御览批红，不许报房抄发"，"故事，奏章非发钞，外人无由知。非奉旨，邸报不得传抄"，未经允许严禁擅自发布任何消息。在对其内容的限制方面，《明会典》规定，"若近侍官员漏泄机密重事与人者，斩。常事杖一百，罢职不叙"，"若边将报道军情重事而漏泄者，杖一百，徒一年"，"探听抚按题奏副封传报消息者，缉事衙门巡城御史访拿究问，斩首示众"，严禁发布朝内异己观点、军事机密、内乱消息等。

清代承袭明代的文化政策。《大清律例》对"妖书妖言"罪的规定是"凡造谶纬妖书妖言及传用惑众者，斩监候"，"私有妖书隐藏不送官者杖一百，徒三年"，"凡妄布邪言，书写张贴煽惑人心，为首者斩立决，为从者斩监候"，"至狂妄之徒，因事造言，捏成歌曲沿街唱和，及以郫俚亵慢之词，刊刻传播者，内外各地方官及时察拿"等，同样的罪状，较之唐宋，其处罚更为严厉。清代对图书传播的限制："凡坊肆市卖一应淫词小说……转行所属官弁严禁，务搜版书，尽行销毁。有仍行造作刻印者，系官革职，军官杖一百，流三千里。市卖者，杖一百，徒三年。买看者，杖一百。该管官弁不行查出者，交与该部，按次数分别议处。"对图书的出版、经营及消费三方都有严格的控制。

　　清代在对邸报与民办小报的管理方面，如同明代，重在对其传播内容以及传抄环节进行严格的限制。《大清律例》规定："凡未经批发之本，即抄写刊刻图利者，该官失于觉察，罚俸一年。该管科不行查参，罚俸六月。""各省钞房，在京探听事件，捏造言语，录报各处者，系官革职，军民杖一百，流三千里。该管官不行查出者，交与该部，按次数分别议处。"禁止擅自打探和发布未经批准发布的消息，严禁不实报道和伪造题奏与御批。清代还因此出现了一起重大的传抄伪稿案，皇帝为此发出圣谕二十多道，追查时间长达四年之久。

　　清代末年，在西方文化冲击之下，新闻事业越来越发达，1815年随着《察世俗每月统纪传》的诞生，近代报刊开始出现，专门的新闻法规逐渐产生。1906年，清政府颁布了中国第一部新闻出版的专门法规《大清印刷物专律》。1908年，第一部新闻法《大清报律》问世。其他还有《报章应守规则》《著作权章程》等，一系列专门的新闻法规都伴随着清末大规模的修律活动接踵而来。它们摆脱古代诸法合一的混沌形式，以内容与形式的转型，开启了我国新闻立法近代化的历程。

　　如同新闻传播活动不是一个孤立存在的社会现象，新闻法规的产生同样要受许多主客观因素的制约。回顾中国古代新闻法规产生发展的漫长历程，无论在内容还是在形式上都显示出其受到特定社会政治、经济、文化等等诸多因素的影响，并因此形成了自己独特的个性。

　　中国古代社会是一个皇权至上的封建集权社会，自上而下的社会大一统是体现这一专制集权的最佳形式，因而成为历代统治者的理想追求。秦、汉、晋、隋、唐、元、明、清等朝代的多民族统一，战国、三国、南北朝、辽、西夏、金等朝代的区域性统一，各朝各代的统治者都在为这种大一统的理想追求而奋斗。以儒学为正统的封建大一统思想，正好从理论上迎合了这种追求，因而自汉代开始便成为贯穿封建社会始终的正统思想。这一思想将个人价值降到社会的最低点，个人服从群体，群体服从社会，而社会的最高形式正是封建集权者，集权者具有至高无上的社会控制权，这种极端的控制权被宣扬为实现社会统一和谐的唯一手段。在这自上而下的大一统社会模式中，新闻传播的形式只能是单一的自上而下的思想灌输，统治者与广大民众构成新闻传播过程中的两个极端，统治者站在至高无上的权力的顶点，根据其政治需要发布新闻信息，广大接受者被动地无可选择地接收这些信息。在这样一种新闻传播环境中形成的新闻法规，其目的自然是维护这一传播过程的有效性，极力控制舆论宣传的单一性，打击并排斥其他不利于自己统治的思想言论。

就现代意义而言，新闻法规的主要内容应该包括三个方面：一是有效保护新闻自由；二是有效限制新闻自由的滥用；三是规范新闻工作者的职业道德。综观中国古代新闻法规的内容，其情形却有很大的不同，法规中从未出现过"保护"之类的词句，"职业道德规范"更是谈不上，即便挖掘出相关内容也不过体现在忠君效主之上，全部有关法规中出现频率非常高的词是"焚""禁""严禁""禁止""不得""不许"等，反复向民众申明不准乱发议论、乱传消息、乱著书、乱读书，以权力的形式确保舆论宣传的单一性，严禁与统治者思想相悖离的任何观点的存在。

绝对的舆论控制构成中国古代新闻法规的唯一内容。古代新闻法规在政治上绝对维护封建统治者利益，我们可以将其内容具体概括为四个方面：①未经批准的各类文件，不许擅自探听、传布；②朝廷机密、军情等不得擅自传布；③灾害消息如水、旱、蝗虫等自然灾害不得擅自传布；④严禁伪造与报道不实消息。总之，凡是有碍统治者利益的一切言论皆在限制之列，而且，即便是无碍的消息，在统治者没有批准传播之前，也不许随便传播，以保持与其政治体制相匹配的绝对统一性。这种统一性表现在对违法者的处罚方式上，即单一的严刑处罚。不仅如此，在严厉打击违法者的同时，还积极鼓励并奖赏告密者，以达到禁止言论自由的目的。

这一以刑罚为主的法规形式，与中国古代的法律主要源于氏族战争密切相关。由于早期战争的残酷，为了惩罚失败者，约束士兵行为，统治者制定了许多残酷的刑法，如钻、斧钺、刖、膑、墨等。源于氏族战争的中国法律，是先有刑，后有法，最早出现的法主要就是刑法。按照中国传统的观念，刑就是法，《说文》："法，刑也。"因而，中国的法，以其严酷的形式来确保封建制度的正常运转。西方国家的法律则因其起源的不同内容也有所不同，西方社会早期的法律主要源于氏族习俗，以及贵族与平民之争，因而其法律更多地体现了平民性与平等性，每一次成文法典的颁布，平民的政治、经济、法律地位便有所提高，法便更加接近民主。

中国古代以打击为手段，以统一为目的的新闻法规，其实施的结果完全违背了新闻时效性、真实性等原则，为统治者推行愚民政策充当了有利的工具。史载宋代定本制实行后，其消息发布"动辄年旬日，俟许报行，方敢传录。而官吏迎合意旨，多是删去紧要事目，止传常程文书，偏州下邑往往有经历月不闻朝廷诏令。窃恐民听妄迷惑，有害治体"，以封锁与延缓消息传播，来达到蒙蔽民众，安定政局的目的。又《多尔衮摄政日记》顺治二年元月二十九日条记载"予在东边时，每见此中朝报，下以此蒙上，上的旨意亦以此蒙下，最为可笑。后来越看不得了，所以径不看了"，为愚民而造成上下的互相欺骗。

在这一特定的社会环境下，民间新闻活动自然受到很大的限制，民间报刊自宋代产生开始，就一直被历代统治者反复禁止，其发行人，被指为"奸人""无图之辈""不逞之徒"，其内容被指为"眩惑众听""以无为有""妄传事端"，相关逞治刑罚则是一代胜过一代。在中国这块文化发达的肥沃土壤上，直到近代受西方文化的冲击，才诞生了具有真正意义的新闻报纸。

这一以维护封建政治大一统体制为直接目的的新闻法规，与西方国家封建社会后期及资本主义社会早期对新闻舆论的强权控制有着某些共同之处。古希腊文化中蕴涵有民主与平等的成分，其公民热衷于辩论政治问题，关心国家大事，认为自由与法制是相辅相成的，但到中世纪，由于教会的影响日益扩大，统治者借君权神授的思想来遏制新闻自由。英国是最早控制报业的国家，西方各国随之纷纷采取一系列控制措施，如特许制，非经政府许可，禁止发行任何报刊；检查制，任何出版物在发行之前都要送审检查；特别税，对出版物课以重税，使持不同政见者难以生存；津贴制度，补贴效忠官方的报纸，收买报人，控制舆论；等等。然而，欧美国家都较早踏上了新闻法制近代化的道路，在早期新闻传播控制与反控制的斗争中，1695 年，英国首先废除特许检查法，1789 年，美国在宪法第一修正案中规定："国会不得制定剥夺言论自由或出版自由的法律。"比较而言，中国争取新闻自由的斗争可谓姗姗来迟，直到晚清百日维新，康有为公开提出废止封建文化专制主义，建立以言论出版自由为核心的新闻法制思想。1906 年到 1911 年，清政府制定的一系列新闻法规，明显受到西方新闻自由思想的影响，中国古代新闻法规开始带有封建文化保护的色彩。

中国历代虽有一些新闻管理方面的零碎条款，但与世界第一部新闻法，即 1776 年问世的瑞典的《新闻自由法》相比，这些并不算专门的新闻法规，中国直到 19 世纪末还未产生一部专门的新闻法规。那些零散的古代新闻法规自然谈不上成熟与健全，但中国长期统一稳定，统治经验不断积累，其内容自始至终带有明显的承袭性。中国古代这一以刑为主，以有效确保封建大一统政治统治为目的的新闻法规，是中国几千年大一统封建社会结构的必然产物。

原载《华中科技大学学报》（社会科学版）2001 年第 1 期

收入本书时略有改动

论古代书目分类形式的产生

中国古代书目的编制自创始之日起，便始终如一地采用分类式书目编制方法，2000多年的书目编纂历史，除分类编目法之外，一直都未曾产生其他的编目方法。这种编目方法是特定文化环境的必然产物，前人丰富的分类实践也是其产生的极大动因。本文以翔实的历史资料，多方位、多角度论述了我国古代书目形式呈现单一分类编目方法的原因。

一 特定文化环境的产物

古代分类书目产生于等级次序十分森严的封建专制社会背景下。在这一社会结构中，尊卑贵贱是维护社会秩序的最高准则。早在先秦，这一观念便深入人心。《左传·昭公六年》载孔子反对晋国铸刑鼎之举时说："贵贱无序，何以为国！"《韩非子·忠孝》："臣事君，子事父，妻事夫，三者顺则天下治，三者逆则天下乱，此天下之常道也。"因此，长幼尊卑，从家庭、家族，扩展到君臣、国家，陈陈相因，环环相扣，构成整个封建社会的枢纽。在这一注重等级次序与整体关系的社会结构之中，逐级相摄、统一集中的书目分类模式最能体现社会的习惯心理。

特定的社会环境，决定了古代书目的编制仅以等级分类的形式来表现，而特定的自然环境又决定了这种单一的书目分类形式贯穿书目编制始终，难以产生其他的书目编制类型。中国古代的自然地理环境，据《禹贡》描述："东渐于海，西被于流沙，朔南暨声教，讫于四海。"这一东临太平洋，西北是漫漫戈壁与沙漠，西南是巍然耸立的高原与山脉的地理环境，构成了中国大陆与外部世界相对隔离的封闭型生存空间。这一封闭的自然环境，必然对文化的交流产生阻碍，使中国古代文化的发展自成一体。在这种单一的自然环境之中，单一稳定文化模式的产生也就极其自然。

与中国不同，西方书目形式呈现多元发展格局，西方文明虽起步较晚，但交通的便利，使他们的文化凭借丰厚。支离破碎的欧洲地形，众多海湾、山脉、大森林的分隔，使欧洲大陆形成了许多带有鲜明地方特色的区域文化。因此，在中国单一的分类书目编制形式产生并一统整个书目编制领域的时候，西方则在众多文化的融会之下，形成了多种类型、多种载体的书目编制方法。

特定的社会、自然环境，是特定编目形式产生的外在条件，而图书自身的特点，又是促成编目形式产生的必然因素。

汉代产生的第一个书目分类体系——六分体系，所针对的图书对象，是一批载体为简策与素帛的图书。以竹简为载体的大批图书，意味着一堆重量较大的竹简，其形制相似，移动艰难，内容相近者被置于一处，如此则查取便利，编目时又依次著录，当然最为快捷。

仅以图书内容作为整理类分图书的重要依据，还有一个重要原因，就是古人著书，重在述志。章学诚在《文史通义·言公》中说："古人之言，所以为公也，未尝矜于文词而私据为己有也。志期于道，言以明志，文以足道。其道果明于天下，而所志无不申，不必其言之果为我有也。"只要图书内容可以流传，著者是谁尽可伪托。以当时最受社会重视的儒家六经为例，这六部经典没有一部能有一个确定的著者。《易经》之作，或为伏羲，或为文王，甚或为周公；《诗经》成书，有孔子删诗说，有采诗说，有献诗说；《尚书》则汇编尧至秦的文件，成书非出于一时一人之手，无著者可言；《周礼》一说周公所作，一说刘歆所造；《春秋》成书于众史官之手，就连对它进行注释的《左传》的著者，也难以确定。诸子之书则本身多为其学生所记，伪托者更多。术数、方技、兵书类则如《本草经》托名神农、《内经》托名黄帝者比比皆是。书名也同样随意而定，或有或无，或任意称呼。根据当时校书情况的记载，刘向、刘歆父子校书，其中有一个很重要的步骤就是废弃异号，确定书名。如《战国策》，刘向《叙录》记载："中《战国策》书……本号或曰《国策》，或曰《国事》，或曰《短长》，或曰《事语》，或曰《长书》，或曰《修书》。臣向以为战国时游士辅所用之国为之策谋，宜为《战国策》。"图书著者与书名的不可尽信，使图书内容成为唯一确定可靠的依据对象。因此按图书内容类分图书也就成为必然的选择。而刘氏父子整理编目的巨大成功，又决定了这一等级分类的编目方式的定向发展。

在中国古典书编制以图书内容为依据进行单一的等级划分的同时，西方书目的编制却从一开始就走上了注重图书外在形式描述的形式主义发展道路。西方早期的图书载体，是较为轻便的纸草纸（papyrus）和羊皮纸（parchment）。一书一卷，存放于一圆筒之内，卷轴之上系一标签，注明书名、卷数等形式特征，所属者明确，又移取便利，因此编目方法也就灵活多样。产生于西方的第一部书目，古希腊目录学家卡利马赫（约公元前310~前240年）以亚历山大图书馆藏书为基础编制的《各科著名学者及其著作一览表》120卷①，就是按著者字顺与编年顺序编制而成的。

特定的文化环境对书目编制形式的影响，不仅决定了中国古典书目单一的逐级分类形式，而且对图书类目具体数字的确定也具有极大的规范作用。中国古典书目的两大分类体系，即六分体系与四分体系，不仅是图书内容的划分的偶然结果，同样也是特定的文化习俗的必然表露。

早在先秦，人们即有对"六"之数的普遍偏好。先秦的许多文化活动都与"六"相关。如孔子手订六经；庄子、荀子、淮南王、司马谈等分天下学术为六家；周代有建邦之六典，还有六德、六行、六艺、六乐等。至秦汉，更由于政治原因，"六"之数成为统治者明文规定的吉数。《史记·秦始皇本纪》载："始皇推终始至五德之传，以为周得火德、秦代周德，从所不胜。"根据五行相克的法则，金克木、木克土、土克水、水克火、火克金。周为火德，秦要胜周，必行水德。水之生数为一，成数为六，因此秦必重"六"之数方可趋吉，故秦"数以六为纪，符、法冠皆六寸，而舆六尺，六尺为步，乘六马。"秦律也称六律。至汉，上承秦

---

① 姚明达：《中国目录学史》，上海书店出版社，1989。

制，并认为秦立国太短暂，因此水德尚未行使完毕，汉初仍需再行水德，数仍以"六"为重，并将"色尚黄，数用六"作为正式的规定。在"六"的普遍影响之下，书目分类取"六"为数，有其产生的必然性。

产生于佛教盛行的魏晋时期的四部书目分类体系，则受到佛教文化的影响。"四"之数对于佛教来说，是一个别具意义的数，佛教对"四"的青睐，多见于一些常用名词之中，如四界、四相、四尘、四谛、四苦、四大金刚等。特别是佛教的"四大"说，认为地、水、火、风四种元素，是构成世界的本原。佛教认为四种元素各自不同的属性，地之坚、水之湿、火之暖、风之动，以及四者的合和与分离，是世间万事万物生存与消亡的决定因素。

二 前人分类思想的结晶

古代综合性分类书目的产生，以汉代《七略》的诞生为标志，其分类形式，是先秦及秦汉时期丰富的分类思想与实践的总结与升华。

分类，是对事物最基本的认识与把握，是根据事物本质的共同性和差别性，把事物集合成不同类别的过程。这一过程蕴含着极大的习惯心理与民族特性。最早见于记载的有关分类的论述是《尚书·虞书·尧典第二》："帝厘下土，方设居方，别生分类。"其注云："舜理四方诸侯，各设其官居其方。……生，姓也。别其姓族，分其类，使相从。"其义指血缘关系的族姓的区分。这一用法在先秦典籍中随处可见，如《左传·桓公六年》："名有五：取于父为类。"又《左传·成公八年》："非我族类，其心必异。"《说文解字》释类，"类，种类相似，唯犬为甚"。最初的分类是从人们熟悉的具体事物开始，其后逐渐复杂化、抽象化。《易象》："君子以族类辨物。"《系辞》："方以类聚，物以群分，吉凶见矣。"《孟子·告子上》："凡同类者，举相似也。"《礼记》："万物之理，各以类相动也；是故君子反情以和其志，比类以成其行。"《荀子·王制》："以类行杂，以一行万。""顺其类者谓之福，逆其类者谓之祸，夫是之谓天政。"人们对分类的认识越来越深入。《荀子·正名》篇更有了逐级分类的认识："万物虽众，有时而欲遍举之，故谓之物。物也者，大共名也。

推而共之，共则有共，至于无共然后止。有时而欲遍举之，故谓之鸟兽。鸟兽也者，大别名也。推而别之，别则有别，至于无然后止。"①

先秦学者对分类的普遍认识，使分类思想在学术氛围浓厚的春秋战国时期广泛地用于知识与学术的分类。

早在《周礼·地官·保氏》中就有了知识分类的记载："保氏掌谏王恶，而养国子以道，乃教之六艺。"六艺即礼、乐、射、御、书、数，是当时知识传授的六个方面。到孔子，则分为四科，《论语·先进》："德行：颜渊、闵子骞、冉伯牛、仲弓。言语：宰我、子贡。政事：冉有、季路。文学：子游、子夏。"这一德行、言语、政事、文学的划分结果是特定时代人才需求的必然反映。西方文艺复兴时期，在人文主义精神的倡导下，培根将知识分为历史、诗歌、哲学，充分体现出知识主体——人的主动性。

先秦学派众多，学术研究中，分类方法多样灵活，如《尔雅》以词汇内容属性为标准，分词汇为十九大类，二千零九十一小类。《春秋》《左传》则以时间序列为标准划分历史为隐、桓、庄、闵、僖、文、宣、成、襄、昭、定、哀十二个段落。《国语》又以地域的不同，分图书章节为周语、鲁语、齐语、晋语、郑语、楚语、吴语、越语。《诗经》更开始了三级分类，第一级，诗，涵盖古代全部诗歌；第二级风、雅、颂，风为不同地域的民歌，雅为朝廷正声雅乐，颂为宗庙祭礼乐歌；风、雅、颂之下再分，风下分十五国风，雅下分大雅、小雅，颂下分周颂、鲁颂、商颂。孔子删诗书，订礼乐，所整理易、诗、书、礼、乐、春秋六大类学术，便是对古代文化的分类。学术派别的划分，更众说纷纭。《孟子·尽心》："逃墨必归于杨，逃杨必归于儒。"

《庄子·天下》篇则分天下学术为六家，即儒、墨、名、法、道、小说。韩非子更认为"世之显学：儒、墨也。""儒分为八，墨名为三"，司马谈论六家要旨，其六家之分是阴阳、儒、墨、法、名、道。这些丰富的分类理论和实践，不仅成为书目分类的基础，更直接影响书目分类的形式，甚至直接演化成为书目分类的具体类目，《七略》中六艺略的类目就

---

① 姚名达：《中国目录学史》，上海书店出版社，1989。

是承继孔子对古代学术整理的分类成果，诸子略的类目又是对各家学派划分的吸收。

学术分类终究不同于书目分类，学术分类依学术性质而定，依学术变化而变化。书目分类，则是根据所收集的具体图书的实际情况，即图书的内容及数量的多少来划分，并尽可能长久稳定地适应图书情况的发展变化。

关于书目分类的直接起源，章学诚在《校雠通义》中说，"官守学业，皆出于一，而天下以同文为治，故私门无著述文字"。"由秦人'以吏为师'之言，想见三代盛时，《礼》以宗伯为师，《乐》以司乐为师，《诗》以太师为师，《书》以外史为师，三《易》、《春秋》亦若是则已矣，又安有私门之著述哉？""私门无著述文字，则官守之分职，即群书之部次，不复别有著录之法也。"① 将书目的分类上溯到上古王官的分工。周天子设官分职，各类职掌因有法有责，所以有典有籍，因有所掌而产生不同的图书类别。官师合一的图书管理方法，奠定了古典书目政治实用型分类模式产生的基础。

图书分类的具体实践，先秦即已开始。《左传·昭公十二年》中已有三坟、五典、八索、九丘之称，近代学者姚名达在《中国目录学史·溯源篇》中说："（书名前）既有数字，必非书名而为类名，如同后世之合称易、书、诗、礼、乐、春秋为六艺，诸子为九流之例。倘此说不谬，则三坟、五典、八索、九丘即为楚府藏书之分类名称。"② 又《左传·鲁哀公三年》载："三年夏五月辛卯，司铎火，火逾公宫，桓、僖灾，救火者皆曰'顾府'。南宫敬叔至，命周人出御书。……子服景伯至，命宰人出礼书。"所救之书为御书、礼书，且分类抢出，可见其收藏是分类而列的。秦汉时期，图书分类的记载则更为明确，秦始皇焚书坑儒，曾下令："史官非《秦纪》皆烧之，非博士官所职，天下敢有藏《诗》、《书》、百家语（诸子）者，悉诣守尉烧之；有敢偶语《诗》《书》者弃市，以古非今者族，吏见知不举者同罪。令下三十日不烧，黥为城旦；所不去者医

---

① （清）章学诚著，刘公纯标点《校雠通义》，古籍出版社，1956。
② 姚名达：《中国目录学史》，上海书店出版社，1989。

药、卜筮、种树之书。若欲有学法令，以吏为师。"① 这一焚书令已粗将图书划分为六大类，即秦纪（史书）、诗书、百家语（子书）、医药、卜筮、种树。又《史记·太史公自序》载，西汉政权建立之初，"萧何次律令，韩信申军法，张苍为章程，叔孙通定礼仪"。这是汉代图书分为律令、兵书、章程、礼仪四类的记载。

先秦与秦汉广泛的分类思想与分类实践，特别是图书类别划分的多种尝试，为正式的书目分类法的产生奠定了良好的基础。西汉时期，政治统一、经济繁荣带来的图书数量的丰富，使大规模的图书整理势在必行。在这各种成熟条件的推动之下，我国第一部综合性分类书目《七略》诞生。

原载《图书馆理论与实践》1999 年第 3 期

收入本书时略有改动

---

① 《史记》卷 6《秦始皇本纪》，中华书局，1959，第 321、322 页。

论中国古代书目结构形式的模糊性

　　模糊性，是相对精确性而言，指事物类属和形态的不确定性。人们为了客观地认识事物，总是要根据一定的标准对事物进行分类与描述，但有些事物本身具有广泛的联系性、动态性、时变性，加上认识主体、认识方法的局限，难以做出精确的判断，因此，模糊性普遍存在于认识对象之中。根据这一特点，在科学高度发达的今天，人们将模糊性认识方法提升到理论的高度，形成了一种与精确分析、逻辑推理相对应的认识方法，不再立足于将对象进行分解处理，而是从大量个体元素相互作用在整体上所呈现出来的模糊性入手去把握对象，做综合的描述，获取整体的信息。古代官修书目的分类结构，虽产生于两千多年前的古代社会，但由于模糊性认识方法最契合中国人的整体思维习惯，在模糊学作为一种科学方法诞生之前，中国古代书目结构中已大量使用了这一方法。

一　导致书目结构模糊的因素

　　模糊性认识方法，在传统学术研究中普遍存在，而直接导致书目结构模糊的因素，主要有三点：汉字、汉语的多义性，古代文人治学风格的宽泛性，经验目录学阶段的理论欠缺。

　　作为古代文献基本构件的汉字、汉语，以形象、含蓄、多义为特色。汉字，是世界上典型的表意体系的文字。它肇始于图画，沿图画文字—象形文字—表意文字的线路循序发展，表现出趣韵生动的形象直观性，并且至今还保留绘画的痕迹。汉字的产生，就是对事物特征的勾勒，先民以高度的形象概括力，客观地描摹事物对象。对"写实"难以"分析"的"物象"，则依靠形声、转注、假借的方法进行调节，然而，调节的构件，仍然是表意符号。这使汉字不仅具备了形象直观性，同时也具备了整体的层累、交错、模糊等多义性特点。

以形象性、多义性为特色的汉字，又是构成汉语的基础。与表音文字构成的印欧语系及其他黏着语相比，汉语的结构重意合，它"摆脱了语法累赘，简洁而不粗陋"①。关于汉语的意合性，黎锦熙在他的《新著国语文法》引论中说："国语底用词组句，偏重心理，略于形式。"吕叔湘在《语文常谈》中也说："（汉语）尤其在表示动作和事物的关系上，几乎全赖'意会'，不靠'言传'。"

从逻辑学的角度看，上古汉语正好缺少一个表示逻辑关系的判断词"是"，判断句的构成是靠词与词的搭配加上认识主体对具体语境的理解来完成的。如"人，一种有生命的动物"。这种没有明晰形式标志的判断句，是古汉语判断句的主要形式，它们注重语言内在的逻辑联系，而缺乏严格的理性规范，在较为复杂的情形中，自然难免出现多义化倾向。

汉语素以精练著称。精练的表述必然加重表达的宽泛性与理解的模糊性。中国早期文化史上重要的学术著作皆以精练而富于思辨见长，这正得益于汉语精练含蓄的特点。如六艺之源的《易经》仅两万余字，《论语》仅一万三千七百余字，《孟子》仅三万余字，记载二百四十余年历史的《春秋》仅一万八千余字，道家之源的《老子》则更少至五千余字。复杂的思想，精练的表达，给后人提供了广泛理解的空间，这使后世众多的思想学说都可以在中华元典中找到它的根源。

汉民族传统思维方式不但铸就了汉字、汉语的特性，同时也铸就了以汉字、汉语为表达形式的古代文献的风格。中国古代的学术著作，内容宽泛，重视直观的、辩证的经验体悟，缺乏逻辑的论证与理性的分析。中国

---

① 汉字现代化研究会内蒙古自治区分会编《袁晓园汉字现代化方案简介》，中国展望出版社，1981。

古代的学者多为政治家、教育家、史学家，他们博通古今，著述追求"博大精深"。早在汉代，王充评价当时的文人："能说一经者为儒生，博览古今者为通人，采掇传书以上书奏纪者为文人，能精思著文连结篇章者为鸿儒。故儒生过俗人，通人胜儒生，文人逾通人，鸿儒超文人。"① 以"博览""精思"的"鸿儒"为文人的最高境界。这种博大、宏观的学术追求，自然具有笼统模糊的特性。

二 书目结构模糊性的表现特征

1. 灵活机动，以不变应万变

中国古代官修书目的结构，虽然是针对一批具体的图书而设置，但它始终以其基本框架的稳定，具体环节的相应调节，不断适应着社会政治与学术的新发展。

在类目数目的设置上，不但二级类目增减频繁，一级类目也因时而异。大类从六分法到四分法，史学的发达，便有史部的独立；子书的消亡，便有子部的合并。明代，封建专制思想发展到极致，传统类目之首又多出一个制书类。小类的增减，如佛、道经书兴盛，魏晋以后的书目便有佛经、道经类的设置；史钞、史评类新的学术体裁的产生，《宋志》便新开史钞类，《四库全书总目》（以下简称《总目》）新设史评类。有些类目跟不上时代的发展，则随时可以取消。《隋志》新增的经部谶纬类，逐渐不合统治者的胃口，宋代以后的书目便予以取消。《七略》的诸子十家，到《隋志》因阴阳家的缺位而取消，到《明志》，又进一步取消法家、名家、墨家、纵横家，《总目》则除法家外，一并归入杂家。

书目结构的机动灵活，还表现在书目类目名称的不断完善上。如"书目"作为一个类目名称，在历代书目中便有四种不同的称呼：《隋志》用《七录》名，称"簿录"；唐代《群书四录》称"略录"；宋代《崇文总目》称"目录"；明代《万卷堂书目》《澹生堂书目》等称"书目"。

---

① （汉）王充著，黄晖撰《论衡校释》卷13，《超奇篇》，第607页。

再如著录"偏方割据"历史的史书类，《隋志》称"霸史"，《新唐志》仿《七录》称"伪史"，《总目》称"载记"。

同一类目，其中内容的相应调适也始终不断。如《七略》孝经类下本有五经杂义与尔雅，《隋志》则将它们移置于论语类下，《总目》更移尔雅于小学类下，五经总义则单独立类。又目录类，《隋志》中法书、名画皆入此类，《总目》则将它们移置于艺术类。杂家类，《汉志》本指"出于议官，兼儒墨，合名法"的一家之言，《总目》则"杂之义广，无所不包"，将名、墨、杂及其他无可类归者尽归于此。

2. 简洁直观，以体悟代逻辑

中国古代官修书目编制实践起源虽早，但目录学理论却始终不发达，对于书目结构中一些具体分类原则、操作方法、相关术语，全无详明的阐述，间有涉及，又过于简略，没有理论的分析与论证，全凭编目者的体悟来把握。

从六分到四分体系，各级类目的概念从未有人详细论及。后人编目只是通过前代编目者在某一类目中设置的细目或所归类的图书来断定这一类别的大致范畴。如六分法中的六艺略与四分法中的经部，它们细目皆是儒家经典类及相关内容，所录的图书纯为儒家经典及对儒家经典进行阐发的书籍，在这一基本的理解之下，经部图书的归类就算具备了大致的目标，如此而已。二级类目的类名，在《唐六典》中，针对《隋志》的分类，四十类的每一类名下都有一个相应的四字定义，如"易，以纪阴阳变化"，"书，以纪帝王遗范"等。定义如此精练简洁，在具体操作中仍须以主体的体悟来把握其意向。清代《总目》，虽有类序、按语对设类标准及界限进行说明，如《总目》别史类"处上不至于正史，下不至于杂史者"，杂史类"大抵取其事系庙堂，语关军国，或但具一事之始末，非一代之全编，或但述一时之见闻，只一家之私记。要期遗文旧事，足以存掌故，资考证，备读史者之参稽云尔"等，仍十分含糊笼统，难以定度，不少类目之间甚至彼此牵连，难以分清。

古代书目对分类问题的阐述，并不能从科学理性的角度立论，而是以形象直观的比喻，达到使人体悟的目的。如宋代目录学家谈分类认为，

"类书犹持军也，若有条理，虽多而治，若无条理，虽寡而纷"①。"士卒之亡者，由部伍之法不明也；书籍之亡者，由类例之法不分也。类例分，则百家九流各有条理，虽亡而不能亡也。"② "部分不明则兵乱，类例不立则书亡。"③

3. 多种分类标准的交替使用

严格的科学分类，必须确定统一明确的分类标准。而古典书目的分类，不仅多种分类标准并行，而且就某一具体分类标准而言，在操作过程中，也难以贯彻如一。就六分法而言，姚名达在《中国目录学史》中说："（《七略》）分类之法，并不精密。诸子略以思想系统分，六艺略以古书对象分，诗赋略以体裁分，兵书略以作用分，数术略以职业分，方技略则兼采体裁作用，其标准已绝对不一，未能采用纯粹之学术分类法。以致学术混沌不明，贻害千载。"④ 多种分类标准的同时使用，无疑会造成类目的模糊。

上承六分法的四分法，经部是包括哲学、历史、语言文字音乐、文学在内的儒家经典类。子部是难以归类、无所不包的大杂烩。史部、集部则以学术类型划分。二级类目则由于标准的不统一更为含混，以致历代分类错误不断，纠谬者不断。明代焦竑在《国史经籍志》中有《纠谬》一卷，校正前人分类之失 200 余处，辑为 161 条。代表四分法成就之最的《总目》，同样不惜笔墨考证前人分类得失，以便"择善而从"，但仍旧由于分类标准的不统一，具体分类不尽如人意。如同为音乐之书，《总目》以雅、俗为标准，将它们分散著录，"以辨律吕，明雅乐者，仍列于经，其讴歌末技，弦管繁声，均退列杂艺、词曲两类中。用以见大乐元音，道侔天地，非郑声所得而奸也"⑤。雅者入经部乐类，俗者入子部艺术类或集部词曲类。又，同为医书，医人、医兽不加区分，《总目》说："《周礼》有兽医，《隋志》载《治马经》等九家，杂列医书间。今从其例，附录此

---

① （宋）郑樵：《通志二十略》，中华书局，1995，第 1804 页。
② （宋）郑樵：《通志二十略》，中华书局，1995，第 1804 页
③ （明）焦竑：《澹园集》卷 23，中华书局，1999，第 310 页
④ 姚名达：《中国目录学史》，上海书店出版社，1984。
⑤ （清）永瑢等：《四库全书总目》卷 38，中华书局，1965，第 320 页。

门，而退置于末简，贵人贱物之义也。"①

标准杂陈，是书目分类界限不清的主要原因，而同一标准不能贯彻如一，同样造成著录的混乱。如时间序列法，是古代书目中一个重要的著录方法。然而，在遇有帝王之书时，必须打乱时间顺序，将帝王之书置于首位。明代书目更将本朝帝王之书专门设置为一类，置于书目之首。综观古代书目，例外者又常有。再如派生性作品的归类问题，一般说来，派生性著作随原书归类，但对于阐发原书，过多宣扬自己思想者又另当别论。

三　书目结构模糊性的综合效应

1. 重整体，轻个体

一般来说书目结构的意义，在于有效地揭示现实图书情况与方便图书检索。具体图书是这一结构整体的基本构件，是决定书目结构存在的首要条件。然而，综观古代书目结构，具体的图书并未放在书目结构的首位，图书的归类往往要受到结构整体协调性的限制，至于位置是否恰当，检索是否方便，这些有关个体的问题，全都淹没在书目整体价值的体现之中。

从整体和谐的要求出发，古代书目结构的形式力求整齐、对称与均衡。大类数目的确定，从六类到四类，皆选取最能体现均衡对称的偶数为类目数。具体类目的设置与划分，又考虑图书的多寡搭配。本来以图书内容为主要尺度反映古代学术情况的书目结构，由于学术本身发展的不平衡，必然与书目形式的均衡对称产生一定的矛盾，在这一矛盾面前，编目主体首先考虑的是结构整体的利益。如《晋中经簿》的分类："一曰甲部，纪六艺及小学等书；二曰乙部，有古诸子家、近世子家、兵书、兵家、术数；三曰丙部，有史记、旧事、皇览簿、杂事；四曰丁部，有诗赋、图赞、汲冢书。"在这一分类中，甲、乙、丙、丁，各类所摄内容均衡。然而乙部，置子、兵、术数于一类，丙部将类书《皇览》杂厕其中，丁部更将诗赋、图赞、汲冢书三类内容完全不相干的图书置于一处。很显然，编目者主要考虑的是整体分布的均衡对称。尽管甲、乙、丙、丁四部

---

① （清）永瑢等：《四库全书总目》卷103，中华书局，1965，第856页。

的内容分布，在形式上确实达到了一种均衡整齐的效果，但这一表面的整齐匀称却造成了具体图书类目界限的混乱。这一现象，在历代书目中常有发生，如《总目》因考虑到名家、纵横家、墨家著作散佚严重，"难以成帙"，尽管历代官修书目，除《明志》外，皆为它们单独立类，但从整体看来，因图书太少，影响整体的均衡整齐，于是干脆将它们全部并入杂家类。"名家、墨家、纵横家，历代著录，各不过一二种，难以成帙，今从黄虞稷《千顷堂书目》例，并入杂家为一门。"再如《总目》史部目录类，将内容完全不相干的经籍、金石类书目合为一类，并说："《隋志》以下，皆以法书名画列入目录，今书画列入子部艺术类，惟记载金石者，无类可归，仍入目录。然别为子目，不与经籍相参，盖目录皆为经籍作，金石其附庸也。"以"无类可归"为理由将金石类文献杂置于目录之下，以此来换取书目整体结构的均衡。

2. 重内涵，轻形式

与西方学者视书目为"图书的描绘"不同，中国古代官修书目，与传统文化重视精神层面相一致，致力于书目结构内涵的揭示，忽略文献形式的描述。

在传统书目结构中，文献内容是划分书目类别的主要标准，如经部是儒家经典及相关文献的聚合，史部是历史书籍的聚合，集部是文学作品的聚合。各类目的次序排列，又是以图书的内容功用大小来确定的，如经、史、子、集的排列次序体现的正是统治者尊经、重史、轻子、鄙集的传统价值观。在这种以内容为主导的书目分类结构中，内容提要的编写占有相当大的分量。一方面，书目史上重要的书目著作，无不以内容提要的撰写为编目的重点，如《七略》成书，"每一书已，向辄条其篇目，撮其旨意，录而奏之"。《崇文总目》的大序小序，主要是由著名文人欧阳修执笔。《总目》更广集人才，详撰提要。另一方面，书目质量又依内容提要质量来确定，大凡书目史上著名的经典书目，皆因其提要独具特色而扬名千古，如《七略》的叙录"详尽而全面""简明而扼要"，成为"后世目录解题的光辉典范"。《七志》的传录，"亦不述作者之意，但于书名之下，每立一传"，别具一格。《文献通考》广泛汇录一书的有关资料，另创新体。《总目》提要则集叙录、传录、辑录之优点于一体，更胜前人一筹。清代目录学家章学诚更从理论的高度将古典书目的作用直接归结为"辨章学术，考镜源流"。

3. 重主体，轻客体

西方字典式书目，以书名、人名或主题词的字母顺序进行排列，图书的聚合没有内在的必然性，其所关注的重心在图书对象本身，人的主体意识难以参与其中。而中国古代的分类书目，从图书选择，到类目划分、次序排列，无不渗透着主体的意识。

在图书选择上，主体的好恶决定了图书的取舍。如《汉志》删节《七略》而成书，中间间隔的这段时期新著不断，而班固仅取刘向、杨雄、杜林三人著作增补之，究其原因，不过是因为此三人皆为古文经学家，而班固自己正是古文经学的拥趸，志同道合。又谶纬类书，《崇文总目》与《郡斋读书志》均已不载，而《直斋书录解题》却著录，陈振孙认为，南宋之时，《易纬》诸书尚存，"孔氏《正义》或时援引"，故"姑存之以备凡目云尔"。《总目》在图书选择上，处处体现着清朝统治者的利益。《总目》凡例反复强调，其收书"以阐圣学，明王道者为主，不以百氏杂学为重"。对佛、道外教，文章技艺则严为去取，佛道之书，"择其可资考证者，其经忏章咒，并凛遵喻旨，一字不收"。词曲"在文章、技艺之间，厥品颇卑，作者弗贵，特才华之士，以绮语相高耳"，"命从屏斥"。科学技术是"奇技淫巧""卑琐微末，不足编摩"，而且对"离经叛道、颠倒是非者，掊击必严；怀诈挟私，荧惑视听者，屏斥必力"。

在类目划分与图书归类上，主体的理解，决定类目的增减与图书的归类。陈振孙《直斋书录解题》，将传统论语类改为语孟类，认为，"今国家设科取士，《语》《孟》并列为经，程氏诸儒训解二书，常相为表里，故今合为一类"。清陆深的《江东藏书目》认为，"不幼教者不懋成，不早医者不速起，其道一也"，合小学、医学为一类。《颜氏家训》一书，《唐志》《宋志》皆入儒家类，而总目以为"归心等篇，深明因果，不专为一家之言，今退之杂家"。《晏子春秋》，一般书目皆首列儒家，《国史经籍志》则列入墨家，编目者认为，"《晏子春秋》旧列儒家，其尚同、兼爱、非乐、节用、非厚葬、久丧、非儒、明鬼，无一不出于墨氏"。

在次序的排列上，主体的价值观，同样决定着具体类目及所属图书的先后顺序。西汉刘向、刘歆以《易经》为六艺之源，故列之于《七略》六艺之首，王俭则以孝经为"百行之首""人伦之先"，故移《孝经》于易类之前。明代，编目者更以制书冠于各类之首。在编目主体的操纵下，图书的客观属性完全淹没在主体的意向之中。

原载《图书与情报》2000 年第 4 期

收入本书时略有改动

试析古代书目结构形式的系统性

以儒学为中心的政治大一统等级模式，是封建统治者致力倡导的统治模式。这一模式贯穿封建社会始终，其主导地位始终不变。儒学独尊之下，等级分明的政治、文化大一统，永远是时代的主流。并且，这一模式已构成一种思维定式，从政治活动渗透到文化活动之中，中国古代书目的分类形式，正是这样一个体现儒家政治大一统精神的等级分类形式。

一　六分结构的静态剖析

诞生于西汉的《七略》的第一个书目分类结构——六分结构，是一个二级分类的结构系统。一级类目六略，即六艺略、诸子略、诗赋略、兵书略、术数略、方技略。六略之下，再分二级类目，即六艺略下的易、书、诗、礼、乐、春秋、论语、孝经、小学九种；诸子略下的儒、道、阴阳、法、名、墨、纵横、杂、农、小说十种；诗赋略下的屈原赋、陆贾赋、孙卿赋、杂赋、歌诗五种；兵书略下的兵权谋、兵形势、兵阴阳、兵技巧四种；术数略下的天文、历谱、五行、蓍龟、杂占、形法六种；方技略下的医经、经方、房中、神仙四种。共六大类，三十八小类。这些不同的类别，以统一的意向组合在同一结构系统中，构成一个不可分割的整体，共同体现着结构整体的精神。

从六分结构的一级类目——六略之间的关系来看，这六个大类目的依次排列，显然不是六个个体知识块的简单组合，而是包含着特定的等级、功能的意象组合，显示着不同的等级秩序，具有政治实用功能。

著录儒家经典及读经工具书的六艺略位居第一，是全部六略的基础与中心，是规定其他各类重要程度的坐标。在六艺略的参照下，编目者再依功能大小，依次排列其他类目。被编目者视为直接阐发六艺的"六经之支与流裔"① 的诸子略紧随六艺略之后，位居第二；其内容可以助王者"观风俗、知得失、自考正"的诗赋略位居第三；为统治者安邦治国提供武力保障的兵书略位居第四。诗赋略置于兵书略之前，这是受中国自古以来以文治为尚的传统思想的影响，编目者刘向曾在《说苑·指武篇》中表述过这一思想："圣人之治天下也，先文德而后武力。凡武之兴，为不服也；文化不改，然后加诛。"既然武力是"文化不改"的补救，自然兵书应置于文教之书的后面。术数略虽言鬼神，但秦汉社会谶纬迷信之风盛行，统治者大加利用，鬼神之事皆被认为暗合人事，成为"圣人知命之术""圣王所以参政"的治国之具，然而其内容终究艰深叵测，故置其于第五位；方技略纯为治病养身，附会于弘道治国，更为牵强，因此依次罗列于六略之末。整个六略，正好构成一个以儒家元典的六艺略为主导的大一统等级结构，六艺略是这一结构的中心，其他五略虽然政教功能依次递减，但在趋同于六艺精神上却始终如一。

六略大类之间的次序结构体现着儒家的大一统等级结构精神，六略各类之下的二级类目结构，同样以不同的小一统来趋同这一结构精神。

六艺略，本源于先秦的六经，即《诗》《书》《礼》《乐》《易》《春秋》，它们是经孔子整理之后，作为教材使用的，起初并无内在联系而言，仅为六部重要的古代文献而已。汉代尊儒之后，刘氏父子则将它们在其所编制的书目之中慎重地进行了次序调整，整理的重点是将穷通变易之理的《易经》移居六经之首，视之为其他五经的根源，《易经》由此取得了六艺略小一统结构中心的地位。在这一中心的统摄之下，其他五经再依功能大小，依次排列。《汉志·六艺略》小序谈六经的结构意义："六艺之文：《乐》以和神，仁之表也；《诗》以正言，义之用也；《礼》以明体，明者著见，故无训也；《书》以广听，知之术也；《春秋》以断事，

① 《汉书》卷30《艺文志》，中华书局，1962，第1746页。

信之符也。五者，盖五常之道，相须而备，而《易》为之原。故曰'《易》不可见，则乾坤或几乎息矣'，言与天地为始终也。至于五学，世有变改，犹五行之更用事焉。"作为六艺略中心的《易》，"与天地为始终"，永恒不变。其他五经则随世改变，依不同的需要依次发挥作用。这种变与不变的运转，主次分明，生生不息，共同形成一个以《易》为内核，以其他五经为外围的小一统结构的内层。内层之外，又依次是记录儒家先祖孔子之言的《论语》，提倡儒家孝道、汇总六经之义的《孝经》，读经必备的文字训诂之书。这三者又与六经相为表里，构成六艺略的外层。整个六艺略，以《易》为中心，以五经为内层，以《论语》、《孝经》、文字训诂之书为外层，以统一集中的向心力指向《易》。

诸子略，是先秦诸子百家之学的总汇。它们或论宇宙观，或论人生观，或阐发政治经济思想，原本各抒己见，互不相涉。进入刘氏父子的书目结构之后，却被赋予了阐发六艺的共同主题。在这一结构中，儒家著作本来就是"助人君顺阴阳明教化者"，其"游文于六艺之中，留意于仁义之际，祖述尧舜，宪章文武，宗师仲尼"，因此，"于道最为高"，顺理成章地位列各家之首，构成诸子略的中心。其他各家，道家、阴阳家、法家、名家、墨家、纵横家、杂家、农家、小说家等虽为说各异，但在编目者的统一尺度之下，"其言虽殊，辟犹水火，相灭亦相生也。仁之与义，敬之与和，相反而皆相成也。《易》曰：'天下同归而殊途，一致而百虑。'今异家者各推所长，穷知究虑，以明其指，虽有蔽短，合其要归，亦六经之支与流裔"。并且"若能修六艺之术，而观此九家之言，舍短取长，则可以通万方之略矣"。在阐发六艺主旨上，各家学说，皆殊途同归。它们虽然主旨趋一，但等级次序却明显有别。道家之说"合于尧之克攘，《易》之嗛嗛"，是"历记成败存亡祸福古今之道"的"君人南面之术"。因此居诸子略第二位。阴阳家合于儒家的"敬顺昊天""敬授民时"，并且阴阳变易的理论具有极大的渗透性，被董仲舒融入儒学，深受当权者青睐，列其位于诸子略第三。顺序而下的法家，合于《易》之"先王以罚饬法"；名家，合于孔子之言，"名不正则言不顺，言不顺则事不成"；墨家，合于儒家的"兼爱""上贤""孝视天下"；纵横家，合于孔子之"诵《诗》三百，使于四方，不能专对，虽多亦奚以为？""使乎，使乎!"的"权事制宜,受命而不受辞"的思想;杂家,"兼儒、墨,合名、法,"自然合于各家学说追随六艺的宗旨;农家,则合于孔子"所重民食"之言;排位最后的是小说家,因为其内容"出于稗官,道听途说者之所造",乃野史俗文,显然不合正统文人的雅正味口,离儒家精神最远,故"诸子十家,其可观者九家而已",然而孔子有言:"虽小道,必有可观者焉,致远恐泥,是以君子弗为也。"既然孔子言"必有可观",那么理所当然地在这个大一统等级结构中应占有一席之地。诸子十家,以儒家为中心,主次分明,功能递减。在儒学独尊的统摄之下,构成又一个宗旨趋一的小一统结构系统。

诗赋略著录纯文学作品。当时的文学作品主要是诗与赋。诗,最上乘者已入六艺略诗经类,其他乐府诗、五言诗,或起于民间,或成熟得较迟,其重要性已远不如赋,因而诗赋略所著录的图书以赋为主。其排列顺序正体现出这一功能意义。诗赋略共五类,屈原赋下二十家为第一类,陆贾赋下二十一家为第二类,孙卿赋下二十五家为第三类,杂赋下十二家为第四类,歌诗下二十八家为第五类。由于诗赋略的前三类没有类名,因此后人不得其分类之旨。近人孙德谦在《〈汉书·艺文志〉举例、分类不尽立子目例》中曾对此进行过探讨。孙德谦说:"此三家之赋在当日各为分类,班氏必能辨别体裁。其不复如杂赋、歌诗再列子目者,以为门类既分,唐勒诸赋自从屈原而出,枚皋诸赋自从陆贾而出,秦时杂赋诸赋自从孙卿而出。吾但使之类集相处,子目故无容设立也。"程千帆在《〈汉志·诗赋略〉首三种分类遗意说》中更进一步认为,屈赋以下第一种,"《楚辞》之属是也","或因屈、宋,无所变革"。陆贾赋下第二种,"以今论之,则汉赋之属","一变楚臣之忠爱缠绵,从容辞令;庄谐杂之,快意为主"。荀卿赋下第三种,则"既传孔门之《诗》,又曾入楚问俗"①。以此为据,诗赋略五类的等级次序在反映雅俗高低的同时,又体现出源流的先后顺序。屈原等人之赋处于诗赋类的中心,被捧作赋类的"正宗",其他各类则政教功能越来越淡薄,最后以杂赋概括之。

兵书略四种,术数略六种,方技略四种,它们在趋同六艺、体现儒家

---

① 以上引文均见程千帆《闲堂文薮》第3辑,齐鲁书社,1984。

精神上虽不如前三类直接，"守法以传艺"，偏重于具体行为，属《隋志》所谓"圣人之政"，章学诚所谓"虚理实事，义不同科"者，然而这些类目所录之书或属社会科学，或属卜筮小道，或属应用技术一类，在编目者的儒学大一统等级结构中，皆具有明确的"为治"目的，都是名副其实的"为治之具"。

兵书略四种，兵权谋、兵形势、兵阴阳、兵技巧。其次序，以讲出奇制胜之计，显示人的智慧的兵权谋居于四类之首，次之以讲地理等具体情形及应变之策的兵形势，再次之以"假鬼神而为助"的兵阴阳，最后是讲器械及练兵方法的兵技巧，由人及物，由主及次，其结构体现了儒学自古以来倡导的民本思想。

数术略六种，"观乎天文，以察时变""圣王所以参政"的天文类"为治"功能最强，故位居第一；历谱类所载"五星日月之会"，暗示凶厄之患，吉隆之喜，是"圣人知命之术"，故紧随天文类居于数术略第二；再次之以五行类，"其法起五德终始，推其极则无不至"；再次之以"定天下之吉凶"的"圣人之所用"的蓍龟类；再次之以"纪百事之象，候善恶之征"的杂占类；最后列以讲形与气数的形法类。以天文类为中心，其余各类政教功能依次逐渐减弱。

方技略四种，先列之以治病的医经、经方，次之以养生的房中、神仙。医经、经方可以治病，房中有节可以助人健康，神仙讲求长生，首尾相连。人无病方可长寿，而后可以修天道，有始有终。①

这三类实用性极强的学科趋同于六艺之原因，成书于唐初的官修史志书目《隋志》有言："夫仁义礼智，所以治国也，方技术数，所以治身也；诸子为经籍之鼓吹，文章乃政化之黼黻，皆为治之具也。"又说："儒、道、小说，圣人之教也，而有所偏。兵及医方，圣人之政也，所施各异。……若使总而不遗，折之中道，亦可以兴化致治者矣。"六略各类，虽有"治国""治身"的不同和"政"与"教"的区分，但归根结底，都是"为治之具"，都可以"兴化致治者"。皆以不同的方式体现着儒学的基本精神。

---

① 参见蒋元卿编《中国图书分类之沿革》，中华书局，1941。

二 四分体系的动态考察

古代书目的六分结构，其影响虽然波及宋代，但魏晋以后，绝大多数书目开始采用四部分类法，即以经、史、子、集四部为书目分类的一级类目，一级类目之下再分二级和三级类目。这一分类方法一直延续到清代。其间虽有其他分类形式产生，但昙花一现，从未影响到四分法的主导地位。四分法，是封建社会中后期书目的主要分类方法。

作为四分法源头的六分法在内容和形式上的建树，是四分法产生与发展的前提。四分法对六分法的承袭与改并，正是对传统书目分类精神的延续。

在书目分类六分到四分的过渡中，西晋荀勖主编的官修书目《晋中经簿》首开四分法之先河。东晋李充主编的官修书目《晋元帝四部书目》进一步确定了四部类目的次序。唐初魏徵主编的官修史志书目《隋志》则使四部分类法趋于定型，清代的《四库全书总目》（后简称《总目》）将四分法推向了顶峰。我们以这几部主要书目的分类结构为主线，根据它们等级分类的特点在同级同类比较的基础上，揭示四分法结构精神的实质。

（一） 一级类目的比较

四分法的一级类目经、史、子、集，是对六分法的一级类目六艺略、诸子略、诗赋略、兵书略、术数略、方技略的直接改并。其中经部承袭六艺略，集部承袭诗赋略，史部与子部，稍有出入。成书于西汉的《七略》，史书附于六艺略的二级类目春秋之下，西晋荀勖编制的《晋中经簿》，由于史书数量的迅猛增加，史部不得不摆脱经学的附属地位而独立出来，位列于第三。并且，由于史书数量的继续增加，史部的地位不断提高，很快又在《晋元帝四部书目》中，从位居第三的丙部，一跃而为位居第二的乙部。子部上承诸子略，类名变化不大，但内容却更为庞杂，传统诸子的九流十家之书，因历史的原因愈来愈少，因此四部中的子部合六略中的诸子略、兵书略、术数略、方技略四大类为一类，成为四部中内容最为庞杂的类别。

从六略到四部，虽形式有别，但经部仍稳居首位，尊儒主旨相沿不改。史部的独立，子部的合并，只是根据现实图书情况的变化进行的合理调整。集部著录文学作品，就结构意义而言，教化功能不如经部，借鉴功能不如史部，阐发思想不如子部，故只好处于四部之末。《总目》在子部小序中更直接表明："夫学者研理于经，可以正天下之是非。征事于史，可以明古今之成败，余皆杂学也。"经、史、子、集的等级结构次序得到确立后，贯穿古代书目始终。

（二）二级类目的比较

由于《晋中经簿》《晋元帝四部书目》等原书早佚，无法得知其分类细目，所以仅以《七略》《隋志》《总目》的二级类目为主线进行比较。

经部二级类目的承袭变化：四分法的经部二级类目基本承袭六分法六艺略九种。除六经中的乐经因散佚而地位下降外，其他各经仍作为儒家学说的主体，其首冠全书的主导地位自汉至清稳定不变。稍有不同者主要有二。其一，关于孝经类与论语类的清理，《隋志》将孝经类提到论语类之前，把原来杂厕于孝经类中的《五经杂义》《尔雅》等图书清理出来，将它们附列于论语类之后，使孝经类位置更为醒目，内容也更为纯正，以此来迎合统治者"以孝立国"的政治需求。唐代的《古今书录》又将附列于论语类的五经总义独立出来作为经解类，《总目》改称为五经总义类，将尔雅类改入小学类。由于《孟子》地位的不断提高，论语类逐渐扩大成语孟类，《明志》更合其与《中庸》《大学》为四书类，反映出宋明理学家对孔孟之道的宣扬以及科举考试对四书的重视。其二，谶纬类的立与拆，《隋志》在《七略》六艺略九种之外增设谶纬类，构成《隋志》经部十个类目。谶纬类的设立，开始于梁代阮孝绪的《七录》，用以著录对儒家经书进行迷信解释的图书。"王莽好符命，光武以图谶兴，遂盛行于世。"然而谶纬之书"凭谶为说"，"乱中庸之典"[1]，因此，刘宋之后，屡遭禁毁。官修书目自宋代《崇文总目》之后便取消了此类。

---

① 《隋书》卷32《经籍志》，中华书局，1973，第941页。

1. 史部二级类目的产生与发展

四部分类法中的史部，是从六艺略春秋类中分立出来的一个类别。因此，二级类目全部都是依具体图书情况新设立的。《隋志》史部类目上承梁代阮孝绪《七录》纪传录，共分为十三小类，即正史、古史、杂史、霸史、起居注、旧事、职官、仪注、刑法、杂传、地理、谱系、簿录。这十三类确立之后，一直沿用到《总目》，稍有不同者有以下六点。其一，《总目》取消了谱牒类，认为："旧有谱牒一门，然自唐以后，谱学殆绝，玉牒既不颁于外，家乘亦不上于官，徒存虚目，故从删焉。"其二，《总目》将《隋志》旧事，后又称故事类中的"国政朝章六官所职者"与仪注、刑法合为政书类，再进行三级分类。其三，《总目》以起居注入编年类。其四，《总目》增设别史类，以正统与否为原则，依宋代《直斋书录解题》例，将"上不至于正史，下不至于杂史者"立为别史类。其五，《总目》将《新唐志》中列入起居注的诏令类，依《遂初堂书目》与《直斋书录解题》例析出并合为诏令奏议类。其六，《总目》依《郡斋读书志》与《宋志》例，为唐以后产生的新的史书体裁史评、史钞立类。这些调适都是为了更好地体现其结构意义。《总目》史部小序说："今总括群书，分十五类。首曰正史，大纲也，次曰编年，曰别史，曰杂史，曰杂令奏议，曰传记，曰史钞，曰载记，皆参考纪传者也。曰时令，曰地理，曰职官，曰政书，曰目录，皆参考诸志者也。曰史评，参考论赞者也。"其层次分明地构成一个以历朝皇帝"御定"的正史为中心的小统一体。在这个小统一体结构中，正史是纲，其他各类或为"参考纪传"，或为"参考诸志"，或为"参考论赞"，主次分明。

2. 子部二级类目的承袭与发展

四部分类法中子部的类目，是合并六分法中诸子、兵书、术数、方技四类而来。其承袭与发展情况：诸子十家逐渐减少，《隋志》已无阴阳家，《明志》又减去法家、名家、墨家、纵横家，《总目》重置法家；四分法以《七略》兵书略四类并为兵家一类；《七略》五行、蓍龟、杂占、形法被《隋志》并为五行类，《崇文总目》又从五行中分出卜筮类，《总目》以术数类统称之；《七略》方技略中的医经、医方被《隋志》并为医方类；《七略》无佛、道经书，《隋志》将佛、道经书附列于四部之后，

《崇文总目》将其作为子部两子目。调整后的结构，《总目》子部小序说："凡十四类，儒家尚矣，有文事者有武备，故次之以兵家。兵，刑类也。唐虞无皋陶，则寇贼奸宄无所禁，必不能风动时雍，故次之以法家。民，国之本也。谷，民之天也，故次之以农家。本草经方，技术之事也，而生死系焉。神农黄帝以圣人为天子，尚亲治之，故次以医家。重民事者先授时，授时本测候，测候本积数，故次之以天文算法。以上六家，皆治世者所有事也。百家方技，或有益，或无益，而其说久行，理难竟废，故次之以术数。游艺亦学问之余事，一技入神，器或寓道，故次之以艺术。以上二家，皆小道之可观者也。诗取多识，易称制器，博闻有取，利用攸资，故次之以谱录。群言歧出，不名一类。总为荟萃，皆可采摭精英，故次之以杂家。隶事分类，亦杂言也，旧附于子部，今从其例，故次以类书。稗官所述，其事末矣，用广见闻，愈于博弈，故次以小说家。以上四家，皆旁资参考者也。二氏，外学也，故次以释家、道家终焉。""儒家尚矣"，其核心地位一直不变，其他各类，兵、法、农、医、天文算法，为"治世者所有事"，是这一小结构的内层；术数、艺术，"小道之可观者"，是这一小结构体的第二层；谱录、杂家、类书、小说，可"旁资参考"，是第三层；最后，释家、道家，皆为"外学"，构成这一结构体的最外层。

3. 集部二级类目的承袭与发展

四部分类法中的集部上承六分法的诗赋略，以文学作品为著录对象，但集部的著录范围随体裁的增多而扩大，《七略》仅有诗、赋两种文学形式。魏晋以后，文学形式丰富起来，《隋志》据《七录》，在以体裁分类的基础上，又根据成书时间的不同，分为楚辞、别集、总集三类。宋代以后文学评论兴起，《崇文总目》增设文史类，《总目》改称诗文评。

四分法中集部类目的内在结构，主要以时间先后来排序。《总目》集部小序说："集部之目，楚辞最古，别集次之，总集次之，诗文评又晚出。"以时间为序，是古代书目分类中与政治伦理原则交相使用的重要原则，体现出儒家重传统、重经验的特点。

（三）三级类目的产生与发展

六分法中只有二级分类，四分法中逐渐产生三级分类。三级分类的方法在南宋的私撰书目中已普遍采用，郑樵的《通志·艺文略》已将三级类目细分为432种。官修书目中，成书于北宋的《新唐志》首先出现三级类目，《总目》编目者更大量使用三级分类。三级分类的出现使古代书目分类更加细致与科学。

三级类目虽产生较晚，但它们在结构精神上仍然是传统大一统等级结构思想的延伸。如《总目》史部传记类下析三级类目——圣贤、名人、总录、杂录、别录，并解释说："一曰圣贤，如孔孟年谱之类。二曰名人，如《魏郑公谏》之类。三曰总录，如《列女传》之类。四曰杂录，如《骖鸾录》之类。其《杜大圭碑传》《琬琰集》《苏天爵名臣事略》诸书，虽无传记之名，亦各核其实，依类编入。至安禄山、黄巢、刘豫诸书，既不能遽削其名，亦未可薰莸同器。则从叛臣诸传附载史末之例，自为一类，谓之曰别录。"在儒家正统观念之下，不同的人物良莠有别。又如《总目》史部地理类下析三级子目——宫殿疏、总志、都会郡县、河防、边防、山川、古迹、杂记、游记、外记。《总目》言其结构次序："其编类，首宫殿疏，尊宸居也。次总志，大一统也。次都会郡县，辨方域也。次河防，次边防，崇实用也。次山川，次古迹，次杂记，次游记，备考核也。次外纪，广见闻也。若夫《山海经》《十洲记》之属，体杂小说，则各从其本类，兹不录焉。"以宫殿居首，从大到小，从内到外，秩序井然。

古代书目分类中儒学独尊的大一统等级结构精神，是古代书目编制的宗旨与灵魂。它们使古代书目的价值远远超出书目结构自身，古代书目分类结构成为一个全面体现中国传统文化精神的结构系统。

原载《江苏图书馆学报》2000年第2期

收入本书时略有改动

论古代官修书目评介图书的方法

古代官修书目通过注、序、提要对所著录的图书进行揭示，这种揭示参与主体的理解，使古代文献不断获取与时代相和谐的新的意义，并历代相沿，构成一部部纵向的官定学术批评史。书目中蕴含的批评方法带有鲜明的个性特色。我们可以将这些书目批评方法归纳为三种主要形式：溯源法、比较法、参证法。

一　溯源法：探本求源的历史回溯

溯源法是一种历史的批评方法，编目者不是就事论事，而是从历史发展的角度将批评对象置于整体的历史的长河中，对其"源流正变"进行纵向考察，从而既梳理了某一学科发展演化的脉络，又确定了批评对象在这一发展历程中的具体位置。以考辨其源流规律来获取批评对象的价值意义，从而达到对批评对象进行客观评价的目的，这是一种与中国传统整体思维方式相一致的宏观批评方法。

溯源法在中国传统学术批评中具有较为广泛的使用意义。中国古代历来就有原始察终、观古知今的文化传统。《周易·系辞》强调"原始反终""原始要终""神以知来，知以藏往""彰往察来，微显阐幽"，这一历史观成为后世学者通观历史过程的重要思想来源。西汉司马迁撰写《史记》，自觉地以"究天人之际，通古今之变"为自己的终极目标。南朝刘勰以"原始以表末，释名以章术"为他的文学批评方法。唐代刘知幾更将"赜彼泉薮，寻其枝叶，原始要终，备知之矣"视为史学理论的阐释原则。

官修书目中对溯源法的使用可以追溯到书目编纂之始。最早的官修书目中所存刘向的叙录，《汉志》的注、序，都十分注重从历史源流中考察批评对象，特别是书目序，以考辨各家各派的源流变化为直接目的，典型地体现了溯源法在官修书目中的运用。我们以《汉志》诸子略各略的批评方法为例。编目者将批评对象置于动态的历史流变之中。先言源流，再言利弊，利弊又体现于流变之中，读者不仅获取了有关某一学术流派的评价，而且同时获取了之所以产生这些利弊的更为深层的信息。这一优良的批评法，在历代官修书目中不断被发扬光大，到《四库全书总目》（以下简称《总目》）发展到顶峰。《总目》在凡例中将这一批评方法从理论上加以明确："（部序）撮述其源流正变，以挈纲领。……（类序）详述其分并改隶，以析条目。如其义有未尽，例有未该，则或于子目之末，或于本条之下，附注案语，以明通变之由。""撮述其源流正变""明通变之由"成为类目之序必须达到的目的。

如经部小序对经部的批评，对自汉至清两千多年的经学流变进行回溯，这一宏观的历史把握，对经学不同时期的升降递嬗、利弊得失进行考察，并以"要其归宿，则不过汉学、宋学两家互为胜负"为总结，纷繁的经学流变脉络得到清晰展现，而且优劣互现。

书目序对各家各派学术源流的追踪典型地体现着溯源批评法的运用。对某一具体图书的揭示，编目者也往往从循流溯源入手，不仅揭示图书本身，更揭示这一图书在整个学术流变中的具体地位，从而更为全面地展示某一图书的价值。如《总目·易数钩隐图》提要："汉儒言《易》多主象数，至宋而象数之中复歧出图书一派。牧在邵子之前，其首倡者也。牧之学出于种放，放出于陈抟，其源流与邵子之出于穆、李者同。而以九为《河图》，十为《洛书》，则与邵异。其学盛行于仁宗时。黄黎献作《略例隐决》，吴秘作《通神》，程大昌作《易原》，皆发明牧说。而叶昌绍则作《图义》以驳之，宋咸则作《王刘易辨》以攻之，李觏复有《删定易图论》，至蔡元定则以为与孔安国、刘歆所传不合，而以十为《河图》，九为《洛书》。朱子从之，著《易学启蒙》。自是以后，若胡一桂、董楷、吴澄之书皆宗朱、蔡，牧之图几于不传。"①《总目》对这一图书的揭示，不是局限于图书本身，而是宏观地将它置于"图书一派"的发展之中，追溯其源流，并将此书定位为这一学派的"首倡者"。溯源法对历史源流进行回溯，并非提倡完全回归历史，而是树立一种辩证的、联系的、发展的历史观。如《隋志》大序谈经籍的功用："遭时制宜，质文选用，应之以通变，通变之以中庸。中庸则可久，通变则可大。其教有适，其用无穷，实仁义之陶钧，诚道德之橐钥也。其为用大矣，随时之义深矣，言无得而称焉。"注意到经籍的时代性，并提倡因时通变。《总目》则更提倡一种积极的文化进化观，反对泥古与复古。如《总目》在评价清朝颜元的《存治编》"欲全复井田、封建、学校、徽辟、肉刑及寓兵于农之法"时称："夫古法之废久矣，王道必因时起，时势既非，虽以神圣之智，借帝王之权，亦不能强复。强复之，必乱天下。元所云云，殆于瞽谈黑白，使行其说，又不止王安石之周孔矣。"② 对复古倒退的历史观进行了坚决的揭露与嘲讽。《总目》在这样一种积极辩证的历史观指导之下，正确地著录与评价各种类型的新型图书，全面地揭示不同时代的文化成果。

溯源法在学术批评中的广泛使用，与中国特定的人文环境密切相关。中国文化产生在一个相对封闭的大陆型人文历史环境之中，对外交往十分不便，而邻近的周边地区又相对落后，因此学术的争鸣，不具备横向比较的条件，而历史的源远流长为后人提供了丰厚的纵向坐标，拿现有成就与过去相比，探本求源，自然成为一种广泛使用的批评方法。中国特定的经济形态——小农经济，鄙弃商业经济的千变万化，重视经验的积累，又促进了这一批评方法的成熟发展。

二　比较法：同异相较的辩证考察

比较法作为一种学术批评方法，是指通过对不同学派现象、作家风格、作品特征等进行比较，从探讨它们之间联系、区别的角度出发，获取

---

① （清）永瑢等：《四库全书总目》卷2《易数钩隐图》，中华书局，1965，第5页。
② （清）永瑢等：《四库全书总目》卷97《存治编》，中华书局，1965，第823页。

对批评对象在比较基础上的鉴别和评判。由于中国古代形象思维发达，学者们往往习惯于用具体、直观的表达方式来表述自己的思想，将不同事物的相似性和相同事物的区别性进行比较，不仅具体形象，而且对象的特征也更为突出。

比较法的运用，在古代文献中极为广泛。最早的文学作品《诗经》《楚辞》大量运用比较法来达到贬恶扬善的目的，早期的史书《左传》《史记》也往往通过对历史人物、历史事件进行比较来阐发自己的观点。曹丕的《典论》、刘勰的《文心雕龙》等古代著名文论作品都致力于作家、作品的比较分析，建立起了比较批评的范式。与古代文论产生于同一文化环境之下的古代官修书目批评，其比较法运用得灵活纯熟。

古代官修书目中的比较批评可以归纳为三种主要形式，即横向比较批评，纵向比较批评，同一对象的一体两面的比较批评。

横向比较批评，指将与批评对象相关联的事物集中在一起，或同中求异，或异中求同，以烘托批评对象的特征，从而达到评价批评对象的目的。横向比较法的运用，在刘向的叙录中便有实例可寻，如《孙卿书录》，本是评介孙卿一书，编目者却将孟子拿出来比较立论："孟子者，亦大儒，以人之性善，孙卿后孟子百余年，以为人性恶，故作《性恶篇》以废孟子。"在这一比较中，批评对象的特征表现得更为鲜明具体。

书目中许多概念往往没有得到理性的规定，其从比较中启发、引导读者，使读者在同异相较中理解其内涵。如《隋志》对杂史类的说明："其属辞比事，皆不与《春秋》《史记》《汉书》相似，盖率尔而作，非史策之正也。……然则大抵皆帝王之事，通人君子，必博采广览，以酌其要，故备而存之，谓之杂史。"将杂史与"史策之正"的《春秋》《史记》《汉书》进行比较，以确定它"率尔而作"而所记之事又有可取之处的特点。

对某一具体图书的评价，《总目》最擅长比较立论。如《总目》评价朱彝尊的《明诗综》，将它与钱谦益的《列朝诗集》进行比较："钱谦益《列朝诗集》出，以记丑言伪之才，济以党同伐异之见，逞其恩怨，颠倒是非，黑白混淆，无复公论。彝尊因众情之弗协，乃编纂此书，以纠其缪……其所评品，亦颇持平，于旧人私憎私爱之谈，往往多所匡正。六七十年以来，谦益之书久已渐灭无遗，而彝尊此编，独为诗家所传诵，亦人心彝尊之公，有不知其然而然者矣。"① 以钱谦益的"党同伐异"反衬朱彝尊的公平无私，有力地表现了作者的思想倾向。

纵向比较批评，是指对批评对象进行历史回溯，将它发展的不同阶段进行比较，从其历史的联系与差异中揭示批评对象的本质特征。这一批评方法在《总目》中表现最为突出。因为《总目》立论往往是建立在对前人得失总结的基础上"择善而从"。如《总目》易类小序，为阐明此类收书之旨，对易学两派六宗进行回溯比较。再如朱彝尊的《明诗综》提要，对明代诗学流变的不同阶段及特色进行回溯与比较，在比较中展示出明代诗坛风格各异、利弊不一的情形，不仅介绍了图书内容，而且在比较评价中表明了编目者的学术见解。

纵向比较法时常是溯源法与比较法的交叉运用。编目者从批评对象的宏观流变中去动态地把握其得失利弊，使读者不仅见其特色，更见其演变的规律。

同一对象一体两面的比较，是指对同一批评对象，将其自身的利弊进行两极的比较，从而达到更全面揭示批评对象的目的，《汉志》诸子略各类小序比较法运用得最为典型。从《汉志》到《隋志》，到《崇文总目》，皆采用一体两面的比较批评方式。《总目》更以"权众说之异同"，力求公允为己任，在评价某一图书时，自觉地陈其利弊，在这种两极对照中体现出编目者的观点。

比较法在书目批评中的广泛使用，不仅得益于中国古代形象思维的发达，更得益于古代辩证法的发达。辩证的思维方式，使人们善于把握事物之间的联系与区别，从矛盾的对立统一中来把握问题的实质。横向比较批评致力于揭示事物间的联系与区别，纵向比较批评致力于揭示动态的历史流变，一体两面的比较批评致力于揭示矛盾对立面的统一。比较法注重从运动、联系、对立中认识批评对象，从而达到全面、辩证、客观地评介批评对象的目的。

---

① （清）永瑢等：《四库全书总目》卷 190《明诗综一百卷》，中华书局，1965，第 1730~1731 页。

三　参证法：知人论世的综合把握

参证法是指在学术批评中不是就事论事，而是旁征博引，对与批评对象相关的时代背景、作者身世、学术思想等进行揭示，以帮助读者全面客观地判断批评对象的价值。参证法是一种注重事实力求公正的实证主义批评方法。这一批评方法在古代官修书目中主要表现为对作品的作者进行"知人论世"的综合考察。

"知人论世"的最早提出者是孟子，《孟子·万章下》："颂其诗，读其书，不知其人可乎，是以论其世也，是尚友也。"指出了要客观地理解作品，必须对作者的生平与时代环境有所了解。这一理论对后世学术批评产生极大的影响，并成为读者追求作品原意的基本方法。著名学者王国维在其《玉溪生诗年谱会笺序》中对此大力推崇。"知人论世"批评方法在书目中的应用刘氏父子的《别录》《七略》即已开其端。"刘向、刘歆校书诸叙记，既审定其篇次，又推论其生平。"对作者事迹不详的必注明"不知何世"。班固《汉志》，"虽删去书录，然尚间存作者行事于注中"，如有列传，必注明"有列传"以备人"参互而观"。《总目》更以"每书先列作者之爵里以知人论世"为基本原则，对提要不可尽载的作者事迹注明"事迹具某某史书"，以资参阅。旁证批评法在古代书目中影响较大，如刘宋王俭《七志》"不述作者之意，但于书名之下每立一传"，又如以元代马端临《文献通考·经籍考》为代表的辑录体解题书目广泛汇集一书相关资料以成提要。

古代官修书目通过对作品的作者进行"知人论世"的广泛介绍，阐述作者的时代、身世、事迹、人品，甚至包括作者的朋友，为作品设定一个纵横交错的支撑点，使读者可以在更为广阔的背景与参照之下把握作品的真谛。如刘向的《雅琴赵氏叙录》："赵氏者，勃海人赵定也。宣帝时，元康、神爵间，丞相奏能鼓琴者，勃海赵定，梁国龙德皆召入见温室，使鼓琴，待诏。定为人尚清静，少言语，善鼓琴，时间燕为散操，多为之涕泣者。"编目者不言作品高低，只言赵氏的生平、性格、专长，以此来提供一个判断作品价值的尺度。

古代官修书目对作品的评价，并不仅仅停留于通过"知人论世"引导读者的价值判断层面，而是更进一步从作者的生平遭遇与所处的具体环境出发，挖掘作品更多内涵。如《崇文总目》评价《尚书大传》："汉济南伏胜撰。后汉大司农郑元注。伏生本秦博士，以章句授诸儒，故博引异言，授受援经而申证云。"编目者褒扬此书"博引异言，授受援经而申证"，是以介绍作者伏生的经历，"本秦博士，以章句授诸儒"为前提，且两者互为因果。《总目》还对相关的背景进行分析，不仅使人知其然，更使人知其所以然。如《三国志》提要，针对陈寿以魏为正统的原因对陈寿进行"知人论世"的剖析，并与习凿齿以蜀为正统比较立论。

"知人论世"的综合考察，使古代官修书目在注明作者基本身世的同时，十分注重明确著者年代。或直叙作者仕履之时代，如《别录》言管子仕齐桓公，晏子仕齐灵公、庄公、景公等，《总目》则以考试科目先后为次序。有时作者情况不明，则详注著书的年代。《别录》《七略》《汉志》所称"近世""六国时""武帝时"等即是。如果作者与著书年代都不甚清楚，则取一个可供参考的年代，或与某人同时，或先于某人，或后于某人等，如刘向《列子叙录》："列子者……与郑缪公同时。"《汉志》道家中的文子，注"与孔子同时"；阴阳家闾邱子，注"在南公前"。对作者年代更为模糊者，注明"不知何世"。作者生活的具体年代也是"知人论世"把握图书内容的重要依据。

"知人论世"的参证批评法，是古人客观求实精神的具体体现。

原载《图书馆》2000 年第 5 期

收入本书时略有改动

论古代官修书目评介图书的局限性

书目批评不同于一般的学术批评，由于体裁的限制，它不能就某一问题展开全面而深入的探讨，而只能简明扼要，力求明确地进行评价。在这一评价中，对图书价值的阐发，必然要受到主客体双方的双重制约，皮亚杰在《发生认识论原理》中说："认识既不能看作在主体内部结构中预先决定了的——它们起因于有效的和不断的建构；也不能看作客体的预先存在着的特性预先决定了的。因为客体只是通过这些内部结构的中介作用才被认识的。"因此，任何对原作进行解释与评价的过程都是一个不断反复与不断更新的过程。当代解释学的代表伽达默尔从更为偏激的角度谈到这一问题，他说："一部作品的意义并不是偶然地才逾越出作者的意图，而是永远处在这种越出作者意图的情形之中。理解因而并非是一个再造作者原意的过程，相反，它永远是创造的进程。"① 在这一"创造的进程"中，传统、时代、个人等无不带上各自的烙印，使解释与评介带有不同程度的偏见。

一　儒家正统批评观的功利导向

汉代第一部综合性官修书目《别录》，正值汉代统治者确立儒学独尊地位时产生。古代官修书目"官定"的正统性，使儒家正统的学术批评

---

① 〔德〕H-G.伽达默尔：《真理与方法》，王才勇译，辽宁人民出版社，1987。

观贯穿书目批评的始终。它从实用理性的精神出发，致力于阐发经籍的伦理道德与社会功利性，形成了古代官修书目雍容雅正、褒贬分明的批评风格。

儒家正统的学术批评观，肇始于先秦，首先体现在对诗、乐等文学艺术现象的价值阐发上。《尚书·舜典》即有"诗言志，歌永言，声依永，律和声"之说，孔子则考察诗歌的政治教化作用，将它归结到"事父""事君"的高度，"诗可以兴，可以观，可以群，可以怨；迩之事父，远之事君；多识于鸟兽草木之名"①。"诗三百，一言以蔽之，思无邪。"荀子进一步提出"立隆正"的学术批评原则："凡议，必将立隆正然后可也。无隆正则是非不分而辨讼不决。故所闻曰：'天下之大隆，是非之封界，分职名象之所起，王制是也。'故凡言议期命，是非以圣王为师。"②汉代以后，随着儒学独尊的地位的确立，儒家正统的学术批评观进一步得以强化。杨雄明确提出"劝善惩恶""征圣""宗经"的学术批评主张。他说："夫文人文章，岂徒调墨弄笔为美丽之观哉？载人之行，传人之名也。善人愿载，思勉为善；邪人恶哉，力自禁哉。然则文人之笔，劝善惩恶也。"又说："或曰：'人各是其所是，而非其所非，将谁使正之？'曰：'在则人，亡则书，其统理一也。'"③南朝刘勰更从理论上进一步发展了"征圣""宗经"说，他在《文心雕龙·宗经》中说："故论、说、辞、序，则《易》统其首；诏、策、章、奏，则《书》发其源；赋、颂、歌、赞，则《诗》立其本；铭、诔、箴、礼，则《礼》总其端；纪、传、盟、檄，则《春秋》为根，并穷高以树表，极远以启疆，所以百家腾跃，终入环内者也。"唐宋韩愈、欧阳修的"文以载道"，白居易的"文章合为时而著，歌诗合为事而作"，清代顾炎武的"凡文之不关于六经之指，当世之务者，一切不为"④都是这一正统学术观的延伸。在这一思想的指导之下，传统学术批评忽略学术自身的独立价值，而充当政治的附庸，处处体现出政治功利的要求，以政治取代学术，以求善取代求真，正如张岱年

① 《论语·阳货》。
② 《荀子·正论》。
③ 《法言·吾子》。
④ 《顾炎武文集·与人书三》。

在《中国哲学大纲》中所言："中国哲人认为真理即是至善，求真乃即求善。真善非二，至真的道理即是至善的准则，即真即善，即善即真。从不离开善而求真，并认为离开善而专求真，结果只能妄得，不能得真。"①

在正统学术批评观影响之下，古代官修书目评价图书致力于阐发经籍的功能价值，揭示作品平治天下、垂范后人的教化意义。历代书目大序，皆开章明义地将经籍的价值功能定位于此。如《隋志》大序载："夫经籍也者，机神之妙旨，圣哲之能事，所以经天地，纬阴阳，正经纲，弘道德，显仁足以利物，藏用足以独善，学之者将殖焉，不学者将落焉。大业崇之，则成钦明之德，匹夫克念，则有王公之重。其王者之所以树风声、流显号、美教化、移风俗，何莫由乎斯道？"《旧唐志》大序载："先王陈迹，后王准绳。""琢玉成器，观古知今，历代哲王，莫不崇尚。"《宋志》大序载："《易》曰，'观乎天文，以察时变，观乎人文，以化成天下。'文之有关于世运尚矣……然去古既远，苟无斯文以范防之，则愈趋而愈下矣。故由秦而降，每以斯文之盛衰，占斯世之治忽焉。"此皆直视图书为"观古知今""移风易俗"的政教工具。

在具体的图书评价上，是否合于六经之义，圣人之言，则成为最高的评价标准。《管子叙录》下："务富国安民，义理可法，皆合六经之义。"《晏子叙录》下："其书六篇，皆忠谏其君，文章可观，义理可法，皆合六经之义。"《列子叙录》下："其学本于黄帝、老子，号曰道家。道家者，秉重执本，清虚无为。及其治身接物，务崇不竞，合于六经。"《申子叙录》下："申子学号曰刑名，刑名者循名以责实，其尊君卑臣，崇上抑下，合于六经也。"以上皆以"合于六经"来肯定图书的价值。《汉志》中，"《易》曰""孔子曰"之语随处引征，在编目者眼里只有合于《易经》之言，孔子之言，才可显示出图书存在的积极性。这一评价方式一直影响着后代书目的评价，如宋代《崇文总目》中《周易》提要："郑康成注。今惟《文言》《说卦》《序卦》《杂卦》合四篇，余皆逸。指趣渊确，本去圣之未远。"又《春秋集传》提要："皇朝王沿纂。沿患学者自私其家学，而是非多异，失圣人之意。乃集三《传》之说，删为一书。"

① 张岱年：《中国哲学大纲》，中国社会科学出版社，1982，第7页。

以"去圣之未远"来肯定图书，以"失圣人之意"来指责学者"私其家学"、各抒己见的做法。

成书于封建社会末期的《四库全书总目》则更能体现这一儒家正统精神，如春秋类序中谈著录标准，凡收入《四库全书》春秋类的书，"要以切实有征、平易近理者为本。其瑕瑜互见者，则别白存之；游谈意说，以私意乱圣经者，则仅存其目"，将"以私意乱圣经者"排斥在著录之外，"仅存其目"。又《四库全书总目》称赞俞汝言的《春秋平义》一书"简汰精审，多得经意，正不以多出新解为长"，其优胜之处在于它"多得经意"，不妄加发挥。又编目者评价欧阳修的《毛诗本义》"作是书，本出于和艺平心，以意逆志。故其立论，未尝轻议二家，而亦不曲徇二家。其所训释，往往得诗人之本志"，其价值正在于"得诗人之本志"。古代书目批评在这种追求原意的掩盖之下，宣扬着儒家正统的批评观，对儒家经典的尊崇，使各家书目在评价儒家经典时，只叙圣人述作之意，而不敢加以任何论断。其他各类图书则全都以儒家经典的思想为尺度，或褒或贬，以合于六经者为上，不合六经者为下。因此形式华美的文学作品和缺乏教化意识的科技著作始终处于被贬斥地位。正是因这一儒家正统批评观的功利导向，尊经、重史、轻子、鄙集的思想始终贯穿着古代官修书目。

二 "辨章学术，考镜源流"的集体意识

书目，就一般意义而言，应以揭示与检索图书为基本职能。而古代官修书目，产生在一个高度重视历史的文化环境之中，对史的尊崇以及史识的普及，使古代书目不可避免地浸染了史家的意识。"辨章学术，考镜源流"成为一种集体意识，古代官修书目，一直以学术性书目为主流。

1. 古典书目产生的史学氛围

中国古代官修书目因中国历史悠久且史学发达而诞生。梁启超在《新史学》中说："试一翻《四库》之书，其汗牛充栋，浩如烟海者，非史学书居十六七乎？上自太史公、班孟坚，下至毕秋帆、赵瓯北，以史家名者不下数百。兹学之在发达，二千年于兹矣。""史"的高度发达导因

于历代统治者对"史"的高度重视。我国历史记载萌芽甚早，殷商甲骨文上已有年、月、日、地点、事件和人物的简明记载。《尚书·多士》中"惟殷先人，有册有典"，证明了殷商时期对历史记载的重视，中国古代史官的设置早在殷周便已开始。刘知幾的《史通》认为"史官之作，肇自黄帝，备于周室"，"诸侯列国亦各有史官"，如"孔甲、尹逸，名重夏、殷、史佚、倚相，誉高周、楚一，晋则伯黡司籍，鲁则丘明受经"，"降及战国，史氏无废"，"汉兴之世，武帝又置太史公，位在丞相上……汉氏中兴，明带以班固为兰台令史……斯则兰台之职，盖当时著述之所也"。① 历代统治者对史职重视是史学发达的基本保证。自唐代开始，朝廷还特开史局，"别置史馆，通籍禁门"，皇帝亲自过问史书的编纂。唐太宗李世民曾说："前代史书，彰善瘅恶，足为将来之戒……将欲览前王之得失，为自身之龟镜。"② 清代龚自珍在《古史钩沉论》中进一步说："灭人之国，必先去其史；隳人之枋，败人之纲纪，必先去其史；绝人之材，湮塞人之教，必先去其史；夷人之祖宗，必先去其史。"③ 顾炎武批评亡明之弊，讥嘲明代"有登名前列，不知史册名目，朝代先后，字画偏旁者。"④ 他们将史的重要性提升到与天下盛衰、民族存亡直接相关的高度。

对史的尊崇，造成了自古以来经史不分的局面。章学诚《文史通义》贯通文史，明确提出"六经皆史"的命题，《汉志》则根本不为史书设类，直接置史书于六艺略春秋类之下。事实上，六经之中《春秋》是最早的编年史书，《尚书》是最古的历史文献汇编，而其他各经史料价值同样极为丰富。因此，中国古代的史学实质上是一个具有极大学术包容性与渗透性的综合性学科，史学这一内涵丰富的特点使历代史学家必须具备广博的学识，能遨游于知识的海洋且出入自如。龚自珍在《尊史》中说："天下山川形势，人心风气，士所宜，姓所贵，皆知之；国之祖宗之令，下逮胥吏之所守，皆知之，其于言礼、言兵、言政、言狱、言掌故、言文

---

① 《史通·史官建置》。
② 《唐会要》卷三十五。
③ 《龚自珍全集》，上海古籍出版社，1975，第22页。
④ （清）顾炎武：《日知录》卷十六。

体、言人贤否、如言其家事，可谓入矣。""天下山川形势，人心风气，士所宜，姓所贵，国之祖宗之令，下逮胥吏之所守，皆有联事焉，皆非所专官。其于言礼、言兵、言政、言掌故、言文体、言人贤否，如优人在堂下，号咷舞歌，哀乐万千，堂上观者，肃然踞坐，眄睐而指点焉，可谓出矣。"① 这种高水平的知识修养，使封建文人士大夫多以从事史职为荣，如刘知幾不无自得地说自己"三为史臣，再入东观"，章学诚更言"大丈夫不为史臣，亦当为名公巨卿执笔充书记，而因得论列当世，以文章见用于时，如纂修志乘，亦其中一事也"②。

史学地位的尊崇，使史学人才辈出，并产生数量庞大且名垂千古的史学名著，仅载入《四库全书总目》的史部典籍就多达 15 个门类，30199卷，因交叉而渗入其他门类的并未计入其中。中国古代文化成为一片"史"的汪洋大海，浸透着中国古代社会的政治、学术及文人本身。

2. 编目群体的"史"识熏陶

任何个人都是特定环境的产物。书目编纂者浸润在"史"的汪洋大海中，深受史的熏陶与吸引，接受一套以经史为中心的系统教育，他们的知识结构也因而包含大量的史识。

早在先秦，孔子便提出"学而优则仕"的选官主张，即从文化修养较高的人才中选拔官吏，而相应的学校教育自然也围绕这一中心展开。汉代的察举制，重视文士的选拔，汉文帝以策问的方式以国家大事来考问被荐举者，因此汉代产生出一大批杰出的政论家，如贾谊、晁错等。魏晋以后，统治者实行九品中正制，"以论人才优劣，非谓世族高卑"③，出身微贱者可以通过学习与努力获取晋升的机会。隋唐以后，实行科举制，封建文士无论地位高低，都可以通过读书应考来博取功名。虽然历代科举考试内容多侧重于儒家经典，但经史自古不分家，而且没有史的博闻强识，更无以阐发经的深邃。唐开元中，"谏议大夫殷侑言：'《三史》为书，劝善惩恶，亚于《六经》。比来史学都废，至有身处班列，而朝廷旧章莫能知

① 《龚自珍全集》，上海人民出版社，1975，第81页。
② 《文史通义》外篇三《答甄秀才论修志第一书》。
③ 《宋书》卷94《恩幸传》，中华书局1974，第2301页。

者.'于是立科、史三传科",在科举考试中提高了史的地位,专设史科与三传科。这迫使封建读书人在追求功名之路上必须自觉地饱览史书,形成以史为枢纽,经、史、子、集无所不知的通才。历代相沿不断的政论散文,如《过秦论》《封建论》《六国论》《留侯论》等,皆谈古论今,显示出封建文人高度的史学修养。清代实学的兴盛,也正是学人通史、重史的结果。黄宗羲一生谨守父训"学者最要紧的是通知史事",故一生踏实治实,认为"学必原本于经术,而后不为蹈虚,必证明于史籍,而后足以应务,原原本本,可据可依"①,取得了巨大的学术成就。章学诚更从理论上强调,"史家之书,非徒纪事,亦以明道也","史学所以经世,固非空言著述也","史志之书,有裨风教者"②。被历代皇帝钦定的"正史"是古代文人必读的史书。"史"的熏陶,"史"识的丰富,使封建文人具备一种"史"家的眼光,并形成一种纵向把握问题的思维方式。

3. 官修书目的史家意识

古代官修书目的编纂,真正的主持者是封建社会的皇帝,由皇帝亲自指派名人学士来完成。隋以前多由掌管皇帝藏书的秘书监负责编目,唐以后则多由皇帝身边的近密文官翰林学士主持,因此编目者都是封建文人阶层中的精英,如编纂《别录》《七略》的刘向、刘歆父子是"正统儒学中最博学"的汉宗室皇亲。为《崇文总目》执笔写小序的欧阳修是北宋著名的政治家、史学家、经学家、文学家。为《四库全书总目》倾注毕生主要精力的纪昀,是"少而奇颖,读书过目不忘""于书无所不通"③的清乾嘉著名学者。他们成长的文化环境、学术修养、史家意识,自然渗透到他们所编纂的官修书目之中,使书目成为学术史。清代目录学家章学诚在目录学名著《校雠通义》中就指出了古代目录学的史学功用:"校雠之义,盖自刘向父子部次条别,将以辨章学术、考镜源流,非深明于道术精微,群言得失之故者,不足语此。后世部次甲乙,纪录经史者,代有其

---

① 《史通》,岳麓书社,1933,第 106 页。
② 《史通》,岳麓书社,1933,第 294 页。
③ (清)江藩:《国朝汉学师承记》卷 6,中华书局,1983,第 92 页。

人，而求能推阐大义，条别学术异同，使人由委溯源，以想见于坟籍之初者，千百之中不十一焉。"事实上，自汉代刘氏父子的书目开始，除魏晋南北朝和明代官修书目之外，其他各时期的官修书目，皆致力于学术史的探究，书目大序进行学术史的追踪，以书目小序阐明学派及传授渊源，通过书目解题叙述图书及版本源流，形成了书目评价中以探源溯流的学术史书目为上乘，以账簿式书目为下乘的传统观念。书目的史学价值，它自身的本位价值更受到学者们的瞩目，如范文澜评价《七略》，将它与历史名著《史记》相提并论认为"西汉后期，继司马迁而起的大博学家刘向、刘歆父子，做了一项对古代文化有巨大贡献的事业，那就是刘向创始刘歆完成的《七略》"，"西汉有《史记》《七略》两大著作，在史学史上是辉煌的成就"①，直称《七略》是史学史上的辉煌成就。又汪辟疆在《目录学研究》中评《隋志》："每于部类后，各系以后论总论，尤足以究学术之得失，考流别之变迁，文美义赅，《班志》后所仅见也。"《四库全书总目》则更以辨考学术为己任，在凡例中明确规定其任务，"撮述其源流正变""详述其分并改隶""以明通变之由""详典籍之源流""剖析条流，斟酌古今，辨章学术，高挹群言"，被学者称为"东方文化的金字塔"②，贯穿官修书目的史家意识，使古代书目的价值远远超越书目自身。

三　个人意绪的影响

就编目者个体而言，他们所编制的书目，既摆脱不了历史与时代所赋予的共性，同样也避免不了自己的思想感情、立场观点所带来的个性。用当代解释学的术语表达，任何解释都必须受"前理解"的影响，其共性构成"合法的先见"，而个性则造成"理解的偏见"。书目评价中的主观随意性，往往由此而产生。

中国最早的古代官修书目《别录》《七略》产生在汉代今古文经学斗争的浪潮之中，刘氏父子站在古文经学家的立场，必然拥护古文经学，贬

① 范文澜：《中国通史简编》，人民出版社，1964，第125~126页。
② 周积明：《文化视野下的四库全书总目》，广西人民出版社，1991，第2页。

斥今文经学，以"深厚尔雅"为风格的《七略》因此难以摆脱这种个人意识的影响。如《汉志》六艺略易类小序，记载《古文尚书》："古文《尚书》者，出孔子壁中。武帝末，鲁恭王坏孔子宅，欲以广其宫，而得古文《尚书》及《礼记》《论语》《孝经》凡数十篇，皆古字也。恭王往入其宅，闻鼓琴瑟钟磬之音；于是惧，乃止不坏。孔安国者，孔子后也，悉得其书，以考二十九篇，得多十六篇。安国献之。遭巫蛊事，未列于学官"。编目者由衷地将古文经书的出现神圣化，"鼓琴瑟钟磬之声"，使人肃然起敬，并产生"于是惧，乃止不坏"的神奇效应。编目者虽叙其事，但鲜明的倾向已包含其中。又六艺略小序，更直接揭露今文学家的治学弊端为"后世经传既已乖离，博学者又不思多闻阙疑之义，而务碎义逃难，便辞巧说，破坏形体；说五字之文，至于二三万言。后进弥以驰逐，故幼童而守一艺，白首而后能言；安其所习，毁所不见，终以自蔽。此学者之大患也"，将今文经学家解释图书任意附会、滥加发挥的做法，视为"学者之大患"。

成书于唐代初年的官修史志书目《隋志》，更时常流露出编目者的急切与挑剔。如在谈到西晋荀勖编制的官修书目《晋中经簿》时，《隋志》编者评论它为"但录题及言，盛以缥囊，书用缃素。至于作者之意，无所论辩"，直指当时书目编制中带有普遍性的草率之弊。在批评私撰书目时，编目者更加言辞激烈，对王俭的《七志》及阮孝绪的《七录》，批评前者为"亦不述作者之意，但于书名之下，每立一传，而又作九篇条例，编乎卷首之中。文义浅近，未为典则"，批评后者为"其分部题目，颇有次序，割析辞义，浅薄不经"。《隋志》将子部诸子九家与《汉志》所录做比较，如法家，《汉志》言其弊为"及刻者为之，则无教化，去仁爱，专任刑法而欲以致治，至于残害至亲，伤恩薄厚"，《隋志》之言则为"刻者为之，则杜哀矜，绝仁爱，欲以威劫为化，残忍为治，乃至伤恩害亲"；纵横家，《汉志》言其弊为"及邪人为之，则上诈谖而弃其信"，《隋志》之言则为"佞人为之，则便辞利口，倾危变诈，至于贼害忠信，覆邦乱家"；等等。评价之辞较为激进，显示出不同的时代风格。

唐代中期，毋煚编纂《古今书录》，由于他在此前参编《群书四部录》时，许多意见未被采纳，不免牢骚满腹，因此在《古今书录序》中，极力批评《群书四部录》，直指其弊端有五："于时秘书省经书，实多亡阙，诸司日永籍，不暇讨论。此则事有未周，一也。其后周览人间，颇睹阙文，新集记贞观之前，永徽已来不取；近书采长安之上，神龙以来未录。此则理有未弘，二也。书阅不遍，事复未周，或不详名代，或未知部伍。此则体有未通，三也。书多阙目，空张第数，既无篇题，实乖标榜。此则例有所亏，四也。所用书序，咸取魏文贞；所分书类，皆据《隋经籍志》。现有未允，体有不通。此则事实未安，五也。"① 其批评带着浓厚的个人情绪。南宋郑樵的《通志·校雠略》，对自汉至宋的书目从收书、分类、编目、注释诸方面进行了全面的批评，且言辞时时流于偏激。如对当时影响极大的官修书目《崇文总目》的批评："今《崇文总目》出新意，每书之下，必著说焉。据标类自见，何用更为之说。且为之说也，已自繁矣，何用一一说焉。至于无说者，或后书与前书不殊者，则强为之说，使之意息。"郑樵对《崇文总目》详细注释的方法极为不满，这主要是为他自己的《通志·艺文略》全无提要进行辩护。

清代《四库全书总目》虽在凡例中反复强调自己力求公允的编目立场，申明自己要"权众说之异同"，"兼收并蓄，如渤海之纳众流"，"主于考订异同，别白得失"，"于众说互殊者权其去取，幽光未耀者加以表彰"，"不敢横生别解"，并严词指责前代"各明一义"，"胶执而过偏，左右佩剑，均未协中"，要"以求归至当，以昭去取至公"。然而在具体评价中，仍不免带有个人偏见。《总目》总纂官是纪昀，他"一生精力，粹于提要一书"，"笔削考核，一手删定"②，因此对提要的修饰润色，基本出于纪昀一人之手，而纪氏本人不喜宋儒，每涉及宋儒之处，不免微言讥刺，曲意诋毁。如《总目》在明张自烈《四书大全辩》提要中说："《四书大全》诚为猥杂，然自烈所辨又往往强生分别，不过负气求胜，借以立名。观其首列揭贴序文之类，盈一巨册，而所列参订姓氏至四百八十六人。非惟马郑以来无是体例，即宋人盛相标榜，亦未至是也。"③ 又

① 《旧唐书》卷46《经籍志》，中华书局，1975，第1964页。
② （清）江藩：《国朝汉学师承记》卷6，中华书局，1983，第93页。
③ （清）永瑢等：《四库全书总目》卷37《四书大全辨》，中华书局，1965，第314页。

清魏裔介《四书大全纂要》提要："《大全》庞杂万状，沙中金屑，本自无多。裔介所摘，又未能尽除枝蔓，独得精华，则亦虚耗心力而已。"① 又在明朝胡广等《性理大全书》提要中说："大抵庞杂冗蔓，皆割裂襞积以成文，非能于道学渊源真有鉴别。"② 《总目》对宋儒理学之书极力贬斥，甚至挟成见，先入为主，造成错误的评价，如《总目》因刘安世上疏劾程颐，故称刘氏气节凛然，斥朱熹于《名臣言行录》中有心抑之，不登一字。而事实上并非如此，《名臣言行录》载刘安世事迹多至三十七条，而且朱熹本人极为推崇刘安世，因为朱熹受学于刘安世的外甥刘勉之，而刘勉之的学问正出于刘安世。③

原载《江苏图书馆学报》1999 年第 1 期

收入本书时略有改动

---

① （清）永瑢等：《四库全书总目》卷 37《四书大全纂要》，中华书局，1965，第 314 页。

② （清）永瑢等：《四库全书总目》卷 93《性理大全书》，中华书局，1965，第 790 页。

③ 参见余嘉锡《目录学发微》，中华书局，1963。

论汉代官修书目的时代精神

　　汉代官修书目，是我国古代大型综合性官修书目的开端，产生在封建社会政治、经济、文化的第一次大统一与繁荣时期。秦始皇顺应历史潮流，首先完成了统一大业，建立了统一的封建专制主义中央集权国家。到汉代，这种统一得到了进一步的加强与发展。领土与政权的统一，必然带来思想文化上的繁荣与开放，处于封建社会上升时期的汉代社会，以一种博大的兼容并包的胸怀，使汉代官修书目不仅纵贯古今，横兼诸子，更导向书目发展的未来，体现出蒸蒸日上的蓬勃朝气。

　　汉代官修书目，见于记载的有西汉刘向、刘歆父子的《别录》《七略》，东汉班固等的《东观新记》《仁寿阁新记》。然而这几部书目无一流传至今。在书目史上具有开创意义的《别录》《七略》，我们今天得以窥其大概，主要是凭借两个途径：一是清人辑佚本，如洪颐煊的《问经堂丛书》本、陶浚宣的《稷山馆辑补书》本等，但辑佚出的内容不成体系，因而真正将其作为研究的第一手材料，我们主要是凭借第二个途径，即东汉班固的《汉书·艺文志》（以下简称《汉志》）。《汉志》与《七略》为相承的关系，班固自己在《汉志》大序中已经指明："今删其要，以备篇籍。""其"正是前文中提到的《七略》，《汉志》正是对《七略》直接加以删减而成。关于这一点，前人论述颇多。班固《汉书》中的《艺文志》，基本保存了《七略》原貌，偶有出入处，班固必加"出""省""出重"等字样以示区别，因此，《汉志》是我们研究汉代官修书目的可靠材料。

一　汇古今为一体，借古鉴今

汉代编修官修书目，第一次对古往今来的文献典籍进行大规模的搜集、整理与著录，将先秦以来的文化成果汇为一体，不仅为后人系统地保存了古代的文献典籍，更将一种稽古右文、尊崇典籍的传统思想，从实践和理论上推向了高峰。

仅西汉一代，就进行过三次大规模的图书整理，第一次是在西汉政权建立初期，《汉志》记载说："汉兴，张良、韩信序次兵法，凡百八十二家，删取其要，定著三十五家。"这次整理的图书主要是军事、政治方面的书籍，这次整理活动是汉初统治者面对现实，希望通过总结历史的经验教训，迅速恢复与完善国家的各项制度，巩固与强化中央集权制度的结果。第二次图书整理是在汉武帝时期，这一时期，汉王朝经过几十年的休养生息，中央集权进一步强化，经济实力更加雄厚，古籍也"书缺简脱"，于是"建藏书之策，置写书之官，下及诸子传说，皆充秘府"，大大充实了皇家藏书，以致"外有太常、太史、博士之藏，内有延阁、广内、秘室之府"。由于经济实力强大，汉武帝频繁地对外用兵，为了利用古人用兵的智谋，命军政杨仆整理兵书，成《兵录》一部。第三次图书整理是在汉成帝时期，这一次整理成效最为显著。汉成帝一面"使谒者陈农求遗书于天下"，一面又命著名学者刘向、刘歆父子先后负责校书，并采用专业人才分工负责的办法，各尽其能，整理著录图书多达 38 种 603 家 13219 卷。著名的《别录》《七略》便是这次图书大整理的成果。

政府对文献典籍的尊崇，不仅体现在他们搜集整理图书的反复实践上，同时也体现在他们编制的具体书目之中。《汉志》屡屡提及"秦燔书禁学"之弊，而对历史上的文献整理之举极力赞扬。《汉志》大序称赞："汉兴，改秦之败，大收篇籍，广开献书之路。"小序则对前人整理文献的功绩屡加宣扬，反复说明孔子在文献整理上的功绩。

对古代文献的重视，使汉代官修书目在评价图书上，尊师重古，探本求源。据《汉志》之言：《易》起于宓戏氏，"伏羲氏仰观象于天，俯观法于地，观鸟兽之文，与地之宜，近取诸身，远取诸物，于是始作八卦"；《书》"所起远矣，至孔子纂焉"；《诗》源于古之"采诗之官"。《礼》"至周曲为之防，事为之制"；《乐》"自黄帝下至三代，乐各有名"；《春秋》起于"古之王者世有史官"。诸子各家源于上古之王官，儒家"出于司徒之官"，道家出于"史官"，阴阳家"出于羲和之官"，法家"出于理官"，名家出于"礼官"，墨家"出于清庙之守"，纵横家"出于行人之官"，杂家"出于议官"，农家出于"农稷之官"，小说家出于"稗官"。诗赋略源于诗经，"春秋之后，周道渐坏，聘问歌咏不行于列国，学诗之士逸在布衣，而贤人失志之赋作矣"。兵家"出古司马之职"。数术"皆明堂羲和史卜之职"。方技，"生生之具，王官之一守也"。各类图书皆有所起，各具其源，而且在流传过程中又几经周折，各有师承，对整理中采用的底本以及不同的校勘本，书目中皆一一加以注明，开创了古代书目编制"辨章学术，考镜源流"的优良传统。

汉代官修书目对古代文献的尊崇，以古为今用的功利追求为直接目的。取秦而代之的西汉王朝，处处以秦为戒，并一度形成一股总结亡秦教训的社会思潮。产生于这一社会思潮之中的官修书目，本身就是改秦"燔灭文章，以愚黔首"之弊的具体体现。

汉代官修书目的功利追求，更体现在编目者以编制的官修书目为阵地，积极参与席卷时代的经今古文之争。由于秦焚烧了先秦典籍，汉初流行的儒家经典只是师徒口耳相传并用当时文字记录下来的今文经书，汉代的官方博士将此用作教材，并相沿成习，在朝廷扶持下，长时间居于官学统治地位。然而自汉武帝之后，以先秦古文书写的古文经书不断出现。如武帝末年，鲁恭王拆除孔子旧宅，从夹壁中发现了古文《尚书》《礼记》《论语》《孝经》等数十篇。后又有河间献王、刘歆等人发现的古文经书。这些经书翔实可靠，胜过今文经书，而居于官学正统地位的经今文博士们却出于私心极力加以反对。整个汉代经坛，今文经学与古文经学的斗争一直不曾停息，刘向、刘歆、班固站在古文经学的立场，利用书目编制实践，倡导古文经学。他们将古文经书的出现神秘化，给古文经书戴上神圣的光环。在具体著录图书时，又注重古文经学家著作，《汉志》所增加的图书仅有：书经类，刘向《稽疑》；小学类，杨雄《苍颉训纂》、杜林《苍颉训纂》《苍颉故》；儒家，杨雄之作38篇；诗赋类，杨雄之作8篇。

这三位学者都是古文经学家。在图书校勘中，编目者更以古文经书为正宗考核他书。在极力宣扬古文经学的同时，编目者们对今文学家自身的治学弊端进行坚决的抨击。如《六艺略》小序，将今文学家牵强附会的治学弱点揭露得淋漓尽致。

事实上，刘歆是古文经学派的关键人物，他在《七略》成书之后，很快向汉哀帝提出了要为《春秋左氏传》《毛传》《周礼》《古文尚书》等古文经立博士的要求，遭到了居于官学地位的今文经学博士们的反对，并被斥颠倒五经，变乱师法。刘歆为此写下有名的《移让太常博士书》，对今文学家的"党同妒真""抱残守缺"进行了坚决的反击，由于刘歆的不懈努力，古文经学曾在王莽新朝隆盛一时，尽管又很快失宠，但其实力已经增强，且大师辈出，如贾逵、服虔、马融、郑玄、许慎等。在这一震荡汉代政坛、经坛的斗争中，官修书目作为古文经学家的理论与实践阵地，功不可没。

二　以儒学为正统，兼容诸子百家

儒学可以追溯至先秦时期孔子所创立的以仁、义、礼、智、信为核心的儒家思想。到秦代，秦始皇力倡绝对君权的法家学说，并"焚书坑儒"，使儒家思想受到了空前的打击。取秦而代之的汉代，吸取亡秦以暴力来统一国家的教训，在其建立政权之初，推行"与民休息"的黄老思想，到"国泰民安"的武帝时期，汉武帝欣然采纳了被称为"汉代孔子"的董仲舒的建议，"罢黜百家，独尊儒术"，将秦朝所设立的各家博士全部取消，专立儒家的《诗》《书》《易》《礼》《春秋》五经博士。自此，读儒经、通儒经成为中国士子读书治学、追求仕进的必由之路。然而在这一独尊的儒学笼罩之下，统治者并不一概扼杀其他学说，而是"博开艺能之路，悉延百端之学"，营造了一种宽松祥和的学术氛围，这一时期的官修书目，以儒学为正统，兼容诸子百家之学。

从《汉志》所著录的图书内容来看，共有六大类型，即儒家经典的六艺略、诸子各家之学的诸子略、以诗赋作品为著录对象的诗赋略、著录军事著作的兵书略、反映迷信及科技成果的数术略、著录古代医学著作的方技略。在这六类图书之中，儒家经典及其相关著作数量最多。六艺略著录著作 3123 篇、诸子略著录著作 4324 篇，诸子之书被编目者认为是"六经之支与流裔"，故两者所占著作比例最大。诗赋略著录著作 1318 篇、兵书略著作 790 篇、数术略著作 2528 卷、方技略著作 868 卷。这就是西汉官府藏书的具体情况。虽然表面看来，诸子之书数量居首，儒家经典第二，数术类第三，诗赋类第四，方技、兵书类最少，但从内容来看，诸子之书杂采众说，凡可著书立说，自成一家之言者，皆著录，连"播百谷，劝耕桑"的农家，"道听途说"的小说家，难以类归的杂家全都充塞其中。数术略则将迷信、科技之书杂糅一体，天地鬼神之书无所不包。只有六艺略，内容纯正，以儒家经典的《易》《书》《诗》《礼》《乐》《春秋》为中心，附之儒家先祖孔子的《论语》，孔子"陈孝道"的《孝经》以及读经必备的小学之书。其数量庞大，并非杂拼滥收，而是严格著录具体对儒家六经进行注释与阐发的图书。这些图书内容集中、数量丰富，是其他各类图书无法比拟的。它们从不同的角度，采用不同的形式，共同阐发六经的旨意，著作形式有故、训、传、章句、说、微等。考查《汉志》，学者们注释与阐发的图书对象，在西汉时期全都集中于儒家经典，唯一例外的只有《老子》有三家注解，这是汉初统治者提倡"无为而治"的黄老之学的产物。《汉志》中围绕六经展开的数千篇学术著作，成为汉代学术研究的中心，显示出汉代儒学的发达。

儒家经典及相关著作构成汉代官府藏书的核心部分。在对这批图书的具体著录上，编目者又注意将儒家经典类图书安置在最重要最醒目的位置。在所整理的 1.3 万多卷图书中，编目者首先著录儒家经典，然后再依次著录其他图书，六艺略统领全书目的重要地位在书目形式上一目了然。

儒家经典数量最多，在书目中位置最醒目，而其他诸子百家之书在儒学的统帅之下，各自相安，并在六经的价值衡量下利弊分明。

编目者将儒家六经作为检验一切图书优劣的永恒标准。它们或"和神"，或"正言"，或"明礼"，或"广听"，或"断事"，虽功用不一，但"相须而备"，"与天地相始终"，价值永存。在这一衡量标准下，诸子略"虽有蔽短，合其要归，亦六经之支与流裔"，"若能修六艺之术，而观此九家之言，舍短取长，则可以通万方之略矣"。诗赋略则以是否追寻《诗经》之义，被划分为"诗人之赋"与"辞人之赋"。"诗人之赋丽以则"，如"大儒孙卿及楚臣屈原离谗忧国，皆作赋以风，咸有恻隐古诗之义"；"辞人之赋丽以淫"，如"宋玉、唐勒，汉兴枚乘、司马相如，下及杨子云，竞为侈丽闳衍之词，没其讽喻之义"。兵书略迎合了孔子"足食足兵""以不教民战，是谓弃之"与《易》"古者弦木为弧，剡木为矢，弧矢之利，以威天下"之言。数术略与《易》"苟非其人，道不虚行"之言相应。方技略则"生生之具"，"论病以及国，原诊以知政"。它们全都具有与六经之旨相通的契合点，因而理应有生存的空间。

汉代官修书目明确地将时代的政治主张贯穿其中，它不满足于以客观著录的图书内容及数量对比来显示儒学的分量，而是进一步采用辅助的手段，将儒家经典置于书目之首，又将六经作为评判其他图书的标准，反复引证，从而使以儒学独尊而兼容诸子百家之学的时代精神在书目中鲜明地凸显，为历史书目编制建立融政治与学术为一体的成功范式。

三 总结秦汉学术，导向书目发展

大型综合性官修书目的产生，是学术发展到一定阶段的必然结果。中国传统学术发展至秦汉，历经战国时期的百家争鸣，又历经秦王朝的焚书坑儒、以吏为师。至汉代，对散佚之经籍屡加搜集，至成帝时书积如山、硕果累累，人力、物力相对雄厚，对秦汉异彩纷呈的学术进行大规模梳理的条件已经成熟，于是在学者们的倡议下，汉成帝网罗天下人才，"诏光禄大夫刘向校经传诸子诗赋，步兵校尉任宏校兵书，太史令尹咸校数术，侍医李柱国校方技"，在对众多图书进行分类整理的基础上，开始对秦汉学术著作进行系统的梳理、评述与著录。由于这一工作是由皇帝亲自指派各学科的一流专家负责，因此，整理的成果具有权威性，不仅在学术领域影响深远，在书目史上更成为古典书目编制的典范。

汉代官修书目作为古代大型综合性书目的开端，限定了古典书目与古代政治学术相融为一的发展方向。它不是单纯地著录与揭示图书，而是以政治功用性为图书评判标准，以学术探究为编目宗旨，使古典书目不仅成为揭示图书的工具，还具备学术史的意义，同时又使之成为政治宣传的工具。

汉代官修书目对秦汉学术的总结，是从图书分类入手的。这一分类的对象是先秦百家争鸣以来的13000多卷学术著作，这批著作具有综合通融、政治功利性强、学科界限不甚明确的特点，编目者粗略地将它们划分为六大类，即六艺、诸子、诗赋、兵书、数术、方技。六艺是经学，包括小学，即今天的文字学；诸子是哲学政治学；诗赋及诸子中的小说家是文学；兵书是军事学；数术包含天文历法；方技是医学。这种分类方式类别高度概括了秦汉时期图书的类别与学术的类别，是汉代图书整理的一大成果。虽然这一分类并不具备严格的科学性，但在当时却极具合理性。编目者将汉代统治者捧得最高的儒家经典及相关著作列为一类，其内容虽庞杂不一，但共同的政治功用与学术地位有别于其他文献。诸子略是将先秦至秦汉时期各家思想著作汇为一类，它们虽立说各异，但大都不出政治学、名学、法学、伦理学的范畴，以阐述其哲学思想为共同旨归。诗赋略则以文学作品为对象，当时的文学作品仅限于诗和赋，赋又源于诗，它们同类又同源。兵书略是将在当时政治生活中占有相当地位的各类军事著作列为一类。数术略则将当时人们混杂不分的迷信、科技之书合为一类。方技之书是深奥的中医科学著作。针对当时的学术发展实际，这一划分，不但合理梳理了秦汉学术，而且明确地显示出秦汉学术体系结构的特点与优势。经学居于各学科之首，自然科学与军事科学占有相当的分量。特别是编目者对自然科学的重视，六大类中，方技略、数术略两大类与此密切相关，正是这一结构的优化组合，决定了中国在近代以前时期的所有文明中，没有一个国家的文明比中国更发达更先进。然而这一结构体系又埋下了中国16世纪以后科技文明不断滑坡的隐患。大量的天文、历法、科学著作，不但没有与迷信之书分类而立，而且在对它们的价值进行阐发时，编目者完全忽视它们的科学性，仅从它们作为迷信推算的工具角度进行揭示。如"天文者，序二十八宿，步五星日月，以纪吉凶之象，圣王所以参政也"，"历谱者，序四时之位，正分至之节，会日月五星之辰，以考寒暑杀生之实。故圣王必正历数，以定三统服色之制，又以探知五星日月之会。凶之患，吉隆之喜，其术皆出焉"。地理著作《山海经》被视作讲骨法贵贱、物形吉凶的形法类，《神农教田相土耕种》《昭明子钓种生鱼鳖》《种树臧果相蚕》等，本身内容将科学、迷信混杂一体，著录时则被视作"纪百事之象，候善恶之征"的杂占类图书。中医科学虽自为一类，但它以阴阳立说，重经验的积累，算不上真正意义的理性科学，因此，上古科学技术的智慧之光，最终必定淹没在社科之林中。魏晋兴起的图书四部分类法就在大类中取消了科技著作的类别，而系于子部之下，大大削减了自然科学在学科结构中的分量。

汉代官修书目对秦汉学术的总结，不仅成功地梳理了秦汉学术，合理地划分了学术类别，更为历代大规模的图书整理提供了经验，树立了榜样。它的影响甚至超出书目编制本身，编目者在书目编制中共同表现出的博达、求实的治学风格扭转了后人对人品学问的目标追求。

在书目编制上，"（刘）向之故事"成为后世书目编纂的原则。清代章学诚的《校雠通义》有《宗刘》篇，指明《七略》在理论及方法上的指导意义。汉代官修书目开创六分法，虽然魏晋以后代之以四部分类法，但四分法实质上并未跳出六分法的格局，它是在六分法的基础上稍加分并改隶而来。汉代官修书目以篇目、注、序、提要为基本结构的编目体例，成为书目编制的主流模式。其"辨章学术，考镜源流"的学术追求，更成为历代书目编制的灵魂。由汉代官修书目开创的以书目指导后人读书治学的优良方法，不但影响广泛，而且功效显著。《汉志》一直被后世学者奉为读书治学的指南。

《七略》对秦汉文化成果的网罗，使它拓展了读书人的眼界。正如东汉王充所言："六略之书万三千篇，虽不尽见，旨趣可知。"传统那种"幼童而守一艺，白首而后能言"的迂儒开始遭到世人的轻视，成为博学精思的通儒成为时人的追求。在这一新的价值观驱使下，汉代出现了一大批顺应时代潮流的博通古今的大学者。其中典型的如张衡，他制造出世界第一台候风地动仪，是著名的科学家；写出文采飞扬的《两京赋》，是名副其实的文学家；以他精深的科学知识对谶纬神学展开激烈的批判，又是富于思辨的哲学家。《汉书·刘向传赞》称刘向"博物洽闻，通达古今"。《后汉书·王充传》记载王充"好博览而不守章句……博通众流百家之言"。《汉书》称杨雄"博极群书"，"有良史之才"。《后汉书》论郑玄

"括囊大典，网罗众家"，"以博闻强记之才，兼高节卓行之美，著书满家，从学盈万"。"博洽"一词，成为衡量学识的重要尺度，在历代书目评价中不断出现。

原载《图书馆学研究》1999 年第 5 期

收入本书时略有改动

论魏晋南北朝官修书目的时代精神

魏晋南北朝时期，是一个社会动荡、分崩离析的战乱时期。政权的频繁更迭，这动荡不已的局势使国家藏书遭到严重损失，学术消沉。然而对思想而言，由于政治干预的弱化，人们从传统文化的束缚中解脱出来，这一时期反而成为春秋战国百家争鸣以来又一次思想活跃时期。多民族文化在这里交汇，传统思想受到前所未有的冲击，开拓与创新成为顺应时代发展的潮流。揭示这一特定历史时期文化典籍情况的官修书目，不但敏感地反映时代思想文化发展的新特点，更借时代之风，完成了自身在书目史上最具意义的创新与转变，揭开了书目发展史上的新篇章。

这一时期的官修书目，见于记载的有 17 种。[1] 这 17 部官修书目现在已无一幸存。我们今天研究当时的官修书目，主要是通过旁证资料：梁代阮孝绪的综合性私撰书目《七录》序及分类表，史书及零星的宗教经书目录中的记载，唐初官修史志书目《隋书·经籍志》（以下简称《隋志》）。这些旁证资料价值最大的首推《隋志》。《隋志》所著录的隋代官方藏书，基本真实地反映出魏晋南北朝官方藏书的主要特色。而且，《隋志》编目者特意运用附注法，揭示梁代以前的图书流通情况，这更提升了《隋志》的参考价值。这些书目的内容与形式，无不体现着特定的时代精神。

---

[1]　参见汪辟疆《目录学研究·官修书目表》，（台北）文史哲出版社，1983，第 73~74 页。

一　多元文化的凝聚与开放

较之汉代官修书目对汉民族文化成果的整饬，魏晋南北朝官修书目，显示出一种多民族文化成果大融合的新特色。在这一融合中，一方面，代表传统文化的典籍图书，以其旋聚旋散的坎坷命运显示出传统文化强大的凝聚力。另一方面，传统文化又以一种积极开放的姿态去吸纳其他异域文化的精华，从而更增强了传统文化自身的活力。反映时代文化成果的官修书目，正是这一时代多元文化凝聚与开放的结晶。

从当时官修书目编制的过程来看，虽说战乱连年，但各短暂王朝的统治者只要稍有宁日，便立刻对经籍图书进行搜集整理，把传统文化中的精神养分，看作他们共同的财富，作为自己建邦立国的支柱与指南。在这一时期，整理图书、编制书目的工作，虽不免草率，却从未因战乱而长期停止过。不仅汉族统治者如此，少数民族统治者也不例外。天下三分的魏、蜀、吴时期，"魏氏代汉，采掇遗文，藏在秘书、中、外三阁。魏秘书郎郑默，始制《中经》"[1]。与曹魏鼎足而立的蜀、吴政权，同样不遗余力，争相设立"国家图书馆"，蜀以"博览群书"的郤正为秘书郎，掌管东观藏书；吴任韦曜为中书郎和博士祭酒，"依刘向故事，校定众书"[2]，皆力所能及地对经籍图书进行搜集整理。西晋短暂统一，内部王位之争不息，外部各族反晋斗争不止，西晋政府仍是一方面集中前朝遗书，一方面又令各地献书，"秘书监荀勖又因《中经》，更著《新簿》"[3]，整理著录国家藏书达29945卷。到东晋，历经"惠怀之乱"，经籍图书散佚严重，政府藏书寥寥无几，而东晋王朝仍不放弃努力，以李充为著作郎，编成《晋元帝四部书目》，著录图书3014卷，并且继续不断地进行搜集整理。

在南北朝时期，相对稳定的南朝，书目编制活动更为频繁。刘宋王朝，先有殷淳的《四部书目》，著录图书14000余卷。稍后又有阮孝绪的

---

① 参见汪辟疆《目录学研究·官修书目表》，（台北）文史哲出版社，1983，第73~74页。

② 《三国志》卷65《吴书·韦曜传》，中华书局，1982，第1462页。

③ 《隋书》卷32《经籍志》，中华书局，1973，第906页。

《元嘉八年秘阁四部目录》，著录图书 14580 卷。随着图书数量的不断增加，秘书郎王俭编制《元徽元年四部书目》，著录图书 15074 卷。南齐也令王亮、谢朏编制出《齐永明元年秘阁四部目录》，著录图书 18010 卷。萧梁时期，是南朝图书整理编目工作的巅峰时期。"梁初，秘书监任日方，躬加部集，又于文德殿内列藏众书，华林园中总集释典，大凡二万三千一百六卷，而释氏不豫焉。"在此基础上，编制出《文德殿四部目录及数术书目录》《梁天监六年四部书目》。发展到梁元帝，萧梁藏书多达十几万卷。然而江陵失陷，元帝将所藏图书全部付之一炬。陈朝虽也屡编书目，可考者有四部，但终因国力日衰，藏书规模上再也没有赶前朝。

令人瞩目的是，少数民族统治的北部地区，"战争相寻，干戈是务"，战乱更甚于南方，然而无论哪个少数民族的首领短暂在位，其上层人物都纷纷仿效南朝秘书监制度，置官定员对经籍图书进行搜集整理。如后赵首领羯族人石虎，派博士到洛阳抄写石经，"校中经于秘书"[1]。前秦首领氐族人苻坚不仅在宫中置博士传授儒家经典，还派人编抄书籍，以充书库。建立北魏政权的鲜卑拓跋氏，更是积极推行汉化，先后三次进行图书搜集，并编制出《魏阙书目录》，以此为依据到南朝借书，卢昶的《甲乙新簿》就是对当时图书进行整理的成果。北魏分裂以后，后齐统治者"颇更搜聚，迄于天统、武平，校写不辍"。后周时期，其初仅有图书八千余卷，后不断搜寻，最终达到一万五千余卷。

在这样一个分裂动荡的时代，编目活动仍旧频繁，仅见于记载的官修书目就有 17 种。其数量之多，不亚于任何一个太平盛世。这些书目所著录的图书数量不一。西晋的《晋中经簿》著录图书 29945 卷，西晋藏书是这一时期官府藏书的最高峰，比班固《汉志》所记的图书数量多出一倍多。但不到半个世纪后，《晋元帝四部书目》所著录图书猛然跌落到3014 卷，十不存一。又历经一百多年的聚散辗转，到梁代《文德殿四部目录及术数书目录》所录藏书数量又迅速回升到 23106 卷，接近《晋中经簿》编纂时的藏书水平，在《晋元帝四部书目》的 3014 卷基础上增长了六倍多。这些书目，不仅在著录图书数量上起伏较大，在编目质量上也

---

① 《晋书》卷 160《石季龙载记》，中华书局，1974，第 2773 页。

参差不齐。北方少数民族统治者，他们对汉文化典籍的整理毫无根基，因而编目工作远逊于南方各朝，今可考见的书目仅两部：一部是为搜寻图书而编制的《魏阙书目录》，另一部是类目不全的《甲乙新簿》。南方各朝则以西晋及梁朝成绩最为显著，他们分别编纂的《晋中经簿》及《文德殿四部目录及术数书目录》，是这一时期书目编纂水平与特色的代表。前者开书目四分法之先，又首附佛经于四部之后；后者将数术书单独立类，创书目五部分类法。魏晋南北朝官修书目中图书数量与编目质量的起落悬殊，不仅体现出这一时期图书整理的艰难与执着，更体现出传统文化强大的向心力。

就这一时期官修书目著录的图书而言，较之于汉代官修书目，政府收藏图书的范围明显扩大。书目编纂者将注意力更多投入对外域文化成果的吸收与介绍上，并将它们容纳到传统图书类目之中。以《隋志》为据，经部小学类著录有《鲜卑语》五卷、《鲜卑语》十卷、《鲜卑号令》一卷（周武帝撰）、《婆罗门书》一卷（附注梁有《扶南胡书》一卷）、《国语》十五卷、《国语杂物名》三卷、《国语御歌》十一卷、《外国书》四卷。编目者在小序中对它们进行解释道："自后汉佛法行于中国，又得西域胡书，能经十四字贯一切音，文省而义广，谓之婆罗门书。""又后魏初定中原，军容号令，皆以夷语。后染华俗，多不能通，故录其本言，相传教习，谓之国语。"这些图书的内容都是对外域语言文字的介绍。不同民族文化的交流，最大的障碍当然是语言，因此对不同语言的沟通，是开放的时代最迫切的要求。又史部地理类，著录有《佛国记》一卷、《游行外国传》一卷、《张骞出关志》一卷、《外国传》五卷、《北荒风俗记》二卷、《诸番风俗记》二卷、《突厥所出风俗事》一卷。其内容涉及中国西北部陆路所及之地。这些西行见闻，记载了那一时代人们对西方的了解与社会的开放。子部则著录了许多外域有关科学技术方面的书籍。如子部医方类，著录有《龙树菩萨药方》四卷、《西域诸仙所说药方》二十三卷、《西域波罗仙人方》三卷、《西域名医所集要方》四卷、《婆罗门诸仙药方》二十卷、《婆罗门药方》五卷、《耆婆所述仙人命论方》二卷、《乾陀利治鬼方》十卷、《新录乾陀利治鬼方》四卷、《龙树菩萨和香法》二卷、《龙树菩萨养性方》一卷等。热爱生命的中国古人，很早便累积了丰富的中医经验，然而他们并不囿于传统经验，而是积极地吸取外域医学的精华，以此来完善传统中医科学。又子部天文类，著录有《婆罗门天文经》二十一卷、《婆罗门天文》一卷、《婆罗门羯伽仙人天文说》三十卷、《摩登伽经论星图》一卷；子部历数类，著录有《婆罗门算法》三卷、《婆罗门阴阳算历》一卷、《婆罗门算经》三卷；子部兵书类，著录有《杂匈奴占》一卷等。这些不同类型的有关外域科技文化成果的介绍，皆从不同的角度丰富与完善了传统书目的内容。特别是对西域佛教经典的著录与介绍，更将外域的宗教思想引入中国内地，并使它很快在这片宽松开放的沃土之中扎下根来。《隋志》统计的佛经总数多达 1950 部 6198 卷。《隋志》中所反映的这些外域文化成果，正是民族融合时期文化开放的必然结果。

二 儒学独尊的因袭与偏离

魏晋南北朝时期，社会剧烈动荡，人们思想产生极大的变化，传统儒学遭到全面的挑战与冲击。官修书目，则由于官方意识的渗透，极力维护儒学独尊的统治地位，而儒学衰落的事实同时又不可避免地在官修书目中反映出来，传统儒学独尊的因袭与偏离，构成了这一时期官修书目的又一时代特色。

就儒学自身的发展而言，频繁的战争，造成人口数量锐减，这引发了人们对人生问题的重新思考。据公元 263 年与 280 年的两次人口统计资料，曹魏人口数为 4432881 人，蜀汉人口数为 940000 人，孙吴人口数为 2300000 人，三国人口总数只有 7672881 人。晋武帝统一全国后，人口总数也只有 16163863 人，[1] 这是中国历史上最小的一个人口统计数据。人生短促，朝不保夕，传统儒学无法回答许多诸如此类的现实问题，而各朝统治者又好恶不同，如魏武帝好法术、魏文帝慕通达等，儒学获取名利的致用功能完全丧失。儒学自身的发展，更走进了陈陈相因的死胡同，正如皮锡瑞在《经学历史》中所言："汉人最重师法。师之所传，弟之所受，

---

① 梁方仲编著《中国历代户口、田地、田赋统计》，上海人民出版社，1980，第 4 页。

一字毋敢出入。"①《汉志》斥之为"务碎义逃难，便辞巧说，破坏形体，记五字之文，至于二三万言。后进弥以驰逐，故幼童而守一艺，白首而后能言"。儒学自内而外已完全丧失了原有的活力与吸引力，文人学士纷纷抛弃儒学，转而崇尚玄谈。佛、道二教在这特定的历史时期正好迎合了世人的心理，并得到上层统治者的支持，很快兴盛起来。思想观念的变化，导致学术研究重心的转移。佛、道经书的数量很快赶上并超过传统儒家经书，对历史经验的重视又使史书迅速发达起来，而原有的儒家经书却在这失宠与战乱中不断散佚。"永嘉之乱，《易》亡梁丘、施氏、高氏，《书》亡欧阳、大小夏侯，《齐诗》在魏已亡，《鲁诗》不过江东，《韩诗》虽存，无传之者，孟、京、费《易》亦无传人，《公》《穀》虽在若亡。"②儒家经书在各类图书中的领先地位已不复存在。

面对现实图书的变化，揭示时代文化主流现象的官修书目，在客观记载时代文化成果的同时，不顾学术重心的转移，极力挽回日渐衰落的儒学统治地位，一如既往地将儒家经典列在各类图书之首，并且这一影响波及私撰书目的编制，使当时所有的书目无一例外地成为传统儒学的捍卫者。创始于汉代官修书目的尊儒模式，已成为一种观念的宣扬方式。当时社会各类图书数量的对比，我们可以从仅存的《七录》分类表与《隋志》的统计数看出。《七录》虽为私撰书目，但广采博收，力求全备，其著录的图书，可作为当时现实图书情况的重要参考。

《七录》著录图书的顺序及总数分别如下：

经典录 591 种 710 帙 4716 卷。

纪传录 1020 种 2248 帙 14888 卷。

子兵录 290 种 553 帙 3849 卷。

文集录 1042 种 1375 帙 10755 卷。

术技录 505 种 606 帙 3746 卷。

佛法录 2410 种 2595 帙 5400 卷。

仙道录 425 种 459 帙 1138 卷。

---

① （清）皮锡瑞：《经学历史》，中华书局，1959，第 77 页。

② （清）皮锡瑞：《经学历史》，中华书局，1959，第 160 页。

《隋志》著录图书的顺序与总数如下：

经部 627 部 5371 卷。

史部 817 部 13264 卷。

子部 853 部 6437 卷。

集部 554 部 6622 卷。

道经 377 部 1216 卷。

佛经 1950 部 6198 卷。

这一对比清楚地表明，虽然儒家经典居各类之首，但儒家经典书目数仅为佛教经书的四分之一，并大大少于史部、子部图书，与集部图书不相上下。这无疑反映了儒家学说在现实生活中的衰落，而官修书目对儒家经书的极力推崇，只能证明，对历代统治者而言，儒家思想作为加强统治的工具，其政治功能始终不可取代。以梁武帝为例，梁武帝佞佛，有菩萨皇帝之称，但谈到治国经天下，他则另有所见，他曾下诏："建国君民，立教（儒教）为首。……宜大启痒教，博延胄子，务彼十伦，弘此三德，使陶钧远被，微言载表。"又说："朕思阐治纲，每敦儒术，辄闲辟馆，选次以之。"①

魏晋南北朝统治阶层在书目编制上极力树立儒学的权威形象，并且不辞辛劳，以帝王之威，亲自对儒家经典进行阐释与宣扬。仅考《隋志》，这样的著述就多达十多种。易类：《周易大义》二十一卷，梁武帝撰；《周易义疏》十九卷，宋明帝集群臣讲；《周易讲疏》三十五卷，梁武帝撰；《周易系辞义疏》一卷，梁武帝撰。书类：《尚书大义》二十卷，梁武帝撰。诗类：《毛诗发题序义》一卷，梁武帝撰；《毛诗大义》十一卷，梁武帝撰。礼类：《礼记大义》十卷，梁武帝撰；《中庸讲疏》一卷，梁武帝撰；《制旨革牲大义》三卷，梁武帝撰。乐类：《乐社大义》十卷，梁武帝撰；《乐论》三卷，梁武帝撰。春秋类：《春秋序义疏》一卷，梁简文帝撰。孝经类：《孝经义疏》十八卷，梁武帝撰；《孝经义疏》五卷，梁简文帝撰。论语类：《孔子正言》二十卷，梁武帝撰；《长春义记》一百卷，梁简文帝撰。帝王的表率行为，对社会上层文人产生广泛的影响。

① 《梁书》卷 2《武帝纪》，中华书局，1973，第 46、49 页。

皮锡瑞《经学历史》记载："世传十三经注，除《孝经》为唐明皇御注外，汉人与魏、晋人各居其半。郑君笺《毛诗》，注《周礼》《仪礼》《礼记》；何休注《公羊传》；赵岐注《孟子》；凡六经，皆汉人注。孔安国《尚书传》，王肃伪作；王弼《易注》；何晏《论语集解》；凡三经，皆魏人注。杜预《左传集解》；范宁《穀梁集解》；郭璞《尔雅注》；凡三经，皆晋人注。以注而论，魏、晋似不让汉人矣。"① 与经学大盛的汉代相比，魏晋人对儒家经典的阐释，在数量及质量上皆不亚于前朝，《隋志》所著录的经部书籍六百多部，五千多卷，百分之九十五以上为当时文人所作，可见其用力之勤。

然而，在这特定的历史时期，就图书总体而言，儒家经学的衰落已是事实。西汉时期，儒家经典是文人学士们研究阐发的唯一对象，东汉虽稍有改变，但范围极小，魏晋南北朝时期，这一局面便完全被打破，对各家学说的研究雨后春笋般兴盛起来，仅《隋志》所载，对儒家以外文献的阐发的著作就有一百三十余种。史部不仅有正史，也注及杂史、专史，如郭璞的《穆天子传注》《山海经注》，挚虞的《三辅决录注》；子部的注释涉及儒家、道家、纵横家、兵家、医学、小说家、天文家、历算家等，如王肃《太玄经注》、王弼《老子道德经注》、向秀《庄子注》、乐一《鬼谷子注》、曹操《孙子兵法注》、刘孝标《世说新语注》、史崇《天文注》、郦道元《水经注》、徐岳《九章算经注》、全元起《黄帝素问注》；集部则涉及楚辞类、别集类、单篇作品的注释，如释道骞《楚辞音》、刘杳《离骚草木疏》、裴津《山涛集注》、郭璞《子虚·上林赋注》、薛综《二京赋注》。② 此外，还涌现了大量佛经注释。历来被儒家等级观念压在社会最底层的妇女作品，《隋志》对其也进行了著录与揭示，仅集部所载，便有《班婕妤集》一卷、《梁班昭集》三卷、《妇人集》二十卷、《妇人集钞》二卷、《杂文》十六卷（为妇人作）、晋江洲刺史王凝之妻谢道韫的诗文集二卷等，较之《汉志》，其数量大大增加。

各学科的兴盛，又产生出各专门学科的专科书目，以数量而论，佛经

---

① （清）皮锡瑞：《经学历史》，中华书局，1959，第163页。
② 参见董洪利《古籍的阐释》，辽宁教育出版社，1993，第10页。

专科书目最多，今可考见的就有四十多种。① 文学专科书目次之，仅《隋志》所载就有五部，还有道经书目与书画书目。然而却没有一部专门的儒家经书书目。

综观魏晋南北朝现实图书情况，儒家经典的主导地位已极大动摇，但在统治者主持纂修的官修书目中，其独尊地位仍旧不变，自始至终居各类图书之首。

三　官修书目的开新与主导地位的失落

官修书目以"官修"的优越性，在各种类型的书目中理应处于主导地位，然而在这一秩序紊乱的特定历史时期，官修书目虽然照例引领书目编制潮流，却失去了原有的主导地位，影响力反在私撰书目之下，形成了书目史上官修书目发展的第一次低谷。

就文化环境而言，魏晋南北朝是一个由紊乱走向秩序井然、由探索走向成熟的建设性时期。随着社会的巨大变迁，传统思想与学术都有了新的发展，现实图书情况也发生了相应的变化。魏晋南北朝时期开创的六类划分书目的编纂方法，不但与现实图书情况难以吻合，其序、提要的纂写，在这一特定的动荡时期，也无物力的保障，更无时间的许可。面对这些具体的现实情况，官修书目率先摆脱传统，尝试新的书目编制方法。考虑到史部图书的大幅增加、诸子之书的逐渐散佚、佛道经书的大量出现，一方面对图书的分类进行重新调整，以适应现实图书情况的四分法加附录的形式代替原有的图书六分法，另一方面又对图书的评介进行简化，突出其工具性、账簿性功能。这一尝试始于魏《中经》，因其顺应潮流，其分类思想为后世各朝官修书目相沿不改。这一时期可考的十七部官修书目，除专科书目外，全部都是四部分类书目。《隋志》记载当时改革的情形："魏氏代汉，采掇遗亡，藏在秘书、中、外三阁。魏秘书郎郑默始制《中经》，秘书监荀勖又因《中经》，更著《新簿》，分为四部，总括群书。一曰甲部，记六艺及小学等书；二曰乙部，有古诸子家、近世子家、兵书、

---

① 参见乔好勤编著《中国目录学史》，武汉大学出版社，1992，第115页。

兵家、术数；三曰丙部，有史记、旧事、皇览簿、杂事；四曰丁部，有诗赋、图赞、汲冢书……但录题及言，盛以缥囊，书用缃素。至于作者之意，无所论辩。"佛、道经书则以附录形式收录于四部图书之后。《晋中经簿》首附佛经，梁阮孝绪《七录叙》后《古今书最》记载："《晋中经簿》，四部书一千八百八十五部，二万九百三十五卷。其中十六卷佛经书簿少二卷，不详所载多少。"到《隋志》，这一著录方法完全定型。先列经史子集四部，后附道佛经书，成为这一时期书目编制的主要方法。魏晋官修书目开创的仅记书名卷数，"至于作者之意，无所论辩"的简明四部分类法，不再以探本求源、考辨学术为目的，而致力于对图书本身进行登记与著录，以揭示图书存佚情状与检索图书为首要任务，虽然学术品位有所降低，但基本职能工具作用却大大加强，这无疑是对传统书目功能的一次冲击，并开创了书目史上与学术性书目并行发展的账簿式书目编制的潮流。

对于官修书目对书目编制从分类到著录形式的创新，虽然"秘阁以为永制"，但私撰书目却并不响应。一方面传统《七略》的分类方法影响犹在，另一方面"官修"的影响力在这一特定时期较低。成书于刘宋年间的私撰书目王俭的《七志》和梁代私撰书目阮孝绪的《七录》，从内容到形式都紧随西汉《七略》，掀起一股与官修四部书目相抗衡的复古高潮。分类上，他们将《七略》之"七"模式化、神圣化，有意忽略《七略》之分类实乃六分法的事实，极力宣扬"七"的形式。《七录序》谈《七志》分类："以向、歆虽云《七略》，实有六条，故别立图谱一志，以全七限。"从而构成经典、诸子、文翰、军书、阴阳、术艺、图谱七大类别。阮孝绪的《七录》，实际上也只是五大类，即经典、纪传、子兵、文集、术技，为了达到"七"的目标，强将当时作为附录的佛经与道经图书算作二类，从而凑成七大类别。在图书著录上，他们一反官修书目简单账簿式著录方法，对与图书相关的内容进行适当阐发。《七志》评述各类图书的内容及分类意义，"作九篇（外加附录佛、道经书）条例，编乎首卷之中"，又受当时品评人物之风的影响，"于书名之下，每立一传"。《七录》同样"总括群书四万余卷，皆讨论研核，标判宗旨"①，对记录

---

① （清）严可均编《全上古三代秦汉三国六朝文》全梁文卷66，中华书局，1958，第6691页。

图书形式和内容的重要情况进行揭示，并且成就更在《七志》之上。

在中国古代，"官方"总是代表着权威，其行为当然就是人们遵循的准则。王俭、阮孝绪私撰的书目，置官修书目的编制方法于不顾，一味追求复古，在收书数量、著录方式、分类组合上别具一格，取得了巨大的学术成就，成为当时读书人参考使用的重要工具，影响远在官修书目之上。

原载《华中师范大学学报》（人文社会科学版）1999 年第 5 期

收入本书时略有改动

唐宋官修书目的时代精神

较之秦汉社会的统一与繁荣，唐宋时期的统一与繁荣具有更为深厚的文化底蕴。封建社会历经几百年的分合演变，积累了极其丰富的经验教训，唐宋政权的相对稳定，又为全面总结与吸收前人的经验教训创造了有利的条件。虽然与唐代社会的政权强大、文化繁荣相比，宋代社会不免单薄、虚弱，但文化的精密与深邃则又别具特色。因此，总体而言，唐宋时期是中国古典文化集大成的鼎盛时期。反映时代文化积累的官修书目，在这一趋于成熟的文化环境之下，不仅成果累累，而且结束了书目自身发展自汉代开始的知识积累阶段，迈入了新的经验总结阶段。从此，官修书目的编纂更趋统一，更趋规范。

一 统一博大与集成开新

唐宋官修书目的编制，与成熟的唐宋文化相呼应，以其编目次数的频繁、编目类型的丰富、编目规模的大而集中、编目成果的承前启后，显示出统一博大、集成开新的时代特色。

唐宋官修书目，今可考见的便有 24 部①，唐宋时期是整个古代书目编纂史上编目成果最为丰富的一个时期。仅以唐代的 9 部、宋代的 15 部书目而论，也已难有企及者。而且大部头书目多。中国书目史上分量最重的 5

①　傅杰校注《目录学研究》，华东师范大学出版社，2000。

部书目，西汉的《七略》、唐代的《群书四部录》、宋代的《崇文总目》《中兴馆阁书目》、清代的《四库全书总目》，这一时期便产生了3部。

以书目类型而论，绝大多数类型的书目在这一时期已经产生。有全面揭示政府藏书情况的综合性国家藏书书目，如《群书四部录》《崇文总目》；有以某一具体藏书点为揭示对象的馆阁藏书书目、内府藏书书目，如《紫微楼书目》《龙图阁书目》；有搜寻遗书的阙书书目，如《嘉祐访遗书诏并目》《秘书省四库阙书目》；有推行文化专制的禁书目录，如宋代的《禁书目录》；有反映宗教兴隆的宗教经书书目，如《开元内外经录》。多种类型书目的编制，既反映出唐宋文化成果的丰富，同时也反映出书目自身发展的日趋成熟。

就编目特点而言，唐宋编目形式因国力强弱而异。最能体现盛唐精神的是唐代中期的综合性国家藏书目录《群书四部录》。这部书目早在北宋时期便已亡佚，但《旧唐志》记录了此书的部帙及成书情况。强大的人力、物力后盾，高度统一集中的纂修组织方式，是这部200卷书目取得成功的重要因素，也体现出盛唐编目方式的独有特色。此书目的最高主持者是唐玄宗，《旧唐志》大序载："开元三年，左散骑常侍褚无量、马怀素侍宴，言及经籍。玄宗曰：'内库皆是太宗、高宗先代旧书，常令宫人主掌，所有残缺，未遑补辑，篇卷错乱，难于检阅。卿试为朕整比之。'"[1]在图书使用上，"（玄宗）诏公卿士庶之家，所有异书，官借缮写"[2]。又下令各地"广采天下异本"[3]并将政府各个图书馆的图书合并使用，听任调遣。在编目人员选派上，征召全国之能士。仅《新唐书》记载的有名有姓者就多达26人，其中相继出任领导组织工作的马怀素、褚无量、元行冲三人都为科举进士出身。元行冲所撰的《魏典》流行于当时，并深受时人赞赏。其他如殷践猷，学问之渊博，无所不知，被朋友们称为"五总龟"（龟千年五聚，问无不知）。韦述"在书府四十年，居职二十年"，"家聚书二万卷，皆自校定铅椠，虽御府不逮也"[4]，后世有其《集

---

[1] 《旧唐书》卷46《经籍志》，中华书局，1975，第1962页。
[2] 《旧唐书》卷46《经籍志》，中华书局，1975，第1962页。
[3] 《旧唐书》卷102《褚无量传》，中华书局，1975，第3168页。
[4] 《旧唐书》卷102《韦述传》，中华书局，1975，第3184页。

贤四部书目》流传。毋煚对编目工作更独具见解，并基于对《群书四部录》成书匆忙的不满，另编有《古今书录》及《开元内外经录》，在书目史上影响极大。在具体编目过程中，又执行统一集中的专人分部负责制，各司其事，各尽其能。又任命毋煚、韦述、余钦进行层层把关，庞大的编目队伍井然有序，"四万卷目，二千部书，名目首尾，三年便令终竟"①，形成书目史上前承《七略》，后启《四库全书总目》的又一书目编制高峰。这种统一集中、成效显著的文献整理方式，在唐代不仅运用于书目的编纂，也运用于其他文化活动。如正史的编纂，唐代正式确立官修正史的制度，由朝廷统一负责编纂史书；又如儒家经典的整理，唐太宗专门组织人力，对魏晋南北朝以来经学分裂混乱的局面进行整饬，诏令国子祭酒孔颖达等人，用统一的原则阐释儒家经典，撰写《五经正义》；再如大型类书的编纂，在这一时期也很突出。这些由官方统一主持的学术活动，一方面是出于学术自身发展的需要，但更重要的还是出于唐代大一统王道政治的需要。

《群书四部录》正式出台后，很快便取代了当时普遍流行的《七志》和《七录》，成为全国书目编纂的标准与依据。毋煚又在此基础上，另"加新书之目者六千余卷"，并将佛道经书 2500 余部 9500 余卷予以整理，编成《开元内外经录》，盛唐藏书总数达到 5000 多部 6 万多卷。这即《宋志》大序所称赞的："历代之书籍，莫厄于秦，莫富于隋唐。……唐之藏书，开元最盛，为卷八万有奇。"

唐代官修书目的成就巨大，私撰书目者难以企及。因此，整个唐代，虽然文化昌盛，却没有一部较有影响力的私撰书目。宋代则不然，其国力难以望其项背，图书散佚严重，整理编目的成果规模难与唐代相比。代表宋代官修书目编纂水平的是成书于北宋中期的《崇文总目》，此书目是王尧臣等在唐代官修书目的直接影响下"仿《开元四部录》，约国史志艺文志"，经 7 年努力而编纂成书的一部大型综合性国家藏书目录。该书目的编修虽未在全国范围内大规模抽调人才，但集中了政府三馆秘阁中有图书目录之学修养的编目人员，其中著名者如王尧臣、欧阳修、张观、宋庠、

---

① 《旧唐书》卷 46《经籍志》，中华书局，1975，第 1965 页。

李淑、宋祁、王洙等，因此尽管其所著录的图书数量远逊于唐朝，但同样保证了较高的编目质量。靖康之乱以后，宋朝损失更加惨重，但南宋政府仍不放弃努力，成书于南宋年间的官修书目《中兴馆图书目》及《中兴馆阁续书目》，距离《崇文总目》成书不到 50 年，竟分别著录了图书44486 卷、14943 卷，超过了北宋《崇文总目》著录文献总数，并且每书撰有提要，力求完美，显示出宋代官方的重文精神。

今可考见的唐宋官修书目，在经历了魏晋南北朝账簿式简明书目的冲击之后，一概撰写提要及序文，重新振兴了《七略》开创的学术性书目编纂方法，今可考见的《崇文总目》中的序录，由著名文人欧阳修执笔，概括精要，将各书作者、内容、篇卷做综合介绍，进一步完善了书目的叙录体解题形式。唐宋官修书目对《七略》开创的学术性书目编制方法的振兴，扭转了书目编制日趋简明的趋势，使原本可能朝着简明方向发展的书目编制，又重新回到了考辨学术的传统轨道，并极大地影响了私撰书目的编制。宋代是书目史上私撰书目最为发达的时期，见于记载的私撰书目就有 39 种之多①，其中被称作私撰书目双璧的晁公武的《郡斋读书志》与陈振孙的《直斋书录解题》，皆以提要的精到而著称于世。《郡斋读书志》的各书提要学术价值极高，而《直斋书录解题》则更直接以"解题"为书名，表明编目者的编目宗旨与追求。唐宋官修书目的成功实践，不仅扭转了传统书目的发展方向，更为学术性书目迈向发展的顶峰奠定了坚实基础。

二 多元竞争与交相融合

文化环境相对自由宽松的唐宋时期，不同学派之间的竞争与融合成为风尚。官修书目中佛、道两类经书的著录，从附录于传统四部经籍之后，次序不定，到最终完全融入四部并于传统书目分类之中定位逐渐明确，这一发展演变的轨迹，正好从书目编制的角度揭示了这一时代的主要思想，映照了佛、道、儒三教相互竞争到交相融合的发展历程。

---

① 乔好勤编著《中国目录学史》，武汉大学出版社，1992，第 204 页。

自汉代《七略》开创以儒学为正统的官修书目的编纂传统以来，书目编制自始至终都贯穿着儒学独尊的基本精神。在此前提下，再力求客观地反映现实图书的变化情况。汉末以来，有别于传统儒学的佛、道经书相继兴盛起来。史载："汉采遗籍，复若丘山。司马迁区别异同，有阴阳、儒、墨、名、法、道德六家之义。刘歆著《七略》，班固志《艺文》，释氏之学，所未曾纪。"[①] 发展到晋代，佛教经典的兴盛已不容等闲视之，这一时期的佛教经书专科目录就有 15 部之多[②]，它们自然地走进国家藏书之列，这一点首先在西晋荀勖编纂的官修书目《晋中经簿》中反映出来。南朝刘宋以后，道教经书也逐渐成熟起来，传统书目不仅要同时著录佛、道经书，而且寓等级于次序之中，在确定佛、道经书次序先后的问题上颇具争议。南朝刘宋元徽年间王俭的私撰书目《七志》，佛道经书以道先佛后的形式附见于他所类分的七类图书之末，这正是刘宋政权对道教大加扶持的必然结果。稍晚于《七志》，成书于梁代的阮孝绪编纂的私撰书目《七录》，则很快调换了《七志》道先佛后的位置，以佛先道后的顺序将它们作为外编加以著录，这反映出梁武帝时期佛教兴盛的情形。[③] 书目就这样以其著录的图书数量和图书的先后次序反映出现实社会中佛、道两家的发展境况。

唐宋时期，是佛、道、儒三教自由发展并走向融合的重要历史时期，当然这种自由发展并非毫无主次可言，成书于唐代初年的官修史志书目《隋志》便表现出唐代统治者极力推崇道教的思想意向。此目在所著录的四部图书之后，以道先佛后的形式记载佛道经书。而事实上，佛教经书较之道教经书数量更多，影响也更大。《隋志》小序记载："开皇元年，高祖普诏天下，任听出家，仍令计口出钱，营造经像。而京师及并州、相州、洛州等诸大都邑之处，并官写一切经，置于寺内，而又别写，藏于秘阁。天下之人，从风而靡，竞相景慕，民间佛经，多于六经数十百倍。[④]"

---

① 《魏书》卷 114《释老志》中华书局，1974，第 3025 页。

② 姚名达：《中国目录学史》，上海书店出版社，1989。

③ 陈麦青：《魏晋至唐初目录书中的佛、道两教》，《复旦学报》（社会科学版）1991 年第 1 期。

④ 《隋书》卷 35《经籍志》，中华书局，1973，第 1099 页。

佛、道经书的具体数目，据《隋志》所载，道经总数为 377 部 1216 卷，佛经总数为 1950 部 6198 卷。佛经数目远高于道经，唐代可考的佛经专科书目就有 17 种①，而体现当朝官方利益的《隋志》却将数目众多的佛经之书屈居于道经之后。究其原因，在于带有浓厚政治功利色彩的官修书目，必然要迎合现实斗争的需要。李唐统治者以道教始祖李耳与自己同姓，尊其为先祖并追号为太上玄元皇帝。《唐会要》卷四十九记载了贞观十一年（637）唐太宗的诏令："老子是朕祖宗，名位称号，宜在佛前。"《旧唐书·玄宗纪》载："开元二十一年正月，制令士庶家藏《老子》一本，每年贡举人，量减《尚书》《论语》两条策，加《老子》策。"《新唐书·选举制》载："开元二十九年，始置崇玄学，习《老子》《庄子》《文子》《列子》，亦曰道举。"《旧唐书·玄宗纪》载："颁御注《老子》并义疏于天下。"这无疑李唐统治者尊道教为国教，以此来渲染自己统治的神秘色彩。因此，道先佛后的书目排列顺序，体现的正是唐代统治者的政治要求。这一官方行为，使道教的影响迅速扩大。

唐代中期，儒教、佛教以及唐统治者极力扶持的道教，都得到了充分的发展，其势互不相让。它们并行发展的结果，使这一时期的官修书目，采取别行单本的著录方式来揭示其发展状况。成书于唐代中期的《群书四部录》，我们以《旧唐志》考之，其中只有极少量的佛、道经书分散著录在四部之中，因其内容的交叉，佛、道经书的主要部分并不在此书目之中。根据《群书四部录》的删节本《古今书录》之序记载："凡四部之录四十五家，都管三千六十部，五万一千八百五十二卷，成《书录》四十卷。其外有释氏经律论疏，道家经戒符录，凡二千五百余部，九千五百余卷，亦具翻译名氏，序述指归，又勒成目录十卷，名曰《开元内外经录》。若夫先王秘传，列代奥文，自古之粹籍灵符，绝域之神经怪牒，尽载于此二书矣。"编目者采取了将佛道经书与传统经籍分开著录的编目方式。这既反映出现实社会中佛道两教自身体系的成熟与独立，也反映了佛、道思想体系与传统正统儒家思想不相兼容的一面。《古今书录》与《开元内外经录》这两部书目貌似分离，实则是一个不可分割的整体，因

① 姚名达：《中国目录学史》，上海书店出版社，1989。

为只有将二者合而为一的时候，它们才能真实完整地构成一部揭示当时国家现实藏书情况的书目。这种书目编制形式，正是唐代佛、道、儒三教相互竞争的形象再现。事实上，整个唐代，统治者对儒、道、佛三教虽偏重不一，但就总体而言，三教全面发展仍然是主要趋势。备受推崇的道教自不待言，《唐六典·祠部》记载："凡天下观总一千六百八十七所。"佛教在这一时期我国佛教史上的顶峰，寺庙佛塔难以计数。武则天主政时还大规模地开窟造像于龙门。一贯被统治者视为治国之术的儒教，在魏晋南北朝时期的一度失落之后，在唐代又一次振兴起来。唐太宗曾说："朕今所好者，惟在尧舜之道、周孔之教。以为如鸟有翼、如鱼有水，失之必死，不可暂无耳。"① 统治者不仅尊道、礼佛、崇儒，更鼓励三教自由辩论，白居易的《三教论衡》便如实地记载了当时三教自由辩论的生动情景。

三教的自由发展，在宋代的官修书目中体现出一种交汇融合的趋势。从成书于北宋时期的官修书目《崇文总目》来看，此目第一次将长期以来以附录形式游离于传统四部图书分类之外的佛、道经书，沿以《隋志》道先佛后的排列次序分别类归于四部子部之中，正式作为子部的两个类目，从此完成了真正意义上将佛、道经书融入传统书目的任务，实现了四分法类分全部图书的彻底分类。这正是这一时代佛、道、儒三教从竞争走向融合的必然结果。虽然佛、道、儒三教的融合非肇始于宋代，而是自始至终就贯穿在三教的发展过程之中，但在宋代走向了高峰。佛教在传入中国之初，"世人学士多讥毁之"，难以在传统的中国土地上扎下根来，佛教徒为此进行佛教中国化的努力，很早就找到了将佛教与中国传统的神仙方术思想联通起来的传播方式。而佛教自身教义与体系的完整，又为源于神仙方术的道教所效仿，并模仿它制造出道教的教义与科仪。佛学精密的思辨对中国士子产生的影响，广泛地渗透在传统学术中。在以儒学为主体的传统社会，始于魏晋的援道入儒以及始于宋代的援佛入儒，是顺应时代发展潮流的，并涌现出一批三教兼通的大学者，如李翱、朱熹等。并终于在宋代诞生了融佛、道、儒三教为一体的新的哲学体系——理学。理学对中国传统社会影响巨大，构成了中国封建社会后期文化的主导，唐宋官修

---

① （唐）吴兢撰《贞观政要》卷6《慎所好第二十一》，中华书局，2009，第331页。

书目中佛道经书著录方式的演变，正反映出中国历史上这一重要的文化现象发展演变的轨迹。

三　前人编目经验的总结与升华

综合性官修书目的发展，自汉代刘向、刘歆父子的《别录》《七略》以来，至唐宋时期已经历了近七百年的发展历史。累积丰厚的编目经验正亟待一次全面的总结与升华。整个唐宋时期的书目理论与实践表明，它肩负并完成了这一重大的历史使命，成功地将书目发展的历史从知识积累阶段推向了经验总结阶段，从而开始了中国书目史上新的历程。

这一时期对前人编目经验的总结，从理论到实践，全面而深入。

对书目功用的探讨，产生了更明确的理性认识。唐初《隋志》之序言："（隋志）虽未能研几探赜，穷极幽隐，庶乎弘道设教，可以无遗阙焉。"第一次从理论上指出了书目的功用有二，即探明学术源流与弘扬教化。这是书目史上对书目功用的最基本的理解。唐代开元年间，毋煚在《古今书录序》中则又更进了一步，"苟不剖判条源，甄明科部，则先圣遗事，有卒代而不闻，大国经书，遂终年而空泯。使学者……莫闻名目，岂详家代？不亦劳乎！不亦弊乎？将使书千帙于掌眸，披万函于年祀，览录而知旨，观目而悉词，经坟之精术尽探，贤哲之睿思咸识……以传后来，不其愈已"，清楚地意识到书目以简御繁的实用功能。与此同时，智升在《开元释教录》中呼应这一观点，指出："夫目录之兴也，盖所以别真伪，明是非，记人代之古今，标卷部之多少，撮拾遗漏，删夷骈赘。欲使正教伦理金言有绪，提纲举要，历然可观也。"官修书目对书目功用的认识，引发了学者们的深入探讨，南宋时期，郑樵从理论的角度，综观古今书目的编制，提出了书目的作用是考辨学术源流的观点。他在《通志·校雠略·编次必谨类例论》中说，"类例既分，学术自明，以其先后本末具在"，"睹其书可以知其学之源流，或旧无其书而有其学者，是为新出之学，非古道也"。至此，中国传统书目的三大功能——教化功能、学术功能、检索功能，唐宋学者皆从理论的高度对它们进行了全面的揭示，在这一明确的理论指导之下，古典书目的编制走向了更具目的性的历程。

对书目编制过程中的图书搜求、著录、评介等细节问题，这一时期的官修书目皆有不同程度的涉及，并在实践中做出了成功的表率。

在图书搜求方面，阙书目录的编制已成为搜求遗书的必要步骤。这一时期见于记载的官修阙书目录有 3 部，即唐代的《唐四库搜访图书目》、宋代的《嘉祐访遗书诏并目》《秘书省四库阙书目》。当然事实上所编制的阙书目录远不止此，史载北宋太宗时，"诏三馆以《开元四部书目》阅馆中所阙者，具列其名，悬奖征募"①，南宋高宗时，"向子固乞下秘书省，以唐《艺文志》及《崇文总目》应所阙之书，注阙字于下，镂板降付诸州军，照应搜访，从之"②，如此种种皆应有相应的阙书目录产生。书目史上，阙书目录的编制，早在《隋志》中便有《魏阙书目录》一卷的记载，此目是为北魏孝文帝向南齐明帝借书而编制的借书单。到唐宋时期，特别是宋代，阙书目录的编制不仅更加频繁，而且目的性也更为明确。这从根本上改变了自古以来政府盲目地派出使者四处搜访图书的简单做法，使图书搜求成为一种有计划、有目的的规范行为。官方对阙书目录编制的重视，引发了学者对其相关原理及方法的探讨。南宋郑樵在《通志·校雠略》中专门著有《编次必记亡书论》《书有名亡实不亡论》《编次失书论》《阙书备于后世论》《亡书出于后世论》《亡书出于民间论》《求书之道有八论》等篇章，对书目编制中图书搜求问题进行了理论阐发。

在图书分类方面，成书于唐代初年的《隋志》，首先从理论上提出了图书分类"离其疏远，合其近密"的八字原则，并在这一原则指导之下，将现实图书分为四部四十类，从而完善了四分法并确定了四分法的主导地位。这使魏晋以来纷纷产生的九分、七分、五分等各种分类方法趋于整齐划一。由《隋志》确定的四部四十类分类体系，经《唐六典》对其细目进行简明扼要的四字定义之后，变得更加规范与权威。正如学者们所评论的，"（《隋志》）虽为前代志经籍，亦即为当代立法程"③，其书"类例整齐，条理备

① （宋）李焘：《续资治通鉴长编》卷 25，中华书局，2004，第 571 页。
② （清）徐松：《宋会要辑稿》，中华书局，1987，第 2243 页。
③ （清）姚振宗：《隋书经籍志考证》，清华大学出版社，2014。

具。每于部类后，各系以后论总论，尤足以究学术之得失，考流别之变迁，文美义赅，班《志》后所仅见也"。① 自此以后，四分法成为官私书目的主要分类方法。虽然也间有其他分类法出现，如《邯郸图书十志》的八分法，《郑氏书目》的七分法，郑樵的十二大类八十二小类等，但四部分类法的主导与权威地位始终未曾动摇。官修书目对图书分类的理论探讨与规范化实践，激发了学者们的研究热情，郑樵在他的《通志·校雠略》中将图书分类与学术源流结合在一起，提出了"学之不专者，为书之不明也；书之不明者，为类例之不分"，"类例既分，学术自明，以其先后本末具在"，因此"随其凡目，则其书自显"，"睹类而知义"，"睹其书可以知学之源流"，揭示了古典书目分类中"辨章学术，考镜源流"的意义内涵。

在图书著录及评价方面，宋初官修史志书目，欧阳修编纂的《新唐志》，将传统以书名为主的著录方法变为以撰人姓氏为主，从而将著录规范化问题提上了议事日程。郑樵在其《通志·校雠略》中专门写下了《不类书而类人论三篇》，指出了《新唐志》的弊端："《唐志》以人置于书之上，而不著注大有相妨。如"管辰作《管辂传》"三卷，唐省文例去作字，则当曰"《管辰管辂》"传，是二人共传也……"从而将自古以来从无规范的著录次序问题推向了规范化。

在书目评介方面，唐宋大型官修书目皆提要、序文俱全，详细揭示与图书相关的情况，但如何才算恰如其分呢？这一问题引起了编目人员的广泛注意。郑樵在他的《校雠略》中写下了《泛释无义论》一篇、《书有不应释论》三篇、《书有应释论》一篇，对书目评介的规范化问题进行了理论探讨。

原载《图书馆理论与实践》2002 年第 2 期
收入本书时略有改动

① 傅杰校注《目录学研究》，华东师范大学出版社，2000。

论明清官修书目的时代特征[*]

明清时期是中国几千年封建社会漫长历程的终点，对整个封建社会的学术文化进行一次彻底的梳理与总结，成为历史赋予这一时期的重要使命。这一时期的官修书目，不仅将古典书目的编制推向书目史上的顶峰，而且以坚定不移的学术追求，肩负起"总结前代，开启后来"^① 的学术使命，既评述古代学术，又体现出时代的价值追求。

不同于前代官修书目的严重散佚，明清官修书目保存情况较好。明代官修书目见于记载的 12 种中有 9 种保存完好。清代官修书目 5 种全部保存完好，即《古今图书集成·经籍典》、《四库全书总目》（以下简称《总目》）、《四库全书简明目录》、《天禄琳琅书目》（正、续 2 部）。这使人们对明清官修书目的研究建立在直接翔实的第一手材料之上。

一　极端专制的心态与手段

自始至终带着鲜明政治色彩的官修书目，发展至明清，渐渐失却了汉代官修书目的兼容并包、魏晋官修书目的多元吸纳、盛唐官修书目的雍容大度，而走向了封建专制文化发展的极端。这一极端一方面表现在维护皇权的封建统治思想加重，另一方面表现在摒除异己思想的破坏手段加强。

＊　本文为湖北省"九五"社科重点项目"中国三千年图书馆学文献整理"成果之一。
①　来新夏：《清代目录学成就浅述》，《历史研究》1981 年第 2 期，第 135 页。

明代初年的官修书目《文渊阁书目》，首先在所著录的 39 类图书中特立国朝类，专收明代皇帝的御制、敕诰、政书、实录等，并将之置于全目之首，从而率先将这种君主至上、制书宜尊的封建等级观念在书目分类中推向了历史的最高点。它很快在明清两代的书目分类中产生广泛影响，以后的综合性官修书目几乎无一例外地将国朝、御制、圣谕等立专类置于全目之首，私撰书目也争相效仿，这成为这一时期书目编制的特有风格。

如明代《国史经籍志》，集御制、中宫御制、敕修、纪注时政四目之书 257 种于一处，设制书类，并将之置于全目之首。明《南雍志经籍考》分图书为 9 类，首列御制。明《内阁藏书目录》分图书为 8 卷 18 部。第一卷即是圣制部、典制部；《明太学经籍志》以柜为类，制书则立专柜收藏。明《行人司重刻书目》，分图书为六部，典部第一。并在卷首言明首列典部的理由："有典有则，昭代鸿编，安上谐民，遵法罔愆，便宜时变，条奏翩翩，谏行言听，仰止先贤。叙典部第一，凡诸典故诸奏疏入焉。"清代《四库全书总目》，是传统四部分类法的典范，表面看来，它并未在四部之外专立御制类，但实际上，此目在四部之首冠以乾隆皇上的《圣谕》25 道，《凡例》20 册，它们是统贯全书目的纲领，概括表达了乾隆皇帝的修书旨意及编目方法。而且，"所有历次所降谕旨，刊之总目首卷，以当序"。

私撰书目中，如明代《晁氏宝文堂书目》，分图书为 33 类，以御制书居首，著录当朝皇室御制文章 23 种。明《菉竹堂书目》，分图书为 6 类，首列圣制类，并在序中言明："经史子集外，制特先之，曰尊朝廷。"明代《江东藏书目》说："圣作物睹，一代彰矣，宣圣从周，遵一统故也，特为一录，以次宸章令甲，示不敢渎云，目曰制书。"清朱彝尊的《经义考》，分图书 30 门，仍以御注、敕撰居首。

在传统书目分类中，这种尊君重君的思想历来就有所反映，只是在表现方式上没有如此夸张，一般只是在不影响原有类目设置的情况下，在应有的类目之中临时打乱时间顺序，将帝王著作置于当代著作之首，如《汉志》儒家类将《高祖传》13 篇移置于《陆贾》23 篇、《刘敬》3 篇的前面，将《孝文传》11 篇移置于《太常蓼侯孔藏》10 篇、《贾谊》58 篇的前面。《隋志》亦"以帝王各冠其本代"。明清书目显然已经不能满足于这一不动大局的表达方式，而是大动干戈地打乱书目次序。

明清两代皆以实行严厉的文化专制政策而著称。统治者极力进行思想钳制，将儒学尤其是宋明理学规定为士人必须崇奉的官方哲学。朱明王朝多次下诏"一宗朱子之书，令学者非五经孔孟之书不读，非濂洛关闽之学不讲"①，又将科举制度进一步程式化、教条化，科举考试一律以朱熹注释为标准，发明八股文，以死板的文章格式限制读书人的思想并规定"但许言前代，不及本朝"②，禁止对当代问题的一切思考。清承明制，有过之而无不及，在推行绝对君主专制的同时，更加上民族歧视与民族压迫的成分。明清两朝大兴文字狱，以各种名目对他们认为有越轨、悖逆迹象的人士进行无情镇压，甚至株连九族。明代的锦衣卫就是专门的特务机构，以罗织罪名为能事。清王朝仅康熙、雍正、乾隆三朝见于记载的文字狱就多达108起，其恐怖程度骇人听闻。成书于这一专制极端时期的官修书目，在特别尊崇代表封建专制的御制之书外，又对其他带有异己观点的书籍极力进行摧毁与攻击。

历代官修书目的编制，虽都泛称御制，但实际上皇帝并不真正过问具体工作，而是委派大臣负责，最后仅过目编目成果而已。明清时期，这一传统编目习惯开始发生变化。明代官修书目因追求简明实用，大多没有序文及提要，因此后人对具体编目情况不甚明了。但有些书目，前面冠有当朝皇帝的诏命、颁赐等，说明了皇帝对编目过程的关注。成书于清代乾隆年间的《总目》则表现得十分突出，《总目》前的圣谕记载了乾隆对编目过程的处处干预，从收书原则到品评标准、窜改方法都有具体指示。《总目·凡例》第一："是书卷帙浩博，为亘古所无。然每进一编，必经亲览，宏纲巨目，悉禀天裁。定千载之是非，决百家之疑似，权衡独运，衮钺斯昭。睿鉴高深，迥非诸臣管蠡之所及，随时训示，旷若发蒙……与历代官修之本泛称御定者迥不相同。"其言虽不免歌功颂德，但皇帝干预之勤亦可尽见。《总目》的编纂，始终体现着最高统治者的利益。这一文化

---

① （清）陈鼎：《东林列传》卷二，中华书局，2007。
② （清）顾炎武：《日知录·试文格式》，商务印书馆，1933。

盛举背后，伴随着一场清王朝统治者亲自操纵的文化大清查。第一份征书之谕颁发的次年便开始了禁毁违碍书籍的禁书活动。乾隆三十八年高宗诏："或有妄诞字句，不应留以贻惑后学者，亦不过将书毁弃，转谕其家不必收存。"事隔一年，皇帝又迫不及待地下诏"若仍前疑畏，不肯尽出所藏，将来或别露违碍之书，则是有意收存"，威逼治罪之意已直言不讳。《总目》编纂过程中，先后焚书 24 次。焚书总数，据陈乃乾《禁书总目》统计：全毁书目 2453 种，抽毁书目 402 种，销毁书版 50 种，销毁石刻 24 种。这仅仅只是一个大概数字，民间恐致招祸，自焚其书者更不计其数。

二 崇实黜虚，经世致用

讲究实际，强调务实，这是中国传统文化的基本精神，也是几千年封建社会的主导学说儒学的基本精神。儒学体系博大精深，谈心性的内圣之学与讲事功的外王之学浑然一体，然而其学说在流传过程中逐渐发生了分化，荀况一系致力发展孔子的"外王"之学，孟轲一系着重发展孔子的"内圣"之学。内圣之学在宋代经统治者的提倡与学者们的努力下，形成了程朱理学与象山心学。程朱理学以僵化思想、扼杀人性为职能。象山心学则极力强调"心即理""心外无理"，把"心"作为通万物、同天地的本体，最终将理学推向了空疏虚妄。明清之际，人们反思历史，将南宋的灭亡与明朝的衰败归罪于理学末流的僵化与空谈性理。因此在理学一统天下的同时，一股反虚务实、注重实用的社会思潮兴盛起来。

这一时期的官修书目，积极呼应这一时代思潮，明代官修书目以简明实用为追求，清代官修书目则以精审严谨为特色。

明初官修书目《文渊阁书目》，首先开明代书目之新风气，一反唐宋官修书目追寻学术流变的宗旨，紧步魏晋南北朝官修书目编制的后尘，注重书目登记与检索图书的实用功能，按贮书橱的顺序分号编排图书，将政府收藏的全部 50 厨书，划分为 20 号 39 类，以方便检索的《千字文》前 20 字命名，"所载书多不著撰人姓氏，又有册数而无卷数，惟略记若干部为一橱，若干橱为一号而已"①，更无序文及提要，这一详于分类、疏于溯源的编目风气影响到整个明代书目的编纂。官修书目中，《内阁藏书目》《秘阁书目》《行人司书目》等主要书目皆是这种简明的张簿式书目。分类上，《内阁藏书目》不再遵循四部分类法的成规，而是根据具体图书的实际情况临时设置类目，仿《文渊阁书目》分图书为 39 类，《内阁藏书目》分图书为 18 类，《秘阁书目》分图书为 35 类，《行人司书目》分图书为 6 类。在图书著录上，则但记书名、册数，不记其他。私撰书目纷纷响应，不仅明代，甚至有些清代私撰书目也深受影响。如明代私撰书目中，《晁氏宝文堂书目》分图书为 33 类，《江东藏书目》分图书为 13 类，《博雅堂藏书目录》分图书为 17 类，整个明代私撰书目，除《百川书志》外，全无提要。清代私撰书目中，《也是园书目》分图书为 8 类，《述古堂书目》分图书为 78 部，《读书敏求记》分图书为 46 类，朱彝尊的《竹垞行笈书目》更以"心事数茎白发，生涯一片青山，空林有雪相待，古道无人独还"诸字为类目。

　　清代官修目的崇实黜虚，集中体现在《四库全书总目》的编纂上。《总目》从图书搜求开始，乾隆即下旨："其历代流传旧书，内有阐明性学治法，关系世道人心，自当首先购觅。至若发挥传注，考核典章，旁暨九流百家之言，有补实用者，亦应备为甄择。"②又《总目》凡例十二："今所录者，率以考证精核、辩论明确为主，庶几可以谢彼虚谈，敦兹实学。"将"有补实用""敦兹实学"作为重要的著录标准，反复强调。并以求实的精神对明清以来不断传入中国的西洋图书如实地加以揭示。《总目》凡例七："外国之作，前史罕载，然既归王化，即属外臣，不必分疆绝界，故木增、郑麟趾、徐敬德之属亦随时代编入焉。"早在明代末年，徐光启主持西洋历局期间，就汇集"洞知历算之学"的耶稣会士，主持编纂了一部 17 世纪天文、历法、数学方面的百科全书《崇祯历书》，计 137 卷，将明末以来传入中国的一些重要科技文献与中国古代科学遗产汇

---

① （清）永瑢等：《四库全书总目》卷 85《文渊阁书目》，中华书局，1965，第 731 页。
② 乾隆三十七年正月初四日谕，见（清）永瑢等《四库全书总目》，中华书局，1965，"卷首"。

为一体。清康熙年间，又聘用耶稣会士与中国学者合作绘制出《皇舆全览图》。虽然康熙之后，中国对外的大门逐渐关闭，乾隆时期，中西文献交流活动基本停止，但是《总目》不仅如实地反映这批文献，并对其价值积极加以肯定。如《总目·西儒耳目资》载，"其国俗好语精微，凡事皆刻意研究"①，又《奇器图说》载，"其制器之巧，实为甲于古今，寸有所长，自宜节取。且书中所载，皆裨益民生之具，其法至便，而其用至溥"②，等等。

清代官修书目精审严谨的求实精神不仅体现在图书的著录与评价上，更体现在对不同版本的著录与真伪的考订上。

虽然"广搜异本"一直是我国传统书目编制的主要程序，但真正形成一股风气则是在明清时期，特别是在清代。明代的官修书目，如《南雍志经籍考》和《内版经书纪略》；私撰书目，如《汲古阁校刻书》《天一阁书目》《古今书刻》，都注意到版本情况的著录。清代的《天禄琳琅书目》与《四库全书总目》，前者本身就是以记载善本书为直接目的的版本书目，它以官修的优势，著录宋辽金元明五朝的善本书1000多部。后者虽为综合性书目，但每书之下必著版本。见于《总目》著录的版本，概而言之有敕撰本、内府本、各省采进本、私人进献本、通行本、《永乐大典》本6大类，细而言之则有100多种。③《四库全书总目》还对一书版本源流及真伪情况进行考辨。清代康雍乾嘉四朝，是版本目录学大盛时期，著名学者几乎无不涉足于此，并涌现出一大批私撰版本书目，如钱曾的《读书敏求记》，季振宜的《季沧苇藏书目》，张金吾的《爱日精庐藏书志》，孙星衍的《孙氏祠堂书目》，瞿镛的《铁琴铜剑楼藏书目录》，丁丙的《善本书室藏书志》。目录学成为一代显学，被誉为学术中的学术。

三 大总结与全方位发展

明清官修书目"总结前代、开启后来"的特色主要表现在两个方面：

---

① （清）永瑢等：《四库全书总目》卷44《西儒耳目资》，中华书局，1965，第387页。
② （清）永瑢等：《四库全书总目》卷115《奇器图说》，中华书局，1965，第984页。
③ 曹之：《中国古籍版本学》，武汉大学出版社，1992。

历史上曾经出现过的主要书目类型皆以其更为丰富的内涵再度争辉；对前代编目经验的总结与研究更加全面而深入。

历史上曾经出现过的两大书目类型——注重学术流变的学术性书目和注重实用功能的账簿式书目——全都在这一特定时期发展到顶峰。学术性书目以分类、序文、提要对传统学术文化进行回溯与积累，使书目成为事实上的学术史。"刘歆作《七略》，王俭作《七志》，逾二纪而方就。"①《崇文总目》成书前后用时7年，《四库全书总目》编纂用了整整20年。这种耗费大量时间与精力，穷尽目录学家毕生精力的高密度积累传统学术文化成果的书目，是我国古代书目的主流，得到明清学者的充分肯定。

账簿式书目的发展，肇始于政权更替频繁的魏晋南北朝时期。南宋郑樵从理论上提出了"类例分则百家九流各有条理""泛释无义"的观点。有明一代，这一流派的书目进入古典时代的全盛时期，是传统书目对自身作为揭示与检索图书的工具的实用价值的真正觉醒，是特定社会环境下，书目形式自身发展的必然结果。明代官修书目《文渊阁书目》实践并推动了这一流派书目的发展，并很快得到同时代官私书目编纂者的积极响应，形成一股强大的编目潮流。账簿式书目以其灵活的类目、简明的著录、检索便利性，得到了明代学者的青睐。"查检""稽览""检阅"等词语成为明代书目中的通用词。

明清官修书目这种全方位的发展，建立在对2000多年封建社会书目编制经验的总结与吸收的基础之上。

在图书搜求上，明清目录学家总结前人经验，展开了广泛的理论探讨，并提出了购求图书的基本原则。祁承爜在《澹生堂藏书约》中提出图书购求原则是，审轻重、辨真伪、核名实、权缓急、别品类。孙庆增《藏书纪要》提出的三项原则是"眼界欲宽，精神欲注，而心思欲巧"，并对它们进一步阐明，极大地丰富了前人搜求图书的理论。

《总目》的图书搜求，不仅在方法上集前人之大成，还制订出具体可行的购求措施。如乾隆三十七年正月初四谕："在坊市者，或量为给价。家藏者，或官为装印。其有未经镌刊，只系抄本存留者，不妨善录副本，

———————
① 《旧唐书》卷四十六，中华书局，1975，第1964页。

仍将原书给还。并严饬所属一切善为经理，毋使胥借端滋扰。但各省汇辑之书，卷帙必多……若该督抚等先将各书叙列目录，注系某朝某人所著，书中要旨何在，简明开载，具折奏闻，候汇齐后令廷臣检覆，有堪备阅者，再开单行知进取。"明代是书目史上图书分类方法最为丰富的时期，有沿用传统四部的分类法，有对四部稍加改造的分类法，有完全抛开四部另创新规的分类法。

清代官修书目则力倡四部分类法，《四库全书总目》的成功实践与大量分类理论的阐述，使四分法再一次稳固了它的优势地位。乾隆三十八年曾下谕："从来四库书目，以经、史、子、集为纲领，裒辑分储，实古今不易之法。"这为《总目》的分类定下了基本原则。《总目》分图书四部44类66属。与1000多年前的《隋志》四部40类相比，仅多出四类，三级分类也是上承唐宋。每一类目的分并改隶，都"务求典据""择善而从"，并对各家分类错误，逐一加以考核。依乾隆旨意，"所有四库全书经史子集各部，俱照各按撰述人代先后，依次编纂，至我朝钦定各书，仍各按门目分冠本朝著录诸家之上"①，此外还有一些具体分类细则散见于"凡例""小序""按语"之中。

书目分类作为书目编制的重要环节，明清目录学家对其进行了深入的理论探讨。焦竑《国史经籍志》后附有《纠谬》一卷，纠前代编目之谬者200余处，并继承发扬郑樵的分类思想，提出"部分不明则兵乱，类例不立则书亡，向、歆剖判百家，条纲粗立，自是以往，书名徒具，而流别莫分，官滕私楮，丧脱几近"。又说："记有之，进退有度，出入有局。书之有类例，亦犹是也。"祁承爜在其《庚申整书略例》中，更提出了"通"与"互"的理论："通者，流通于四部之内也。""互者，互见于四部之中也。"这即是清代章学诚所说的互著别裁。章学诚还对我国图书分类的起源、意义、目的等进行了全面论述，指出图书分类的起源是"官守之分职，即群书之部次"②，图书分类的意义是"辨章学术，考镜源

① （清）永瑢等：《四库全书总目》，中华书局，1965。
② （清）章学诚：《校雠通义·原道第一》，古籍出版社，1965。

流"①，图书分类的目的是"欲人即类求书，因书究学"，"书当求其名实，不以人名分部次"，"部次群书，所以贵有知言之学，否则徇于其名而不考其实矣"②。这在前代分类理论之上更进了一步。

在图书著录上，明代官修书目发扬检索性书目的优良传统，只记书名、册数，简明实用。清代官修书目则考辨溯源。《四库全书总目》序文、提要俱全。序文论各部源流演变，各类分并改隶，如果义有未尽、例有未该的，又于子目之末或本条之下附注按语。"所列诸书，各为提要……每书先列作者之爵里以论世知人，次考本书之得失，权众说之异同，以及文字增删，篇帙分合，皆详为订辨，巨细不遗。"③ 章学诚对著录问题也进行了多方面的阐发，认为"著录之道，不系存亡而系于考证"，主张书目应有叙录，并说："古人著录，不徒为甲乙部次计，如徒为甲乙部次计，则一掌故令吏足矣，何用父子世业，阅年二纪，仅乃卒业乎？"④ 在具体著录细则上，对一书数名、一人多号、书有同名而异实，书有讹误更定其文，两说可通，删去篇次，著录残逸不全等具体情况，皆提出了自己的看法。"互著""别裁"法，更完善了图书著录的方法。明清书目理论与实践的全方位发展，为自宋代开始的经验目录学画上了句号，将书目发展推向了理论目录学阶段。

原载《中国图书馆学报》2001 年第 3 期

收入本书时略有改动

---

① （清）章学诚：《校雠通义·自叙》，古籍出版社，1965。
② （清）章学诚：《校雠通义·互著第三》，古籍出版社，1965。
③ （清）永瑢等撰：《四库全书总目》，中华书局，1965，凡例。
④ （清）章学诚：《校雠通义·互著第三》，古籍出版社，1965。

后　记

　　《新媒体与传统文化传播》收录了本人自华中师范大学到华中科技大学工作期间的主要学术论文。本人治学源于华中师范大学，从中文到历史，到信息管理，最后进入新闻传播领域，从新闻史、新闻伦理与法制的教学与研究，转向新媒体理论与实践的教学与研究。

　　早期在中文、历史方面治学的训练与积累，为以后开展新媒体研究打下了基础。本人从事新媒体研究始于20世纪90年代末，伴随互联网社会化的步伐，学界对网络的关注成为研究前沿与热点。恰逢学院文理交叉的学科建设需要，本人成为新闻传播学界最早进入新媒体研究的学者之一，之后，从实践观察到理论探讨，见证了新媒体快速发展的历程，记录了对新媒体发展的困惑与思考。

　　自2006年成为博士生导师以后，本人聚焦新媒体方向招收博士研究生，至今累计培养新媒体方向的博士研究生近30名，共同探讨一个又一个新媒体问题。2007年本人中标了新媒体传播领域的国家社科基金重大项目"互联网管理与中国特色网络文化建设"（07&ZD040），该项目的研究成果《网络传播管理研究》（中国社会科学出版社，2014）入选国家哲学社会科学成果文库，成为新媒体研究的标志性成果。

　　迅猛发展的新媒体问题层出不穷，2014年以后本人又带领以博士生为核心的研究团队，开始对新媒体社会责任进行系统探讨，自2014年起逐年发布新媒体社会责任蓝皮书《中国新媒体社会责任研究报告》，至今已连续发布8年（2014~2022年），该报告也成为新媒体研究新的高地。

教学与研究的过程充满挑战也让我收获良多，让人欣慰的是，我们的研究成果越来越受到广泛的关注，我的博士生大多已成长为新媒体研究领域的骨干，在学界逐渐形成一定的影响力。

梳理已有的研究成果，既是总结过去，更是开启未来。应学院要求将已经发表的重要学术论文汇聚成论集（60篇），分为四大部分："新媒体社会责任"（14篇）、"新媒体与技术前沿"（13篇）、"新媒体运营及治理"（22篇）、"古代文化传播"（11篇），这些内容既记录了新媒体与文化传播的研究轨迹，也体现了新媒体领域研究的重点和热点。

钟　瑛

图书在版编目（CIP）数据

新媒体与传统文化传播：上下卷／钟瑛著. -- 北
京：社会科学文献出版社，2023.12（2025.3 重印）
（喻园新闻传播学者论丛）
ISBN 978-7-5228-2347-8

Ⅰ.①新… Ⅱ.①钟… Ⅲ.①传播媒介-文化传播-
研究-中国 Ⅳ.①G219.2

中国国家版本馆 CIP 数据核字（2023）第 153370 号

喻园新闻传播学者论丛
新媒体与传统文化传播（上下卷）

著　　者／钟　瑛

出 版 人／冀祥德
责任编辑／周　琼
文稿编辑／田正帅　胡金鑫　王　倩
责任印制／王京美

出　　版／社会科学文献出版社·马克思主义分社（010）59367126
　　　　　　地址：北京市北三环中路甲 29 号院华龙大厦　邮编：100029
　　　　　　网址：www.ssap.com.cn
发　　行／社会科学文献出版社（010）59367028
印　　装／唐山玺诚印务有限公司

规　　格／开　本：787mm × 1092mm　1/16
　　　　　　印　张：44.5　字　数：698 千字
版　　次／2023 年 12 月第 1 版　2025 年 3 月第 2 次印刷
书　　号／ISBN 978-7-5228-2347-8
定　　价／168.00 元（上下卷）

读者服务电话：4008918866